Helmut Nuhn / Markus Hesse

Verkehrsgeographie

W0041597

Ferdinand Schöningh
Paderborn · München · Wien · Zürich

Die Autoren:

Prof. Dr. Helmut Nuhn hatte nach längerer Tätigkeit an der Universität Hamburg bis zu seiner Pensionierung 2002 den Lehrstuhl für Wirtschaftsgeographie am Fachbereich Geographie der Philipps-Universität Marburg inne. Seine Schwerpunkte in Forschung und Lehre sind neben der Verkehrs- und Industriegeographie, die Wirtschaftsraumanalyse und die angewandte Entwicklungsforschung mit einem Schwerpunkt in Lateinamerika.

Priv.-Doz. Dr. rer. pol. Markus Hesse ist Hochschulassistent für Humangeographie am Institut für Geographische Wissenschaften der Freien Universität Berlin. Seine Forschungen konzentrieren sich auf Stadt- und Raumentwicklung, Siedlungsstruktur sowie auf Mobilität, Verkehr, Logistik und auf die Raumentwicklung in den USA.

Covermotiv:

Grafik nach Gerland 1984 und Kanzlerski 1987. Das Foto zeigt das „Frankfurter Autobahnkreuz" im Jahre 1956.

Bibliografische Information Der Deutschen Bibliothek

Die Deutsche Bibliothek verzeichnet diese Publikation in der Deutschen Nationalbibliografie; detaillierte bibliografische Daten sind im Internet über http://dnb.ddb.de abrufbar.

Gedruckt auf umweltfreundlichem, chlorfrei gebleichtem
und alterungsbeständigem Papier⊗ ISO 9706

© 2006 Ferdinand Schöningh, Paderborn
(Verlag Ferdinand Schöningh GmbH, Jühenplatz 1, D-33098 Paderborn)
ISBN 3-506-72964-0

Internet: www.schoeningh.de

Printed in Germany.
Herstellung: Ferdinand Schöningh, Paderborn
Einbandgestaltung: Atelier Reichert, Stuttgart

UTB-Bestellnummer: ISBN 3-8252-2687-5

Inhalt

Vorwort   9

1   Verkehr, Raum und Gesellschaft   11

1.1   Gegenstand verkehrsgeographischer Betrachtung   11

1.2   Relevante Grundbegriffe   18

1.3   Rahmenbedingungen und Grundmuster der Verkehrsentwicklung   21
1.3.1   Mobilität und Verkehrsumfeld   21
1.3.2   Soziale und räumliche Mobilität, veränderte Lebensweisen   23
1.3.3   Räumliche Arbeitsteilung, neue Standortdynamiken und Unternehmenslogistik   27
1.3.4   Politische Rahmensetzungen, Marktöffnung und Deregulierung   31

2   Die Verkehrsträger in sektoraler Betrachtung   35

2.1   Straßenverkehr   35
2.1.1   Bedeutung im Verkehrssystem   35
2.1.2   Entwicklung von Technik und Organisation   37
2.1.3   Entwicklung des Straßennetzes   44
2.1.4   Verkehrsaufkommen   48
2.1.5   Straßenverkehrspolitik   52

2.2   Schienenverkehr   63
2.2.1   Bedeutung im Verkehrssystem   63
2.2.2   Entwicklung von Technik und Organisation   64
2.2.3   Schienennetz und Bahnhöfe   70
2.2.4   Verkehrsaufkommen   79
2.2.5   Schienenverkehrspolitik   82

2.3   Rohrleitungen und Kabel   88
2.3.1   Bedeutung im Verkehrssystem   88
2.3.2   Entwicklung von Technik und Organisation   89
2.3.3   Infrastrukturnetze   91
2.3.4   Verkehrspolitische Bewertung   97

2.4   Binnenschiffsverkehr   99

2.4.1   Bedeutung im Verkehrssystem   99
2.4.2   Entwicklung von Technik und Organisation   101
2.4.3   Binnenwasserstraßen   105
2.4.4   Verkehrsaufkommen   109
2.4.5   Verkehrspolitische Bewertung   112

2.5   Seeschiffsverkehr   114

2.5.1. Bedeutung im Verkehrssystem   114
2.5.2   Entwicklung von Technik und Organisation   115
2.5.3   Schifffahrtswege und Häfen   123
2.5.4   Verkehrsaufkommen   129
2.5.5   Seeschifffahrtspolitik   131

2.6   Luftverkehr   136

2.6.1. Bedeutung im Verkehrssystem   136
2.6.2   Entwicklung von Technik und Organisation   137
2.6.3   Fluggesellschaften, Linienetze und Flugplätze   140
2.6.4   Verkehrsaufkommen   149
2.6.5. Luftverkehrspolitik   155

2.7   Nachrichtenverkehr, Informations- und Kommunikationssysteme   160

2.7.1   Entwicklung und Raumwirksamkeit von Angebot und Nachfrage   160
2.7.2   Infrastrukturnetze und Schnittstellen   165
2.7.3   Infrastrukturpolitik und -planung   168

2.8   Intermodale Transportketten   172

2.8.1   Gegenstand des Kombinierten Verkehrs   172
2.8.2   Intermodalität im Gütertransport   172
2.8.3   Intermodalität im Personenverkehr   179
2.8.4   Chancen und Hemmnisse des intermodalen Verkehrs   180

3   Verkehrsentwicklung in räumlicher Betrachtung   183

3.1   Verdichtungsräume   183

3.1.1   Die Kernstadt als siedlungsstrukturelle Gegebenheit   183
3.1.2   Raumspezifische Charakteristik von Mobilität und Verkehr   187
3.1.3   Handlungsbedingungen und Handlungskonzepte   195
3.1.4   Perspektiven für Politik und Planung   197

3.2   Suburbane Räume   201

3.2.1   Suburbia als siedlungsstrukturelle Gegebenheit   201
3.2.2   Raumspezifische Charakteristik von Mobilität und Verkehr   206
3.2.3   Handlungsbedingungen und Handlungskonzepte   213
3.2.4. Perspektiven für Politik und Planung   214

3.3   Ländliche Räume   **218**
3.3.1   Der Ländliche Raum als struktureller Kontext   218
3.3.2   Raumspezifische Charakteristik von Mobilität und Verkehr   222
3.3.3   Handlungsbedingungen und Handlungskonzepte   228
3.3.4   Perspektiven für Politik und Planung   231

3.4   Fernverkehre, interregionale Verkehrsbeziehungen   **235**
3.4.1   Verkehrsachsen und -korridore als raumstrukturelle Gegebenheit   235
3.4.2   Raumspezifische Charakteristik von Mobilität und Verkehr   238
3.4.3   Handlungsbedingungen und Handlungskonzepte   242
3.4.4   Perspektiven für Politik und Planung   248

3.5   Dritte Welt   **252**
3.5.1   Koloniales Erbe und geplanter Netzausbau   253
3.5.2   Straßenbau und Entwicklung ländlicher Räume   260
3.5.3   Verkehrsprobleme in Agglomerationen   264
3.5.4   Infrastrukturen zur Einbindung in den Weltverkehr   271

4   Theorien und Modelle   **275**

4.1   Transportkosten und Modelle räumlicher Ordnung   **275**
4.1.1   Entwicklung und Bedeutung der Transportkosten   275
4.1.2   Raumwirtschaftliche Modelle   281

4.2   Verkehrsnetze und Raumerschließung   **285**
4.2.1   Struktur und Bedeutung von Verkehrsnetzen   285
4.2.2   Verkehrsnetze als Graphen   288
4.2.3   Kennziffern zur Analyse von Verkehrsnetzen   290
4.2.4   Logistik- und Distributionsnetze   292
4.2.5   Entwicklungsstadien von Verkehrsnetzen und Raumerschließung   294

4.3   Verkehr und regionale Entwicklung   **298**
4.3.1   Verkehrsinfrastruktur im Spiegel ökonomischer Theorien   298
4.3.2   Empirische Grundlagen   301
4.3.3   Perspektiven für Politik und Planung   305

**5   Nachhaltige Entwicklung:
Handlungsbedarf und Handlungsstrategien**   **311**

5.1   Probleme des Verkehrs, Probleme mit dem Verkehr   **311**
5.2   Leitbilder und Handlungsstrategien   **316**
5.3   Nachhaltigkeit als Leitbild   **320**
5.4   Elemente einer Verkehrswende und die Rolle des Raumes   **324**

6   **Ausblick: Mobilität und moderne Gesellschaft**   **329**

6.1   Zur Komplexität und Steuerungsresistenz des Verkehrs   329
6.2   Mobilität und Verkehr im Spiegel gesellschaftlicher Leitbilder   331
6.3   Verkehr in Zukunft   333

Abkürzungen   339
Maße und Gewichte   342
Literatur   343
Sachregister   367

Vorwort

Gegenstand der Verkehrsgeographie sind räumliche Strukturen, funktionale Verflechtungen und die Auswirkungen des Verkehrs, der durch die Ortsveränderung von Personen, Gütern und Nachrichten entsteht. Aus der Perspektive der Geographie geht es dabei nicht nur um die räumliche Differenzierung von Verkehrsnachfrage und -angebot. Es geht auch um Erreichbarkeit und Verkehrsfunktionalität insgesamt und ihre traditionell große Bedeutung für die Raumentwicklung.

Die Verkehrsgeographie stellt ein Teilgebiet der Humangeographie dar, das in den vergangenen Jahrzehnten eher im Schatten populärer Themenfelder wie der Wirtschafts- oder Stadtgeographie gestanden hat. Das Erscheinungsdatum des jüngsten Studienbuchs liegt mehr als eine Dekade zurück. Erst in jüngerer Zeit ist das Interesse an Verkehrsfragen auch in der Geographie gestiegen. Dieser Bedeutungswandel folgt der zunehmenden Beachtung, die Mobilität und Verkehr im Kontext der Globalisierung und infolge der Verbreitung neuer Informations- und Kommunikationstechnologien finden. Verkehr und Raumentwicklung sind mit diesen Tendenzen eng verknüpft und dienen zugleich als Motor der weiteren Entwicklung.

In den Wohlstandsgesellschaften des Westens wurden in den vergangenen Jahrzehnten zunehmend die Grenzen des Verkehrswachstums sowie die Belastungen für Mensch, Umwelt und Klima thematisiert. In den Entwicklungsländern hingegen dienen Verkehrserschließung und -erreichbarkeit nach wie vor als Basiskonzepte der raumwirtschaftlichen Entwicklung. Die teilweise stürmisch wachsenden Schwellenländer wie China oder Indien sind bereits deutlich durch diesen Widerspruch zwischen Fluch und Segen von Mobilität und Motorisierung gekennzeichnet.

Das vorliegende Lehrbuch bezieht in der Bewertung von Nutzen und Kosten des Verkehrs nicht einseitig Position, sondern versucht, Argumente und Sachzusammenhänge möglichst umfassend darzustellen und überlässt die Meinungsbildung den Leserinnen und Lesern. Dabei werden sowohl klassische Theorien und Konzepte der Verkehrsgeographie referiert als auch neuere Verlaufsformen, Probleme und Strategien der Mobilitäts- und Verkehrsentwicklung. Schwerpunkte liegen beim Nachvollzug der Entwicklung der verschiedenen Verkehrsträger sowie ihrer Bedeutung für die räumliche Organisation auf den verschiedenen Maßstabsebenen.

Das Buch richtet sich vorrangig an Studierende der Geographie, die als Anfänger oder Fortgeschrittene eine komprimierte Einführung in den Themenbereich suchen und bietet zugleich vielfältiges Material für den Gymnasiallehrer. Der aktuelle Überblick mit seiner Problemsicht eignet sich auch in besonderer Weise für Studierende der Raumplanung bzw. Stadt- und Regionalplanung, der Verkehrswissenschaften sowie der Wirtschafts- und Sozialwissenschaften.

Die Realisierung des Bandes hat von der Unterstützung zahlreicher Personen profitiert, die nicht alle hier genannt werden können. Zuerst danken wir Herrn Kollegen Heinz Heineberg (Münster), der als Herausgeber der Reihe „Grundriss Allgemeine Geographie" nicht nur die Anregung zur Bearbeitung gegeben, sondern auch den gesamten Entwurf gelesen und kommentiert hat. Daneben wurden große Teile des Manuskripts von Dr. Cordula Neiberger (Marburg) und Prof. Dr. Ulrike Sailer (Trier) kritisch durchgesehen.

Unsere besondere Anerkennung gebührt den Kartographinnen Dipl.-Ing. Christiane Enderle und Dipl.-Ing. Cordula Mann, die unter Mithilfe von Gabriele Ziehr mit hoher fachlicher Professionalität und großer Geduld die Abbildungen erstellt und das Layout bearbeitet haben. Diese Mithilfe wurde möglich durch die Bereitstellung einer finanziellen Unterstützung durch Herrn Dr. Diethard Sawicki vom Verlag Ferdinand Schöningh (Paderborn) und die Genehmigung des Dekans des Fachbereichs Geographie der Philipps-Universität, Herrn Prof. Dr. Jörg Bendix (Marburg). Ihnen allen sei aufrichtig gedankt.

Dank gilt auch den Kolleginnen und Kollegen, die Anregungen gegeben, Material zur Verfügung gestellt und die Publikation gefördert haben u. a. Rolf Monheim (Bayreuth), Klaus Spiekermann und Michael Wegener (Dortmund), Hans Usbeck (Leipzig) sowie der Deutschen Bahn AG für eine Abdruckerlaubnis. Die Verantwortung für Inhalte und mögliche Fehler verbleibt selbstverständlich bei den Autoren.

Helmut Nuhn, Markus Hesse
Marburg und Berlin, im März 2006

Verkehr, Raum und Gesellschaft

1.1 Gegenstand verkehrsgeographischer Betrachtung

In einer mobilen Gesellschaft und weltweit vernetzten Wirtschaft besitzt der **Verkehr** einen hohen Stellenwert. Er ermöglicht den Austausch von Personen, Gütern und Nachrichten zwischen getrennten Standorten durch die Überwindung von Distanzen und physischen Hindernissen. Hierzu sind raumgebundene Infrastrukturen und technische Hilfsmittel erforderlich.

Durch die Mechanisierung und Spezialisierung der **Verkehrsträger** sind die Transportzeiten gesunken, die Ladekapazitäten gewachsen und die Beförderungs-

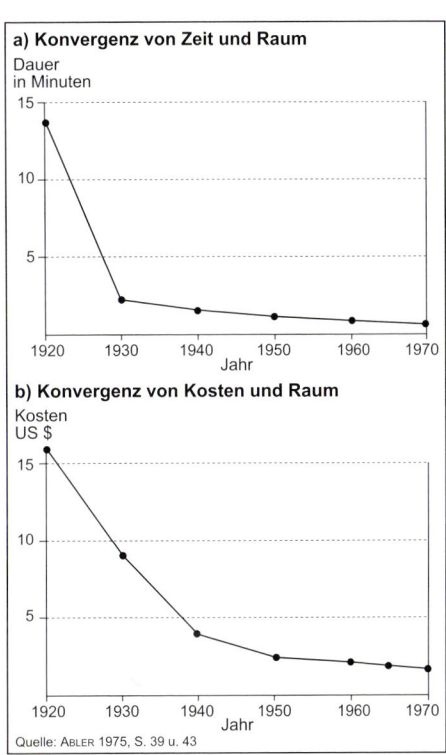

a) Konvergenz von Zeit und Raum

b) Konvergenz von Kosten und Raum

Quelle: ABLER 1975, S. 39 u. 43

Abb. 1.1.2 Dauer (a) und Kosten (b) einer telefonischen Durchsage zwischen New York und San Francisco 1920-1970

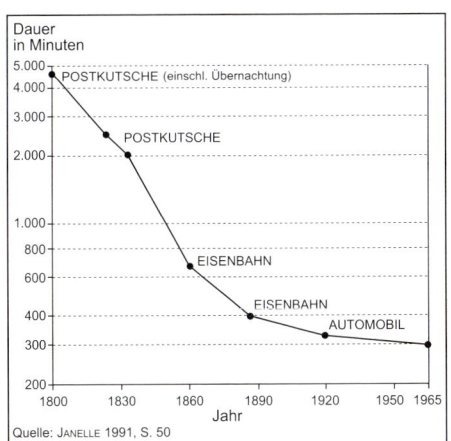

Quelle: JANELLE 1991, S. 50

Abb. 1.1.1 Reisezeit zwischen New York und Boston in Abhängigkeit von Neuerungen der Transporttechnologie 1800-1965

kosten stark reduziert worden. Bei gestiegener Wertschöpfung und sinkendem Anteil der Transportkosten an den Gesamtkosten haben Gütertransporte über größere Distanzen zugenommen, und Fernreisen von Personen sind an der Tagesordnung. (Abb. 1.1.1 und 1.1.2).

Weit entfernte Standorte rücken durch den **Hochgeschwindigkeitsverkehr** dichter zusammen, und Nachrichten werden durch neue Kommunikationssysteme in *real time* übermittelt. Neuerungen der Verkehrssysteme mit dem Einsatz der Dampfmaschine im 18. Jh., der Eisenbahn im 19. Jh. sowie dem Automobil und dem Flugzeug im 20. Jh. haben unsere Erde schrumpfen lassen (vgl. Tab. 1.1.1). Bereits Ende der 1960er Jahre hat JANELLE ein Konzept der Raum-Zeit-Konvergenz vorgelegt (JANELLE 1968, BRUNN/LEINBACH 1991), das seine Dynamik durch die Nachfrage nach Erreichbarkeit und die Neuerungen im Transportwesen erhält (Abb. 1.1.3)

Die **Verkehrserschließung** schafft neue räumliche Potenziale. Eine günsti-

ge Verkehrslage kann Ansiedlungen mit wirtschaftlicher und sozialer Dynamik auslösen. Veränderungen in der Verkehrsnachfrage sowie technologische und organisatorische Innovationen führen zur Verlagerung der Transportströme und zu positiven, aber auch negativen Auswirkungen auf die regionale Wirtschaft und Gesellschaft.

Der **Gütertransport** wird stark durch die Standorte der Rohstoffgewinnung und der Weiterverarbeitung sowie der Hauptabsatzmärkte bestimmt und ist durch regelmäßig sich wiederholende Abläufe gekennzeichnet. Er stellt je nach Menge, Art, Eigenschaften und Lieferzeitpunkt der Güter differenzierte Anforderungen an die Beförderung. Demgegenüber sind die Standorte des **Personentransports** stärker gestreut und weniger durch Marktbeziehungen als durch soziale Kontakte und wechselnde Freizeitaktivitäten bestimmt, die sich raum-zeitlich eher diffus äußern.

Neben den angesprochenen ökonomischen und bevölkerungsbezogenen Aspekten sowie den technologischen Innovationen wirkt eine Vielzahl weiterer wechselseitig **verflochtener Faktoren** auf das Verkehrsgeschehen ein. Hierzu gehören staatliche Rahmensetzungen, internationale Vereinbarungen, historische Traditionen, aber auch Kräfte der natürlichen Umwelt. In Abb. 1.1.4 sind wichtige Einflussgrößen dargestellt. Hieraus wird deutlich, dass die Wirtschafts- und Sozialwissenschaften sowie die Geographie und Raumplanung eine besondere Verantwortung für die Erforschung von Verkehrsfragen tragen. Neben den für Bau und Betrieb der Anlagen zuständigen technischen Disziplinen befasst sich eine Reihe weiterer Wissenschaften mit dem Verkehr. Hierzu gehören u. a. die Rechtswissenschaften, Politikwissenschaften, Psychologie, Um-

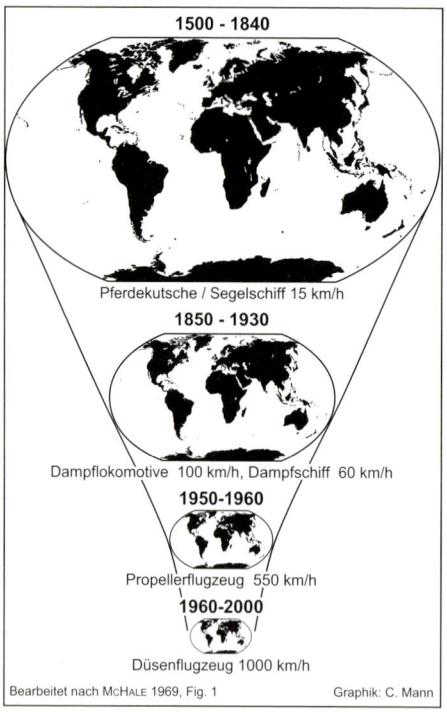

1500 - 1840

Pferdekutsche / Segelschiff 15 km/h

1850 - 1930

Dampflokomotive 100 km/h, Dampfschiff 60 km/h

1950-1960

Propellerflugzeug 550 km/h

1960-2000

Düsenflugzeug 1000 km/h

Bearbeitet nach MCHALE 1969, Fig. 1   Graphik: C. Mann

Abb. 1.1.3 Schrumpfung der Erde als Effekt technologischer Innovationen im Transportwesen

Tab. 1.1.1 Ausgewählte Innovationen im Transportwesen

	Verkehrsart / Technologie					Systemtechnologie	
	Schiff	Straße	Schiene	Flugzeug	Kommunikation	Sicherheits-technik	Antrieb/Material
2000 AD		Brennstoffzelle Hybridmotor Elektroauto			UMTS Internet	Fahrer-assistenzsyst. Verkehrsleit-systeme	Wasserstoff Erdgas
	Megaschiffe			Großraumflugz.	Mobilfunk	Automat. Zugsteuerung	Bio-Treibstoff
			Magnet-schwebebahn				
	Spezialschiffe		Hochgeschwin-digkeitszug	Überschallflugz.	Glasfaserkabel	Airbag ABS	Verbund-werkstoff
		Container / Wechselbehälter			Nachrichten-Satellit	Sicherheits-gurte	
				Passagierjet	Mikrochip		
1950	Luftkissenboot			Strahltriebwerk	Digitalcomputer	Elektr. Ampel-steuerung	Atomenergie
	Funknavigation			Helikopter	Radar Fernsehen		
		Autobahn	Schnellzug				Kunststoff
	Schiffsdiesel	Traktor		Flugzeugdiesel	Telex	Elektronische Flugkontrolle	
		Lkw Omnibus	E-Lok Diesellok	Luftschiff			
	Kreiselkompass			Motorflugzeug	Luftpost	Lichtsignale	
1900		D i e s e l m o t o r					Gummi
		Luftreifen Automobil	U-Bahn	Gleitflügel			
		Elektromotor	Elektr. Straßenbahn		Telefon		Aluminium
		B e n z i n m o t o r			Übersekabel		
		Fahrrad			Fernschreiber Rohrpost		Mineralöl
1850	Eisenschiff		Eisenbahnfähre				Elektrizität
	Ozeandampfer		Dampf-eisenbahn		Telegraph	Zugleit-system	
			Walzschiene				Stahl
	Dampfboot		Dampf-lokomotive	Ballon		Bürgersteig	Eisen
1800		D a m p f m a s c h i n e					
1700	Sextant Hafenkai	Pferdeomnibus	Gussschiene Gusseisenrad				
		Postkutsche					
	Kanalschleuse	Droschke	Holzschiene				Holzkohle
1500		Kutsche					
	Magnet-kompass						
		Speichenrad					
1000							
0							
	Kanal	Kunststraße					Pferde
	Galeere	Zugtier					Windkraftkraft
1000 BC	Segelboot	Scheibenrad					Holz
	Floß	Tragtier					Muskelkraft
	Einbaum						

Bearbeitet nach Williams 1992, S. 265

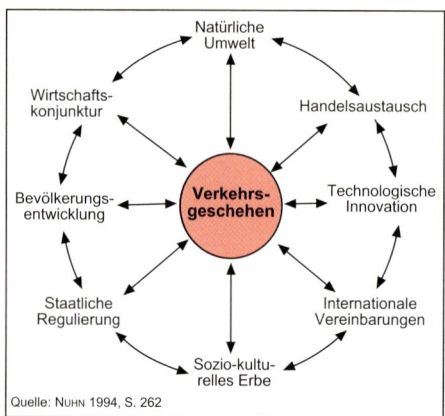

Quelle: NUHN 1994, S. 262

Abb. 1.1.4 Einflussfaktoren des Transportgeschehens und ihre wechselseitige Verflechtung

weltforschung und Medizin. Diese Multidisziplinarität der Verkehrswissenschaft wird ausführlich in dem umfangreichen Standardwerk des Ökonomen VOIGT ausgeführt (VOIGT 1965 und 1973).

Die **Verkehrsgeographie** befasst sich mit räumlichen Strukturen, funktionalen Verflechtungen und Auswirkungen des Verkehrs, der durch die Ortsveränderung von Personen, Gütern und Nachrichten entsteht. In diesem Zusammenhang geht es um die Verkehrswege, Verkehrsmittel und Verkehrsarten, aber auch um die Entstehung der Verkehrsnachfrage und des Verkehrsangebots sowie um die Organisation des Verkehrsablaufs in seiner Bedingung durch den Raum und mit seinen Auswirkungen auf den Raum.

Die Verkehrsgeographie stellt ein Teilgebiet der Anthropo- bzw. Humangeographie dar. Für eine weitergehende fachbezogene **Einordnung** ergeben sich alternative Ansätze. Aufgrund der engen Beziehung zur Ökonomie wird sie insbesondere in älteren Lehrbüchern als Bestandteil der Wirtschaftsgeographie behandelt, so etwa bei OBST (1959). Eine ähnliche Position

vertritt OTREMBA (1957 und 1978[2]), der in seinen Lehrbüchern einen engeren Zusammenhang zwischen Handel und Verkehr berücksichtigt und deshalb diese beiden Aspekte gemeinsam vorstellt.

Aufgrund der **Sonderstellung** des Verkehrs und wegen der Tatsache, dass auch engere Bezüge zu siedlungs- und sozialgeographischen Problemstellungen bestehen, die ebenfalls in Monographien dargestellt sind (KOHL 1841, MAIER 1976), wird die Verkehrsgeographie angemessener als **selbständiger Bereich** aufgefasst und unter Betonung der Beziehungen zu den Teildisziplinen der Geographie und den Nachbarwissenschaften behandelt (FOCHLER-HAUKE 1957 und 1976[4], SCHLIEPHAKE 1973 und 1982, VOPPEL 1980, MAIER/ATZKERN 1992, SCHLIEPHAKE/SCHENK 2005). Allerdings setzen auch diese Studienbücher gewisse Schwerpunkte unter Vernachlässigung von Teilbereichen.

Verkehrsgeographische Ansätze sind im 19. Jh. aus der Beschreibung von Reisewegen und Maßnahmen zur Erschließung der Erdoberfläche entstanden. Wichtige methodische Grundlagen wurden in Deutschland durch HETTNER 1897 gelegt, dessen Lehrbuch aber erst posthum 1952 als dritter Band der Allgemeinen Geographie des Menschen erschienen ist. Er betont die Bedeutung einer räumlich differenzierten Betrachtung des Verkehrs auf der Erde im Kontext der Siedlungen und Produktionsstätten. Andere Autoren stellen die Bezüge zur Wirtschaft und zum Welthandel in den Mittelpunkt (FRIEDRICH u. FRIEDRICH/SCHMIDT 1901 und 1930[2], HASSERT 1913 und 1931[2]) oder suchen nach Theorien räumlicher Ordnung in Abhängigkeit von Distanz und Transportkosten (WEBER 1909, CHRISTALLER 1933 und 1952). Weitergehende forschungsgeschichtliche Darstellungen finden sich u. a.

bei Otremba/Auf der Heide (1975), Maier (1976, S. 20-27) und Voppel (1980, S. 1-23). Überblicke zum jüngeren Forschungsstand vermitteln Jacob 1974 (aus Sicht der DDR), Schliephake 1987 und Nuhn 1994c sowie Knowles 1994 und Taaffe/Gauthier 1994 (aus der Sicht der USA). Eine Auswahl traditioneller und neuerer verkehrsgeographischer Forschungsansätze ist im Kasten 1.1.1 zusammengestellt.

Auch heute noch steht die Verkehrsgeographie in enger Beziehung zur Siedlungs- und Wirtschaftsgeographie. Als **raumdifferenzierender Faktor** besitzt der Verkehr in der Geographie einen klassischen Stellenwert, der vor allem über die Bedeutung der Transportkosten in den Raumwirtschaftstheorien erfasst wird (vgl. Kap. 4). Auch in der funktional orientierten Geographie und in sozialgeographischen Ansätzen werden verkehrsgeographische Fragestellungen berücksichtigt. Zeitgeographie und Aktionsraumforschung sind diejenigen Forschungsgebiete, die sehr enge Bezüge zum Verkehr aufweisen.

Während sich die Humangeographie in Deutschland in der letzten Dekade von der eher deskriptiven, empirisch ausgerichteten **Forschungstradition** hin zu einer stärker theoriegeleiteten, auf die Erklärung des Handelns und der Interaktion von Subjekten und ihren Konstruktionsleistungen bezogenen Forschung verändert hat, ist die Verkehrsgeographie noch stark von ihrer historischen Forschungstradition bestimmt. Dazu gehören problembezogene Analysen der Verkehrsnetze und Infrastrukturen sowie der Verkehrsträger und des Verkehrsaufkommens in ihrer Bedeutung für Regionen. Diese Aspekte sind wegen des sehr dynamischen Verkehrswachstums und seiner Folgen für die Raumentwicklung auch weiterhin relevant.

Insbesondere der **Arbeitskreis Verkehr**

Kasten 1.1.1
Traditionelle und neue Forschungsansätze der Verkehrsgeographie

Ältere Ansätze:

• Beschreibung und Systematisierung von Verkehrswegen, Verkehrsmitteln und Verkehrsformen auf der Erde

• Analyse der unterschiedlichen räumlichen Ausprägung des Verkehrs in Abhängigkeit von physisch-geographische Faktoren

• Bedingungen des Verkehrs durch bevölkerungs-, siedlungs- und wirtschaftsgeographische Faktoren im historischen Kontext

• Definition von distanz- und transportkostenabhängigen Standortmodellen

• Betrachtung des Verkehrsgeschehens im Hinblick auf räumliche Strukturen, funktionale Verflechtungen und Wirkungen

• Raumerschließende Wirkungen des Verkehrs und Bedeutung der Verkehrsinfrastruktur als Entwicklungsfaktor

Neuere Ansätze:

• Netztheoretische Analysen und Modellbildung zur Beschreibung und Erklärung von Verkehrsräumen

• Simulation und Optimierung von Verkehrswegen und Verkehrsträgern zu integrierten Transportketten

• Verhaltens- und zeitgeographische Analysen sozialer Gruppen und Einfluss neuer Lebensstile auf die Verkehrsmobilität

• Analyse der Veränderungen der Siedlungsstrukturen im Spannungsfeld von MIV und ÖPNV in seinen Konsequenzen für Raumordnung und Planung

• Verkehrsprobleme in peripheren ländlichen Räumen und Entwicklung neuer Formen des Paratransits

• Umweltauswirkungen des Verkehrs und Konsequenzen für die Raumplanung auf unterschiedlichen Maßstabsebenen

• Aufrechterhaltung der räumlichen Mobilität durch nachhaltige Verkehrsgestaltung

in der DGfG ist den Anwendungsbezügen verpflichtet, was auch die neue Schriften-reihe „Studien zur Mobilitäts- und Ver-kehrsforschung" belegt. Ein breites The-menspektrum wird im Bd. 9 „**Verkehr und Kommunikation**" des vom IfL (INSTITUT FÜR LÄNDERKUNDE) herausgegebenen Na-tionalatlas Bundesrepublik Deutschland behandelt und in der Einführung kom-mentiert (DEITERS/GRÄF/LÖFFLER 2001, S. 12-29). Allerdings besitzt die Verkehrsgeo-graphie heute in der deutschen Humangeo-graphie nicht mehr ihre früher herausgeho-bene Bedeutung, was in der geringen Zahl neuerer Lehrbücher und Publikationen zum Ausdruck kommt. Dies resultiert auch daraus, dass es in Deutschland nur wenige einschlägige Professuren für Verkehrsgeo-graphie an geographischen Hochschulins-tituten gibt. Bezogen auf das aktuelle Pro-blempotenzial und seine wissenschaftliche Bearbeitung ist die deutschsprachige Geo-graphie unterrepräsentiert.

Dieser Tatbestand stellt sich im **angel-sächsischen Sprachraum** anders dar. Ver-kehrsgeographische Forschung hat dort noch immer einen relativ hohen Stellen-wert, nicht zuletzt im Kontext der quan-titativ ausgerichteten Regionalforschung und der verhaltensorientierten Geogra-phie (vgl. ULLMAN 1954, TAAFFE/GAUTHIER 1973, ELIOT HURST 1974). In den letz-ten Jahren sind in Großbritannien und in den USA eine größere Zahl von Lehrbü-chern zur Verkehrsgeographie erschienen bzw. neu aufgelegt worden (vgl. HOYLE/ KNOWLES 1992 u. 1998[2], TAAFFE et al. 1973 und 1996[2], TOLLEY/TURTON 1995, HANSON 1995[2], BLACK 2003, HENSHER et al. 2004, RODRIGUE et al. 2006).

Diesen Werken ist gemeinsam, dass sie aus unterschiedlichem Blickwinkel ver-kehrsgeographische Themen systema-tisch abhandeln und einen umfassenden Überblick über Ansätze, Methoden und Konzepte geben. Ein Schwerpunkt liegt traditionell auf Modellbildung und Quan-tifizierung. In zunehmendem Maße wer-den jedoch auch politikrelevante Fragen einbezogen, insbesondere im Kontext der Deregulierung der Verkehrsmärkte sowie in der Behandlung von Fragen der Nach-haltigkeit. Darüber hinaus gibt es das 1993 erfolgreich gestartete „Journal of Trans-port Geography" sowie eine Fülle von neueren Monographien und Sammelbän-den zu Teilbereichen der Verkehrsgeogra-phie (u. a. GRAHAM 1995, SUSSMAN 2000, HANSON/GIULIANO 2005).

Unerlässlich für verkehrsgeographische Studien ist die Berücksichtigung der Er-gebnisse aus den Nachbardisziplinen. Im Bereich der **Wirtschaftswissenschaften** gibt es eine größere Zahl von Lehrstühlen/ Instituten für Verkehrswissenschaft mit ei-genen Schriftenreihen, die wichtige Mono-graphien und Sammelbände enthalten (u. a. Münster, Köln, Göttingen, Gießen). Eine größere Zahl von Lehrbüchern vermittelt aktuelle Überblicke (u. a. KÖBERLEIN 1997, ECKEY/STOCK 2000, IHDE 2001[3], ABERLE 2003[4]). In jüngerer Zeit ist hier das The-ma Logistik stärker hervorgetreten (u. a. FALLER 1999, BAUMGARTEN/WALTER 2000, MERKEL/BJELICIC 2003). Umfangreichere Artikel erscheinen in der „Zeitschrift für Verkehrswissenschaft", kürzere aktuelle Berichte in monatlicher Folge in „Interna-tionales Verkehrswesen". Aktuelle statisti-sche Angaben zur Situation in Deutschland sind dem Jahrbuch „Verkehr in Zahlen" zu entnehmen.

Auch die Publikationen aus den Berei-chen **Verkehrstechnik und Bauingeni-eurwesen** sind für Geographen von In-teresse, insbesondere soweit sie Fragen der Verkehrs- und Siedlungsplanung so-wie der Raumplanung und Raumordnung betreffen. Institute/Lehrstühle an Technischen Universitäten (u. a. Aachen, Berlin, Braunschweig, Dortmund, Dresden, Karlsruhe, Stuttgart, München) sind durch einschlägige Gutachten und die Mitarbeit in der Forschungsgesellschaft für das Straßen- und Verkehrswesen (FGSV) oder der Akademie für Raumforschung und Landesplanung (ARL) hervorgetreten. Neuere Studienbücher, z. B. zum Straßenbau erweisen sich als hilfreich für Hintergrundinformationen (u. a. Weise/Durth 1997, Pietzsch/Wolf 2000, Schubert 2000). Eine exzellente Grundlage zum Stand der Verkehrsplanung liefert Banister 2002[2].

Für aktuelle **Recherchen im Internet** zu Verkehrsfragen, die über den engeren wissenschaftlichen Bereich hinausgehen und insbesondere Regierungsorganisationen sowie Interessenverbände und Verkehrsunternehmen einbeziehen, findet sich eine kaum noch überschaubare Fülle von Präsentationen, die allerdings jeweils kritisch analysiert und bewertet werden sollten. Einstiegshilfen und Anregungen mit tabellarischen Auflistungen von Webadressen vermittelt Bjelicic (2002).

Diese **Überblicksdarstellung der Verkehrsgeographie** geht von den vorliegenden Grundlagen und Definitionen aus. Es geht folglich um die Lageveränderung bzw. die Bewegung von Objekten im Raum, d. h. um räumliche Interaktionen und Regelhaftigkeiten. Diese ergeben sich erstens aus den Merkmalen eines Teilraums (Ausstattung mit Gelegenheiten für menschliche Aktivitäten), zweitens aus dem Grad der verkehrlichen Erschließung, d. h. der Zugänglichkeit und Funktionalität dieser Räume, drittens aus den individuellen Kriterien der Zielerreichung und dem dafür erforderlichen Aufwand (u. a. Transportkosten, Zeitbudgets, etc.).

Dabei kommt dem Zusammenhang zwischen der **Entwicklung von Räumen** bzw. den Raumtypen und den jeweiligen Spezifika von Verkehrsnachfrage und Verkehrsangebot eine besondere Bedeutung zu. Beispiele sind die Rolle des Verkehrs in der Stadtentwicklung, bei der Erschließung von Peripherregionen oder in Entwicklungsländern. Räumliche Bezüge stehen auch im Zentrum der Suche nach Problemlösungen, etwa im Bereich einer integrierten Stadt- und Verkehrsplanung. Darüber hinaus sollen Verbindungen zu aktuellen Diskursen in der Geographie und in den Gesellschaftswissenschaften hergestellt werden. Beispiele hierfür sind der Prozess der Globalisierung, Fragen der Deregulierung und Liberalisierung, aber auch die gesellschaftliche Bedeutung von Mobilität, ebenso wie Steuerungs- und Regulierungsformen.

Das Gliederungskonzept dieses Lehrbuchs sieht nach der allgemeinen Einführung in die Problemlage, Rahmenbedingungen und Fragestellungen einen größeren Block über die **Entwicklung der Verkehrsarten bzw. Verkehrsträger** vor (Kap. 2.1-2.8). Hierbei wird jeweils auf die generelle Bedeutung im Verkehrssystem, die technologischen Innovationen, die Infrastrukturnetze und Knotenpunkte sowie das Verkehrsaufkommen und die Verkehrspolitik eingegangen. Einen weiteren Block bildet die **Verkehrsentwicklung in unterschiedlich strukturierten Räumen** mit besonderer Berücksichtigung der Situation in Deutschland (Kap. 3). Ausgehend von den Verdichtungsräumen, den Stadt-Umland-Regionen und den peripheren ländlichen Räumen wird auf die interregionalen Verkehrsbeziehungen eingegangen. Auch hierbei gibt es vergleichbare Unterkapitel mit Akzentsetzungen auf den siedlungsstrukturellen Gegebenheiten, der raumspezifischen Charakteristik von Mobilität und Verkehr sowie den Handlungskonzepten und den verkehrspolitischen Perspektiven. Anschließend werden die Verkehrsinfrastruktur und der Transport in der Dritten Welt in ihrer Bedeutung für den Entwicklungsprozess behandelt. Die folgenden stärker **allgemein bzw. theoretisch orientierten Kapitel** 4-6 befassen sich mit Modellen räumlicher Ordnung, Problemlösungsstrategien und nachhaltiger Entwicklung sowie mit Fragen zur Aufrechterhaltung und Steuerung der Mobilität unter schwierigen Rahmenbedingungen. Ein Hauptanliegen der Autoren besteht darin, durch die Verknüpfung von traditionellen und neuen Sichtweisen und durch einen breit angelegten aktuellen Überblick auch innerhalb der Geographie wieder mehr Interesse für einen wichtigen und zukunftsrelevanten Forschungsbereich zu wecken.

1.2 Relevante Grundbegriffe

Vorweg sollen einige ausgewählte verkehrsgeographische Begriffe definiert werden. Zunächst geht es um die knappe Erläuterung genereller Fachtermini. **Verkehr** wird allgemein als realisierte Ortsveränderung von Personen, Gütern und Nachrichten definiert. Er umfasst die physische Bewegung von Einheiten entlang von Kanten in einem Netzwerk oder einer Route auf einer Verkehrsinfrastruktur, im einfachsten Fall zwischen zwei Standorten A und B. In der Beschreibung des Verkehrs wird differenziert nach Verkehrsmitteln, -zwecken oder beförderten Gütern.

Die **Verkehrsart** ist die Gesamtheit der Verkehrstechniken, die sich des gleichen Verkehrsweges bedienen (Straßenverkehr, Schienenverkehr, Binnenschiff-

fahrt etc.). Als **Verkehrsmittel** werden die technischen Einrichtungen zur Beförderung von Personen, Gütern und Nachrichten bezeichnet, d. h. die Transportgeräte (Automobil, Schiff, Flugzeug etc.). Deren jeweilige Bedeutung, d. h. ihr Anteil am Gesamtverkehr, wird auch als **Modal Split** bezeichnet. Verkehrswege umfassen die ortsfesten Anlagen zur Beförderung einschließlich der Einrichtungen für den ruhenden Verkehr und den Umschlag. Ebenfalls einbezogen sind die Leit- und Sicherungsanlagen wie Verkehrszeichen, Funk- und Radarsysteme. Die Gesamtheit der Verkehrsströme aller Verkehrsarten zwischen zwei Orten wird als **Verkehrsverbindung** oder **Relation** bezeichnet (VOIGT 1973).

Gemessen wird der Verkehr entweder als **Verkehrsaufkommen** nach Wegen, Fahrten, Beförderungen bzw. Tonnen (entspricht der räumlichen Mobilität) oder als **Verkehrsleistung**, die aus dem Produkt von Beförderungsmenge und Wegstrecke ($P \cdot km = Pkm$; $t \cdot km = tkm$) gebildet wird. Letztere wird auch als **Verkehrsaufwand** bezeichnet. Zur Beschreibung von räumlicher Mobilität dient überwiegend das Verkehrsaufkommen, während spezifische Aspekte wie z. B. Energie- und Ressourcenverbrauch vorrangig anhand der Verkehrsleistung abgebildet werden.

Neben diesen bereits durch die Umgangssprache weitgehend bekannten Termini gibt es **komplexere Begriffe mit theoretischen Bezügen**, die im folgenden eine ausführlichere Diskussion erfahren. Für die weiterführende Suche nach Definitionen wird auf das Register dieses Bandes und auf VOIGT (1973, S. 34-67) verwiesen. Zu den Grundbegriffen der Verkehrsgeographie zählen zum einen Erreichbarkeit sowie Mobilität, Transport und Logistik, die grundsätzlich auch im Zentrum jedes verkehrswissenschaftlichen Interesses stehen. Zum anderen gehören hierzu Verkehrsnetze (inklusive der Knotenpunkte), Verkehrsinfrastrukturen und räumliche Interaktionen als wichtige Elemente einer raumbezogenen Analyse sowie die von Verkehrsaktivitäten berührten Raumeinheiten.

Erreichbarkeit wird allgemein als Zugang zu Ressourcen bzw. Gelegenheiten verstanden, der den Individuen in unterschiedlicher Form gegeben ist, bspw. entlang einer zentralörtlichen Hierarchie. Sie wird gemessen an der Zahl von Gelegenheiten in einer Raumeinheit, die in einer bestimmten Zeiteinheit erreichbar sind. Neben der räumlichen Distanz zur Quelle und der Verfügbarkeit von Verkehrsmitteln (die wiederum abhängt von Einkommen, geschlechtsspezifischer Arbeitsteilung, persönlicher Disposition etc.) ist die Erreichbarkeit zunehmend auch durch spezifische Raum- und Zeitwiderstände bestimmt - hierunter wurden früher vor allem Mängel in der Verkehrsinfrastrukturausstattung verstanden; heute sind dies insbesondere Staus sowie Transferprobleme an den Schnittstellen der Verkehrsträger. Es handelt sich hier um einen klassischen Begriff der Verkehrswissenschaften und Verkehrsgeographie - auch weil Erreichbarkeit verstärkt als Zielkategorie an die Stelle einer beliebigen Erhöhung von Motorisierung oder Geschwindigkeit getreten ist.

Mobilität wird im umfassenden Sinne als Beweglichkeit verstanden. Hierzu gehört neben der räumlichen Mobilität traditionell auch die soziale Mobilität (Auf- oder Abstieg entlang gesellschaftlicher Schichten) oder die berufliche Mobilität (Wechsel der beruflichen Position). Als Maßgröße der räumlichen Mobilität dient allgemein die Zahl der Aktivitäten (Wege, Fahrten, Beförderungen) pro Zeiteinheit

im Personenverkehr, analog dazu das Volumen der transportierten Güter in Tonnen im Güterverkehr. Außerdem wird Mobilität auch als die Möglichkeit bzw. Bereitschaft zur Bewegung sowie als geistige Beweglichkeit verstanden. In diesem Kontext bedeutet Mobilität auch eine Voraussetzung für und den Zugang zur Teilhabe am gesellschaftlichen Leben. Mobilität stellt einen Teilaspekt räumlicher Interaktion dar, die in der Raum-Zeit-Geographie eine große Rolle spielt.

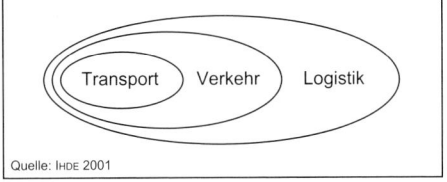

Quelle: IHDE 2001

Abb. 1.2.1 Bedeutungsumfang der Begriffe Transport, Verkehr und Logistik

Transport und Logistik stehen in enger Verbindung zum Gütertransport und den vorgelagerten technisch-organisatorischen Aktivitäten in Unternehmen. Unter Transport werden diejenigen Transaktionsprozesse verstanden, die zu einer Veränderung der Position von Gütern oder Personen in einem Netzwerk führen. KLAUS (1993, S. 29) definiert Logistik als „spezifische Sichtweise, die wirtschaftliche Phänomene und Zusammenhänge als Flüsse von Objekten durch Ketten und Netze von Aktivitäten und Prozessen (bzw. als „Fließsysteme") betrachtet, um diese nach Gesichtspunkten der Kostensenkung und der Wertsteigerung zu optimieren sowie deren Anpassungsfähigkeit an Bedarfs- und Umfeldveränderungen zu verbessern. Dabei werden Ansätze der Optimierung insbesondere in flussorientierter Gestaltung der Prozess- und Netzstrukturen, in der Erhöhung des zeitlichen, räumlichen und objektbezogenen Integrationsgrades der Fließsystemelemente, sowie der Anwendung bedarfsorientierter Steuerungs- und Regelungsverfahren gesucht." Umgangssprachlich formuliert, geht es bei der Logistik darum, das richtige Gut in der richtigen Menge und Beschaffenheit zur richtigen Zeit an den richtigen Ort zu bringen.

Eine **Transportkette** wird nach der DIN 30781 definiert als „Folge von technisch und organisatorisch miteinander verknüpften Vorgängen, bei denen Personen und Güter von einer Quelle zu einem Ziel bewegt werden. Die Transportkette ist als System aufzufassen. Die technische Verknüpfung setzt Systemverträglichkeit der eingesetzten Sachmittel voraus. Die organisatorische Verknüpfung wird erreicht durch die Koordinierung der Informations- und Steuerungssysteme sowie der rechtlichen und kommerziellen Bereiche" (DIN 1989). Die Transportkette umfasst daher definitionsgemäß nicht nur die Ortsveränderung von Objekten, sondern alle Transferprozesse zwischen Quelle und Ziel des Transports.

Verkehrssysteme enthalten die Gesamtheit der strukturellen Komponenten, die zur Ortsveränderung von Personen und Gütern erforderlich sind. Dazu gehören Einrichtungen, in denen die Transfer- und Transportprozesse organisiert werden, die zu transportierenden Personen bzw. Güter, die Transportmittel (Behälter bzw. Fahrzeuge), die notwendigen Infrastrukturen sowie die jeweiligen Aktivitäten, welche die Verkehrsnachfrage bzw. den Transportbedarf auslösen.

Verkehrsnetze sind die Grundkategorie der verkehrsgeographischen Betrachtung und bestehen aus mehreren Teilen: den Kanten (Verbindungen), die den Verkehrsstrom aufnehmen, den Knotenpunkten oder Zentren als Verbindung von Kanten, dem Hinterland, das von den Knoten aus versorgt wird, und die Hierarchie, die i. d. R. unter den verschiedenen Knoten ausgebildet wird (vgl. TAAFFE et al. 1996). Verkehrsnetze bilden einen wichtigen Bestandteil der Verkehrsinfrastruktur, denn sie bestimmen zugleich das räumliche Muster der Verkehrsorganisation. Die Struktur von Verkehrsnetzen folgt unterschiedlichen Zielen, je nachdem ob eine möglichst kurze Distanz zwischen verschiedenen Knotenpunkten (hohe Netzdichte, feinmaschige Struktur) oder aber möglichst geringe Bau- und Unterhaltungskosten (grobmaschige Netzstruktur) angestrebt werden. Zur entsprechenden Überprüfung und Ausrichtung von Verkehrsnetzen dient die Graphentheorie (Kap. 4.2).

Verkehrsinfrastruktur kann gemäß des klassischen Infrastrukturbegriffs von JOCHIMSEN (1966) wie folgt definiert werden: Infrastruktur umfasst die „[...] Gesamtheit der materiellen, institutionellen und personellen Gegebenheiten, die der arbeitsteiligen Wirtschaft (Unternehmen, Haushaltungen, Behörden) zur Verfügung stehen und dazu beitragen, dass in der [...] Marktwirtschaft gleiche Faktorenentgelte für gleiche Faktorleistungen bei zweckmäßiger Allokation der Ressourcen [...] gezahlt werden." (JOCHIMSEN zit. nach ARL 1995, S. 490). Mit Blick auf das Verkehrssystem gehören dazu insbesondere die materiellen Voraussetzungen eines Infrastruktursystems, in diesem Fall Verkehrswege, Fahrzeuge, Leitsysteme, Bahnhöfe und Umschlageinrichtungen etc. Darüber hinaus geht es aber immer auch um organisatorische und institutionelle Dimensionen, etwa Regelsysteme (Bsp. StVO, Entwurfselemente im Verkehrswegebau), Planungsverfahren und Steuerungsformen.

Verkehrspolitik bezeichnet einen staatlichen Aufgabenbereich, dessen Ziel die vorausschauende Planung und Realisierung der Verkehrsinfrastruktur sowie die Regelung der Nutzung der Verkehrswege sind. Damit berührt die Verkehrspolitik einen wichtigen Teil der allgemeinen Daseinsvorsorge. Die Regulierung erfolgt über die Setzung von ordnungspolitischen Rahmenbedingungen (z. B. Straßenverkehrsordnung, Straßenverkehrszulassungsordnung, Regelungen für das Verkehrsgewerbe) sowie über Preise und Kosten auf verschiedenen Märkten. Wesentliche Ziele der Verkehrspolitik sind ökonomische Effizienz (etwa mit Blick auf Unterhaltung, Erneuerung und Ausbau der Verkehrswege, aber auch bezüglich der allgemeinen Funktionsfähigkeit des Verkehrssystems), soziale Ausgewogenheit (etwa hinsichtlich der gerechten Verteilung von Mobilitätschancen, Verkehrssicherheit) sowie ökologische Verträglichkeit des Verkehrs (Minderung der Umweltfolgen, Förderung umweltverträglicher Mobilität). Ein wichtiges Mittel hierzu ist der Ausbau des nichtmotorisierten und öffentlichen Verkehrs im Vergleich zum Kraftfahrzeugverkehr. In der verkehrspolitischen Diskussion haben in den letzten Jahren Maßnahmen zur Verbesserung der Verträglichkeit des (motorisierten) Verkehrs gegenüber der reinen Funktionalität des Verkehrssystems erheblich an Bedeutung gewonnen.

1.3 Rahmenbedingungen und Grundmuster der Verkehrsentwicklung

1.3.1 Mobilität und Verkehrsumfeld
Die Entwicklung von Mobilität und Verkehr leitet sich einerseits aus der Verfüg-barkeit der Verkehrsmittel, der Ausstattung eines Raums mit Verkehrsinfrastrukturen und den Kosten der Raumüberwindung ab, sie steht andererseits aber auch unter dem Einfluss **ökonomisch-technischer und sozialer Rahmenbedingungen**. Dazu gehören z. B. die Entwicklung von Bevölkerung, Arbeitsplätzen und Wirtschaftsleistung, die in die klassischen Erreichbarkeits- und Verkehrssimulationsmodelle eingehen. Darüber hinaus gehören hierzu auch qualitative Veränderungen, die im Kontext der gesellschaftlichen Entwicklung zu sehen sind. Sie können aus einer gewandelten Lebensweise, aus neuen unternehmerischen Strategien, aus traditionellen Einstellungen und Verhaltensweisen oder einem veränderten Umgang mit neuen Technologien resultieren. Diese Bedingungen bestimmen das räumliche bzw. raum-zeitliche Auftreten von Mobilität und Verkehr und vermögen Art und Umfang der ausgeübten Raumüberwindung zu beeinflussen.

Bereits vor der Ausbreitung der privaten Motorisierung in der Nachkriegszeit war die Entwicklung von Personenmobilität und Gütertransport eng mit **technischen Innovationen** verknüpft. Die rapide verlaufende Industrialisierung wurde in dieser Form erst durch die Massenverkehrsmittel der Eisenbahnen bzw. des städtischen Nahverkehrs ermöglicht, indem sie Wohnbevölkerung, Arbeitskräfte und Ressourcen an den neuen Standorten konzentrierten und mit Mobilität versorgten. Die breite Durchsetzung neuer Verkehrstechniken war zugleich auf die Infrastrukturpolitik privater und öffentlicher Träger angewiesen, die erst die Basis für ihre massenhafte Nutzung schufen. Dies belegen die Beispiele der Eisenbahnen im 19. Jh., der öffentlichen Stadtverkehrsmittel spätestens zu Beginn und der Autobahnen ab Mitte des 20. Jh. Auch der Aufstieg der modernen Hochgeschwindigkeitssysteme von Eisenbahn und Luftverkehr ist ohne das zu Grunde liegende Geflecht von Infrastruktur- und Ordnungspolitik nicht denkbar. Gleiches gilt für die anstehenden Richtungsentscheidungen der Automobilwirtschaft darüber, welche Antriebstechnologien in Zukunft die fossilen Brennstoffe ersetzen sollen und welche Infrastruktur hierfür erforderlich ist.

Die weitreichenden Veränderungen in Mobilität und Verkehr der letzten Jahrzehnte wären ohne die Verfügbarkeit von Verkehrsmitteln für eine breite Mehrheit der Bevölkerung nicht möglich gewesen. Wohlstandsentwicklung und Massenmotorisierung waren insofern eng aneinander gekoppelt, und es verwundert nicht, dass der Aufstieg des individuellen Kfz in den 1950er und 1960er Jahren besonders stürmisch verlief. Einer der zentralen Gradmesser der Mobilitäts- und Verkehrsentwicklung ist daher die **Motorisierung der Haushalte** und die Verfügbarkeit von Kraftfahrzeugen.

Hier hat es im Nachkriegsdeutschland eine bemerkenswerte Aufwärtsentwicklung gegeben, von 13,9 Mio. Pkw in der alten Bundesrepublik im Jahr 1970 über 23,2 Mio. im Jahr 1980 auf nunmehr 44,6 Mio. Pkw im Jahr 2003 in Gesamtdeutschland (SHELL DEUTSCHLAND OIL 2004, S. 7). Die Pkw-Dichte betrug im gleichen Jahr 664 Pkw/1000 Erwachsene (ebda.). Damit wird das Auto in seiner Verbreitung in Deutschland nur noch vom Fahrrad übertroffen, das mit circa 70 Mio. Einheiten in fast allen Haushalten vorhanden ist, ein Pkw dagegen „nur" in 80% aller Haushalte (INFAS/DIW 2004). In den neuen Bundesländern hat sich der Motorisierungsgrad der Haushalte seit der Wende extrem schnell an westdeutsche Verhältnisse angepasst. Er gibt insofern ein treffendes Beispiel für die realisierte **Angleichung von Lebensverhältnissen in Ost und West**. Mit der Verfügbarkeit eines Kfz, die sich in den Haushalten je nach Zusammensetzung und Rollenverteilung gleichwohl sehr unterschiedlich darstellen kann, werden vielfach Vorentscheidungen über Art und Umfang der Alltagsmobilität getroffen.

Die Entwicklung von Mobilität und Verkehr vollzieht sich zugleich vor dem Hintergrund gewandelter **gesellschaftlicher Makroentwicklungen** (vgl. Kapitel 6). Zur Kennzeichnung dieser Trends dienen verschiedene Begriffe und Konzepte, wie etwa „Globalisierung" (HELD 1999), „Individualisierung" (BECK 1986) oder die „informationstechnische Revolution" (SCHMITZ 2001). In jüngster Zeit ist diese Diskussion geprägt durch den demographischen Wandel, die Alterung der Gesellschaft und ihre Folgen für die Raumentwicklung. Diesen Trends ist gemeinsam, dass sie manifesten gesellschaftlichen Veränderungen Ausdruck verleihen, die von erheblicher Bedeutung für das raum-zeitliche Handeln und somit für Mobilität und Verkehr sind.

So verbergen sich hinter dem Stichwort der Globalisierung die Zunahme ökonomischer Aktionsradien und die wachsende **weltwirtschaftliche Integration**, die zum starken Anstieg von Handel und Verkehr beitragen. Individualisierung dient als Folie veränderter Einstellungen und Handlungsmuster, die zunehmend gewählt werden, statt durch soziale oder ökonomische Strukturen (bzw. *constraints*) vorgegeben zu sein. Es spricht viel dafür, dass **Individualisierung im Alltagsleben** mit einer Zunahme von Aktivität, Flexibilität und Mobilität einhergeht. Die neuen Informations- und Kommunikationstechnologien gelten als Treiber einer veränderten raum-zeitlichen Entwicklung (vgl. Kap. 2.7). Sie stellen tradierte Muster von Standortwahl und Raumnutzung zur Disposition und ermöglichen, unter Berücksichtigung von Verhaltensgewohnheiten und Routinen, neue Handlungsoptionen und -alternativen.

Mit der Ausbreitung neuer Verkehrstechniken sind oft sprunghafte Veränderungen im Nutzerverhalten der Akteure verbunden, meist mit wachstumsfördernden Effekten. Neuere Ansätze in der sozialwissenschaftlichen Forschung haben gezeigt, dass technische Systeme selbstverstärkende **Eigengesetzlichkeiten** aufweisen (vgl. KUHM 1997). Sie bieten zusätzliche Angebotsoptionen, die in der Regel auch genutzt werden. Infolge steigender Nachfrage ziehen sie dann den weiteren Angebotsausbau nach sich: die sogenannte **Verkehrsspirale**. Vor allem das Auto ist ein gutes Beispiel dafür, wie technische Artefakte in der Lage sind, sich ihre eigenen Reproduktionsbedingungen zu schaffen. Diese Systemeigenschaft des Verkehrs erschwert auch die politisch-planerische Steuerung.

Ob diese Eigenschaft auch für die modernen Informations- und Kommunikationstechniken gilt, ist noch fraglich. Sicher scheint, dass die **Nachrichtenübertragung** in enger Beziehung zur physischen Raumüberwindung steht. Unter den möglichen Wechselbeziehungen gibt es nicht nur die oft diskutierte Substitution (also den Ersatz von Raumüberwindung durch nichtphysischen Nachrichtentransfer), sondern auch kompensatorische Effekte. Diese ergeben sich, wenn physische Mobilität parallel zur Internet/IuK-Nutzung praktiziert wird. Schließlich sind auch induzierende Wirkungen möglich, d. h. wenn infolge der IuK-Anwendung zusätzliche Raumüberwindung entsteht, etwa im Lieferverkehr als Folge eines vermehrten Online-Ein-

kaufs. So wie das Telefon soziale Kontakte nicht vollständig ersetzt hat, sondern diese begleiten, anregen und verstärken kann, so dürfte auch das Internet grundsätzlich eng mit der physischen Raumnutzung verwoben sein. Es gibt daher gute Gründe für die Annahme, dass die Vielfalt von Kommunikationsmöglichkeiten eher verstärkenden denn reduzierenden Einfluss auf physische Mobilität und damit den Verkehr ausüben wird (vgl. SCHMITZ 2001, S. 119ff.).

1.3.2 Soziale und räumliche Mobilität, veränderte Lebensweisen

Zu den wichtigen Determinanten und Ausgangsgrößen von Mobilität und Verkehr zählen die **Entwicklung und Zusammensetzung der Bevölkerung**. Die bestimmenden demographischen Trends in Deutschland deuten zum einen auf einen längerfristigen Bevölkerungsrückgang hin, der durch den Saldo aus Sterbeüberschüssen und internationalen Wanderungsgewinnen bedingt ist, zum anderen auf die anhaltende Alterung der Bevölkerung. Wachstum oder Schrumpfung der Bevölkerung beeinflussen wiederum auch die Alltagsmobilität, ebenso wie Migration.

Die **demographischen Trends** äußern sich räumlich differenziert: signifikant ist derzeit die ökonomisch bedingte Umverteilung von Ost- nach Westdeutschland. Die siedlungsstrukturellen Folgen vor Ort bestehen aus groß- und kleinräumigen Dekonzentrationsprozessen im Westen, denen großräumige Verdichtung und kleinräumige Dekonzentration im Osten gegenüber stehen (BUCHER/KOCKS 1999; BBR 2005). Bezüglich der Implikationen für die Alltagsmobilität stehen gegenwärtig weniger die quantitativen Veränderungen im Vordergrund als vielmehr regionale Verschiebungen der Wohnbevölkerung. Dazu zählt – neben der anhaltenden Ost-West-

Wanderung – vor allem die lokale Wohn-standortmobilität, die aus den Kernstädten in das Umland bzw. in ländliche Teilräume gerichtet ist (s. Kap. 3.2).

Der **gesellschaftliche Wandel** äußert sich vor dem Hintergrund unterschiedlicher Einkommens- und Wohlstandsverläufe vor allem in den Bereichen Haushalt, Alltags- und Arbeitsleben. Die Haushalts- und Familienstrukturen in Deutschland unterliegen seit langem stetigen Veränderungen. Dies gilt vor allem in Bezug auf die Haushaltsgröße (abnehmend), Haushaltszusammensetzung (viele Alleinlebende, Alleinerziehende) sowie Altersstrukturen (wachsende Anteile von **Senioren**). Der stetige Bedeutungsverlust des Familienzusammenhangs, und sei es nur in Bezug auf das räumliche Zusammenleben, erzeugt zwangsläufig einen höheren Bedarf an sozialem Austausch. Dieser ist vielfach auch mit Mobilität verknüpft.

Ein anderes Beispiel gibt das raum-zeitliche Handeln von **Kindern und Jugendlichen**, das durch eine veränderte baulich-räumliche Lebensumwelt geprägt ist. Sie ist heute für spontane, individuelle Raumaneignung kaum mehr geeignet, zumindest nicht in Städten. Weit verbreitet ist der Konflikt vieler Eltern, ihre Kinder ausgerechnet aufgrund der Gefahren im Straßenverkehr mit dem Auto zum Kindergarten oder zur Schule fahren zu müssen und damit das Problem zu verschärfen. Unter den so genannten Senioren wächst derzeit der Anteil derjenigen, die anders als frühere Jahrgänge im Besitz eines Führerscheins sind und Zeit ihres Lebens automobil waren.

Zentrale Elemente des sozialen Wandels sind die Bildungsexpansion und die wachsende **Berufstätigkeit der Frauen** im Kontext der angestrebten Geschlechterparität. Mobilität und Verkehr folgen schon lange nicht mehr nur dem Muster klassischer Erwerbsbiographien, in denen der (i. d. R. männliche) Haushaltsvorstand aushäusig aktiv bzw. mobil ist, während die für die Reproduktionsarbeit zuständige Ehefrau mit stärker ortsgebundenen Tätigkeiten wie Einkaufen, Kindererziehung etc. befasst ist. Emanzipation im raumzeitlichen Kontext wird nunmehr nicht selten über die Motorisierung auch der Frauen zu erreichen versucht. Dies hat die Motorisierungsstudie der Deutschen Shell bereits im Jahr 1987 so zusammengefasst: „Frauen bestimmen die weitere Motorisierung" (DEUTSCHE SHELL 1987).

Die Ausgestaltung der **Erwerbsarbeit** nach Zeit und Ort, Inhalt, Organisation und Erwerbsform sowie beruflicher Qualifikation stellt eine weitere wichtige Einflussgröße auf das Mobilitäts- und Verkehrsgeschehen dar. Die steigende Flexibilisierung der täglichen bzw. wöchentlichen Arbeitszeit senkt die Spitzennachfrage im Berufsverkehr und bildet individuelle Mobilitätsbedürfnisse aus, die unter den heutigen Bedingungen des Verkehrssystems den motorisierten Individualverkehr begünstigen. Die Zunahme von Teilzeitbeschäftigung trägt zu einer **erhöhten Mobilitätsnachfrage** bei. Diese kann sich noch verstärken, wenn mehrere Beschäftigungsverhältnisse wahrgenommen werden, bei denen flexible Arbeit an mehreren Teilzeit-Orten an die Stelle eines festen Arbeitsplatzes tritt. Infolge dessen steigt der Mobilitätsbedarf. Umgekehrt erhöhen generelle Arbeitszeitverkürzungen die dispositiven Zeitbudgets, die nicht selten auch in räumliche Mobilität umgesetzt werden. Dies indiziert etwa der stark steigende Freizeitverkehr. Auch die Unterhaltung von Mehrfachwohnsitzen (z. B. bei hochqualifizierten Wochenpendlern) oder der Trend zum Wochenendhaus lassen den

Mobilitätsdruck steigen.

Im Zuge der gesellschaftlichen Modernisierung ist die Frauenerwerbstätigkeit und damit die Zahl der Haushalte mit erwerbstätigen Partnern erheblich gestiegen. Bei zunehmender Qualifizierung bzw. Spezialisierung auf dem Arbeitsmarkt werden häufig beide Partner zu **Pendlern**, wodurch verkehrsintensive Handlungsmuster entstehen (vgl. Green 1997). Aufgrund der abnehmenden individuellen Bindung an einen Lebens-Arbeitsplatz und damit an dauerhaft stabile Raum-Zeit-Strukturen ist damit zu rechnen, dass die steigenden Anforderungen an berufliche Mobilität und Flexibilität auch mit einer wachsenden Affinität zur räumlichen bzw. Verkehrsmobilität einhergehen (vgl. Sennet 1998).

Schließlich sind auch **Einstellungen und Werthaltungen** zu berücksichtigen, die hinter den ausgeübten Handlungsmustern der Menschen stehen. Spätestens seit den 1970er Jahren wird in der Gesellschaftsanalyse eine tendenzielle Verschiebung von materiellen zu post-materiellen Werten beobachtet. Zugleich hat eine Flexibilisierung alltagsstrukturierender Elemente eingesetzt, die größere Freiheiten, aber auch veränderte Anforderungen geschaffen hat (Beck 1986, S. 116f., Schäfers/Zapf 1998, S. 239, S. 698f). Diese Veränderungen werden als Ausdruck eines Individualisierungsschubs interpretiert: das Individuum und seine Selbstentfaltung rücken an eine zentrale Stelle der Lebensgestaltung. Dies wirkt sich auch auf das Alltagshandeln aus. So werden zum Beispiel hedonistische **Lebensstilgruppen** (Milieus) von traditionellen Arbeiter- oder Kleinbürgermilieus unterschieden (vgl. Hradil 1987). Vertreter der erstgenannten Gruppe sind z. B., zur Wahrnehmung beruflicher Karriereoptionen, mobiler als andere Gruppen, verreisen öfter etc. Sogenannte alternative Milieus finden sich häufig unter denjenigen Menschen, die sich an Experimenten wie „Autoreduziertes Wohnen" beteiligen.

Als Konsequenz dieser Entwicklung haben sich individuelle Handlungsmuster im Zeichen höherer Einkommen, durch neue Arbeitszeiten und veränderte Freizeitmuster stark gewandelt. **Raum-Zeit-Muster** gewinnen an Komplexität: bezüglich der zurückgelegten Entfernungen, der Lage der Ziele im Raum sowie der Häufigkeit, Dauer und Verknüpfung von Wegen. Der Ausdehnung persönlicher Aktionsräume und der Flexibilisierung der individuellen Mobilität entspricht die Zunahme von Entfernungen und Mobilitätsanlässen. Unter den **Wegezwecken** nimmt der Anteil der Teilpflicht- und Freizeitaktivitäten zu, der Anteil des Berufsverkehrs ist nicht mehr so dominant wie zur Zeit der industriellen Arbeitsgesellschaft. Ebenso hat sich die **Verteilung des Verkehrsaufkommens** über einen gewöhnlichen Werktag von der klassischen Morgen- und Abendspitze zu einem stärker ausgeglichenen Bild gewandelt, das mit den veränderten Arbeits-, Betriebs- und Ladenöffnungszeiten korrespondiert.

Empirische Längs- und Querschnittserhebungen wie die Zeitbudgeterhebung des Statistischen Bundesamtes, das Mobilitätspanel, die Erhebungen im Rahmen von KONTIV (Kontinuierliche Erhebung des Verkehrsverhaltens) bzw. MiD (Mobilität in Deutschland) sowie die Arbeiten der TU Karlsruhe zum Personenfernverkehr haben gezeigt, dass bei Verkehrsmittelwahl und zurückgelegten Entfernungen in den vergangenen Dekaden eine hohe Dynamik festzustellen ist, in geringerem Umfang auch bei den Aktivitäten (Mobilitätsrate).

Weitere Einblicke gewähren Abb. 1.3.1 und 1.3.2. „In der Bilanz belegt ‚Mobilität

Kasten 1.3.1
Auszug aus der Erhebung „Mobilität in Deutschland MiD"

„Im Durchschnitt legt jeder Bürger montags bis freitags täglich 3,6 Wege zurück. An Samstagen sind es 3,0 und an Sonntagen 2,2 Wege, bezogen auf alle Personen ab 0 Jahre. Gerechnet ausschließlich für die mobilen Personen ergibt sich ein Werktagswert von gut vier Wegen. Pro Tag werden in Deutschland 272 Mio. Wege mit über drei Mrd. Personenkilometern zurückgelegt. An Werktagen sind es rund 300 Mio. Wege, an Samstagen etwa 250 Mio. und an Sonntagen 180 Mio. Wege. Im gesamten Jahresverlauf ergibt sich eine Summe von knapp 100 Mrd. Wegen. Diese Zahl ist seit der letzten vergleichbaren Erhebung im Jahr 1989 um gut zehn Prozent gestiegen. In Westdeutschland betrug die tägliche Wegezahl Ende der achtziger Jahre etwa 190 Mio., im Jahr 2002 sind es bereits 225 Mio. Wege. Die Kilometersumme ist von etwas weniger als zwei auf knapp 2,5 Mrd. angewachsen - eine Steigerung von etwa 20 Prozent. 21 Prozent der Wege (einschließl. Fußwege, alle Personen ab 0 Jahre) entfallen auf Wege von bzw. zur Arbeit oder Ausbildung. Hinzu kommen weitere acht Prozent, die während der Berufsausübung zurückgelegt werden. Die Mehrheit bilden allerdings Wege außerhalb beruflicher Anlässe. 31 Prozent gehören zu der Rubrik Freizeit, weitere 19 Prozent sind Einkaufswege. Private Erledigungen umfassen einen Anteil von 12 Prozent. Die neu ausgewiesene Kategorie „Begleitung" macht einen Anteil von neun Prozent aus. Insgesamt entfallen 45 Prozent der Wege auf Autofahrer, die selbst hinter dem Steuer sitzen. Hinzu kommen 16 Prozent Mitfahrer. Der öffentliche Verkehr erreicht einen Anteil von acht Prozent, das Fahrrad neun Prozent. Die häufig unterschätzten reinen Fußwege liegen bei 23 Prozent. Die Summe der Autonutzer fällt in den Flächenländern höher aus als der Bundeswert von gut 60 Prozent. In den Stadtstaaten liegt er dagegen niedriger und der ÖV-Anteil liegt dort bei knapp 20 Prozent. Ost- und Westdeutschland unterscheiden sich vor allem bei den Modal-Split-Werten. In den ostdeutschen Bundesländern liegen die Anteile der Fuß- und Fahrradwege mit 26 bzw. 10 Prozent höher als in Westdeutschland (22 bzw. 8 Prozent). Da der ÖV-Anteil in West und Ost mit jeweils acht Prozent identisch ausfällt, wirkt sich dies ausschließlich auf den Anteil des motorisierten Individualverkehrs aus. Seine Summe beträgt im Westen 62 Prozent, während sie im Osten nur 57 Prozent erreicht."

Quelle: INFAS/DIW 2004, S. III/IV

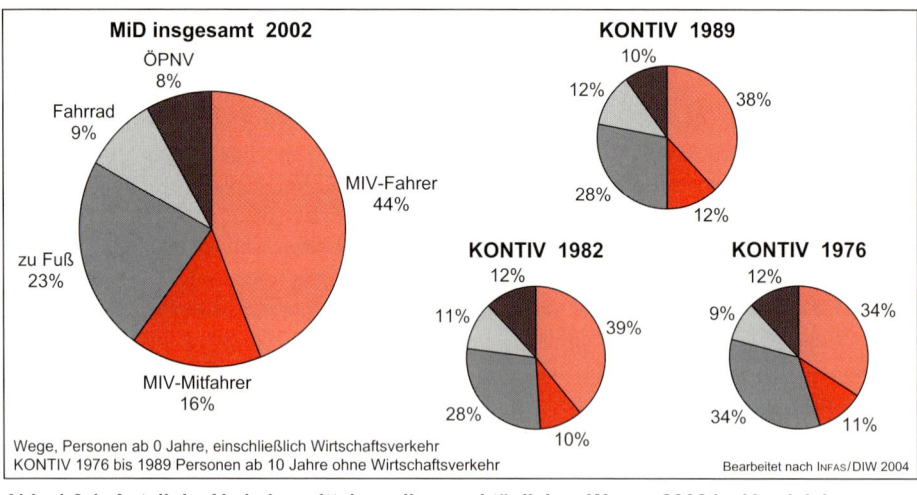

Wege, Personen ab 0 Jahre, einschließlich Wirtschaftsverkehr
KONTIV 1976 bis 1989 Personen ab 10 Jahre ohne Wirtschaftsverkehr   Bearbeitet nach INFAS/DIW 2004

Abb. 1.3.1 Anteil der Verkehrsmittel an allen werktäglichen Wegen 2002 im Vergleich zu 1989, 1982 und 1976

in Deutschland 2002' **fünf zentrale Trends im deutschen Alltagsverkehr:** eine zunehmende Motorisierung der privaten Haushalte, steigende Anteile des Pkw-Verkehrs am gesamten Verkehrsaufkommen, ein stagnierendes absolutes Aufkommen im öffentlichen Verkehr, hohe Wachstumsraten im Erledigungs-, Einkaufs- und Freizeitverkehr sowie höhere Zeitbudgets für die tägliche Mobilität bei wachsenden Wegelängen" (Infas/DIW 2004).

Dieser vielschichtige Wandel des Mobi-

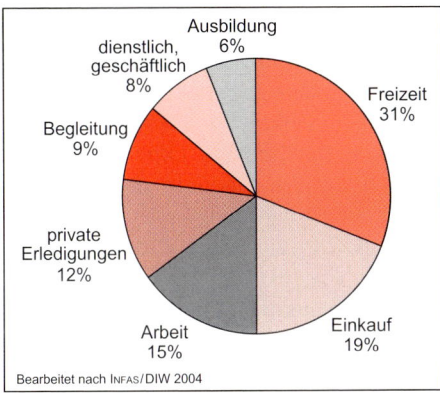

Bearbeitet nach Infas/DIW 2004

Abb. 1.3.2 Anteile der Wegezwecke in der werktäglichen Mobilität 2002

litätshandelns wird durch zahlreiche Fallstudien untermauert, empirisch aber erst schrittweise erschlossen. Er fordert auch dazu heraus, grundlegende **Setzungen verkehrswissenschaftlicher Theoriebildung** zu überprüfen. So ist die Annahme, dass individuelle Entscheidungskalküle im Verkehr primär darauf ausgerichtet seien, Verkehrszeiten und damit Transportkosten zu minimieren, angesichts des hohen Anteils sog. Freizeitverkehre in Frage zu stellen. Dass Mobilität und Verkehr auch Selbstzweck sein können, dass sie anderen Bedürfnissen als der Raumüberwindung dienen (z. B. der Selbstdarstellung, -inszenierung und -verwirklichung, vgl. Schulze

1992) oder dass das Auto eine große Bedeutung als Statussymbol hat - dies wurde in den Verkehrswissenschaften lange Zeit nicht berücksichtigt. Sie waren traditionell auf Segmente wie den klassischen Berufsverkehr oder Methoden wie die Verkehrssimulation konzentriert. Sie öffnen sich erst behutsam neueren Forschungsaufgaben in Bereichen wie Freizeitverkehr, Wirtschaftsverkehr, sozialen Aspekten der Mobilität oder qualitativen Methoden (vgl. Roe 2000). Die verkehrsgeographische Betrachtung kann insofern zu einem besseren Verständnis dieser Dynamik beitragen, indem sie sich diesen Veränderungen gegenüber öffnet und die raum-zeitlichen Implikationen bestimmter Entwicklungen untersucht.

1.3.3 Räumliche Arbeitsteilung, neue Standortdynamiken und Unternehmenslogistik

Parallel zum sozialen Wandel in Lebensführung und Lebensformen hat sich auch die Realität der Unternehmen in den vergangenen Jahrzehnten stark verändert. Betriebliches Handeln findet zum einen unter verschärftem Wettbewerb statt, zum anderen sind die Unternehmen den Anforderungen einer flexiblen, vernetzten Ökonomie ausgesetzt. Die Gütermärkte sind räumlich gewachsen, komplexer geworden und hart umkämpft. Mit Blick auf die verkehrsgeographische Analyse ist diese Entwicklung Ausdruck veränderter ökonomisch-technischer Randbedingungen, insbesondere der stark gesunkenen Transportkosten, der besser ausgebauten Verkehrswege sowie der neuen Verkehrs- und Kommunikationstechnologien (vgl. Läpple 1995). In diesem Zusammenhang lassen sich drei Teilprozesse hervorheben. Sie beziehen sich erstens auf die Frage nach der Organisation der Produktion von Gütern und Dienstleistungen, zweitens auf die Frage, welche Güter und Dienstleistungen nachgefragt und produziert werden und drittens auf die Frage nach der räumlichen Größe des Marktes, also nach den Standorten, an denen die Wertschöpfung erbracht wird bzw. an denen Güter und Dienstleistungen konsumiert werden.

Die **Organisation von Produktion und Dienstleistung** hat sich im Zuge umfassender Rationalisierungen stark verändert. Ihre wichtigsten Merkmale sind zum einen die ganzheitliche Betrachtung, Organisation und Kontrolle von Material- und Informationsfluss im Unternehmen, zum anderen die zunehmende Vernetzung der Wertschöpfungsprozesse (vgl. Baumgarten/Walter 2000). Aus Kostengründen lassen viele Betriebe benötigte Teile oder ganze Komponenten von Dritten produzieren, statt dies selbst zu tun. Moderne Informations- und Kommunikationssysteme haben Outsourcing und Just-in-Time-Fertigung in der Industrie möglich gemacht. Zugleich wird mehr Flexibilität praktiziert, indem Betriebs- und Arbeitszeiten variabel gestaltet werden, um die Fertigung optimal zu planen und Kapazitäten besser auszulasten. Dies generiert Mobilität und Verkehr außerhalb der traditionellen Belastungsspitzen. Auf diese individuellen Anforderungen sind kollektive Verkehrsangebote aber nur begrenzt eingerichtet.

Outsourcing betrifft nicht nur die Produktionsfunktionen der Fertigungsbetriebe und ihrer Zulieferer, sondern auch externe Dienstleistungen und den Transportsektor. Dieser wird verstärkt nicht mehr durch den eigenen Fuhrpark von Industrie und Handel organisiert (im sogenannten Werkverkehr), sondern von Dritten - in deren Auftrag - übernommen. Neben den expandierenden Großspeditionen gehören in

jüngerer Zeit spezialisierte Unternehmen im Kleingutsektor (Kurier-, Express- und Paketdienste – KEP) zu den erfolgreichsten Zweigen der Verkehrswirtschaft. Hinzu kommen Personenwirtschaftsverkehre, je größer der Anteil der Dienstleistungen ist.

Schließlich ist die wirtschaftsräumliche Bezugsbasis heute eine andere als noch vor 20 oder 30 Jahren. Die **räumliche Arbeitsteilung**, eine wichtige Begleiterscheinung der Entstehung der Industriegesellschaft, hat im Zeitalter von Internationalisierung und Globalisierung weiter zugenommen. Das Handelsvolumen ist in den meisten Industrieländern stärker gewachsen als das Produktionsvolumen (Dicken 2003). Die Zunahme der Import-, Export- und Produktionsverflechtungen in der Weltwirtschaft hat zwangsläufig einen Anstieg des Güterverkehrs zur Folge. Die weltweit gespannten Produktionsnetze etwa der Textil- oder Automobilindustrie praktizieren flexible Fertigung über große Distanzen hinweg (vgl. Schamp 2000).

Die **Liberalisierung** der großen Wirtschaftsräume hat diese Tendenzen verstärkt, denn der Abbau von Zollschranken, Handelsbarrieren und Marktzugangsgrenzen war ausdrücklich auf den freien Warenverkehr gerichtet. Daher überrascht es nicht, dass die Schaffung von Binnenmärkten wie in der Europäischen Union (und ihre Erweiterung) oder der nordamerikanischen Freihandelszone NAFTA jeweils mit einem Anstieg des Güterverkehrs einherging. Dies gilt erst recht für die wachsende Verflechtung der Weltwirtschaft mit Asien, die sich z. B. infolge des Aufstiegs Chinas zum globalen Industriestandort ergibt.

Die veränderten Produktions- und Distributionsbeziehungen der Unternehmen beruhen ganz zentral auf der Einführung der neuen **Warenwirtschaftskonzepte**. Sie ermöglichen eine flexible, bedarfsgerechte Bestandsführung, mit der eine umfassende Reduktion der Bestandskosten machbar wird. Da die Transportkosten deutlich niedriger sind, können die Gesamtkosten deutlich gesenkt werden. Als Folge der Substitution (*trade off*) zwischen Lagerhaltung und Transport werden Warenbestände zunehmend durch Warenbewegung ersetzt. Entsprechend kleinere Losgrößen werden in einer kürzeren Taktung weitaus häufiger als vorher transportiert. Auf diese Weise wächst der Straßengüterverkehr, der diese Anforderungen mit seinen systemeigenen Vorteilen (hohe Netzbildung, kurzfristige Flexibilität, geringe Transaktionskosten) besser und billiger erfüllen kann als Bahn oder Binnenschiff. Zugleich entsteht eine neue Nachfrage nach modernen Umschlag- und Distributionszentren, die oft an verkehrsgünstigen Standorten außerhalb des Siedlungsbestands errichtet werden.

Die neuen Produktionskonzepte und die sektoralen Verschiebungen innerhalb der Volkswirtschaft haben auch zu einer **Verschiebung der Güterstrukturen** geführt. Die alten Standorte der Montanindustrie waren klassische Erzeuger von Schwerverkehr, mit einem hohen Anteil von Massengütern (Bahn- und Schiffstransport). Die modernen Netzwerke der stark dienstleistungsgeprägten industriellen Fertigung von leichten und hochwertigen Waren basieren vor allem auf dem Straßengüterverkehr, teilweise werden im Rahmen neuer Logistikkonzepte aber auch Schiene und Binnenschiff eingesetzt. Im Konsumgüter produzierenden Gewerbe hat der Lkw heute eine dominante Position, die umso stärker ausgebaut wird, je geringer die Lagerbestände, je kleinteiliger die Sendungen und je kürzer die Lieferzyklen sind.

In Konsequenz dieser Entwicklung zeigt die Statistik ein starkes **Wachstum des Gütertransports** über die vergangenen Jahrzehnte, woran insbesondere der Lkw, das Containerschiff und das Flugzeug hohe Anteile haben. Bahn und Binnenschiff verlieren bzw. stagnieren mit ihrem Anteil am Gesamtverkehr (Modal Split). Allein zwischen 1991 und 1998 ist der Straßengüterverkehr in Deutschland von 245,7 Mrd. tkm um 28,6 % auf 315,9 tkm gestiegen. Die Bahn hat in dieser Zeitspanne 8,2 % Marktanteil verloren, das Binnenschiff 14,8 % gewonnen. Gleichzeitig hat sich die Bedeutung des Luftfrachtverkehrs mit ca. 53 % sprunghaft erhöht. Der Transport in Rohrleitungen hat von 15,7 Mrd. auf 14,8 Mrd. tkm abgenommen (BMVBW 2000, S. 8). Der Anteil des Lkw-Verkehrs am gesamten Verkehrsaufwand über alle Gütergruppen hinweg ist zwischen 1991 und 1998 von 61,8 % auf 67,4 % gestiegen (bezogen auf tkm, ebda.). Bahn und Binnenschiff werden dagegen, von Verkehrshauptachsen und Massengütern abgesehen, zunehmend in Teilmärkte und Nischen verdrängt. Je nach Gütergruppe stellt sich die Entwicklung der Verkehrsträger unterschiedlich dar, da sie bestimmte Affinitäten zu einzelnen Gutarten besitzen. Stark gewachsen ist vor allem der Güterfernverkehr, nicht zuletzt bei grenzüberschreitenden Transporten, während der städtische und regionale Güterverkehr in seinem Aufkommen und den Verkehrsleistungen stagniert. Er unterliegt allerdings starken Schwankungen durch die Konjunturen der Bauwirtschaft, welche die Hälfte des Tonnageaufkommens beisteuert.

Seit 1999 hat sich das Bild vom säkularen **Wachstum des Güterverkehrs modifiziert**. Insbesondere aufgrund der schwachen wirtschaftlichen Entwicklung waren das Verkehrsaufkommen und

Tab. 1.3.1 Staatliche Regulierung im Verkehrswesen der BRD vor 1990

Art der Regulierung	Eisenbahnverkehr (Personen- und Güterverkehr)	Straßenverkehr – Personenverkehr mit Linienbussen	Straßenverkehr – Güterbezirks- und Fernverkehr	Straßenverkehr – Grenzüberschreitender Güterverkehr	Binnenschiffsverkehr	Luftverkehr
Marktzutrittsbeschränkungen (über Nachweis der Zuverlässigkeit, Sachkunde und Mindestkapitalausstattung hinaus)	Vorrecht der DB bei Planung und Bau neuer Strecken Monopol der DB bei Betrieb ihres Netzes Schleppmonopol der DB für Privatwagen Einstellung der Bedienung von Strecken nur nach Genehmigung durch Verwaltungsrat BMV	Konzessionen für einen Betreiber pro Linie Vorrechte für bereits konzessionierte Betreiber („Großvaterklausel") Neuzulassung nur nach Anhörung etablierter Betreiber des Gebiets; diese können Neuverkehr an sich ziehen Privileg der DB auf Gestaltung des Schienenersatz- u. Parallelverkehrs	Beschränkte Anzahl von „blauen" bzw. „roten" Konzessionen (Anzahl nach regionalem Schlüssel durch BMV festgelegt) Verlängerung auslaufender Konzessionen und Handel nur mit Zustimmung der Genehmigungsbehörde Konzessionen tonnagemäßig aufteilbar, wenige Ausnahmen von Konzessionszwang	Beschränkte Anzahl von „rosa" Spezialkonzessionen durch BMV festgelegt nach regionalem Schlüssel Zusätzlich Einzelfahrgenehmigung aus den zwischenstaatlich ausgehandelten bilateralen Kontingenten Daneben EG- oder europaweit geltende Konzessionen in geringer Anzahl	Keine	Zulassungspflicht für jedes Unternehmen und jede Fluglinie Charter darf Linienverkehr keine Konkurrenz machen Im Binnenverkehr Vorrecht für Lufthansa u. Töchter Im internationalen Verkehr Zulassung gemäß bilateraler Abkommen
Tarifkontrollen	Tarifzwang u. Tarifkontrolle durch den BMV Im Güterverkehr Tariferhöhungen bis 20%/Jahr automatisch genehmigt, Tarifsenkungen nur über Ausnahmetarife Landwirtschaftliche, strukturelle, soziale u. regionale Aspekte sowie intermodale Wettbewerbsbeziehungen bei Tarifgestaltung zu beachten	Tarifzwang u. Tarifkontrolle	Margentarife (±8,5%), von der Tarifkommission für den Fern- und Möbelverkehr ohne Stimmrecht der Verlader festgelegt und vom BMV genehmigt Tarifeinhaltung kontrolliert von Bundesanstalt für den Güterfernverkehr (BAG)	Margentarife im Rahmen von bilateralen Abkommen, bis zu 70% niedriger als vergleichbare Inlandstarife	Fest- oder Margentarife, von der Tarifkommission für die Binnenschifffahrt ausgehandelt u. vom BMV genehmigt Landwirtschaftliche. strukturelle und regionale Aspekte sind zu berücksichtigen	BMV genehmigt Tarifanträge der Gesellschaften im Binnenverkehr alleinverantwortlich Im internationalen Verkehr gemeinsam mit Partnerland Binnentarife liegen über der 1. Klasse für Bahn
Kapazitäts- und Qualitätskontrollen, Regulierung von Leistungsmerkmalen	Gemeinschaftliche Verpflichtungen: - Tarifpflicht - Betriebspflicht - Beförderungspflicht - Fahrplanpflicht	Gemeinschaftliche Verpflichtungen: - Tarifpflicht - Betriebspflicht - Beförderungspflicht - Fahrplanpflicht Kapazitätsbeschränkungen.	Keine gemeinwirtschaftlichen Verpflichtungen Kapazitätskontrolle in Form von Tonnage- (Nutzlast-) Beschränkungen	Keine	Keine explizite Teilweise Anreize zum Abwracken durch entsprechende Prämien, und zu Neubauten durch Investitionsbeihilfen	Gemeinschaftliche Verpflichtungen: - Tarifpflicht - Betriebspflicht - Beförderungspflicht - Fahrplanpflicht

Quelle: Nuhn 1998b, S. 159 (nach Laaser 1991, S. 14/15)

die Verkehrsleistung im Straßengüterverkehr drei Jahre nacheinander rückläufig (Verkehr in Zahlen 2003/2004, S. 233). Bis zum Jahr 2015 rechnet die Bundesregierung allerdings mit einem weiteren Anstieg des Güterverkehrs um 64 % gegenüber 1997 (BMVBW 2000), d. h. mit einer Steigerung der gesamten Verkehrsleistung von 371 auf 608 Mrd. Tonnenkilometer. Bei diesen Zahlen ist jedoch eine hohe Prognoseunsicherheit zu berücksichtigen, sowohl mit Blick auf weiter wachstumsfördernde Faktoren (wie etwa der anhaltende Anstieg des Welthandels oder die Erweiterung der Europäischen Union) als auch auf deren Kompensation, z. B. infolge des demographischen Wandels oder latenter konjunktureller Stagnation.

1.3.4 Politische Rahmensetzungen, Marktöffnung und Deregulierung

Der hohe Stellenwert, den Mobilität und Verkehr heute in den Industriegesellschaften einnehmen, ist das Ergebnis eines Zusammenspiels vielfältiger Faktorenbündel. Er ist das Produkt individuellen Handelns und politischer Spielregeln vor dem Hintergrund von ökonomischer Machtverteilung und gesellschaftlicher Rahmenbedingungen. Die Verkehrsentwicklung ist in hohem Maße auch Gegenstand politischer Regulierung.

Dies betrifft nicht nur die Vorleistungen der staatlichen Infrastruktur und der öffentlichen Verkehrsunternehmen sowie den generellen Ordnungsrahmen, sondern auch direkte staatliche Eingriffe in die Gestaltungsfreiheit der Unternehmen durch Gebote, Verbote und spezielle Vorschriften. Die ab der zweiten Hälfte des 19. Jahrhunderts immer mehr ausgeweitete staatliche **Regulierungsdichte** war in den Ländern unterschiedlich hoch und blieb in Deutschland auch nach Gründung

der Bundesrepublik unter Einführung der Marktwirtschaft erhalten. Die Vorschriften und Kontrollen erstreckten sich auf alle Bereiche des Schienen-, Straßen-, Schiffs- und Luftverkehrs mit unterschiedlicher Reichweite (vgl. Tab. 1.3.1 und Laaser 1991, Nuhn 1998b).

Bereits nach dem Zweiten Weltkrieg setzten mit der Gründung internationaler Institutionen wie **GATT, IWF und Weltbank** Bemühungen für einen stärkeren zwischenstaatlichen Austausch von Waren, Dienstleistungen und Kapital ein, die zum Abschluss von multilateralen Verträgen zur Zollsenkung, zur Beseitigung von Handelshemmnissen und zur Gründung regionaler Freihandelszonen bzw. Wirtschaftsgemeinschaften führten. Zusammen mit einer **neoliberalen Wirtschaftspolitik** auf nationaler Ebene mit dem Ziel der Weltmarktöffnung, der Deregulierung staatlicher Verwaltungen und der Privatisierung öffentlicher Unternehmen ergaben sich verstärkte Anreize zum Handelsaustausch, die gleichzeitig das Transportaufkommen schneller wachsen ließen als die Weltproduktion und das Bruttosozialprodukt (Nuhn 1997).

Ab Mitte der 1970er Jahre manifestieren sich diese Tendenzen zur **Liberalisierung und Privatisierung der Verkehrsmärkte** in einer Reihe von Gesetzen in den USA: *Air Cargo Deregulation Act* 1977, *Airline Deregulation Act* 1978, *Staggers Rail Act* 1980 und *Motor Carrier Act* 1980. In Europa folgte zunächst nur Großbritannien unter der Regierung Thatcher mit einem entsprechenden neoliberalen Reformprogramm. Innerhalb der EU verhinderte die Diskrepanz zwischen gewachsenen protektionistischen Ordnungsstrukturen auf der nationalen Ebene und den marktwirtschaftlichen Zielsetzungen der Integration rasche Änderungen.

Erst 1985 begann nach einem Urteil des Europäischen Gerichtshofes die bereits im Gründungsvertrag der EG 1958 vorgesehene Umsetzung einer gemeinsamen Verkehrspolitik im Vorfeld der Verwirklichung des **europäischen Binnenmarktes 1993**. Mittlerweile sind sowohl im Bereich des Luftverkehrs (drei Liberalisierungsschritte zwischen 1987 und 1997), in der Binnenschifffahrt (Kabotagefreiheit 1995) und im Landverkehr (Wegfall staatlicher Tarifbindung 1994, Kabotagefreiheit 1998) einheitliche Marktordnungen eingeführt worden. Seit 1996 bewirkt eine EU-Richtlinie die schrittweise Öffnung der Bahnmärkte sowie die Trennung von Netzverantwortung und Angebotsgestaltung bei den Eisenbahnen. Für 2007 steht die Öffnung der kommunalen Nahverkehrsmärkte für den Wettbewerb an. Damit wird die Wettbewerbssituation der früher öffentlichen Verkehrsträger wie auch der privaten Transportunternehmen massiv umgestaltet, die vorher auf stark regulierten und geschützten Märkten operierten.

Diese Entscheidungen zur Marktöffnung sind von erheblicher Bedeutung für die zukünftige Verkehrsentwicklung und die Herstellung des **freien Verkehrs von Waren und Dienstleistungen** in Europa (vgl. EU COM 2001b). Damit hat die Europäische Union in diesem Bereich gegenüber den nationalen Regierungen bzw. den Gebietskörperschaften stark an Kompetenz gewonnen, denn die Mitgliedstaaten müssen die EU-Richtlinien verbindlich in ihr nationales Recht umsetzen.

In welche Richtung sich diese veränderte **Ordnungspolitik** für den Verkehrssektor konkret auswirken wird, ist noch nicht einheitlich zu bestimmen. Auf der einen Seite werden Effizienzgewinne durch mehr Wettbewerb und unternehmerisches Handeln in den Verkehrsbetrieben erhofft; zu-

dem hat die Deregulierung der Gütertransportmärkte zu einem deutlichen Rückgang der Transportpreise geführt. Andererseits wird kritisiert, dass diese Verbesserungen durch ruinösen Wettbewerb, Lohndumping und Sicherheitsmängel im Verkehr erkauft worden seien (vgl. PLEHWE 2000). Auch wird grundsätzlich in Frage gestellt, inwieweit der öffentliche Verkehr als „öffentliches Gut" überhaupt privatwirtschaftlich betrieben werden kann, ohne seine Gemeinwohlverpflichtungen aufzugeben. Die Erfahrungen mit der Privatisierung des Bus- und Bahnverkehrs in Großbritannien geben hier kaum Anlass zu positiven Erwartungen (vgl. DOCHERTY/SHAW 2003, BRADSHAW/LAWTON SMITH 2000). Angebotseinschränkungen im öffentlichen Verkehr nicht nur außerhalb der Ballungsräume sowie erhebliche Probleme in der Verantwortung für das Eisenbahnnetz (bis hin zu katastrophalen Sicherheitsmängeln) sind hier zu nennen.

Schließlich ergibt sich vor dem Hintergrund von Deregulierung und Liberalisierung auch ein tiefgreifender **Wandel im Planungs- und Politikverständnis**. Er geht mit einem Abbau der Regelungsdichte, mit der Verlagerung von Entscheidungskompetenzen von öffentlichen (etwa Staat, Kommunalverwaltungen) auf private Träger (Investoren, Auftragnehmer) sowie mit einem veränderten Regulationsklima einher. Die Systemlogik des Marktes hat gegenüber staatlichen bzw. nicht-ökonomischen Imperativen erheblich an Bedeutung gewonnen (vgl. LEGGEWIE/MÜNCH 2001). Dies wirkt sich naturgemäß auf Wege der politischen Entscheidungsfindung oder auf die Lösung von Planungskonflikten aus. Gerade aufgrund des wachsenden Verkehrs und der begrenzten Kapazitäten der Verkehrsträger in einem dichtbesiedelten Land wie der Bundesrepublik Deutschland nehmen diesbezügliche Nutzungskonflikte an Umfang und Bedeutung zu. Dies erschwert nicht zuletzt auch die Suche nach konsensfähigen Problemlösungen. Zugleich verändert der anstehende Übergang von der Steuer- zur Abgabenfinanzierung der Verkehrswege (vgl. die Lkw-Maut, privat erstellte *toll roads*) das politische System wie auch die Nutzungsbedingungen der Verkehrswege. Die Rolle des Staates als Agent der Infrastruktur- und Ordnungspolitik wird in dem Maße in Frage gestellt, wie private Akteure mit ihren Instrumenten zunehmend die Verkehrspolitik mitbestimmen.

Aus geographischer Sicht ist die Tatsache von Bedeutung, dass sich die **Wirtschafts- und Aktionsräume** im Zuge der Deregulierung erheblich erweitern und dass auf diese Weise die räumliche Arbeitsteilung intensiviert wird. Je stärker räumliche, physische oder institutionelle Bindungen gelockert werden, umso mehr erhält auch der Verkehr weitere Wachstumsimpulse, gleichbleibende Rahmenbedingungen (z. B. niedrige Energiepreise) vorausgesetzt (Hamm 1989, Estache/de Rus 2000). Zudem werden unternehmerische Standortstrategien durch wachsende Mobilitätsmöglichkeiten neu gewichtet, womit weitere Implikationen verbunden sein können. Die konkreten räumlichen Konsequenzen dieser Entwicklung, die im Mittelpunkt verkehrsgeographischen Interesses stehen, sind indes aufgrund des komplexen Bedingungsgefüges von Raum- und Verkehrsentwicklung heute noch nicht absehbar.

Literaturauswahl zur Ergänzung und Vertiefung von Kapitel 1

- **Einführung und Überblick/Entwicklung und Forschungsansätze der Verkehrsgeographie:**
DEITERS/GRÄF/LÖFFLER 2001, KNOWLES 1994, NUHN 1994c, SCHLIEPHAKE 1987, RIMMER 1985, LEINBACH 1976, JACOB 1974

- **Lehrbücher/Atlanten/Sammelbände der Verkehrsgeographie:**
HANSON/GUILIANO 2005, HENSHER et al. 2004, IFL (Hg.) 2001, HOYLE/KNOWLES (Hg.) 1998[2], TAAFFE et al. 1996, TOLLEY/TURTON 1995, MAIER/ATZKERN 1992, SCHLIEPHAKE 1982, VOPPEL 1980, FOCHLER-HAUKE 1976, ELIOT HURST (Hg.) 1974

- **Lehr- und Handbücher der Transportwirtschaft/Verkehrswirtschaft:**
ABERLE 2003, IHDE 2001, GUDEHUS 2000, BLOECH/IHDE (Hg.) 1996, MANHEIM 1979, APEL et al. (lfd. Jahre)

- **Verkehrsstatistik/Datenreihen:**
Verkehr in Zahlen, (lfd. Jahre), BMVBW (Hg.), Hamburg
Statistisches Jahrbuch für die BRD, Statistisches Jahrbuch für das Ausland, (lfd. Jahre), STATISTISCHES BUNDESAMT (Hg.), Wiesbaden
Energy & Transport Facts and Figures, (lfd. Jahre), EU COM (Hg.), Brüssel

- **Rahmenbedingungen und Grundmuster der Verkehrsentwicklung:**
AHRENS et al. 2005, BBR 2005, Shell Deutschland Oil 2004, INFAS/DIW 2004, MERKEL/BJELICIC (Hg.) 2003, ZUMKELLER et al. 2003, SCHMITZ 2001, LÄPPLE (Hg.) 1995

- **Verkehrspolitik:**
BUTTON/HENSHER (Hg.) 2005, EU COM 2001b, ESTACHE/DE RUS (Hg.) 2000, BMVBW 2000, PLEHWE 2000, NUHN 1998b, LAASER 1991, HAMM 1989

- **Zeitschriften:**
Deutsche Verkehrs-Zeitung (DVZ), 2005, Jg. 59 (erscheint 3 x wöchentlich)
European Journal of Transport and Infrastructure Research, 2005, Jg. 5 (erscheint 4 x jährlich)
Internationales Verkehrswesen, 2005, Jg. 57 (erscheint 12 x jährlich)
Journal of Transport Geography, 2005, Jg. 13 (erscheint 6 x jährlich)
Transportation Research,
    Part A: Policy and Practice, Jg. 39 (erscheint 10 x jährlich)
    Part B: Methodological, Jg. 39 (erscheint 10 x jährlich)
    Part C: Emerging Technologies, Jg. 13 (erscheint 6 x jährlich)
    Part D: Transport and Environment, Jg. 10 (erscheint 6 x jährlich)
    Part E: Logistics and Transportation Review, Jg. 41 (erscheint 6 x jährlich)
    Part F: Traffic Psychology and Behaviour, Jg. 8 (erscheint 6 x jährlich)
Transport Reviews, 2005, Jg. 25 (erscheint 6 x jährlich)
Zeitschrift für Verkehrswissenschaft, 2005, Jg. 76 (erscheint 4 x jährlich)

2 Die Verkehrsträger in sektoraler Betrachtung

2.1 Straßenverkehr

2.1.1 Bedeutung im Verkehrssystem

Der Straßenverkehr ist heute in den meisten Ländern der wichtigste Transportsektor. Annähernd 90 % der Leistung im Personenverkehr und 65 % im Güterverkehr werden in Deutschland über Straßen unterschiedlicher Funktion und Ausbaustufen erbracht. Das System **Straßenverkehr** umfasst neben den Verkehrswegen und den Verkehrsmitteln auch die mit der Nutzung in Zusammenhang stehenden Einrichtungen (Tankstellen, Parkhäuser etc.). Seine Leistungsfähigkeit ist eine wichtige Voraussetzung für eine moderne Volkswirtschaft und für die Mobilität der Bürger.

Für das gegliederte **Straßennetz** ist zumeist die öffentliche Hand zuständig. In Deutschland gehören Planung, Finanzierung, Bau und Reparatur der Bundesfernstraßen (BAB, B) zu den gesetzlich geregelten Aufgaben der Bundesregierung. Für die Landes- und Kreisstraßen (L, K) mit regionaler Verbindungsfunktion sind die Länderregierungen und Kreisverwaltungen verantwortlich, während die vorwiegend zur Flächenerschließung und zum öffentlichen Aufenthalt dienenden Gemeindestraßen und Wirtschaftswege im Rahmen der Bauleitplanung von den Kommunen betreut werden.

Die **Motorverkehrsmittel** unterschied-licher Funktion und Größe gehören demgegenüber zumeist Unternehmen oder Privatpersonen. Sie müssen aber den Normen der staatlichen Zulassungsordnung entsprechen, und ihr Betrieb nach den Richtlinien der Straßenverkehrsordnung setzt eine Fahrerlaubnis voraus. Herstellung und Vertrieb der Straßenfahrzeuge bilden in den wichtigeren Industrieländern einen bedeutenden Wirtschaftszweig, der in den letzten Jahren durch starke Konzentrationsprozesse und zunehmende Globalisierung geprägt wurde. Multinationale Unternehmen dominieren auch die Treibstoffversorgung.

Die heutige Bedeutung der Straße hat sich in den meisten Ländern erst im Laufe der **Vollmotorisierung** nach dem Zweiten Weltkrieg entwickelt. Vorher stand für nahezu 100 Jahre die Eisenbahn im Zentrum des Verkehrsgeschehens und überließ dem Straßenverkehr die Zubringer- und Verteilerfunktion. Die spezifischen Vor- und Nachteile des motorisierten Straßenverkehrs lassen sich aus Kasten 2.1.1 entnehmen.

Der **Motorisierte Individualverkehr** (MIV) (Pkw, Krad, Moped) erreichte 1955 in Westdeutschland erstmals über 50 % der Verkehrsleistung, während der Anteil des öffentlichen Verkehrs weiter sank (BORSCHEID 1988). Allerdings blieb die Motorisierung in Ostdeutschland zurück. 1960 entfielen hier nur 11 Pkw auf 1000 Einwohner, während die Vergleichszahl

---

Kasten 2.1.1
Vor- und Nachteile des Kraftfahrzeugs

Vorteile:

- Flexibel einsetzbares Transportgerät unterschiedlicher Spezialisierung und Größe
- Gute Eignung für Personen- und /oder Güterbeförderung
- Hohe Reisegeschwindigkeit und angemessener Komfort
- Flächendeckende Vernetzung und Raumerschließung
- Haus-zu-Haus-Transporte ohne Umsteigen/Umladen
- Kurzer Zeitaufwand bei beruflichen und privaten Reisen
- Hohe individuelle Freiheit und Mobilität
- Keine Bindung an starre Transportlinien und Fahrpläne

Nachteile:

- Starker Lärmpegel bei zunehmender Geschwindigkeit
- Emission von Luftschadstoffen durch den Verbrennungsmotor (Stickoxide, Benzol, Rußpartikel oder Feinstäube)
- Verbrauch von fossilen Brennstoffen und Emission von Kohlendioxid (damit Beitrag zum globalen Klimaproblem)
- Ungünstige Energiebilanz bei Unterauslastung
- Hohe Unfall- und Staugefahr trotz technischer Verbesserungen
- Hohe Anschaffungskosten und schneller Wertverlust
- Fördert Zersiedlung und Flächenverbrauch

---

in der BRD bei 78 Pkw lag. Bis 1975 gab es in der DDR weniger Pkw als Motorräder, die in der Bundesrepublik bereits seit Ende der 1950er Jahre bedeutungslos waren (EVERS 1993).

Allerdings wurden seit Mitte der 1960er Jahre auch die **Nachteile des Kraftfahr-**

zeugs hervorgehoben (vgl. Kap. 5). Zunächst stellten Stadtentwicklungs- und Umweltexperten die Massenmotorisierung infrage und mahnten eine Begrenzung des MIV sowie die Förderung des ÖPNV an. Mit der Zunahme der Umweltbelastungen durch Abgase, Lärm und zugeparkte Straßenräume in den Ballungsgebieten sowie einer steigenden Zahl von Verkehrsunfällen fühlten sich auch breitere Bevölkerungsschichten persönlich betroffen. Hinzu kamen Medienberichte über Sommersmog aus den Metropolen des Autolandes USA und alarmierende Prognosen zu den Grenzen des Wachstums durch den *Club of Rome*.

Die deutsche Politik reagierte durch die Einberufung von Sachverständigen für Umweltfragen und Landschaftspflege, die 1973 und 1974 Gutachten vorlegten u. a. zum Thema **„Auto und Umwelt"** (SRU 1973). Dabei wurden die Grundprobleme umfassend dargestellt, was aber noch nicht zu spezifischen Maßnahmen führte. Dagegen erfolgten drastische Einschnitte aus energiepolitischen Erwägungen als Reaktion auf die Ölkrise Ende 1973 (Geschwindigkeitsbegrenzung 100 km/h auf BAB; autofreie Sonntage). Diese Maßnahmen wurden allerdings bald wieder aufgehoben, ohne dass die Rufe nach einer Verkehrswende Gehör fanden, die wegen der hohen Wertschätzung des Automobils im Alltag bis heute nicht in Sicht ist. In einem aktuellen Sondergutachten „Straßenverkehr und Umwelt" hat der Sachverständigenrat für Umweltfragen vor kurzem indes auf den anhaltenden Problemdruck auf diesem Gebiet hingewiesen und verstärkte Aktivitäten der Verkehrs- und Umweltpolitik gefordert (vgl. SRU 2005).

Die Regulierung, **Überwachung und Betreuung** des Straßenverkehrs erfolgen durch staatliche Einrichtungen wie das

Kraftfahrtbundesamt, das Bundesamt für Straßenwesen, das Bundesamt für Güterverkehr, die Polizei und Verkehrsgerichte, aber auch durch private Einrichtungen wie Pannenhilfen, Tankstellen, Restaurationsbetriebe, Fahrschulen, Zubehörläden und Automobilclubs sowie Fachjournale.

2.1.2 Entwicklung von Technik und Organisation

Die Entwicklung des Straßenverkehrs wird bestimmt durch das Zusammenwirken von Neuerungen beim Fahrweg und Fahrzeug. Schon für die Großreiche der Antike war die Errichtung und Erhaltung von Straßen eine wesentliche Voraussetzung für den Erhalt des Staates. Insbesondere die Römer hatten die Kunst des Straßenbaus perfektioniert. Ein Unterbau mit mehreren Deckschichten und Pflasterung garantierten eine ebene und trockene Oberfläche für Fußgänger, Reiter sowie die ein- und zweiachsigen Wagen. Meilensteine im Abstand von 1.000 Schritten und Rastanla-

gen dienten zur Orientierung und Reiseplanung. Nach dem Zerfall des Römischen Reichs gingen auch mehrere hunderttausend Straßenkilometer sowie die Ingenieurkenntnisse verloren. Der Landtransport wurde erneut für Jahrhunderte durch schlecht ausgebaute Wege behindert, die nur bei angemessenem Wetter für Saumtiere und Wagengespanne passierbar waren.

Erst im 18. Jh. knüpfte man wieder an die antiken Kenntnisse an. Verbesserungen der **Straßenbautechnik** durch TRÉSAGUET in den 1770er Jahren führten durch eine Verstärkung des Packlagers mit großen Steinen (15-20 cm), einer darüber angebrachten Schicht mit kleineren Steinen (8-10 cm) und einer gewölbten Deckschicht (ca. 9 cm) zu größerer Festigkeit und besserer Entwässerung (TEMMING 1985). Abb. 2.1.1 veranschaulicht die Bemühungen um eine Verbesserung der Ingenieurkenntnisse im deutschen Straßenbau durch die systematische Anlage der Tras-

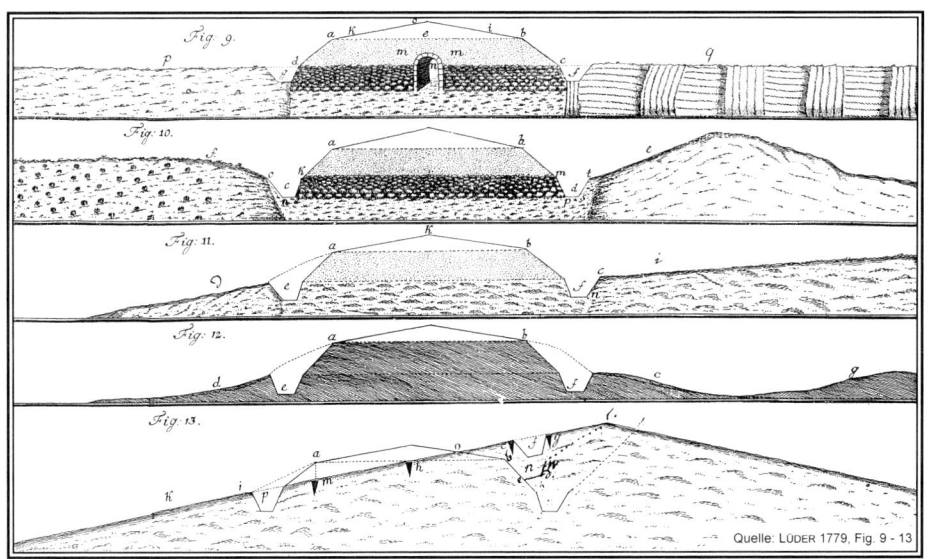

Quelle: LÜDER 1779, Fig. 9 - 13

Abb. 2.1.1 Anweisungen zum Chausseebau Ende des 18. Jh.s

se mit Materialaushub, Abzugsgräben und dem Aufbau mehrerer Deckschichten aus unterschiedlichem Gestein.

Größere Verbreitung in der Praxis erhielt das von MCADAM um 1820 erprobte Verfahren zur **Schotterung** der Fahrbahndecke. Erst nach dem Einsatz von Dampfwalzen ließ sich der Oberbau besser verdichten, glätten und später auch durch eine Bitumenauflage staubfrei gestalten. Fortschritte in der Kartographie und Topographie erleichterten die Trassenplanung und ihre Umsetzung. Das von LAUNHARDT entwickelte Kriteriensystem ermöglichte bereits eine rational begründete und finanziell abgesicherte Entscheidung über Baumaßnahmen (LAUNHARDT 1887).

Während gegen Ende des 18. Jh.s mit der Dampflokomotive und schienengebundenen Wagen bahnbrechende Erfindungen gelangen, die das 19. Jh. zum Eisenbahnzeitalter werden ließen, blieben auf der Straße **Postkutsche und Fuhrwerk** die traditionellen Beförderungsmittel für Personen und Fracht. Die Tragfähigkeit eines Wagens betrug 35-45 Zentner und die Tagesleistung 18-24 km – je nach Gelände und Ausbauzustand. Die mit der Industrialisierung wachsende Transportnachfrage konnte dadurch nur unzureichend befriedigt werden.

Erst gegen Ende des 19. Jh.s begann die Entwicklung zuverlässiger und sicherer Straßenfahrzeuge mit der Erfindung neuer Antriebstechniken des Verbrennungsmotors (OTTO 1867), des schnelllaufenden Benzinmotors (DAIMLER 1882) und des Elektromotors (SIEMENS 1879). Es wird der **Beginn des Automobilzeitalters** meist auf das Jahr 1886 bezogen, in dem sowohl Carl BENZ als auch Gottlieb DAIMLER ihre Motorwagen patentieren ließen. BENZ stützte sich bei seinem dreirädrigen Motoren-Veloziped auf die bereits gut ent-

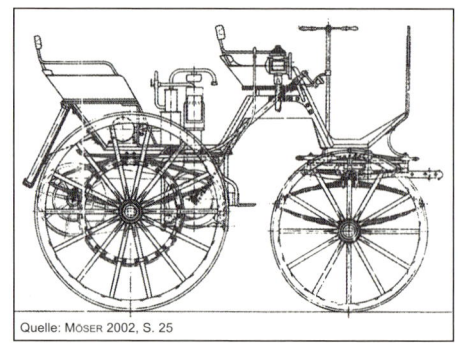

Quelle: MOSER 2002, S. 25

Abb. 2.1.2 Motorwagen von DAIMLER 1886 (Basis *Americaine*-Kutsche)

wickelte Fahrradtechnologie (leichter Stahlrohrrahmen, Speichenräder mit Kugellager, Kettenantrieb), während DAIMLER von der ausgereiften Kutschentechnik mit vier Holzspeichenrädern und Stahlfederung ausging (vgl. Abb. 2.1.2).

Ein ständiger technischer Fortschritt kennzeichnet die **Pionierzeit des Automobils**, an der deutsche Erfinder in starkem Maße beteiligt waren (Vergaser von MAYBACH 1883, Zündkürze von BOSCH 1897 u. a.). Motorwagen wurden weiterhin in handwerklicher Bauweise als Einzelstücke oder in Kleinserien hergestellt. Käufer waren vorwiegend wohlhabende Automobilliebhaber aus der Oberschicht, die sich aus Kuriosität, zur Freizeitgestaltung oder wegen des bald aufkommenden Rennsports den Luxus leisteten. Die Automobilisten schlossen sich zur Förderung ihres Hobbys in Clubs zusammen (1899 Deutscher Automobil Club, 1905 umbenannt in Kaiserlicher Automobil Club bzw. 1918 in Automobilclub von Deutschland).

Zwischen 1906 und 1910 wurden in Deutschland die ersten überörtlichen Verordnungen und Gesetze zur **Regulierung des Verkehrs** mit Kraftfahrzeugen erlassen (Verkehrsregeln, Strafvorschriften, Haftung, Führerschein, Zulassungsordnung). Damals gab es im Lande nur annähernd 16.000 Motorfahrzeuge (1907). Stärker verbreitet waren Personenkraftwagen bereits in Frankreich mit ca. 40.000 Exemplaren sowie in den USA mit über 143.000 Pkw. Nach 1910 verstärkte sich die gewerbliche Nutzung der Motorfahrzeuge. Neben dem Pkw gewann auch der Lkw wegen des Interesses der Militärs in Westeuropa an Bedeutung. In Deutschland waren 1914 ca. 9.100 Lkw und 55.000 Pkw registriert (Möser 2002).

Im selben Jahr begann in den USA die **Großserienproduktion** des Automobils in den Fordwerken unter Einsatz des Fließbandes und auf der Basis von neuen Erkenntnissen zu rationalisierten Produktionsprozessen von Taylor. Die Endmontage des Einheitsmodells *Tin Lizzy* verkürzte sich dadurch von 750 Minuten auf 93 Minuten, wodurch revolutionäre Preissenkungen möglich wurden und der Pkw in den USA vom Luxusgut zum Gebrauchsgegenstand avancierte. Im Jahre 1924 stellte Ford 2 Millionen Exemplare des *Model T* her, das Mitte des Jahrzehnts annähernd die Hälfte des weltweiten Pkw-Bestandes bildete (Möser 2002).

Die Leistungsfähigkeit der modernen **Motorfahrzeuge** wurde während des Ersten Weltkrieges im Hinblick auf den Antrieb, die Bremsen sowie die Federung und Lenkung verbessert. Durch die von Dunlop bereits 1895 entwickelte Luftbereifung ließen sich die Erschütterungen der Fahrzeuge weiter reduzieren. Um diese Vorteile voll für höhere Geschwindigkeiten nützen zu können, musste die Fahrbahndecke weiter geglättet und befestigt werden. Seit Ende der 1920er Jahre wurde deshalb mit Betondecken experimentiert. Wertvolle Erfahrungen für die Verbesserung der Fahrzeug- und Straßentechnik ergaben sich durch die beliebten Autorennen wie z. B.

auf der bereits vor dem Ersten Weltkrieg begonnenen, aber erst 1921 fertiggestellten ca. 10 km langen Automobil-Verkehrs- und Übungsstraße (AVUS) in Berlin.

Allerdings hatten die europäischen Autoproduzenten die Fertigungsinnovationen vernachlässigt und gerieten in eine **Krise** (1926 Zusammenschluss von Daimler und Benz; 1932 von Audi, NSU, Horch und Wanderer zur Auto Union). Auch Ford musste die Massenproduktion des Einheitsmodells 1927 wegen rückläufiger Nachfrage aufgeben und sich auf die erfolgreichere Strategie des Konkurrenten General Motors mit unterschiedlichen Fahrzeugtypen und jährlichem Modellwechsel einstellen, der bis heute bestimmend geblieben ist. Zur Erweiterung des Absatzmarktes drängten die US-Firmen ins Ausland. Ford eröffnete Werke in 19 Ländern, darunter 1930 in Köln, und GM übernahm die Adam Opel AG in Rüsselsheim.

Der **Kraftfahrzeugverkehr** etablierte sich damit als eigenständiger Bereich. Zunächst dominierte der Pkw, während der Lkw unter den Frachtfahrzeugen nur geringe Anteile erreichte. Dies änderte sich mit den technischen Verbesserungen der Fahrzeuge und Verkehrswege. Ende der 1920er Jahre wurden Schnelltransporter mit 2 t Ladekapazität angeboten, die 70 km/h erreichten. Die Unternehmen des gewerblichen Güterverkehrs begannen sich vom Fuhrwerk auf den Lastkraftwagen umzustellen, und das Produzierende Gewerbe engagierte sich im Werkverkehr mit eigenem Lkw. Hierdurch wurde der Straßenbau mit wachsenden Gewichten und Abmessungen der Kraftfahrzeuge konfrontiert.

Die Leistungsfähigkeit, Reisegeschwindigkeit und Verkehrssicherheit einer Straße hängt von der Linienführung, der Steigung und in hohem Maße von der Breite und **Gestaltung des Querschnitts** ab. Bereits im römischen Straßenbau gab es hierfür Bemessungsgrößen, die eine Hierarchie des Straßennetzes festlegten. Die Hauptdurchgangsstraßen in der islamischen Stadt mussten so breit sein, dass zwei beladene Kamele passieren konnten (4-8 m), die internen Verbindungswege orientierten sich an der Breite von einem Lastkamel bzw. von zwei beladenen Eseln (2-4 m) und die Anliegerstraßen an der Breite von einem Esel nebst Fußgänger (1-1,5 m).

Entsprechend geht man auch bei modernen Straßen für den Kraftverkehr von den Maßen der **Bemessungsfahrzeuge** aus. Die maximale Breite, Länge, Höhe und die Achslast der Kfz wird in der Straßenverkehrszulassungsordnung (StVZO) festgelegt (Breite 2,55/2,60 m; Länge 12,00 m Einzelfahrzeug, 16,50 m Sattelfahrzeug, 18,00 m Bus, 18,35 m Lastzug; Höhe 4,25 m; Achslast nach EU-Norm 1986: 11 t, 1990 11,5 t). Auf dieser Basis lassen sich die erforderlichen Bedarfe der Verkehrsteilnehmer kalkulieren. Abb. 2.1.3 weist Umgrenzungsräume für Fußgänger, Radfahrer und Kraftfahrzeuge einschließlich eines Sicherheitsabstandes nach (PIETZSCH/WOLF 2000, WEISE/DURTH 1997).

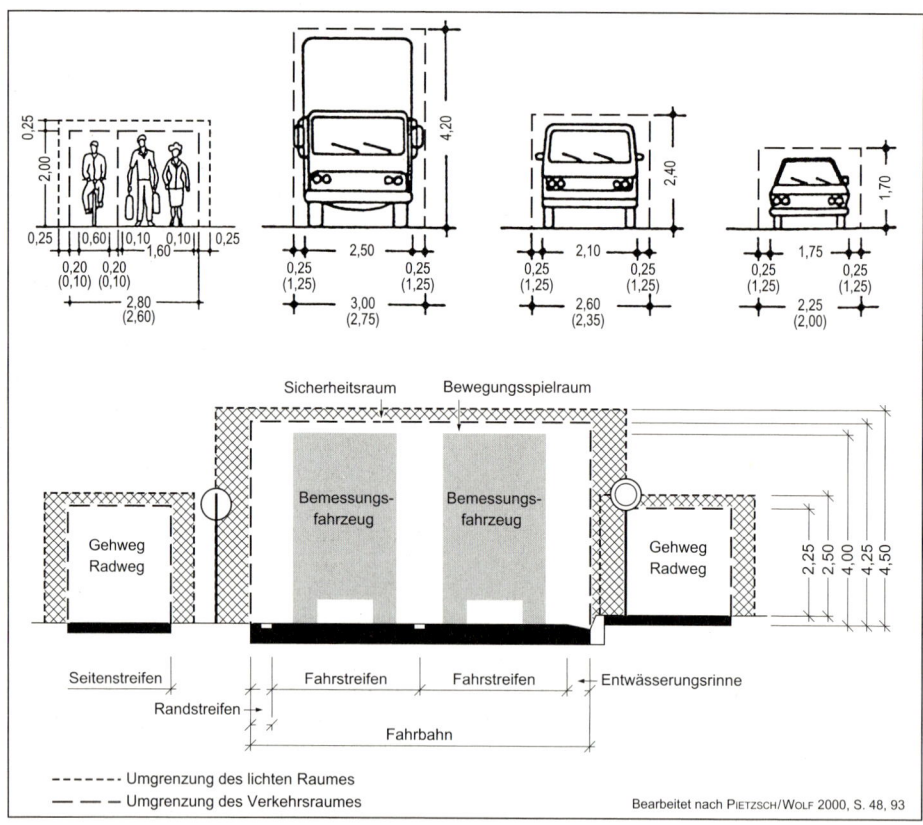

Abb. 2.1.3 Grundmaße für Verkehrsräume und lichte Räume in ihrer Bedeutung für den Straßenquerschnitt

Hieraus folgt, dass sich ein angemessener **Straßenquerschnitt** am Raumbedarf der unterschiedlichen Nutzergruppen orientieren sollte und neben der Fahrbahn mit dem Fahrstreifen einen Randstreifen als seitliches Widerlager mit Entwässerungsrinne und einem Seitenstreifen für Rad- und Gehwege umfassen muss. Im Bereich von Kreuzungen oder bei größeren Steigungen können Zusatzfahrspuren für Abbieger bzw. Langsamfahrer (Kriechspur) hinzukommen, um den Verkehrsfluss zu verbessern. Bei Straßen mit starkem Verkehrsaufkommen werden aus Sicherheitsgründen häufig Trennstreifen für die unterschiedlichen Verkehrsarten oder Richtungen eingefügt. Neben dem Mittelstreifen (2,00-3,50 m) finden sich auf Autobahnen befestigte Standspuren für Notfälle. Die äußeren Ränder der meisten Straßen werden durch unbefestigte Seitenstreifen, die sogenannten Bankette, sowie Entwässerungsmulden von jeweils 1-2 m Breite eingenommen. Auch für die Gestaltung von Damm- und Einschnittsböschungen gibt es einschlägige Richtlinien.

Vorschläge der Forschungsgesellschaft für Straßen- und Verkehrswesen zielen auf eine **Vereinheitlichung der Normen** für die unterschiedlichen Verkehrswege. Allgemeinwirtschaftliche Mehrkosten des Energieverbrauchs durch Umweg, Steigung, Stau- und Unfallgefahr sollen mit den bautechnischen Erfordernissen konfrontiert werden, um unter Abwägung der unterschiedlichen Interessen geeignete Straßenkorridore bestimmen zu können. Die zur Zeit empfohlenen neun Regelquerschnitte der RAS-Q 96 sind in Abb. 2.1.4 dargestellt und tabellarisch erläutert.

Die ersten vier Querschnitte sind für **Autobahnen** vorgesehen. Während in der Nachkriegszeit der Regelquerschnitt auf 30 m ausgeweitet wurde (Verbreiterung der Standspur), erfolgten ab 1974 Einsparungen, um die Baukosten und den Flächenverbrauch zu senken. Neben der großräumig ausgerichteten Autobahn hoher Belastung mit 29 m Breite wurde eine Regionalautobahn mit nur 26 m Breite eingeführt. Auch die großzügigen Bundesstraßen der Nachkriegsjahre mit 8,5 m Breite wurden 1982 auf 8 m und 1996 auf 7,50 m reduziert. Gleichzeitig erfolgte allerdings im Rahmen der EU-Harmonisierung eine Erhöhung der zulässigen Breite für Lkw von 2,50 m auf 2,55 m bzw. 2,60 m.

Für **Kraftfahrstraßen** mit Geschwindigkeiten bis 100 km/h und einer maximalen Verkehrsstärke von 30.000 bzw. 25.000 Kfz/24h sind die Querschnitte RQ 20 und RQ 15,5 vorgesehen. Eine Besonderheit stellt der Regelquerschnitt RQ 15,5 mit drei Fahrstreifen dar, der nach positiven Erfahrungen im Ausland übernommen wurde. Durch den Wechsel vom ein- zum zweistreifigen Richtungsverkehr mit Abschnittslängen von 800-2.000 m wird ein hoher Durchsatz erreicht, weil Langsamfahrer zeitweise überholt werden können. Der Übergang vom einstreifigen zum zweistreifigen Verkehr gilt als unkritisch, während der Wechsel vom zweistreifigen zum einstreifigen Betrieb eine 120-180 m lange kritische Übergangszone besitzt, welche die besondere Konzentration des Fahrers erfordert.

Die **Leistungsfähigkeit** eines Querschnitts wird durch interne und externe Faktoren wie die Anzahl der Fahrstreifen je Richtung, die Breite der Streifen und ihre Längsneigung sowie den Anteil langsamer Fahrzeuge und die Witterungsverhältnisse bestimmt (Nebel, Regen, Glatteis etc.). Unter der Voraussetzung einer homogenen Fahrzeugkolonne mit gleichmäßiger Geschwindigkeit und untereinander gleichem Abstand entspricht die Verkehrsmenge in

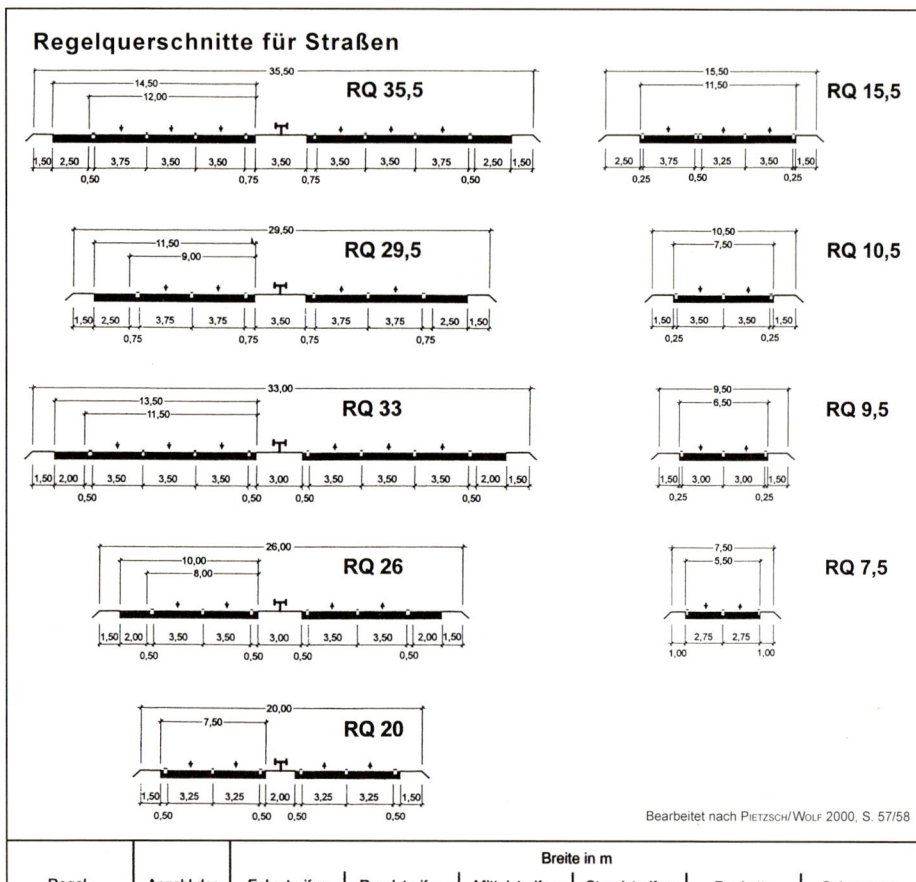

Regelquerschnitte für Straßen

		Breite in m					
Regel-querschnitt	Anzahl der Fahrstreifen	Fahrstreifen	Randstreifen	Mittelstreifen	Standstreifen	Bankette	Seitentrenn-streifen
RQ 35,5	6	3,75 u. 3,50	0,75 u. 0,50	3,50	2,50	1,50	3,00
RQ 33	6	3,50	0,50	3,00	2,00	1,50	3,00
RQ 29,5	4	3,75	0,75	3,50	2,50	1,50	3,00
RQ 26	4	3,50	0,50	3,00	2,00	1,50	3,00
RQ 20	4	3,25	0,50	2,00	–	1,50	1,75
RQ 15,5	2 + 1	3,75/3,25/3,5	0,25	–	–	2,50 [1] u. 1,50	1,75
RQ 10,5	2	3,50	0,25 [2]	–	–	1,50	1,75
RQ 9,5	2	3,00	0,25	–	–	1,50	1,75
RQ 7,5	2	2,75		–	–	1,00	1,25

1) Das Bankett neben den einstreifigen Abschnitten ist standfest auszubilden.
2) Bei einer Schwerverkehrsstärke von mehr als 900 Fz/24 h sind die Randstreifen mit einer Breite von 0,50 m auszuführen.

Quelle: PIETZSCH/WOLF 2000, S. 56

Abb. 2.1.4 Regelquerschnitte von zwei- und einbahnigen Straßen in Deutschland (Maße in m)

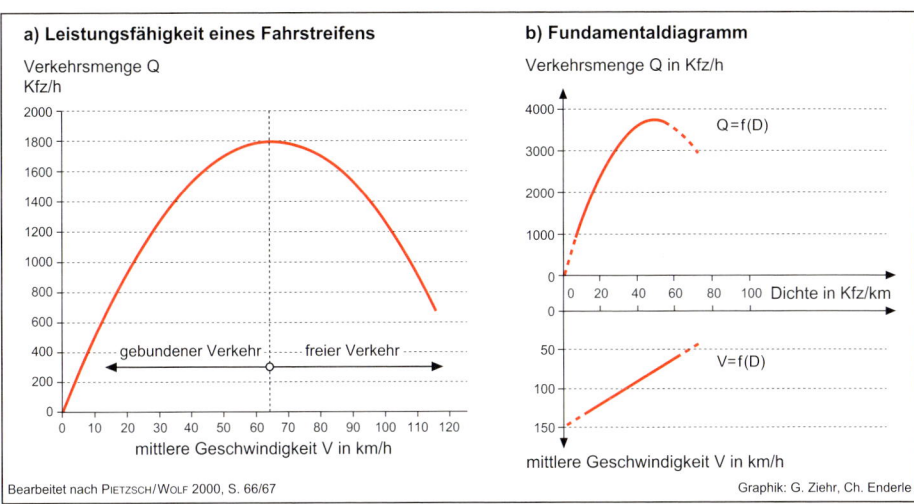

Abb. 2.1.5 Leistungsfähigkeit eines Fahrstreifens als Funktion der Kolonnengeschwindigkeit (a) und Fundamentaldiagramm (b)

Kfz/h (Q) eines Straßenquerschnitts dem Produkt aus der mittleren Verkehrsdichte in Kfz/km (D) und der mittleren Verkehrsgeschwindigkeit in km/h (V):

$$Q = D \cdot V$$

Bei geringen Verkehrsgeschwindigkeiten steigt die Leistungsfähigkeit eines Fahrstreifens stetig mit der Geschwindigkeit, erreicht aber meist bereits zwischen 60-70 km/h das **Optimum** von 1.800-2.000 Kfz/h und sinkt dann wieder (Abb. 2.1.5). Bei starkem Verkehrsaufkommen herrscht „gebundener Verkehr" in der Kolonne mit verringerter Geschwindigkeit. Wird die optimale Geschwindigkeit durch äußere Einflüsse (z. B. langsam bergauffahrender Lkw) unterschritten, kann der Verkehrsfluss zusammenbrechen, und es entsteht ein „Stau aus dem Nichts". In der Praxis werden bei einer Kolonnengeschwindigkeit von V unter 100 km/h Verkehrsstärken pro Fahrstreifen von 2.000-2.100 Kfz/h abgeführt, bei einem höheren Lkw-Anteil liegt der Wert wegen der größeren Länge der Fahrzeuge niedriger. In den Grenzbe-

reichen kommt es nicht nur leicht zu Staus, sondern auch zu Auffahrunfällen mit hohen Schadenfolgen.

Die **Weiterentwicklung des Automobils** nach dem Zweiten Weltkrieg war insbesondere auf die Verbesserung der Motorleistung (Benzineinspritzung, reduzierter Treibstoffverbrauch), des Fahrkomforts (Federung, Servolenkung, Klimaanlage) sowie der Sicherheit (Kopfstütze, Gurt, Airbag, ABS) und der Umweltverträglichkeit (Katalysator, Geräuschverminderung, Rußfilter) gerichtet. Zur Regelung der Systeme finden zumeist hydraulische, elektrische und elektronische Elemente Anwendung. In Zukunft werden insbesondere Orientierungs- und Steuerungshilfen Verbreitung finden z. B. zum Spur- und Abstandhalten. Technische Innovationen, ökonomische Dynamik und kulturelle Aspekte im Zusammenhang mit dem Automobil werden aus Anlass des Jahrhundertjubiläums in dem 2003 von CANZLER und SCHMIDT herausgegebenen Sammelband auch zukunftweisend dargestellt.

2.1.3 Entwicklung des Straßennetzes

Der Ausbau eines deutschen Fernstraßennetzes wurde im 18. und 19. Jh. im Gegensatz zu Frankreich durch die Aufsplitterung in Kleinstaaten behindert. Die wachsende Transportnachfrage konnte deshalb nur unzureichend befriedigt werden. Durch die Einteilung in **Staats-, Regional- und Vizinalstraßen** wurden zwar die unterschiedlichen Funktionen und Zuständigkeiten für den Bau und Unterhalt geregelt, aber zwischenstaatliche Absprachen über Durchgangs- und Fernverkehrswege besaßen nur geringe Priorität. Pläne für ein den modernen Anforderungen entsprechendes Verkehrsnetz, das bereits in LÜDERS General-Wege-Plan für Deutschland 1779 vorgeschlagen wurde, hatten deshalb keine Umsetzungschance.

Mit dem Aufbau des ebenfalls zunächst durch regionale Interessen gesteuerten Eisenbahnnetzes im 19. Jh. verringerte sich die Priorität für ein nationales Straßennetz weiter. Die Funktion der Straße beschränkte sich damals weitgehend auf die **Hinterlanderschließung** für den schnellen und kostengünstigen Bahntransport. Durch die starke Zunahme des Verkehrs mussten aber bald auch die Straßen ausgebaut werden. Dabei erfolgte noch weitgehend eine Orientierung der Linienführung und der bautechnischen Standards am traditionellen Fuhrwerksverkehr und nicht am Kraftfahrzeug, wodurch die Leistungsgrenzen nach dem Ersten Weltkrieg deutlich wurden. Das Fernstraßennetz des Deutschen Reiches umfasste in dieser Zeit ca. 230.000 km chaussierte Landstraßen.

Pläne für spezielle **Autostraßen** gab es seit den 1920er Jahren in mehreren Ländern wie den USA, wo die *Parkways* und im innerstädtischen Bereich die *Freeways* errichtet wurden und in Oberitalien, wo 1923 bis 1925 die *Autostrada* von Mailand zu den Oberitalienischen Seen als erste Schnellstraße für Kraftfahrzeuge entstand. Auch in Deutschland wurde 1924 eine Studiengesellschaft für Automobilstraßen (STUA) zur Planung eines Autobahnnetzes ins Leben gerufen. 1926 nahm die Interessengemeinschaft Hafraba für den Bau einer Autobahn von den Hansestädten Hamburg und Bremen über Frankfurt nach Basel ihre Arbeit auf. Die erste Autostraße wurde aber 1929-1932 zwischen Bonn und Köln gebaut. Das ca. 20 km lange Teilstück besaß noch keinen Mittelstreifen, der in der Folge für die Trennung der beiden Richtungsfahrbahnen vorgesehen wurde (Breite 1,75 bis 3 m). Den Abschluss nach außen bildeten Randstreifen. Im Falle der Hafraba ergab sich dadurch eine Breite von 20,5 m (1931), während für die Reichsautobahnplanung von 24,0 m (1934) bzw. 28,5 m (1939) ausgegangen wurde (Abb. 2.1.6).

Die **Linienführung** war bereits auf eine Geschwindigkeit von 180 km/h ausgelegt. Eine Trasse sollte sich in die jeweilige Landschaft einfügen. Statt gerader Streckenverläufe wurden leichte Sinuskurven bevorzugt. Die Erhaltung bzw. die Wiederherstellung der natürlichen Bodenbedeckung sollte angestrebt werden (z. B. Mischwald statt Monokultur). Landschaftsarchitekten hatten zu gewährleisten, dass neben ökonomischen auch ökologische und ästhetische Aspekte beim Bau Berücksichtigung fanden. Hierbei ging es um Gedankengut, das in der Heimatschutzbewegung und in der Ideologie der Bodenständigkeit bereits in den 1920er Jahren intensiv diskutiert wurde. Alwin SEIFERT charakterisierte 1934 die Straße als ein Bauwerk „vollkommener Harmonie zwischen technischer Zweckerfüllung, Landschaftszugehörigkeit und Volksverbundenheit" (ROLLINS 2000). Heute präsentieren

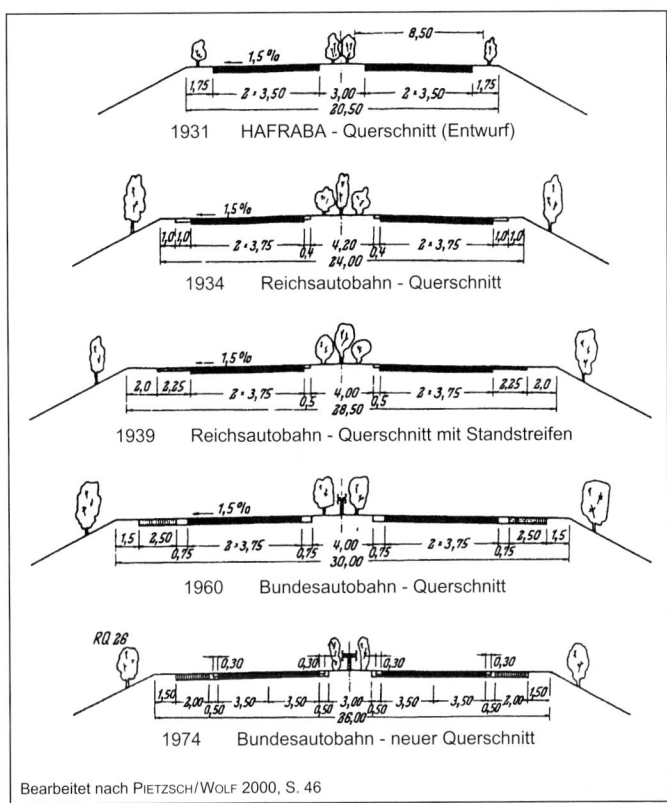

Abb. 2.1.6
Entwicklung der deutschen Autobahnquerschnitte seit 1931

Bearbeitet nach PIETZSCH/WOLF 2000, S. 46

sich Autostraßen demgegenüber häufig als Hochgeschwindigkeitskanäle mit Sichtblenden und hohen Schallschutzwänden. Der Blick in die Landschaft wird als Gefahrenquelle eingestuft und ist unerwünscht.

Besondere Förderung erhielt der Straßenbau für den motorisierten Verkehr durch den Nationalsozialismus. Bereits Mitte 1933 wurde die Gründung einer Tochtergesellschaft der Reichsbahn **„Reichsautobahnen"** veranlasst und im September desselben Jahres mit dem Bau der Stecke Frankfurt-Darmstadt nach vorliegenden Plänen begonnen. Durch Dienstverpflichtungen der Deutschen Arbeitsfront (DAF) und ab 1935 des Reichsarbeitsdienstes waren nahezu 130.000 Personen an unter-

schiedlichen Baustellen im ganzen Reich eingesetzt (Abb. 2.1.7 a, b).

Bis 1935 wurden 384 km Autobahn fertig gestellt, und im März 1939 waren 3.065 km in Betrieb. Nach der Anschubfinanzierung durch die Reichsbahn trugen Darlehen der Reichsbank, der Reichsanstalt für Arbeitsvermittlung und Arbeitslosenversicherung sowie ab 1937 auch Beiträge aus der Treibstoffsteuer zur **Finanzierung der Autobahnen** bei. Ende 1941 waren 3.819 km betriebsbereit, 2.929 km im Bau und noch ca. 20.000 km in Planung. Die Motorisierung war allerdings im Vergleich zu Nordamerika und den westeuropäischen Nachbarländern mit ca. 490.000 Automobilen noch relativ niedrig. Während in den

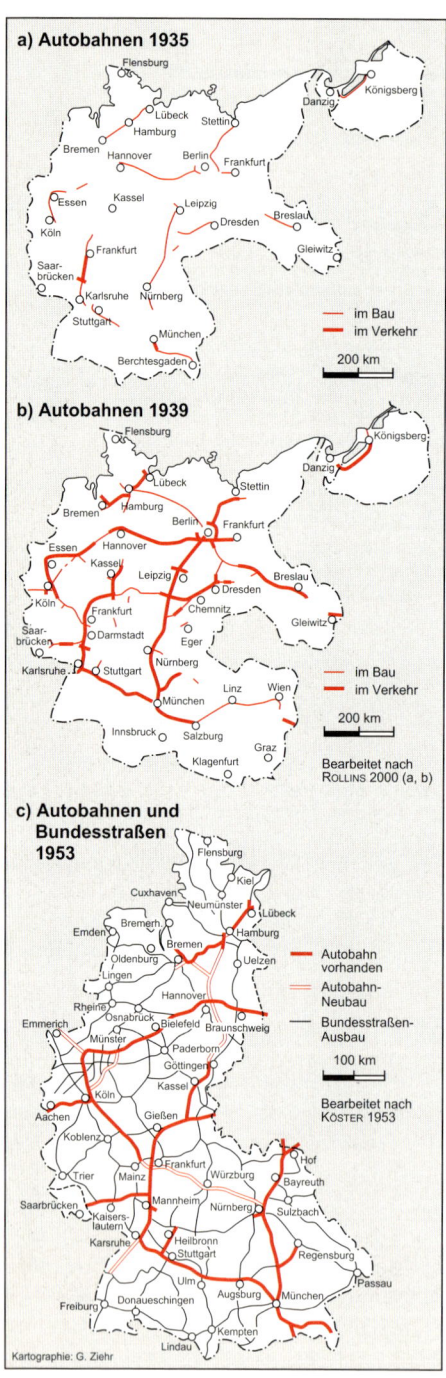

a) Autobahnen 1935

b) Autobahnen 1939

Bearbeitet nach
ROLLINS 2000 (a, b)

c) Autobahnen und
   Bundesstraßen
   1953

Bearbeitet nach
KÖSTER 1953

Kartographie: G. Ziehr

USA auf ein Auto 5 Personen und in Frankreich 22 potenzielle Nutzer entfielen, waren es in Deutschland noch 75. Vom preisgünstigen Volkswagen konnten in der neuen Automobilstadt Wolfsburg wegen der Prioritätensetzung auf kriegswichtige Kübelwagen nur 650 Exemplare gebaut werden (SCHÜTZ/GRUBER 1996).

Im Rahmen des Wiederaufbaus nach 1945 konzentrierte sich der Autobahnbau zunächst auf die Schließung der Lücken im Netz unter Prioritätensetzung auf die nach der Teilung wichtiger gewordenen Nord-Süd-Verbindungen (Abb. 2.1.7 c). Schrittweise übernahm das Grundnetz der Autobahnen die Bedeutung der Eisenbahnfernstrecken für den wachsenden Wirtschaftsverkehr und die rasche Zunahme der privaten Motorisierung. Die Zahl der **Autobahnkilometer** in der BRD erhöhte sich von 2.110 km (DDR 1.375 km) auf 3.024 km in 1965 und stiegen kontinuierlich weiter auf 4.110 km in 1970, 7.292 km in 1975 und 8.198 km in 1980. Nach der Wiedervereinigung wurden im Rahmen der Verkehrsprojekte Deutsche Einheit insbesondere im Osten weitere Autobahnen gebaut und die Jahrzehnte getrennten Netze neu verknüpft (Abb. 2.1.8). Unter den vorrangig aus- bzw. neugebauten 17 Verkehrsprojekten Deutsche Einheit waren 11 Straßenbauprojekte. Auch die niederrangigen Verkehrswege in den Neuen Bundesländern mussten autogerecht ausgebaut und verdichtet werden (BMV 1991).

Das Netz der **klassifizierten Straßen** der Bundesrepublik umfasste im Jahre 2003 ca. 231.300 km, davon 12.044 km Autobahnen (5,2 %), 41.100 km Bundesstraßen (17,8 %), 86.800 km Landesstra-

Abb. 2.1.7
Aufbau des deutschen Autobahnnetzes,
Stand 1935 (a), 1939 (b), 1952 (c)

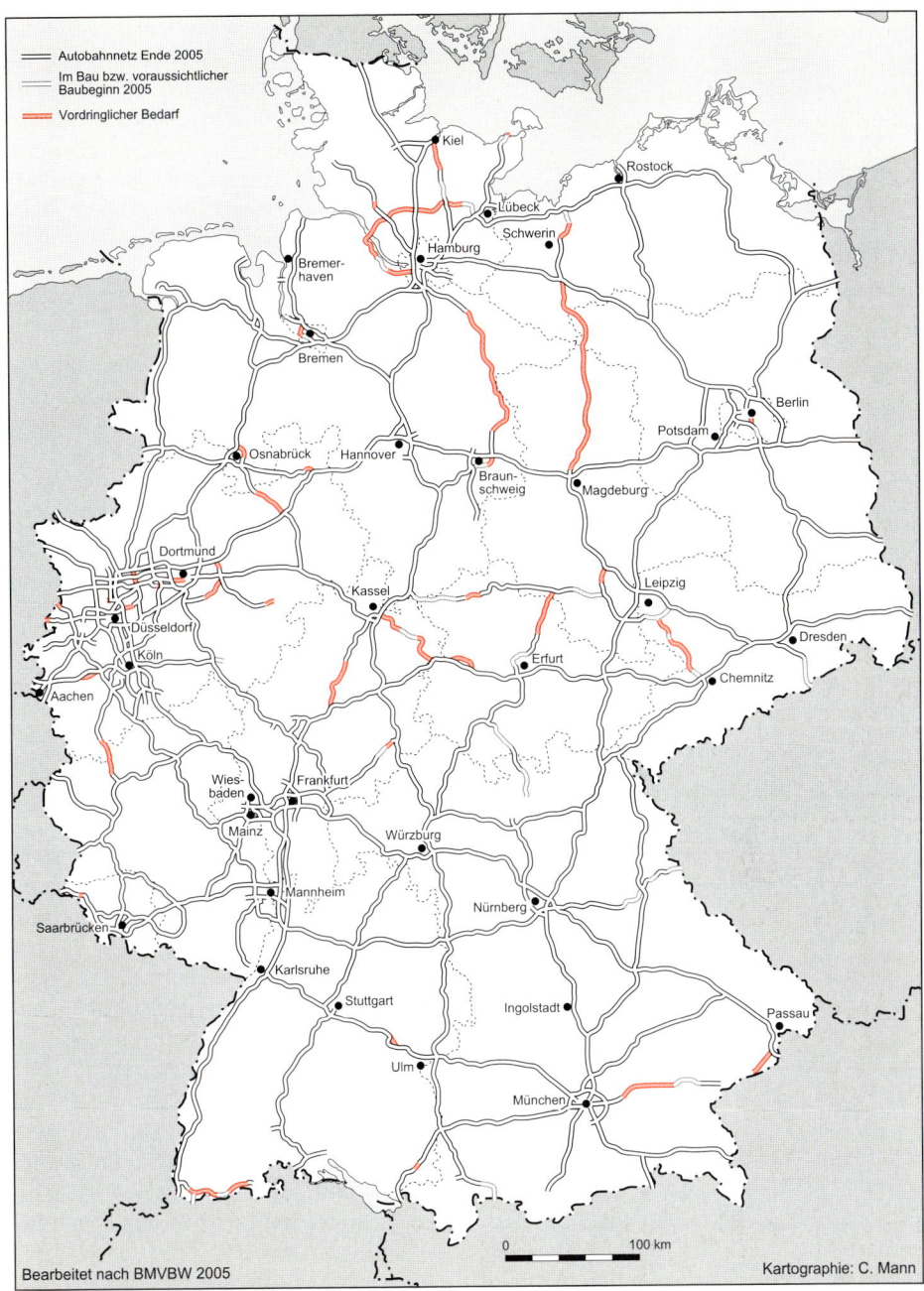

Autobahnnetz Ende 2005
Im Bau bzw. voraussichtlicher Baubeginn 2005
Vordringlicher Bedarf

Kiel
Rostock
Lübeck
Schwerin
Hamburg
Bremerhaven
Bremen
Berlin
Potsdam
Osnabrück
Hannover
Braunschweig
Magdeburg
Dortmund
Kassel
Leipzig
Düsseldorf
Dresden
Köln
Erfurt
Chemnitz
Aachen
Wiesbaden
Frankfurt
Mainz
Würzburg
Mannheim
Nürnberg
Saarbrücken
Karlsruhe
Stuttgart
Ingolstadt
Passau
Ulm
München

0   100 km

Bearbeitet nach BMVBW 2005

Kartographie: C. Mann

Abb. 2.1.8 Bundesautobahnen 2005

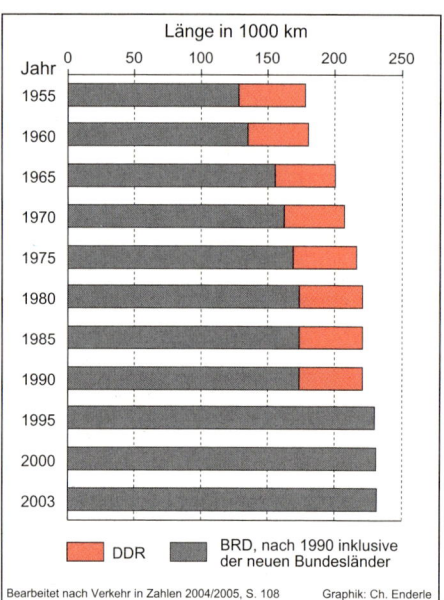

Bearbeitet nach Verkehr in Zahlen 2004/2005, S. 108   Graphik: Ch. Enderle

Abb. 2.1.9 Entwicklung der Straßenlängen in Deutschland 1955-2003

ßen (37,5 %) und 91.400 km Kreisstraßen (39,5 %). Abb. 2.1.9 veranschaulicht die Entwicklung der letzten Jahrzehnte und verdeutlicht nochmals die geringe Veränderung im Territorium der DDR.

2.1.4 Verkehrsaufkommen

Durch den technischen Fortschritt beim Bau preiswerter Fahrzeuge und die Verbesserung der Qualität der Straßen wurde die Dominanz des motorisierten Personen- und Güterverkehrs im Verlaufe des 20. Jahrhunderts eingeleitet. Das **Wachstum des Individualverkehrs** stellt sich als ein vielschichtiger gesellschaftlicher und wirtschaftlicher Prozess dar, der mit der verstärkten Mobilität der Menschen, mehr Freizeit und größeren finanziellen Ressourcen sowie einer Senkung der Anschaffungs- und Betriebskosten des Pkw im Zusammenhang steht.

In ähnlicher Weise wird die **Dominanz**

des Straßengüterverkehrs durch komplexe Prozesse wirtschaftsräumlicher Integration und internationaler Verflechtung gestützt. Neue Produktionskonzepte mit verringerter Fertigungstiefe, vermehrter Arbeitsteilung und weltweiter Standortvernetzung erhöhen durch Global Sourcing und Just-in-time-Belieferung die Güterströme und verstärken zugleich auch die Distributionsnetze für Fertigwaren (vgl. Kap. 1).

Vor der Ausbreitung des Automobils besaßen **Zweiräder als individuelle Verkehrsmittel** im Nahbereich eine herausragende Bedeutung. Insbesondere das Fahrrad wurde für die Wege zur Arbeit, zur Ausbildung, für Einkäufe und Besuche sowie zur Freizeitgestaltung in Deutschland intensiv genutzt – wie heute noch in einigen nord- und westeuropäischen Ländern und in der Dritten Welt. **Fahrräder** sind bezogen auf die Stückzahl von ca. 74 Mio. Exemplaren und die jährlichen Neukäufe von ca. 5 Mio. auch heute noch bei uns stark vertreten und in ca. 80 % der Haushalte verfügbar (Verkehr in Zahlen 2004/2005, S. 138, 272).

Sie bleiben aber im Alltag weitgehend ungenutzt. Ihr Anteil bei der Verkehrsmittelwahl liegt nur bei ca. 9 % und bei der Gesamtverkehrsleistung sogar nur bei 2 %. Die höchsten Verkehrsanteile werden mit 16 % bei kürzeren Strecken unter 3 km erreicht, bei Entfernungen zwischen 3-8 km sinkt der Vergleichswert auf 9 % und im Bereich von 8-15 km auf 3 %. Da annähernd die Hälfte der Pkw-Fahrten in Agglomerationen kürzer als 5 km ist, besteht folglich theoretisch ein hohes **Verlagerungspotenzial** vom Motorfahrzeug auf das Fahrrad (BMVBW 1999). Durch entsprechende Verhaltensänderungen der Verkehrsteilnehmer und die Bereitstellung einer angemessenen Infrastruktur könnten die Belastungen der Verdichtungsräume mit Abgasen und Lärm gesenkt, der Flächenverbrauch für Straßen und Parkplätze reduziert und der Mineralölverbrauch verringert werden. Außerdem würde sich durch die körperliche Betätigung der Fahrer ein positiver Beitrag zur Gesundheit ergeben.

Kennziffern für den Motorisierungsgrad (Kfz/1.000 E bzw. E/Kfz), die Motorisierungsdichte (Kfz/km bzw. Kfz/km^2) sowie die durchschnittliche tägliche Verkehrsstärke auf Straßen DTV (Kfz/24h) bzw. die jährliche Fahrleistung der Kraftfahrzeuge (km/a) dienen zur Analyse der Wachstumsprozesse und weisen derzeit übereinstimmend in Richtung Zuwachs.

Die **Entwicklung des Bestands an Kfz** in Deutschland zeigt bereits zwischen 1951 und 1961 eine Verdreifachung von 2,6 Mio. auf 8,8 Mio. und im folgenden Jahrzehnt eine Verdoppelung auf 18 Mio. Bei jeweils 10 Mio. Zuwachs in den folgenden Dekaden erhöhte sich der Bestand auf 52,5 Mio. in 2001 und erreichte Ende 2004 54,5 Mio. Fahrzeuge. Der weitaus größte Teil ist den Pkw zuzuordnen, die Ende 2004 ca. 45,4

Mio. Einheiten ausmachten (Abb. 2.1.10). Die Ausstattung der privaten Haushalte erreichte im Vergleichsjahr 75,6 % bzw. wegen der Zweit- und Drittwagen sogar 98 Fahrzeuge je 100 Haushalte. Erwartungen Anfang der 1960er Jahre, dass die Bestandszunahme der Pkw eine natürliche Grenze bei einem Pkw pro höchstens 3 Einwohner finden würde, sind bei gegenwärtig unter 2 Einwohnern deutlich übertroffen worden (RATZENBERGER 1986).

Der vergleichsweise **geringe Motorisierungsgrad in der ehemaligen DDR** konnte nach der Wiedervereinigung in wenigen Jahren nahezu ausgeglichen werden. 1990 entfielen in den neuen Bundesländern nur 274 Pkw auf 1.000 E, während bereits drei Jahre später 420 Pkw/1.000 E registriert wurden und sich der Abstand zu den alten Bundesländern mit 511 Pkw/1.000 E deutlich verringert hatte. Neben der Anzahl der Fahrzeuge ist weiterhin von Bedeutung, dass die Motorfahrleistung, die Höchstgeschwindigkeit und der Energieverbrauch in den vergangenen Dekaden stark zugenommen haben. Zugleich ist die technische Ausstattung anspruchsvoller geworden (z. B. Bordelektronik, Klimaanlage, Navigation).

Bereits Mitte der 1950er Jahre überstieg die Transportleistung des Motorisierten Individualverkehrs (MIV) den Vergleichswert des Öffentlichen Verkehrs (ÖV), der relativ immer mehr zurückgeblieben ist, während die Kurve für den MIV weiter stark anstieg (Abb. 2.1.11). Brüche in der Darstellung sind auf Veränderungen des Gebietsstandes, aber auch auf geänderte Erhebungs- und Berechnungsverfahren zurückzuführen. Die Vergleichbarkeit der Zeitreihen ist deshalb nur mit Vorbehalten möglich, wodurch die generellen Trends der Abbildung jedoch nicht beeinträchtigt werden.

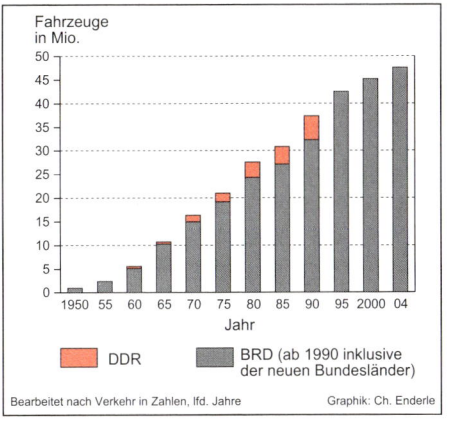

Abb. 2.1.10 Entwicklung des Bestands an Pkw in Deutschland 1950-2004

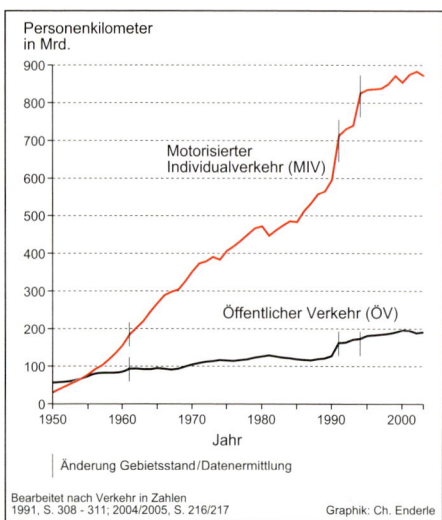

Personenkilometer
in Mrd.

Motorisierter
Individualverkehr (MIV)

Öffentlicher Verkehr (ÖV)

Jahr

Änderung Gebietsstand/Datenermittlung

Bearbeitet nach Verkehr in Zahlen
1991, S. 308 - 311; 2004/2005, S. 216/217   Graphik: Ch. Enderle

Abb. 2.1.11 Entwicklung von MIV und ÖV in Deutschland 1950-2003

Begonnen hat der Motorisierungsprozess in Deutschland bereits in den 1920er Jahren, als die zunächst in den USA praktizierte Massenfertigung den Pkw vom Luxusgegenstand zum Gebrauchsgerät werden ließ. Auch Lastkraftwagen gewannen nach 1918 wegen des erfolgreichen militärischen Einsatzes und der hierbei erzielten Verbesserung der Motorleistung und der Bremsen als **Nutzfahrzeuge** stärkere Verbreitung. Die Einführung des ausgereiften Dieselantriebs durch Daimler und Benz nach 1923 verstärkte diesen Trend. Während 1921 nur 60.611 Kraftfahrzeuge und 1930 bereits 501.254 registriert waren, stieg die Zahl bis 1938 auf über 1,3 Mio. (wurde erst Mitte der 1950er Jahre erneut erreicht).

Bereits nach dem Ersten Weltkrieg hatte die **Personenbeförderung** mit Omnibussen durch Post und Bahn begonnen und in den 1920er Jahren kamen private Unternehmen hinzu, die allerdings weniger im Liniendienst und mehr im Gelegenheits-

verkehr tätig waren. Zur Regulierung wurde 1934 das erste Personenbeförderungsgesetz erlassen.

Auch der **Güterkraftverkehr** wurde nach dem Ersten Weltkrieg mit ehemaligen Armeelastwagen erfolgreich aufgenommen. 1921 waren 30.267 Lkw registriert, 1930 bereits 157.432 und 1938 363.209, eine Zahl, die nach dem Krieg bereits Anfang der 1950er Jahre wieder erreicht wurde. Der gewerbliche Güterverkehr war stärker reguliert durch den 1935 eingeführten Reichskraftwagentarif und die Kraftwagenverkehrsordnung (KVO) von 1936. Für die Frachtraten des Fernverkehrs über 50 km bestand eine Tarifparität zur Reichsbahn. Auch nach dem Krieg wurde der Fernverkehr 1955 durch das Verkehrsfinanzierungsgesetz mit erhöhten Steuern und höheren Dieselkraftstoffpreisen belastet. Hierdurch war nicht nur der konzessionierte gewerbliche Güterfernverkehr, sondern auch der Werkverkehr betroffen, dessen Endbelastung pro Tonnenkilometer mit 0,05 DM angegeben wurde.

Allerdings ist die weitere Ausbreitung des **Lkw auch im Fernverkehr** durch diese Maßnahmen nicht nachhaltig geschwächt worden. Der Lkw besitzt geringe Fixkosten (Relation feste zu variablen Kosten 30:70) und ist flexibel einsetzbar. Er profitiert daher außerdem vom Wandel der Güterstrukturen und der arbeitsteiligen Produktionssysteme. Dagegen verliert die Bahn immer mehr Anteile an der Frachtbeförderung von 13,2 % in 1970 (im Vergleich zu 43,6 % des Lkw) auf 7,7 % im Jahr 2000 (im Vergleich zu 83,7 % des Lkw). Wegen der höheren Treibstoffpreise und der Straßenverkehrsmaut für Lkw hat sich die Relation in jüngerer Zeit wieder leicht zugunsten der Bahn verschoben.

Abb. 2.1.12 zeigt die Entwicklung der **Güterverkehrsleistung** auf der Straße im

**Abb. 2.1.12 Entwicklung der Güterverkehrs-
leistung von Lkw, Bahn und
Binnenschiff in Deutschland
1950-2003**

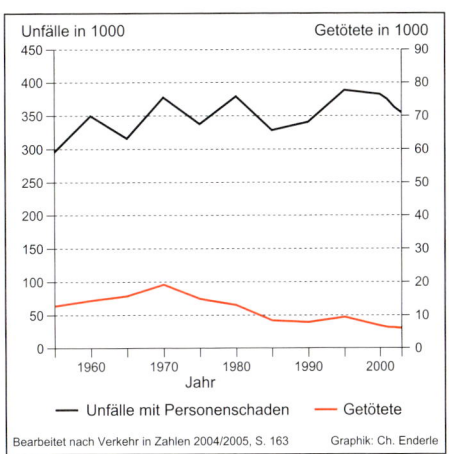

**Abb. 2.1.13 Entwicklung der Straßenver-
kehrsunfälle in Deutschland
1955-2003**

Vergleich zur Schiene und zum Wasserweg seit 1950. Auch bei dieser Darstellung ist zu berücksichtigen, dass es Gebietsstandsänderungen und Änderungen der Erhebungskonzepte gegeben hat, die in der Darstellung nicht ausgeglichen werden konnten. Die zunehmende Dominanz des Straßengüterverkehrs wird dadurch nicht beeinträchtigt.

Mit der Massenmotorisierung setzte auch eine bedrohliche Entwicklung der **Unfallzahlen** ein, die Anfang der 1970er Jahre einen Höhepunkt erreichte. Während die Gesamtzahl der Unfälle mit Personenschäden auf hohem Niveau stagniert, ist die Zahl der im Straßenverkehr Getöteten nach dem Anstieg bis Mitte der 1970er Jahre wieder deutlich gesunken. (Abb. 2.1.13).

Eine Gefahrenquelle für Unfälle liegt im infrastrukturellen Bereich, insbesondere bei **Straßenkreuzungen**. Treffen mehrere Straßen aufeinander, müssen die Verkehrsströme so geregelt werden, dass Kollisionen vermieden werden. Hierzu tragen Hinweisschilder, Ampelschaltungen und bauliche Maßnahmen bei. An Einmündungspunkten erleichtern Beschleunigungsfahrstreifen das Einfädeln und an Trennpunkten Verzögerungsfahrstreifen das Ausfädeln. Zu bevorzugen sind Knotengestaltungen, welche die Konfliktpunkte auseinanderziehen und in ihrer Anzahl reduzieren (Abb. 2.1.14).

An einer plangleichen Kreuzung von zwei Straßen mit jeweils zwei Fahrstreifen ergeben sich 32 Konfliktsituationen (16 Kreuzungen, 8 Einmündungen, 8 Trennstellen), während bei einer versetzten Einbindung nur 18 Konfliktfälle auftreten (2 mal: 3 Kreuzungen, 3 Einmündungen, 3 Trennstellen) und sich beim **Kreisverkehr** die Zahl auf 8 (0 Kreuzungen, 4 Einmündungen, 4 Trennstellen) verringert. Aus diesem Grunde werden die früher eher seltenen Kreisverkehre auch in Deutschland zunehmend zur Steigerung der Verkehrssicherheit und Erhöhung der Leistungsfähigkeit eingesetzt. Zur flüssigen Verteilung sich kreuzender Verkehrsströme bei Auto-

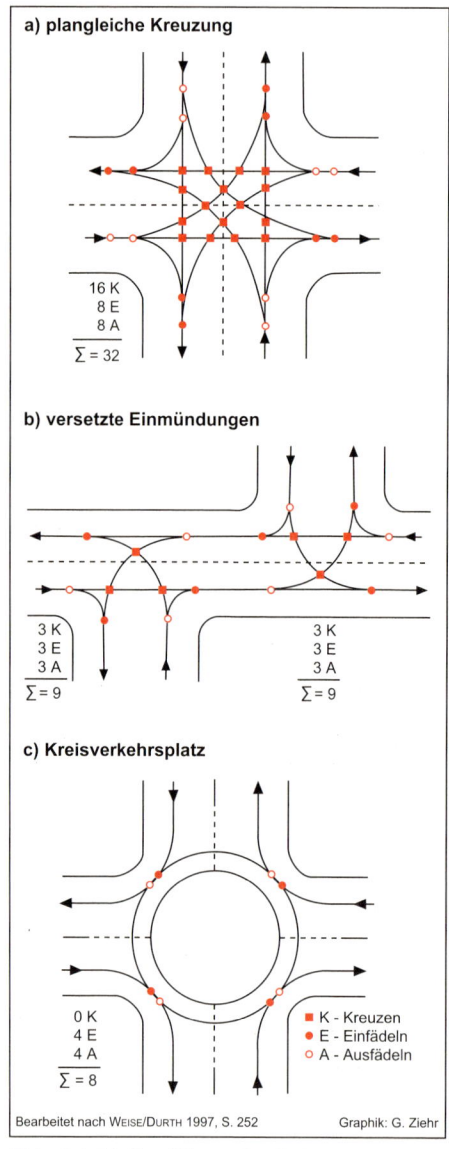

a) plangleiche Kreuzung

16 K
8 E
8 A

Σ = 32

b) versetzte Einmündungen

3 K
3 E
3 A

Σ = 9

3 K
3 E
3 A

Σ = 9

c) Kreisverkehrsplatz

0 K
4 E
4 A

Σ = 8

■ K - Kreuzen
● E - Einfädeln
○ A - Ausfädeln

Bearbeitet nach WEISE/DURTH 1997, S. 252   Graphik: G. Ziehr

**Abb. 2.1.14 Konfliktpunkte bei unterschied-
lich gestalteten Kreuzungen.
Plangleiche Kreuzung (a),
versetzte Kreuzung (b) und
Kreisverkehrsplatz (c)**

formen von Knotenpunkten mit festgelegten Krümmungsradien, Steigungen und Kurvenneigungen definiert worden. Hierzu gehören das „Kleeblatt" und die „Windmühle".

Durch Verbesserungen beim Straßenbau, technische Neuerungen am Fahrzeug und sowie Änderungen des Fahrverhaltens gelang es, die Zahl der **im Straßenverkehr Getöteten** bis Anfang der 1990er Jahre deutlich abzusenken. Dann kam es allerdings zu einem erneuten Anstieg, bedingt durch die Wiedervereinigung. In den neuen Bundesländern fehlte die Fahrpraxis und das Straßensystem war für die meist älteren Pkw nicht angemessen ausgestattet. Auch hier haben sich in kürzerer Zeit positive Anpassungen ergeben, wie Abb. 2.1.13 verdeutlicht (BRÜHNING/BERNS 1994). Allerdings wird die Zahl der Unfälle mit Personenschäden noch als unverträglich hoch eingeschätzt, so dass Verkehrssicherheitsmaßnahmen laufend fortgeschrieben werden (z. B. mit Blick auf spezielle Zielgruppen wie Kinder und Jugendliche, Fahranfänger oder Senioren).

2.1.5 Straßenverkehrspolitik

Das von der öffentlichen Hand bereitgestellte und verwaltete Straßennetz stellt ein Bauwerk von langer Lebensdauer dar. Es erfordert einen hohen Kapitalaufwand sowie lange Planungs- und Bauzeiten. Aus- bzw. Neubaumaßnahmen setzen langwierige politische Abstimmungsprozesse voraus. Die Abgrenzung der Trägerschaft sowie der Aufgabenverteilung bei Planung und Ausführung sind in Deutschland durch Bundes- und Landesgesetze geregelt (vgl. WEISE/DURTH 1997, S. 32-42 und Kasten 2.1.2).

Die stark durch vielfältige **staatliche Regulierungen** bestimmte frühere Verkehrsordnung blieb auch nach der Grün-

bahnen sind unterschiedliche geometrische Lösungen kombiniert und als Grund-

Kasten 2.1.2 Relevante Vorschriften im deutschen Straßenwesen

1. Straßenverkehr

• Straßenverkehrsgesetz (StVG) 19.12.1952 (18.08.2005)	Regelt Benutzung der öffentlichen Straßen, Schadenshaftung, Straf- und Bußgelder etc.
• Straßenverkehrs-Ordnung (StVO) 16.11.1970 (08.01.2005)	Verhaltensregeln für Verkehrsteilnehmer, Verkehrszeichen
• Straßenverkehrs-Zulassungs-Ordnung (StVZO) 13.11.1937 (02.07.2005)	Zulassung von Fahrzeugen und Fahrern im Straßenverkehr, Bau- und Betriebsvorschriften für Fahrzeuge

2. Straßenbaufinanzierung

• Straßenbaufinanzierungsgesetz (StrFinG) 28.03.1960 (29.10.2001)	Regelt Finanzierung von Neu- und Ausbau, u.a. Zweckbestimmung der Mineralölsteuer
• Verkehrsfinanzgesetz (VerkFinG) 01.01.1964 (29.10.2001)	Finanzierungshilfen des Bundes für Verkehrsprojekte, Förderung des ÖPNV
• Gemeinde-Verkehrsfinanzierungsgesetz (GVFG) 18.03.1971 (29.12.2003)	Finanzhilfen des Bundes für Verkehrsprojekte der Kommunen
• Fernstraßenbauprivatfinanzierungsgesetz (FStrPrivFinG) 30.08.1994 (01.09.2005)	Regelt Neu- und Ausbau von Straßen des Bundes mit privater Finanzierung
• Autobahnmautgesetz für schwere Nutzfahrzeuge (ABMG) 08.12.2004	Regelt Gebührenerhebung für Schwerverkehr auf BAB

3. Straßenbau

• Bundesfernstraßengesetz (FStrG) 06.08.1953 (22.04.2005)	Regelt Straßenwidmung, Baulast, Planung, Linienbestimmung, Planfeststellung
• Fernstraßenausbaugesetz (FStrAbG) 30.06.1971 (20.01.2005)	Neu- und Ausbau von Straßenabschnitten, Bedarfsplan als Anlage
• Planungsvereinfachungsgesetz (PlVereinfG) 17.12.1993	Straffung des Planungsverfahrens; statt Planfeststellung bei Konsens Genehmigung
• Verkehrswegeplanungsbeschleunigungsgesetz (VerkPBG) 16.12.1991 (22.12.2005)	Vereinfachtes Verfahren für Verkehrsprojekte Deutsche Einheit in NBL

4. Sonstige Gesetze

• Baugesetzbuch (BauGB) 23.06.1960 (21.06.2005)	Straßenplanung im Rahmen von Bebauungsplänen
• Raumordnungsgesetz (ROG) 08.04.1965 (25.06.2005)	Raumordnungsverfahren zur Vorbereitung der Linienbestimmung
• Bau- und Raumordnungsgesetz (BauROG) 18.08.1997	Anpassung an EU-Richtlinien und Schaffung von Bundesamt für Bauwesen und Raumordnung
• Bundesnaturschutzgesetz (BNatSchG) 25.03.2002 (21.06.2005)	Landschaftsbegleitplanung
• Immissionsschutzgesetze des Bundes (BImSchG) 15.03.1974 (25.06.2005)	Regelt Überwachung von Anlagen und Fahrzeugen für Emissionen und Grenzwerte
• Ges. über die Umweltverträglichkeitsprüfung (UVPG) 12.02.1990 (24.06.2005)	Regelt Verfahren der Umweltprüfung von Projekten
• Gesetz zur Einführung einer Strategischen Umweltprüfung (SUPG) 25.06.2005	Regelt die frühzeitige Prüfung von Umweltauswirkungen von Plänen und Programmen

1. Zahl jeweils Rechtskraft des Gesetzes, (2. Zahl letzte Änderung)   Quelle: http://bundesrecht.juris.de/aktuell.html

dung der BRD und der Einführung der Marktwirtschaft bestehen. Für die flächendeckende Grundversorgung im Sinne einer gemeinwirtschaftlichen Verkehrsbedienung waren die Staatsbahn und die kommunalen Verkehrsbetriebe zuständig. Bereits seit Anfang der 1930er Jahre bestand zum Schutz der Bahn vor der Konkurrenz des Lkw im Fernverkehr (über 50 km) eine Tarifbindung der Straßenbeförderung an den Schienengütertransport. Durch die bestehende Konzessionspflicht sollte die rasch zunehmende Zahl der Lkw im Verkehrsgewerbe und Werkverkehr von 266.000 in 1948 auf 597.000 in 1953 begrenzt werden.

Gegen den Widerstand der Lkw-Lobby und der Wirtschaftsverbände blieben diese Instrumente wie auch das **Verkehrsfinanz- und Straßenentlastungsgesetz** von 1955 weitgehend wirkungslos. Weder die Heraufsetzung der Kfz- und Mineralölsteuer noch die Einführung des Sonntagsfahrverbotes 1956 und die zeitweise Begrenzung der Fahrzeugkapazitäten konnten die Zunahme des Straßengüterfernverkehrs nachhaltig reduzieren. Die Bahn blieb bei der Güterbeförderung zurück, woraus wachsende finanzielle Defizite resultierten.

Während die Regierung Versuche zur Eindämmung des Lkw-Transports im Fernverkehr unternahm, förderte sie zugleich den Einsatz des Pkw als Gebrauchsgegenstand für jedermann. Durch die Einführung einer steuermindernden **Werbungskostenpauschale** für Arbeitnehmer von 0,50 DM pro Entfernungskilometer im Jahr 1955 erhöhte sich die Attraktivität des eigenen Autos für den Pendler. Die Folge dieser Politik war eine Zunahme des Motorisierten Individualverkehrs (MIV) und ein Rückgang des **Öffentlichen Personennahverkehrs** (ÖPNV), woraus sich finanzielle Defizite der Bahn im Nahver-

kehr und ab 1958 auch der meisten kommunalen Verkehrsbetriebe ergaben. Die hohen Subventionen für die Bahn und den ÖPNV schienen aus gesellschaftspolitischen Gründen gerechtfertigt, aber auch wegen der wachsenden Bedeutung des Automobilsektors als Wirtschaftsfaktor.

Ab der zweiten Hälfte der 1950er Jahre orientierte sich die Verkehrspolitik in der BRD schrittweise am motorisierten Straßenverkehr. Die starre Tarifparität zwischen Bahn und Lkw wurde 1961 aufgehoben, wodurch eine stärkere Preisbildung am Markt erfolgen konnte. Allerdings fand die überfällige Bahnreform ebenso wenig statt wie die Modernisierung des Schienentransports, so dass die Bahn im Personen- und Güterverkehr weiter zurückfiel. Dafür erhielt das längere Zeit vernachlässigte und überlastete Wegenetz höchste Priorität. Im **Straßenbaufinanzierungsgesetz** wurde 1960 erstmals eine Zweckbestimmung der Mineralölsteuer eingeführt, die einen selbstverstärkenden Effekt auslöste: Wachsender Fahrzeugeinsatz, mehr Treibstoffverbrauch, mehr Geld für bessere Straßen mit weiterem Anreiz für die Motorisierung. Während zwischen 1951 und 1960 nur 7.700 km neue Straßen außerhalb von Ortschaften gebaut wurden, betrug die Vergleichszahl für 1961 bis 1970 ca. 25.000 km (Klenke 1995).

Anfang der 1970er Jahre wurde die Verkehrsplanung in der BRD durch neue Gesetzesinitiativen belebt (Kasten 2.1.2) und auf eine integrierte, mittelfristige Betrachtung von Straßen, Schienen und Wasserwegen ausgerichtet. Der hierfür konzipierte und von der Regierung zu verabschiedende **Bundesverkehrswegeplan** (BVWP) umfasst einen Zeitraum von ca. 10 Jahren und enthält die in dieser Phase für erforderlich gehaltenen Neu- und Ausbauvorhaben. Er liefert zugleich die Eckdaten für die im Abstand von 5 Jahren zu überprüfenden bzw. anzupassenden **Bedarfspläne**, die vom Parlament zu billigen sind (Anlage zum Fernstraßenausbaugesetz bzw. Bundesschienenwegeausbaugesetz). Sie enthalten Vorhaben nach Dringlichkeitsstufen, aber noch ohne genaue Finanz- und Zeitplanung. In der Regel ist nur der vordringliche Bedarf (VB) durch den mittelfristigen Finanzrahmen abgesichert, während die Projekte des weiteren Bedarfs (WB) im vorgesehenen Zeitrahmen kaum realisiert werden können (MOOSMAYER 1985).

Im ersten **BVWP 1973** wurden die Vorhaben noch einseitig nach gesellschaftlichen und ökonomischen Kriterien bewertet. Beim zweiten **BVWP 1980** waren daneben auch Aspekte der Energieeinsparung und des Umweltschutzes einbezogen. Der Ausbau bestehender Anlagen erhielt Priorität vor dem Neubau. Für Straßen, die vorher 70 % der Wegeinvestitionsmittel absorbierten, waren nur noch 55 % und für die Eisenbahn statt früher 22 % jetzt 38 % vorgesehen (WÖLKER et al. 1982). Für den dritten **BVWP 1985** wurden neue Prognoseverfahren zur Berechnung des Aufkommens und der Leistung im Personen- und Güterverkehr auf der Basis alternativer Entwicklungspfade eingesetzt (CERWENKA/ROMMERSKIRCHEN 1984). Beim **BVWP 1992** wurde der Anteil an den Wegeinvestitionen mit knapp 49 % weiter zugunsten des Schienennetzes verschoben, während für Bundesfernstraßen ca. 45 % und für Binnenwasserstraßen etwas über 6 % vorgesehen waren. Neubauten traten wieder stärker hervor wegen der erforderlichen Lückenschlüsse nach der Wiedervereinigung und des Nachholbedarfs in den Neuen Bundesländern. Für die Verkehrsprojekte Deutsche Einheit (VDE) waren 20 % des Haushaltsansatzes reserviert. Zur Finanzierung dringender Maßnahmen wie

z. B. der vierten Elbtunnelröhre in Hamburg wurden erstmals auch private Mittel einbezogen (BMV 1993).

Zur Vorbereitung des **BVWP 2003** erfuhr das Instrumentarium zur Bewertung der ca. 2.000 Einzelprojekte eine Erweiterung. Neben einer Gesamtverkehrsprognose für den Personen- und Güterverkehr bis zum Jahre 2015 sowie Kosten-Nutzen-Analysen wurden jetzt auch schon auf dieser Planungsstufe Umweltrisikoeinschätzungen (URE) und Raumwirksamkeitsanalysen (RWA) durchgeführt. Hierbei geht es insbesondere um die Veränderungen im Hinblick auf die Erreichbarkeit, um erwartete Entwicklungsimpulse sowie Entlastungs- und Verteilungseffekte (WÜRDEMANN/SIEBER 2004). Der Schwerpunkt der Maßnahmen liegt bei der Bestanderhaltung, die von 46 % an den Gesamtinvestitionen in der vorausgehenden Periode auf 56 % angehoben wurde. Außerdem ist die Beseitigung von Verkehrsengpässen und die Entlastung der Städte vom Durchgangsverkehr (ca. 300 Ortsumgehungen) vorgesehen (BMVBW 2003).

Bei einer **Bilanzierung der Planrealisierungen** fällt die stetige Unterschreitung der Finanzierungsziele sowie eine Überschreitung der Kostenvorkalkulationen auf (z. B. wegen gestiegener Umweltkosten). Auch der BVWP 2003 gilt in erheblichem Maße als unterfinanziert. Die Abweichung von Soll und Ist geht allerdings auch auf die komplizierte Arbeitsteilung zwischen Bund und Ländern zurück, da die Bedarfsanmeldungen durch die Länder in aller Regel weit über dem realistisch möglichen Ansatz des Bundes liegen. Für eine stärker an strategischen Zielen orientierte Wegeplanung unter Berücksichtigung von Globalen und regionalen Ursachenstrukturen tritt KUTTER (2004) ein.

Straßenbaumaßnahmen müssen in das

Gesamtkonzept des **Bedarfsplans für Bundesfernstraßen** bzw. in die Gesamtverkehrspläne der Länder oder die Verkehrsentwicklungspläne der Kreise und Städte aufgenommen werden. Die Straßenfachplanung ist in die Raumordnungsprogramme bzw. die Bauleitplanung integriert und in die mittelfristige Finanzplanung einbezogen. Auf die langwierigen Planungs- und Realisierungszeiträume wird am Beispiel der Bundesfernstraßen näher eingegangen.

Die Initiative für einen Straßenneubau geht in der Regel vom Land aus, das die Aufnahme in den Bedarfsplan des Bundes nach ersten Voruntersuchungen und Abstimmungen mit den Trägern öffentlicher und privater Belange beantragt. Nach der Verabschiedung des Bedarfsplans durch das Parlament beginnt für Projekte mit vorrangigem Bedarf (VB) die weitere **Fachplanung als mehrstufiger Verwaltungsakt**. Das Land übernimmt im Auftrage und in Abstimmung mit dem Bund die Koordination für die Linienbestimmung, die Entwurfsgestaltung (Vorentwurf, Bauentwurf) und das Planfeststellungsverfahren. Die einzelnen Schritte zur Konkretisierung und Präzisierung der Planung sind in Abb. 2.1.15 dargestellt.

Die Straßenbauprojekte werden im Bedarfsplan nur in einer Überblickskarte 1:500.000 mit Anfangs- und Endpunkten im groben Trassenverlauf dargestellt. Aus diesem Grunde muss zunächst im Einvernehmen zwischen Bund und Land sowie in Abstimmung mit den zuständigen Fachbehörden, Gebietskörperschaften und den direkt Betroffenen die **Linienbestimmung** vorgenommen werden (§ 16 FstrG; § 15 ROG; §16 UVPG). Hierbei geht es insbesondere um die Prüfung und Bewertung von alternativen Routen unter Umwelt- und Raumordnungsgesichtspunkten. Die Bürgerbeteiligung wird durch die Umweltverträglichkeitsprüfung (UVP) und das Raumordnungsverfahren (ROV) sichergestellt. Nach der Linienbestimmung können auf der Basis eines Vorentwurfs im Maßstab 1:5.000 genauere überschlägige Kostenkalkulationen für die Finanzplanung erfolgen.

Besondere Bedeutung besitzt die Vorbereitung des **Planfeststellungsverfahrens** (§ 17 FstrG; UVPG), das mit dem Bauentwurf 1:1.000 eine parzellenscharfe Festlegung der Trasse und die Bearbeitung bautechnischer Dokumente vorsieht (Höhenplan, wassertechnische Berechnungen, schalltechnische Analysen, Lärmschutzanlagen, landschaftspflegerischer Begleitplan etc.). Es sind nochmals Grundeigentümer, Kommunen und sonstige Betroffene zu informieren und anzuhören. Die Interessen der Akteure und ihre Sachargumente sollen im Vorfeld des Planfeststellungsbeschlusses abgewogen werden. Gegen die Entscheidung können beim Verwaltungsgericht Rechtsmittel eingelegt werden. Bei der Ausschöpfung aller Instanzen sind hierdurch mehrjährige Verzögerungen möglich, so dass Zeiträume von 15-20 Jahren von der Voruntersuchung bis zur Planfeststellung keine Seltenheit sind. Der rechtskräftige Planfeststellungsbeschluss stellt die Grundlage dar für die Bearbeitung der ingenieurtechnischen **Ausführungspläne** (Bauwerke zur Entwässerung, Massenverteilung, Bepflanzung, Beschilderung etc.) sowie das Ausschreibungsverfahren und die Bauausführung (BECKER 1977; REH 1985; PIETZSCH/WOLF 2000).

Eine **teilweise Ökologisierung der Verkehrspolitik** setzte erst zu Beginn der 1980er Jahre ein, nachdem Autoabgase als Mitverursacher der gravierenden Waldschäden identifiziert worden waren (SRU 1983, s. Kap. 5). Verkehrsbedingte Stick-

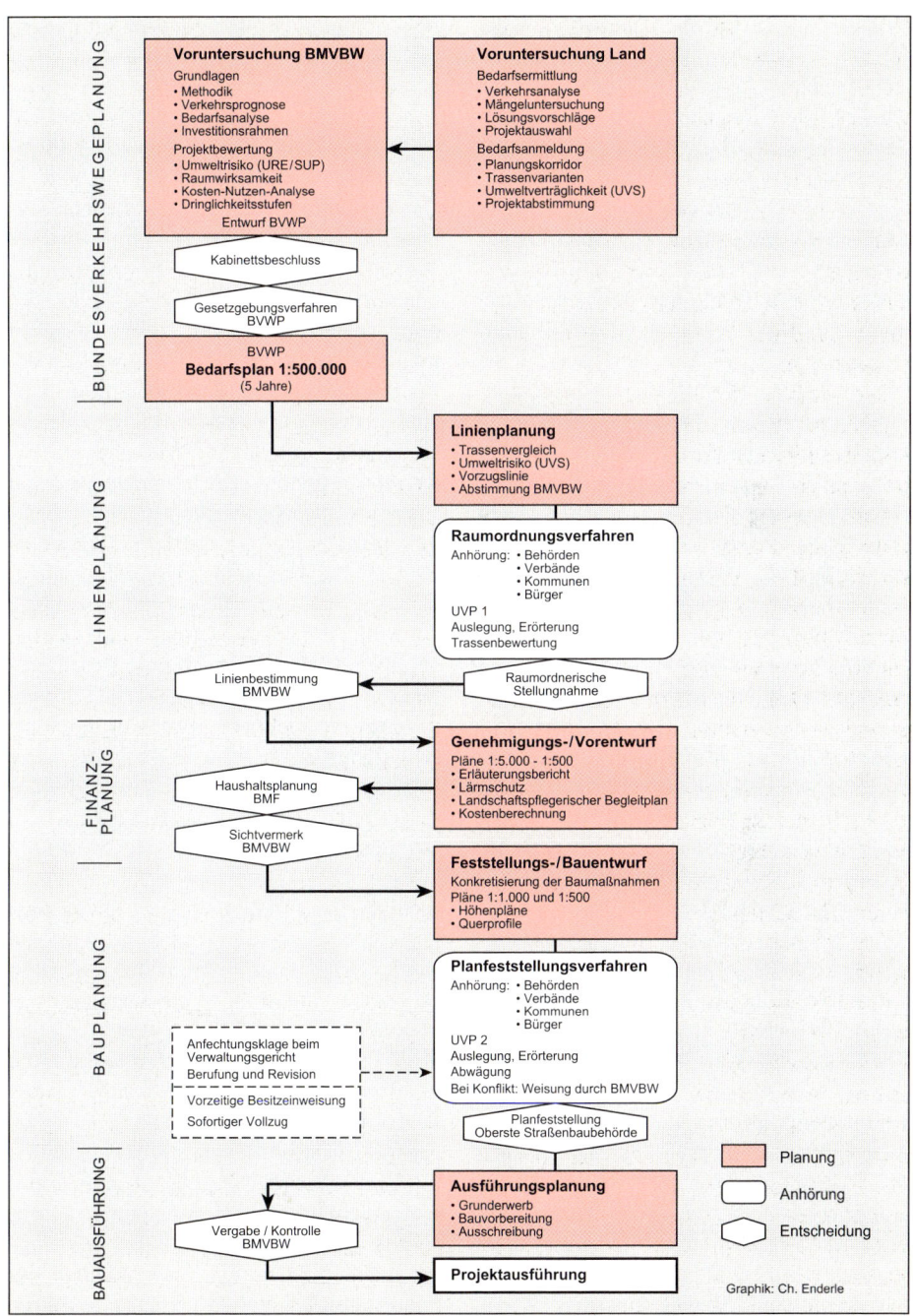

Abb. 2.1.15 Fernstraßenplanung in Deutschland für Projekte des Bedarfsplans

oxidemissionen, die 1974 noch 37,6 % der Gesamtemissionen ausmachten, erreichten 1982 einen Anteil von 47,5 %. Deshalb wurden 1983 die Einführung von bleifreiem Benzin und von 3-Wege-Katalysatoren nach US-Norm beschlossen (dort bereits seit 1976 serienmäßig für Pkw) und nach relativ kurzer Übergangszeit erfolgreich umgesetzt (Klenke 1995, S. 104).

Auch **Grenzwerte für den Verkehrslärm**, die seit einem Jahrzehnt diskutiert worden waren, wurden 1983 auf 65 dB (A) am Tage in Wohngebieten festgesetzt, 1986 verschärft auf 60 dB (A). Hierdurch erhöhten sich die Aufwendungen für den passiven Lärmschutz in den öffentlichen Haushalten aber gleichzeitig auch die Anreize für Automobilbauer zur Senkung der Fahrgeräusche. Die Straßenausbauplanungen verlangsamten sich durch die Einbeziehung von Umweltaspekten und die Einsprüche von Bürgerinitiativen.

Nach der Wiedervereinigung wurde zur rascheren Umsetzung der **Verkehrsprojekte Deutsche Einheit** (Straßenneubau von 844 km und -ausbau von 1.086 km) Ende 1991 ein Gesetz zur Beschleunigung der Planungen für Verkehrswege des Bundes in den Neuen Ländern (VerkPBG) verabschiedet. Durch den Wegfall der Raumordnungsverfahren und der Umweltverträglichkeitsprüfung der ersten Stufe sowie die Bündelung der Linienbestimmung beim BMV und die Ersetzung des Planfeststellungsverfahrens bei bestimmten Vorraussetzungen durch eine Plangenehmigung war die Öffentlichkeitsbeteiligung teilweise eingeschränkt, zumal auch die Klagemöglichkeit auf die Instanz des Bundesverwaltungsgerichts begrenzt wurde. Diese Maßnahme war aufgrund ihrer rechtspolitischen Konsequenz umstritten, hat aber einen zügigen Ausbau der Verkehrsinfrastruktur in Ostdeutschland er-

möglicht und damit zumindest auf diesem Gebiet zum Abbau des West-Ost-Gefälles beigetragen (Laschke 1998).

Nach Maßgabe einer EU-Richtlinie von 1985 wurde 1990 die projektbezogene **Umweltverträglichkeitsprüfung** (UVP) in Deutschland auch für den Straßenbau verbindlich. Dabei handelt es sich um ein gestuftes Verfahren, das bei zu erwartenden erheblichen Landschaftseingriffen im Sinne eines präventiven Umweltschutzes in die Projektplanung einzubeziehen ist. Im Rahmen der UVP werden Informationen über mögliche Auswirkungen auf das Ökosystem gewonnen, Alternativen bewertet und damit Voraussetzungen für eine Entscheidungsoptimierung unter Umweltgesichtspunkten geschaffen (Klössner 1992, S. 19). Das bedeutet allerdings nicht, dass alle negativen Auswirkungen auf die Umwelt vermieden werden bzw. die Ergebnisse der UVP einseitig die Beschlussfassung bei der Projektgenehmigung bestimmen. Vielmehr wird von den Entscheidungsträgern eine Abwägung unter Berücksichtigung aller wichtigen Belange erwartet – also auch der ökonomischen, sozialen und raumordnerischen Aspekte.

Eine starre Untersuchungsmethode ist nicht vorgeschrieben, es wird davon ausgegangen, dass der Vorhabensträger die Prüfkriterien einer **Umweltuntersuchung** (UVS) beachtet und jeweils nach dem aktuellen Stand der Kenntnis über Methoden und Techniken verfährt. Arbeitsschritte und Planungsablauf der UVS für ein Straßenbauprojekt werden in Abb. 2.1.16 dargestellt (Sporbeck et al. 2000). Ausgangspunkt ist die Erfassung der Merkmale des Untersuchungsraumes im Hinblick auf Boden, Wasser und Luft sowie Flora, Fauna und den Menschen einschließlich der Kultur- und Sachgüter. Daraus werden die ökologische Problemlage, die Regenerati-

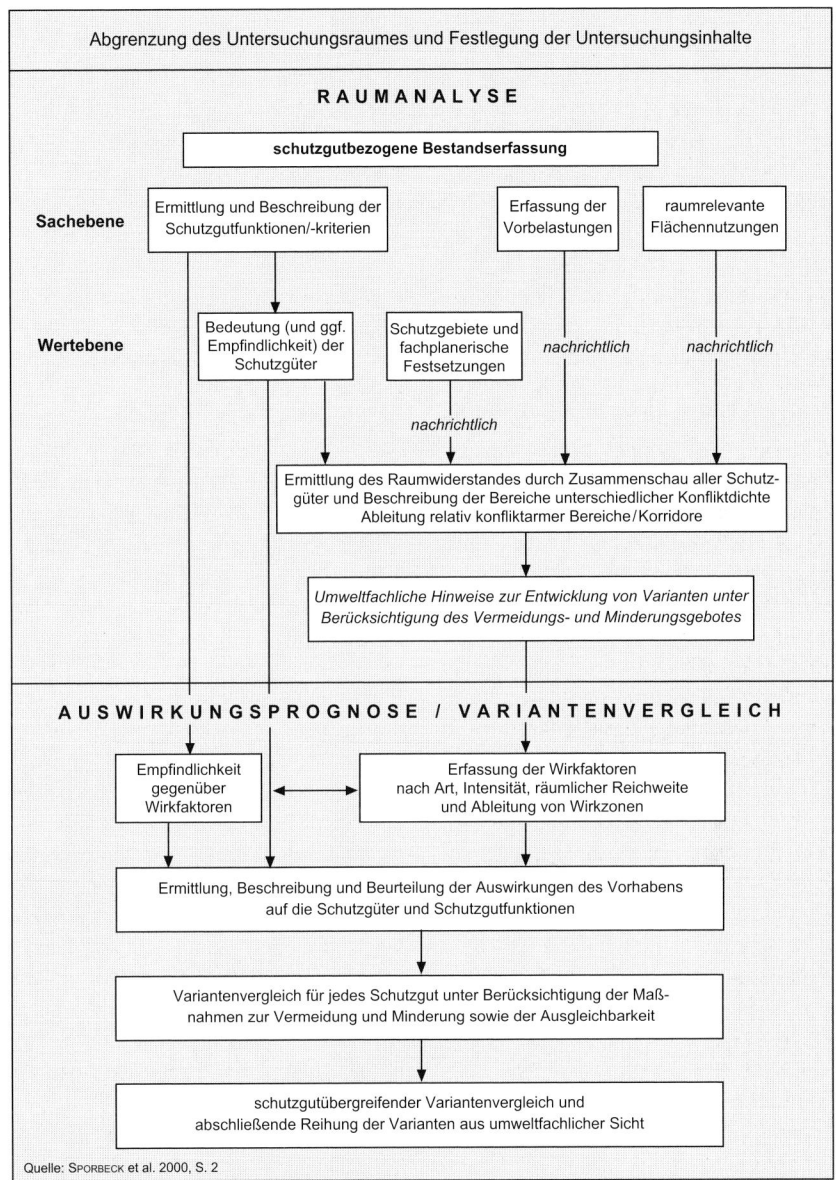

Abb. 2.1.16 Arbeitsschritte und Planungsablauf einer UVS

onsfähigkeit sowie die Schutzkriterien im Hinblick auf die Projekteingriffe abgeleitet. Soweit sich Schäden nicht vermeiden lassen, sind diese durch die Prüfung von Alternativen zu begrenzen und durch Ausgleichs- bzw. Ersatzmaßnahmen zu kompensieren, die in einem **landschaftspflegerischen Begleitplan** dargestellt werden müssen. Durch die Beteiligung der Fachbehörden und der betroffenen Öffentlichkeit wird die Informationsgrundlage der UVP erweitert. Im Rahmen von Eingaben und Erörterungsterminen können Bedenken vorgetragen und notfalls auf dem Rechtswege überprüft werden.

Durch eine weitere EU-Richtlinie aus dem Jahre 2001, die Mitte 2005 in Bundesrecht umgesetzt war, sind Umweltgesichtspunkte nicht erst auf der Projektebene, sondern bereits bei der Aufstellung von Plänen und Programmen zu berücksichtigen (Gather 2001, Surburg 2002). Durch die **Strategische Plan-Umweltprüfung** (SUP) wird die Berücksichtigung ökologischer Fragen noch weiter vorgezogen. Betroffen sind neben Verkehrsentwicklungsplänen auch Raumordnungs- und Bauleitpläne. Nach einer Vorprüfung (*Screening*) wird der Prüfumfang festgelegt (*Scoping*), bevor der Umweltbericht erstellt und die Öffentlichkeit konsultiert wird. Das neue Verfahren der SUP macht die UVP nicht überflüssig, erleichtert aber die Bewertung.

Wegen seiner Umweltfreundlichkeit und des Potenzials zur Verlagerung kürzerer Autofahrten auf das Fahrrad ist dieses Verkehrsmittel seit Mitte der 1970er Jahre wieder in das Blickfeld der Stadt- und Verkehrsplaner getreten (25-35 % Verlagerungspotenzial nach BMVBW 1999). Im Jahr 1978 legte das BMBau in den städtebaulichen Forschungen eine Studie zur Bedeutung des **Fahrrads im Nahverkehr** vor, und Anfang der 1980er Jahre förderte das Umweltbundesamt (UBA) mehrere Untersuchungen zur fahrradfreundlichen Stadt (BMBau 1978; UBA 1982 ff.). Neben anderen ökologisch motivierten Verkehrsinitiativen wurde 1979 der Allgemeine Deutsche Fahrradclub (ADFC) gegründet und unter dem Druck von Bürgerinitiativen

und publizistischen Kampagnen Maßnahmen zur Förderung des Fahrrads initiiert (Klenke 1995). Hierzu gehören **Radwegeprogramme** sowie Bike-and-Ride-Anlagen und Mitnahmemöglichkeiten von Fahrrädern im ÖPNV. Teilweise wurden Radfahrern auch Sonderrechte im Straßenverkehr wie die Nutzung von Fußgängerzonen, Busspuren und Einbahnstraßen in der Gegenrichtung eingeräumt, was sicher mit zum gleichbleibend hohen Unfallrisiko für Radfahrer beigetragen hat.

Erfolge bei der Reaktivierung des Fahrrads sind zwar zu verzeichnen, bleiben aber weitgehend auf Nord- und Westdeutschland beschränkt. Hierzu tragen nicht nur vergleichsweise günstige topographische Rahmenbedingungen bei, sondern auch aktives politisches Handeln (vgl. Netzwerk „Fahrradfreundliche Städte in Nordrhein-Westfalen"). Wichtige Anregungen bieten die Nachbarländer Dänemark und Niederlande, die ihre traditionelle **Fahrradkultur** bewahren konnten. Während in einzelnen Städten wie in Münster der Fahrradanteil am gesamten Personenverkehr auf über 30 % gestiegen ist, blieben die Vergleichswerte im Durchschnitt mit 9-13 % deutlich zurück (BMVBW 1999).

Erfolgreicher verliefen die Bemühungen in den Niederlanden, wo 1990-1997 ein **Masterplan** *Fiets* mit 112 Projekten und 15 Mio. EUR Förderung durchgeführt wurde (Lehner-Lierz 2005). Die Marktanteile des Fahrrads im Nahverkehr konnten im Mittel auf 27 % und in ausgewählten Städten auf über 40 % erhöht werden. Auch in Deutschland erfolgten ab Mitte der 1990er Jahre neue Initiativen. So soll die Bundesregierung dem Parlament alle fünf Jahre eine Bestandsaufnahme zur Situation des Fahrradverkehrs mit Empfehlungen zur Verbesserung der Nutzung vorlegen (BMVBW 1999).

Erstmals wurde 2002 ein **Nationaler Radverkehrsplan** (NRVP) bearbeitet, der die Rahmenbedingungen verbessern und neue Anregungen liefern soll, die allerdings zuständigkeitshalber von Ländern, Kreisen und Kommunen umgesetzt werden müssen. Dabei geht es insbesondere um die Verbesserung des Wegenetzes mit Serviceeinrichtungen, die Abstimmung mit dem ÖPNV und die Koordination von Initiativen für den Fahrradtourismus (BMVBW 2002b). Kurzfristig sind die erhofften Anregungen und Multiplikatoreffekte allerdings nicht erzielt worden, wie durch eine Überprüfung festgestellt wurde (MONHEIM 2005b). Die Bundesregierung selbst kann allerdings darauf verweisen, dass Radwege in ihrem Zuständigkeitsbereich zwischen 1981 und 2000 von ca. 8.000 km auf 15.000 km erhöht wurden und z.B. in Schleswig-Holstein an Bundesstraßen zu 84 % vorhanden sind. Außerdem können die Bundesmittel nach dem Gemeinde-Verkehrsfinanzierungsgesetz für den innerstädtischen Ausbau der Fahrradinfrastruktur verwendet werden.

Bedingt durch die **rückläufigen Haushaltseinnahmen** von Bund und Ländern bei gleichzeitig steigenden Ausgaben fehlen seit einigen Jahren staatliche Mittel für die adäquate Weiterentwicklung der Verkehrsinfrastruktur. Besonders betroffen ist der Straßenbau, an dessen Finanzierung sich die Nutzer über die Ökosteuer und die Lkw-Maut stärker beteiligen sollen. Es handelt sich um entfernungsproportionale Entgelte, die mittelfristig den Ausbau der Infrastruktur absichern können.

Bereits 1992 wurden erste Schritte unternommen, um **private Investoren** an Verkehrsprojekten durch eine Vorfinanzierung zu beteiligen, welche vom öffentlichen Bauträger zu verzinsen und in 15 Jahresraten zu erstatten ist (BMV 1993).

Seit 1994 ermöglicht das Fernstraßenbauprivatfinanzierungsgesetz auch in Deutschland das Betreibermodell. Danach werden im Sinne von *Private Public Partnership* Rechte und Pflichten an Straßenabschnitten für einen Zeitraum von 15 bis 30 Jahren an Privatunternehmen übergeben und ihnen zur Refinanzierung der Aufwendungen die Gebührenerhebung gestattet. Von 32 Vorschlägen wurden im BMVBW 17 Projekte weiterverfolgt, deren Zahl sich bis 2004 allerdings auf 7 reduzierte. Es handelt sich bei diesem sogenannten **F-Modell** vorwiegend um Tunnelbauten, Brücken und mehrstreifige Bundesstraßen, die vom Investor unter Einbeziehung öffentlicher Mittel vorfinanziert, geplant, gebaut und betrieben werden. Nach Ablauf der Konzession ist die öffentliche Hand zur Rücknahme gegen Zahlung des Restwertes verpflichtet.

Das erste 2003 abgeschlossene Projekt ist der **Warnowtunnel** bei Rostock, dessen Bau 1995 beschlossen und europaweit ausgeschrieben wurde. Nach der Erteilung der Konzession an eine französische Betreibergesellschaft 1996 wurde die konkrete Vorbereitung eingeleitet und 1999 die Planfeststellung erteilt. Die erforderlichen Mittel in Höhe von ca. 215 Mio. EUR wurden zu 68 % durch Bankkredite, 12 % durch öffentliche Zuschüsse und 20 % durch Eigenkapital finanziert. Da die bisherigen Nutzerzahlen bei einer Tunnelmaut von 2,00 bis 2,50 EUR hinter den Erwartungen zurückblieben, gibt es erhebliche Probleme bei der Refinanzierung. Ein ähnliches Projekt für den Bau einer Brücke über den Strelasund zwischen Stralsund und Rügen wurde nach der Ausschreibung wieder zurückgezogen. Offenbar sind die ökonomischen und politischen Rahmenbedingungen für Vorhaben dieser Art für alle Beteiligten wenig attraktiv, was die Stagnation des Programms erklärt (Gawel 2005).

Im Zusammenhang mit der Entscheidung für die Lkw-Maut wurde 2002 ein weiteres Konzept zur Mobilisierung privater Investoren konkretisiert, das sogenannte **A-Modell**. Hierdurch sollen insbesondere zusätzliche Fahrstreifen an vielbefahrenen Autobahnen mit staatlicher Anschubfinanzierung von ca. 50 % und Refinanzierung durch die Mauteinnahmen realisiert werden.

Aus geographischer Sicht ist im Zusammenhang mit der entfernungsbezogenen zusätzlichen Belastung des Straßenverkehrs durch Treibstoffsteuern und Mautabgaben die Frage nach den **räumlichen Auswirkungen** von Interesse. Analysen und Modellrechnungen zeigen, dass durch die Kumulation von Ökosteuer und Maut durchschnittliche Erhöhungen der Gütertransportkosten um 11 % bis 14 % gegenüber der Ausgangssituation eingetreten sind, die insbesondere die peripheren

Regionen wegen der längeren Wege belasten (Laaser/Jakubowski 2003). Allerdings ist kurzfristig kaum mit Standortverlagerungen von Betrieben zu rechnen, weil der Anteil der Transportkosten am Bruttoproduktionswert im Mittel nur bei 1,5 % liegt. Einige Branchen weisen allerdings wesentlich höhere Werte auf wie die Baustoffindustrie mit 7,1 %, die Nahrungsmittelindustrie mit 3,9 % oder die Landwirtschaft mit 2,6 %. Auch Unternehmen mit geringen Gewinnmargen können durch die Zusatzbelastungen unter Stress geraten. Die neuen Verkehrsabgaben verletzen somit das Ausgleichs- und Verteilungsziel der Raumordnung, fördern aber die Umwelt- und Erreichbarkeitsziele. Aus diesem Grund werden sie von den Autoren auch insgesamt befürwortet (Laaser/Jakubowski 2003). Allerdings bleibt bei der Einführung von Verkehrsabgaben das Problem, dass sie sozial selektiv wirken und einkommensschwache Bevölkerungsschichten überproportional stark belasten.

Literaturauswahl zur Ergänzung und Vertiefung von Kapitel 2.1

- **Einführung und Überblick:**
  Siehe Literatur zu Kap. 1 mit Abschnitten in Lehrbüchern zum Straßenverkehr
- **Entwicklung von Technik und Organisation:**
  Canzler/Schmidt (Hg.) 2003, Möser 2002, Pohl (Hg.) 1998, Borscheid 1988, Temming 1985
- **Straßennetz, Straßenplanung und Straßenbau:**
  BMVBW 2003 u. 2004b, Pietzsch/Wolf 2000, Weise/Durth 1997, Schütz/Gruber 1996, BMV 1993
- **Autoverkehr und Umwelt:**
  SRU 2005, Gather 2001, Sporbeck 2000, Klössner 1992, Meyer-Tasch et al. (Hg.) 1992, UBA (Hg.) 1982
- **Straßenverkehrspolitik:**
  Monheim 2005a, BMVBW (Hg.) 2002b, Klenke 1995
- **Statistiken/Datenreihen zum Straßenverkehr in Deutschland:**
  Güterverkehr, (lfd. Jahre), Bundesamt für Güterverkehr (Hg.), Köln
  Kraftfahrzeuge, (lfd. Jahre), Kraftfahrt-Bundesamt (Hg.), Flensburg
  Straßenpersonenverkehr, Fachserie 8, Reihe 3, (lfd. J. u. vj), Statistisches Bundesamt (Hg.)
  Straßenverkehrsunfälle, Fachserie 8, Reihe 7, (lfd. J. u. m), Statistisches Bundesamt (Hg.)
  Straßenverkehrsunfälle, (lfd. Jahre), Bundesamt für Strassenwesen (Hg.) Bergisch Gladbach
  Verkehr in Zahlen, (lfd. Jahre), BMVBW (Hg.), Berlin

2.2 Schienenverkehr

2.2.1 Bedeutung im Verkehrssystem

Mehr als ein Jahrhundert war die Schiene der wichtigste Verkehrsträger in den höher entwickelten Ländern, bevor nach dem Zweiten Weltkrieg der motorisierte Straßenverkehr diese Funktion übernahm. Die Innovationen des **Eisenbahnzeitalters** gingen von Großbritannien aus, das bis Mitte des 19. Jh.s in der Schienen- und Lokomotivtechnik führend blieb. Von hier aus breitete sich das neue Transportmittel rasch in Westeuropa und den USA aus, gewann aber darüber hinaus auch in Japan, Südamerika und in den Britischen Kolonien frühzeitig an Bedeutung.

Die Erschließung neuer Rohstoffvorkommen und die Inwertsetzung neuer Wirtschaftsräume in Drittländern mit Hilfe der Schienentechnologie und der Großkredite zu ihrer Finanzierung werden von Historikern als **Eisenbahnimperialismus** eingestuft (DIVALL 2003). Im Rahmen der Unabhängigkeitsbestrebungen entstand daraus als Gegenbewegung der **Eisenbahnnationalismus** mit Verstaatlichungen.

In den Ländern des Nordens ermöglichte die **Verkehrsrevolution** nicht nur den Transport von Massengütern über größere Distanzen, sondern stimulierte zugleich die Verarbeitung von Erzen und Kohle zu Eisen und Stahl sowie die Weiterverarbeitung zu Maschinen. Die weltweite Nachfrage nach Schienen und Lokomotiven förderte somit direkt die Industrialisierung (WAGENBLASS 1973) und bewirkte zugleich durch die Anlage der neuen Bahnstrecken ein selektives Wachstum des Siedlungsnetzes in Abhängigkeit von der Eisenbahnnähe. Nachhaltige Bevölkerungsverschiebungen durch Migration in die Eisenbahn- und Industriezentren sowie zunehmende Pendlerdistanzen der Arbeiter waren die Folge.

Die Funktionsfähigkeit des **Transportsystems Eisenbahn** wird durch drei Faktoren bestimmt: Infrastruktur, Suprastruktur und Betriebsorganisation. Die Anlage des Fahrweges setzt den Bodenerwerb, den aufwendigen Bau von Brücken und Tunnels sowie die Präparation des Schienenbettes, der Energie- und Kommunikationsleitungen voraus. Triebfahrzeuge und Waggons müssen auf diese Infrastruktur abgestimmt sein, und für den nachhaltigen Betrieb sind Signal- und Steuerungssysteme, Versorgungsanlagen (früher Kohle und Wasser, heute Elektrizität bzw. Dieseltreibstoff) sowie Überwachungs- und Wartungseinrichtungen erforderlich.

Schienenverkehrsmittel benötigen deshalb hohe Investitionen, lange Planungs- und Bauzeiten sowie für den Einsatz Vorbereitungs- und Bereitstellungskosten, die nur bei einer größeren Nachfrage, angemessener Auslastung und längeren Transportdistanzen gedeckt werden. Aus diesen **Systemeigenschaften** ergibt sich für Bahnlinien die Notwendigkeit der Bedienung dichter besiedelter Räume und der Verknüpfung von Bevölkerungsagglomerationen. Ein engmaschiges Netz und eine flächenhafte Erschließung größerer Gebiete sind deshalb kaum wirtschaftlich zu realisieren. Bei der Zurechnung der Fahrwegkosten wird die Bahn außerdem meist gegenüber dem Automobil benachteiligt (ILGMANN 1993). Probleme ergeben sich auch an Landesgrenzen, wo eine Weiterfahrt oft wegen anderer **technischer Standards** (Spurweite, Betriebssystem) nicht möglich ist, oder wenn Netzlücken bestehen, die wegen hoher Kosten für Brückenbau bzw. Untertunnelung nicht durch Betriebseinnahmen zu refinanzieren sind.

Diesen Nachteilen stehen allerdings

Kasten 2.2.1
Vor- u. Nachteile des Schienenverkehrs

Vorteile:

• Besondere Eignung für Massen- und Schwertransporte über größere Distanzen

• Möglichkeiten der schnellen Punkt-zu-Punkt-Verbindung wegen eigener Infrastruktur

• Gut kalkulierbare Transportzeiten wegen geringer Witterungsabhängigkeit

• Hohe Sicherheit wegen vergleichsweise geringer Unfallhäufigkeit

• Geringer Energieverbrauch wegen der Vorteile des Rad-Schiene-Systems

• Günstige Transportkosten pro Einheit im Fernverkehr

• Vergleichsweise umweltfreundlich im Hinblick auf Flächenverbrauch u. Emissionen

• Eignung für den kombinierten Güterverkehr wegen rascher Umsetzung der Ladung

• Gute Möglichkeiten zur Automatisierung wegen der Schienenführung des Fahrzeuges und des Betriebssystems

Nachteile:

• Kapitalintensive Einrichtungs-, Betriebs- und Erhaltungsaufwendungen

• Geringe Flexibilität wegen des hohen Zeit- und Kostenaufwandes zur Vorbereitung und Durchführung des Transports

• Keine flächenhafte Erschließung wegen der zumeist geringen Netzdichte

• Lange Vorlaufzeiten für Planung und Bau von Anlagen

• Geringe Kompatibilität beim Grenzübergang wegen unterschiedlicher Systeme

• *Missing links* im Netz wegen physischer und politischer Barrieren, die nur durch aufwendigen Tunnel- und Brückenbau geschlossen werden können

---

Vorteile gegenüber, die den Schienenverkehr attraktiv erscheinen lassen auch für private Anleger. Hierzu gehört die Fähig-

keit, eine größere Anzahl von Passagieren sowie Schwer- und Massengüter über längere Distanzen in gut kalkulierbarer Zeit sicher und rasch zu transportieren. Der Energieverbrauch, die Emissionen und die Flächenbeanspruchung sind vergleichsweise gering, woraus günstige Transportkosten resultieren.

Sehr gute Möglichkeiten bieten sich auch für die Kombination der Stärken verschiedener Verkehrsträger, z. B. für den raschen Containertransport im Ganzzug über größere Distanzen von Punkt zu Punkt per Bahn und die Verteilung in der Fläche über kürzere Entfernungen durch den flexibleren Lastkraftwagen. Wegen der Schienenführung des Fahrzeugs und der Ortung durch moderne Verfahren der Standortbestimmung und Fernsteuerung lässt sich der Transportvorgang problemloser automatisieren als bei anderen Verkehrssystemen, die stärker von exogenen Faktoren abhängen (z. B. Witterungseinflüsse, andere Verkehrsteilnehmer etc.). Im Kasten 2.2.1 werden einige Vor- und Nachteile des Schienentransports aufgelistet.

2.2.2 Entwicklung von Technik und Organisation

Technologische Neuerungen für das Eisenbahnwesen kamen wie in anderen Bereichen der sich entwickelnden Maschinenbauindustrie am Ende des 18. und Anfang des 19. Jh.s aus England. Die bereits seit dem späten Mittelalter in Bergwerken eingesetzten **Holzschienen** (zunächst als Spurrillen) wurden als Leitplanken für pferdegezogene Wagen weiterentwickelt und ab 1767 auch aus Gusseisen hergestellt, das sich unter dem größer werdenden Gewicht der Transporte allerdings als nicht bruchsicher erwies. Die erste Pferdetram nahm 1801 zwischen Wandersworth und Croydon ihren Betrieb auf. Nach dem von John

BIRKINSHAW 1820 erfundenen Walzverfahren für Schmiedeeisen konnten die doppel-T-förmigen **Stahlschienen** mit höherer Belastbarkeit in Serie produziert werden. Auf Holzschwellen im Schotterbett verlegt, bildeten sie eine ideale Infrastruktur für die von Lokomotiven gezogenen Eisenbahnen.

Wegen ihrer Größe und dem hohen Gewicht erschien zunächst die seit den 1780er Jahren von James WATT zur Serienreife weiter entwickelten Niederdruckdampfmaschine mit Drehbewegung als Landverkehrsmittel nicht geeignet, breitete sich aber als stationäre Antriebsmaschine in Fabriken rasch aus. Erst zu Beginn des 19. Jh.s wurden Experimente mit auf Schienen fahrenden **Dampfmaschinen** begonnen. 1804 stellte Richard TREVITHICK seine Einzylinderlokomotive mit Schwungrad vor, die fünf Waggons in vier Stunden über 16 km beförderte und als Transportmittel zwischen einem Industriebetrieb und einem Kanal eingesetzt wurde (vgl. Abb. 2.2.1 a). Besser bewährten sich die von William HEDLEY 1813 für ein Bergwerksunternehmen gebaute „Puffing Billy" und die ein Jahr später von John STEPHENSON vorgeführte Lokomotive „Blücher" mit einer Zugkraft von 30 t, deren Leistung auf 50 t und eine Geschwindigkeit von 14 km/h gesteigert werden konnte.

Die erste **öffentliche Bahnlinie** wurde 1825 von Darlington nach Stockton eröffnet, und 1830 folgte die Verbindung von Liverpool nach Manchester. Sie verläuft neben dem Bridgewater-Schifffahrtskanal und verkürzte die Transportzeit von bisher 36 auf 4-5 Stunden bei gleichzeitiger Kostensenkung für beförderte Güter um ca. ein Drittel. Als doppelgleisige und kreuzungsfreie Strecke stellt sie die erste moderne Eisenbahnlinie dar.

Während die Wirtschaft neue Bahnpro-

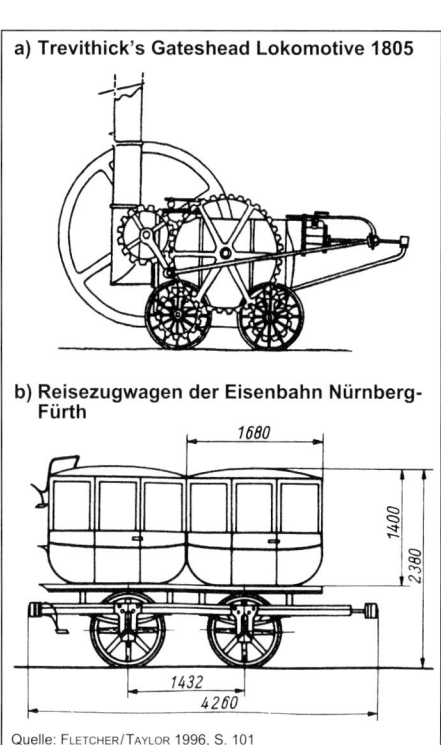

a) Trevithick's Gateshead Lokomotive 1805

b) Reisezugwagen der Eisenbahn Nürnberg-Fürth

Quelle: FLETCHER/TAYLOR 1996, S. 101

Abb. 2.2.1 Englische Dampflokomotive von TREVITHICK **zu Beginn des 19. Jh.s (a) und Reisezugwagen der ersten deutschen Eisenbahn 1835 (b)**

jekte befürwortete und durchsetzte, war die **öffentliche Meinung** vom Adel bis zum Landarbeiter eher negativ eingestellt. Die ungewohnten Geräusche, die Rauchentwicklung und der Funkenflug sowie die vergleichsweise hohe Geschwindigkeit weckten Ängste und ließen Schäden für Mensch, Tier und Pflanzen befürchten. Das Wohlwollen der Landbesitzer musste deshalb von den Eisenbahngesellschaften durch hohe finanzielle Abfindungen erkauft werden, wodurch der Streckenbau in Großbritannien besonders teuer wurde.

In **Deutschland** begann das Eisenbahnzeitalter 1835 mit der Eröffnung der nur 6 km langen Ludwigsbahn von Nürnberg nach Fürth, an der bezeichnenderweise der königliche Namengeber nicht teilnahm. Die Reisezugwagen erinnern noch deutlich an Kabinen von Postkutschen (Abb. 2.2.1 b). Eine größere technische Herausforderung mit 150 km Länge stellte die 1837/39 in Betrieb genommene Strecke Dresden-Leipzig dar, weil hierfür ein 512 m langer Tunnel zu graben und eine größere Brücke über die Elbe bei Riesa zu errichten waren. Die Geschichte der deutschen Eisenbahn im Kontext der internationalen Entwicklung ist häufig dargestellt worden (u. a. Mayer 1891, Liebl et al. 1985, Gall/Pohl 1999, Rossberg 1977).

Erhebliche Probleme ergaben sich für die **Beschaffung** und den Transport der Schienen und des rollenden Materials. Die deutsche Eisenindustrie war auf die neue Nachfrage nicht vorbereitet. Die vorhandenen Kapazitäten zur Koks-, Roheisen- und Stahlgewinnung reichten nicht aus, und es fehlten Erfahrungen für die Herstellung der Maschinen. Lokomotiven, Waggons und Schienen mussten deshalb in größerem Umfang importiert werden, bis die Anpassung der einheimischen Industrie erfolgt war (Wagenblass 1973).

Von den 1840 im Deutschen Zollverein eingesetzten 75 Lokomotiven kamen 42 aus der Fabrik von Stephenson in Newcastle. Drei Jahre später waren 178 Lokomotiven unter Dampf, von denen 112 aus Großbritannien, 36 aus den USA und 10 aus Belgien kamen. Nur 20 waren in deutschen Werken gebaut worden, die in der Folge des **Eisenbahnbooms** in allen größeren deutschen Ländern entstanden. Insbesondere zu erwähnen sind Berlin (Borsig 1831), Kassel (Henschel 1837), Karlsruhe (Kessel 1838) und München (Maffei 1841). Auch Waggonfabriken, die zunächst nur den Oberbau für importierte Chassis herstellten, wurden bereits vor

1840 im Zusammenhang mit den Bahnprojekten gegründet, u. a. in Leipzig, München, Nürnberg und Aachen (Liebl et al. 1985).

Durch die rasch steigende Nachfrage der Bahngesellschaften wurden nicht nur die Eisenindustrie, sondern auch der Kohlebergbau und das Verarbeitende Gewerbe stimuliert. Zwischen 1852 und 1913 betrug das durchschnittliche jährliche Wachstum des Eisenbahnsektors 6,6 %, während sich gleichzeitig das Bruttosozialprodukt nur um 2,6 % erhöhte. Der Aufbau des Eisenbahnsektors erweist sich somit als eine wichtige **Triebkraft der Industrialisierung**. Dies wird auch durch den Beschäftigungseffekt deutlich. Bei den Bahnen waren 1841 ca. 30.000 Arbeiter beschäftigt, deren Zahl sich bis 1859 auf 217.000 und bis Mitte der 1870er Jahre auf 514.000 erhöhte.

Nach der erfolgreichen Nutzung der **Dampflokomotive** wurden gegen Ende des 19. Jh.s weitere grundlegende Neuerungen eingeführt, welche zur Leistungssteigerung der Zugkraft und Erhöhung der Geschwindigkeit führten. Die seit 1880 verkehrende Verbundlokomotive nutzte den Dampf nach der Einführung in den Hochdruckzylinder ein zweites Mal im Niederdruckzylinder, und bei der 10 Jahre später eingeführten Heißdampflokomotive wurde der Nassdampf im Überhitzer vom Kondenswasser befreit. Hierdurch ergaben sich Brennstoffeinsparungen von ca. 25 %, was eine Reduzierung der auf den Lokomotiven mitgeführten Kohlenmengen bzw. eine Erhöhung der Reichweite bedeutete. Mit einer Heißdampf-Vierzylinder-Verbundlokomotive wurde 1880 eine Höchstgeschwindigkeit von 154 km/h erreicht. Nach der Jahrhundertwende konnte die **Reisegeschwindigkeit** von Schnellzügen auf 100 km/h, für Personenzüge auf 80 km/h und für Güterzüge auf 50 km/h festgesetzt werden. Die Anhängerlast stieg von 17 auf 32 Achsen, was eine bessere Streckennutzung zur Folge hatte (Schubert 2000).

Damit blieb die Dampflokomotive bei der Deutschen Bahn bis nach dem Zweiten Weltkrieg die wichtigste Antriebsart. Sie wurde erst 1967 von effizienteren **Diesel- und E-Loks** abgelöst, die seit Anfang der 1950er Jahre parallel auf dem durch Endlosschienen auf Stahlbetonschwellen verbesserten Unterbau eingesetzt wurden. Abb. 2.2.2 zeigt die rasche Umstellung innerhalb von einem Jahrzehnt. Die durch W. von Siemens bereits 1879 in Berlin vorgeführte E-Lok fand zunächst verstärkten Einsatz im Nahverkehr. Ab 1881 wurde sie als Straßenbahn in Berlin und ab 1907 bei der Hamburger S-Bahn eingesetzt. Die Elektrifizierung des Streckennetzes beschränkte sich vor dem Zweiten Weltkrieg auf kleinere Abschnitte und wurde in Westdeutschland erst seit den 1960er Jahren verstärkt vorangetrieben. Mit Dieselantrieb bestückte Triebwagen waren seit 1927 insbesondere im Nah- und Regionalverkehr im Einsatz.

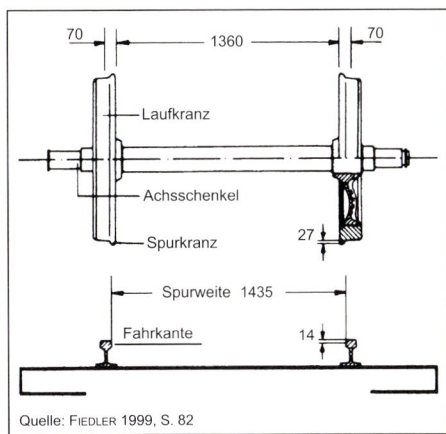

Quelle: Fiedler 1999, S. 82

Abb. 2.2.3 Zuordnung von Radsatz und Schienenweg

Eisenbahnen werden spurgeführt, d. h. Räder und Schienen sind aufeinander abgestimmt. Zwei Räder mit Laufkranz und Spurkranz bilden zusammen mit der Achse den Radsatz (vgl. Abb. 2.2.3). Die zwischen den Schienen laufenden Spurkränze der beiden Räder bewirken die Führung des Fahrzeuges in der **Normalspur** von 1.435 mm, die der Achsbreite einer früheren britischen Postkutsche entspricht und in annähernd 60 % aller Bahnvorhaben Verwendung findet. Daneben gibt es Breitspuren (über 1.435 mm, z. B. in Spanien, Irland, Russland) und Schmalspuren (unter 1.435 mm, insbes. bei Kleinbahnen) mit jeweils ca. 20 % Verbreitung.

Vor der Vereinheitlichung bestanden auch in Süddeutschland nebeneinander unterschiedliche Spurbreiten, die von den Kleinstaaten eingeführt wurden, ohne eine später erfolgte Vernetzung zu berücksichtigen (Abb. 2.2.4). Das Problem der technischen **Normierung** der Infrastruktur und der Fahrzeuge aber auch die Standardisierung betrieblicher Abläufe sowie die Einführung einer einheitlichen Eisenbahnzeit (MEZ erst 1893 vereinbart) behinderte eine

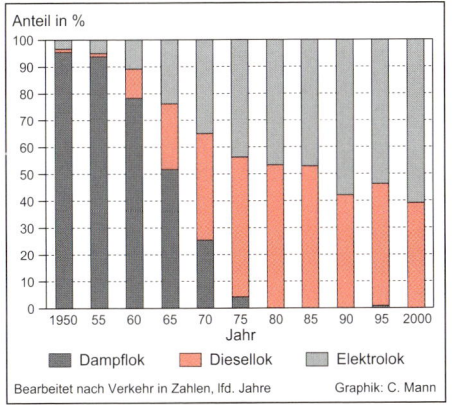

Abb. 2.2.2 Entwicklung der Bahntraktion in der BRD 1950-2000

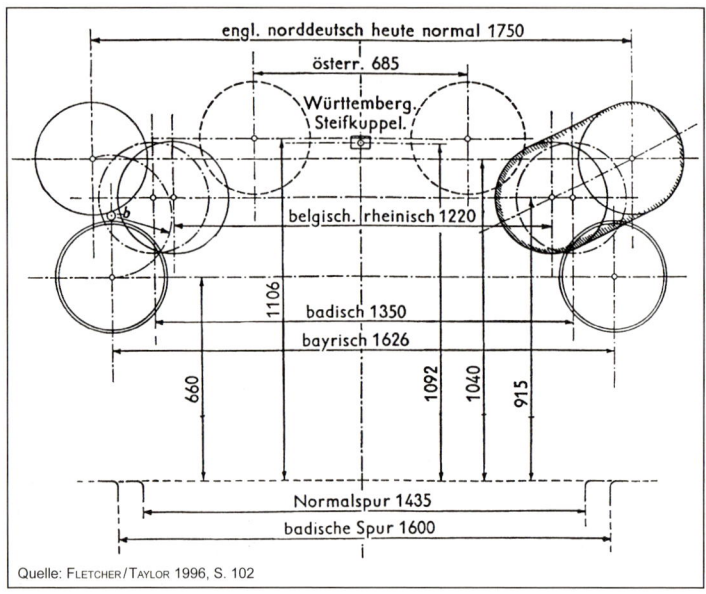

engl. norddeutsch heute normal 1750

österr. 685

Württemberg.
Steifkuppel.

belgisch. rheinisch 1220

1106

badisch 1350

bayrisch 1626

660   1092   1040   915

Normalspur 1435

badische Spur 1600

Quelle: FLETCHER/TAYLOR 1996, S. 102

**Abb. 2.2.4
Spurweiten
beim Aufbau der
Eisenbahn in
den ehemaligen
Kleinstaaten Süd-
deutschlands**

spätere Integration der Systeme und besteht teilweise heute noch (KNITTEL 2003). Aus diesem Grunde ist der direkte Übergang von Zügen zwischen Ländern mit unterschiedlicher Spurbreite nicht möglich, z. B. müssen Güterwagen aus Mitteleuropa bei der Fahrt nach Russland an Grenzbahnhöfen auf breitere Fahrgestelle (1.524 mm) umgesetzt werden.

Schienenfahrzeuge besitzen einen vergleichsweise geringen Energiebedarf, weil die Reibung der **Laufflächen** der Räder beim Rollen über den Schienenkopf niedrig bleibt. Zugleich wird aber hierdurch der Bremsweg verlängert (bei Hochgeschwindigkeitszügen bis 1.500 m, bei Hauptbahnen 700-1.000 m und bei Nebenbahnen 400-700 m). Hierdurch ist bei Hochgeschwindigkeit eine Zugführung nach Sichtweite nicht ausreichend, und es sind Systemhilfen erforderlich (FIEDLER 1999).

Die Schiene wird auf Schwellen aus Holz, Eisen oder Spannbeton, die in ein Schotterlager eingebettet sind, elastisch befestigt. Einwirkende Kräfte werden dadurch von der Schiene auf die Schwellen und das Schotterbett übertragen und in den Unterbau aus einer 25-40 cm dicken Kiesschicht abgeleitet. Bei Hochgeschwindigkeitstrassen wird neuerdings auch eine schwellen- und schotterlose feste Fahrbahndecke verwendet (dies war bereits seit den 1970er Jahren bei U-Bahnen üblich). Abb. 2.2.5 zeigt den **Aufbau des Bahnkörpers** im Querschnitt. Nicht dargestellt sind die Vorrichtungen zur Energiezufuhr im Elektrobetrieb, die über Oberleitungen oder Stromschienen erfolgt (z. B. bei vielen S-und U-Bahnen). Der Oberbau wird alle 2-6 Jahre im Rahmen von Instandsetzungsmaßnahmen gewartet. Je nach Beanspruchung müssen die Schienen alle 20-25 Jahre ausgetauscht werden. Für diese Arbeiten stehen heute Maschinen zur Verfügung.

In Abhängigkeit von den Fahrzeug- und Ladungsabmessungen sowie bestimmten

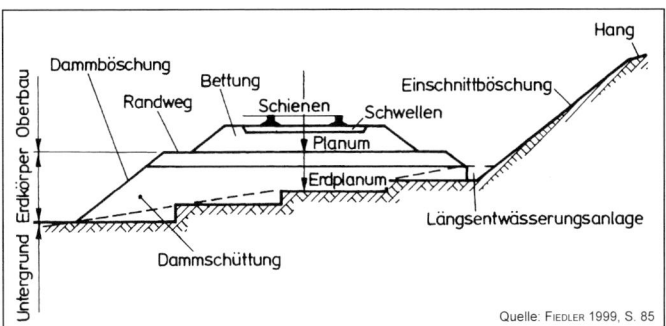

Abb. 2.2.5
Aufbau und Bezeich-
nungen des Bahnkör-
pers

Quelle: Fiedler 1999, S. 85

Bewegungs- und Sicherheitsräumen werden Begrenzungslinien festgelegt, die den für die Durchfahrt der Fahrzeuge frei zu haltenden lichten Raum definieren. Der **Regellichtraum** ist von Bedeutung für den Abstand zu benachbarten Gleisen, die Mindesthöhe bei Unterfahrungen und die Querschnittsabmessungen von Tunneln. Bei Nebenstrecken muss in der BRD das von der Internationalen Eisenbahn-Union (UIC) entwickelte Lichtraumprofil (GC) verwendet werden (vgl. Abb. 2.2.6), das Reserven für die Hebung des Oberbaus und

für den Neigungswechsel durch Fliehkräfte enthält. Außerdem müssen bei Hochgeschwindigkeitszügen die aerodynamischen Kräfte Berücksichtigung finden, die insbesondere im Tunnel Bugwellen erzeugen und wechselnde Druckverhältnisse in den Seitenbereichen hervorrufen. Bei Ferngleisen werden in Abhängigkeit von der Geschwindigkeit Sicherheitsabstände von 3 m (Geschwindigkeiten bis zu 160 km/h) und 4,50 m (Geschwindigkeiten bis zu 300 km/h) gefordert.

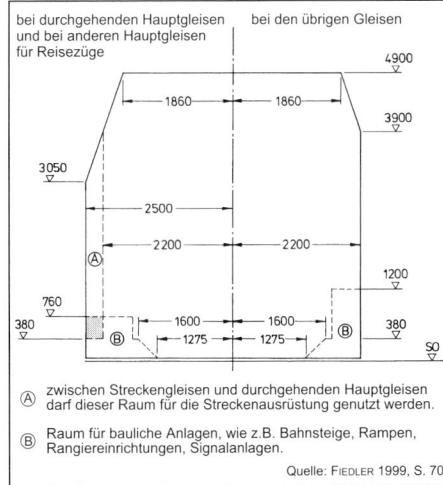

Abb. 2.2.6 Lichtraumprofil GC für Bahnstre-
cken in Europa

Elektrische **Hochgeschwindigkeitszüge** mit Reisegeschwindigkeiten über 200 km/h wurden in Japan bereits in den 1960er Jahren entwickelt und in der Praxis erfolgreich eingesetzt (Shinkansen). In Europa folgten Frankreich mit dem TGV von Paris nach Lyon (1981) und Deutschland mit dem ICE von Hannover nach Würzburg (1985) erst mit deutlicher Verzögerung. Mittlerweile sind trotz der hohen Kosten für den Streckenausbau und die Technik in beiden Ländern Teilnetze entstanden und auch in weiteren Staaten Trassen fertig gestellt worden (Ellwanger 2001, Gutiérrez 2001, Wolkowitsch 1999, Wilckens 1994, Ellwanger/Wilckens 1993). Dem ICE blieb bisher ein Exporterfolg versagt wegen der besonders hohen Netzanforderungen, die im Bergland den Bau vieler Brücken und Tunnels nötig ma-

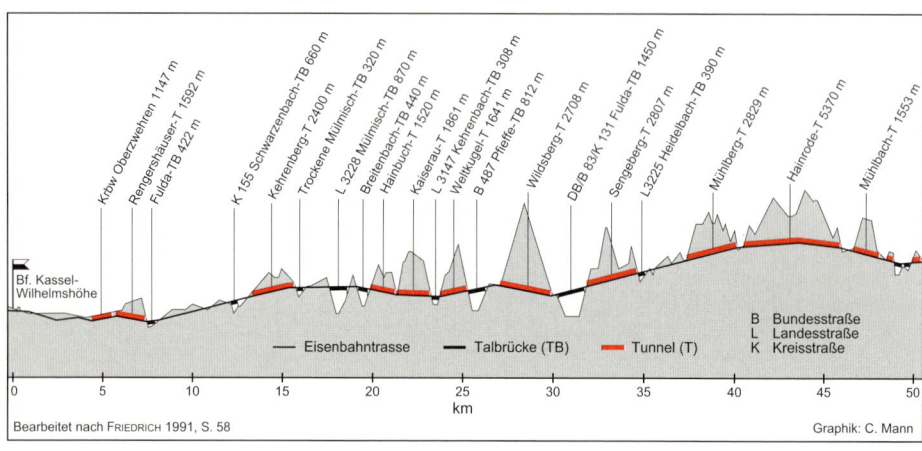

Bearbeitet nach FRIEDRICH 1991, S. 58   Graphik: C. Mann

Abb. 2.2.7 Hochgeschwindigkeitsstrecke Kassel - Würzburg im Längsprofil

chen (FRIEDRICH 1991, vgl. Abb. 2.2.7).

Ganz neue Antriebstechniken werden seit mehreren Jahrzehnten mit der Magnetbahn **Transrapid** erprobt, deren Serienreife zwar erreicht werden konnte, deren Praxiserprobung aber erst nach der Jahrtausendwende erstmals in China im Rahmen der Flughafenanbindung von Shanghai erfolgte. Eine in Deutschland zwischen Hamburg und Berlin bzw. im Ruhrgebiet und in München erwogene Projektierung ist durch politischen Meinungsstreit, die extrem hohen Kosten und die in Frage gestellte Integrierbarkeit eines völlig neuen Systems in vorhandene Netze bisher verhindert worden. Vorauseilende Visionen, welche im Magnetbahnsystem des Transrapids das kontinentale Verkehrssystem für Europa im 21. Jh. sahen, haben sich bisher nicht bestätig (BREIMEIER 2003, TIETZE 1998, SCHMITT 1990).

Weitere Neuerungen im Bahnwesen sind nach dem Zweiten Weltkrieg insbesondere im Hinblick auf die **Systemtechnik** erzielt worden (FIEDLER 1999). Hierbei ging es u. a. um das Drucktastenstellwerk, die automatisierte Selbstblockführung der Züge und die zentralisierte Fernüberwachung,

wodurch Personaleinsparungen möglich wurden. Auch im Hinblick auf die Fahrplangestaltung und die betriebliche Organisation konnten mit dem Stundentakt und dem Nachtsprung Rationalisierungseffekte erzielt werden.

2.2.3 Schienennetz und Bahnhöfe

Der Aufbau von **Eisenbahnstrecken** seit dem zweiten Drittel des 19. Jh.s erfolgte in Deutschland nicht auf der Grundlage eines umfassenden Konzepts durch eine zentrale Institution, sondern nach partikularen Interessen zumeist durch projektorientierte Aktiengesellschaften mit mehr oder weniger Unterstützung durch die Einzelstaaten. Übergreifende Planvorstellungen, die bereits von Friedrich LIST im Zusammenhang mit seinem Buch „Über ein sächsisches Eisenbahnsystem" publiziert wurden (vgl. Abb. 2.2.8), lassen zwar bereits Grundzüge des heutigen Eisenbahnnetzes mit Knoten in Berlin, Leipzig und Hannover erkennen, dienten aber nicht zu einer systematischen Umsetzung (HAASE 1994, HOFMANN 1967).

In der ersten Aufbauphase bis 1840 ging es ausschließlich um die **Verbin-**

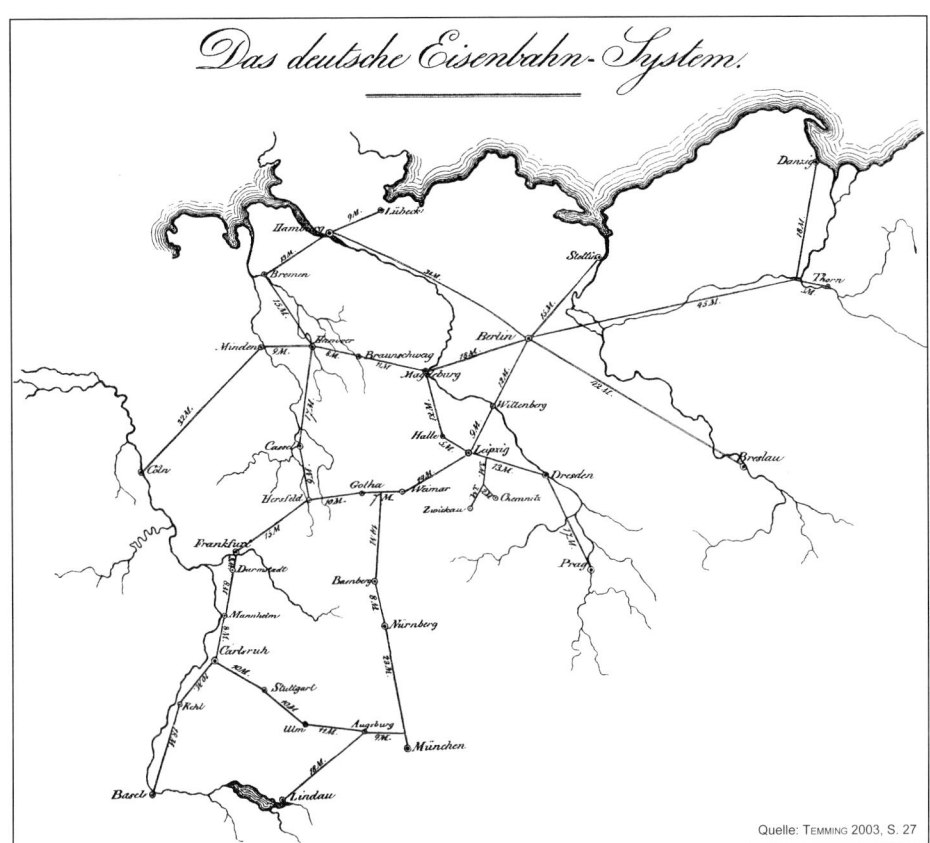

Abb. 2.2.8 Das deutsche Eisenbahnsystem im Netzvorschlag von Friedrich LIST

dung einzelner Städte, die durch private Eisenbahngesellschaften u. a. zwischen Nürnberg und Fürth (1835), Leipzig und Dresden (1837/39), Düsseldorf und Erkrath (1838), Berlin und Potsdam (1839), Frankfurt und Wiesbaden (1840) oder München und Augsburg (1840) bzw. durch staatliche Institutionen zwischen Braunschweig und Wolfenbüttel (1838) oder Mannheim und Heidelberg (1840) errichtet wurden. Insgesamt waren im Gebiet des deutschen Zollvereins bis 1840 ca. 550 Bahnkilometer in Betrieb (TEMMING 2003). In einer zweiten Ausbauphase bis Ende der 1850er Jahre richtete sich das Interesse stärker auf die **Verbindung der Teilstrecken** und die Schaffung von Durchgangslinien. Die Streckenlänge wuchs von 1.850 km in 1850 auf 11.633 km in 1860 (vgl. Abb. 2.2.9 a, b).

Der Investitionsboom im Eisenbahnbau setzte sich in den folgenden Jahrzehnten fort (1870: 19.575 km) und erreichte nach dem Wirtschaftsaufschwung in der Folge der Reichsgründung einen Höhepunkt (1880: 33.838 km). Neben dem weiteren **Ausbau des Netzes** (Verdichtung) traten die Bemühungen um eine Vereinheitlichung der technischen Standards und der Sicherheitssysteme (1873 Reichsei-

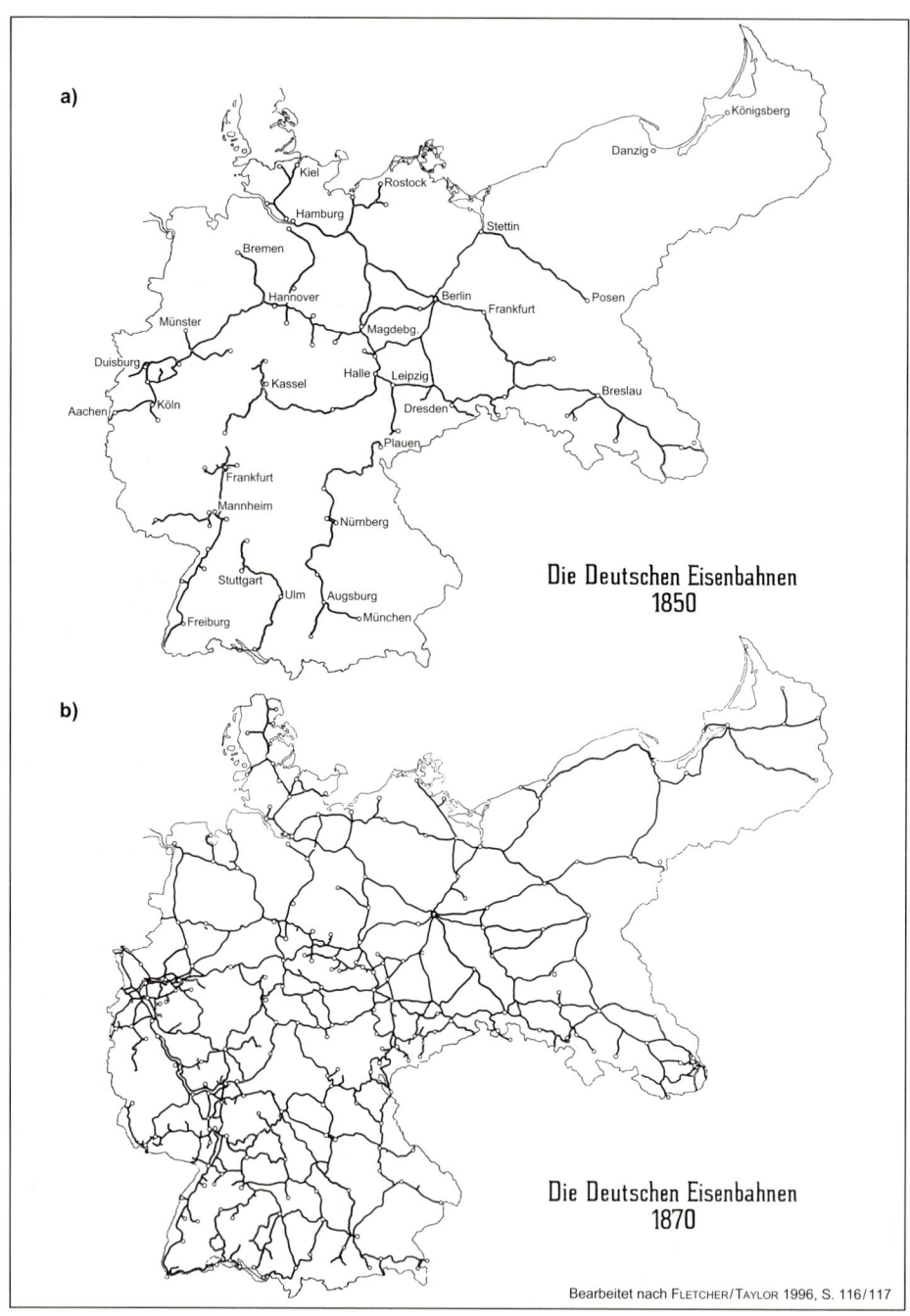

Abb. 2.2.9 Stand des deutschen Eisenbahnnetzes 1850 und 1870

senbahnamt), weitergehende organisatorische Zentralisierungen ließen sich wegen der Partikularinteressen der Länder nicht durchsetzen, die in größerem Umfange Privatbahnen unter ihren direkten Einfluss brachten und eigene Eisenbahnverwaltungen ausbauten.

Diese Tendenz setzte sich nach 1880 fort. Das Netz der **Privatbahnen** schrumpfte von 10.000 km (1880) auf 1.650 km. Hierbei handelte es sich insbesondere um Hauptstrecken, deren Neubau zwischen 1880 und 1910 nur noch 4.000 km betrug, während die Nebenstrecken gleichzeitig um 18.000 km zunahmen. Um die Jahrhundertwende existierten neben Privatbahnen mit regionaler Bedeutung acht **Eisenbahnverwaltungen der Länder** für Preußen-Hessen, Bayern, Sachsen, Baden-Württemberg, Oldenburg, Mecklenburg sowie Elsass-Lothringen. Auf Druck der Wirtschaft konnten 1877 ein einheitlicher Gütertarif, 1907 ein reformierter Personentarif sowie 1909 eine Güterwagengemeinschaft gebildet werden (LIEBL et al.1985).

Tiefe Einschnitte ergaben sich in der Folge des Versailler Vertrages durch Reparationszahlungen an rollendem Material (8.000 Loks, 13.000 Personenwagen, 280.000 Güterwagen) sowie Gebietsabtretungen mit einem **Streckenverlust** von 8.064 km (Eisenbahndirektionen: Danzig, Bromberg, Posen, Kattowitz und Straßburg). Bereits vor der Jahrhundertwende war das betriebswirtschaftliche Optimum der Bahnen überschritten worden und nach Kriegsende ergaben sich Defizite, die bis 1920 auf 8 Mrd. Goldmark anstiegen. Am 1.4.1920 übernahm deshalb die Zentralregierung das Streckennetz der Landesbahnen als **Reichsbahn** (Preußen 34.443 km, Bayern 8.526 km, Sachsen 3.370 km, Württemberg 2.156 km, Baden 1.899 km, Hessen 1.307 km, Mecklenburg-Schwerin

1.177 km, Oldenburg 681 km).

In der **Zwischenkriegszeit** stagnierte die weitere Netzverdichtung, es kam zu ersten Stilllegungen wenig genutzter Kleinbahnen. Die vorhandenen Ressourcen wurden zur Modernisierung stark befahrener Abschnitte des Netzes, insbesondere zur Erstellung weiterer Bahnspuren und zur Elektrifizierung genutzt. Im Rahmen der nationalsozialistischen Politik erhielt die Bahn für Massentransporte von Menschen und kriegswichtigen Gütern einen wenig rühmlichen Stellenwert. Durch Bombenabwürfe und andere Kriegseinwirkungen kam es zu starken Beeinträchtigungen der Infrastruktur und des rollenden Materials, insbesondere Brücken und Bahnhöfe wurden schwer geschädigt.

Erneute Gebietsverluste im Osten und Südwesten sowie die Gründung der DDR führten zur Beeinträchtigung des Netzes. Durch die **deutsche Teilung** waren 47 Strecken betroffen. Mit der Schließung von Verbindungen nach Ostdeutschland und der Beschränkung auf wenige Transitstrecken kam es zur Umorientierung des früher dominierenden Ost-West-Verkehrs. Neue Nord-Süd-Strecken wurden in der Bundesrepublik aufgebaut und wegen der Verlagerung des Personen- und Gütertransports auf die Straße immer mehr Nebenstrecken stillgelegt. Teilweise sind auf den alten Trassen nach dem Schienenrückbau Radwege angelegt worden (MARCINOWSKI 1983, NAGEL 1981). Auch der Schienenersatzverkehr mit Bussen war aufgrund seiner geringeren Attraktivität und wegen der zunehmenden Bevorzugung des privaten Pkw so stark rückläufig, dass sich die ehemals flächendeckenden Netzstrukturen aufzulösen begonnen. Erst seit Ende der 1980er Jahre wird wieder eine verstärkte Aktivität im Netz der Regionalbahnen registriert, mit neuen Angebotskonzepten von Töchtern der DB AG oder privaten Bahnen.

Demgegenüber wurden die wichtigsten Hauptstrecken durch Stahlbetonschwellen, Endlosgleise und Elektrifizierung für den 1985 eingeführten ICE-Betrieb modernisiert und teilweise neu gebaut. Sie bündeln den Verkehr auf Hochgeschwindigkeitsachsen zwischen wenigen Knotenbahnhöfen. Nach der Phase einer verstärkten Nord-Süd-Orientierung der Nachkriegszeit kam es im Rahmen der **Verkehrsprojekte Deutsche Einheit** zu einem erneuten Ausbau der traditionellen Ost-West-Verbindungen. Auch die zu DDR-Zeiten kaum modernisierten Abschnitte des Netzes im Osten sind neuen Standards angepasst worden (MEIER-HILPERT 1995).

Die Knoten im Schienennetz bilden **Bahnhöfe**, die je nach Verkehrsaufkommen und spezieller Funktion unterschiedliche Bedeutung besitzen. Im Gegensatz zu einfachen Haltepunkten und Haltestellen mit Umfahrungs- bzw. Abzweigungsgleisen dienen Bahnhöfe der Zugbildung. Sie besitzen eine große Zahl von Haupt- und Nebengleisen sowie Anlagen für den Zu- und Abgang der Passagiere, zum Be- und Entladen von Fracht und für betriebliche Einrichtungen (Abstell- und Rangiergleise, Wartungseinrichtungen etc.). Als Ausgangs- und Endpunkt wichtiger Bahnlinien waren sie zumeist als **Kopfbahnhöfe** angelegt, wodurch der Wechsel von Bahnsteigen und ein barrierefreies Umsteigen ohne Treppennutzung möglich sind. Abb. 2.2.10 a zeigt den **Anhalter Bahnhof** in Berlin (1881) mit großer Bahnsteig- und Empfangshalle. Im mittleren Teil des repräsentativen Gebäudes befinden sich die Gleise für den Vorortverkehr und an den beiden Außenseiten die Abfahrts- und Ankunftsbahnsteige für den Fernverkehr mit zwischengelegenen Gepäcksteigen

(einschließlich Post), die über Aufzüge aus dem Untergeschoss bestückt werden. Der Zugang der Fahrgäste erfolgt über den großräumigen zentralen Eingangsbereich und zwei kleinere Seitentreppenhäuser mit Vorhallen, Wandelgängen, Wartesälen der 1. bis 4. Klasse mit Speisesälen, Toiletten sowie Büros für Telegrafie, Post, Bahn und Polizei. Das Empfangsgebäude ist folglich im Sinne von GAUTIER wie ein „Begegnungsort der Nationen" bzw. eine **„Kathedrale der Humanität"** konzipiert und stellt ein Beispiel für die alte Bahnhofsprache dar (KRAU/ROMERO 1998). Der zur Weltausstellung 1900 in Paris eröffnete Bahnhof *Quai d'Orsay* wurde wegen seiner architektonischen Bedeutung 86 Jahre später als Kunstmuseum des ausgehenden 19. Jh.s umfunktioniert.

Abb. 2.2.10 b zeigt den ähnlich angelegten, aber in funktionalistischer Architektur mit monumentaler Eingangshalle und Uhrturm erstellten **Stuttgarter Hauptbahnhof** (1922) mit 8 Bahnsteigen und Nebenanlagen für den Güterverkehr (Empfang, Versand, Eilgut, Freiladegleise) sowie Anlagen für die Post und die Wartung von Lokomotiven bzw. Waggons. Mit einer Vielzahl von Weichen sowie Über- und Unterführungen werden die Züge und Rangierblöcke vom Stellwerk aus in Position gebracht (z. Z. pro Werktag ca. 1.200 Züge mit 280.000 Fahrgästen, einschl. S-Bahn).

Wegen der einfacheren Zugabfertigung und der dadurch bedingten Zeitersparnis werden in jüngerer Zeit allerdings **Durchgangsbahnhöfe** präferiert. Dies zeigt sich u. a. am Beispiel von Kassel, wo im Rahmen des Ausbaus der Hochgeschwindigkeitsstrecke Hannover-Würzburg der ältere Kopfbahnhof gemieden und ein neuer Durchgangsbahnhof in Kassel-Wilhelmshöhe errichtet wurde. Aufgrund der Über-

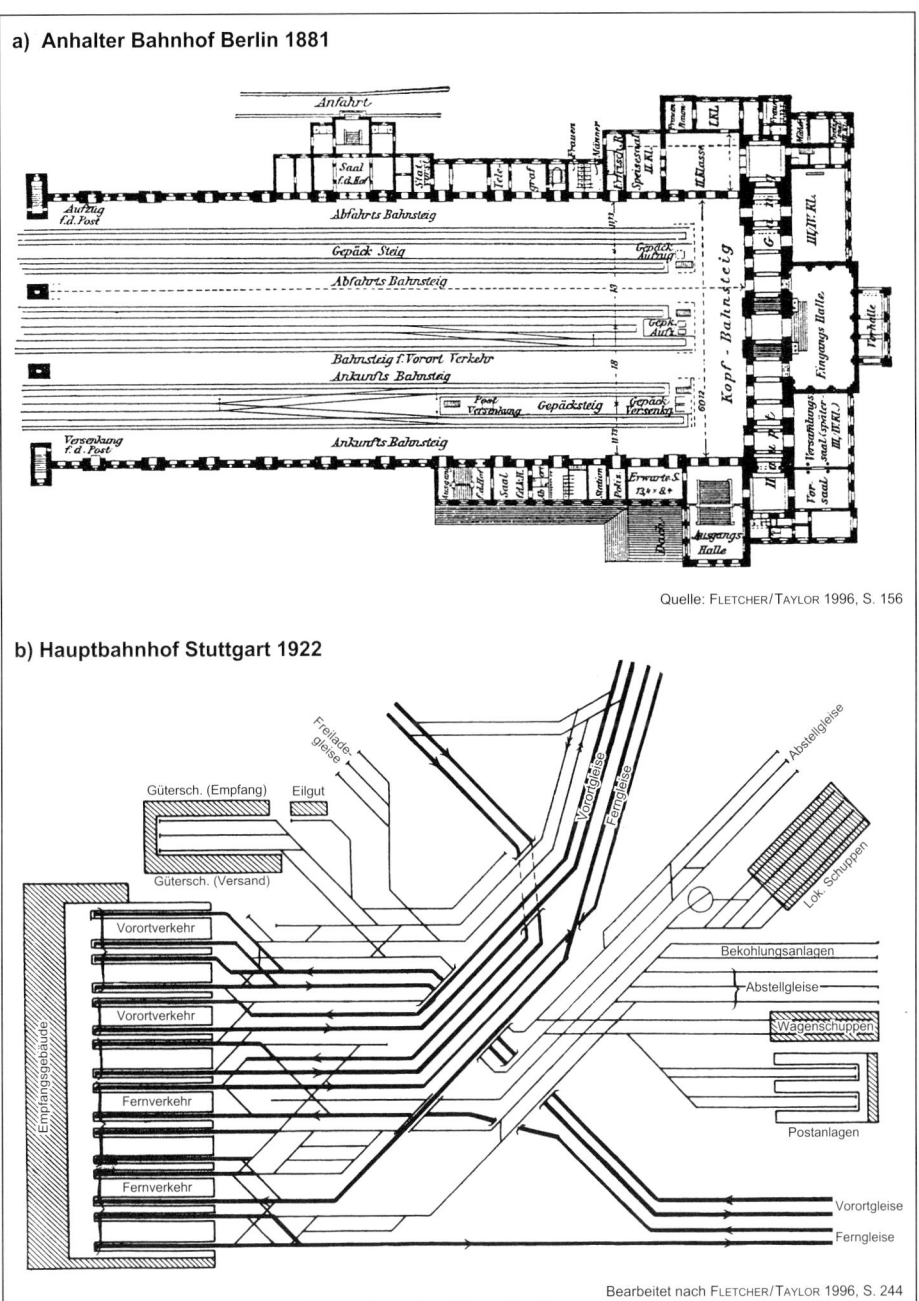

a) Anhalter Bahnhof Berlin 1881

Quelle: Fletcher/Taylor 1996, S. 156

b) Hauptbahnhof Stuttgart 1922

Bearbeitet nach Fletcher/Taylor 1996, S. 244

Abb. 2.2.10 Kopfbahnhofanlagen in Grundrissdarstellung. Anhalter Bahnhof Berlin 1880 (a) und Hauptbahnhof Stuttgart 1922 (b)

führungen wurde er mit Fahrstühlen und befahrbaren Rampen zur Erleichterung des barrierefreien Umsteigens ausgestattet. Bahnhöfe konnten im 19. Jh. wegen der bereits vorhandenen städtischen Bebauung nur am Rande der Siedlungskomplexe errichtet werden. Ein typisches Beispiel hierfür bieten **Berlins Kopfbahnhöfe**, an denen die strahlenförmig auf die Hauptstadt des neuen Reiches zulaufenden Bahnlinien aus Stralsund und Stettin, Königsberg und Breslau, Görlitz, Leipzig und Dresden sowie Magdeburg, Hannover und Hamburg endeten. Nur eine Ost-West-Verbindung vom Schlesischen Bahnhof über Alexanderplatz, Friedrichstraße und Zoologischer Garten wurde nachträglich als Innenstadtverbindung hergestellt (vgl. Abb. 2.2.11 a).

In einigen Städten war es möglich, die Schienen über die Flächen geschleifter Befestigungsringe bis in die Nähe der Altstadtkerne zu führen. Die Plätze vor den repräsentativen Empfangsgebäuden wurden ebenfalls großzügig ausgestaltet, und die auf die Anlagen zuführenden Bahnhofstraßen entwickelten sich wegen des dichten Fußgängerstromes meist zu herausragenden Einkaufsmeilen. Das **Bahnhofsviertel** bot attraktive Standorte für Hotels, Gastronomie und Vergnügungseinrichtungen (Juchelka/Staudacher 2002, Staudacher 2002). Häufig bestand ein deutlicher Unterschied zwischen der attraktiven Vorderfront des Bahnhofs und der Seiten- bzw. Rückfront, wo Transportunternehmen, Produktionsbetriebe und einfache Wohnquartiere sowie nicht selten „Rotlichtviertel" entstanden.

Mit dem Bedeutungsverlust der Schiene für den Personen- und Güterverkehr und im Zuge der spätestens seit den 1980er Jahren forcierten Rationalisierungen bei der Bundesbahn wurden auch die stadt-

ortbildenden Funktionen des Bahnhofs geschwächt. Anlagen für die Güter- und Gepäckabfertigung sowie für die Post wurden im Rahmen logistischer Neuorganisation funktionslos, Betriebe geschlossen oder verlagert. In der zweiten Hälfte des 20. Jh.s kam es damit zu einer Degeneration und Abwertung der Bahnhofsviertel mit größeren **Brachflächen** (Renner 2004, Korn 2004). Diese ehemaligen Verkehrsanlagen sind aufgrund ihrer Größe und zentralen Lage attraktive Standorte und stehen heute für neue Stadtentwicklungsprojekte zur Verfügung. Das Marketingkonzept der Bahn AG sieht in Großstädten deshalb den Ausbau der Bahnhöfe zu Erlebnis-, Einkaufs- und Dienstleistungszentren vor.

In diesem Zusammenhang wurden z. B. in Leipzig 30.000 m^2 Verkaufsflächen für ca. 130 Geschäfte neu erschlossen und zur Stärkung der Attraktivität der Innenstadt sowie als Gegengewicht zu Einkaufszentren an der Peripherie konzipiert (Bayazit et al. 2002). In ähnlicher Weise ist in Stuttgart im Rahmen der zu bauenden Hochgeschwindigkeitsstrecke nach Ulm und des Ausbaus des Regionalverkehrs ein Großprojekt zur Tieflegung der Schienen und zur Überbauung des ehemaligen Bahngeländes vorgesehen. Dabei sollen auf einer Fläche von 100 ha ca. 10.000 Wohneinheiten und über 20.000 Arbeitsplätze geschaffen werden (**Projekt Stuttgart 21**). Andere Städte wie München, wo die Bahn AG 1,1 Mio. m^2 Bruttogeschossfläche auf Bahnbrachen errichten wollte, scheuen den massiven Eingriff und die Auswirkungen auf die Geschäftsstruktur der Innenstadt, hoffen aber, von der Revitalisierung der Bahnhöfe zu profitieren.

Moderne Großbahnhöfe werden zunehmend zu **Dienstleistungszentren** mit einem breiten Einzelhandelsangebot ausgebaut, das über den eiligen Bedarf der

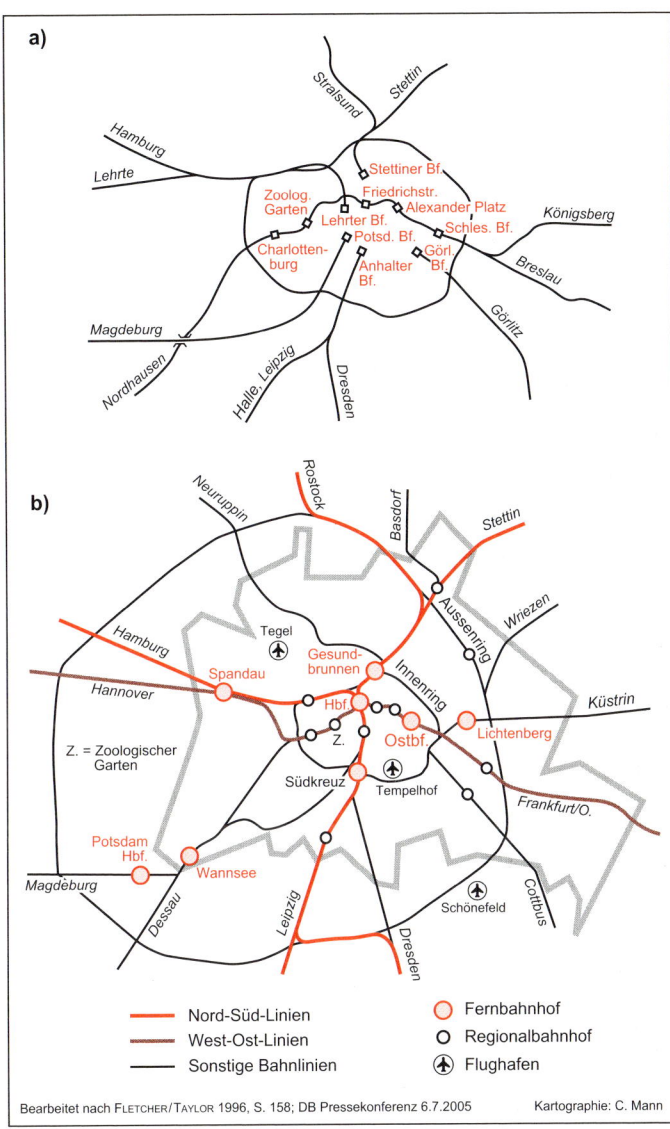

**Abb. 2.2.11
Bahnhöfe im Knoten-
punkt Berlin in den
1880er Jahren (a) und
2005 (b)**

Bearbeitet nach FLETCHER/TAYLOR 1996, S. 158; DB Pressekonferenz 6.7.2005   Kartographie: C. Mann

Reisenden weit hinausgeht. Damit besteht die Gefahr, dass andere Bereiche der Innenstadt geschwächt und Funktionen umverteilt werden. Der Bahnhof muss Ort des Reisenden, des Kommens und Gehens und der modernen Zug- und Betriebstechnik bleiben. Im Mittelpunkt sollte die **Systemverknüpfung des Fern- und Regionalverkehrs** mit dem Stadtverkehr stehen (S-Bahn, U-Bahn, Straßenbahn bzw. Busnetz). In diesem Zusammenhang müssen ausreichende Flächen für Anlagen zum Umsteigen und für den Individualverkehr vorgehalten werden, z. B. für Anfahr- und

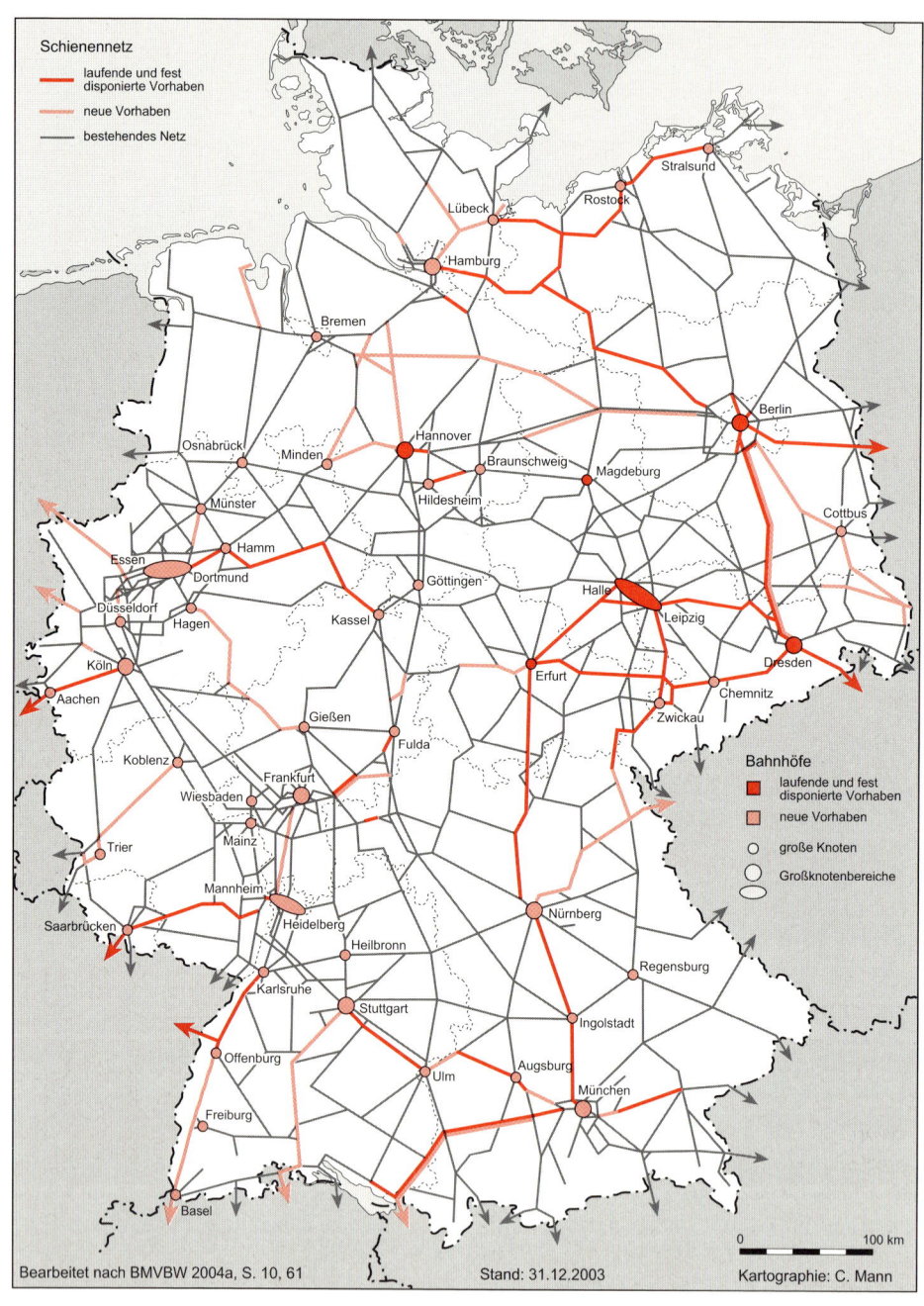

Abb. 2.2.12 Bestehendes Schienennetz und vordringlicher Bedarf für den Strecken- und Knotenausbau in Deutschland 2003

Abstellmöglichkeiten im Rahmen von B+A (Bringen und Abholen), P+R (Park and Ride) oder B+R (Bike and Ride). Zu den Mobilitätsangeboten sind daneben Taxis, Mietwagen sowie DB Carsharing zu organisieren.

Das größte Bahnhofsprojekt zur Integration eines überregionalen mit einem regionalen System wird seit Anfang der 1990er Jahre im **Berliner Knoten** durchgeführt. Dabei geht es um die 1998 abgeschlossene Rekonstruktion der bestehenden Verbindungsstrecken zwischen Zoologischem Garten und Ostbahnhof (8,8 km, ca. 1 Mrd. EUR), den Bau einer neuen N-S-Verbindung (9 km, davon 3,5 km als Tunnel) und die Errichtung eines Zentralbahnhofs am Schnittpunkt beider Durchgangsstrecken am Spreebogen in der Nähe des früheren Lehrter Bahnhofs und des Regierungsviertels (vgl. Abb. 2.2.11 b). Auf verschiedenen Ebenen werden Fern-, Regional- und Stadtverkehr durch den Bahnhof geführt und durch eine abgestimmte Fahrplangestaltung optimal miteinander verknüpft. Die Gesamtinvestitionen, die eine Revitalisierung des S-Bahnnetzes einschließen, werden sich auf über 10 Mrd. EUR belaufen. Damit geht auch in Berlin das Zeitalter der Kopfbahnhöfe zu Ende. Den neuesten Ausbauplan für das Streckennetz und die Knotenpunkte der Bahn in Deutschland zeigt Abb. 2.2.12.

Aufgrund ihrer engen Verknüpfung mit der Wirtschafts- und Stadtentwicklung zur Zeit der Industrialisierung, wegen ihrer Verkehrsbedeutung insbesondere im ausgehenden 19. und in der ersten Hälfte des 20. Jh.s sowie mit Blick auf ihre Präsenz im öffentlichen Raum durch teils imposante Bauwerke (Brücken, Tunnels, Bahnhofsgebäude) hatte die Eisenbahn zu jener Zeit eine große Bedeutung. Die Zugreise eröffnete neue Horizonte, der Bahnbetrieb

bot Hunderttausenden einen Arbeitsplatz, Städte profitierten vom Anschluss an das neue Netz und wurden Knotenpunkt einer arbeitsteiligen Wirtschaft. Insofern ist der Titel der großen Ausstellung „Zug der Zeit, Zeit der Züge", mit der 1985 das 150-jährige Jubiläum der Eisenbahn in Deutschland begangen wurde (EAG 1985), durchaus paradigmatisch zu sehen.

2.2.4 Verkehrsaufkommen

Mit der Bahn werden sowohl Personen als auch Güter befördert. Durch die Ausbreitung konkurrierender Transportmittel und die Umstrukturierung der Nachfrage haben sich in den letzten fünf Jahrzehnten unter Berücksichtigung des Gesamtwachstums in beiden Bereichen stark **rückläufige Beförderungstendenzen** ergeben. Hierdurch hat die Überschuldung der Staatsbahnen zugenommen, und einige Privatgesellschaften mussten aufgeben. Die Stilllegung wenig rentabler Strecken, die Einschränkung des Fahrzeugparks und Entlassungen von Personal waren die Folgen (Abb. 2.2.13).

Diese Entwicklung wird auch am Bei-

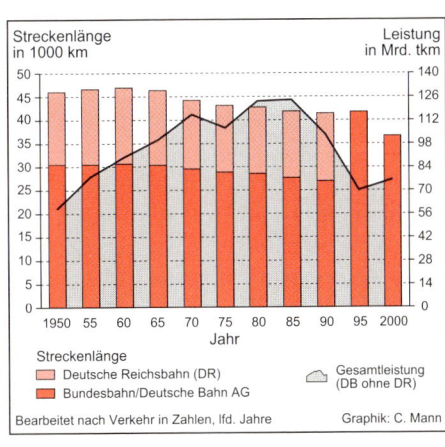

Abb. 2.2.13 Streckenlängen und Leistung der Deutschen Bahn 1950-2000

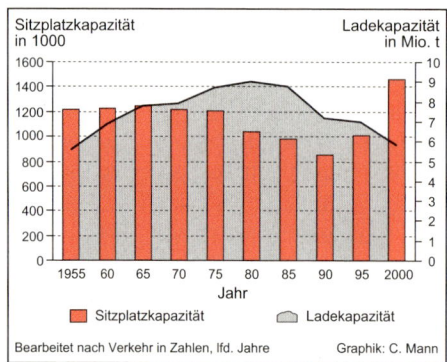

Sitzplatzkapazität in 1000 / Ladekapazität in Mio. t

Sitzplatzkapazität   Ladekapazität

Bearbeitet nach Verkehr in Zahlen, lfd. Jahre   Graphik: C. Mann

Abb. 2.2.14 Sitzplatzkapazität in Personenwagen und Ladekapazität von Güterwagen der Deutschen Bahn 1950-2000

spiel der Sitzplatzkapazitäten von Personenwagen und der Ladekapazität von Güterwagen der Deutschen Bahn deutlich (Abb. 2.2.14). Bis Mitte der 1970er Jahre lag die Zahl der angebotenen **Sitzplätze** bei ca. 1,2 Mio. und verringerte sich dann drastisch auf < 0,85 Mio. in 1990. Durch die Übernahme der Deutschen Reichsbahn (DR) 1993 erhöhte sich die Zahl wieder auf ca. 1 Mio. (1995) und nahm in jüngerer Zeit sogar auf 1,5 Mio. zu, bedingt durch Investitionen für den Hochgeschwindigkeitsverkehr und die Regionalisierung des Schienenpersonennahverkehrs (Verkehr in Zahlen, lfd. Jahre).

Auch im Hinblick auf die Beförderungsleistung im **Personentransport** der DB, die zwischen den Jahren 1970 und 1990 deutlich unter 1 Mrd. Pkm abgesunken war, konnten wieder deutliche Steigerungen erreicht werden, wie annähernd 1,8 Mrd. Pkm in 2003 belegen. Bei anhaltendem Trend ergeben sich hieraus Hoffnungen für die Zukunft. Auf der europäischen Ebene zeigen sich ähnliche Tendenzen. Im Jahr 1970 lag die Beförderungsleistung der Bahnen nur bei 217 Mrd. Pkm und erreichte 1998 annähernd 290 Mrd. Pkm. Trotz dieser ab-

soluten Steigerung ergibt sich aber wegen des stärkeren Gesamtwachstums im Personenverkehr ein relativer Rückgang des Bahnanteils von 10 % auf 6 %, woraus deutlich wird, dass für einen Bedeutungszuwachs der Bahn insgesamt weitere Anstrengungen erforderlich sind.

Im Hinblick auf die Kapazitäten im **Güterverkehr** weist Abb. 2.2.14 für 1980 einen Spitzenwert von 9 Mio. t aus, der auch unter Einbeziehung der DR nicht mehr erreicht wird und bis zum Jahr 2000 auf 5,8 Mio. t absinkt, weil die beförderte Gütermenge von 315 Mio. t in 1995 unter 287 Mio. t in 2000 zurückgegangen ist. Gleichzeitig hat sich aber die Transportleistung (gemessen an der Zahl der Tariftonnenkilometer) von ca. 70 Mrd. tkm im Jahr 1995 auf knapp 77 Mrd. tkm in 2000 erhöht. Daraus wird deutlich, dass die Bahn entsprechend der Systemstärke des Schienenverkehrs auf längeren Strecken besser vertreten ist.

In den obigen Zahlen sind die erfolgreich arbeitenden **Privatbahnen** nicht berücksichtigt, die mit Blockzügen (teilweise unter Kapitalbeteiligung der DB AG) zwischen den Häfen und ihrem weiteren Hinterland aktiv sind, wie etwa von Hamburg aus nach Polen, Tschechien, Ungarn und Süddeutschland (vgl. NUHN 1996b). Daneben sind auch ehemalige Kleinbahnen oder neugegründete Regionalgesellschaften im Containertransport per Bahn aktiv geworden. Der jüngere Erfolg der Bahn AG steht teilweise im Zusammenhang mit der Übernahme von größeren Speditionen wie Schenker und Stinnes, welche ihre Erfahrungen im Wettbewerb des Motor- und Binnenschifftransports einbringen konnten.

Abb. 2.2.15 verdeutlicht, dass der relative **Anteil der Bahn** am insgesamt stark gewachsenen Güterverkehr in den letzten

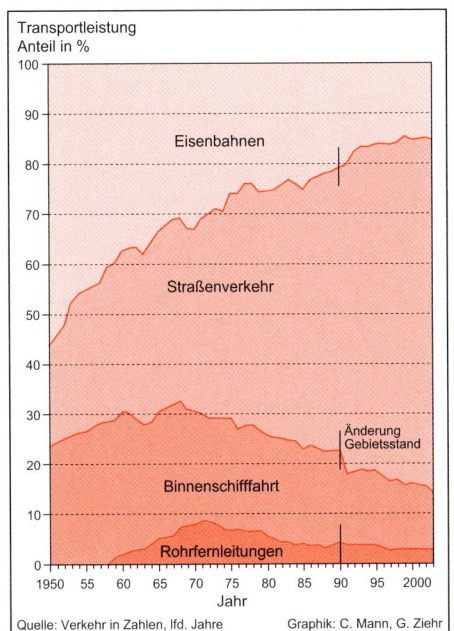

Quelle: Verkehr in Zahlen, lfd. Jahre   Graphik: C. Mann, G. Ziehr

Abb. 2.2.15 Anteil der Bahn an der Transportleistung im Güterverkehr im Vergleich zu den anderen Verkehrsträgern 1950-2000

fünf Jahrzehnten kontinuierlich gesunken ist. Während 1950 noch 30 % des Güterverkehrsaufkommens in t im Binnenland (ohne Luft- und Seeverkehr) und 56 % der Verkehrsleistung (tkm) über die Schiene befördert wurden, waren es 1970 noch 13,3 % bzw. 33,2 % und 1990 nur noch 8,7 % bzw. 20,6 %. Im Jahre 2000 wurden lediglich 7,7 % der Güter und 15,3 % der Transportleistung durch die Eisenbahn erbracht. Gleichzeitig erhöhte sich der Anteil der **Straßenbeförderung** von 59,2 % bzw. 20,3 % im Jahr 1950 auf 75,1 % bzw. 36,2 % in 1970 und 82,5 % bzw. 50,7 % in 1990. Im Jahr 2000 wurden Rekordanteile von 83,7 % bzw. 68,5 % erreicht. Hieraus wird ersichtlich, dass die Bahn zwar bei einem doppelt so hohen Anteil bei der Transportleistung gegenüber dem Güter-

aufkommen bei längeren Distanzen noch erfolgreich ist, aber dem Lkw mit 70 % Anteil bei den Ferntransporten auch hier unterlegen bleibt. Die Anteile des **Binnenschiffs** sind zwar auch im Gesamtzeitraum von 10,5 % bzw. 23,7 % in 1950 auf 6,3 % bzw. 13,3 % in 2000 gesunken aber deutlich moderater als bei der Bahn (Verkehr in Zahlen, lfd. Jahre, vgl. Kap. 2.4).

Europaweit stellt sich die Situation ähnlich dar, während die Bahnen 1970 noch 283 Mrd. tkm bzw. 21,1 % der Gütertransportleistung erbrachten, lag der Anteil 1998 nur noch bei 8,4 % (EU COM 2001b). Ungünstig für den Transport auf der Schiene hat sich der **Güterstruktureffekt** ausgewirkt. Damit wird der Bedeutungsverlust der traditionellen Schwer- und **Massengüter** Kohle, Erze, Metalle etc. und der Bedeutungsanstieg leichterer Einzelgüter umschrieben. Auch die früher für den Bahntransport wichtigen Rohöl- und Mineralölprodukte sind durch den Pipelinebau weitgehend verloren gegangen. Land- und forstwirtschaftliche Produkte sanken von 17,1 Mio. t im Jahr 1980 auf 7,9 Mio. t in 2000, Erze und Metalle von 47,4 Mio. t (1980) auf 30,2 Mio. t (2000), Kohle von 89,4 Mio. t (1980) auf 58,4 Mio. t (2000) etc. (Verkehr in Zahlen, lfd. Jahre). Diese Verluste konnten nicht durch **Stückgüter** und Spezialfrachten ausgeglichen werden, obwohl die Bahn hierfür technische Möglichkeiten bietet (Container und Wechselbehälter, Kesselwagen, Kühlwagen etc. sowie Krananlagen, RoRo-Rampen etc.). Der Lkw hat sich für diese Produkte im Wettbewerb aber als flexibler und kostengünstiger erwiesen.

In jüngerer Zeit bemüht sich die EU mit Unterstützung des Europäischen Parlaments aus umwelt- und verkehrspolitischen Gründen um eine **Wiederbelebung des Schienenverkehrs**. Auch der internationale Eisenbahnverband UIC, die Gemeinschaft der Europäischen Bahnen GEB sowie weitere Zusammenschlüsse von Fachverbänden haben hierfür Ziele bis zum Jahr 2020 definiert. Danach soll im Personenverkehr eine Steigerung des Anteils von 6 % auf 10 % und im Güterverkehr von 8 % auf 15 % erreicht werden. Gleichzeitig sollen die Effizienz um 50 % gesteigert und die Emissionen um 50 % verringert werden.

Die **EU** ist bestrebt, durch ihre Richtlinien zur Trennung des Schienennetzes vom Bahnbetrieb (1991) und zur Herstellung des Binnenmarktes im Schienenverkehr (2001) den Wettbewerb zu stärken. Ab 2003 sind danach ca. 50.000 km, d. h. annähernd ein Drittel des europäischen Schienennetzes, für den Transeuropäischen Güterverkehr zu öffnen. Ab 2008 soll das Gesamtnetz folgen, soweit es geeignet ist. Für die Realisierung der Transeuropäischen Verkehrskorridore sind allerdings noch erhebliche technische Hemmnisse und Infrastrukturengpässe zu überwinden (EU 2001, Kap. 3.4.4).

In Deutschland beobachtete generelle Tendenzen des Schienenverkehrs sind auch in anderen Ländern in ähnlicher Form festgestellt worden, wobei sich aber durch die staatlichen Rahmenbedingungen unterschiedliche Entwicklungspfade ergeben. In den **USA** war der Güterverkehr auf der Bahn durch private Gesellschaften gut entwickelt und hatte 1920 einen Anteil von 85 %, der allerdings bis 1970 auf ca. 36 % zurückfiel (B<small>LACK</small> 2003, V<small>ANCE</small> 1995). Mehrere Unternehmen, die im Nordosten und mittleren Westen tätig waren, brachen zusammen, so dass ganze Landesteile ohne Schienenverkehr waren. Durch Verkäufe, Übernahmen von Speditionen, Beteiligungen an Hafenumschlags- und Schifffahrtsgesellschaften

sowie Innovationen mit doppelstöckigen Containertransportern, konsolidierten sich starke Gesellschaften im **Frachtgeschäft** (vgl. Abb. 2.5.6). Die Bahnen in den USA haben deshalb ihren Anteil mit 27 % vom Güterverkehrsaufkommen und 35 % von der Transportleistung Mitte der 1990er Jahre erfolgreich gegenüber dem Straßentransport mit Anteilen von 42 % bzw. 25 % verteidigen können. Allerdings liegt auch hier der Anteil der Bahn an den Erträgen des Frachtgeschäfts mit 9 % gegenüber dem Lkw mit 79 % vergleichsweise niedrig, d.h. die Bahnen können sich im harten Wettbewerb um den Transport weniger wertvoller Güter nur mit niedrigen Frachttarifen durchsetzen (B<small>LACK</small> 2003).

Die Netzbelegung durch lange Güterzüge, teilweise in Doppelstockbeladung, war in den USA aber auch nur möglich, weil der **Personenverkehr** auf der Schiene dort seit langem eine untergeordnete Rolle spielt. Wegen des Wettbewerbs mit dem starken Flugverkehr und der allgegenwärtigen Konkurrenz des Pkw waren Erfolge im Personenverkehr durch die Bahnen in den USA nicht zu erzielen. Mit staatlicher Unterstützung wurde für den Intercity-Verkehr die Eisenbahngesellschaft AMTRAK gegründet, die aber gemessen am Intercity-Flugverkehr nur ein Schattendasein führt.

2.2.5 Schienenverkehrspolitik

Die Eisenbahn wurde in Deutschland nach der Übernahme durch den Staat als ein **gemeinwirtschaftliches Unternehmen** geführt, das eine flächendeckende Grundversorgung der Bevölkerung und der Wirtschaftsbetriebe gewährleisten sollte. Die Verkehrsordnung sah eine Betriebs- und Beförderungspflicht der Bahn im Güter- und Personenverkehr zu staatlich festgelegten Preisen bei Tarifgleichheit vor.

Allerdings wurden aus raumordnerischen und sozialen Gründen Staffelungen nach Entfernung, Menge und Güterart vorgenommen sowie Sozialtarife im Berufsverkehr angewendet, die das wirtschaftliche Ergebnis der Bahn beeinträchtigten und den Wettbewerb mit dem privatwirtschaftlich organisierten Kraftverkehr auf der Straße erschwerten.

Bereits 1931 musste durch eine Notverordnung des Reichspräsidenten der Gütertransport auf der Schiene vor der **Konkurrenz des Lkw** geschützt werden. Durch die Festlegung des Reichskraftwagentarifs (RKT) im Güterfernverkehr (über 50 km) mit einem 10%igen Aufschlag gegenüber der Eisenbahn (DEGT) wurde der ansonsten begünstigte Straßenverkehr verteuert. Bei zunehmender Bedeutung des Lkw und angesichts hoher Bahndefizite versuchte man nach dem Zweiten Weltkrieg, die Expansion der Güterbeförderung auf der Straße durch eine Kontingentierung der Fahrzeuge des gewerblichen Güterfernverkehrs zu regulieren. Der Erfolg war begrenzt, weil der nicht einbezogene Werkfernverkehr weiter stark zunahm.

Der Konflikt Schiene-Straße bestimmte die Verkehrspolitik in der zweiten Hälfte der 1950er Jahre, ohne dass eine grundsätzliche Lösung gefunden werden konnte. Die **Verlagerung der Güter** von der Bahn zum Lkw konnte nur vorübergehend verlangsamt werden und setzte sich bald verstärkt fort. Das nicht auf den Schwerverkehr ausgerichtete veraltete Straßennetz war überlastet, wodurch die Verkehrsunfälle stark anstiegen.

Im Rahmen einer vorsichtigen Liberalisierung der Verkehrsmärkte wurde 1961 die starre Tarifparität Schiene-Straße aufgehoben und der Unternehmensführung der **Bahn mehr Befugnisse** z. B. bei der Preisgestaltung eingeräumt, um mehr Markt- und Kostenorientierung zu erreichen. Die 1956 beschlossene Reduzierung der Lkw-Größe auf 14 m Länge und 24 t Gesamtgewicht konnte auch unter dem Einfluss der EG-Interessen nicht verwirklicht werden und wurde auf 16,5 m bzw. 32 t festgelegt. Gleichzeitig wurde auf der Basis des 1960 erlassenen Finanzierungsgesetzes ein umfangreiches Straßenbauprogramm eingeleitet.

Auch der Versuch des Leber-Planes (1968) zur Eindämmung des Lkw-Transports und zur Förderung der Eisenbahn durch eine **steuerliche Belastung des Fernverkehrs** (1 Pfennig pro t/km für gewerbliche Unternehmen und 3-5 Pfennig pro t/km im Werkverkehr) konnte einen weiteren Rückgang des Anteils der Schiene weder beim Güter- noch beim jetzt auch sinkenden Personenverkehr verhindern.

Die angestrebte Bahnreform wurde nicht umgesetzt. Neben dem verzögerten Ausbau des Straßennetzes kam es in den 1960er Jahren allerdings auch zur Modernisierung der Infrastrukturen durch die **Elektrifizierung der Bahn** und die Umstellung vom Dampfbetrieb auf Elektro- und Dieselloks (WOLF 1969, vgl. Abb. 2.2.2). Stilllegungen nicht rentabler Nebenstrecken sollten bei Aufrechterhaltung eines Schienenersatzverkehrs per Bus und die Konzentration auf Knotenpunktbahnhöfe die Kosten senken (vgl. Kap. 3.3).

Ein 1970 von der Bahn vorgelegtes umfangreiches Programm zur Errichtung von **Schnellverkehrsstrecken** für den Betrieb mit mindestens 200 km/h sollte erhebliche Fahrzeitverkürzungen bringen, wurde aber 1973 zurückgestellt und nur für sechs Ausbauvorhaben und zwei Neubaustrecken realisiert (Mannheim-Stuttgart und Hannover-Würzburg). Auch das nach der Realisierung des TGV-Verkehrs zwischen Paris und Lyon in Frankreich mit zehnjährigem

Rückstand begonnene Programm für ein eigenes Hochgeschwindigkeitssystem und der Ausbau des Fernverkehrs konnten die Dauerkrise der Bahn nicht beenden.

Durch die Übernahme der völlig veralteten Reichsbahn im Rahmen der **Wiedervereinigung** wuchs der Reformdruck weiter. Im Zusammenhang mit der Integration von DB und DR sollten die defizitären Staatsbetriebe von den Altlasten befreit, modernisiert und in ein privatwirtschaftlich geführtes, gewinnorientiertes Wirtschaftsunternehmen umgewandelt werden. In Vorbereitung darauf wurde 1991 eine „Regierungskommission Bundesbahn" eingerichtet. Allgemeine Grundsätze der Bahnreform werden in Kasten 2.2.2 aufgeführt. Die zentralen Ziele der 1993 im Bundestag beschlossenen und Anfang 1994 in Gang gesetzten Bahnreform waren:

1. Die Steigerung des Verkehrs auf der Schiene,
2. die Öffnung des Schienennetzes für Dritte zur Förderung des Wettbewerbs und
3. die Entlastung des Bundeshaushalts von den hohen Finanztransfers für die Bahn.

Es handelte sich also um einen Mix aus fiskalischen und verkehrspolitischen Motiven.

In der **ersten Stufe der Bahnreform** (1994-98) sollten die verschiedenen Unternehmensbereiche neu formiert werden: Personenfernverkehr, Personennahverkehr, Ladungsverkehr, Fahrweg und Personenbahnhöfe. Gleichzeitig waren die Strukturen und Geschäftsprozesse neu zu organisieren, um eine höhere Wettbewerbsfähigkeit zu erlangen. In diesem Zusammenhang war die Reduzierung der Beschäftigtenzahl von 355.363 (1993) auf 252.886 (1998) vorgesehen. Die Beamten und Angestellten des öffentlichen Diens-

---

Kasten 2.2.2
Grundsätze und Ziele der Bahnreform

- Trennung der staatlichen von den unternehmerischen Tätigkeiten
- Verschmelzung von Reichs- u. Bundesbahn zum ‚Sondervermögen Bundeseisenbahn'
- Ausgliederung der DB AG als selbstverantwortlich handelnde Kapitalgesellschaft
- Aufgliederung der DB Holding in verschiedene Bereiche als eigenständige Aktiengesellschaften
- Regionalisierung des Nahverkehrs durch die Übertragung von Verantwortung und Finanzmitteln an die Bundesländer
- Befreiung der Bahn von Altschulden (67 Mrd. DM)
- Sanierung der Reichsbahn
- Finanzierung des Netzausbaus durch den Bund

---

tes wurden Teil des Bundeseisenbahnvermögens (BEV) und in ihren Versorgungsansprüchen nicht mehr der DB AG zugeordnet (Abb. 2.2.16). Für die Strukturveränderungen wurden 72,4 Mrd. DM investiert. In der 1999 beginnenden **zweiten Stufe der Bahnreform** wurden fünf Geschäftsbereiche als selbständige AGs und Führungsgesellschaften für die ihnen zugeordneten Konzernunternehmen im Handelsregister eingetragen (119 in 1999). Diese Organisationsreform wurde jedoch 2003 zugunsten einer Straffung der Gesellschaftsstruktur im Konzernverbund wieder zurück genommen. Danach koordinieren drei Dachbereiche die aufgespaltenen Geschäftsfelder: „Personenverkehr" (Fernverkehr, Regio, Stadtverkehr), „Infrastruktur und Dienstleistungen" (Netz, Personenbahnhöfe, Energie und Dienstleistungen) sowie „Transport und Logistik", der durch Jointventures, Kooperationen und Akquisitionen stark erweitert wurde (Stin-

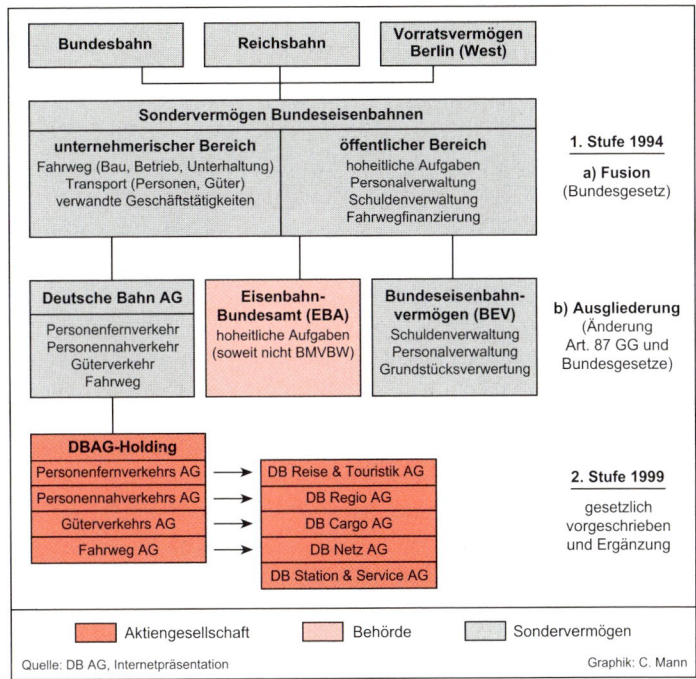

**Abb. 2.2.16
Verfahrensschritte
der Bahnreform in
Deutschland**

nes, 2002 übernommen; Schenker, Tochter von Stinnes; Railion, als Verbund mit den Güterbahnen aus den Niederlanden und Dänemark) Als vorläufig **letzte Stufe der Bahnreform** stehen eine Veräußerung der Besitzanteile des Bundes (z. Z. 100 %) an Private sowie der bereits für 2005 angedachte, aber aufgeschobene Börsengang des Unternehmens auf der Tagesordnung.

Ein abschließendes Urteil über den Erfolg der Bahnreform wird sich erst nach der Privatisierung der im Bundesbesitz befindlichen Aktienmehrheit treffen lassen. Zehn Jahre nach dem Inkrafttreten wurde im Deutschen Bundestag eine **Bilanz der Bahnreform** gezogen, bei der sowohl der Verkehrsausschuss des Parlamentes als auch zahlreiche Sachverständige beteiligt waren (vgl. DEUTSCHER BUNDESTAG 2004a und 2004b). Dabei zeigten sich kontroverse Einschätzungen über das bisherige Maß

an Zielerreichung und über den künftigen Weg zur Fortführung der Reform im Hinblick auf die o. g. Ziele. Es wurden auch die grundsätzlichen Schwierigkeiten in der Überführung großer öffentlicher Organisationen in privatwirtschaftliche Unternehmen deutlich (vgl. a. RITZAU et al. 2003).

Eine **Bewertung der Bahnreform** im Hinblick auf das **erste Ziel** scheint im Licht der Verkehrsstatistik unstrittig. Die Bedeutung der Eisenbahn stagniert, ihre Anteile am wachsenden Verkehrsmarkt sind rückläufig (PÄLLMANN 2004). Die Erreichung des **zweiten Ziels**, das durch eine Richtlinie der Europäischen Union zur Öffnung des Schienennetzes für Wettbewerber gestützt wurde (*Railway Package*, EU 2001/14, ELLWANGER 1990) sowie die Trennung von Netz- und Bahnbetrieb bleiben umstritten. Der DB AG als Marktführer mit über 90 % Anteil am Personen- und

Güterverkehr wird von den Wettbewerbern vorgeworfen, dass sie als Besitzer des Schienennetzes durch die Festsetzung der Trassenpreise und Nutzungsmodalitäten sowie durch selektive Investitionen Mitbewerber diskriminiere. Dieser „Webfehler der Bahnreform" verhindere eine reale Öffnung des Netzes. Als weiteres Problem wird die Aushandlung langfristiger Verkehrsverträge der DB AG mit den Bundesländern angesehen, für die als Gegenleistung umfangreiche Investitionen getätigt werden. Die Aufsicht durch das unabhängige Eisenbahnbundesamt (EBA) hat die Kontroverse bisher nicht beenden können. Offen ist, ob eine stärkere Wettbewerbsaufsicht durch die Bundesnetzagentur die Probleme beheben kann.

Auch über das **dritte Ziel** der nachhaltigen Entlastung des Bundeshaushaltes durch Gesundung des Unternehmens DB AG liegen widersprüchliche Einschätzungen vor. Die unterschiedlichen und insgesamt wenig transparenten Datenquellen (Verkehrsstatistik, Unternehmensstatistik DB AG) erschweren ein objektives Urteil. Indes deuten viele Indizien darauf hin, dass es bisher nicht zu einer strukturellen Lösung des Kostenproblems Bahn gekommen ist. Dieser Umstand wird auch mit Blick auf den erheblichen Finanzbedarf zur Modernisierung der Bahninfrastruktur (circa 2,5 Mrd. EUR/Jahr) als problematisch eingeschätzt.

Weitgehend unstrittig ist die Beurteilung der **Regionalisierung des Schienenpersonennahverkehrs** (SPNV). Hiernach erhalten die Ländern pauschale Mittel des Bundes (z. Z. ca. 7 Mrd. EUR/Jahr), mit denen sie Verkehrsleistungen bei Eisenbahnverkehrsunternehmen bestellen. Die Bundesländer bzw. die von ihnen eingesetzten Aufgabenträger (Zweckverbände) können die für die Leistungserstellung relevanten Qualitätskriterien definieren. Damit wurde ein jahrzehntelanger Missstand beseitigt, der die Verantwortung für lokale und regionale Verkehrsleistungen einer bundesweit operierenden Behörde zuwies. Das Ergebnis waren vernachlässigte Nebenstrecken mit verwahrlosten Bahnhöfen, veraltetes Wagenmaterial und ein unzeitgemäßes Verkehrsangebot. Die Regionalisierung des SPNV hat Bewegung in den Wettbewerb gebracht, wenn auch de facto noch kein offener Schienenverkehrsmarkt existiert und die Marktmacht der DB AG dominiert (PÄLLMANN 2004, WERNER 1998).

Die positiven Erfahrungen mit der Bahnreform auf regionaler Ebene werden auch durch Ergebnisse aus Frankreich und Schweden sowie teilweise aus Großbritannien bestätigt (SCHNÖBEL 2005, SCHNIEDERS 2004, SCHÖLLER/BORCHERDING 2004, HASS-KLAU 1998). Zahlreiche neue Eisenbahnunternehmen haben nach den Möglichkeiten der Regionalisierung **neue regionale Netze** außerhalb der Fernverkehrsrelation in Betrieb genommen. Dabei wurden auch stillgelegte Strecken reaktiviert (GEHRUNG 2004, THOMPSON 2003). Durch die Einrichtung einer regionalen Regieebene mit Finanzierungs- und Qualitätsverantwortung sind Verkehrsunternehmen in die Lage versetzt worden, wirtschaftlich attraktive und verkehrspolitisch sinnvolle Angebote zu erstellen. Damit konnte die Frage, inwieweit Schienenverkehr außerhalb der Hauptströme des Verkehrs rentabel zu betreiben ist, positiv beantwortet werden.

Eine Systemlücke im Bahnangebot stellen derzeit die interregionalen Verkehre dar, die das **mittlere Entfernungssegment** betreffen. In diesem Teilsektor des eigenwirtschaftlichen Verantwortungsbereichs der DB AG ist nach der Einstellung des **Interregio** eine erhebliche Lücke entstanden, die einer optimalen Netzabdeckung des Schienenverkehrs abträglich ist und aus raumordnerischer bzw. verkehrsgeographischer Sicht geschlossen werden sollte (MONHEIM/NAGORNI 2004, HEINZE et al. 2002, OETTLE 1990).

Eine dauerhafte Aufwertung der Schiene setzt allerdings voraus, dass die gesetzlich verankerte **staatliche Gewährleistungspflicht für die Bahn** durch die Bereitstellung der erforderlichen Mittel für den Substanzerhalt und den Ausbau wahrgenommen wird. Stärker als bisher müssen künftig Maßnahmen der Verbesserung der Gesamtnetzabdeckung und der Gesamtreisezeiten dienen und weniger der Beschleunigung des Schienenverkehrs auf einzelnen Hauptachsen. Daneben sollten die Eisenbahnverkehrsunternehmen durch eine **pro-aktive Unternehmenspolitik**

zur offensiven Erschließung ihre Märkte motiviert werden. Die Bahnreform hat bereits wichtige Impulse für die Abkehr vom behördlichen Subventionsregime und für die Hinwendung zum regionalen Verhandlungsregime gegeben, die ausgebaut werden müssen.

Im Güterverkehrsbereich sind verladende Unternehmen aus Industrie und Handel dazu übergegangen, eigene **Logistik- und Bahntöchter** zu gründen, um ihre Transportnachfrage flexibel zu decken (vgl. VDV 2002). Nach der Einführung der Lkw-Maut in Deutschland, der absehbaren Erhebung von Wegekostenentgelten in Europa und als Folge anhaltend hoher Energiepreise könnten sich die Chancen des Schienenverkehrs künftig verbessern.

Literaturauswahl zur Ergänzung und Vertiefung von Kapitel 2.2

- **Einführung, Überblick und Entwicklung:**
  BURRI et al. (Hg.) 2003, TEMMING 2003, GALL/POHL (Hg.) 1999, LIEBL et al. (Hg.) 1985, ROSSBERG 1977 (siehe auch Literatur zu Kap. 1 mit Abschnitten in Lehrbüchern zum Schienenverkehr)
- **Eisenbahntechnik und Organisation der Bahn:**
  KNITTEL 2003, BREIMEIER 2003, SCHUBERT (Hg.) 2000, FIEDLER 1999, SCHMITT 1990
- **Schienennetz und Hochgeschwindigkeitsstrecken:**
  BMVBW 2004a, HEINZE et al. 2002, ELLWANGER 2001, GUTIÉRREZ 2001, WOLKOWITSCH 1999, MEIER-HILPERT 1995, WILCKENS 1994
  (zu Schienenrückbau siehe auch Kap. 3.3)
- **Entwicklung und Ausbau der Bahnhöfe:**
  KORN 2004, RENNER 2004, STAUDACHER 2002, KRAU/ROMERO 1998
- **Schienenverkehrspolitik und Bahnreform im Ausland:**
  SCHNÖBEL 2005, SCHNIEDERS 2004, THOMPSON 2003, HASS-KLAU 1998
- **Schienenverkehrspolitik und Bahnreform in Deutschland:**
  PÄLLMANN 2004, RITZAU et al. 2003, WERNER 1998, ELLWANGER 1990
- **Statistiken/Datenreihen zum Schienenverkehr in Deutschland:**
  Eisenbahnverkehr, Fachserie 8, Reihe 2, (lfd. Jahre u. m.), STATISTISCHES BUNDESAMT (Hg.)
  Güterverkehr der Eisenbahn, (lfd. Jahre, CD-ROM), STATISTISCHES BUNDESAMT (Hg.), Wiesbaden
  Verkehr in Zahlen, (lfd. Jahre), BMVBW (Hg.), Berlin

2.3 Rohrleitungen und Kabel

2.3.1 Bedeutung im Verkehrssystem

Rohrleitungen und Kabel dienen als **spezielle Beförderungssysteme für Güter**, insbesondere für Flüssigkeiten und Gase sowie für Elektrizität. Sie werden für den Ferntransport zwischen ausgewählten Standorten aber auch für die Verteilung in der Fläche eingesetzt. Aus der hohen Vernetzungsfähigkeit resultiert die Bedeutung für die Versorgung der Haushalte. Eine Besonderheit besteht darin, dass Verkehrsweg, Transportmittel und Transportbehälter eine Einheit bilden. Deshalb entfällt auch eine kostenaufwändige Rückführung leerer Transportgefäße. Die Systemvorteile des Leitungstransports sind vielfältig, wie Kasten 2.3.1 verdeutlicht.

Bei verkehrsgeographischen Überblicksdarstellungen, so auch im Nationalatlas Bundesrepublik Deutschland, Bd. 9: Verkehr und Kommunikation, werden Kabel- und Rohrleitungen häufig nicht berücksichtigt. Dies mag damit im Zusammenhang stehen, dass der Bereich wenig durch amtliche Daten dokumentiert ist. Bau und Betrieb der Leitungen werden zwar staatlich konzessioniert, sind aber im Gegensatz zur übrigen Verkehrsinfrastruktur weitgehend privatwirtschaftlich finanziert und organisiert. Die Vernachlässigung dieses Transportsektors ist nicht zu rechtfertigen, da die Mengen der direkt in Leitungen beförderten Güter bzw. im Falle der Elektrizitätswirtschaft die substituierten Transporte anderer Energieträger vergleichsweise hoch sind.

In der BRD wurden im Jahre 2000 ca. 10 % der gesamten Güterverkehrsleistung durch Rohöl-, Produkt- und Fernwasserleitungen erbracht. Für die Industrie

Kasten 2.3.1
Vor- und Nachteile des Leitungstransports

Vorteile:
- kontinuierliche Massengutbeförderung über längere Zeiträume
- leicht regulierbare zentrale Steuerung und Überwachung
- Verlegung unabhängig von der Topographie (Festland, Gewässer)
- hohe Vernetzungsfähigkeit sowie leichte Gutzufuhr und -entnahme
- sicheres Transportmittel ohne Zeitverluste, frei von Witterungseinflüssen
- geringe Umweltbeeinträchtigung durch Flächenverbrauch und Emissionen
- günstige Transportkosten wegen geringem Energiebedarf
- ermöglicht hohe Standortmobilität von Verarbeitungsanlagen (z. B. Raffinerien).

Nachteile:
- hohe Investitionskosten amortisieren sich erst langfristig (Pipelinebau erfordert ca. 1 Mio. EUR/km)
- stabile räumliche Absatz- und Lieferbeziehungen erforderlich
- geringe Anpassungselastizität an Mengenschwankungen wegen fester Kapazitäten
- technische Defekte und Materialermüdung (Kabelbrüche, Leckagen und Verstopfungen etc.)

sind **Rohrleitungen** zu einem zuverlässigen und kostengünstigen Transportmittel für flüssiges Massengut geworden. Insbesondere die Versorgung peripherer Wirtschaftsräume wird erleichtert und ihr Standortpotential aufgewertet. **Elektrizitätsleitungen** sind in gleicher Weise für die Gewerbliche Wirtschaft und private Haushalte von Bedeutung und deshalb ein wichtiger Teil eines raumerschließenden Verkehrssystems. Die Versorgung mit Sekundärenergie durch ein flächendeckendes Elektrizitätsnetz hat dezentralisierende Wirkung auf Wirtschaftsaktivitäten. Der Aufbau der Energieversorgung stellt deshalb eine wichtige Voraussetzung für die Entwicklung zurückgebliebener Länder bzw. Regionen dar und ist Bestandteil der nationalen Entwicklungspläne sowie der internationalen Infrastrukturförderung.

2.3.2 Entwicklung von Technik und Organisation

Rohrleitungen ermöglichen den Transport von Flüssigkeiten (Wasser, Erdöl, Chemieprodukte etc.), Gasen (Erdgas und Industriegase) und in geringerem Umfang auch von Feststoffen (Sande, Kohle und Müll), die hierzu mit Wasser als Strömungsmedium aufgeschwemmt werden. Das zu befördernde Gut folgt dem natürlichen Gefälle oder wird durch **Pumpen und Verdichter** geführt, die bei wachsender Distanz in bestimmten Abständen hintereinander anzuordnen sind. Dadurch können selbst größere Steigungen problemlos überwunden werden. Zumeist handelt es sich um Einrichtungsverkehr. Zum Ent- und Beladen bzw. zum Transport von Schüttgut über kürzere Distanzen (30-200 m) werden auch pneumatische **Saug- und Druckanlagen** eingesetzt (Dünnstrom), die ein höheres Tempo als die Dickstromförderung zulassen, für die zumeist nur eine Fußgängergeschwindigkeit erreicht wird. Eine Sonderform stellt der Kapseltransport der Rohrpost dar (SCHUBERT 2000).

Rohrleitungen zum **Transport von Trink- und Brauchwasser** sind bereits in den frühen Hochkulturen zur Ausstattung der Paläste bzw. zur künstlichen Bewässerung auch über größere Entfernungen eingesetzt worden. Sie waren eine Voraussetzung für die Ernährung der wachsenden Bevölkerung und die Verdichtung

der Besiedlung in größeren Städten. In China wurden 5.000 v. Chr. hierzu Bambusrohre eingesetzt, Babylonier und Griechen verwendeten später neben Holz behauene Steine sowie Ton- und Bleirohre. Die Reste der teilweise über 100 km langen römischen **Aquädukte** können heute noch bewundert werden. Vergleichsweise primitiv waren die Wasser- und Abwassersysteme im Mittelalter unter Verwendung von ausgehöhlten Baumstämmen. Erst mit der Industrialisierung wuchs der Wasserbedarf rapide, und im 19. Jh. wurden Wasserleitungen aus Gusseisen sowie Blei und Kupfer zur Versorgung der neuen Produktionsstandorte und Bevölkerungsballungen angelegt (SMITH 1985).

Noch heute besteht annähernd die Hälfte des deutschen **Wasserversorgungsnetzes** aus Gussrohren. Bei Neuanlagen finden allerdings Kunststoffe, Spannbeton und Spezialstähle stärkere Verwendung, da sie höheren Druck zulassen und weniger korrosionsempfindlich sind. Wegen des geringeren Gewichts, günstiger hydraulischer Eigenschaften und hoher chemischer Beständigkeit bei aggressiven Wässern und Böden dominieren heute PVC- und PE-Rohre. Für die Planung und Verlegung der weitverzweigten Verteilernetze sind neben den wirtschaftlichen Aspekten die erwarteten Rohrbeanspruchungen durch Druck, Fließgeschwindigkeit etc. zur Auswahl der Materialien und Einhaltung technischer Standards zu berücksichtigen.

Beim Wassernetz wird differenziert nach großvolumigen **Zubringerleitungen** zwischen den Gewinnungsanlagen und Zentren der Nachfrage. Im Falle der überregionalen Bedarfsdeckung spricht man ab ca. 25 km von Fernwasserleitungen. Innerhalb des Absatzgebietes verbinden Hauptleitungen wichtige Verteilerpunkte wie Sammelbehälter und Pumpwerke. Von den Versorgungsleitungen zweigen die Anschlussleitungen zu den Grundstücken und Gebäuden ab, die durch private Verbrauchsleitungen erschlossen werden. In Fernleitungen über einem Meter Durchmesser werden ein Druck bis 16 bar und Wassergeschwindigkeiten von 3 m/s erreicht, in Hauptleitungsrohren sinkt die Beanspruchung auf 5 bar und 1-2 m/s (Bretschneider 1993).

Der Einsatz von Pipelines zur **Beförderung von Mineralöl- und Chemieprodukten** im Produzierenden Gewerbe ist mit der Entwicklung der Erdölwirtschaft seit der Mitte des 19. Jh.s verbunden. Nach erfolgreichen Erdölbohrungen in Pennsylvanien/USA 1859 wurde der Weitertransport zunächst in Fässern mit Pferdefuhrwerken zu den Kesselwagen der nächsten Bahnstation vorgenommen. Experimente mit guss- und schmiedeeisernen Rohren führten 1865 in Titusville zur Verlegung der ersten 8 km langen **Pipeline**, deren Transportleistung mit Hilfe dampfgetriebener Pumpen 300 Pferdefuhrwerke mit einem 10stündigen Arbeitstag ersetzte und eine Senkung der Transportkosten um 2 US $ pro Barrel bedeutete. Die erste Mineralölfernleitung mit einem Durchmesser von 10 cm und einer Tagesleistung von 470 t (3.500 Barrel) wurde 1874 in das 96 km entfernte Pittsburgh verlegt (Voigt 1965).

Nach der Verwendung von besserem Stahl und der Erfindung **nahtloser Rohre** mit großem Querschnitt durch die Brüder Mannesmann 1890 wurden die Verluste durch Leckagen vermindert und die Transportleistung gesteigert. Bei einem Querschnitt von 60 cm im Vergleich zum 25 cm-Rohr sanken die Kosten um ca. ein Drittel. Durch die Einführung einer verbesserten Schweißtechnik in den 1930er Jahren konnten auch dünnflüssige Produkte wie Benzin problemlos über Pipe-lines befördert werden. Auch zähflüssiges Schweröl ist nach der Führung durch Wärmeaustauscher in isolierten Rohren transportfähig.

Bei einer Verlegung der Leitungen unterhalb der Erdoberfläche können störende äußere Einflüsse minimiert werden. Steuerung, Kontrolle und Pflege, die früher regelmäßige Personalinspektionen erforderten, erfolgen heute durch zentrale **Fernüberwachung** und automatische Betriebssysteme, wodurch die Kosten weiter gesunken sind. Reinigungsmolche mit Bürsten und Schabern werden mit dem Transportgut durch die Leitungen geschickt (ca. 1,50 m lange Geräte im Innendurchmesser der Rohre). In ähnlicher Weise erfolgt der Einsatz von Überwachungskameras und Ultraschallprüfgeräten. Hiermit werden die frühzeitige Erkennung und Beseitigung von Defekten möglich, wodurch die Sicherheit und Zuverlässigkeit des Transports erhöht wird. Unter Verwendung von Trennbällen können unterschiedliche Partien bzw. Produkte hintereinander versandt werden. Die Fließgeschwindigkeit liegt meist nur bei 5-7 km/h. Staatliche Verordnungen regeln den technischen Betrieb der Rohrfernleitungsanlagen.

Leitungen zum **Transport von Elektroenergie** sind seit Ende des 19. Jh.s zum wichtigsten Energieträger geworden. Der Strom fließt richtungsungebunden nach physikalischen Gesetzmäßigkeiten im Netz. Die Transportfähigkeit wird nicht durch das Volumen der Leitungen, sondern durch Spannungsstufen bestimmt. Zur Übertragung der Elektrizität auf die nächste Spannungsstufe dienen Transformatoren in Umspannanlagen. Bei **Freileitungen** wird der Strom über spannungsführende Leiter und Isolatoren, die an Masten befestigt sind, kostengünstig befördert. Die durch die Ohmschen Leitungsverluste frei werdende Wärme wird an die Luft abgegeben. Elektromagnetische Felder und Strahlungen gelten als unbedenklich. Bei hoher Betriebssicherheit lassen sich auftretende Störungen leicht identifizieren und schnell reparieren. Kabel, die im Boden verlegt werden, sind wegen der notwendigen Isolierung technisch aufwändiger und erfordern höhere Anlage- und Betriebskosten. In jüngerer Zeit werden sie häufiger bei der Festlegung von Trassen in hoch verdichteten Räumen zur Verringerung des Gefahrenpotenzials und zur Erhaltung des Landschaftsbildes verwendet.

Nach der Erfindung der Glühlampe durch Thomas Edison 1878 begannen zunächst private Elektrizitätsunternehmen mit der Versorgung einzelner Häuserblocks, da der verwendete Gleichstrom nur einen Transportradius von ca. 600 m ermöglichte. Durch die Erfindung des Transformators und verlustärmerer **Hochspannungsleitungen** erfolgte der Übergang zum Wechselstrom, der über größere Entfernungen befördert werden kann. Beim Aufbau integrierter städtischer Versorgungsnetze und regionaler Überlandleitungen nach 1890 beteiligten sich auch die Gebietskörperschaften wegen der für kleinere Privatunternehmen gestiegenen Investitionen und der erwarteten Einnahmen aus dem Stromverkauf (Kristof 1992).

Durch die Fortschritte in der Hochspannungstechnik wurde eine weitgehende Unabhängigkeit vom Ort der Stromerzeugung erreicht. Die Verknüpfung der früher isolierten Teilnetze und ein gegenseitiger **Stromaustausch** machten die Bereitstellung der hohen Reserven für die lokal auftretenden Verbrauchsschwankungen überflüssig. Vorteile ergaben sich auch daraus, dass jetzt Kraftwerke unterschiedlicher Ausrichtung miteinander kombiniert werden konnten, z. B. Wasserkraftwerke für

die Grundlast und Ölkraftwerke für den Spitzenbedarf. Hierdurch reduzierten sich die Kapitalaufwendungen für Infrastruktur und Betrieb, was eine Senkung der Strompreise zur Folge hatte.

Nach der Betriebsspannung unterscheidet die Stromwirtschaft in Deutschland vier **Leitungskategorien**. Höchstspannungsleitungen von 380 und 220 kV übertragen die Energie von den Großkraftwerken zu Umspannanlagen in den Ballungsräumen. Hier wird auf 110 kV Hochspannungsleitungen umgestellt, mit denen die Großindustrie bzw. die Umspannwerke größerer Städte angeschlossen sind. Mittelspannungsleitungen von 10 und 20 kV führen zu den Transformationsstationen innerhalb der Orte, von denen aus die Übertragung zu den einzelnen Gebäuden in Niederspannungsleitungen mit 380 bzw. 280 V erfolgt. Um Überlastungen und Engpässe im Netz rechtzeitig zu erkennen und Gegenmaßnahmen zu ergreifen, ist es wichtig, den Stromfluss sowie die Belastungen sämtlicher Betriebsmittel laufend zu überwachen.

2.3.3 Infrastrukturnetze

Wasserleitungsnetze sind vorwiegend auf eine engmaschige Verzweigung innerhalb der Versorgungsgebiete ausgerichtet und deshalb bisher weniger überregional verflochten. Nach der Form und den hydraulischen Verhältnissen wird zwischen **Verästelungsnetzen** und Umlaufnetzen unterschieden (Abb. 2.3.1). Beim ersten Typ zweigen die Versorgungs- und Anschlussleitungen wie Äste eines Baumes von den Hauptleitungen ab und enden in stumpfen Rohrsträngen. Das Wasser fließt in einer Richtung zum Verbraucher. Probleme ergaben sich bei Rohrbrüchen, weil dem hinter der defekten Stelle liegenden Abschnitt die Zufuhr fehlt. Auch können

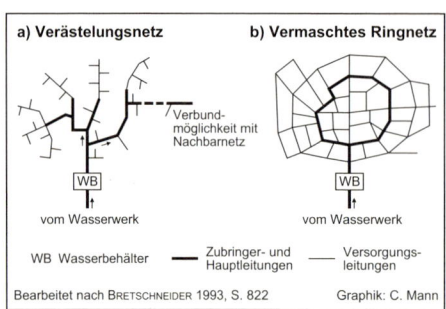

Abb. 2.3.1 Rohrnetzformen

sich bei geringer Wasserentnahme in den Endsträngen Ablagerungen und Krankheitserreger bilden. Wegen des stagnierenden Wassers besteht außerdem erhöhte Frostgefahr, die durch eine Tieferlegung der Rohre vermindert wird. Für ausreichende Löschwasserzufuhr sind größere Rohrquerschnitte erforderlich. Demgegenüber ermöglichen **Umlaufnetze** bei der Wasserentnahme einen Zufluss aus zwei Richtungen und garantieren auch bei kleinerem Querschnitt einen starken Ausstoß mit ständigen Ausgleichsbewegungen und geringen Druckschwankungen. Besonders hoch ist die Betriebssicherheit bei hierarchisch gestuften Ringnetzen. Auch Erweiterungen sind mit geringerem Aufwand möglich als beim Verästelungsnetz, das deshalb auf Streusiedlungsgebiete beschränkt bleiben sollte.

Zur Sicherstellung der Trinkwasserversorgung in Fällen regionaler Wasserknappheit erfolgt ein Ausgleich über **großvolumige Fernleitungen**. Bereits 1899 schlossen sich die Wasserwerke an der Ruhr zur Versorgung der expandierenden Industrieagglomeration zum Ruhrtalsperrenverband zusammen, um an der regenreichen Westabdachung des Rheinischen Schiefergebirges Grund- und Oberflächenwasser in Stauanlagen zu speichern. In ähnlicher Weise wird Harzwasser zur Ver-

sorgung der größeren Städte im Vorland (Hannover, Braunschweig, Wolfsburg und sogar Bremen) transportiert. Die Fernwasserversorgungssysteme sind schrittweise zur Behebung der Defizite in den Ballungsgebieten ausgebaut worden und umfassen im Falle von Baden-Württemberg heute bereits ca. ein Drittel des öffentlichen Verbrauchs. Der Zweckverband Bodensee-Wasserversorgung beliefert über 1.700 km Fernleitungen aus Stahl und Spannbeton 177 Versorgungsunternehmen mit jährlich 130 Mio. m^3 für 4 Mio. Kunden.

Wegen der Absenkung des Grundwasserspiegels und der Folgen für die Landnutzung in einzelnen Entnahmegebieten (z. B. Hessisches Ried und südlicher Vogelsberg für Frankfurt; Lüneburger Heide für Hamburg) hat sich die **Kritik an der Fernwasserversorgung** verstärkt. Ein Rückbau bzw. eine Anpassung an sinkende Nachfrage wird erschwert durch die Inflexibilität des Rohrleitungstransports mit festgelegten Kapazitäten und hohen Fixkosten, die den Kubikmeterpreis bei weniger Durchfluss überproportional ansteigen lassen. Bei zu langer Verweildauer des Wassers in den Fernleitungen wächst die Gefahr der Verkeimung der Rohre und der Gesundheitsgefährdung der Verbraucher. Deshalb sind nur langfristig angelegte Strategien erfolgreich umzusetzen (Kahlenborn/Kraemer 1999).

Während sich in den USA bereits seit der zweiten Hälfte des 19. Jh.s ein dichtes **Rohrleitungsnetz zum Transport von Erdöl und Gas** entwickelte, erlangten Pipelines in Westeuropa erst nach dem Zweiten Weltkrieg Bedeutung. Im Zusammenhang mit der Umstellung der Energiewirtschaft von Kohle auf Erdöl und wegen der fortschreitenden Motorisierung stieg die Nachfrage der Industrie nach schwerem Heizöl in den 1950er Jahren und der Haushalte nach leichtem Heizöl ab den 1960er Jahren. Bei gleichzeitiger Zunahme der Kraftfahrzeuge wurden neben Benzin auch vermehrt Spezialprodukte wie Schmieröl, Gasöl und Bitumen für den Straßenbau benötigt. Neue Lagerstätten in Übersee und neue Transportsysteme mussten aufgebaut werden. Hierzu gehörten für den Seetransport Supertanker und Tiefwasserhäfen mit speziellen Lösch- und Lagerkapazitäten und für den Landtransport Pipelines.

In diesem Zusammenhang wurden in den 1960er Jahren **Fernleitungen** gebaut, die aus den Nordseehäfen Rotterdam und Wilhelmshaven sowie aus dem Mittelmeergebiet von Marseille, Genua und Triest importiertes Rohöl in die Wirtschaftszentren Deutschlands transportieren (Tab. 2.3.1 und Abb. 2.3.3). An den Endpunkten und Verzweigungen der Pipelines entstanden neue Raffinerien für die Hauptnachfragegebiete im Westen (Köln), Südwesten (Mannheim u. Karlsruhe) und Süden (Ingolstadt). Auch in Ostdeutschland belieferten neu angelegte Fernleitung aus der ehemaligen UdSSR und dem Überseehafen Rostock das Raffineriezentrum in Schwedt sowie die angeschlossenen Verarbeitungsanlagen in Mitteldeutschland (Leuna, Lützkendorf, Zeitz). Gleichzeitig wurden spezielle Leitungen für Mineralölprodukte und Erdgas zur Belieferung der Chemieindustrie, Energieversorger und militärischen Anlagen (Flughäfen, motorisierte Einheiten) errichtet.

Während in Westdeutschland der Bau von Rohölleitungen bereits 1967 mit 1.570 km nahezu abgeschlossen war und nur noch Produktenleitungen hinzu kamen, erfolgte der Ausbau in Ostdeutschland erst ab 1965 und erreichte 1980 mit 1.300 km einen Höhepunkt. Die **Beförderungsleistung** stieg in der BRD bis 1973 auf 16,8 Mrd. tkm (Abb. 2.3.2). Infolge der Ölkrisen ab 1974

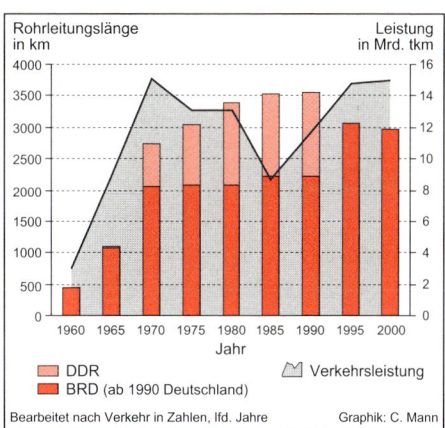

Abb. 2.3.2 Entwicklung des Rohrleitungstransports von Rohöl und Mineralölprodukten in Deutschland 1960-2000

und verschärfter Umweltschutzauflagen sowie durch die Umstellung auf kostengünstigeres Erdgas, das ebenfalls per Pipeline transportiert wird, sank der Mineralölbedarf in den folgenden Jahren, was zur Schließung bzw. Umnutzung von Raffinerien und Rohölleitungen führte.

Von vier Raffinerien in Hamburg blieben nur zwei übrig, die seit 1983 von der neuen Tiefwasserpier in Wilhelmshaven aus versorgt werden (Abb. 2.3.3). Der Petroleumhafen in Hamburg mit Tanklagern und der ehemaligen BP Raffinerie ist funktionslos geworden. Während sich 1950 die **Rohölverarbeitungskapazität** noch zu ca. 50 % in der Hansestadt konzentrierte, sank der Anteil der Hafenstandorte bei einer Verachtfachung des Raffineriepotenzials bis 1977 auf ca. 13 % (Voppel 1980). Seit 1989 können die Fernleitungen der NATO auch für zivile Bedarfe genutzt werden. Ergänzende Anlagen wurden in den Neuen Bundesländern erstellt. Eine Verbindung der Teilnetze zwischen Ost- und Westdeutschland besteht allerdings bisher nicht. Das Transportmedium Pipeline hat das Stand-

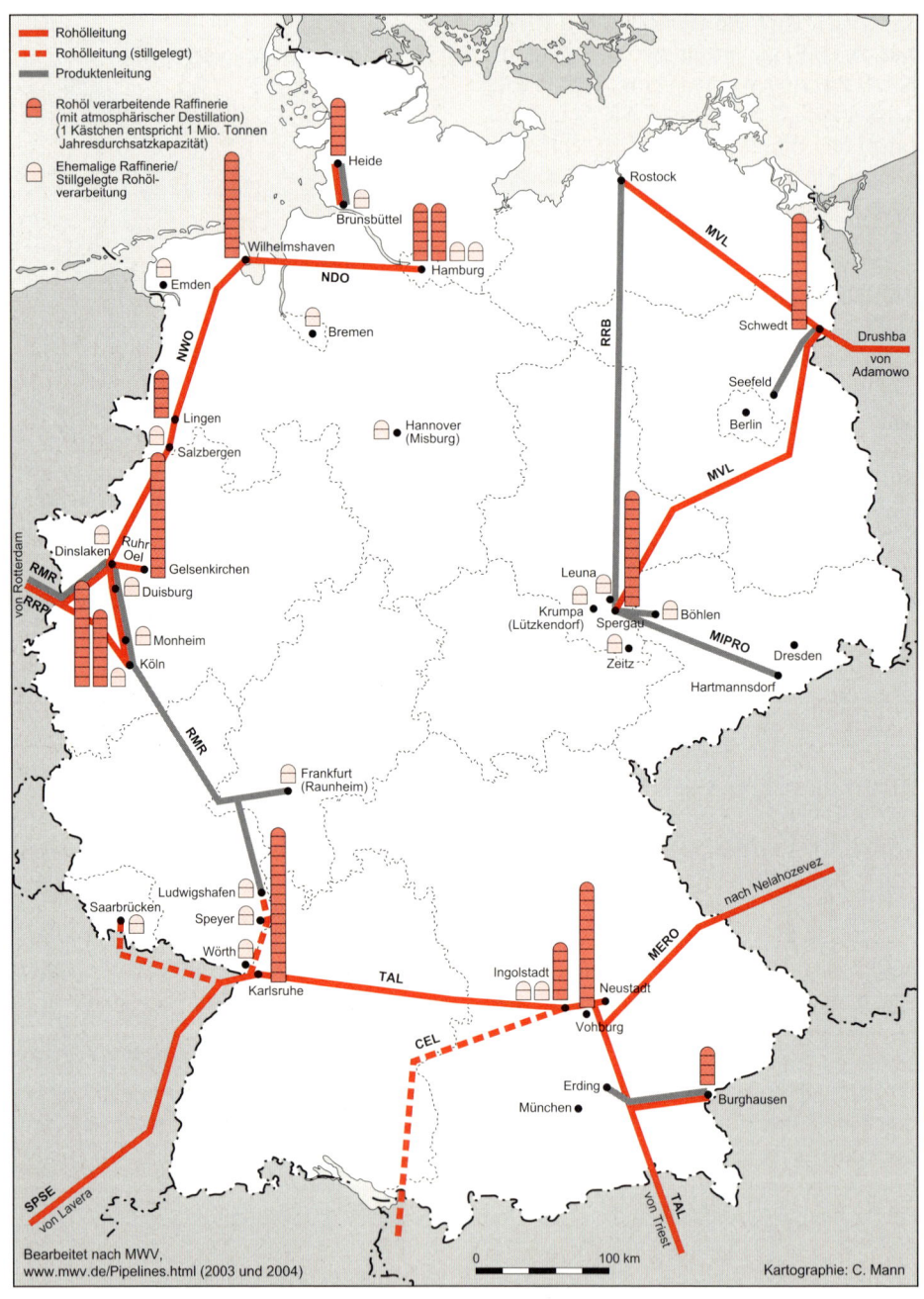

Abb. 2.3.3 Rohöl- und Produktenleitungen sowie Raffineriestandorte in Deutschland Ende 2003

Tab. 2.3.1 Rohöl- und Produktenleitungen (P) in der BRD

Betreibergesellschaft	Streckenverlauf Orte	Eröffnung Jahr	Durchmesser Zoll/cm	Länge BRD km	Kapazität Mio. t/a	Durchsatz 1999 Mio. t
RUHR OEL GmbH	Gelsenkirchen - Duisburg	1952	8/ •	32	1,4	stillgelegt
	Wesel - Gelsenkirchen	1957	16/41	44	6,7	5,5
Shell & DEA Oil GmbH	Heide - Brunsbüttel (P)	1953	3/10	31	5,5	2,2
	Brunsbüttel - Heide	1959	18/ •	31	8,5	3,9
NWO Nord-West Ölleitung GmbH	Wilhelmshaven - Lingen - Gelsen- kirchen - Köln	1958	28/71	391	15,5	13,7
NDO Norddeutsche Ölleitungsges. mbH	Wilhelmshaven - Hamburg	1983	22/55	144	11,5	4,0
RRP N.V. Rotterdam-Rijn Pijpleiding Maatchappij	Rotterdam-Venlo - Köln/Wesseling	1960	24/61	103	14,0	11,0
	Venlo - Wesel	1960	24/61	43	6,3	5,5
RMR Rhein-Main Rohrleitungstransporges. mbH	Rotterdam - Raunheim - Ludwigshfn. (P)	1967	24/61 20/51	525	12,5	12,4
SPSE Societé du Pipeline Sud-Européen, S.A.	Fos/Lavéra - Karlsruhe	1963	40/102	24	35,0	8,2
TAL Deutsche Transalpine Ölleitung GmbH	Triest - Ingolstadt	1967	40/100	159	54,0	24,4
	Ingolstadt - Neustadt	1967	21/66	21	14,0	•
	Ingolstadt - Karlsruhe	1967	26/66	272	21,0	•
MERO Mitteleuropäische Rohrleitung	Vohburg - Weidhaus - Kralupy/CZ	1995	28/71	180	10,0	1,3
OMV OMV Deutschland GmbH	Steinhöring - Burghausen	1967	12/32	62	3,4	3,4
	Burghausen - Feldkirchen (P)	1967	8/20	87	1,7	1,3
	Feldkirchen - München (P)	1992	8/20	36	1,7	0,4
CEL Central European Pipeline	Genua - Lindau - Ingolstadt	1966	18/46 26/66	227	8,0	stillgelegt
MVL Mineralöl-Verbundleitung GmbH	Adamowo - Plock - Schwedt (1 u. 2)	1963	20/50 32/80	27	22,5	20,0
	Schwedt - Spergau (1 u. 2)	1967	20/50 28/70	338	13,5	9,0
	Schwedt - Rostock	1969	16/40	201	6,8	1,1
PCK Raffinerie GmbH	Schwedt - Seefeld (P)	1967	12/30	78	3,8	3,2
RRB Rohstoffpipeline Rostock-Böhlen	Rostock - Leuna - Böhlen (P)	1997	16/40	437	2,5	1,2
MIDER Mitteldeutsche Erdöl-Raffinerie GmbH	Spergau - Hartmannsdorf	1997	16/ •	107	3,0	1,1
FBG Fernleitungs-Betriebsgesellschaft	Natonetz BRD CEPS/NEPS	1956	12/30 6/16	2.800	•	3,8

Bearbeitet nach Verkehrstaschenbuch 2004/2005, MWV 2000 und Internetpräsentationen der Firmen

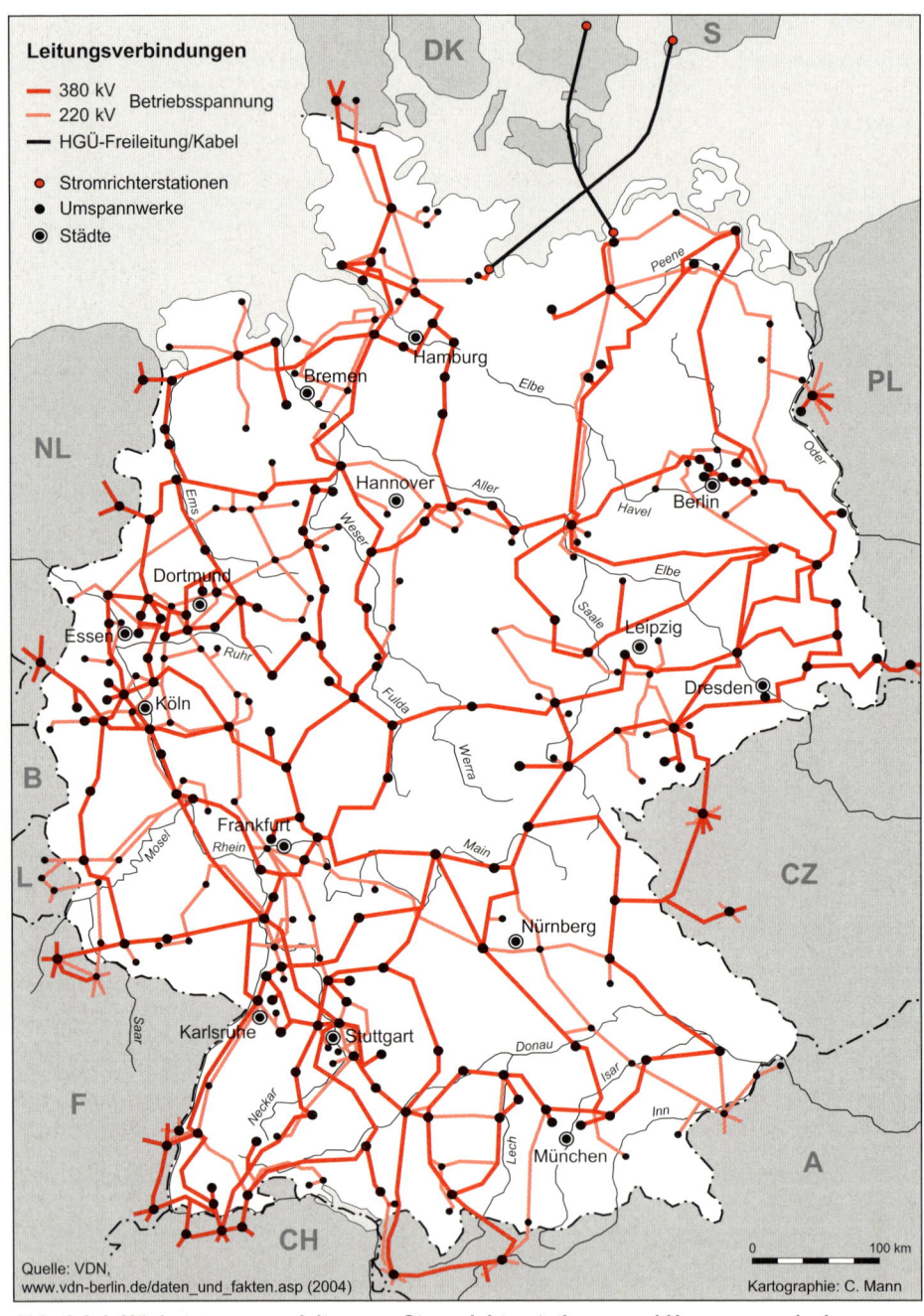

Leitungsverbindungen

—— 380 kV } Betriebsspannung
—— 220 kV
—— HGÜ-Freileitung/Kabel

● Stromrichterstationen
● Umspannwerke
◉ Städte

Quelle: VDN,
www.vdn-berlin.de/daten_und_fakten.asp (2004)

Kartographie: C. Mann

0 _____ 100 km

Abb. 2.3.4 Höchstspannungsleitungen, Stromrichterstationen und Umspannwerke in Deutschland Anfang 2004

ortgefüge der Mineralölverarbeitung durch die Verlagerung von den Fundstellen und den Importhäfen zu den binnenländischen Verbrauchszentren grundlegend verändert (MWV 2000).

Ein **Verbundnetz für Elektrizität** wurde in Deutschland zwischen 1920 und 1930 aus privaten und kommunalen Teilnetzen unter staatlichem Einfluss zusammengeschlossen. Hierbei kam es zu einer Arbeitsteilung zwischen den Gemeinden, die auf eigene Stromerzeugung verzichteten und den regionalen Versorgungsunternehmen, die z. T. mit Landesbeteiligung Großkraftwerke und Höchstspannungsleitungen (110 kV, später 220 kV) zur Belieferung der Versorgungsunternehmen errichteten (Bayernwerk AG 1920, Badenwerk AG 1921, Preußische Elektrizitäts AG 1927 etc.). Pläne für ein Reichselektrizitätsmonopol wurden in der Weimarer Republik nicht umgesetzt, aber die bestehenden **Gebietsmonopole** mit einer Anschluss- und Versorgungspflicht sowie öffentliche Preiskontrollen festgeschrieben. Wegen der staatlichen Regulierung und der direkten Beteiligung von Ländern und Kommunen an der Stromwirtschaft blieb der Wettbewerb zwischen den Gebietsversorgern gering. Nach dem Zweiten Weltkrieg teilten sich 8 Stromverbundunternehmen (zuständig für 380 kV Netz) sowie ca. 3.000 lokale und regionale Verteiler den Markt (MÜNCH 1986).

Abb. 2.3.4 zeigt das deutsche **Verbundnetz** mit Höchstspannungsleitungen, Stromrichterstationen und Umspannwerken im Jahr 2001. Maschenverdichtungen ergeben sich im Bereich der Großkraftwerke und der Agglomerationsräume. Deutlich tritt noch der Grenzstreifen zwischen den ehemaligen deutschen Teilstaaten als ein von nur wenigen Korridoren überbrückter Bereich hervor. Insgesamt

gibt es noch ca. 900 Betreiber von Übertragungs- und Verteilungsanlagen mit einer Leitungslänge von 1,5 Mio. km. Zwischen 1990 und 1999 wurde das Stromnetz um 100.000 km bzw. 7 % erweitert. Dabei stieg der Anteil der unterirdisch verlegten Kabel auf 70 % bzw. 1,1 Mio. km (VDEW 2002). Zur Zeit dominieren in Deutschland noch vier große **Stromverbundunternehmen** (EnBW, E.ON, RWE, Vattenfall Europe), die ihre 220 kV- und 380 kV-Netze über nationale Kuppelleitungen zusammengeschlossen haben. Daneben bestehen Anschlüsse zum benachbarten Ausland, die Teil eines synchron betriebenen europäischen Höchstspannungsnetzes sind. Mit ca. 44.000 GWh war der deutsche Stromaustausch 2001 nahezu ausgeglichen. Größere Importe kamen aus Frankreich und Tschechien, während stärkere Exporte in die Niederlande, nach Luxemburg und in die Schweiz erfolgten (VDN 2001).

2.3.4 Verkehrspolitische Bewertung

Die Anlage von längeren Pipelines und Transmissionsleitungen erfordert eine aufwändige **Wege- und Kapazitätsplanung**. Im Rahmen der Raumordnungs- und Flächennutzungsplanung werden die Trassen abgestimmt und festgelegt. Bei der Stromversorgung sind in diesem Zusammenhang nicht nur die einzelwirtschaftlichen Kosten von Freileitungen und teureren Erdkabeln, sondern auch die gesamtwirtschaftlichen Kosten (Anlage- und Betriebskosten plus soziale Kosten) angemessen zu berücksichtigen (JARASS/OBERMAIR 1984). Für den Bau der Fernleitungen ist erhebliches Finanzkapital bereitzustellen, das sich in der Regel erst nach langfristiger Nutzung amortisiert. Nur größere Unternehmen bzw. Konsortien der am Geschäft beteiligten Firmen können diese Mittel aufbringen und den laufenden Betrieb der Anlagen garantieren. Der Staat, der die Konzessionen erteilt, hat den Pipelinesektor deshalb den Privatinvestoren überlassen. Bei der stärker regulierten Elektrizitäts- und Wasserversorgung dominierten längere Zeit die öffentlichen bzw. gemischtwirtschaftlichen Unternehmen. Während die Versorgungssicherheit hierdurch in hohem Maße gewährleistet war, blieb bei fehlendem Wettbewerb durch konkurrierende Anbieter die ökonomische Effizienz unbefriedigend.

Im Rahmen der Schaffung des Europäischen Binnenmarktes hat die EU deshalb eine **Liberalisierung** der Elektrizitäts-, Gas- und Wasserwirtschaft durch Deregulierung und Privatisierung staatlicher Unternehmen eingeleitet. Mit der Aufhebung der Versorgungsmonopole und einer Marktöffnung wird den Kunden die Entscheidungsfreiheit für die Wahl ihres Lieferanten gegeben. Die Preise sollen sich am Markt bilden bzw. in der Anfangsphase durch eine unabhängige Regulierungsinstitution festgesetzt und überwacht werden (EU COM 1997). In Deutschland hat man bei der Umsetzung der EU-Richtlinien 1998 auf eine ad hoc-Marktöffnung und auf Verhandlungen zwischen den Unternehmen mit dem Ziel von Verbändevereinbarungen zum **Netzzugang** vertraut. Allerdings sind die erwarteten Veränderungen im Hinblick auf neue effizientere Betriebsstrukturen, mehr Wettbewerb und sinkende Verbraucherpreise bisher nur unzureichend eingetreten.

Nach Erhebungen des VDEW haben bis 2002 zwar 15 % der Industriekunden, aber nur 4 % der Privathaushalte den Wechsel zu einem günstigeren Anbieter vollzogen. Im Vorfeld gewährte Preissenkungen durch die bisherigen Lieferanten sind durch Steuern und Abgaben sowie erneute Anhebungen wieder auf das frühere Niveau gestiegen. An die Stelle der kommunalen **Versorgungsunternehmen** mit ihrem Liefermonopol auf lokaler und regionaler Ebene sind noch keine konkurrierenden neuen Anbieter getreten, welche die vorhandenen Netze nutzen. Hierfür sind offenbar nicht nur unterschiedliche technische Standards und Produktqualitäten verantwortlich. Während sich im oberen Segment der Großunternehmen die **Macht des Oligopols** durch Fusionen und Gebietsausweitungen verstärkt hat, zögern die Betreiber der Verteilernetze im unteren Segment mit dem Verkauf ihrer Rechte bzw. Anlagen und versuchen durch formale Anpassungen wie Umfirmierungen und Beteiligungen ihren Einfluss zu wahren. Die Befürchtung, dass durch die rigorose Marktöffnung öffentliche Monopole durch private ersetzt werden könnten, ist nicht unbegründet. Der Staat ist erneut gefordert, den freien Unternehmerwettbewerb sicher zu stellen, z. B. durch die neu geschaffene Regulierungsbehörde (HEILEMANN/HILLENBRAND 2001).

Ein **diskriminierungsfreier Netzzugang** und angemessene Durchleitungsentgelte für neue Anbieter sind noch nicht gewährleistet. Der Vergleich von Netznutzungsentgelten auf europäischer Ebene bestätigt außerdem erhebliche Preisunterschiede zwischen den Mitgliedstaaten (EU COM 2001a). Auch der Bau neuer transeuropäischer Leitungen, der seit 1995 im Rahmen des TEN-Programms gefördert wird, machte nur geringe Fortschritte. Die Entflechtung und Transparenz der vertikal integrierten Versorgungsunternehmen der Elektrizitäts-, Gas- und Wasserwirtschaft ist noch nicht erreicht und der Gemeinsame Europäische Markt in diesen Segmenten weiterhin eine Zukunftsvision. Gegner einer weitgehenden Deregulierung und Privatisierung öffentlicher Versorgungsunternehmen haben in jüngster

Zeit neue Argumente erhalten. Die gravierenden Engpässe bei der Stromlieferung in Kalifornien im Jahre 2002 und mehrtägige Netzzusammenbrüche im Raum New York im August 2003 mit verheerendem Verkehrschaos und hohen wirtschaftlichen Verlusten werden auf mangelnde Erhaltungs- und Modernisierungsinvestitionen der privaten Elektrizitätsgesellschaften zurückgeführt. Ähnliche Probleme zeigten sich Ende 2005 im westlichen Münsterland, wo es nach einer extremen Wetterlage zum längeren Ausfall der Stromversorgung kam. Auch wiederholte Anhebungen der Endverbraucherpreise trotz überproportional angestiegener Gewinne der großen Versorgungsunternehmen und Netzbetreiber sind Anzeichen für ein Marktversagen, das durch verbesserte staatliche Rahmensetzungen behoben werden muss.

Literaturauswahl zur Ergänzung und Vertiefung von Kapitel 2.3

- **Einführung und Überblick:**
  BRECHT et al. (Hg.) 2002, SCHUBERT (Hg.) 2000, SMITH 1985, VOIGT 1965
- **Entwicklung und Bedeutung von Rohrleitungen:**
  MWV 2000, BRETSCHNEIDER et al. (Hg.) 1993, VOPPEL 1980, MAYER 1966
- **Entwicklung und Bedeutung von Transmissionsnetzen:**
  VDN 2001, WAGNER 1990
- **Versorgungspolitik:**
  EU COM 2001a, 1997, HEILEMANN/HILLENBRAND 2001, KAHLENBORN/KRAEMER 1999
- **Statistiken/Datenreihen für Deutschland:**
  Verkehrstaschenbuch, (lfd. Jahre), Aral AG (Hg.), Bochum
  Verkehr in Zahlen, (lfd. Jahre), BMVBW (Hg.), Berlin

2.4 Binnenschiffsverkehr

2.4.1 Bedeutung im Verkehrssystem

Der Transport von Personen und Gütern auf Binnengewässern besaß bereits in den Hochkulturen des Altertums herausragende Bedeutung, stellte im Mittelalter das leistungsstärkste Verkehrssystem dar und ermöglichte in der Neuzeit die Erschließung ganzer Kontinente. In vielen Teilen der Erde hat der Binnenschiffsverkehr die siedlungs- und wirtschaftsräumlichen Strukturen grundlegend geprägt. So liegen die größten Städte zumeist an wichtigen Wasserstrassen. In jüngerer Zeit ist die Binnenschifffahrt im Wettbewerb mit den anderen Verkehrsträgern in den Hintergrund getreten und bedient nur noch Teilmärkte.

Die Effektivität des Binnenschiffs ist in starkem Maße abhängig von **natürlichen Voraussetzungen** wie der Gewässerdichte, der Wasserführung und der witterungsbedingten Navigationsperiode (Niedrig- und Hochwasser, Vereisung). Daneben erfordert der Schiffahrtsweg meist wasserbautechnische Maßnahmen, um voll funktionsfähig zu werden. Fahrrinnen müssen ausgebaggert, Staustufen gebaut, Schleusen und Hebewerke gewartet und den Schiffsgrößen sowie dem Stand der Technik angepasst werden. Hierfür aufzuwendende hohe Kosten lassen sich meist nur langfristig amortisieren.

Der **Binnenschiffstransport bietet insbesondere Systemvorteile** für trockene und flüssige Massengüter. Die Tragfähigkeit eines Motorschiffs von 2.000 t ersetzt 50 Eisenbahnwaggons bzw. 67 Lkw, und ein Schubverband kann die Fracht von 400 Waggons bzw. 650 Lkw aufnehmen (vgl. Abb. 2.4.1). Der Transport ist außerdem vergleichsweise preiswert. Der Energieverbrauch für die Beförderung von 100 t Ladung mit dem Binnenschiff über eine Distanz von einem km beträgt nur 10 kWh gegenüber 29 kWh mit dem Lkw (ZIMMERMANN 1992). Demgegenüber ergeben sich allerdings auch Nachteile, insbesondere wegen der niedrigen Geschwindigkeit von 10 bis 20 km/h und der geringen Netzdichte, die in der Regel keinen Haus-zu-Haus-Verkehr zulässt. So erfordert ein Schiffstransport von Frankfurt nach Nürn-berg über den Main bei der 425 km langen Flussstrecke mit 38 Schleusungen 3 Tage, während der Güterzug für die 235 km lange Schienenstrecke nur 3-4 Stunden benötigt (Kasten 2.4.1).

Der Schiffstransport auf Wasserstraßen konkurriert insbesondere mit der Bahn,

---

Kasten 2.4.1
Vor- und Nachteile des Binnenschiffs

Vorteile:

• großes Transportvolumen für Massengut und sperriges Schwergut

• geringer Energieverbrauch bei niedriger Reibung des schwimmenden Behälters

• wenig Emissionen mit vergleichsweise geringer Belastung von Luft, Wasser, Boden und niedriger Lärmpegel

• günstige Transportkosten pro Tonne Fracht wegen geringem Personaleinsatz und Treibstoffbedarf

• sicheres Transportmittel wegen seltener Schiffsunfälle mit besonderer Eignung für Beförderung von Gefahrgut

• gut kalkulierbare Transportzeiten nach Einführung der Radar- und Funknavigation und bei fehlenden Staus und Fahrverboten

Nachteile:

• relativ geringe Geschwindigkeit von 10-20 km/h (zum Schutz des Wasserwegs vor Wellenbildung und Erosion nur begrenzt zu steigern)

• geringe Netzdichte der Wasserstraßen, deshalb meist mehrere Verkehrsträger mit Umladevorgängen erforderlich

• zeitaufwändige Umwege durch die Windungen vieler Fließgewässer (kürzere Direktverbindungen auf dem Landweg)

• begrenzte Dimension von Kanälen, Schleusen und Durchfahrtshöhen (Nachteil für Containertransport)

• negative Auswirkungen des Kanalbaus auf Umwelt und Landschaftsbild

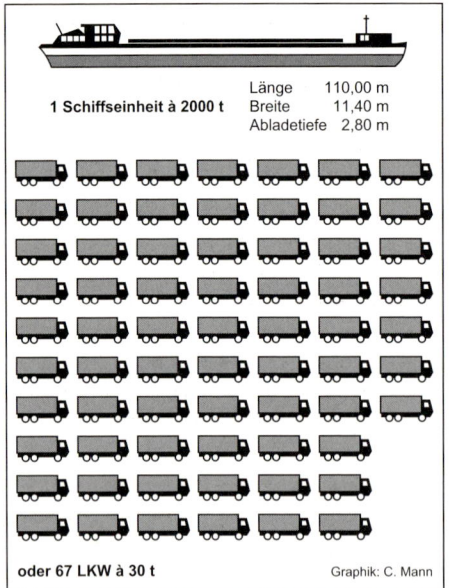

1 Schiffseinheit à 2000 t   Länge   110,00 m
                         Breite   11,40 m
                         Abladetiefe   2,80 m

oder 67 LKW à 30 t   Graphik: C. Mann

Abb. 2.4.1 Vergleich der Beförderungskapazität von Binnenschiff und Lkw

2.4 B<small>INNENSCHIFFSVERKEHR</small>

die ihren Güteranteil ebenfalls erhöhen möchte und niedrige Sondertarife auf Parallelstrecken einräumt. Dies führte bereits nach der Fertigstellung des Elbe-Seitenkanals 1976 dazu, dass die Erztransporte aus Hamburg nicht auf dem Wasserwege – wie zur Rechtfertigung des teuren Kanalbaus angeführt – sondern weiterhin zu abgesenkten Bahntarifen über die Schiene befördert wurden. Durch den Wegfall der staatlich vorgeschriebenen Einheitstarife Anfang 1994 und die Freigabe der Kabotage (Aufnahme von Rückfracht) 1995 erhöhte sich der Wettbewerb, und die Frachtraten sanken um 50-60 % wegen der vorhandenen Überkapazitäten. Trotz der niedrigen Frachtraten ist es bisher nicht zu einer nennenswerten Verlagerung des Gütertransports auf das Binnenschiff gekommen. Die meisten Verlader bevorzugen den direkten, schnellen und flexiblen Lkw, auch wenn die Kosten häufig höher liegen.

2.4.2 Entwicklung von Technik und Organisation
Über Jahrhunderte beschränkten sich die **Transportmittel** für Binnengewässer auf Einbäume, Flösse und einfache Holzboote. Sie wurden gerudert, gestakt oder vom Ufer aus gezogen (Treidelschifffahrt) bzw. mit Hilfe von Winden und ins Wasser verlegte Ketten vorwärts bewegt (Kettenschifffahrt). Teilweise besaßen Schiffergilden bis zur Einführung der Gewerbefreiheit das Privileg, den Transport in traditioneller Weise durchzuführen. Erst mit der Nutzung der Dampfmaschine zum Antrieb von Schaufelrädern durch F<small>ULTON</small> 1807 in den USA und dem Übergang zum Eisenschiffbau entwickelte sich der Massentransport auf Binnenwasserstraßen.

Dampfgetriebene Schraubenschlepper zogen am Drahtseil 6-8 unbemannte Lastkähne und ermöglichten durch diese **Schleppschifffahrt** ein rasches Wachstum der neuen Industriereviere mit hohem Transportbedarf. Ab Mitte der 1820er Jahre wurden in Deutschland Dampfschifffahrtsgesellschaften gegründet, um die neuen Transportmittel zu finanzieren und mit Gewinn zu betreiben. In Belgien, Frankreich und Deutschland behielten die Schifffahrtswege auch nach der Anlage von Eisenbahnlinien unter dem Einfluss der Wasserbaulobby und der Montanindustrie Priorität. Demgegenüber verlagerten sich in Großbritannien die Güterströme auf die Schiene, und die Kanäle verfielen.

Die deutsche Binnenschifffahrt erhöhte ihre Kapazität zwischen 1877 und 1912 von 17.000 auf 25.000 Fahrzeuge mit einer Tragfähigkeit von 1,3 auf 7,1 Mio. t und annähernd 70.000 Beschäftigten. Diese Zahl halbierte sich bis 1960 und lag im Jahre 2000 nur noch bei 9.000. Bis heute steht einer kleinen Zahl von Großreedereien eine größere Zahl von mittleren und kleineren **Unternehmen** gegenüber. Partikuliere, d. h. Familienunternehmen, die Eigner und Führer von 1-3 Motorschiffen sind, bilden die größte Gruppe (S<small>CHUH</small> 1983, VBW 1994). Zur Verbesserung ihrer Wettbewerbssituation im zusammenwachsenden Europa haben sie sich zu Fahrgemeinschaften oder Genossenschaften zusammengeschlossen. Eine Arbeitsteilung zwischen großen und kleinen Unternehmen bestand darin, dass die Reeder zur Senkung ihrer hohen Betriebskosten Investitionen in moderne Schiffe für den Einsatz auf den Hauptwasserstraßen leisteten, während die Partikuliere die gebrauchten Einheiten für den Betrieb im Kanalsystem und auf den Nebenstrecken zu günstigen Bedingungen übernahmen.

Binnenschiffe sind langlebige Investitionsgüter mit einer hohen **Nutzungsdau-**

er. Trotz mehrfacher Abwrackaktionen zur Beseitigung von Überkapazitäten und zur Modernisierung der Flotte, die durch die Bundesregierung und die EU in den 1970er und 1990er Jahren finanziert wurden, lag der Altersdurchschnitt in 2000 bei Trockengutschiffen um 50 und bei Tankern um 30 Jahre. Bezogen auf die Tonnage fallen die Vergleichszahlen ca. 5 % günstiger aus, was darauf hinweist, dass kleinere ältere durch größere neue Schiffe ersetzt wurden. Bei 2.500 Einheiten mit 2,7 Mio. t Tragfähigkeit erhöhte sich die durchschnittliche Kapazität pro Schiff im Jahre 2000 auf 1.165 t. Diese Kennziffer lag 1982 noch bei 937 t und 1950 nur bei 593 t. Der **Strukturwandel der Flotte** wird durch den zunehmenden Wettbewerb innerhalb Europas, die Veränderung der Transportnachfrage und der Kostenstrukturen sowie die Konkurrenz der anderen Verkehrsmittel beschleunigt. Allgemeine Tendenzen zeigen sich in der Vergrößerung und Spezialisierung der Schiffe, in der Verbesserung der Umschlagsanlagen und der Verdoppelung der Arbeitsproduktivität zwischen 1936 und 1980.

Nach dem Zweiten Weltkrieg erfolgte der Übergang von der Schleppschifffahrt mit Dampfkraft zur **Motorschifffahrt** mit Gasölkraftstoff. Während der Anteil der Schleppschiffe an der Transportkapazität der Flotte 1936 noch bei 93 % lag, war er bis 1980 auf 4 % gesunken (KÜHL 1982). Stattdessen dominierte jetzt das Gütermotorschiff mit einer Tragfähigkeit zwischen 400 und 4.000 t und einer Antriebsleistung bis 2.600 PS (Regelfahrzeug 85 m Länge, 9,5 m Breite, 2,5 m Tiefe).

Daneben gewannen die seit 1957 auf dem Niederrhein eingesetzten **Schubverbände** an Bedeutung. Sie bestehen aus einem Motorschubboot mit bis zu 6.000 PS Antriebsleistung und 4-6 unbemannten Leichtern mit einer Tragfähigkeit von jeweils 1.600 bis 2.700 t. Beim Einsatz von 4 Leichtern können somit 11.000 t und bei 6 Leichtern 17.000 t Fracht aufgenommen werden. Insbesondere für den Transport von Importerzen und Kohle von Rotterdam ins Ruhrgebiet hat sich dieser Schiffstyp bewährt. Die technischen und wirtschaftlichen Vorteile erhöhen sich bei voller Auslastung der Kapazität im Punkt-zu-Punkt-Verkehr und einer Verringerung der unproduktiven Liegezeiten durch den direkten Austausch der Behälter im Hafen. Betreiber sind deshalb vorwiegend größere kapitalstarke Reedereien im Auftrag der Montan- und Kraftwerksindustrie. Der Anteil von Schubschiffen am Gesamtschiffsraum der EU lag in 2000 bei ca. 20 %. Seit den 1970er Jahren hat die Bedeutung von **Koppelverbänden** zugenommen. Hierbei wird ein Motorschiff seitlich mit 1-3 unbemannten Schubleichtern verbunden. Auf diese Weise können bis zu 10.000 t Fracht befördert werden. Neben dem reduzierten Personalbedarf liegt der Hauptvorteil im flexiblen Einsatz der Behälter je nach anfallender Frachtmenge oder zu befahrendem Wasserweg.

Einblick in die Vielfalt der **Schiffstypen** und ihrer Einsatzgebiete vermittelt Abb. 2.4.2. Es handelt sich um eine Fortschreibung der erstmals 1953/54 von der Europäischen Verkehrsministerkonferenz ECMT definierten Regelschiffe mit dem Ziel einer Vereinheitlichung der Parameter für den Ausbau der Wasserstraßen. Aus der Kombination von unterschiedlichen Längen, Breiten und Tiefgängen ergibt sich eine Bandbreite unterschiedlicher Tragfähigkeit. Die Dimension der Europaschiffe wurde mehrfach vergrößert und die Klassifizierung der Wasserstraßen entsprechend erweitert.

Zu den Spezialschiffen gehören die

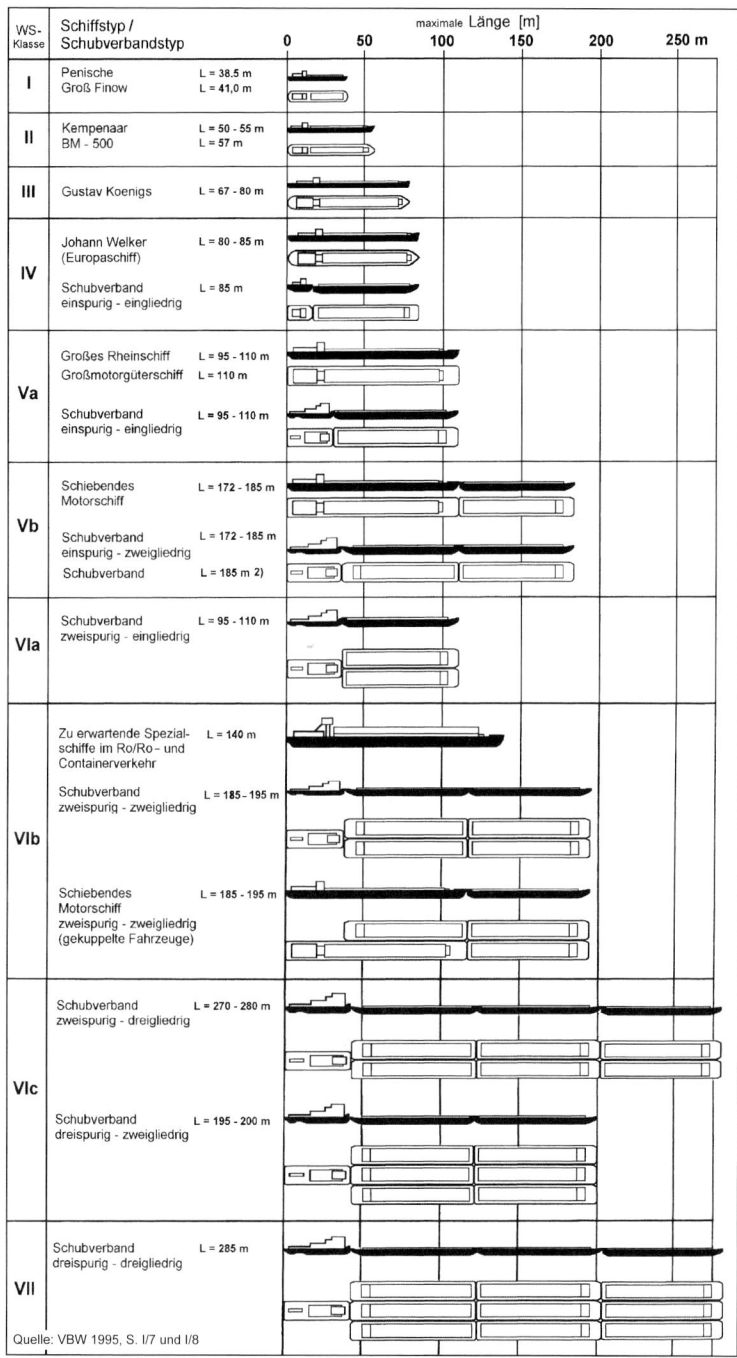

WS-Klasse	Schiffstyp / Schubverbandstyp		maximale Länge [m]

(Skala: 0, 50, 100, 150, 200, 250 m)

WS-Klasse	Schiffstyp / Schubverbandstyp	L
I	Penische	L = 38,5 m
	Groß Finow	L = 41,0 m
II	Kempenaar	L = 50 - 55 m
	BM - 500	L = 57 m
III	Gustav Koenigs	L = 67 - 80 m
IV	Johann Welker (Europaschiff)	L = 80 - 85 m
	Schubverband einspurig - eingliedrig	L = 85 m
Va	Großes Rheinschiff	L = 95 - 110 m
	Großmotorgüterschiff	L = 110 m
	Schubverband einspurig - eingliedrig	L = 95 - 110 m
Vb	Schiebendes Motorschiff	L = 172 - 185 m
	Schubverband einspurig - zweigliedrig	L = 172 - 185 m
	Schubverband	L = 185 m 2)
VIa	Schubverband zweispurig - eingliedrig	L = 95 - 110 m
VIb	Zu erwartende Spezialschiffe im Ro/Ro - und Containerverkehr	L = 140 m
	Schubverband zweispurig - zweigliedrig	L = 185 - 195 m
	Schiebendes Motorschiff zweispurig - zweigliedrig (gekuppelte Fahrzeuge)	L = 185 - 195 m
VIc	Schubverband zweispurig - dreigliedrig	L = 270 - 280 m
	Schubverband dreispurig - zweigliedrig	L = 195 - 200 m
VII	Schubverband dreispurig - dreigliedrig	L = 285 m

Quelle: VBW 1995, S. I/7 und I/8

Abb. 2.4.2 Größenvergleich von Binnenschiffen und Schubverbänden

Flüssigkeits- und Gastanker mit bis zu 2.850 m³ Fassungsvermögen und Doppelhülle als Umweltschutzvorsorge. Ihre Anzahl und Größe hat sich in der Nachkriegszeit durch den Boom der Chemischen Industrie stark erhöht und wegen der Besonderheiten des Gefahrguttransports zusätzliche Bedeutung erlangt. Betreiber sind zu 90 % Werksreedereien und größere Spezialspeditionen – wie die 1998 von Preussag übernommene VTG-Lehnkering mit 110 eigenen Schiffen und 320 Beschäftigten. Weitere Zusammenschlüsse spiegeln die Internationalisierungstendenzen im Transportgewerbe wider. Beispiele hierfür sind das Engagement der Großreederei P&O bei Rhenania und der südafrikanischen Imperial Holdings Ltd. bei der traditionsreichen Haniel Reederei, die bereits in den 1990er Jahren Konkurrenten wie Stinnes eingegliedert hatte. Die auch in den Benelux-Ländern und Frankreich aktive Imperial Reederei gehört mit 630 Mitarbeitern, 113 eigenen sowie 470 fremden Schiffen und einer Kapazität von 900.000 t zu den größten Unternehmen im Revier.

Auch für den **Containertransport** sind spezielle Schiffe entwickelt worden. Bei der Einführung auf dem Rhein in den 1970er Jahren waren zunächst herkömmliche Motorgüterschiffe mit je drei Lagen neben- und übereinander und insgesamt 72 TEU (*Twenty foot equivalent unit*) im Einsatz. Heute sind auf Spezialschiffen jeweils vier Lagen und insgesamt 192 bzw. 220 TEU üblich. Schiffe der Jowi-Klasse mit 135 m Länge und 16,50 m Breite können bei 6 Containern nebeneinander und 5 Lagen übereinander auf den Hauptwasserstrassen sogar 470 TEU befördern. Auf kleineren Flüssen und Kanälen sind allerdings wegen der Brückendurchfahrten nur ein bis zwei Containerlagen möglich. Bei

einer Schleusenbreite von 12 m ist nur ein maximales Außenmaß von 11,40 m zugelassen, so dass nur drei Boxen nebeneinander zu platzieren sind. Perspektiven für Nebenstrecken mit Handicaps werden durch die Konzeption angepasster Schiffstypen eröffnet. Hierzu gehören Fahrzeuge, die gleichzeitig Massengüter als Basisladung und darüber Container auf speziellen Tragrahmen befördern.

Bereits Mitte der 1980er Jahre wurden **RoRo-Spezialschiffe** zur Beförderung von bis zu 72 Lkw-Aufliegern und Autotransporter mit bis zu sechs Decks und 700 Stellplätzen eingeführt (Müller 1991). Im Jahre 2000 konnte eine halbe Million Pkw über den Rhein vorwiegend zum Seehafen Vlissingen transportiert werden. Neben Ford/Köln und Opel/Rüsselsheim, welche diesen Service nutzen, setzt auch Daimler-Benz von Wörth aus das Binnenschiff ein – allerdings bisher nur für den Transport von Autoteilen in Containern. Durch die technische und organisatorische Modernisierung konnten die Schiffsumlaufzeiten deutlich reduziert werden. Für die Strecke von Duisburg nach Mannheim und zurück waren 1941 ca. 23 Tage, 1980 aber nur noch 8 Tage erforderlich. Im Rahmen der Containerdienste werden für die Talfahrt von Basel nach Rotterdam nur noch 3 und für die Bergfahrt 5 Tage benötigt. Von Duisburg aus wird Rotterdam in 14 Stunden erreicht, der Rückweg stromaufwärts dauert allerdings noch 24 Stunden.

Durch die Einführung der fahrplanmäßigen **Container- und RoRo-Dienste** wird nachgewiesen, dass das Binnenschiff nicht nur im Massenguttransport von Punkt zu Punkt, sondern auch im Rahmen von integrierten Transportketten höherwertiger Güter mit zeitgerechter Lieferung erfolgreich genutzt werden kann (Kieserling 1995). So bezieht das Versandhaus Neckermann

Waren aus Ostasien im Container via Rotterdam mit dem Binnenschiff über Rhein und Main nach Frankfurt/Main. Die Laufzeit ist im Vergleich zum Bahntransport über die deutschen Nordseehäfen nur zwei Tage länger bei wesentlich günstigeren Transportkosten. Auch mit dem Binnenschiff sind bei optimal abgestimmter Planung und Umsetzung Just-in-time-Anlieferungen möglich. Dieses Konzept bezieht sich ja nicht auf die Transportdauer, sondern auf die bedarfsgerechte, zeitgenaue und zuverlässige Anlieferung von Komponenten für die Produktion oder von Fertigwaren für die Distribution. Unternehmen wie Renault nahe Mülhausen-Ottersheim, Sony/Panasonic in Wiesbaden oder Nike in Weiterstadt nutzen für ihre Logistikzentren bereits den günstigen Schiffstransport.

2.4.3 Binnenwasserstraßen

Das Netz der Bundeswasserstraßen umfasst 7.700 km, wovon 800 km als **Seeschifffahrtsstraßen** auf die Unterläufe der Flüsse Ems, Weser, Elbe und ihre Außenbereiche sowie den Nord-Ostsee-Kanal und die Seezufahrten nach Lübeck, Wismar, Rostock und Stralsund einschließlich der Peene entfallen. Die restlichen 6.900 km gehören zu den **Binnenwasserstraßen**, die sich aus freien und staugeregelten Flüssen (77 %) sowie Kanälen mit regionaler und internationaler Bedeutung zusammensetzen (BMV 1995). Abb. 2.4.3 zeigt die klassifizierten Binnenwasserstraßen des Bundes in generalisierter Form. Eine genauere Darstellung unter Einbeziehung von Sperrwerken, Schleusen und Schiffshebewerken sowie der Häfen mit Umschlagsanlagen bietet der Nationalatlas (NUHN 2001a). Während in Nordwest- und Ostdeutschland eine echte Vernetzung der Wasserstraßen besteht, dominieren in Süddeutschland die Hauptmagistralen von

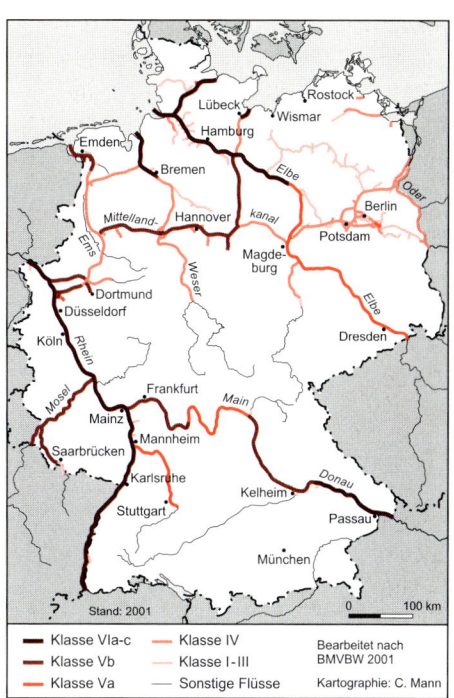

Klasse VIa-c — Klasse IV
Klasse Vb — Klasse I-III
Klasse Va — Sonstige Flüsse
Stand: 2001
0   100 km
Bearbeitet nach BMVBW 2001
Kartographie: C. Mann

Abb. 2.4.3 Klassifizierung der Binnenwasserstraßen in Deutschland

Donau und Rhein mit wenigen Verästelungen. Kleinere Flüsse und Kanäle, die früher auch für den Güterverkehr Bedeutung hatten, dienen heute fast nur noch der Freizeit- und Sportschifffahrt.

Der systematische **Ausbau von Wasserstraßen** aus Gründen der Wirtschaftsförderung geht in Europa auf Ideen des Merkantilismus zurück. Vorbildwirkung hatten die Maßnahmen COLBERTS in Frankreich, die von aufgeklärten Fürsten in Deutschland übernommen wurden. Allerdings blieben die weitreichenden Planungen ein Torso. Unser heutiges Wasserstraßennetz reicht zwar in Teilen zurück bis ins 17. und 18. Jh., ist aber das Ergebnis der Aus- und Neubauten der letzten 130 Jahre und besitzt keine einheitlichen Standards, weil technologische Anpassungen nur begrenzt zu finanzieren waren (ECKOLD 1998, MOST 1967).

Im Hinblick auf die Eignung für den Einsatz von Motorschiffen, Schleppkähnen und Schubverbänden wurde in Europa 1992 ein neues System zur **Klassifizierung der Binnenwasserstraßen** eingeführt (Abb. 2.4.3). Die Kategorien I-III umfassen Schiffe bis 80 m Länge, 9 m Breite und 2,50 m Tiefgang sowie eine Brückendurchfahrtshöhe bis zu 5 m bei einer maximalen Tonnage von 1.200 t (VBW 1995). Von internationaler Bedeutung sind die Klassen IV-VI, die Großmotorschiffe und Schubverbände bis zu 6 Einheiten bei Maßen bis zu 280 m Länge, 34,20 m Breite, 4,50 m Tiefgang und einer Brückendurchfahrtshöhe von 9,10 m zulassen. Diese Einheiten mit einer maximalen Tragfähigkeit von 18.000 t können auf dem Rhein verkehren. Nicht in Deutschland zugelassen sind die 9 Schubleichter der Klasse VII, die 27.000 t tragen und z. B. auf dem Unterlauf der Donau verkehren.

Eine herausragende Stellung besitzt der **Rhein** mit seinen stauregelten Nebenflüssen Mosel, Neckar und Main und der 1992 fertiggestellten Kanalverbindung zur Donau. Der annähernd 700 km lange Hauptstrom zwischen Rheinfelden und Emmerich ist bereits seit Mitte des 18. Jahrhunderts für den Schiffsverkehr ausgebaut. Hierfür wurden Maßnahmen wie Uferbefestigungen, Buhnen und der Durchstich von Schlingen sowie später Staustufen, Schleusen und Kanäle vorgenommen. Am Oberlauf im Bereich des 53 km langen Rhein-Seitenkanals mit seinen vier Staustufen sind heute ganzjährig die höchsten Wassertiefen mit 4,50 m garantiert. Im anschließenden Bereich des Schlingenausbaus und der Stauregelung bis Iffezheim bestehen auf 107 km noch Wassertiefen von 3 m, während im frei fließenden Hauptstrom bis Köln bei Niedrigwasser nur noch 2,10 m und im Unterlauf 2,50 m erreicht werden. Seit 1868 wird die Rheinschifffahrt durch ein Abkommen der Anliegerstaaten gemeinsam geregelt. Freier Zugang und freier Wettbewerb zeichnen deshalb die Entwicklung auf dieser Wasserstraße aus, wodurch sich der Einsatz neuer Transportgeräte und logistischer Innovationen jeweils frühzeitig durchgesetzt hat.

Der Ausbau der **Mosel** zur Großschifffahrtsstraße erfolgte erst zwischen 1956 und 1964 auf der Basis eines Vertrages zwischen Deutschland, Frankreich und Luxemburg im Zusammenhang mit der Wiedereingliederung des Saargebietes. Die Bedeutung für den Binnenverkehr ist auch nach der Eröffnung des Saar-Kanals zwischen Konz und Dillingen 1989 im Vergleich zum Transitverkehr nach Frankreich und Luxemburg eher gering. Im Bergverkehr werden vorwiegend Eisenerze, Kohle und Mineralölerzeugnisse transportiert und zu Tal landwirtschaftliche Produkte, Baustoffe und Eisen. Auf der 270 km langen Strecke bis Thionville an der französischen Obermosel mussten 14 Staustufen gebaut werden, um eine Fahrwassertiefe von 2,70 m sowie eine Breite von 40 m für Motorschiffe mit 1.500 t Tragfähigkeit oder Schubverbände mit 3.300 t zu ermöglichen (STENGLEIN 1994). Der Gütertransport hat sich von 10 Mio. t im Jahr 1970 auf über 15,6 Mio. t in 2000 erhöht.

Der stauregelte Ausbau des **Neckars** zwischen Mannheim und Plochingen wurde bereits vor dem Zweiten Weltkrieg begonnen. 1935 konnte die 113 km lange Teilstrecke bis Heilbronn eröffnet werden, 1958 erreichte der Ausbau Stuttgart und 1968 den Endhafen. Für die Überwindung einer Höhendifferenz von 160 m waren auf der Gesamtstrecke von 203 km 27 Schleusen erforderlich, die zugleich der Elektrizitätsgewinnung dienen. An der Schleuse Freudenheim wurden im Jahr 2000 vom Rhein kommend 7 Mio. t Güter registriert, während zu Tal nur 3 Mio. t versandt wurden.

Der **Untermain** ist bereits im 19. Jh. verstärkt für den Massenguttransport der Industrie genutzt worden. Die Stauregelung erlaubte 1886 die Zufahrt nach Frankfurt mit 1.000 t Schiffen. 1901 war der Ausbau bis Offenbach, 1913 bis Hanau und 1921 bis Aschaffenburg fortgeschritten. Durch den Krieg wurden 1940 die Aktivitäten in Würzburg unterbrochen. Die Fortsetzung in den 1960er Jahren erfolgte mit dem Ziel, den Anschluss an die Donauwasserstraße zu erreichen. Bis Hallstadt bei Bamberg waren 1962 auf dem Main insgesamt 34 Staustufen für die Überwindung eines Höhenunterschiedes von 149 m errichtet worden (SCHMITT 1980).

Im September 1992 wurde der **Main-Donau-Kanal** zwischen Bamberg und Kelheim nach 25jähriger Bauzeit und einem Gesamtkostenaufwand von ca. 4,7 Mrd. DM fertiggestellt (GLAS 1996). Bei 4 m Wassertiefe und 55 m Spiegelbreite können Motorschiffe bis 2.000 t bzw. Schubverbände bis 3.300 t eingesetzt werden. Der 171 km lange Ausbau über eine Wasserscheide von 406 m mit einer regionalen Höhendifferenz von 175 m erforderte 16 Staustufen mit Schleusenkammern von 12 m x 190 m Länge und einer Hubhöhe von 25 m. Wegen der ungünstigen Kosten-Nutzen-Relation bewertet WIRTH (1995) den Europakanal als Fehlinvestition, die bereits bei der Fertigstellung den gewachsenen Anforderungen einer zukunftsorientierten leistungsfähigen Binnenschifffahrt nicht mehr genügte (z. B. zu geringe Schleusenbreite für Containerschifffahrt). Pessimistischen Einschätzungen zum

Trotz hat sich die transportierte Gütermenge im Kanal bisher positiv entwickelt, von 2,4 Mio. t 1993 auf 6 Mio. t im Jahr 2000 (VBW 2001). Allerdings ist man damit von der Kapazitätsgrenze bei 14 Mio. t noch weit entfernt. Außerdem handelt es sich weniger um Transporte, welche die wirtschaftlichen Aktivitäten in der Region stimulieren, sondern um Transitgüter für die Donauanrainer, insbesondere für das österreichische Industrierevier Linz. Am Kanal hat sich ein reger Tages- und Wochenendtourismus entwickelt.

Die **Donau** wurde zwischen 1922-1968 durch Niedrigwasserregulierungen auf 2 m Wassertiefe ausgebaut. Nach 1977 erfolgte unterhalb von Kelheim die Anlage von vier Staustufen. Damit fehlt heute für eine Abladetiefe von 2,50 m nur noch die Flussstrecke zwischen Straubing und Vilshofen. Dieses Projekt stößt allerdings bei Umweltschützern auf erbitterten Widerstand. Trotz der durchgehenden Rhein-Main-Donau-Wasserstraße ist bisher ein gebrochener Verkehr vorherrschend. Viele Güter, die vom Rhein bzw. von der Donau kommen, werden an der Schnittstelle in Kelheim umgeladen, weil die optimalen Schiffskapazitäten auf beiden Wasserstrassen unterschiedlich sind und die Schiffer ihre vertrauten Reviere nicht gerne wechseln.

Der industrielle Verdichtungsraum des Ruhrreviers erhielt Anfang des 19. Jh.s sowohl Anschluss an den Rhein als auch an das nord- und ostdeutsche Wasserstraßennetz. Bereits zwischen 1891 und 1899 wurde der 225 km lange **Dortmund-Ems-Kanal** zum Seehafen Emden gebaut für Schiffe mit 67 m Länge, 8,20 m Breite und 2 m Tiefgang sowie einer Tragfähigkeit von 600-700 t. Diese Maße wurden nach 1906 auch bei der Anlage anderer Wasserstraßen als Norm verwendet. Mit dem Bau des **Küstenkanals** von der Ems zur Unterweser auf einer bereits seit 1893 bestehenden Verbindung verbesserte sich Mitte der 1930er Jahre die Verkehrsbeziehung nach Bremen. Die Anbindung an den Rhein erfolgte 1914 mit dem **Rhein-Herne-Kanal** und wurde 1931 durch den **Wesel-Datteln-Kanal** verbessert (STRÄHLER 1984).

Die große Ost-West-Verbindung des 1906 begonnenen Ems-Weser- bzw. **Mittelland-Kanals** mit seinen Abzweigungen wurde zunächst nur bis Hannover-Misburg gebaut. Zur Verbesserung der Schifffahrt auf der **Weser** waren gleichzeitig bis 1916 zwei Staustufen errichtet worden, die ab Mitte der 1930er Jahre durch fünf weitere Schleusen ergänzt wurden. Eine gleichbleibende Wassertiefe von 2 m zwischen Minden und Bremen konnte aber erst nach Abschluss der Arbeiten 1960 erreicht werden (BRAUN 1979). Der Weiterbau nach Osten bis zur Elbe fand 1938 mit der Fertigstellung des Schiffshebewerkes Rothensee sein vorläufiges Ende. Die Verbindung über die Elbe nach Hamburg war damit zwar möglich, wurde aber durch starke Wasserspiegelschwankungen behindert. Auch die Weiterfahrt zur Ostsee über den bereits 1900 fertiggestellten 68 km langen und mit 7 Staustufen ausgestatteten **Elbe-Lübeck-Kanal**, welcher der Route des bereits im Mittelalter bedeutsamen Stecknitzkanals folgt, war wegen veralteter Baunormen wenig attraktiv (UHLEMANN 2000). Erst durch den Bau des 1976 beendeten 115 km langen **Elbe-Seitenkanals** wurde eine leistungsfähige Verbindung zwischen dem Mittellandkanal und dem Hamburger Hafen geschaffen, die allerdings erst seit dem Wegfall des Eisernen Vorhangs befriedigende Umschlagszahlen aufweist (HÜSING 2005).

Das Wasserstraßennetz Ostdeutschlands umfasste bei der Wiedervereinigung

2.400 km und befand sich mit Ausnahme des 1952 fertiggestellten **Havelkanals** zur Umgehung Westberlins noch auf dem Vorkriegsstand. Hieraus resultiert eine hohe Reparaturbedürftigkeit (GEWIESE/SCHÖNKNECHT 1996). Die **Elbe**, mit 727 km zweitgrößter Strom Deutschlands, ist trotz einer 1931 vorgelegten Planung zur Niedrigwasserregulierung und der Einstufung als internationaler Schifffahrtsweg bisher nicht an die Bedürfnisse des modernen Verkehrs angepasst worden, wenn man von den Vertiefungen im Unterlauf als Zugang zum Hamburger Hafen absieht. Die 1962 fertiggestellte Staustufe bei Geesthacht grenzt die Tideelbe vom Mittel- und Oberlauf ab, der bis zur tschechischen Grenze nur stellenweise durch Buhnen-, Deck- und Leitwerke reguliert ist und in den Sommermonaten nur Abladetiefen unter 2 m erlaubt (NAUMANN 1991). Im Mittellauf hat sich der Verkehr deshalb weitgehend auf den Elbe-Seitenkanal verlagert.

Einen Engpass stellte bis vor kurzem auch die fehlende Elbquerung des Mittellandkanals und eine direkte Einmündung in den **Elbe-Havel-Kanal** dar, der 1938 für den Berlin-Verkehr in Betrieb genommen wurde. Bis 1992 transportierten hier jährlich ca. 11.000 Schiffe 3 Mio. t Güter nach Westberlin, vorwiegend Kohle und Heizöl (LÖTTGERS 1994). Im Rahmen des Verkehrsprojektes Deutsche Einheit Nr. 17 erfolgte der Bau einer Trogbrücke und eines Hebewerks für Großmotorschiffe und Schubverbände unter Einsatz von 4 Mrd. DM. Eingeschlossen in das Ausbauvorhaben waren auch der 1906-1914 gebaute 135 km lange **Havel-Oder-Kanal** sowie die bereits 1886-1890 errichtete 125 km lange **Spree-Oder-Wasserstraße**. Die übrigen bereits teilweise im 17. und 18. Jh. angelegten märkischen und mecklenburgisch-vorpommerschen Wasserstraßen waren in preußischer Zeit Bestandteil eines wirtschaftlich bedeutsamen Transportnetzes, besitzen aber heute wegen ihres Ausbaustandes nur noch Bedeutung für die Sportschifffahrt (Most 1967). Ähnlich wie die Elbe weist auch die **Oder** stark schwankende Wasserstände auf, welche die Schifffahrt behindern. Von deutscher Seite wurde der Wasserweg durch Parallelkanäle verbessert und nach der Abtrennung von Stettin fast nur noch für Massentransporte nach Schwedt und Eisenhüttenstadt genutzt (Linde/Tessmann 1995). Größere Eingriffe in das natürliche Flussregime von Oder und Elbe sind im Bundesverkehrswegeplan nicht vorgesehen.

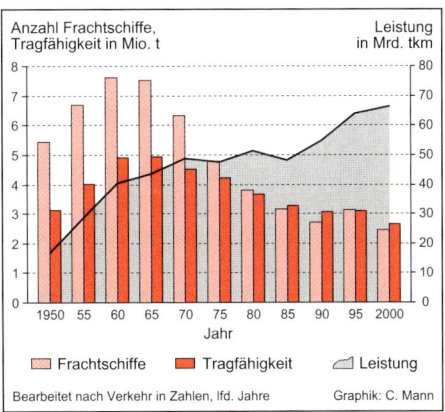

Abb. 2.4.4 Fahrzeugbestand, Tragfähigkeit und Leistung der Binnenschifffahrt 1950-2000

2.4.4 Verkehrsaufkommen

Vor Ausbruch des Zweiten Weltkriegs lag das **Transportvolumen** der Binnenschifffahrt in Deutschland bei 100 Mio. t mit einer Leistung von 20 Mrd. tkm. Davon wurden 60 % von deutschen Unternehmen erbracht. Nach dem kriegsbedingten Rückgang verdoppelten sich die Werte bis 1960 für die um Ostdeutschland verkleinerte BRD auf annähernd 171 Mio. t bzw. 40 Mrd. tkm. Mit 240 Mio. t und 49 Mrd. tkm wurden 1970 erneut Höchstwerte erreicht. Trotz weiter sinkender Schiffszahlen hat sich die Beförderungskapazität bis zum Jahre 2000 mit 242 Mio. t kaum verändert, und eine Leistungssteigerung auf 67 Mrd. tkm ergeben (Abb. 2.4.4).

Der Anteil am insgesamt gewachsenen Transportaufkommen ist allerdings von 26 % in 1970 auf 16 % gesunken. Das Binnenschiff gehört neben der Bahn zum Verlierer im Wettbewerb um die Fracht. Deutlich zurückgegangen ist der Marktanteil der einheimischen Flotte auf 40 % im Jahr 2000. Am erfolgreichsten im länderübergreifenden Wettbewerb waren die Niederlande, deren Marktanteil in Deutschland

sich im Vergleichszeitraum von 25 % auf nahezu 50 % erhöht hat. Erfreulich entwickelt hat sich die Personenschifffahrt mit 360 Unternehmen und 3.330 Beschäftigten, weil Flusskreuzfahrten und Tagesausflüge im Trend liegen.

Personen- und Güterbeförderung konzentrieren sich auf den **Rhein** und seine Zubringer. Im Jahre 2000 lag der Umschlag bei 183 Mio. t bzw. 63 % vom deutschen Schiffsgüteraufkommen und bei 80 % der Verkehrsleistung mit 50 Mrd. tkm (BDB 2001). Im Austausch mit den westdeutschen Wasserstraßen wurden bei der Einmündung des Wesel-Datteln-Kanals 16 Mio. t und des Rhein-Herne-Kanals 15 Mio. t registriert. Weitere 15 Mio. t trugen die Mosel, 22 Mio. t der Main und 10 Mio. t der Neckar bei. Die restlichen 105 Mio. t sind den **öffentlichen und privaten Rheinhäfen** zuzuordnen. Neben Duisburg mit 14 Mio. t und den benachbarten Häfen (Köln 9 Mio. t, Neuss 4,5 Mio. t, Krefeld 3 Mio. t) sind in diesem Zusammenhang auch die Oberrheinhäfen Mannheim, Ludwigshafen und Karlsruhe mit 7-8 Mio. t Schiffsgüterumschlag hervorzuheben. Während bei Oberwesel am Mittelrhein annähernd doppelt so viel Güter in der Berg- wie in der Talfahrt registriert wurden, war die Relation am Oberrhein bei Iffezheim gerade umgekehrt. Im Vergleich zum Rhein waren die **Donau** und die **Elbe** mit jeweils nur 8-9 Mio. Gütern deutlich schwächer vertreten.

Im Hinblick auf die Zusammensetzung des Transports nach **Hauptgüterarten** haben sich deutliche Verschiebungen ergeben (Tab. 2.4.1). Zugenommen haben chemische Erzeugnisse und Gase sowie Nahrungs- und Futtermittel. Auch der Kohletransport hat sich durch die erhöhten Importe wieder bei 30 Mio. t jährlich stabilisiert. Demgegenüber haben Baustoffe hohe Rückgänge zu verzeichnen. Bei relativem Bedeutungsverlust der Massengüter durch den Niedergang der Schwerindustrie und die Zunahme der Halb- und Fertigerzeugnisse (Güterstruktureffekt) konnte die

Binnenschifffahrt keine größeren Wachstumsraten erzielen. Allerdings ist es gelungen, auch beim Containerverkehr sowie bei Halb- und Fertigerzeugnissen die Mengen zwischen 1970 und 2000 von 1,7 auf 11,6 Mio. t deutlich zu steigern.

Seit Mitte der 1970er Jahre hat die **Containerschifffahrt** auf dem Rhein einen großen Aufschwung erfahren. Die Anzahl der transportierten Boxen erhöhte sich von ca. 40.000 TEU im Jahre 1977 auf ca. 1 Mio TEU in 2000. Annähernd ein Dutzend Reeder, die teilweise zu Fahrgemeinschaften zusammengeschlossen sind, bieten heute regelmäßige Abfahrten von und nach Rotterdam und Antwerpen für ca. 30 süd- und westdeutsche Häfen an (LAUENROTH 1994). An den meisten Umschlagplätzen stehen bereits Terminals für den Kombinierten Ladungsverkehr (KLV) zur Verfügung oder befinden sich im Aufbau. In größeren Häfen mit regelmäßig verkehrenden Liniendiensten – wie Basel, Straßburg und Duisburg – werden jährlich 60.000-75.000 Container umgeschlagen. Erst in den 1990er Jahren haben sich auch Binnenhäfen, Reeder und Speditionen in Norddeutschland zur Organisation von Containerumschlagsanlagen und Liniendiensten zusammengeschlossen. Eine führende Stellung nehmen dabei die Deutsche Binnenreederei DBR (privatisierte Staatsreederei der ehemaligen DDR) und die tschechoslowakische Elbe-Schifffahrtsgesellschaft CSPL ein. Im Vergleich zum Rhein sind die Zahlen für das Elbesystem bescheiden. In Magdeburg, Riesa oder Haldensleben lag der Umschlag 2004 nur bei 5.000-10.000 Container pro Jahr.

Abb. 2.4.5 veranschaulicht zusammenfassend eindrucksvoll, dass die auf deutschen Wasserstraßen transportierten **Gütermengen** sehr unterschiedlich ausgeprägt sind. Besonders hervor treten die

Tab. 2.4.1   Auf Binnenschiffen transportierte Hauptgüterarten 1970-2000 (in Mio. t)

	1970	1980	1990	2000
Landwirtschaftliche Erzeugnisse	9,1	6,2	7,5	11,5
Nahrungs- und Futtermittel	6,9	12,9	12,9	15,0
Feste mineralische Brennstoffe	24,6	24,0	23,6	30,5
Mineralölerzeugnisse und Gase	41,6	45,5	40,5	39,5
Erze und Metallabfälle	37,5	41,7	41,9	39,5
Eisen und Stahl	14,8	14,5	13,3	14,0
Steine und Erden	87,5	75,0	64,6	53,3
Düngemittel	6,2	5,4	7,3	7,9
Chemische Erzeugnisse	10,1	12,2	16,1	19,4
Halb- und Fertigerzeugnisse	1,4	1,3	1,3	2,7
Andere Transportgüter	0,3	2,3	2,6	8,9
Summe	**240,0**	**241,0**	**231,6**	**242,2**

Bearbeitet nach Statistisches Jahrbuch für die BR Deutschland, lfd. Jahre

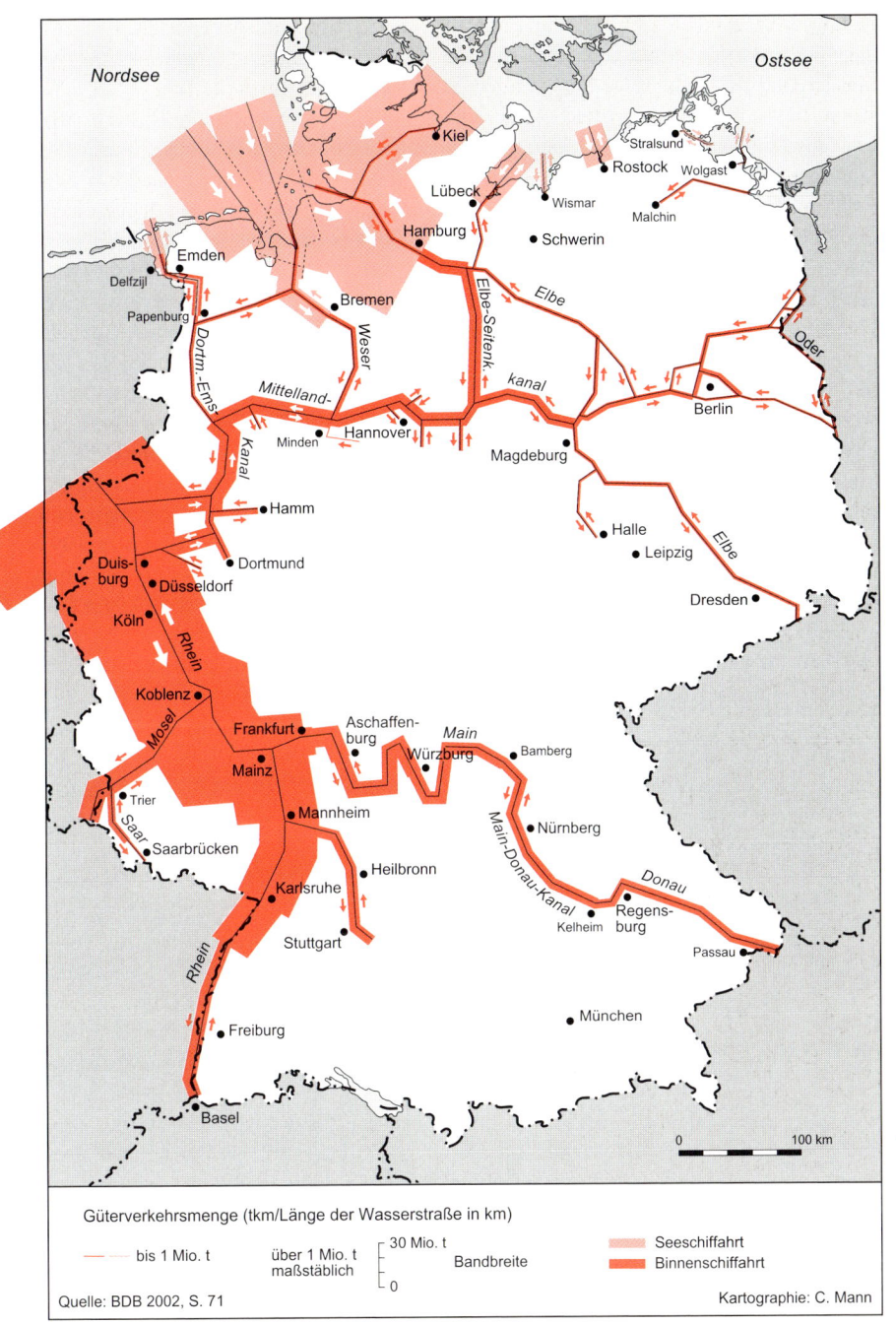

Abb. 2.4.5 Gütermengen auf deutschen Wasserstrassen

Zufahrten zu den Überseehäfen und die für den internationalen Verkehr bedeutsame Seeschifffahrtsstraße Nord-Ostsee-Kanal sowie der Unter- und Mittelrhein. Generell nehmen die Transportmengen mit zunehmender Entfernung von der Küste ab und sind auf den meisten Strecken im östlichen Binnenland vergleichsweise gering. Daraus kann gefolgert werden, dass in diesen Bereichen noch ungenutzte Potenziale vorhanden sind. Die direkt zu erschließenden Kapazitätsreserven werden auf 20 % geschätzt, und nach der Beseitigung von wenigen Engpässen ließe sich auch ohne größere Baumaßnahmen eine Verdoppelung der Binnenschiffsleistung erreichen (Hulsman 1993, VBW 1996).

2.4.5 Verkehrspolitische Bewertung

Im Rahmen der deutschen und auch der **europäischen Verkehrspolitik** besitzt das Transportsystem Binnenschiff gegenwärtig keinen besonderen Stellenwert. Im Falle der EU mag das dadurch begründet sein, dass nur Deutschland, die Benelux-Länder und Frankreich über ein größeres, aber nur teilweise modernisiertes und untergenutztes Wasserstraßennetz verfügen. Auch die osteuropäischen Beitrittsländer haben die vorhandenen Infrastrukturen für den Binnenschiffstransport vernachlässigt. Mit Ausnahme von Rhein und Donau gibt es keine bedeutenderen grenzüberschreitenden Binnenschifffahrtsstraßen. Bei Elbe, Oder und Weichsel fehlen der Ausbau auf neuere Standards und eine Verknüpfung untereinander. Dies gilt auch für die *Missing links* im französischen Wasserstraßennetz und die Verbindung zwischen Rhein und Rhône, die zwar 1978 eine Priorität erhielt und 1985 in europäische Verkehrswegeplanungen aufgenommen wurde, bisher aber nicht finanziert ist (Reske 1980, Kinski 1997). Bei der Prioritätenset-

zung für Transeuropäische Netze (TEN) haben Wasserwege bisher keinen besonderen Stellenwert erhalten.

Die diesbezügliche Haltung der **Bundesregierung** ist ambivalent. Einerseits wird die Umweltfreundlichkeit des Schiffstransports im Hinblick auf geringere Emissionen, sparsamen Energieverbrauch und größere Sicherheit betont und eine Verlagerung von Lkw-Transporten auf den Wasserweg gefordert. Für den Ausbau der Bundeswasserstraßen waren im BVWP 1992 auch 30,3 Mrd. DM vorgesehen (BMV 1992). Hiervon war der größte Teil für die Neuen Bundesländer reserviert, um die Angleichung der vernachlässigten Wasserstraßen an den westeuropäischen Standard voranzutreiben (Walther 1995). Priorität besaß die West-Ost-Verbindung über den Mittellandkanal vom Raum Hannover nach Berlin für Motorgüterschiffe mit einer Tragfähigkeit von 2.000 t bzw. für Schubverbände von 3.500 t (BMV 1991). Die Mittel im neuen Bundesverkehrswegeplan für den Zeitraum 2001-2015 werden demgegenüber fast nur für die Substanzerhaltung und Ersatzinvestitionen eingesetzt. Von 6,6 Mrd. EUR sind für neue Projekte lediglich 0,9 Mrd. EUR vorgesehen. Bereits beschlossene Vorhaben wurden wegen fehlender Haushaltsmittel verschoben oder storniert wie der Ausbau von Donau und Saale (BMVBW 2003).

Bei der Förderung des **Kombinierten Verkehrs** wird allerdings neben der Schiene seit 1998 auch der Wasserweg einbezogen. Nach dem Konzept der Trimodalität soll der Ausbau der Umschlagsanlagen nicht nur in landverkehrsorientierten Güterverkehrszentren (GVZ), sondern auch in Binnenhäfen erfolgen. Auch die EU förderte den Kombinierten Verkehr bis 2001 im Rahmen des Programms PACT und konzentriert sich im Nachfolgeprojekt MAR-

CO POLO beim grenzüberschreitenden Verkehr auf die Verlagerung von der Straße auf die Eisenbahn und das Binnenschiff (vgl. auch Kap. 2.8). Die über 100 öffentlichen Binnenhäfen in Deutschland sind aufgerufen, die Infrastruktur zu modernisieren und ihre Betriebszeiten den Erfordernissen der Kunden anzupassen (BÖB 1995 und 2002).

Einen besonderen Stellenwert besitzen Projekte der **Kommunikationstechnologie** zur Befrachtung (Internetbörse), zur raschen Nutzung der Behördenmitteilungen (ELWIS) und zur besseren Vernetzung der am Transport beteiligten Akteure. In Zusammenarbeit mit Kunden können neue effektivere Verkehrsrelationen aufgebaut werden. Einige Hafenunternehmen haben zur Beseitigung von Engpässen beim Vor- und Nachlauf der Fracht zusammen mit Speditionen und der DB AG eigene Bahngesellschaften gegründet, die einen raschen und flexiblen Transport innerhalb der Region gewährleisten.

Die Dominanz kleiner kapitalschwacher Schiffsunternehmen macht für den Aufbau kombinierter Transportketten **Kooperationen** erforderlich. Traditionelle Verhaltensweisen und sinkende Erträge haben dem bisher entgegengewirkt. Für weitere technologische Neuerungen beim Antrieb und bei der Entwicklung von neuen Spezialschiffen sind hohe Investitionen zu leisten, welche die mit geringen Margen operierenden Partikuliere kaum aufbringen können. Auch für den weiteren Ausbau der Binnenhäfen und die Einrichtung von GVZ an Wasserstraßen sind für eine Übergangszeit Planungshilfen und Investitionszuschüsse öffentlicher Einrichtungen notwendig. Die Bundesregierung und die EU müssen für eine stärkere Einbeziehung der Wasserstraße beim Gütertransport deshalb zusätzliche Anreize bieten, und die Transporteure müssen über ein besseres Marketing und ergänzende logistische Dienstleistungen ihre Vorzüge aktiver vermarkten. Pauschalierte Forderungen bedürfen allerdings im Hinblick auf die Umsetzung einer differenzierten Betrachtung und Kostenabschätzung, bei der Wettbewerbsverzerrungen und soziale Kosten neben betriebswirtschaftlichen Überlegungen einzubeziehen sind (KRAUSE 1991).

In die gleiche Richtung zielt auch eine Initiative der EU *From Road to Sea* zur Verlagerung von Landtransporten auf den Wasserweg im innereuropäischen Güteraustausch (RISSOAN 1994). Neben dem Küstenschiff geht es hierbei um den stärkeren Einsatz von seegängigen Binnenschiffen mit absenkbarem Steuerhaus (Größe: 82 x 11,40 x 3 m, EU 2001). In diesem Zusammenhang steht auch der Ausbau einiger Binnenhäfen zu **Hinterland-Hubs** von Seehäfen, z. B. von Duisburg für die Rheinmündungshäfen. Im neuen Logport auf dem ehemaligen Gelände des Krupp-Hüttenwerks Reinhausen stehen entsprechende Kapazitäten für Umschlag und Lagerung zur Verfügung (NUHN 2001a). Die Rotterdamer Umschlagsgesellschaft ECT hat sich deshalb bereits im Duisburger Containerterminal niedergelassen und mit DeCeTe eine neue Terminalgesellschaft gegründet. Bei der Verwirklichung von Hinterland-Hubs als zentrale Knoten mit ergänzenden Kapazitäten können die Anlagen in den Seehäfen bei weiter wachsenden Umschlägen im Zusammenhang mit wachsenden Schiffsgrößen deutlich entlastet werden.

Literaturauswahl zur Ergänzung und Vertiefung von Kapitel 2.4

• **Einführung und Überblick:**
Nuhn 2001a, Wirth 1998, Gewiese/Schönknecht 1996, BMV 1995, VBW 1994, Naumann 1991
• **Binnenschiffe, Technik und Organisation:**
Kieserling 1995, Lauenroth 1994, Müller 1991
• **Binnenwasserstraßen und Binnenhäfen:**
BMVBW 2003, Uhlemann 2000, Eckold (Hg.) 1998, VBW 1996, BÖB 1995, VBW 1995, Wirth 1995, Löttgers 1994
• **Binnenschifffahrtspolitik:**
Linde/Tessmann 1995, Walther 1995, Rissoan 1994
• **Statistiken/Datenreihen zur Binnenschifffahrt in Deutschland:**
Binnenschifffahrt, Fachserie 8, Reihe 4, (lfd. Jahre, m), Statistisches Bundesamt (Hg.), Wiesb.
Binnenschiffs-Bestandsdatei, Wasser- und Schifffahrtsverwaltung des Bundes, Berlin
(siehe: www.elwis.de)
Güterverkehr der Binnenschifffahrt, CD-ROM, (lfd. Jahre), Statistisches Bundesamt (Hg.)
Verkehr in Zahlen, (lfd. Jahre), BMVBW (Hg.), Berlin
• **Zeitschrift:**
Binnenschifffahrt, 2005, Jg. 60 (erscheint monatlich)
(Fortführung der Zeitschriften: Binnenschifffahrtsnachrichten, Hg. Bundesverband der Deutschen Binnenschifffahrt im 53. Jg.; Binnenschifffahrt und Wasserstraßen, Hg. Verein für Binnenschifffahrt und Wasserstraßen im 120. Jg.)

2.5 Seeschiffsverkehr

2.5.1. Bedeutung im Verkehrssystem

Die Seeschifffahrt ist der bedeutendste Verkehrsträger im internationalen Warenaustausch. Zwei Drittel der Welthandelsgüter werden über See befördert. Durch die Liberalisierung des **Güteraustauschs** und die Deregulierung des Transports sowie durch die verstärkte Arbeitsteilung bei der industriellen Produktion haben sich die Verflechtung der Weltwirtschaft und die Nachfrage nach Beförderungsleistung in den letzten Jahrzehnten stark erhöht. Hiermit waren rasche und tiefgreifende Innovationen im maritimen Transportgewerbe verbunden. Insbesondere die Containerisierung hat über den Seefahrtsbereich hinaus eine Neuorganisation der Transportket-

te ausgelöst (Couper 1972, Nuhn 1994a, Stopford 1997).

Im Hinblick auf den **Personenverkehr** hat das Seeschiff nach dem Zweiten Weltkrieg seine frühere Bedeutung durch die Konkurrenz des Flugzeugs weitgehend eingebüßt. Bei mittleren und kürzeren Distanzen besitzt der schnelle und leistungsfähige Fährverkehr aber auch für die Personenbeförderung (einschließlich Fahrzeug) noch größere Bedeutung, und in jüngster Zeit hat sich die Kreuzschifffahrt nach den USA auch in anderen Weltregionen stärker entwickelt (McCalla 1998, Wild/Dearing 2000). Die Vorteile des Seeschiffs gegenüber anderen Verkehrsträgern treten insbesondere bei der Massenbeförderung über größere Distanzen hervor. Demgegenüber ergeben sich nur wenige Nachteile (vgl. Kasten 2.5.1).

Neben der **„Großen Fahrt"** der welt-

Kasten 2.5.1
Vor- und Nachteile des Seeschiffs

Vorteile:

• Flexibel einsetzbare schwimmende Transporter unterschiedlicher Größe, Art und Spezialisierung

• Besondere Eignung für Massentransport von Gütern unterschiedlicher Art und Standardisierung

• Schnelle Verknüpfung verschiedener Transportmodi insbesondere durch RoRo-Verkehr

• Geringer Energieverbrauch bezogen auf Transportmenge

• Vergleichsweise niedrige Emissionen

• Geringer Personalbedarf und kontinuierliche Fahrt ohne Unterbrechungen

• Wenige Unfälle und hohe Sicherheit für Gefahrengutbeförderung

• Günstige Transportkosten insbesondere bei Reisen über größere Distanzen

Nachteile:

• Vergleichsweise langsame Geschwindigkeit von 20-30 Kn

• Engpässe im Küstenbereich und bei Häfen, die sich nur durch hohe Investitionen beseitigen lassen

ger ins Hafenhinterland gebunden. An der Schnittstelle vom See- zum Landverkehr haben sich Fernhandel, Dienstleistungen und Verarbeitendes Gewerbe entwickelt, die auf den Hafen selbst bezogen Loco-Verkehre bedingen und den Transitverkehr ins Hinterland ergänzen (ALEXANDERSON/NORSTRÖM 1963, VERLAQUE 1975).

Viele Häfen haben sich deshalb als bedeutende Wirtschaftszentren und als **Gateways** mit wichtigen Steuerungsfunktionen für die Transportkette entwickelt (BIRD 1983, NUHN 1996a). Diese Funktionen sind durch die Neukonzeption integrierter Verkehrsabläufe zwischen Versender und Empfänger geschwächt worden. Neben der Wertschöpfung verlieren damit die Häfen auch zunehmend ihre Steuerungsfunktionen. Eine aktive Anpassung an die veränderte Situation erfordert hohe Investitionen, die durch finanzielle Engpässe erschwert werden.

2.5.2 Entwicklung von Technik und Organisation

Seeschifffahrt lässt sich zurückverfolgen bis ins dritte vorchristliche Jahrtausend, war aber zunächst auf die Küstenbereiche beschränkt und gewann in den Mittelmeeren an Bedeutung. Für das Vordringen auf die Hochsee waren umfassende Kenntnisse der Windsysteme und der Meeresströmungen sowie verbesserte Schiffe und nautische Hilfsmittel Voraussetzung. Nach den Phöniziern und Griechen traten die Normannen und ab dem 14. Jh. die Portugiesen und Spanier als erfahrene Seefahrer hervor. Sie leiteten das Zeitalter der Entdeckungen und des Seehandels mit hochwertigen Gütern ein. Unter dem staatlichen Monopol agierten privilegierte Kaufleute und Handelsgesellschaften.

Im 16. Jh. entwickelten sich die Niederlande mit Antwerpen und später Amster-

umspannenden Linien- und Trampschiffsaktivitäten hat auch die „Mittlere Fahrt" zwischen einzelnen Kontinenten an Bedeutung gewonnen. Für Europa ist auch die „Kleine Fahrt" im Revier der Mittelmeere wegen des Zusammenwachsens der Wirtschaftsräume wichtig. Demgegenüber hat die „Küstenfahrt" relativ an Bedeutung verloren, was durch die verkehrspolitische Initiative der EU *From Road to Sea* insbesondere aus umweltpolitischen Gesichtspunkten geändert werden soll.

Seeverkehr ist an die Umschlagsanlagen in **Häfen** und an die weiterführenden Verbindungen über andere Verkehrsträ-

dam zur führenden Seefahrtsmacht. Englands Vorherrschaft auf den Weltmeeren wurde durch die protektionistische Navigationsakte 1650 eingeleitet. Der Übergang vom Merkantilismus zum Liberalismus und die sich verstärkende Industrialisierung lieferten im 19. Jh. wichtige Impulse für den Ausbau des Transportsektors (Dampfschiff, Eisenbahn, Nachrichtenübermittlung). Großbritannien mit London als Finanz- und Handelszentrum verteidigte seine weltumspannende Vormachtstellung.

Im ersten Drittel des 20. Jh.s gewannen andere europäische Länder sowie die USA und Japan als Folge ihres wirtschaftlichen Aufstieges auch als Flottennationen Bedeutung. Der Zerfall des Empire wurde durch die Folgen der Weltkriege beschleunigt, und im letzten Drittel des 20. Jh.s traten neue Länder mit wachsenden Flotten hinzu. Die traditionellen Schifffahrtsnationen verloren durch Ausflaggungen an Gewicht. Unter dem Einfluss der Globalisierung und der weltweit aktiven Wirtschaftsunternehmen verliert auch die Schifffahrt ihren nationalen Charakter. Managementfirmen und potente Kapitalgesellschaften übernehmen den weltweiten Schiffstransport und die Umschlagseinrichtungen in den Häfen. Durch horizontale und vertikale Integration streben sie eine Kontrolle der Transportketten an.

Der Seeverkehr ist über Jahrhunderte durch die mit Windkraft fortbewegten **Segelschiffe** aus Holz dominiert worden. Nach der Bauart des Rumpfes, der Anzahl der Masten sowie der Form und Anordnung der Beseglung lassen sich Fahrzeuge unterschiedlicher Eigenschaften und Nutzungsqualitäten unterscheiden. Selbst nach der Einführung neuer Dampfschiffe in den 1860er Jahren konnten sich Segler noch mehrere Jahrzehnte behaupten. Hier-

zu gehörten insbesondere die in den USA entwickelten Klipper mit 350-690 t Tragfähigkeit (ca. 70 m lang, 12 m breit, Masthöhe 50 m und 100 Mann Besatzung).

Kombinierte Dampf- und Segelschiffe wurden bereits in der ersten Hälfte des 19. Jh.s im Nordatlantik eingesetzt. Wegen des hohen Kohlebedarfs und der Schaufelradanlage in der Mitte des Rumpfes war der Stauraum stark eingeschränkt. Erst nach der Einführung der Schiffsschraube und der Verbesserung der Leistung der Antriebsmaschine kamen die Vorteile des eisernen **Dampfschiffes** voll zur Geltung. Aus diesem Grunde dauerte es nach der erfolgreichen Atlantiküberquerung des Schraubendampfers noch ca. drei Jahrzehnte, bis sich die technologische Innovation voll durchgesetzt hatte.

Der Übergang vom Segel- zum Dampfschiff war von grundlegender Bedeutung für die Weiterentwicklung des Seetransports und des Hafenumschlags. Er bedeutete geringere Abhängigkeit von Wind und Wetter, kürzere Transportzeiten und bessere Fahrplantreue sowie mehr Sicherheit für die Fracht und niedrigere Personalkosten. Allerdings waren die Investitionen im Vergleich zu den Holzbauten deutlich höher, so dass Reedereien im Familienbesitz zunehmend durch Kapitalgesellschaften verdrängt wurden.

Mit der Einführung des **Dieselmotors** 1910 (Dieselantrieb für Generator, der Elektromotor mit Energie beliefert) wurde eine Verbesserung der Leistung und der Manövrierfähigkeit der Schiffe erreicht. Weiterentwicklungen des Dieselmotors sind bis heute bestimmend geblieben und konnten zusammen mit einem strömungsgünstigen Schiffsdesign in den 1980er Jahren eine Leistungs- und Effizienzsteigerung von 25 % bewirken. Demgegenüber hat sich die Nutzung der Atomkraft für den Antrieb von Handelsschiffen als unwirtschaftlich erwiesen (deutscher Prototyp „Otto Hahn"). Von Bedeutung für den Fortschritt in der Schifffahrt waren auch verbesserte Wetterdienste und moderne **technische Hilfsmittel** wie der Telegraph der Kreiselkompass, das Echolot und in neuerer Zeit Radarsysteme und Satellitennavigation.

In Ergänzung zum herkömmlichen Mehrzweckschiff wurden mit steigendem Transportaufkommen **Spezialschiffe** für bestimmte Ladungsarten nach dem Grundprinzip *one ship one cargo* eingeführt. Hierdurch lassen sich bei permanenter Nachfrage Rationalisierungseffekte und Frachtkostensenkungen erreichen. Gleichzeitig geht aber die Flexibilität beim Einsatz der Transporter verloren. Nach der Art der Nutzung wird zwischen Passagier- und Frachtschiffen bzw. spezieller nach Ladungsarten unterschieden (vgl. Abb. 2.5.1).

Bedingt durch die zunehmende Nachfrage der Auswanderer aus Europa in die Neue Welt wurden große **Passagierschiffe** gebaut. Als Rückfracht für den unausgeglichenen Personenverkehr konnten Baumwolle und Tabak geladen werden. Ein wichtiger Nebenverdienst ergab sich aus der Postbeförderung. Ab der Mitte des 19. Jh.s entwickelten sich fahrplanmäßig festgelegte Liniendienste (1840 Cunard, 1847 Hapag, 1854 Norddeutscher Lloyd). Die Reeder wetteiferten mit den rasch wachsenden neuen Schiffen um das Blaue Band für die schnellste Atlantiküberquerung. Außerhalb der Nordatlantikroute kamen kombinierte Passagier-/Frachtschiffe zum Einsatz (z. B. nach Südamerika und Australien).

Frachtschiffe für trockenes Massengut wie Kohle, Erze und Getreide entstanden im Zusammenhang mit der fortschreitenden Industrialisierung und der Nachfrage ganzer Schiffsladungen. Zum Laden und Löschen wurden spezielle Einrichtungen entwickelt. Soweit es sich nicht um Werkverkehre großer Firmen handelte, übernahmen Trampschiffsreedereien im Preiswettbewerb diese Aufträge. Sie verkehren nicht nach Fahrplan, sondern richten ihre Reisen am jeweiligen Bedarf aus. Nach dem Ersten Weltkrieg erhielten Spezialfrachter zunehmend Bedeutung, wurden aber erst in der zweiten Hälfte des Jh.s

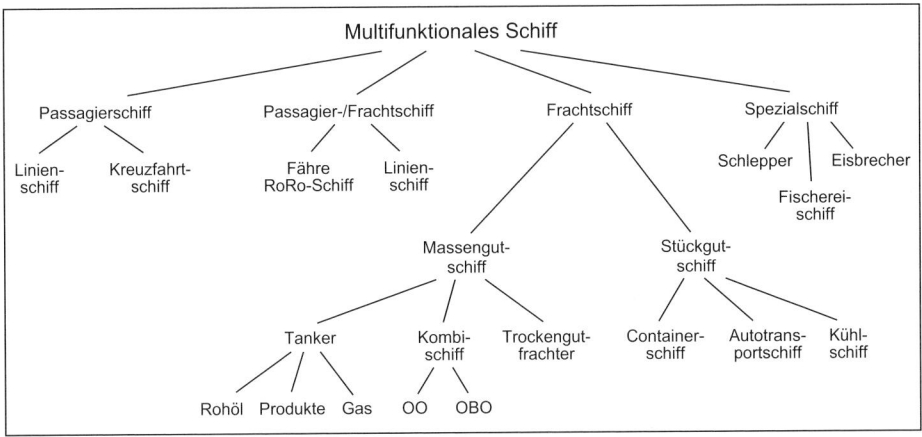

Abb. 2.5.1 Schiffstypen der Handelsmarine

weiterentwickelt.

Die Nachfrage nach speziellen **Tankschiffen** erhöhte sich durch die zunehmende Bedeutung von Erdöl als Grundstoff der chemischen Industrie sowie durch die Umstellung der Energieversorgung von Kohle auf Heizöl und die rasante Motorisierung ab den 1950er Jahren. Tanker besitzen durch den Einbau von Längs- und Querschotten mehrere Behälter, die durch ein System von Rohrleitungen verbunden sind. Ihre Außenhaut war zunächst identisch mit den Tankwänden, wodurch sich Risiken für den Ölaustritt bei Havarien ergaben. Deshalb sind heute Doppelhüllentanker vorgeschrieben. Zur besseren Pumpfähigkeit von Schwerölen sind Heizaggregate sowie Entgasungsvorrichtungen erforderlich. Da die Reinigungskosten hoch sind, werden meist nur ähnliche Produkte im selben Schiff befördert. Kleine Tanker bis 30.000 tdw dienen vorwiegend zum Transport von Raffinerieprodukten in Küstengewässern. In der nächsten Kategorie bis 80.000 tdw werden Rohöl und Produkte befördert, und größere Tanker dienen dem Rohöltransport (Mokia/Dinwoodie 2002). Spezielle Gastanker werden zur Beförderung von verflüssigtem Erdgas bzw. Industriegasen eingesetzt (LNG *liquid natural gaz*, -161° C). Bei der Unpaarigkeit des Verkehrs muss im Leerzustand Ballast aufgenommen werden, um den Antrieb durch die Schiffsschraube und die Manövrierfähigkeit zu erhalten.

Kombinierte Schiffe zum Transport von trockenem und flüssigem Massengut sind in den 1960er Jahren entwickelt worden, haben aber nach 1980 wieder an Bedeutung verloren. Wegen des flexibleren Einsatzes bei konjunkturellen und saisonalen Nachfrageschwankungen sowie der Reduzierung von Leer- bzw. Ballastfahrten bieten sich Chancen für eine bessere Aus-

lastung der Schiffe und damit für höhere Erträge. Unterschieden wird zwischen **OO** und **OBO** (*Ore/Oil-* bzw. *Ore/Bulk/Oil-*Schiffen), die ähnlich wie konventionelle Massengutfrachter gebaut sind, aber spezielle Einrichtungen für den Öltransport besitzen. Außerdem müssen sie eine glatte Oberfläche aufweisen, um sich leichter reinigen zu lassen. Sie sind deshalb in Bau und Betrieb 10-15 % teurer als konventionelle Massengutschiffe. Bei nachhaltiger Überkapazität an Schiffsraum und verschärftem Preiswettbewerb konnten die theoretisch vorhandenen Vorteile in der Praxis nicht voll realisiert werden. Die Transportkapazität der Kombischiffe ist deshalb von 48,8 Mio. tdw in 1979 auf 19,9 Mio. tdw 1997 bzw. 13,9 Mio. tdw 2001 zurückgegangen (Douet 1999).

Die heute im Stückgutverkehr dominierenden **Containerschiffe** sind erst seit der zweiten Hälfte der 1960er Jahre im Einsatz. Sie besitzen im Schiffsrumpf spezielle Vorrichtungen, in die genormte Behälter eingesetzt werden können und erlauben auch die Stapelung an Deck. Um die Zeit für das Öffnen und Schließen der Lukendeckel einzusparen, wurden auch Containerschiffe ohne Deck entwickelt und ab 1990 in Dienst gestellt (Bendall/Stent 1996). Standardisierte Transportbehälter zur Beförderung von Stückgut waren im Speditionsgewerbe bereits in den 1930er Jahren im Einsatz und wurden im Zweiten Weltkrieg auch von der US-Armee verwendet. Einheitsbehälter erleichtern den Umschlag sowie den Transfer von einem Transportmodus auf einen anderen. Sie lassen sich gut lagern und bieten Schutz vor Beschädigungen und unbefugtem Zugriff von außen. Die ISO-Normen sehen eine Breite und Höhe von 8 Fuß sowie alternative Längen von 10, 20, 30 oder 40 Fuß vor. In der Praxis haben sich 20- bzw. 40-Fuß-

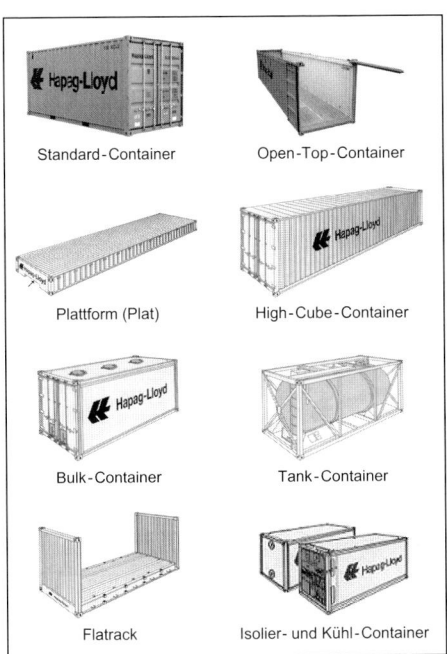

Abb. 2.5.2 Containertypen

Container durchgesetzt mit der Tendenz zu einer 6 Inch höheren Variante. Auf dieser Basis sind spezifische Boxen für Flüssiggut, Schüttgut und Kühlfracht entwickelt worden (vgl. Abb. 2.5.2).

Für den Seeverkehr wurden vom Spediteur und Reeder MCLEAN 1956 zunächst Trailer und dann erstmals genormte Wechselbehälter als Deckladung im Küstenverkehr zwischen New York und Houston eingesetzt. 1966 eröffnete er mit vier Schiffen der Reederei Sea Land Lines einen wöchentlichen **Containerdienst** zwischen New York und Europa (Rotterdam, Bremen und Grangemouth). United States Lines und andere Konkurrenten folgten. Europäische Reedereien schlossen sich wegen des hohen Kapitalbedarfs zu neuen Containerlinien zusammen (OCL, ACT). Auch die deutschen Reedereien Hapag (Hamburg) und Norddeutscher Lloyd

(Bremen) bestellten 1967 je zwei Spezialschiffe für einen gemeinsamen Nordatlantikdienst.

Bis zum Ausbau spezieller Infrastrukturen in den Häfen erfolgte der Umschlag mit schiffseigenem Ladegeschirr. Mittlerweile sind die Vorgänge in modernen Anlagen wie in Rotterdam und Hamburg teilautomatisiert, weitgehend ferngesteuert und EDV-überwacht. Dadurch konnten die Liegezeiten der Schiffe trotz des Größenwachstums von früher mehreren Tagen auf wenige Stunden reduziert werden. Nachdem auch in weniger bedeutenden Häfen die Infrastrukturen angepasst wurden, hat sich die Containerisierung im Stückgutverkehr bis zur Jahrtausendwende weltweit durchgesetzt (BROEZE 2002, HAUTAU 2002).

Die **Flotte der Frachtschiffe** ist nach dem Zweiten Weltkrieg stark angewachsen. Abb. 2.5.3 zeigt, dass zunächst der Tankraum bis zur Ölkrise überproportional zunimmt, während sich die Kapazität der Frachtschiffe für trockenes Massengut kontinuierlich erhöht. Neben der Spezialisierung ist das exorbitante **Größenwachstum** das herausragende Merkmal des Schiffsbaus der letzten Jahrzehnte. Diese Tendenz lässt sich zwar seit dem Übergang zum Massentransport mit der Industrialisierung beobachten, hat aber bisher nicht gekannte Dimensionen angenommen (MAYER 1973).

Während **Tanker** vor dem Zweiten Weltkrieg eine Tragfähigkeit von ca. 12.000 tdw aufwiesen und durch Serienbauten im Krieg auf 16.600 tdw vergrößert wurden, verdoppelte sich die Kapazität der Neubauten bis Anfang der 1950er Jahre und erreichte 10 Jahre später die Grenze von 100.000 tdw. Wachstumsschübe lösten die Schließungen des Suez-Kanals 1956 und 1967 aus, weil Erdöl aus dem mittleren Os-

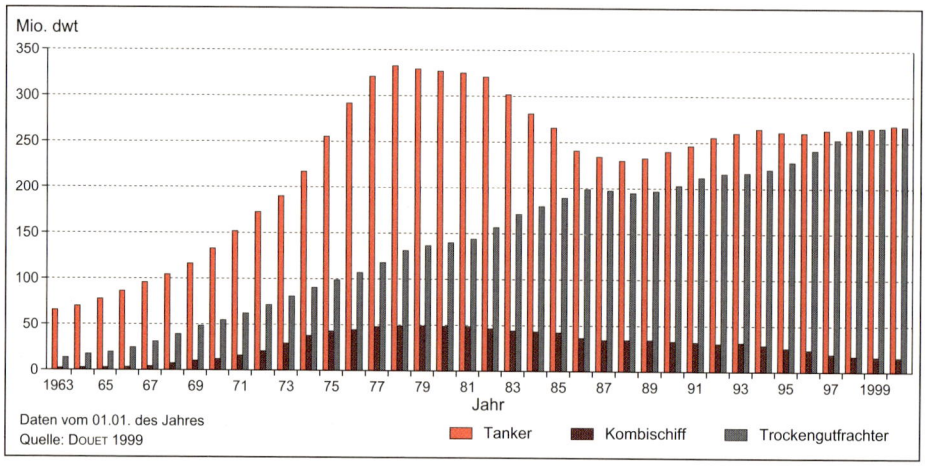

Mio. dwt

Daten vom 01.01. des Jahres
Quelle: DOUET 1999

Tanker   Kombischiff   Trockengutfrachter

Abb. 2.5.3 Entwicklung der Flotte für den Massenguttransport 1963-2000

ten jetzt um das Kap der Guten Hoffnung in die Nachfrageländer befördert werden musste. Bis zur Ölkrise Ende 1973 wurden immer größere Tanker in Auftrag gegeben, die als VLCC und ULCC die Grenze von 200.000 bzw. 300.000 tdw überschreiten (größter Tanker Seawise Giant 555.800 tdw).

Eine Analyse des **Größenwachstums von Containerschiffen** zeigt, dass bisher jeweils kürzere Phasen des Anstiegs von 4-6 Jahren mit längeren Phasen relativer Stabilität von 10-12 Jahren wechselten. Die Dimension des Größensprungs hat dabei allerdings zugenommen, wie Tab. 2.5.1 mit der Abfolge der Generationen von Containerschiffen zeigt. Die Phasen relativer Stabilität ergeben sich aus der Notwendigkeit der Anpassung der Häfen sowie der gesamten Transportkette an die durch einige Vorreiter ausgelöste Innovation. Bei den erforderlichen Investitionen sind die Ka-

Tab. 2.5.1 Größenentwicklung der Containerschiffe*

Generation/ Zeitraum	Kapazität TEU	Geschwin- digkeit kn	Länge	Breite (m)	Tiefe	Stapelung unter	auf Deck	Reihen an Deck
1. 1960-70	< 1.000	16	200	25,0	9,0	•	•	•
2. 1970-80	1.000-3.000	23	275	30,0	11,5	7-8	4-5	13
3. 1980-87 (Panamax)	3.000-4.000 4.500	23 23	290 285	32,2	11,5 12,0	8-9 8	5-6 5	13 13
4. 1988-95	4.000-6.000	23	320	39,0	14,3	9	6	16
5. 1996-99	6.000-8.000	23	340	•	14,5	9	7	17
6. 2000-	>8.000	23	346	•	13,0	•	•	•
7. Planung (Malakkamax)	18.000	•	396	60,0	21,0	13	8	23

* ungefähre Zeiträume, Kapazitäten und Größenangaben für Ende der jeweiligen Phase
Bearbeitet nach verschiedenen Quellen

pitalkosten und Abschreibungszeiten für Neu- bzw. Ersatzbeschaffungen zu beachten.

Eindeutiger lassen sich bestimmte **Grenzen des Größenwachstums** und ihre ökonomischen Auswirkungen im Hinblick auf den Tiefgang sowie die Länge und Breite der Schiffe bestimmen, weil hierdurch die Nutzung von Seewegen bzw. das Anlaufen bestimmter Häfen beeinträchtigt wird.

Für den **Tankerverkehr** sind die Dimensionen des Suez-Kanals wegen der Ölfelder im mittleren Osten von besonderem Interesse. **Suezmax**-Schiffe bis ca. 150.000 tdw (beladen) sparen den Weg um das Kap der Guten Hoffnung von ca. 9.000 km. Da der Öltransport in der Regel eine Leer- bzw. Ballastfahrt einschließt, können auch Supertanker bis zu 370.000 tdw bei der Anreise den Kanal nutzen. Im beladenen Zustand sind diese Schiffe allerdings nur in der Lage, wenige Tiefwasserhäfen bzw. Offshore-Terminals als Umschlagsplätze anzulaufen, von denen aus auf kleinere Einheiten umgeladen oder per Pipeline direkt in die Verbraucherzentren geliefert wird.

Einen wichtigen Orientierungsrahmen liefern in diesem Zusammenhang auch die Schleusenkammern des Panamakanals mit einer Breite von 33,53 m, einer Länge von 304,40 m und einer Tiefe von 12,40 m. Insbesondere bei der Auftragsvergabe neuer Containerschiffe wurde diese Begrenzung nebst Sicherheitsabstand als **Panamax** lange Zeit beachtet, weil größere Schiffe nicht im Verkehr zwischen der Ost- und Westküste der USA bzw. im *Round the World*-Service eingesetzt werden können.

Neben der Erwartung einer wachsenden Nachfrage sind für die Reeder bei der Bestellung von größeren Schiffen betriebswirtschaftliche und wettbewerbsorientierte Gründe verantwortlich. Nach dem Prinzip der *Economies of scale* sinken mit größer werdender Transportmenge die Beförderungskosten pro Stellplatz (Slot). Dies erklärt sich daraus, dass die Bau- und Betriebskosten der Schiffe nicht proportional zur Beförderungskapazität, sondern wesentlich geringer wachsen. Ein Megatanker benötigt kaum mehr Besatzung als ein großer Tanker, auch der Energieverbrauch bei niedriger Betriebsgeschwindigkeit ist nur unwesentlich höher. Vergleichsrechnungen für ein Containerschiff mit 6.000 TEU bzw. 4.000 TEU haben eine Ersparnis pro Stellplatz und Jahr von ca. 20 % ergeben (Lim 1998).

Der degressiven Betriebskostenkurve auf See stehen allerdings die mit der Größe wachsenden Hafennutzungskosten gegenüber, die aus der Vertiefung des Fahrwassers, der Verlängerung der Kais, der Ausweitung der Lagerflächen und der Aufstellung größerer Umschlagsgeräte resultieren (vgl. Abb. 2.5.4). Der erwartete Vorteil tritt also nur ein, wenn die aus beiden Kurven resultierenden Gesamtkosten niedriger liegen und eine volle Auslastung der Schiffskapazität gewährleistet ist. Die Mehrkosten im Hafen können aber auch

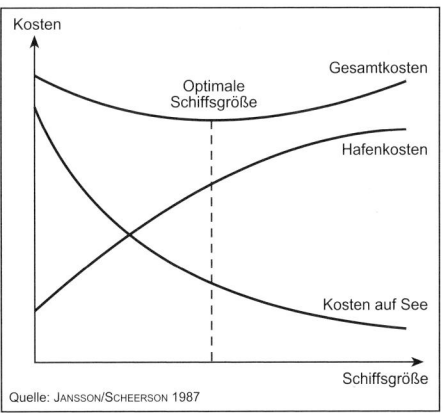

Abb. 2.5.4 *Economies of scale* in der Schiff- fahrt

durch schnelleren und effizienteren Umschlag kompensiert werden, was bei verkürzten Liegezeiten mehr Rundreisen im Jahresverlauf ermöglicht (MCCONVILLE 1999, CULLINANE/KHAMA 2000).

Ein weiterer technologisch relevanter Grenzwert ergibt sich deshalb aus der **Schiffsgeschwindigkeit**, die von der Antriebsleistung und der Gestaltung des Schiffsrumpfes abhängt. Die Geschwindigkeit von Wasserfahrzeugen wird in Knoten, d. h. Seemeilen pro Stunde, angegeben. Frachtschiffe erreichen je nach Ausrichtung und Größe Reisegeschwindigkeiten zwischen 18 und 28 kn. Obergrenzen ergeben sich für Megaschiffe durch die Leistungsfähigkeit der langsam laufenden Dieselmotoren, die gegenwärtig für Containerschiffe bei ca. 8.000 TEU liegen. Größere Einheiten müssten mit einem zweiten Motor mit Schiffsschraube ausgestattet werden, was einen Kostensprung bedeutet, der bei hohen Treibstoffpreisen die durch Skaleneffekte erzielten Vorteile aufzehren kann.

Deshalb sind besonders schnelle Geschwindigkeiten auf See außer im militärischen Bereich nur für **Fahrgastschiffe** von Bedeutung, weil hier im Vergleich zum Flugzeug Kunden gebunden bzw. neu gewonnen werden können. Seit Ende des Zweiten Weltkrieges wurden unterschiedliche Prototypen von **HSC** (*High Speed Craft*) entwickelt und erprobt. In diesem Zusammenhang ging es insbesondere um die Verringerung des Reibungswiderstandes durch besondere Formen des Schiffsrumpfes (Abb. 2.5.5). Neben einem V-Bug bzw. Stelzengleitern für kleinere Einheiten, die sich bei hoher Geschwindigkeit aus dem Wasser heben, ist mit dem schmalen Doppelrumpf des Katamarans und mit Luftkissengleitern (Hovercraft) gearbeitet worden. Hierbei konnten Geschwin-

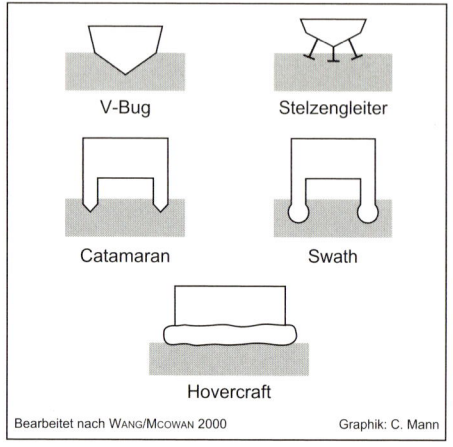

Abb. 2.5.5 Formen des Schiffsrumpfes von HSC

digkeiten zwischen 30 und 40 kn erreicht werden (WANG/MCOWAN 2000). Allerdings ergeben sich bei diesen Schiffstypen Probleme bei höherem Wellengang über 4 m. Die Bau- und Betriebskosten sowie häufige Dock-Aufenthalte beeinträchtigen außerdem die Wirtschaftlichkeit, so dass HSC bisher nur auf kürzeren und mittleren Strecken eingesetzt werden.

Von besonderem Interesse für den Erfolg des Reeders ist die Frage nach der **optimalen Größe und Geschwindigkeit des Schiffes**. Sie lässt sich allerdings kaum generell beantworten, weil das Transportaufkommen sowie die Konkurrenzsituation in den einzelnen Fahrtgebieten sehr verschieden sind. Auf den unterschiedlichen Routen werden deshalb Schiffe mit angepassten Kapazitäten und Geschwindigkeiten eingesetzt und bei überflüssigem bzw. knappem Schiffsraum Kooperationen mit Konkurrenten angestrebt. Diese Zusammenarbeit in den sog. Schifffahrts-Konferenzen (Frachtpool) trägt zur Stabilisierung der Transportraten bei, wird aber von den Verladern und Aufsichtsbehörden argwöhnisch beobachtet (MCLELLAN 1997).

2.5.3 Schifffahrtswege und Häfen

Die Weltmeere bieten für den Schiffsverkehr bei Nutzung der stetigen Winde und Strömungen mit geeigneten Fahrzeugen durchweg günstige Voraussetzungen. Mit zunehmenden Kenntnissen der Besonderheiten der Ozeane und Kontinente sowie der Handelsströme haben sich entsprechende **Seefahrtsrouten** herausgebildet, die in Atlanten dargestellt sind. Teilweise müssen hierbei aber größere Umwege in Kauf genommen werden. Im Küstenbereich können außerdem durch Untiefen, Gezeitenströme und Vereisung Probleme entstehen. Andererseits bieten sich auch über Buchten und größere Ströme, wie den Amazonas oder den St. Lorenz, Möglichkeiten, mit Seeschiffen tief ins Landesinnere vorzustoßen.

Durch den Bau von **Kanälen**, Staustufen und Baggerarbeiten sind bedeutende Umschlagsplätze zugänglich gemacht und Umwegstrecken abgekürzt worden. In diesem Zusammenhang müssen insbesondere der 1869 eingeweihte Suez-Kanal, der 1911 fertiggestellte Panama-Kanal sowie der 1898 eröffnete und am häufigsten befahrene Nord-Ostsee-Kanal genannt werden. Während die Anzahl der Fahrzeuge auf den Seekanälen leicht rückläufig war,

sind die Schiffstonnage und die Transportmenge gestiegen, wie Tab. 2.5.2 belegt.

Nach der Einführung von Megaschiffen sind die Kanalrouten heute allerdings teilweise nicht mehr nutzbar und deshalb durch Pipeline- und Schienentransport ersetzt worden. Insbesondere für Container wurden sogenannte **Landbrückenverkehre** organisiert. So werden Container von Panamax-Schiffen an den US-Küsten gelöscht und mit doppelstöckigen Ganzzügen zu den Häfen der Gegenküste gebracht (vgl. Abb. 2.5.6). Durch das Umladen und die Bahnbeförderung steigen zwar die Kosten, es ergibt sich aber zugleich ein beachtlicher Zeitgewinn, den die Verlader honorieren (HAYUTH 1982, SLACK 1998). Ähnliche Versuche hat man bereits um 1970 im Asienverkehr auf der Strecke der Transsibirischen Eisenbahn begonnen, die allerdings nur zeitweise und für einige Relationen Bedeutung erlangten. Hierzu gehören Blockzüge zwischen Finnland und Vostochny (HELLE 1977, BEDDOW 2004).

Bei Märkten mit starken Nachfrageschwankungen und episodischer Auftragslage lohnen sich für die Reeder keine regelmäßigen Fahrten zwischen den zugehörigen Häfen. Das Interesse des Kunden ist deshalb vor allem auf günstige Trans-

Tab. 2.5.2 Transitverkehr auf Seekanälen

Kanal	Schiffstransit				Ladung 1.000 t	
	Anzahl		Größe 1.000 nt/gt			
	1992	2002	1992	2002	1992	2002
Suez-Kanal * (Länge 161 km)	•	13.447	•	444.800 nt	296.900	368.846
Panama-Kanal ** (Länge 83 km)	12.454	11.760	182.966	234.465 nt	159.300	187.823
Nord-Ostsee Kanal (Länge 99 km)	31.028	26.219	70.014	90.995 gt	50.937	57.301

* Passage im Konvoi 13-15 h. Schiffe mit maximal 64 m Breite und 16,20 m Tiefe.
** Einzelpassage in 8-10 h. Schiffe mit maximal 274,3 m Länge, 32,30 m Breite und 11,28 m Tiefgang.
Bearbeitet nach: ISL 2003b, S. 431ff.

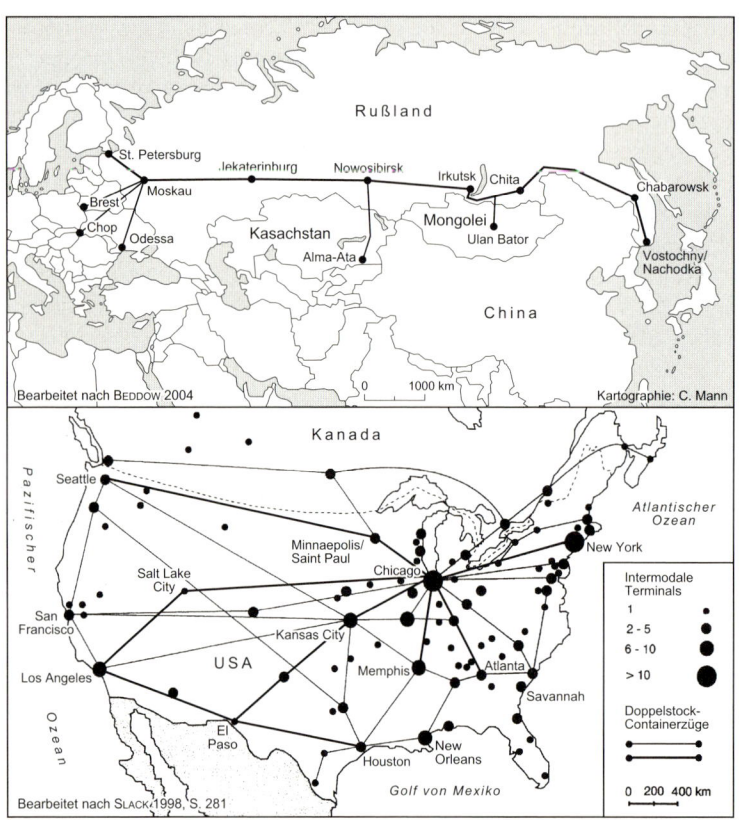

Abb. 2.5.6 Landbrücken- verkehre für Container in Eurasien und Nordamerika

portkosten gerichtet. Ein solches Angebot kann vom Kapitän eines multifunktionalen Schiffes gemacht werden, das gerade einen Auftrag erledigt hat und sich für die Weiterfahrt an die jeweilige Auftragslage anpassen muss, um Leerfahrten zu vermeiden. Diese durch *multi trade* und *multi port* charakterisierte **Trampschifffahrt** ist bis heute für Massengutmärkte typisch (ROWLINSON/LEEK 1997). Allerdings sind beim Einsatz von spezialisierten Großschiffen Leerfahrten kaum zu vermeiden. Die Reeder haben sich deshalb zu Pools von Frachtschiffen desselben Typs zusammengeschlossen, um unter zentraler Vermarktung eine bessere Auslastung und Stabilisierung der Einnahmen zu errei-

chen. Mitte der 1990er Jahre gab es weltweit ca. 60 solcher *bulk shipping pools* (HARALAMBIDES 1996). Die mittelständischen Reeder reagierten damit auch auf die Konzentrationsprozesse in der Wirtschaft. Das Poolmanagement kann Großaufträge über längere Zeiträume besser organisieren, besitzt bei den Preisverhandlungen eine stärkere Position und trägt zur Risikominderung bei.

Der Personen- und Stückgutverkehr ist in der Regel zweiseitig ausgerichtet und basiert auf einer periodisch wiederkehrenden Nachfrage. Zwischen wichtigen Wirtschaftsräumen haben sich deshalb bereits im 19. Jh. auf festen Routen und Fahrplänen basierende Schiffsverbindungen entwickelt. Am stabilsten sind die **Fähr-linien**, die ein multifunktionales Angebot mit Spezialschiffen für den Transport von Personen, Pkw, Lkw und unbegleitete Trailer machen. Auf den Hauptrouten herrscht ein reger Wettbewerb mit preisgünstigem Angebot. Neben dem Inselverkehr haben sich auch die längeren Fährverbindungen über das Mittelmeer und die Ostsee positiv entwickelt (vgl. Abb. 2.5.7). Selbst nach dem Bau landfester Verbindungen mit Brücken und Tunnels sind die preisgünstigen Fährverbindungen weder im Ärmelkanal noch am Öresund verschwunden. Allerdings gibt es auch in diesem Bereich der Schifffahrt Konzentrationsprozesse und Tendenzen zur vertikalen Integration durch die Übernahme von Terminals und Vertriebsbüros (HEIJVELD/GRAY 1996, BAIRD 2000).

Im weltweiten Seeverkehr haben mit der Containerisierung auch die schnellen **Liniendienste** an Bedeutung gewonnen. Das Rückgrat bilden die Verbindungen zwischen den Kernräumen der Triade, wo sich 70 % des seebezogenen Containerverkehrs konzentriert. Neben der traditionellen Atlantikroute haben auch die Pazifikroute und insbesondere die Verbindung Europa-Ostasien an Bedeutung gewonnen. Hier verkehren heute die größten Containerschiffe, die von Gesellschaften aus Japan, Südkorea, China und Singapur betrieben werden. Da das Transportaufkommen auch in diesen Fahrtgebieten nicht ausgeglichen ist, kommt der Routenstrategie der Reeder für die Schiffsauslastung besondere Bedeutung zu. Hierzu gehören neben der Kapazität und Geschwindigkeit der einzusetzenden Schiffe insbesondere die Linienführung sowie die Anzahl und Reihenfolge der anzulaufenden Häfen (EXLER 1996).

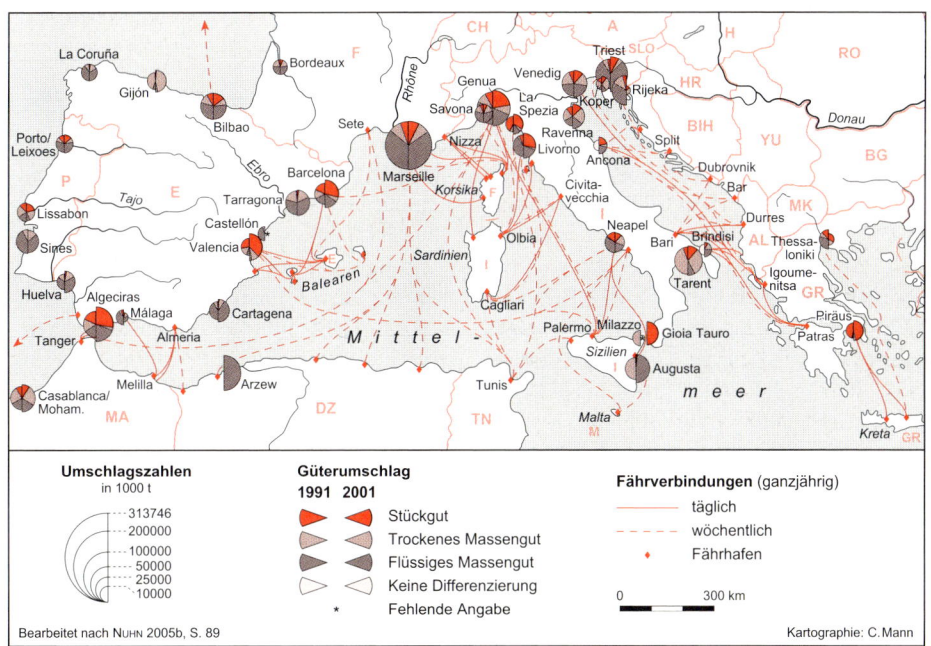

Abb. 2.5.7 Fähr- und RoRo-Schiffslinien im Mittelmeer 2001

Die früher üblichen Direktverbindungen von Fahrtgebieten sind komplexeren **Routenplanungen** mit Fahrplanabstimmung sich kreuzender Linien an ausgewählten *Transshipment*-Terminals gewichen. Daneben besitzen die Zubringerdienste der Feederschiffe aus dem Hinterland der Haupthäfen im Wettbewerb um ein kontinuierliches Frachtaufkommen für die Megacarrier auf den Hauptrouten eine Schlüsselstellung (vgl. Abb. 2.5.8). ROBINSON hat 1998 die Entwicklung eines hierarchischen Hafen/Liniennetzes unter den Bedingungen starken Wachstums in einer idealtypischen Sequenz dargestellt. In den 1980er Jahren wurden erstmals Verbindungen rund um den Globus mit wenigen Zwischenstops eingeführt (***Round-the-World-Services*** RTW). Für die United States Lines führte der nur in Ostrichtung verlaufende Versuch zum Ruin, während Evergreen Lines mit zweiseitiger Ausrichtung den Service bis 2002 erfolgreich beibehielt. Pendulum-Dienste, welche auf die Hin- und Rückfahrt zwischen jeweils drei Kernwirtschaftsräumen unter Auslassung eines Ozeans ausgerichtet sind, haben sich als effektiver erwiesen. Daneben werden bei entsprechendem Güterfluss auch Shuttle-Dienste als Direktverkehre zwischen entfernten Zentren betrieben (LIM 1996, FLEMING 2002, BAIRD 2002). Einfache ***Hub-and-spoke*-Systeme** mit nur jeweils einem Haupthafen pro Großwirtschaftsraum haben sich im Wettbewerb der flexibel reagierenden Schiffslinien und Umschlagszentren bisher kaum durchgesetzt.

Stückgut- bzw. Containerlinien, die sich zeitweise bei Überkapazitäten von Schiffsraum auf den Hauptrouten einen ruinösen Wettbewerb lieferten, sind zur Stabilisierung der Dienstleistung und Preise zu Kooperations- und Netzwerkstrategien übergegangen. Bei der Bildung von **Konsortien**

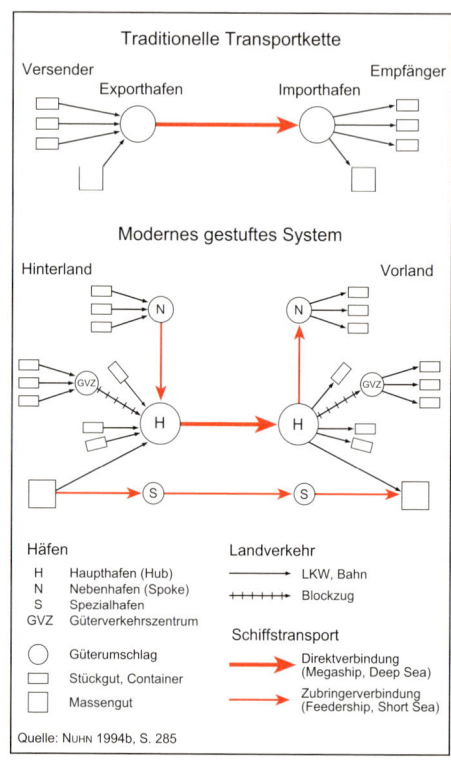

Abb. 2.5.8 Neuorganisation der Transportkette

werden nur Vereinbarungen zur gemeinsamen Nutzung der Kapazitäten von Schiffen und Terminals getroffen. Über solche technischen Kooperationen hinaus schließen die **Konferenzen** auch Preisabsprachen für bestimmte Fahrtgebiete mit ein, was den Argwohn der Monopolaufsicht, insbesondere in den USA, hervorgerufen hat und die Definition gesetzlicher Rahmenbedingungen und Auflagen provozierte. 1998 gab es fünf globale Allianzen, die im Falle von Maersk/SeaLand sogar zu einer Fusion geführt haben.

Wichtige Knoten im Netz der Schifffahrtswege stellen die **Häfen** dar. Wegen der technologischen und organisatorischen Innovationen wird von ihnen eine ständige kostenaufwendige Anpassung der Infra- und Suprastrukturen erwartet. Hierzu gehören die Hafenzufahrten, Becken, Docks und Kais, die in Deutschland bisher von der öffentlichen Hand bereitgestellt wurden, sowie die Kräne, Saugheber, Förderbänder, Transport- und Lagereinrichtungen, die der Terminalbetreiber selbst finanzieren muss.

Diese speziellen Kai- und Umschlagsanlagen sind erst im letzten Drittel des 19. Jh.s mit der Einführung größerer Dampfschiffe für den Massentransport erforderlich geworden. Vorher lagen die Schiffe zumeist vor Reede und wurden durch längsseits gehende Schuten geleichtert. Dies war ein Vorgang, der häufig mehrere Wochen dauerte, bevor das Schiff mit neuer Ladung den Hafen wieder verlassen konnte. Nach dem Bau von **Hafenbecken mit Kais** und Eisenbahnanschluss sowie Schuppen für die Zwischenlagerung war direktes Laden und Löschen möglich. Da die Güter in Säcken, Fässern und Kisten bzw. als sperriges Stückgut einzeln bewegt werden mussten, fand eine große Zahl von Hafenarbeitern Beschäftigung.

Mit dem Übergang vom Universalschiff und gemischter Ladung zum Spezialschiff mit einheitlicher Fracht Mitte des 20. Jahrhunderts mussten auch die **Hafenterminals** gemäß den spezifischen Umschlagsanforderungen ausgestattet werden. Zunächst entstanden spezielle Ölterminals mit Tanklagern und Verarbeitungseinrichtungen zum Löschen der gefährlichen Fracht bzw. zum Versand von Produkten. Für den Getreideumschlag wurden Silos und Sauganlagen errichtet und für das Schüttgut-Terminals mit Greifer- und Förderbandsystemen. Aus den Stückguthäfen verselbständigten sich die Containerterminals mit großem Flächenbedarf für die Zwischenlagerung und entwickelten sich

weitere Spezialpiers für Forstprodukte, Stahlteile, Automobile und Kühlfracht. Nur die Häfen mit großer Nachfrage waren in der Lage, alle diese Spezialterminals zu errichten und damit **Universalhäfen** zu bleiben, während in anderen Fällen eine Spezialisierung auf bestimmte Güterarten eintrat.

In den meisten Hafenstädten wurden die älteren citynahen Anlagen aus dem 19. und beginnenden 20. Jh. aufgegeben und moderne Terminals auf unbesiedelten Flächen weiter seewärts errichtet (vgl. Abb. 2.5.9) Hierdurch wurden größere Areale für eine **Umnutzung** im Rahmen von Stadterneuerungsprojekten frei wie z. B. in den Londoner Docklands und auch in Bremerhaven. Da neben den aufgelassenen Verkehrsflächen auch im Rahmen der Deindustrialisierung hafenbezogene Gewerbeflächen aufgegeben wurden (Werften, Gaswerke, Raffinerien, Mühlen, Fischverarbeitung etc.), bieten sich für neue *waterfront developments* mit Museen, Hotels, Restaurants, Büros, Jachthäfen und Wohnanlagen unter Nutzung von Teilen der alten Infrastrukturen attraktive städtebauliche Experimentierfelder, wie viele Beispiele belegen, zu denen auch die Hamburger HafenCity gehört (vgl. Hoyle et al. 1988, Priebs 1992, Schubert 2001).

Ein besonderes Problem ergibt sich durch das anhaltende Größenwachstum der Schiffe für die **Vertiefung** der Hafenzufahrten. Wegen fehlender Finanzmittel und Ausbaumöglichkeiten sind kleinere und mittlere Häfen auf das Niveau von Umschlagsplätzen mit Nischen- und Zubringerfunktionen abgesunken. Nach mehreren Vertiefungen der Außenweser sowie der Außen- und Unterelbe besteht auch für die größeren deutschen Häfen die Gefahr, dass die neue Generation der Containerschiffe die Terminals nicht mehr voll be-

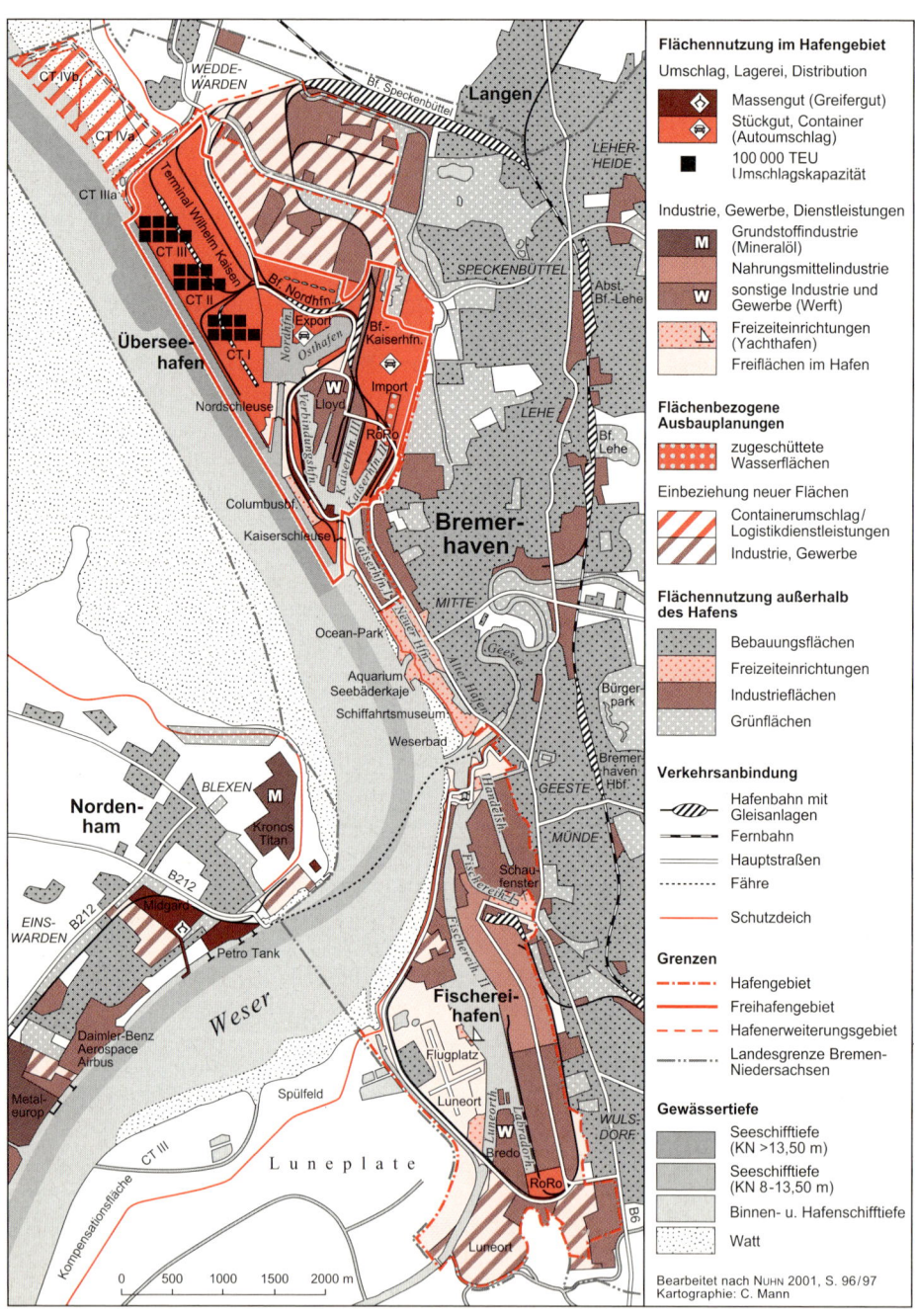

Flächennutzung im Hafengebiet

Umschlag, Lagerei, Distribution

◆ Massengut (Greifergut)
◆ Stückgut, Container (Autoumschlag)
■ 100 000 TEU Umschlagskapazität

Industrie, Gewerbe, Dienstleistungen

M Grundstoffindustrie (Mineralöl)
 Nahrungsmittelindustrie
W sonstige Industrie und Gewerbe (Werft)
 Freizeiteinrichtungen (Yachthafen)
 Freiflächen im Hafen

Flächenbezogene Ausbauplanungen

 zugeschüttete Wasserflächen

Einbeziehung neuer Flächen

 Containerumschlag/ Logistikdienstleistungen
 Industrie, Gewerbe

Flächennutzung außerhalb des Hafens

 Bebauungsflächen
 Freizeiteinrichtungen
 Industrieflächen
 Grünflächen

Verkehrsanbindung

 Hafenbahn mit Gleisanlagen
 Fernbahn
 Hauptstraßen
 Fähre
 Schutzdeich

Grenzen

 Hafengebiet
 Freihafengebiet
 Hafenerweiterungsgebiet
 Landesgrenze Bremen-Niedersachsen

Gewässertiefe

 Seeschifftiefe (KN >13,50 m)
 Seeschifftiefe (KN 8-13,50 m)
 Binnen- u. Hafenschifftiefe
 Watt

Bearbeitet nach Nuhn 2001, S. 96/97
Kartographie: C. Mann

Abb. 2.5.9 Flächennutzung in Bremerhaven 2002

laden anlaufen kann. Technisch wäre eine weitere Vertiefung zwar noch realisierbar, aus politischen und finanziellen Gründen aber kurzfristig kaum umzusetzen. Deshalb wurde eine Entscheidung für die Anpassung des Jade-Fahrwassers mit öffentlichen Mitteln und den Aufbau eines deutschen Tiefwassercontainerhafens in Wilhelmshaven in Zusammenarbeit mit privaten Betreibern anvisiert.

Die öffentliche Hand ist auch in Deutschland nicht mehr in der Lage, die teure Verkehrsinfrastruktur aufzubauen und zur kostenlosen Nutzung bereitzustellen. Dies gilt insbesondere für die Wasserstraßen und Hafeneinrichtungen. Bremen hat bereits die Containerterminals aus der stadteigenen Lagerhausgesellschaft ausgegliedert und dem Joint Venture mit der Privatgesellschaft Eurokai übergeben. Das neue **Gemeinschaftsunternehmen** Eurogate hat Terminals an zwei private Reeder zur speziellen Nutzung abgetreten. Auch

in Hamburgs neuer Anlage in Altenwerder hat sich Hapag-Lloyd mit 25 % eingekauft, um eine Garantie für die vorrangige Abfertigung seiner Schiffe zu haben. Damit werden Entwicklungen nachvollzogen, die in anderen Ländern wie z. B. Großbritannien schon weiter fortgeschritten sind. Felixstowe und Thamesport gehören bereits ähnlich wie 30 weitere Terminals weltweit zur Hutchison Port Corporation in Hong Kong (NUHN 2005a, AIRRIES 2001, BAIRD 2002).

2.5.4 Verkehrsaufkommen

Der **Welthandel** über See hat sich von annähernd einer halben Million t im Jahre 1950 auf nahezu 6 Millionen t in 2000 gesteigert. Bis Mitte der 1970er Jahre war hierfür insbesondere das Erdöl, danach trockenes Massengut und in jüngerer Zeit das Stückgut die Hauptursache. Gleichzeitig hat sich die Transportleistung (t/Seemeile) stark erhöht (vgl. Tab. 2.5.3). Diese Entwicklung wurde ermöglicht durch

Tab. 2.5.3 Entwicklung des Weltseehandels 1950-2000

Jahr	Insgesamt		Flüssiggut		trocken. Massengut*		Stückgut**	
	Mio. t	Mrd. t/sm	Mio. t	Mrd. t/sm	Mio. t	Mrd. t/sm	Mio. t	Mrd. t/sm
1970	2.566	10.654	1.442	6.487	448	2.049	676	2.118
1980	3.704	16.777	1.871	9.405	796	3.652	1.037	3.720
1990	4.008	17.121	1.755	7.821	968	5.259	1.285	4.041
2000	5.890	23.016	2.115	10.265	1.288	6.638	2.487	6.113

* Hauptgütergruppen: Eisenerz, Getreide, Kohle, Bauxit/Aluminium, Phosphate, ** Container und Sonstiges
Bearbeitet nach UNCTAD 2002

Tab. 2.5.4 Entwicklung der Welthandelsflotte 1950-2000

Jahr	Weltflotte Mio. dwt	Anteile der Schiffstypen in %				
		Tanker	Trockengutfrachter/Kombis	Stückgutfrachter	Containerschiffe	Sonstige
1970	326,1	39,4	20,2	30,2	0,9	9,3
1980	682,8	49,7	27,2	17,0	1,6	4,5
1990	658,4	37,4	35,6	15,6	3,9	7,5
2000	808,4	35,3	34,8	12,7	8,6	8,6

Bearbeitet nach UNCTAD 2002

ein noch stärkeres Wachstum der Kapazität der **Handelsflotte** ab Mitte der 1960er Jahre, woraus allerdings Überkapazitäten resultieren. Spezialisierte Schiffe unterschiedlicher Größe stehen für den Transport der wichtigsten Gütergruppen bereit. Tab. 2.5.4 verdeutlicht, dass Tanker relativ an Bedeutung verloren haben, während Containerschiffe auch im Hinblick auf das Transportvolumen stärker hervortreten.

Im Hinblick auf die räumliche Ausrichtung der **Handelsströme** ist zunächst festzuhalten, dass die wichtigsten Importeure für Massengüter auf der Nordhalbkugel liegen (Europa, Nordamerika, Ostasien), die untereinander auch den größten Teil der Stückgüter austauschen (vgl. Abb. 2.5.10). Industrieländer ohne eigene Rohstoffe wie Japan und EU-Mitglieder decken ihre Bedarfe durch Lieferanten aus entfernten Standorten (FLEMING 2002).

Erdöltransporte machen ca. 30 % aller Seegüterverkehre aus. Die Hauptherkunftsgebiete liegen im mittleren Osten, West- und Nordafrika sowie in Mittelamerika. Vorkommen von im Weltmaßstab geringerer Bedeutung in der Nordsee, im Nahen Osten und in Südasien werden zum großen Teil über Pipelines bzw. kleinere Tanker in benachbarte Staaten gebracht. Die Zielgebiete in Ostasien, Westeuropa und Nordamerika bedienen ULCCs, welche die Malakka-Straße meiden und um Lambok und Makasar bzw. das Kap der Guten Hoffnung verkehren.

Eisenerz wird roh, gesintert oder pelletiert aus den Herkunftsgebieten in Brasilien, Australien und Afrika mit VLCC (bis 300.000 tdw) insbesondere nach Japan und Westeuropa gebracht. Die gesamte Transportmenge hat sich von 247 Mio. t 1970 auf 420 Mio. t im Jahre 2000 erhöht. Wichtige Stahlproduzenten wie Russland, China und die USA besitzen selbst große Erzlager und traten bisher als Importeure bzw. Exporteure nicht so stark hervor.

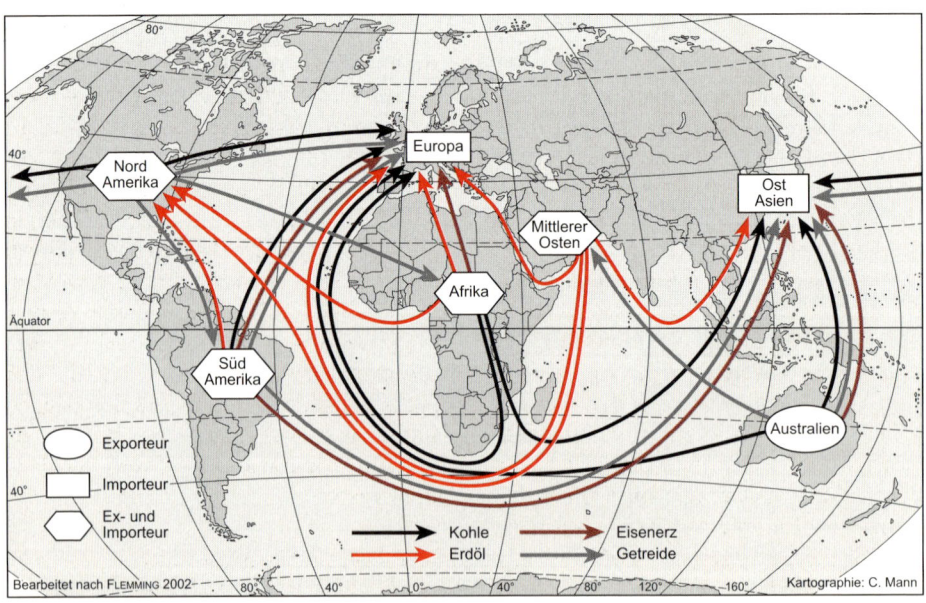

Abb. 2.5.10 Schiffsrouten des Massengutverkehrs

Der Welthandel mit **Kohle** hat in den letzten Jahren wieder an Bedeutung gewonnen, weil die Lagerstätten in Westeuropa erschöpft bzw. nicht mehr wettbewerbsfähig sind. Während 1970 nur 101 Mio. t verschifft wurden, waren es im Jahre 2000 ca. 490 Mio. t. Zwei Drittel der Verschiffungen sind für Kraftwerke bestimmt, die insbesondere aus Südafrika, Australien und Indonesien beliefert werden. China hat wegen des starken Eigenverbrauchs als Exporteur an Bedeutung verloren. Hochofenkohle kommt insbesondere aus Nordamerika.

Weniger stetig sind die von Ernteschwankungen und Nachfrageveränderungen betroffenen **Getreideexporte**. Allerdings wird auch hier eine Verdreifachung der Seetransporte zwischen 1970 und 2000 auf 210 Mio. t verzeichnet. Im Gegensatz zu den obigen Massengütern gibt es keine Erzeuger- bzw. Vermarktergesellschaften, die selbst den Transport übernehmen, dieser bleibt vielmehr den Trampschiffen überlassen. Die Hauptexporteure sind Australien, Argentinien sowie die USA und Kanada, während die Hauptabsatzgebiete in Asien, Afrika und teilweise auch noch in Europa liegen.

Im Hinblick auf den **Containerverkehr**, der sich zwischen 1991 und 2000 von 1,56 Mio. TEU auf 4,27 Mio. TEU erhöhte, dominiert Ostasien mit einem Anteil von ca. 45 % (1975 noch 20 %). Die EU nimmt mit 25 % die zweite Position ein (1975 noch 35 %) und die USA mit 15 % nur den dritten Rang (1975 noch 36 %). Der Umschlag in den 10 größten Containerhäfen spiegelt den Strukturwandel wider (Tab. 2.5.5). Auf der **Atlantikroute** sind ca. 25 Reeder als Einzelfirmen bzw. im Rahmen von Konferenzen tätig. Die Zahl der eingesetzten Schiffe ist in den letzten Jahren nahezu konstant geblieben. Die Schiffsgrö-

Tab. 2.5.5 Umschlag in den 10 weltgrößten Containerhäfen 1980, 1990, 2000

Rang			Hafen	TEU (1.000)		
2000	1990	1980		2000	1990	1980
1	2	3	Hongkong	18.100	5.101	1.465
2	1	6	Singapur	17.040	5.224	917
3	6	16	Busan	7.540	2.349	634
4	4	5	Kaohsiung	7.426	3.495	979
5	3	2	Rotterdam	6.275	3.666	1.901
6	•	•	Schanghai	5.613	•	•
7	7	17	Los Angeles	4.879	2.116	633
8	12	8	Long Beach	4.601	1.598	823
9	8	9	Hamburg	4.248	1.969	783
10	14	12	Antwerpen	4.082	1.549	667

Bearbeitet nach Containerisation International Yearbook 2002, 1992, 1982

ße hat zwar zugenommen, aber es werden keine Megacarrier eingesetzt, die vorzugsweise auf der Route **Europa-Fernost** verkehren. In diesem Fahrtgebiet erhöhte sich die Zahl der Schiffe und der Konferenzliniendienste. Wegen der Megaschiffe hat auch das *Transshipment* zugenommen, und die Reeder bemühen sich in ihren Hubs um eigene bzw. vorrangig zu nutzende Terminals. Im Mittelmeer verdeutlichen Gioia Tauro (für Eurogate) neben Limassol, Marsaxlokk und Algeciras diese Funktion (Abb. 2.5.11). Die **Pazifikroute** spiegelt den Austausch zwischen den USA und Ostasien wider, der aber auch durch Verbindungen über das Mittelmeer ergänzt wird. Die globalen Carrier, die bisher auf den Ost-West-Routen dominierten, dringen mittlerweile auch stärker in die mit Verzögerung containerisierten Nord-Süd-Verbindungen vor.

2.5.5 Seeschifffahrtspolitik

Der Grundsatz der **Freiheit der Meere** hat sich seit dem 17. Jh. als Gewohnheits-

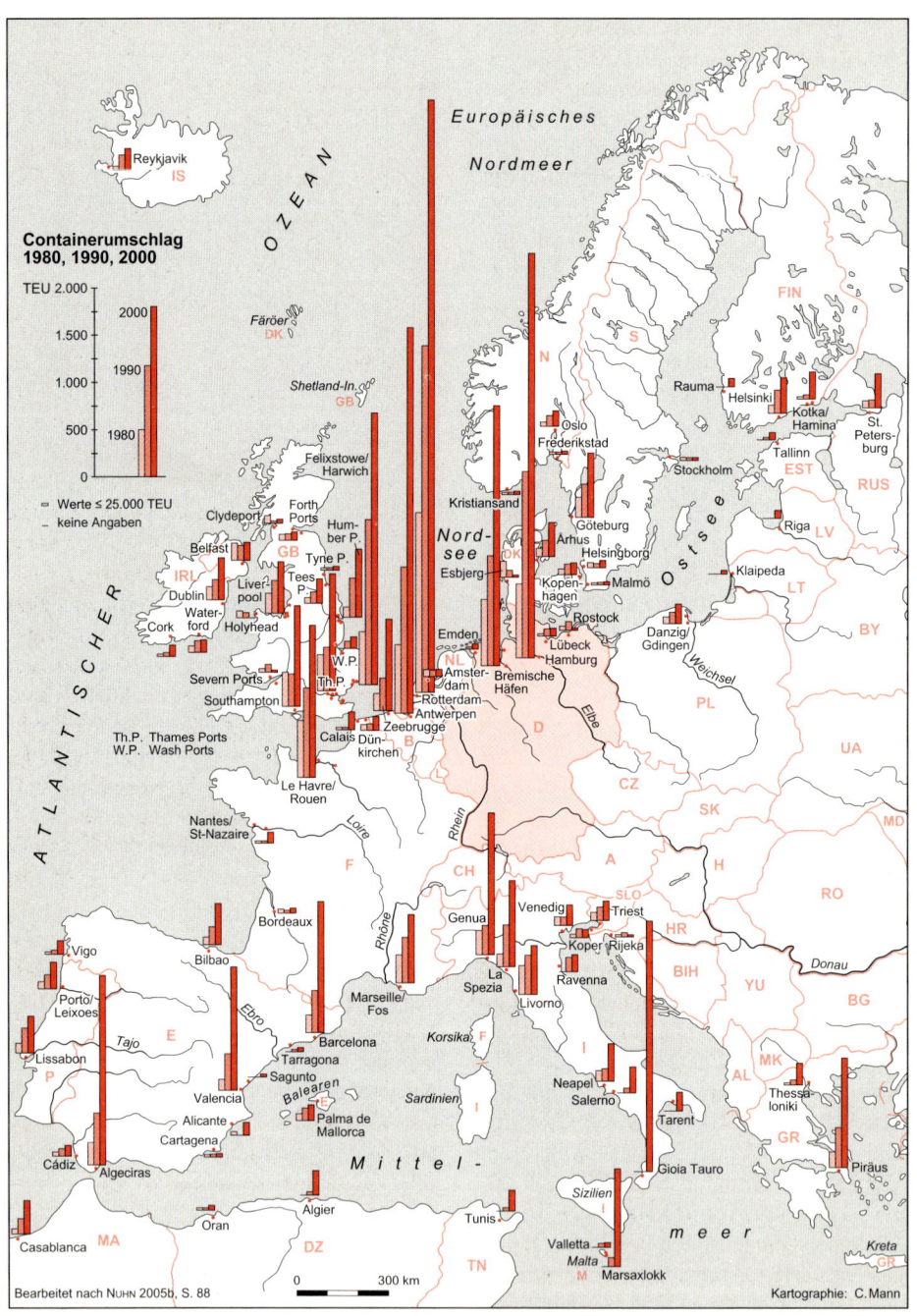

Abb. 2.5.11 Containerumschlag in europäischen Seehäfen 1980, 1990 und 2000

recht entwickelt (*mare liberum*, GROTIUS 1609) und ist auf internationalen Konferenzen wiederholt bestätigt worden (z.b. *Convention of the High Seas* 1958). Trotzdem haben die Küstenstaaten immer wieder versucht, ihr Hoheitsgebiet auf die offene See auszudehnen. Besonders das Problem der Meerengen und der als international geltenden Schifffahrtsstraßen hat wiederholt zu politischen Auseinandersetzungen über Durchfahrtsrechte geführt, die nur teilweise in Verträgen geregelt wurden (z. B. für Dardanellen in Konvention von Konstantinopel 1888). Die **Regulierung des Schiffsverkehrs** auf hoher See beschränkt sich auf Fahr- und Ausweichregeln sowie Lichter- und Signalvorschriften (Kollisionsverhütungsvertrag KVR 1972). Für vielbefahrene Seepassagen wie die Malakka-Straße oder den Ärmelkanal wurden spezielle Regeln verbindlich. In den nationalen Gewässern gelten die jeweiligen Seeschifffahrtstraßenordnungen.

Nach langwierigen Verhandlungen hat die dritte UN-Seerechtskonferenz UNCOS 1973-1982 Rechtsgrundsätze erarbeitet, die seit 1994 als **Seerechtskonvention** in Kraft sind. Danach können Küstenstaaten ihre Hoheitszone von den bisher üblichen 3 auf 12 Seemeilen erweitern. In diesen Territorialgewässern besitzen sie das Recht der Pass- und Zollkontrolle, müssen aber die Durchfahrt von Schiffen dulden (*innocent passage*). In der anschließenden ausschließlichen Wirtschaftszone bis 200 sm können sie Tätigkeiten zur Erforschung und Ausbeutung des Meeres und seiner Ressourcen vornehmen, dürfen aber hierbei die internationale Schifffahrt nicht behindern. Zur Überwachung ist eine Meeresbodenbehörde in Kingston, Jamaika, eingerichtet worden, und zur Schlichtung von Rechtsstreitigkeiten kann der seit 1996 in Hamburg tätige Internationale See-

gerichtshof (ISGH) angerufen werden.

Auf den Seetransport selbst und die Handelsbeziehungen hat die 1964 gegründete **UNCTAD** (Unterorganisation der UN für Handel und Entwicklung) zeitweise versucht, regelnd einzugreifen. Dabei ging es insbesondere um das Problem der vergleichsweise hohen Frachtraten und der geringen Einflussmöglichkeiten auf das Transportgeschehen durch die Entwicklungsländer. Im Rahmen einer neuen internationalen Arbeitsteilung sollte ihnen die Hälfte der Linienschiffstransporte vorbehalten werden. Eine 1974 verabschiedete Resolution sah dann das Verhältnis 40:40:20 für das jeweilige Herkunfts- bzw. Zielland sowie sonstige Transporteure vor. Angestrebt wurde ein Anteil der Entwicklungsländer am Weltseetransport von 10 % am Ende der zweiten Entwicklungsdekade bzw. von 20 % zehn Jahre später. Diese allgemeine Politik der Umverteilung und Konfrontation wurde in den 1980er Jahren zugunsten konkreter Förder- und Koordinierungsziele für die Hafenentwicklung, Containerisierung und Intermodalität aufgegeben. Ab 1992 vertritt auch die UNCTAD die politischen Ziele der Liberalisierung, Privatisierung und des offenen Wettbewerbs (BEHNAM 1994).

Eine weitere Organisation der UN, die 1949 gegründete **Internationale Maritime Organisation** (IMO) befasst sich insbesondere mit Fragen der Schiffssicherheit und der Umweltpolitik. Das bereits 1927 geschlossene internationale Schiffssicherheitsabkommen SOLAS wurde 1974 erweitert und angepasst. Der 1993 verabschiedete *International Safety Management Code* (**ISM**) trat 1998 in Kraft. Er schreibt ein Sicherheitsmanagement für Schiffe und Umschlagsanlagen vor, das durch Zertifizierung nachzuweisen ist. Auch der ab 1. Juli 2004 als Antiterrormaßnahme auf

See und in Häfen geltende **ISPS** Code, der speziell ausgebildete Sicherheitsoffiziere und eingeübte Gefahrenpläne vorsieht, ist im Rahmen der IMO vereinbart worden.

Umweltprobleme auf See sind insbesondere durch spektakuläre Tankerunfälle mit ihren Auswirkungen auf Küstenzonen ins öffentliche Bewusstsein getreten (vgl. Kasten 2.5.2). Zur Vermeidung der Meeresverschmutzung durch Schiffe wurde 1973 ein Abkommen ausgehandelt, das als **MARPOL** 1974 paraphiert und seit 1979 in Kraft ist. Danach werden u. a. die Trennung von Öl- und Ballasttanks auf Tankern und die Entsorgung der Schiffsabfälle geregelt. Wie bei anderen internationalen Vereinbarungen besteht auch hier das Problem der Umsetzung und Kontrolle. 1982 haben sich deshalb europäische Staaten zusammengeschlossen, um in ihren Häfen striktere Überprüfungen der internationalen Sicherheits- und Umweltstandards auf Seeschiffen durchzuführen.

Bei dem zeitaufwändigen Prozess zur Schaffung internationaler Regelungen und dem Problem der unzureichenden Umsetzung sind in jüngerer Zeit Staaten dazu übergegangen, einseitige Maßnahmen zu ergreifen und für ihren Hoheitsbereich durchzusetzen. Hierzu gehört der *U.S. Oil Pollution Act* von 1990 als Reaktion auf die Tankerhavarie der Exxon Valdez in Alaska. Die Vorschrift, dass in US-Gewässern nach einer Übergangszeit nur noch **Doppelhüllentanker** geduldet sind, wurde zunächst kritisiert, nach dem Tankerunfall der Erika vor der Küste der Bretagne 1999 aber auch von der EU übernommen. Ab 21.10.2003 dürfen für den Transport von Schweröl, Bitumen, Teer und Altöl in europäischen Gewässern keine Einhüllentanker mehr eingesetzt werden. Unter dem Druck dieser regionalen Lösungen hat auch die IMO die Ausmusterung von Tan-

---

Kasten 2.5.2
Umweltvorsorge und Tankerunfälle

Bereits 1967 ereignete sich eine große Ölkatastrophe durch den Untergang der 120.000 tdw Torrey Cañon bei der Anreise auf Milford Haven/UK und 1989 verunglückte die Exxon Valdez mit 215.000 tdw in Alaska, wodurch 37.000 t Öl freigesetzt wurden. Zur Beseitigung der akuten Umweltschäden mussten 3 Mrd. US $ aufgewendet werden. Der daraufhin 1990 erlassene U.S. Pollution Act macht strenge Umweltauflagen und schreibt den Einsatz von Doppelhüllentankern vor. Hierdurch soll bei einer Verletzung der Außenhaut der Ölaustritt verhindert werden. Die Vorschriften verteuern die Baukosten um 16-18 %. Außerdem sinkt die Beförderungskapazität um 2,6 % gegenüber dem Einhüllentanker. Zum Transport der gleichen Ölmenge sind deshalb mehr Schiffe bzw. zusätzliche Reisen erforderlich, womit eine Zunahme des Havaierisikos eintritt (BROWN/SAVAGE 1996). Da nur ca. ein Drittel der Ölverluste durch Schiffsunfälle und zwei Drittel durch operative Verluste eintreten, ist der nur bei langsamer Fahrt gewährleistete Schutz des Öltransports im Doppelhüllentanker lediglich ein Teilbeitrag im Rahmen der Umweltschutzproblematik.

---

kern ohne Doppelhülle auf 2010 vorgezogen (DVZ 2004).

Eine kohärente **EU-Seeverkehrspolitik** konnte allerdings bisher nicht vereinbart werden. Seit Mitte der 1980er Jahre gibt es hierfür Initiativen der EU-Kommission, die aber bisher an den unterschiedlichen Interessen im Rat bzw. im Parlament gescheitert sind. Neben Initiativen zu Qualitäts- und Sicherheitsstandards, die auf internationale Vereinbarungen Bezug nehmen, stehen generelle Statements zur Erhaltung der maritimen Wirtschaft (1991) und spezielle Vorschläge zur Stabilisierung der Beschäftigung in der EU-Flotte durch ein eigenes Schiffsregister (**EUROS**) oder die Förderung des *Short Sea*-Verkehrs zur Entlastung des Landtransports in der Union. Diese Einzelmaßnahmen sind bisher nicht ausreichend gewesen, um die Situation grundlegend zu verändern (KIRIAZIDIS/ TZANIDAKIS 1995).

Seit Mitte der 1970er Jahre ist die europäische Dominanz im Weltseeverkehr mit dem Rückgang des Handels als Folge der Wirtschaftskrise sowie der daraus resultierenden Überkapazitäten und niedrigen Frachtraten kontinuierlich zurückgegangen. Aus Kostengründen haben immer mehr Reeder ihre Schiffe in Drittstaaten, den sogenannten **Billigflaggen FOC** (*Flags of Convenience*), registrieren lassen. Erste Anfänge zur Nutzung dieser Register ohne strenge staatliche Aufsicht und Regulierung des Arbeits- und Steuerrechts reichen zurück bis in die Zwischenkriegszeit, als US-Eigner begannen, ihre Schiffe unter der Flagge Panamas zu registrieren. Nach dem Zweiten Weltkrieg ergriffen auch andere Entwicklungsländer die Chance, offene Unternehmensregister für Nichtstaatsbürger mit vergleichsweise geringen Kosten und Steuern zu eröffnen. Im Falle des häufig gewählten Registers von Liberia wurde z. B. eine in den USA ansässige private Firma mit der Führung der Nationalen Schiffsliste beauftragt (BARTON 1999).

Durch den heftigen Wettbewerb sahen sich die traditionellen Flaggenstaaten gezwungen, zur Erhaltung einer eigenen Flotte **Zweitregister** mit günstigeren Angeboten für ihre Reeder zu schaffen. In Deutschland wurde 1998 das „Gesetz zur Anpassung der technischen und steuerlichen Bedingungen der Seeschifffahrt an den internationalen Standard" erlassen (in Kraft seit 1.1.1999), das eine geringere Besteuerung der Schifffahrt nach der Tonnage und eine Bezahlung der Besatzung nach ihren Herkunftsländern zulässt (nur noch Kapitän deutscher Nationalität). Mit Ausnahme von Norwegen haben allerdings auch die Zweitregister anderer Länder nicht zu einer grundsätzlichen Änderung der Situation geführt, sondern nur eine gewisse Stabilisierung bewirkt (SLETMO 2002, ROE 2002).

Von Seiten der Umweltschützer und Gewerkschaften werden die FOC wegen der geringeren **Sicherheits- und Sozialstandards** kritisiert. Auch die internationalen Organisationen mahnen die Einhaltung der vereinbarten Regeln an und haben 1986 eine Konvention zur Schiffsregistrierung verabschiedet, der allerdings die wichtigsten Seefahrtsländer nicht beigetreten sind. Die Mehrheit der Handelsflotte ist nach wie vor in FOC registriert, die allerdings ähnlich wie auch die nationalen Register unterschiedliche Standards aufweisen. Neuere Untersuchungen belegen, dass die geringsten Unfallraten mit 4,8 % die älteren traditionellen Register aufweisen, gefolgt von ihren Zweitregistern mit 4,9 %. Die neueren nationalen Register der Schwellenländer weisen mit 6,6 % ähnliche Werte auf wie die älteren FOC mit 6,7 %. Sehr ungünstig schneiden die neuen FOC mit 9,7 % ab (ALDERTON/WINCHESTER 2002).

Literaturauswahl zur Ergänzung und Vertiefung von Kapitel 2.5

- **Einführung und Überblick:**
  GRAMMENOS (Hg.) 2002, BÖHME 2000, McCONVILLE 1999, STOPFORD 1997, NUHN 1994b HILLING/HOYLE (Hg.) 1984, VERLAQUE 1975
- **Personenschifffahrt:**
  BAIRD 2000, WANG/MCOWAN 2000, WILD/DEARING 2000, McCALLA 1998, HEIJVELD/GRAY 1996
- **Massengutschifffahrt:**
  ALDERTON/ROWLINSON 2002, FLEMING 2002, DOUET 1999, ROWLINSON/LEEK 1997, HARALAMBIDES 1996
- **Containerschifffahrt:**
  NUHN 2005b, BROEZE 2002, HAUTAU 2002, EXLER 1996, LIM 1996
- **Hafenentwicklung:**
  NUHN 2001b, 1996a, 1996b, 1994a, 1989, NOTTEBOOM 1997, HOYLE (Hg.) 1996, KREUKELS/WEAVER 1996, HOYLE/PINDER (Hg.) 1992, BIRD 1983, 1971
- **Revitalisierung ehemaliger Hafenflächen:**
  SCHUBERT (Hg.) 2001, WEHLING 1994, PRIEBS 1992, HOYLE et al. (Hg.) 1988
- **Seeschifffahrtspolitik:**
  ALDERTON/WINCHESTER 2002, ROE 2002, SLETMO 2002, BARTON 1999, BROWN/SAVAGE 1996, EU COM 1996
- **Statistiken/Datenreihen zur Binnenschifffahrt in Deutschland:**
  Containerisation International Yearbook, (lfd. Jahre), Informa UK ltd. (Hg.), London
  Güterverkehr der Seeschifffahrt, CD-ROM, (lfd. Jahre), STATISTISCHES BUNDESAMT (Hg.), Wiesb.
  Maritime Transport, (lfd. Jahre), OECD (Hg.), Paris
  Review of Maritime Transport, (lfd. Jahre), UNCTAD (Hg.), Genf
  Seeschifffahrt, Fachserie 8, Reihe 5, (lfd. Jahre, m), STATISTISCHES BUNDESAMT (Hg.), Wiesbaden
  Shipping Statistic Yearbook, (lfd. Jahre), ISL (Hg.), Bremen
- **Zeitschriften:**
  Hansa. International Maritime Journal, 2005, Jg. 142 (erscheint monatlich)
  Journal de la Marine Marchande et du Transport Multimodal, 2005, Jg. 87 (wöchentlich)
  Maritime Policy and Management, 2005, Jg. 32 (monatlich)

2.6 Luftverkehr

2.6.1. Bedeutung im Verkehrssystem

Der Transport von Personen und Gütern per Flugzeug stellt den jüngsten dynamisch wachsenden Verkehrsmodus dar. Ein wesentlicher Vorzug des Lufttransports resultiert aus seiner Geschwindigkeit. Die Vorteile des schnellen, flexibel einsetzbaren und gut vernetzten Luftverkehrs lassen auch mittelfristig ein jährliches Wachstum von 5-7 % bzw. eine Verdreifachung in ca. 20 Jahren erwarten. Neben zuverlässigem Fluggerät und angemessenen Infrastrukturen am Boden für Start und Landung sind spezifische Überwachungssysteme für die Flugsicherung erforderlich. Hieraus resultieren vergleichsweise hohe Kosten für den Lufttransport, die allerdings wegen der schnellen Beförderungszeit die Konkurrenzfähigkeit nur bedingt einschränken (vgl. Kasten 2.6.1). Nach der Funktion und Organisation ergeben sich unterschiedliche Formen des Luftverkehrs (Abb. 2.6.1).

Kasten 2.6.1
Vor- und Nachteile des Luftverkehrs

Vorteile:

• Schneller Transport von Personen und hochwertigen Gütern über längere Distanzen

• Flexibler Einsatz des Transportsgeräts unterschiedlicher Größe und Reichweite

• Gute Vernetzung mit raschen Umschlagszeiten

• Rasche integrierte Transportabwicklung kleinerer Sendungen von Haus zu Haus (Integrator)

• Gut kalkulierbare Transportzeiten mit angemessener Fahrplantreue

Nachteile:

• Ungünstige Transportkosten für sperriges und schweres Massengut

• Vergleichsweise hoher Energiebedarf pro beförderter Gewichtseinheit

• Hohe Emissionen in Flugplatznähe sowie Problematik der Ozonschädigung in Reiseflughöhe

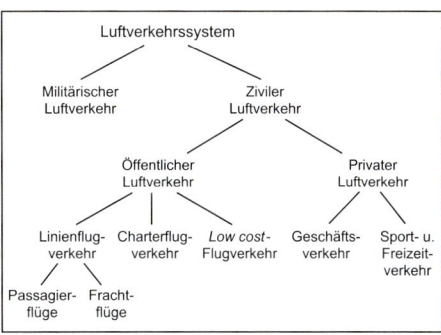

Abb. 2.6.1 Formen des Luftverkehrs

Wegen der besonderen Bedeutung für den Personen- und Geschäftsverkehr liegen die großen **Flugplätze** vorrangig in der Nähe von Agglomerationen und haben sich dort zu attraktiven Standorten für spezielle Gewerbe und Dienstleistungen entwickelt. Der Luftraum ist häufig überlastet, und die Umweltbeeinträchtigung durch Lärm sowie Abgase haben Bürgerproteste ausgelöst, die den weiteren Ausbau bzw. Neuanlagen erschweren.

Der internationale **Personenverkehr** über größere Distanzen erfolgt heute fast ausschließlich per Flugzeug, und auch bei mittleren Entfernungen dringen Billigfluggesellschaften in das Marktsegment des Schienenschnellverkehrs ein. Während zunächst der Geschäftsreiseverkehr gegenüber den Privatreisenden mit einem Anteil von 80 % klar dominierte, hat sich das Verhältnis mit der Ausweitung des Flugtourismus umgekehrt. Auch bei der hochwertigen **Fracht** und zeitkritischen Gütern mit *Just-in-time*-Anlieferung verzeichnet der Lufttransport hohe Wachstumsraten. Für leicht verderbliche Waren wie Obst und Schnittblumen wurden peripher gelegene Anbaugebiete erst durch Charterflugverbindungen in die Absatzmärkte der Ballungsräume nutzbar (u. a. GORMSEN 1986).

2.6.2 Entwicklung von Technik und Organisation

Der Traum vom Fliegen hat bereits die Völker der Antike inspiriert. Um 1500 entwarf Leonardo DA VINCI Fluggeräte, aber erst Ende des 18. Jh.s gelang den Brüdern MONGOLFIER die erfolgreiche Erprobung des Heißluftballons. Nach 1900 erlangte das **Luftschiff** von Graf ZEPPELIN Praxisreife. Zeppeline wurden vor dem Ersten Weltkrieg für den Passagierverkehr innerhalb Deutschlands und nach einer Weltumfliegung in 20 Tagen 1928 auch im Transatlantikverkehr eingesetzt. Mit der Explosion von LZ 127 Hindenburg bei der Landung in Lakehurst/USA 1937, bei der 35 Menschen den Tod fanden, ging das Zeppelinzeitalter zu Ende.

Nachhaltiger waren die zunächst nur

langsamen Fortschritte bei der Entwicklung von **Flugzeugen**. Gleitfluggeräte, die bereits Ende des 19. Jh.s von Flugpionieren wie Otto LILIENTHAL gebaut wurden, konnten ab 1902 in den USA von den Brüdern WRIGHT zu steuerbaren Motorfliegern weiterentwickelt werden. Technische Verbesserungen und Flugerfahrungen auf breiter Basis ergaben sich während des Ersten Weltkrieges. Nach dem Einsatz von Flugzeugen zur Aufklärung wurden Jäger und Bomber mit stärkeren Motoren und stabileren Metallkonstruktionen gebaut.

Mit öffentlicher Unterstützung fanden nach Kriegsende längere Erkundungsflüge mit Ein- und Doppeldeckern sowie mit **Wasserflugzeugen** statt. Besondere Beachtung in den Medien fand 1927 der Direktflug über den Atlantik von New York nach Paris durch Charles LINDBERGH. Diese Erfahrungen konnten für den Aufbau regelmäßiger Post- und Passagierdienste genutzt werden. Weitere technologische Neuerungen ergaben sich während des 2. Weltkrieges und des Weltraumwettbewerbs zwischen Ost und West. Heute wird die Entwicklung der Zivilluftfahrt in starkem Maße durch die Anforderungen der großen internationalen Fluggesellschaften bestimmt (STREIT o. J.).

Flugzeuge für den kommerziellen Luftverkehr unterscheiden sich entsprechend ihrem spezifischen Einsatz nach Größe, Geschwindigkeit, Reichweite und Ausstattung, weisen aber charakteristische Baugruppen auf. Von besonderer Bedeutung sind die zumeist an den Flügeln angebrachten **Triebwerke**. Nach wasser- und luftgekühlten Kolbenmotoren zum Antrieb von Propellern kommen seit dem Zweiten Weltkrieg Gasturbinen mit Treibschrauben sowie Strahl- und Raketenantriebe zum Einsatz.

Im Jahre 1947 wurde erstmals die Schall-grenze überschritten, und 1967 begann der **Überschallpassagierverkehr** mit der sowjetischen TU-144, die zwei Monate vor der britisch-französischen Concorde den Service aufnahm. Beide Maschinen waren in ihren Dimensionen und Leistungskriterien ähnlich. Die Nutzlast der **Concorde** betrug nur 5 % des zulässigen Gesamtgewichts, während Vergleichszahlen für konventionelle Verkehrsmaschinen bei 15 % liegen. Der hohe Treibstoffverbrauch erfordert große Tanks und vermindert die Reichweite. Er wirkte sich nach dem Ölpreisschock Ende 1973 verteuernd für den Betrieb aus. Statt einer kalkulierten Produktion von 250 Concorde wurden deshalb lediglich 20 Maschinen gebaut. Die von Air France und BOAC bzw. British Airways nur auf wenigen Strecken im Linienverkehr des Luxussegments eingesetzt werden konnten. Nach einem Unfall beim Start in Paris im Juli 2000, bei dem alle 113 Insassen den Tod fanden, konnten die früheren Passagierzahlen nicht mehr erreicht werden. Das Experiment Hochgeschwindigkeitsluftverkehr für Linienflüge wurde wegen des wirtschaftlichen Misserfolgs im Jahre 2003 vor dem Ablauf der Lebensdauer der Concorde-Maschinen vorzeitig beendet.

Teilweise ähnlich stellt sich die Situation bei den **Großraumflugzeugen** dar (*Wide Body*, d. h. zwei Mittelgänge). Auch hier lässt sich das technisch Mögliche nur mit Verzögerung unter Beachtung betriebswirtschaftlicher Grenzen am Markt durchsetzen. Nach dem Zweiten Weltkrieg erhöhte sich die Sitzplatzkapazität der Flugzeuge schrittweise von unter 40 auf über 100. Das Angebot der schnelleren und größeren Maschinen wurde von den Herstellern ausgeweitet, die nach Kriegsende im zivilen Bereich Betätigung suchten (Abb. 2.6.2). Nur wenige der auf Erfahrungen von Truppentransportern und

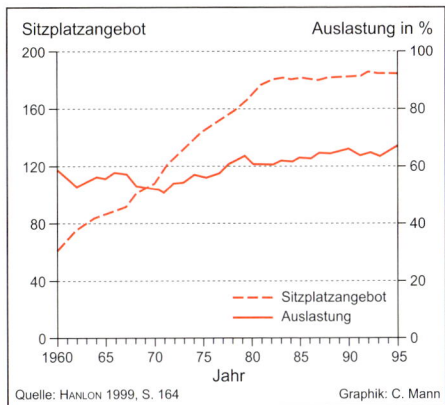

Abb. 2.6.2 Angebot und Auslastung von Passagierflugzeugen 1960-1995

militärischen Frachtern basierenden Entwicklungen waren am Markt erfolgreich. Hierzu gehören die in den 1970er Jahren eingeführten Modelle Boeing 747, Douglas DC-10 und Lockheed L 1011 Tristar, nicht aber die Entwicklungen englischer und französischer Hersteller.

Um die vom Niedergang bedrohte europäische Flugzeugindustrie zu erhalten und den Marktführern aus den USA Paroli zu bieten, wurde 1969 mit politischer Unterstützung das **Airbus Konsortium** durch die Fusion der französischen Aerospaziale Matra, der deutschen DASA und der spanischen CASA gebildet und später um britische Kapazitäten erweitert. Der zeitweise stark subventionierte Verbund hat sich mit 13 Modellen gut am Markt etablieren können und ist mit einem Marktanteil von 49 % neben dem nach Konzentrationsprozessen in den USA übrig gebliebenen Boeing Konzern der zweite Anbieter von Großflugzeugen.

Im Gegensatz zur Boeing Corporation, die mit der 7E7 ein mittelgroßes, rationell einzusetzendes Modell konzipiert, plant Airbus mit dem A380 ein neues Großraumflugzeug. Der **Super-Airbus** mit einer Reichweite von 16.000 km kann auf zwei bis drei Stockwerken 550-650 Passagiere und Fracht transportieren und hat damit eine neue Größenklasse eröffnen. In 20 Jahren ist ein Absatz von 1.200 Maschinen vorgesehen. Der Erfolg wird u. a. davon abhängen, ob die Fluggesellschaften weiterhin die Verkehrsströme über die teilweise bereits stark überlasteten Drehkreuze leiten oder wieder stärker zu Direktverbindungen übergehen, für die keine Superflugzeuge benötigt werden, wie Boeing vermutet.

Die Diskussion um *Economies of scale* stellt sich deshalb im Flugverkehr komplexer dar als bei der Seeschifffahrt (vgl. Kap. 2.5.2). Zunächst gilt, dass grundsätzlich neue größere Flugzeuge geringere Kosten pro Sitzplatz und Flugmeile bieten. Bei der DC8-61 mit 250 Plätzen lagen die Kosten pro Einheit z. B. um ca. ein Drittel niedriger als bei der DC9 mit 110 Sitzplätzen. Eine genauere Analyse der vierteljährlichen Betriebskosten von 10 Fluggesellschaften im Verlaufe von 12 Jahren weist nach, dass insbesondere bei längeren Flugstrecken die Kosten pro Einheit sinken. Sie liegen bei 600 Flugmeilen um ca. 25 % niedriger als bei 400 Meilen (vgl. WEI/HANSEN 2003 und Abb. 2.6.3).

Bei Start und Landung sind demgegenüber für größere Flugzeuge die Kosten pro Sitzplatz höher als bei kleineren. *Diseconomies of scale* treten auch dadurch auf, dass die Pilotenkosten bei Großflugzeugen deutlich höher liegen und außerdem der wesentlich höhere Anschaffungs- und Wartungspreis zu berücksichtigen ist. Aus diesen Gründen kann es für eine Fluggesellschaft günstiger sein, ein zunehmendes Passagieraufkommen durch häufigere Flüge mit kleineren Maschinen bei guter Auslastung von Gerät und Personal zu bedienen (*Economies of density*) als durch teure

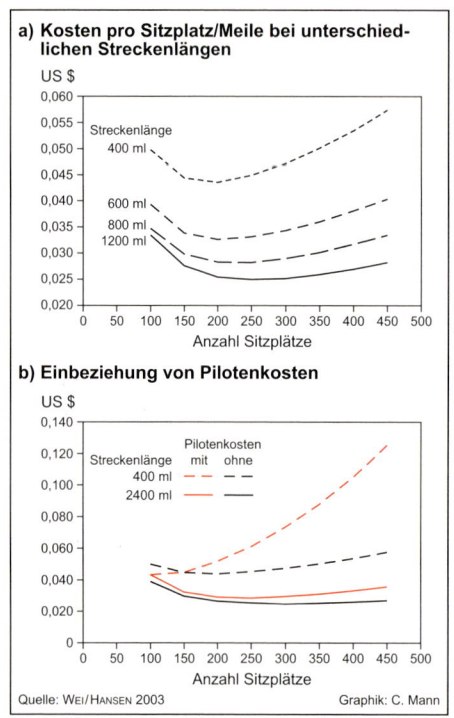

Abb.2.6.3   Betriebskosten von Passagier-flugzeugen

Großflugzeuge.

Das Risiko des Einsatzes von Großflugzeugen, die Überfüllung auf den Hauptflughäfen und die Umsetzung neuer Geschäftsideen für alternative Flugangebote haben in den letzten acht Jahren die Bedeutung der **Regionalflugzeuge** mit 20-100 Sitzplätzen stark anwachsen lassen. Insbesondere in den USA wird dieser Trend beobachtet. Während der Anteil der Regionaljets an der Flugzeugflotte in den USA 1996 nur bei 4,2 % lag, stieg er in fünf Jahren auf 25 %. Der Anteil an den Personenkilometern liegt wegen der kürzeren Flugstrecken allerdings nur bei 4 %, der Benzinverbrauch aber bei 7 %. Hieraus ergibt sich, dass der Energieverbrauch und die Umweltbelastungen zunehmen.

Großflugzeuge weisen deutlich günstigere Kennzahlen auf (BABIKIAN et al. 2002).

Kleinflugzeuge mit 1-10 Sitzen, die in der Zwischenkriegszeit dominierten, werden auch heute in peripheren Regionen mit geringem Verkehrsaufkommen eingesetzt. Sie dienen daneben vorwiegend dem Geschäftsverkehr oder Spezialaufgaben in der Land- und Forstwirtschaft (z. B. Schädlingsbekämpfung, Brandkontrolle) und im Rettungsdienst sowie zur Sport- und Freizeitgestaltung.

Für diese Aufgaben besitzt auch der **Hubschrauber** wegen seiner Start- und Landemöglichkeiten auf kleinster Plattform vielfältige Einsatzmöglichkeiten. Die ersten Drehflügler wurden bereits in der zweiten Hälfte der 1930er Jahre von Henrich FOCKE als Lastträger, Ambulanzmaschinen und zur militärischen Beobachtung gebaut. Zur Weiterentwicklung insbesondere für militärische Zwecke trug der russische Emigrant Igor SIKORSKY in den USA entscheidend bei.

Wenn auch die wichtigsten Innovationen im Flugzeugbau bereits stattgefunden haben und die Technik weitgehend ausgereift ist, so besteht doch noch ein **Optimierungspotenzial**, das aus Gründen der Energieknappheit und Umweltbelastung erschlossen werden muss. Im Visier stehen hierbei Verbesserungen im Bereich der Aerodynamik zur Verringerung des Luftwiderstandes und der Vermeidung von Turbulenzen sowie die Verwendung leichterer und stabilerer Werkstoffe zur Verminderung des Leergewichts und Erhöhung der Nutzlast. Auch bei der Triebwerktechnik sind weitere Fortschritte zu erwarten.

2.6.3 Fluggesellschaften, Linienetze und Flugplätze

Das Angebot für den Lufttransport erfolgt durch die Fluggesellschaften in Zusam-

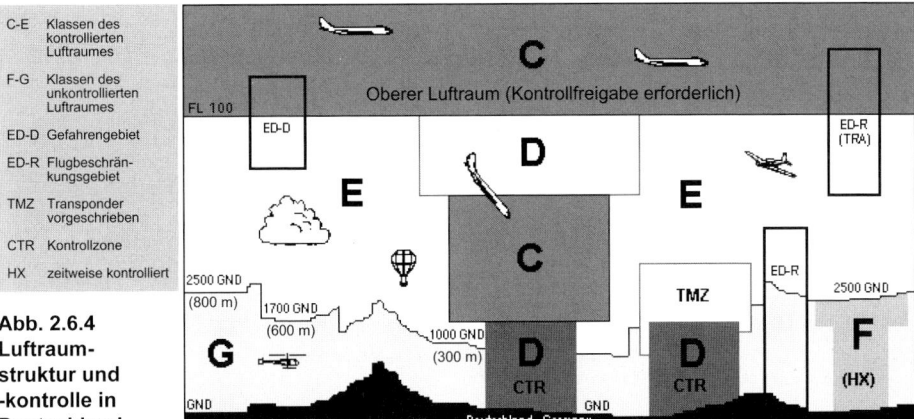

C-E	Klassen des kontrollierten Luftraumes
F-G	Klassen des unkontrollierten Luftraumes
ED-D	Gefahrengebiet
ED-R	Flugbeschränkungsgebiet
TMZ	Transponder vorgeschrieben
CTR	Kontrollzone
HX	zeitweise kontrolliert

Abb. 2.6.4 Luftraumstruktur und -kontrolle in Deutschland

menarbeit mit den Flughafenbetreibern sowie vor- und nachgelagerten Serviceunternehmen, zu denen auch die Flugsicherung gehört. Der **Luftraum** über Deutschland wird mit Radar kontrolliert. Diese Aufgabe nimmt die Deutsche Flugsicherung **DFS** sowohl für zivile als auch für überörtliche militärische Flüge wahr. Der obere Luftraum über 24.500 Fuß wird von Kontrollzentren in Maastricht, Karlsruhe, München und Berlin überwacht. Für den unteren Luftraum sind sechs Radarkontrollzentren und die Flughafentower zuständig (vgl. Abb. 2.6.4).

Der Pilot gibt vor dem Start relevante Daten wie Start- und Zielflughafen, Kurs und Flugzeugtyp an die Flugsicherung. Soweit er nicht eigenverantwortlich Sichtflug durchführt, wird er vom **Fluglotsen** angewiesen und über das Netz der Luftstraßen geführt (Staffelung vertikal 1.000 Fuß und horizontal 2,5-6 Meilen), die von Flugplatz zu Flugplatz bzw. Land zu Land führen. Die Flugverkehrsstrecken lassen sich aus der **Funknavigationskarte** entnehmen, die wichtige Angaben über Kurs, Entfernung, Mindestflughöhe sowie Funkfeuer, Landeplätze und Flugbeschränkungsgebiete enthält. An- und Abflugwege zu den

Flughäfen sind so festgelegt, dass die Lärmauswirkungen minimiert werden. Die DFS überwacht mit Radaraufzeichnungen die Einhaltung der vorgeschriebenen Flugstrecken und berät mit den für jeden Flugplatz zuständigen Fluglärmkommissionen die Auflagen.

Beim Flugverkehr wird zwischen Gelegenheits- und Linienverkehr unterschieden. Weniger reguliert ist der Tramp- und Anforderungsverkehr (Taxi, Rundflug) sowie der bedarfsorientierte **Charterverkehr** mit festgelegten Flugzeiten, der z. B. für Pauschalreisende angeboten wird. Weitreichender staatlicher Kontrolle unterliegt der **Linienluftverkehr**. Man versteht darunter die gewerbsmäßige öffentliche Beförderung von Personen, Fracht und Post auf einer regelmäßig bedienten Flugstrecke mit der Auflage der Betriebs-, Beförderungs- und Tarifpflicht. Eine Flugroute kann das Unternehmen nicht frei wählen, sie ist zu beantragen und im Falle von Auslandsaktivitäten in bilateralen Luftverkehrsabkommen der Regierungen zu vereinbaren.

Nur wenige allgemeine Rechtsgrundsätze wurden 1944 auf der Konferenz von Chicago international vereinbart. Hierzu gehören die sogenannten **Freiheiten der**

Luft, deren Zahl von ursprünglich fünf mittlerweile auf acht erweitert wurde (vgl. Abb. 2.6.8). Auf dieser Grundlage arbeiten in den einzelnen Ländern nationale Fluglinien, Flugsicherungsbehörden und Flughäfen. Im Hinblick auf die Flugstrecken, das Transportgerät, die Bedienungsfrequenzen sowie Kapazitäten, Preise und Gewinnaufteilung sind die bilateralen Abkommen zu beachten (vgl. Kap. 2.6.5).

In **Flugplan- und Tarifkommissionen** der nationalen Fluggesellschaften unter Leitung der International Air Transport Association (**IATA**) wurden de facto weltweit gültige Flugpreise vereinbart. Der Wettbewerb unter den Mitgliedern der IATA war dadurch weitgehend ausgeschaltet. Für den Flugpassagier ergeben sich

aber auch Vorteile durch die gegenseitige Anerkennung der Beförderungsdokumente im gesamten Flugnetz sowie die einheitlichen Verkaufs-, Beförderungs- und Abrechnungsmodalitäten. Er zahlt in der Landeswährung, kann weltweite Reservierungen vornehmen und hat Anspruch auf den Transport des Reisegepäcks.

Die internationalen Linienfluggesellschaften in Europa und Nordamerika gehen zurück auf kleinere Unternehmen, die nach dem Ersten Weltkrieg den Post- und Passagierverkehr mit ehemaligen Militärflugzeugen aufnahmen. Mitte der 1920er Jahre kam es zur Konsolidierung und zum Aufbau größerer Gesellschaften unter staatlichem Einfluss. In Großbritannien wurde 1924 die Imperial Airways aus vier

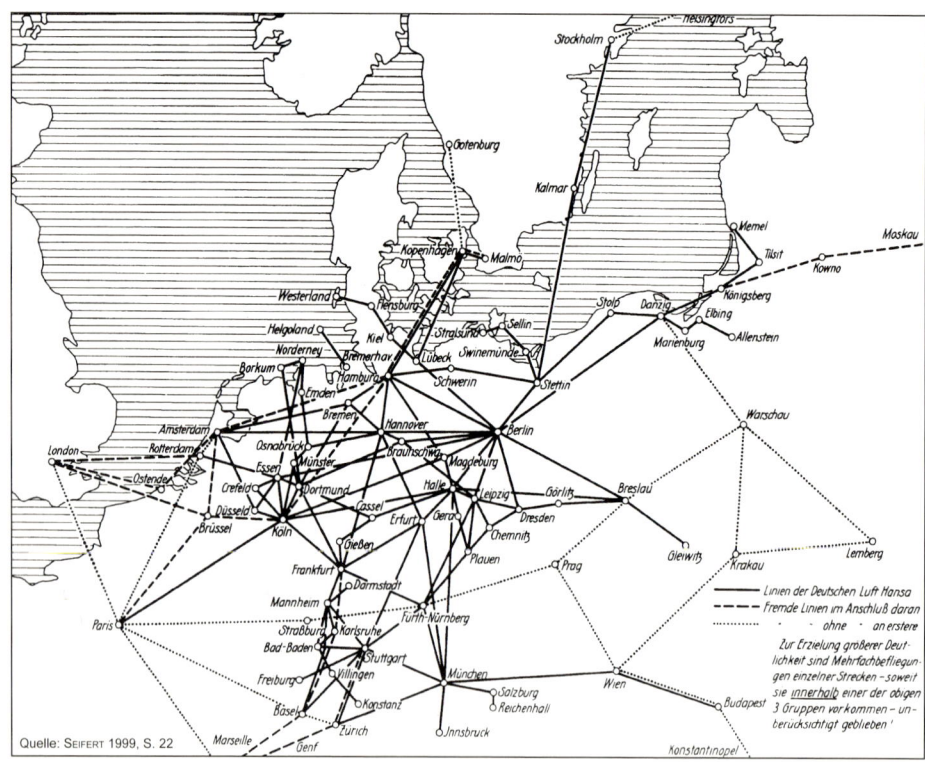

Abb. 2.6.5 Streckennetz der Luft Hansa mit Kooperationspartnern 1926

lokalen Luftverkehrsunternehmen gebildet und in Deutschland 1926 die **Deutsche Luft Hansa** aus den Rivalen Junkers Luftverkehr AG und Deutsche Aero Lloyd zusammengeschlossen. In den Niederlanden übernahm die KLM, in Belgien die Sabena und in Frankreich die Air France die Rolle des *National Flag Carrier*. Die staatlich subventionierten Unternehmen bauten nach den nationalen auch die internationalen Verbindungen aus, wozu bilaterale Verträge auf Gegenseitigkeit erforderlich waren. Das Flugnetz der Deutschen Luft Hansa und Ihrer Partner aus dem Jahre 1926 belegt diesen Vorgang (Abb. 2.6.5).

Das Flugzeug wurde als ein Instrument staatlicher Selbstdarstellung und Machtpolitik erkannt. Während die Kolonialmächte an schnellen Verbindungen in ihre Überseegebiete interessiert waren, engagierten sich die USA mit Pan American Airways und Deutschland mit der Luft Hansa aus wirtschaftlichen und politischen Interessen stärker in Südamerika (Abb. 2.6.6). Wegen der begrenzten Reichweite der Flugzeuge waren Zwischenlandungen erforderlich. Die deutschen **Flugboote** landeten im Südatlantik in der Nähe von dort stationierten Versorgungsschiffen, wurden per Kran an Bord gehievt und nach dem Betanken mit einer Katapultanlage von Deck gestartet. Ähnliche Verfahren waren auch für die Postbeförderung im Nordatlantikverkehr unter Nutzung von großen Passagierdampfern üblich (SEIFERT 1999).

Im Rahmen der Entkolonialisierung nach dem Zweiten Weltkrieg sahen viele selbständig gewordene Staaten es als eine wichtige Prestigefrage an, eine eigene nationale Fluggesellschaft zu gründen, die im Binnenland zur Integration und *Nation Building* beitragen sollte und nach außen als Repräsentant des jungen Staates auftrat. Diese politischen Aufgaben für den

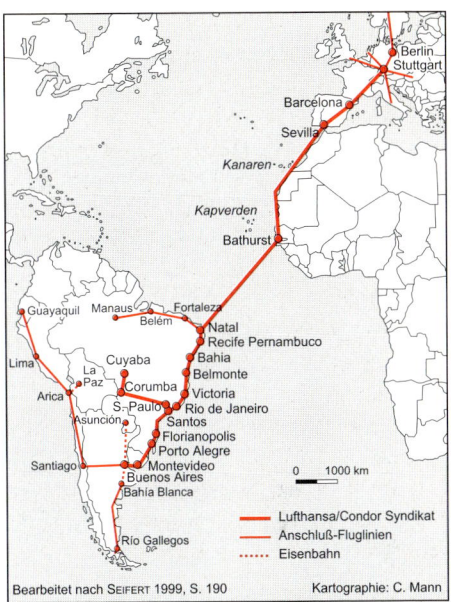

Abb. 2.6.6 Südamerika-Streckennetz der Luft Hansa mit Kooperationspartnern 1934

National Carrier und die emotionale Bindung der Bevölkerung an ihre Fluggesellschaft wirkt bis heute nach, auch wenn die Luftverkehrsunternehmen nach der Deregulierung und Liberalisierung zunehmend wie „normale Firmen" angesehen werden (RAGURAMAN 1997).

Bei der Typisierung der Flugrouten wird zwischen drei Grundformen unterschieden: Direktverbindungen, Netze und Drehscheiben bzw. *Hubs-and-spokes* (vgl. Abb. 2.6.7 a). Im Falle einfacher **Direktverbindungen** startet das Flugzeug in seinem Basisflughafen in Richtung des Zielortes, wobei Zwischenstopps aus technischen Gründen oder zur Aufnahme von Ladung eingeschaltet sein können. Diese Form entspricht den ursprünglichen bilateralen Verträgen, mit denen zwei Staaten sich gegenseitig Flug- und Landrechte in festgelegten Flughäfen für eine fixierte

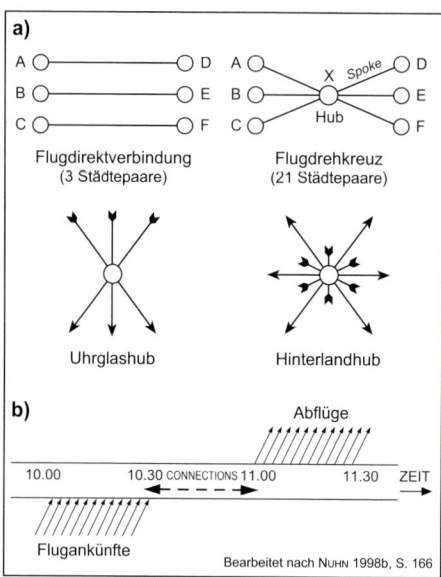

Abb. 2.6.7 Grundformen von Flugverkehrs-netzen (a) und Organisation am Drehkreuz (b)

Zahl von Verbindungen und Kapazitäten einräumen. Nachteile für den Betrieb ergeben sich daraus, dass die Kapazitäten und die Häufigkeiten der Flüge begrenzt sind, aber trotzdem ständige Kosten für Vertrieb und Service anfallen.

Netzstrukturen sind typisch für binnenländische Flugverbindungen, die nach Bedarf durch nationale Behörden lizenziert werden. Auch internationale Flüge größerer Gesellschaften mit weltweiten Aktivitäten fügen sich in ein Netz zusammen, das aber nur auf der Basis der vereinbarten Freiheiten der Luft für die Beförderung von Personen und Fracht genutzt werden kann (vgl. Abb. 2.6.8). Insbesondere Fluglinien kleiner Länder mit einem geringen Potenzial an Passagieren und Fracht versuchen zusätzliche Märkte zu schaffen durch Transporte zwischen Drittstaaten, die über ihr eigenes Land geführt werden (6. Freiheit). Außerdem besteht die Möglichkeit,

Transportrechte der 5. Freiheit zu nutzen durch die Einbeziehung von Flugplätzen, die zwischen-, vor- oder nachgelagert zu vertraglich vereinbarten Routen mit der 3. und 4. Freiheit liegen. Schließlich bietet sich die Möglichkeit, direkten Service zwischen Drittstaaten zu eröffnen (7. Freiheit) oder Kabotagerechte innerhalb eines fremden Staates wahrzunehmen (8. Freiheit), die bisher allerdings in der Regel meist den nationalen Gesellschaften vorbehalten waren.

Für einige Länder bot sich auch die Chance, aufgrund ihrer geographischen Lage und historischen Bedeutung Flugplätze zu **Drehkreuzen** auszubauen. Hierzu gehören die ehemaligen Kolonialmächte Großbritannien mit British Airways und London, Frankreich mit Air France und Paris, aber auch Deutschland mit Frankfurt im Zentrum Europas als Hub der Lufthansa. Im Falle eines *Hub-and-spoke-Sys-tems* verlaufen die Flugrouten von einem zentralen Drehkreuz vergleichbar den Speichen eines Rades nach außen. Werden die Verbindungen zwischen eigenständigen Regionen durch den Hub als Zwischen- bzw. Umsteigestation geführt, spricht man von einem **Uhrglas-Hub**. Ein Beispiel hierfür bietet Kopenhagen, das Flüge aus Skandinavien und den Baltischen Staaten bündelt, die zu unterschiedlichen Zielorten in Europa weitergeführt werden bzw. in einigen Fällen auch nach Übersee verlaufen. In ähnlicher Weise fungiert der Flughafen Singapur als Drehscheibe zwischen Europa und Australien.

Dient der Hub stärker als Sammelpunkt der Fluglinien einer Region mit Anschlussflügen nach außerhalb, spricht man von einem **Hinterland-Hub**. Ein Beispiel hierfür bietet Atlanta in den USA als Hub von Delta Airlines mit ca. 600 Abflügen und 20.000 Passagieren täglich. Innerhalb von 90 Minuten landen zeitnah auf vier Bahnen ca. 50 Flugzeuge und verlassen das Drehkreuz wieder nach einer Transferzeit für Passagiere und Gepäck von 35 Minuten. Hieraus ergeben sich insgesamt ca. 1.300 mögliche Städteverbindungen. Abb. 2.6.7 b veranschaulicht die Wellenform der Flugbewegungen. Die Verknüpfung des Hubs wächst mit jeder Speiche (n) und lässt sich nach der Formel berechnen: $n(n-1) \div 2$ Städtepaare bzw. unter Einbeziehung des Hubs $n(n+1) \div 2$ Städtepaare (HANLON 1999, vgl. Tab. 2.6.1).

Im deregulierten amerikanischen Binnenmarkt haben alle größeren Fluggesellschaften ihre individuellen *Hub-and-spoke*-Systeme aufgebaut. Dies ist nur in begrenztem Umfang in den weiterhin durch bilaterale Verträge regulierten Auslandsmärkten möglich. Durch **Kooperationen** und strategische Allianzen versuchen die Fluggesellschaften die bestehenden juristischen Restriktionen zur Ausweitung ihrer Flugnetze zu überwinden. Neben dem

Tab. 2.6.1 Verknüpfungsleistung der *Hub-and-spoke*-Drehscheibe

Anzahl der Speichen	max. Zahl der Marktverbindungen	max. Zahl der Städtepaare
n	$n(n-1) \div 2$	$n(n+1) \div 2$
5	10	15
10	45	35
25	300	325
50	1.125	1.275
100	4.950	5.050

Bearbeitet nach HANLON 1999, S. 85

Verkauf von Rechten und der Vermietung von Sitzplätzen zur Eigenverwertung auf bestimmten Flugrouten sind insbesondere Franchising und Code-Sharing zu nennen.

Beim **Code-Sharing** vereinbaren zwei Fluggesellschaften die gemeinsame Nutzung von Flugrechten auf einer Route unter einer offiziellen Codenummer. Dabei kann es sich um Parallelstrecken handeln, die von beiden betrieben werden, aber auch

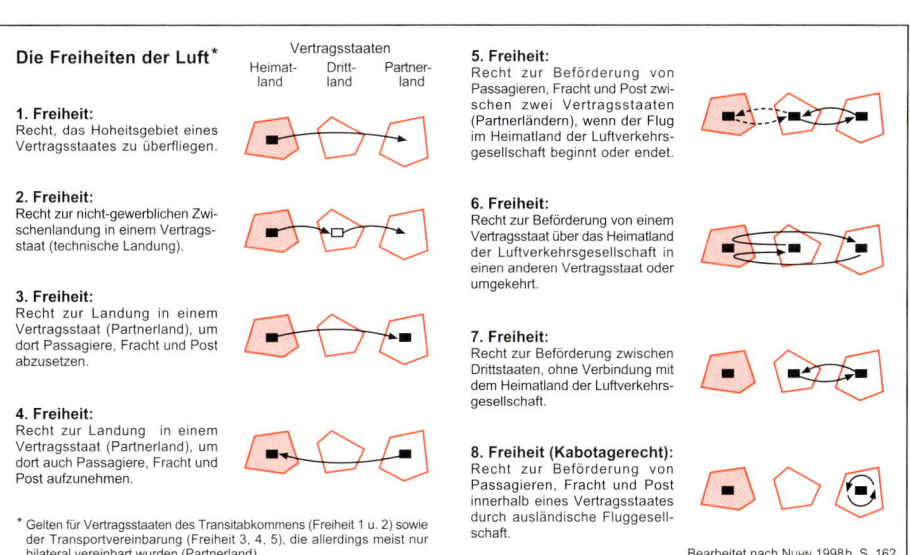

Die Freiheiten der Luft[*]

Vertragsstaaten
Heimat- Dritt- Partner-
land   land   land

1. Freiheit:
Recht, das Hoheitsgebiet eines Vertragsstaates zu überfliegen.

2. Freiheit:
Recht zur nicht-gewerblichen Zwischenlandung in einem Vertragsstaat (technische Landung).

3. Freiheit:
Recht zur Landung in einem Vertragsstaat (Partnerland), um dort Passagiere, Fracht und Post abzusetzen.

4. Freiheit:
Recht zur Landung in einem Vertragsstaat (Partnerland), um dort auch Passagiere, Fracht und Post aufzunehmen.

5. Freiheit:
Recht zur Beförderung von Passagieren, Fracht und Post zwischen zwei Vertragsstaaten (Partnerländern), wenn der Flug im Heimatland der Luftverkehrsgesellschaft beginnt oder endet.

6. Freiheit:
Recht zur Beförderung von einem Vertragsstaat über das Heimatland der Luftverkehrsgesellschaft in einen anderen Vertragsstaat oder umgekehrt.

7. Freiheit:
Recht zur Beförderung zwischen Drittstaaten, ohne Verbindung mit dem Heimatland der Luftverkehrsgesellschaft.

8. Freiheit (Kabotagerecht):
Recht zur Beförderung von Passagieren, Fracht und Post innerhalb eines Vertragsstaates durch ausländische Fluggesellschaft.

[*] Gelten für Vertragsstaaten des Transitabkommens (Freiheit 1 u. 2) sowie der Transportvereinbarung (Freiheit 3, 4, 5), die allerdings meist nur bilateral vereinbart wurden (Partnerland).

Bearbeitet nach NUHN 1998b, S. 162

Abb. 2.6.8 Freiheiten der Luft nach internationalen Vereinbarungen

um Routen, wo nur ein Vertragspartner tätig ist. Hierdurch werden Kosten gespart, das Angebot erweitert und mehr Passagiere gewonnen, so dass im Idealfall beide Gesellschaften und die Kunden profitieren. Das Verfahren ist weit verbreitet. Ende der 1990er Jahre waren z. B. 25 verschiedene Fluggesellschaften autorisiert zur Nutzung von Lufthansa-Codes. Untersuchungen der Effekte des Code-Sharing in der Praxis liefern allerdings zwiespältige Ergebnisse. In einigen Fällen wurden kaum Veränderungen festgestellt, in anderen dagegen der Wettbewerb negativ beeinträchtigt (Beurteilung durch ICAO 1997).

Beim **Franchising** erlaubt eine Fluggesellschaft einer anderen ihren Service und ihren Namen gegen entsprechende Zahlung zu verwenden. Das in den USA weit verbreitete Verfahren setzt sich auch in Europa zunehmend durch. Ende 1998 hatten Britisch Airways acht sowie Air France, Iberia und Lufthansa je vier Franchisenehmer (HANLON 1999). Der Franchisegeber kann seinen Einfluss ausdehnen, Strecken mit hohen Kosten oder geringer Auslastung an kleinere Unternehmen abgeben, die billiger produzieren und neue Passagiere für seine Anschlussflüge gewinnen. Der Franchisenehmer profitiert vom Markenimage und der Teilhabe an den effizienten Systemen des größeren Partners.

Neben den Fluggesellschaften sind die Flughafenbetreiber für den sicheren, pünktlichen und schnellen Lufttransport verantwortlich. Auch diese Einrichtungen befinden sich bisher in den meisten Ländern im Eigentum der öffentlichen Hand und sind erst teilweise privatisiert worden. Nach der Größe, infrastrukturellen Ausstattung, Lage und Funktion werden unterschiedliche **Flughafentypen** ausgegliedert, ohne dass sich bisher eine einheitliche Terminologie herausgebildet hat (MAYR 2004). Für

die ICAO Klassifizierung gibt die Länge, Breite und Belastbarkeit der *Runways* den Ausschlag. Die deutsche Luftverkehrszulassungsverordnung unterscheidet zwischen Verkehrsflughäfen und Sonderflughäfen (ca. 40), Verkehrslandeplätzen (ca. 180) sowie Sonderlandeplätzen (ca. 200) und reinen Flugsportplätzen (ca. 250). Die Arbeitsgemeinschaft deutscher Verkehrsflughäfen **ADV** gliedert weiter in internationale und regionale Verkehrsflughäfen sowie regionale Verkehrslandeplätze, wobei sich die Grenzen verwischen, weil zunehmend auch von den Regionalflughäfen Linien- und Charterflüge ins Ausland durchgeführt werden (Abb. 2.6.9).

Die Einrichtungen für Start und Landung der Flugzeuge, die sich zunächst auf eine grasbewachsene Piste mit einem Schuppen weit außerhalb der Städte beschränkten, haben sich zu flächenintensiven **Standortkomplexen** von 200-2.000 ha entwickelt, die häufig durch die Siedlungsexpansion umschlossen wurden und heute als Störfaktor wirken (vgl. Berlin-Tempelhof oder Hamburg-Fuhlsbüttel). Zu den Infrastrukturen gehören markierte Start- und Landbahnen sowie Rollbahnen und Abstellflächen für Flugzeuge, ein Kontrollturm mit technischen Einrichtungen sowie Hangars und Tanklager zur Wartung und Versorgung. Auf den Verkehrsflughäfen gibt es außerdem Gebäude zur Abfertigung von Passagieren und Fracht sowie Einrichtungen des Zolls und der Grenzpolizei im Falle von internationalen Aktivitäten.

Den Kernbereich bilden neben den Abfertigungsgebäuden die **Startbahnen**, auf denen die Maschinen beschleunigen, um die nötige Geschwindigkeit zum Abheben zu erreichen. Großflugzeuge wie die Boeing 747 und der Airbus 340 benötigen Längen von 2,5-3,5 km. Die Ausrichtung der *Runways* orientiert sich an den lo-

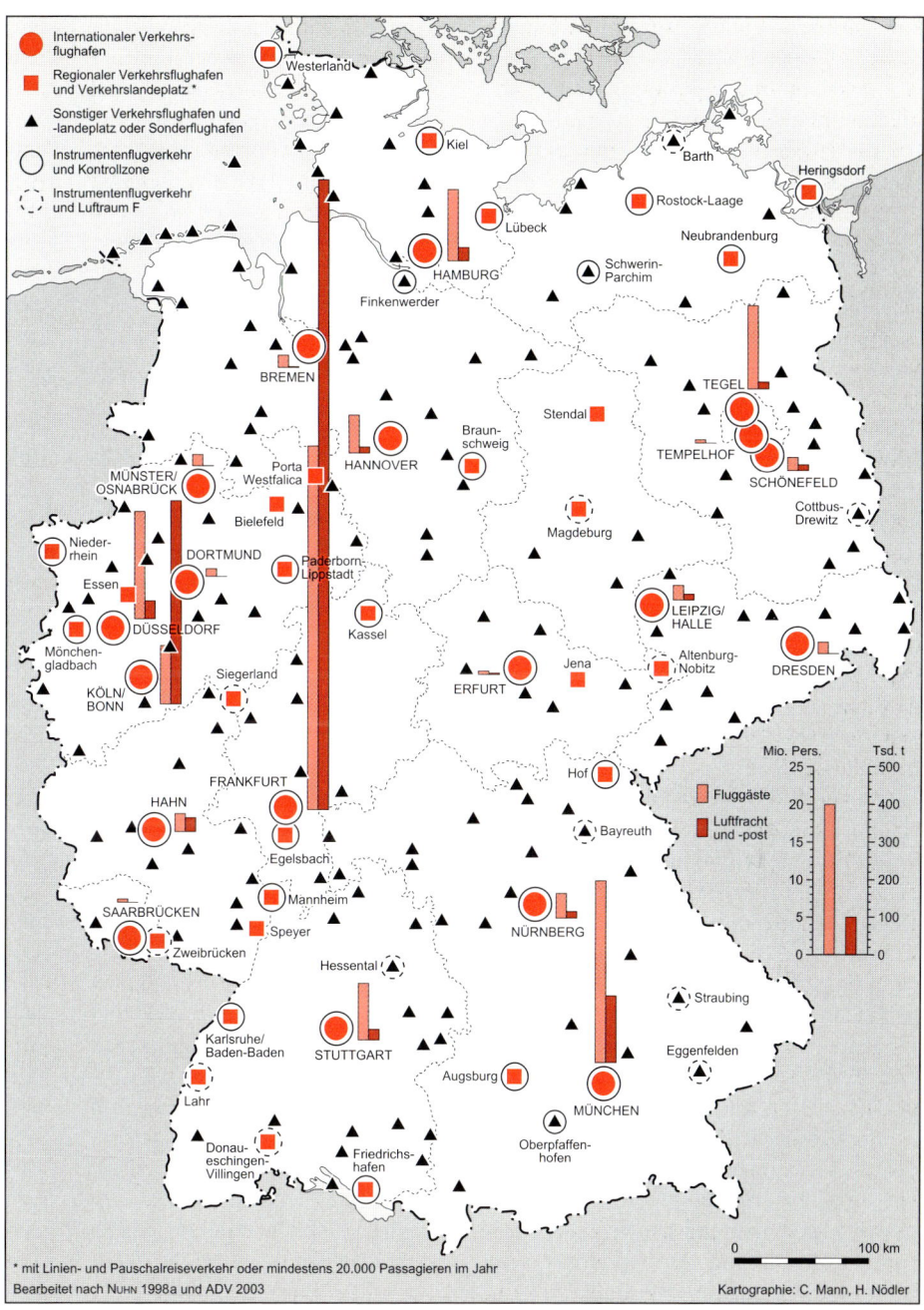

Internationaler Verkehrs-
flughafen

Regionaler Verkehrsflughafen
und Verkehrslandeplatz *

Sonstiger Verkehrsflughafen und
-landeplatz oder Sonderflughafen

Instrumentenflugverkehr
und Kontrollzone

Instrumentenflugverkehr
und Luftraum F

Westerland

Kiel

Barth

Heringsdorf

Rostock-Laage

Lübeck

Neubrandenburg

HAMBURG

Schwerin-
Parchim

Finkenwerder

BREMEN

Braun-
schweig

Stendal

TEGEL

MÜNSTER/
OSNABRÜCK

Porta
Westfalica

HANNOVER

TEMPELHOF

SCHÖNEFELD

Bielefeld

Magdeburg

Cottbus-
Drewitz

Nieder-
rhein

DORTMUND

Paderborn-
Lippstadt

Essen

LEIPZIG/
HALLE

Mönchen-
gladbach

DÜSSELDORF

Kassel

Altenburg-
Nobitz

DRESDEN

Siegerland

ERFURT

Jena

KÖLN/
BONN

Hof

FRANKFURT

HAHN

Bayreuth

Egelsbach

Mio. Pers.   Tsd. t

Mannheim

25 — 500

Fluggäste

Luftfracht
und -post

20 — 400

SAARBRÜCKEN

Speyer

NÜRNBERG

15 — 300

Zweibrücken

Hessental

10 — 200

Straubing

5 — 100

Karlsruhe/
Baden-Baden

STUTTGART

Eggenfelden

0 — 0

Lahr

Augsburg

MÜNCHEN

Donau-
eschingen-
Villingen

Friedrichs-
hafen

Oberpfaffen-
hofen

0   100 km

* mit Linien- und Pauschalreiseverkehr oder mindestens 20.000 Passagieren im Jahr

Bearbeitet nach NUHN 1998a und ADV 2003

Kartographie: C. Mann, H. Nödler

**Abb. 2.6.9 Verkehrsflughäfen, Verkehrslandeplätze und Sonderflughäfen in Deutschland mit
Passagierzahlen und Frachtumschlag 2003**

kal vorherrschenden Windverhältnissen. Günstig für den Start- und Landevorgang ist Wind von vorne, während Seitenwind die Manövrierfähigkeit beeinträchtigt, was bei der früher schwachen Motorkraft zu Problemen führen konnte. Start- und Landebahnen waren deshalb beim Beginn des Flughafenausbaus im Dreieck angeordnet, um je nach Windrichtung eine geeignete Bahn zu haben.

Größere Flugplätze besitzen heute 2-3 Start- und Landebahnen, in Chicago O'Hare gibt es sogar 7 *Runways* und im neuen Flugplatz Denver 5 mit Ausbaumöglichkeiten auf 12. Probleme ergeben sich für die **Erweiterung** älterer Anlagen aus Platzgründen oder weil langwierige Planungsverfahren wirksam werden. Die notwendig gewordene Verlagerung des Flughafens München-Riem aus dem Stadtgebiet in das dünn besiedelte Erdinger Moos erforderte 30 Jahre Planungs- und Realisierungszeit (Haas 1994), und in Hamburg wurde ein vergleichbares Projekt in Kaltenkirchen abgebrochen. Die Anlage der Startbahn West in Frankfurt Rhein-Main war in den 1970er Jahren mit langen Protesten und militanten Auseinandersetzungen mit Todesfällen verbunden (Ernst 1981). Die Planungsprobleme für die Realisierung einer vierten Startbahn sind trotz der Einbeziehung aller betroffenen Gruppen in ein Mediationsverfahren nicht einvernehmlich zu lösen gewesen. Der Flughafenbetreiber Fraport engagiert sich deshalb auch beim Ausbau des ehemaligen Militärflughafens Hahn im Hunsrück.

Durch die generelle Zunahme des Luftverkehrs, den verstärkten Einsatz mittelgroßer Maschinen und die Veränderungen bei der Einführung der *Hub-and-spoke*-Systeme stehen an den Drehkreuzen keine **Slots** mehr für Starts und Landungen zur Verfügung. Konkurrenten werden nicht selten von den dominierenden Hub-Betreibern aus dem lokalen Markt gedrängt, und Neueinsteiger können sich allenfalls in unattraktiven Randzeiten am frühen Morgen und späten Abend etablieren. Diese Entwicklung wird von den Regulierungsbehörden wegen der Gefahr von Monopolrenten kritisch beobachtet. Die **EU** hat 1993 ein transparenteres Verfahren zur Slot-Vergabe vorgeschrieben. In einigen Großflughäfen der USA werden Slots versteigert bzw. meistbietend verkauft (z. B. in New York).

In diesem Zusammenhang gewinnen weniger ausgelastete **Regionalflughäfen** an Bedeutung, die noch freie Kapazitäten haben. In den USA sind mittlere Flughäfen seit den 1980er Jahren zu Hubs aufgestiegen, und auch in Deutschland ist München auf diesem Wege. In vielen Ländern ist das Standortgefüge der zivilen Verkehrsflughäfen durch die Aufgabe militärischer Einrichtungen nach dem Fall des Eisernen Vorhangs erweitert worden. Zwischen 1990 und 2003 wurden in Deutschland 71 Militärflughäfen geschlossen und für Nachfolgenutzungen freigegeben. Zwei Drittel der Konversionsflugplätze werden weiterhin fliegerisch genutzt (Henn 2003). Für die Umwidmung sind größere Investitionen erforderlich, die aufgrund von regionalpolitischen Erwägungen erfolgen, weil in den zumeist peripher gelegenen Standorten ein Ausgleich für die im militärischen Bereich weggefallenen zivilen Arbeitsplätze und die verminderte Nachfrage nach Gütern und Dienstleistungen angestrebt wird.

Durch viele Untersuchungen im In- und Ausland werden die positiven Effekte großer Flughäfen auf die **Regionalwirtschaft** belegt (u. a. Haas 1997, Brilon/ Reichardt 1994, Hilsinger 1976). Dabei geht es zunächst um die beim Flughafenbetreiber und bei den zugeordneten Dienstleistungsunternehmen Beschäftigten und um die von diesen Akteuren ausgehenden Nachfrage- und Angebotsverflechtungen nebst den damit verbundenen Multiplikatoreffekten. Von großer Bedeutung ist weiterhin die gute Anbindung der regionalen Wirtschaft an andere Zentren im In- und Ausland. Hieraus erwächst auch ein Potenzial für die Ansiedlung neuer Unternehmen, die auf rasche Außenkontakte angewiesen sind, wie hochrangige Berater und Dienstleister, Steuerungszentralen großer Unternehmen etc. In der Regel handelt es sich um höher qualifizierte Arbeitsplätze mit überdurchschnittlichem Einkommen und differenzierter Nachfrage. Flugplätze dieser Kategorie werden deshalb euphorisch auch als „Jobmaschinen" bezeichnet.

Natürlich sind diese positiven regionalökonomischen Effekte von international vernetzten Großflughäfen nicht direkt an das Vorhandensein von Start- und Landebahnen gebunden wie im Falle der ehemaligen Militärflughäfen. Die Infrastrukturen müssen vielmehr erst in Wert gesetzt werden und vielfältige weitere Voraussetzungen erfüllt sein, um Wachstumsprozesse auszulösen. Aus diesem Grunde ist es leicht nachvollziehbar, dass die Visionen von Politik und Wirtschaftsförderung bei den **Konversionsprojekten** nur in Ausnahmefällen Realität wurden und sich die meisten Projekte als Subventionsgrab erweisen. In diesem Zusammenhang wirkt sich auch negativ aus, dass in Deutschland kein zentrales abgestimmtes **Entwicklungskonzept** für Flughäfen vorliegt (kein Gegenstand des Bundesverkehrswegeplanes). Divergierende Interessen auf Landesebene sowie bei Kommunen und Landkreisen führen in Deutschland dazu, dass Flughafenplanung für eine global orientierte Dienstleistung aus lokaler Perspektive betrieben wird (BEHNEN 2003).

2.6.4 Verkehrsaufkommen

Angaben zu den Flugbewegungen und zur Beförderung von Personen und Fracht im weltweiten Luftverkehr werden von den Verbänden der Fluggesellschaften (IATA, AEA etc.) und Flughafenorganisationen (ICAA, ADV etc.) erhoben. Die Zahlen dokumentieren in den letzten Jahrzehnten ein **hohes Wachstum**, das nur zeitweise durch kürzere Rückschritte bzw. Stagnationsphasen unterbrochen wurde. Hierbei handelte es sich um Wirtschaftskrisen, begrenzte kriegerische Auseinandersetzungen oder lokale Ereignisse, die das gesamte Luftverkehrssystem beeinträchtigen (Irak-Krieg, Asienkrise, terroristische Aktionen).

Im Jahre 2003 wurden weltweit 1,7 Mrd. Passagiere durch Linienfluggesellschaften befördert. Eine regionale Aufgliederung der Passagiere zeigt, dass 43 % auf Nordamerika entfallen, was einen hohen Anteil an Inlandspassagieren erklärt (Abb. 2.6.10). Mit einem knappen Drittel folgt Europa an zweiter Stelle. Wegen der großen Zahl und geringen Ausdehnung dieser Länder handelt es sich hierbei vorwiegend um internationale Verkehre.

Bei der Betrachtung der weltweiten **Beförderungsleistung** von 3,3 Billionen

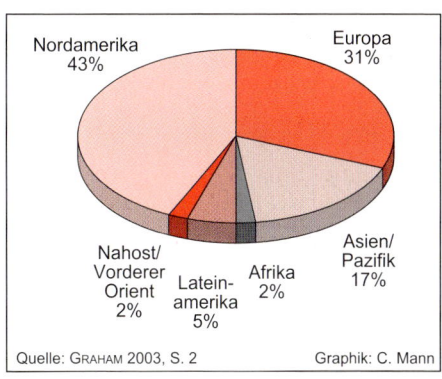

Quelle: GRAHAM 2003, S. 2   Graphik: C. Mann

Abb. 2.6.10 Flugpassagiere nach Großregionen 2001

Personen/km überwiegt mit 60 % der internationale Verkehr. Im Vergleich zu den dominierenden Linienfluggesellschaften entfällt davon auf Charterflugunternehmen nur ein Anteil von ca. 7,5 %. Das Sitzplatzangebot der Fluggesellschaften war deutlich höher als die Nachfrage, so dass nur ein Ladefaktor von 71,4 % erreicht wurde.

Hauptträger der Beförderungsleistung sind die ca. 120 **Linienflugunternehmen**, von denen ein Viertel internationale Routen betreibt. An der Spitze lag 2003 American Airlines mit 193,1 Mio. Passagier/km, gefolgt von drei weiteren US-amerikanischen Unternehmen. Erst ab der fünften Stelle folgen europäische Gesellschaften mit British Airways, Air France und Lufthansa. (Abb. 2.6.11). Völlig anders sieht die Rangfolge aus, wenn nur die internationalen Strecken berücksichtigt werden. Hier liegen mit British Airways, Lufthansa und Air France drei europäische Gesellschaften an der Spitze, gefolgt von Singapore Airlines und American Airlines.

Differenziertere Einblicke vermitteln die Fluggastzahlen der **Großflugplätze** (Tab.

2.6.2). Auch hier sind die US-Flughäfen wegen der hohen Werte im Inlandsverkehr stark vertreten. Ihre Entwicklung seit 1980 wird aber durch unterdurchschnittliche Wachstumsraten bestimmt, während asiatische und europäische Drehkreuze international eine starke Dynamik aufweisen. Dies kommt auch zum Ausdruck in den Verbindungen zwischen den Großflughäfen der Triade (Asien, Europa, Amerika). Abb. 2.6.12 nach Matsumoto (2004) basiert auf Kennziffern aus Passagier- und Frachtstatistiken (*Work Load Unit* nach Doganis 1992). Der Austausch konzentrierte sich 1982 auf die USA mit starken Beziehungen nach Europa und Fernost. Bis 1998 verstärkten sich durch den Erfolg der asiatischen Schwellenländer und die Öffnung Chinas auch die direkten Verbindungen zwischen Asien und Europa, so dass ein differenziertes Verflechtungsnetz entstanden ist. Deutschland wird insbesondere über den Rhein-Main-Flughafen mit dem internationalen Flugnetz verbunden, wenn auch Amsterdam, London und Paris in zunehmendem Maße hierzu beitragen.

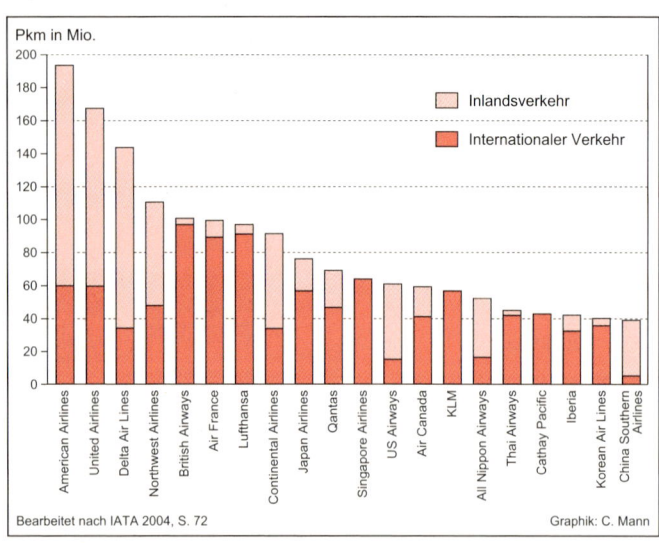

Abb. 2.6.11
Transportleistung der 20 größten Linienfluggesellschaften insgesamt und im internationalen Passagierverkehr

Tab. 2.6.2   Passagiere der 10 größten Flughäfen 1980, 1990, 2000 und 2003

Flugplatz	Code	Passagiere insgesamt (Mio)				International	Inland
		1980	1990	2000	2003	2003	2003
Atlanta	ATL	40,18	48,02	80,16	78,79	5,48	73,30
Chicago	ORD	44,43	60,12	72,14	69,35	9,16	60,20
London	LHR	27,47	42,65	64,61	63,20	56,54	6,66
Tokio	HND	20,81	40,19	56,40	63,17	0,20	62,97
Los Angeles	LAX	33,04	45,81	66,43	54,97	14,62	40,35
Dallas/Fort Worth	DFW	22,00	48,52	60,69	53,24	4,41	48,83
Frankfurt	FRA	16,87	28,86	49,36	48,11	40,53	7,58
Paris	CDG	10,09	22,51	48,25	47,93	43,20	4,73
Amsterdam	AMS	9,40	16,18	39,61	39,81	39,69	0,11
Denver	DN	20,85	27,43	38,75	37,46	0,94	36,52

Bearbeitet nach IATA 2004

Wichtige Impulse hat die Ausweitung des Luftverkehrs nach dem Zweiten Weltkrieg durch die Entwicklung des **Massentourismus** erhalten. Einige beliebte Urlaubsziele wie die Karibik und der Mediterranraum hängen zu 90 % vom Flugtransport ab. Nach Angaben der World Tourism Organization waren 1998 annähernd 625 Mio. Touristen international unterwegs. In Europa hat sich zur Befriedigung der Tourismusnachfrage der Charterflugverkehr entwickelt. Die seit den 1960er Jahren entstandenen Gesellschaften befördern Pauschalreisende nach Saisonfahrplan im Auftrage der Tourismusunternehmen. Da kaum Aufwendungen für Vertrieb und Werbung erforderlich sind, können günstige Flugpreise angeboten werden. Allerdings wirkt sich die Saisonalität auf das Wachstum hemmend aus (PAPATHEODOROU 2002, WILLIAMS 2001). Auf die neue Konkurrenz reagierten die Linienfluggesellschaften mit der Einrichtung von preiswerteren Tourismus- und *Economy*-Klassen sowie Tickets für *Inclusive Tour Excursions* (ITE). In den 1980er Jahren setzte sich eine liberale Haltung gegenüber den **Charterfliegern** durch, die in großem Umfange neue Kundenmärkte erschlossen und nur in begrenztem Maße Passagiere von den Linienfluggesellschaften abgeworben haben.

Durch Überkapazitäten, Nachfrageschwankungen und die Konkurrenz der *No Frills Airlines* (ohne „Kinkerlitzchen") haben die Charterfluggesellschaften in jüngerer Zeit an Bedeutung verloren. Demgegenüber verzeichnen die nur über den Preis agierenden **Low Cost Carrier** starke Zuwachsraten. Sie fliegen bei enger Sitzanordnung und hoher Auslastung zwischen Regionalflughäfen in der Nähe der großen Agglomerationen und verzichten auf jegliche zusätzliche Dienstleistung. Neben Privatreisenden befördern sie heute zunehmend auch Geschäftsreisende. Insbesondere Ryanair und easyJet haben mit preisgünstigen Flügen in Deutschland nachhaltigen Erfolg. Mittlerweile sind auch die großen Linienfluggesellschaften unter Druck geraten und haben Tochterunternehmen gegründet, die flexibler auf Angebote der alternativen *Carrier* reagieren.

Das **Luftfrachtaufkommen** hat durch die gewachsenen weltweiten Produk-

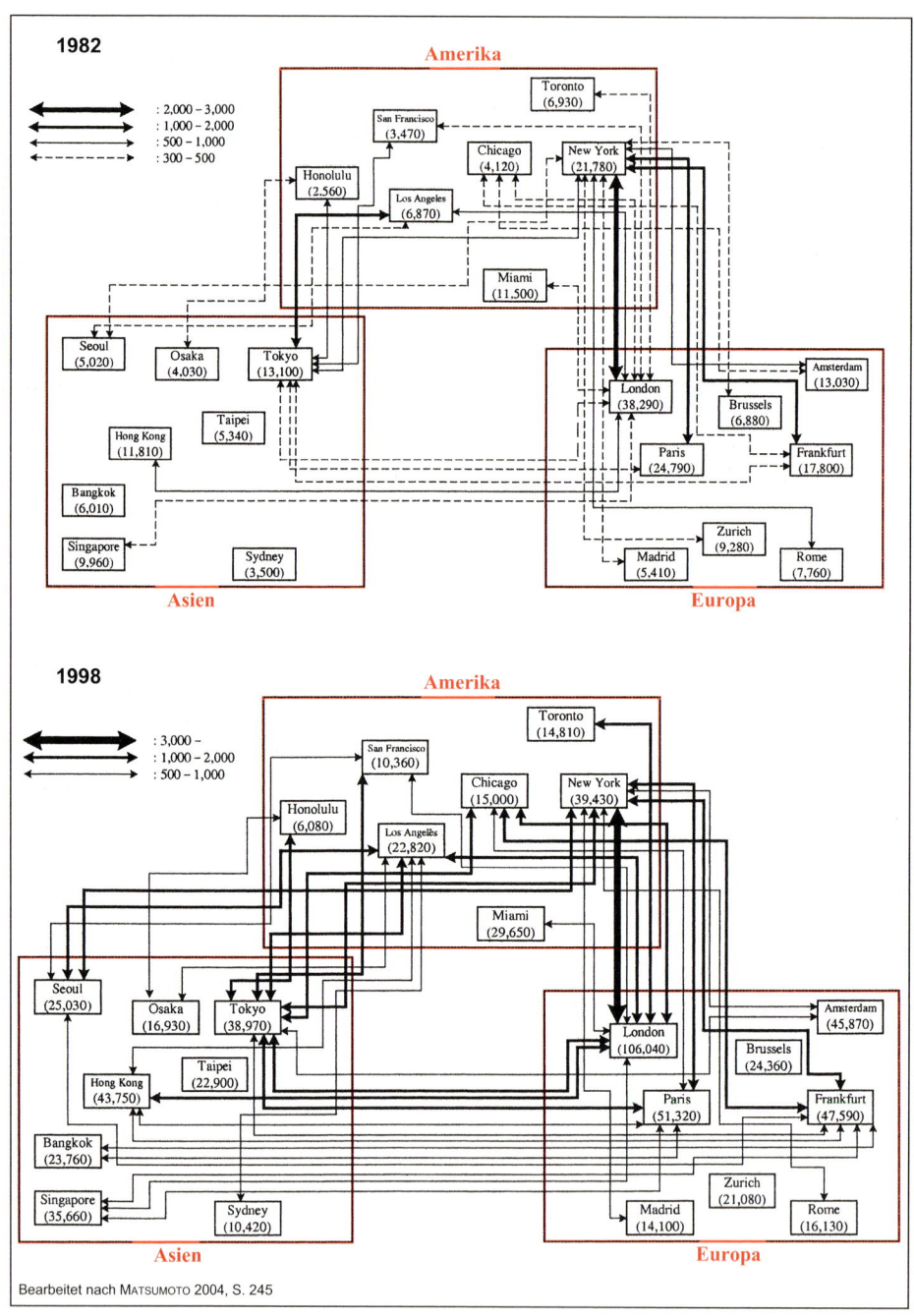

Bearbeitet nach MATSUMOTO 2004, S. 245

Abb. 2.6.12 Netzwerk der Flugverbindungen zwischen der Triade 1982 und 1998

tions- und Absatzverflechtungen stark zugenommen und ist zwischen 1986 und 2000 von 5,1 Mio. t auf 17,9 Mio. t gestiegen (VAHRENKAMP 2003). Prognosen von Boeing gehen bis 2020 von einem weiteren jährlichen Wachstum von 6,4 % aus, was eine Vergrößerung der Frachtflotte von knapp 1.800 auf 3.100 Maschinen bedeuten würde. Marktführer unter den Fluggesellschaften war bis zum Zusammenschluss von Air France mit KLM die Lufthansa Cargo (Abb. 2.6.13). Sie setzt im Frachtverkehr acht B-747 Jumbos und 14 MD-11 Maschinen ein und beschickt daneben die Fracht räume von ca. 240 Passagiermaschinen des Mutterkonzerns (*Belly* einer B 747-400 ca. 72 m³ für 15 t). Schätzungen gehen davon aus, dass zur Zeit noch ca. 60 % des globalen Luftfrachtaufkommens in Passagier-Flugzeugen befördert wird. Die Ladekapazität reiner Frachtmaschinen liegt bei 15 t für die B-737, 122 t für die B-747 und 250 t für die Antonov AN 22.

Den höchsten Anteil an der Luftfrachtbeförderung besitzt die auf kleinere Sendungen bis 30 kg und Haus-zu-Haus-Service spezialisierte Kurierdienstgesellschaft Federal Express (Abb. 2.6.13). Ähnliche Erfolge haben auch andere **KEP-Dienste** (Kurier-, Express-, Paketservice) wie UPS (United Parcel), TNT (Thomas Nationwide Transport) oder DHL (Dalsey, Hillblom, Lynn; 2002 übernommen von Deutsche Post World Net), die nach der Deregulierung des Flugverkehrs in den USA und Australien entstanden sind und ein weltweites Servicenetz aufgebaut haben. Sie offerieren den Kunden für standardisierte Briefe und Paketsendungen eine garantierte Zustellung in festgelegten Zeiten zu transparenten Preisen. Bei einer eigenen Fahrzeug- und Flugzeugflotte sowie Logistikzentren mit Sortieranlagen und EDV-Systemen zur Steuerung und Überwachung der Sendungen bieten sie einen Service aus einer Hand. Durch die Integration der unterschiedlichen Stufen der Transportkette und die Verwendung von Barcodes und Scanning-Systemen an den Schnittstellen lässt sich eine automatische Steuerung und lückenlose Überwachung

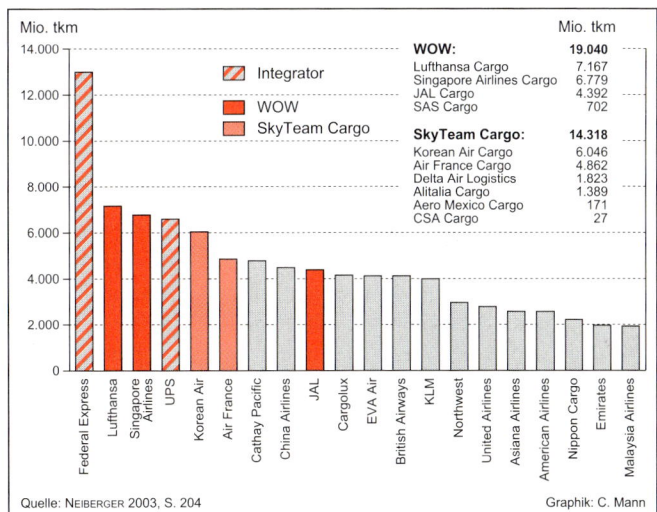

Abb. 2.6.13
Transportleistung der 20 größten Linienfluggesellschaften im Frachtverkehr 2002

des Transportflusses erreichen. Die sogenannten Integratoren haben dadurch eine Industrialisierung der Expressfracht erreicht (BACHMEIER 1999)

Demgegenüber ist die traditionelle Transportkette für Luftfracht noch stark nach Funktionen segmentiert, die von unterschiedlichen Akteuren wahrgenommen und von **Luftfrachtspeditionen** im Auftrage der Versender koordiniert werden. Sie sorgen in Zusammenarbeit mit anderen Dienstleistern für die Abholung der Sendung vom Kunden, die Zwischenlagerung, Verpackung, Palettierung und Verladung in das Flugzeug der beauftragten Gesellschaft. Sie sind auch zuständig für die Feststellung von Art, Volumen und Gewicht der Sendung sowie für die Ausstellung der Frachtpapiere und die Tarifberechnung und Verzollung. Am Zielflughafen wartet der bestellte Empfangsspediteur, der die erforderlichen Formalitäten durchführt und die Auslieferung der Sendung beim Empfänger veranlasst.

Zur Reduzierung der Produktions- und Transaktionskosten und zur Erzielung von Wettbewerbsvorteilen versuchen die Luftfrachtgesellschaften sowie die großen internationalen Spediteure, die **Transportkette** mit unterschiedlichen Strategien unter ihren Einfluss zu bringen. Demgegenüber bemühen sich die Luftfrachtspediteure um die Erhaltung ihrer Selbständigkeit und Neutralität durch die Bildung von **Kooperationen** zur kostengünstigeren Reservierung von Frachtraum und die operative Zusammenarbeit auf Gegenseitigkeit (NEIBERGER 2003). In ähnlicher Weise arbeiteten auch die Fluggesellschaften im Frachtsektor zusammen, z. B. durch Code-Sharing-Abkommen und gemeinsame Nutzung der Bodendienste. An der größten Luftfrachtallianz OneWorld sind die Lufthansa Cargo, SAS-Cargo sowie die SIA-Cargo und JAL-Cargo mit ca. 600 Flugzeugen und 450 Destinationen bei einem Marktanteil von annähernd 20 % beteiligt (MARUHN 2002).

Ähnlich wie im Passagierverkehr haben die Frachtfluggesellschaften ihre Aktivitäten in Hubs gebündelt. Da ein Großteil der Luftfracht noch in Passagiermaschinen befördert wird, sind die meisten **Frachtdrehkreuze** an die großen Passagierflughäfen geknüpft. An der Spitze liegt Memphis, weil sich hier das Hub von Federal Express befindet. An achter Stelle – noch deutlich vor Paris (11), London (14) und Amsterdam (15) – liegt Frankfurt/Main, das diese Position den Aktivitäten der Lufthansa verdankt. Nach der Übergabe des von der US-Armee genutzten südlichen Flughafenbereichs (Abb. 2.6.14) konnten diese Flächen für den Aufbau der Cargo City Süd zur Ergänzung der älteren Anlagen der Cargo City Nord westlich der Terminals 1 und 2 ausgebaut werden. Weitere Cluster von Luftfrachtdienstleistern befinden sich außerhalb des Flughafens. Durch die Lage am Autobahnkreuz wird der rasche An- und Abtransport der Sendungen mit dem Lkw erleichtert.

Die übrigen deutschen Flughäfen spielen im Luftfrachtverkehr nur eine untergeordnete Rolle, mit Ausnahme von Köln-Bonn, wo UPS wegen freier Slots und Nachtflugmöglichkeiten sein Europa-Hub aufgebaut hat (2004: über 2.000 Mitarbeiter). Ein Großteil der an den übrigen Flughäfen als Luftfracht abgefertigten Sendungen wird aus Kostengründen mit dem Lkw nach Frankfurt befördert. In Stuttgart lag im Jahre 2000 z. B der **Luftfrachtersatzverkehr** bei ca. 75 %. Wegen der begrenzten Zahl verfügbarer Slots verlagert die Lufthansa Frachtflüge nach München und Hahn. Auch die Air France nutzt Hahn als Sammelpunkt für Luftfracht, die per Truck

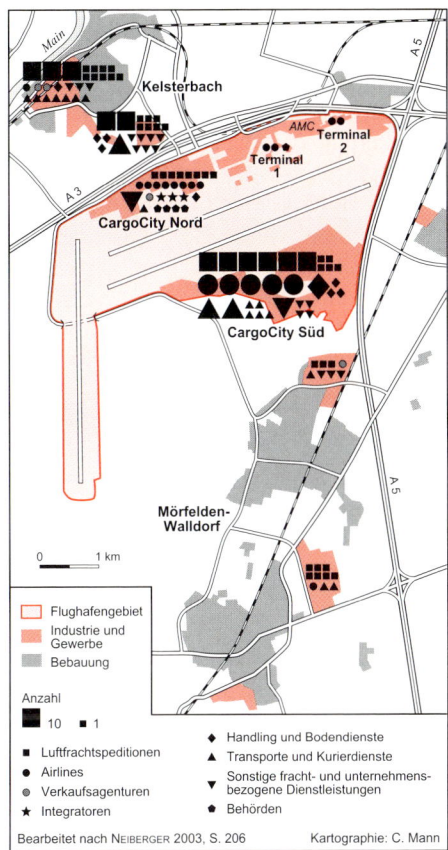

Flughafengebiet

Industrie und Gewerbe

Bebauung

Anzahl

■ 10   ▪ 1

■ Luftfrachtspeditionen
● Airlines
◉ Verkaufsagenturen
★ Integratoren

◆ Handling und Bodendienste
▲ Transporte und Kurierdienste
▼ Sonstige fracht- und unternehmens-
  bezogene Dienstleistungen
▼ Behörden

Bearbeitet nach NEIBERGER 2003, S. 206   Kartographie: C. Mann

Abb. 2.6.14 Frachtbezogene Dienstleistungen am Flughafen Frankfurt

aus Mitteleuropa angeliefert, sortiert, auf Flugzeugpaletten verpackt und zum Hub nach Paris transportiert wird (NEIBERGER 2003, VAHRENKAMP 2003). Bei der Beförderung der nach IATA-Luftfrachttarifen in Rechnung gestellten Sendungen mit dem billigeren Lkw haben die Gesellschaften kleine finanzielle Vorteile im starken Wettbewerb.

Frankfurt war auch seit 1961 das Zentrum des deutschen **Nachtluftpostnetzes** (Nachtstern). An fünf Tagen in der Woche wurden abends die Sendungen aus den bis 450 km entfernten Briefzentren per Lkw angeliefert und zusammen mit den zwischen 23.50 und 00.35 Uhr aus zwölf Flughäfen eintreffenden Post der entfernteren Briefzentren sortiert und zwischen 01.25 und 01.45 Uhr wieder ausgeflogen (HILKER 2002). Aus betriebswirtschaftlichen Gründen wurde 2005 der Brieftransport stärker auf den kostengünstigeren Lkw verlagert und nur noch für größere Distanzen der Direktflug beibehalten. Für Frankfurt reduzierten sich dadurch die Verbindungen auf Hamburg und Berlin (DVZ 16.12.04).

2.6.5. Luftverkehrspolitik

Der Luftverkehr ist der am stärksten regulierte Transportsektor. Wegen der Einbeziehung des Flugzeugs in die kriegerischen Auseinandersetzungen des Ersten Weltkrieges beharrten die europäischen Staaten beim Aufbau der grenzüberschreitenden zivilen Luftfahrt auf der uneingeschränkten Immunität und politischen **Souveränität** ihres **Luftraumes**. Das Pariser Luftverkehrsabkommen von 1919 fixierte dieses Prinzip und sah bilaterale Verträge auf Gegenseitigkeit für die Gewährung von Überflug- und Landerechten vor (JUNG 1999). Gegen Ende des Zweiten Weltkrieges wurde 1944 auf der Konferenz von Chicago im ICAO-Abkommen fünf Freiheiten der Luft definiert (vgl. Abb. 2.6.8), ihre verbindliche internationale Einführung aber nicht erreicht, sondern weiterhin den bilateralen Vereinbarungen überlassen.

Nach dem Vorbild des *Bermuda-Agreement* zwischen den USA und Großbritannien wurden in **Luftverkehrsabkommen** Regelungen über Routen, Kapazitäten und Tarife zum Schutze der nationalen Interessen festgeschrieben. Die *Flag Carrier* genossen Protektion, erhielten Subventionen und im Falle roter Zahlen einen Verlustausgleich. Sie waren damit zur Erfüllung politischer und sozialer Auflagen verpflichtet. Die Zahl der Luftverkehrsabkommen der Bundesrepublik war bis 1997 auf 110 angewachsen. Das weltweite Netz der internationalen Flugverbindungen stellt sich somit als ein Flickenteppich von mehr oder weniger offenen bilateralen Marktordnungen dar. Die Parteien teilen sich das erwartete Geschäft, neue Anbieter sowie stärkerer Wettbewerb sind nicht vorgesehen. Ungünstige Flugpreise, hohe Produktionskosten und niedrige Produktivität sind die Folgen (Barrett 2000).

Über die staatlichen Regelungen hinaus sorgt der internationale Dachverband der Fluggesellschaften **IATA** für Verhaltensrichtlinien und Standards, welche zur Vereinheitlichung des Serviceangebots beitragen, aber den Wettbewerb durch Einheitspreise weiter limitierten. Auch die Flughäfen, die sich im Eigentum der öffentlichen Hand befanden und wie staatliche Infrastrukturen verwaltet wurden, standen lange Zeit untereinander nicht im Wettbewerb und stimmten ihre Aktivitäten im Rahmen der ICAA ab. Nach der Privatisierung der Fluggesellschaften beginnt sich der Staat jetzt auch aus dem Flughafenbetrieb zurückzuziehen (Schamp 2002).

Grundlegende Veränderungen im starren System des Flugverkehrs ergaben sich nach 1978 mit dem *Airline Deregulation Act* in den USA. Alle Begrenzungen im Hinblick auf die Einrichtung, den Betrieb und die Preisgestaltung von Flugrouten wurden für den US Binnenmarkt aufgehoben. Die Ergebnisse der Liberalisierung sind in vielen Studien analysiert worden, ohne dass eine einheitliche Bewertung erreicht wurde. Fest steht, dass sich der Wettbewerb unter den Gesellschaften erhöhte, das Angebot verbesserte und die Flugpreise zunächst sanken. Hierzu trug die Einführung kostengünstigerer Betriebssysteme bei (z. B. *Hub-and-spoke*). Fest

steht aber auch, dass in einer zweiten Phase viele Gesellschaften durch den ruinösen Preiskampf in Zahlungsschwierigkeiten gerieten und traditionsreiche *National Carrier* wie Pan American Airways und Trans World Airlines in Konkurs gingen. Nach einer Konsolidierung mit regionalen Schwerpunktbildungen und der Übernahme von Konkurrenten zogen die Preise bei nachlassender Servicequalität erneut an (Goetz 2002).

Liberalisierungsbemühungen in der EU erfolgten deshalb behutsamer und in Teilschritten innerhalb eines Jahrzehnts (Nuhn 1998b). Das erste Maßnahmenbündel trat am 1.1.1988 in Kraft. Es ermöglichte Kapazitätsausweitungen und Preissenkungen innerhalb bestimmter Grenzen und befreite kleinere Flugzeuge unter 70 Sitzplätze von Beschränkungen. Im zweiten Schritt ab dem 1.11.1990 wurden die Grenzwerte weiter herabgesetzt und im Zeitraum vom 1.1.1993-1.4.1997 alle weiteren Begrenzungen einschließlich des Kabotageverbots (keine Transporte innerhalb eines Mitgliedslandes für auswärtige Gesellschaften) aufgehoben. Damit erhielten die Linien- und Charterfluggesellschaften der Länder des Europäischen Wirtschaftsraumes die Freiheiten der Luft.

Allerdings drohte der einheitliche EU-Luftverkehrsmarkt wieder fragmentiert zu werden durch **Open Sky-Abkommen** zur Liberalisierung bestehender Verträge einiger Mitgliedsländer mit den USA (Gewährung der 1. und 5. Freiheit sowie der 7. Freiheit im Frachtverkehr). Auf Antrag der Europäischen Kommission erklärte der Europäische Gerichtshof deshalb 2002 diese Verträge für nichtig und betonte die Zuständigkeit der Kommission für entsprechende Regelungen. 2003 wurde von den EU-Verkehrsministern in Würdigung des Richterspruchs auch formal der Kommission ein Verhandlungsmandat mit den USA übertragen (CHANG et al. 2004).

Mit der Liberalisierung des Luftverkehrsmarktes in Europa waren die Erwartungen für niedrige Flugpreise, verbesserte Qualität und größere Produktivität verbunden. Die Kommission stellte 1996 in einem Sachstandsbericht allerdings fest, dass diese Ziele nur in begrenztem Maße erreicht wurden. Deutliche Preissenkungen gab es nur auf wenigen Flugrouten, wo mehr als zwei Gesellschaften im Wettbewerb lagen. Strecken, die nur von einer Gesellschaft bedient wurden (94 % aller Routen im EWR), verzeichneten sogar Preiserhöhungen. Von der 7. Freiheit wurde nur in Einzelfällen Gebrauch gemacht (JUNG 1999).

Bei generell starkem Wachstum war zwar der Marktanteil der ehemaligen *Flag Carrier* durch **neue Anbieter** leicht gesunken, aber viele Einsteiger schieden nach kurzer Zeit wieder aus. Eine Ausnahme stellen einige *Low Cost Carrier* dar. Insgesamt hat sich das System der innereuropäischen Flugverbindungen wenig verändert, und die Deregulierung wird nicht als überzeugender Erfolg bewertet (HAKFOORT 1999). Dies ist auch auf die dominierende Stellung der traditionellen Fluggesellschaften an den Hubs mit der Blockierung von Slots zurückzuführen. Eine weitere Erklärung ergibt sich aus den regionalen Nachfragestrukturen und dem Wettbewerb mit anderen Verkehrsträgern bei kürzeren Strecken und einer Reisezeit von 2-3 Stunden (flexibler Pkw und Hochgeschwindigkeitszüge). Die europäische Verkehrspolitik ist stark auf den Ausbau der grenzüberschreitenden Verkehrsachsen von Straße und Schiene ausgerichtet und hat bisher kein integriertes Verkehrskonzept vorgelegt, wenn auch im *White Paper* generell Stellung genommen wird

(GRAHAM 1998, EU COM 2001b).

Insbesondere im internationalen Verkehr wirkt sich auch die nach wie vor bestehende **Fixierung auf** *National Carrier* negativ aus. Selbst die USA haben in ihren *Open Sky*-Abkommen bisher darauf bestanden, dass nur nationale bzw. mehrheitlich im Eigentum von nationalem Kapital bestimmte Gesellschaften die vertraglichen Privilegien genießen. Hierdurch sind internationale Kapitalverflechtungen sowie grenzüberschreitende *M&A* bisher gehemmt worden. Da die Verkehrsrechte von Sabena oder Swiss Air nach der Insolvenz nicht beliebig übertragen werden konnten, mussten nationale Nachfolgegesellschaften geschaffen werden. Auch bei den Zusammenschlussverhandlungen von British Airways und KLM stellte diese Problematik einen Hinderungsgrund dar (CHANG et al. 2004).

Kontrovers diskutiert werden die Liberalisierungs- und Privatisierungsbemühungen auch vor dem Hintergrund der Befürchtungen einer Absenkung der **Sicherheits- und Umweltstandards**. Untersuchungen in den USA nach der Einführung der Deregulierungsmaßnahmen 1978 haben allerdings keine empirischen Belege dafür gefunden, dass die Flugsicherheit abgenommen hat (KNORR 1997). Vielmehr sind Unfälle und Störfälle weiterhin zurückgegangen. Nach einer Statistik der Bundesstelle für Flugunfalluntersuchung ereignete sich in Deutschland um die Jahrtausendwende nur jeweils nach 588.000 Flugstunden ein Unfall mit Todesfolge.

Der Flugverkehr ist damit – etwa im Vergleich zur Straße – ein bemerkenswert sicherer Transportmodus, auch wenn durch Medienberichte teilweise ein anderer Eindruck vermittelt wird. Die **geringe Unfallhäufigkeit** ist darauf zurückzuführen, dass eine verbesserte Flugsicherung und technologische Innovationen (Radar, Navigationshilfen, neue Triebwerke etc.) sowie strikte Wartung und institutionelle Kontrolle wirksam werden (Button et al. 2004). Die 1953 in Deutschland als Bundesanstalt für Flugsicherung gegründete Behörde wurde 1993 in das bundeseigene Unternehmen **DFS** GmbH umgewandelt, das in Zusammenarbeit mit EUROCONTROL den Luftverkehr über Deutschland betreut. Die bereits 1960 gegründete europäische Institution zur Vereinheitlichung der Flugsicherung im oberen Luftraum der EU führt bisher erst Teilaufgaben durch wie die Berechnung der Überfluggebühren und die Analyse der Flugverspätungen, weil die einzelnen Länder nur zögerlich das Projekt *Single European Sky* umsetzen. In den USA hat die bisher den Fluglinien und Flughäfen überlassene Sicherheitsüberwachung der Passagiere nach dem 11. September 2001 eine neue Zentralbehörde übernommen, wodurch Terroranschlägen vorgebeugt werden soll.

Mit zunehmendem Luftverkehr ab den 1960er Jahren machten sich auch **Emissionen** stärker bemerkbar. Zunächst waren es die direkten lokalen Auswirkungen an den Flughäfen, die Bürgerproteste hervorriefen, später auch die globalen, teilweis indirekten Veränderungen in der Atmosphäre, die mit dem anthropogen beeinflussten Klimawandel in Verbindung stehen. Ab 1971 reagierte die ICAO durch Regelwerke zur Begrenzung der Emissionen, und die Bundesregierung erließ entsprechende Gesetze und Verordnungen.

Dabei geht es insbesondere um den **Lärmschutz**, der durch technologische und organisatorische Innovationen sowie durch Ge- und Verbote erhöht wird. Durch Neuerungen an den Triebwerken konnte der Fluglärm in den letzten vier Jahrzehnten um ca. 75 % und der Kraftstoff-

verbrauch um 40-50 % gesenkt werden. Im Anhang 16 der ICAO Konvention werden Flugzeugtypen aufgeführt, deren Stilllegung zu bestimmten Zeitpunkten empfohlen wird. Von Seiten der Aufsichtsbehörden wird außerdem Einfluss genommen auf die Festlegung von An- und Abflugrouten und auf Betriebseinschränkungen wie z. B. das Nachtflugverbot. Die Flughäfen können geräuschabhängige Landegebühren oder Emissionsguthaben bzw. Emissionshandel einführen. Bei der Erteilung von Baugenehmigungen wurden in vielen Fällen Schutzzonen im Flughafenbereich nicht konsequent frei gehalten. Durch Fluglärm-Monitoring und Fluglärmkommissionen wird der Betriebsplan vieler Flughäfen heute überwacht.

Ein weiteres nicht so eindeutig dem Flugbetrieb zuzuordnendes Problem stellen die **Abgasemissionen** der Triebwerke dar, weil sie sich in ihrer Zusammensetzung in Abhängigkeit vom Verbrennungsvorgang verändern und direkt mit den bereits in der Luft vorhandenen Belastungen vermischen. Die wichtigsten Komponenten sind: Kohlendioxid, Wasserdampf, Stickoxide, Schwefeloxide und Aerosole (Abb. 2.6.15). Hierdurch wird die chemische Zusammensetzung der Atmosphäre verändert und die Strahlung beeinträchtigt (Sausen

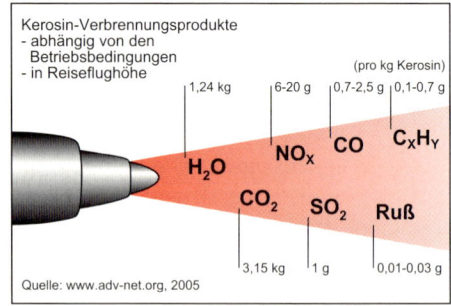

Kerosin-Verbrennungsprodukte
- abhängig von den Betriebsbedingungen
- in Reiseflughöhe

(pro kg Kerosin)

1,24 kg   6-20 g   0,7-2,5 g   0,1-0,7 g

H_2O NO_X CO C_XH_Y

CO_2 SO_2 Ruß

3,15 kg   1 g   0,01-0,03 g

Quelle: www.adv-net.org, 2005

Abb. 2.6.15 Abgasemissionen aus Flugzeug-Triebwerken

1999). Insbesondere die Verstärkung des anthropogenen Treibhauseffektes und der Abbau der Ozonschicht in der Stratosphäre, die als lebensnotwendiger Filter für die zellschädigenden UV-B-Strahlen am Erdboden wirkt, werden dem Flugverkehr angelastet (IPCC 1999). Weder bei den Messverfahren noch bei den Prozessabläufen und Verursachungszusammenhängen können allerdings beim gegenwärtigen Forschungsstand eindeutige Aussagen getroffen werden.

Durch die Steigerung der **Energieeffizienz** der modernen Triebwerke konnte auch der Schadstoffausstoß erheblich reduziert werden. Von 1991-2001 wurde die spezifische Treibstoffmenge pro Passagier um 25 % gesenkt und bis 2012 sollen 40 %

erreicht werden. Wenn auch die Mengen der im Luftverkehr emittierten Schadstoffe bei einem Anteil von 2-3 % am Gesamteintrag durch Industrie, Verkehr und Haushalte zur Zeit gering sind, ist wegen des zu erwartenden Anstiegs der Transportnachfrage doch weiterhin eine Verbesserung erforderlich. Hierzu dienen Grenzwertabsenkungen nach dem Stand der Technik, Umweltmanagement an den Flughäfen sowie öffentlich geförderte Forschungsprogramme zur schadstoffärmeren Triebwerktechnik und zum effizienteren Start- und Landeanflug. Trotz dieser Maßnahmen werden einige Großflughäfen an ihren bisherigen Standorten nicht mehr weiter wachsen können, wenn die Umweltkapazität in naher Zukunft überschritten ist.

Literaturauswahl zur Ergänzung und Vertiefung von Kapitel 2.6

- **Einführung und Überblick:**
  CONRADY/STERZENBACH 2003, POMPEL 2002, DOGANIS 2001, SEIFERT 2001, 1999, FELDHOFF 2000, MAURER 2000, B. GRAHAM 1995
- **Flugverkehrsnetze und Personentransport:**
  MATSUMOTO 2004, PAPATHEODOROU 2002, WILLIAMS 2001, ICAO 1997
- **Luftfracht und KEP-Dienste:**
  NEIBERGER 2004, VAHRENKAMP 2003, BACHMEIER 1999, GORMSEN 1986
- **Fluggesellschaften:**
  CHANG et al. 2004, WILLIAMS 2002, OUM et al. 2000, HANLON 1999, RAGURAMAN 1997
- **Flughafenentwicklung:**
  MAYR 2004, GRAHAM 2003, BARRETT 2000, PFÄHLER et al. (Hg.) 1999, HAAS 1994, VAN DER LAAN 1994, WOLF 1994, ERNST 1981
- **Raumwirksamkeit von Flughäfen und Konversion:**
  BEHNEN 2004, HENN 2004, SCHAMP 2002, HAAS 1997, KRAMER 1988, HISINGER 1976
- **Flugverkehr und Umwelt:**
  UPHAM et al. 2003, BABIBKIAN et al. 2002, HEINEN 2002, IPCC 1999, SAUSEN 1999
- **Luftverkehrspolitik:**
  BUTTON et al. 2004, CHANG et al. 2004, H. WOLF 2003, GOETZ 2002, EU COM 2001b, BARRETT 200, HAKFOORT 1999, JUNG 1999, BONGARTZ 1998, NUHN 1998b, KNORR 1997
- **Statistiken/Datenreihen zum Flugverkehr:**
  Civil Aviation Statistics of the World, (lfd. Jahre), ICAO (Hg.), Montreal
  Personen-/Güterverkehr im Luftverkehr, CD-ROM, (lfd. Jahre), STATISTISCHES BUNDESAMT (Hg.)
  Luftverkehr, Fachserie 8, Reihe 6, (lfd. Jahre, monatlich), STATISTISCHES BUNDESAMT (Hg.)
  World Air Transport Statistics, (lfd. Jahre), IATA (Hg.), Montreal/Genf
- **Zeitschriften:**
  Journal of Air Transport Management, 2005, Jg. 11, (monatlich)

2.7 Nachrichtenverkehr, Informations- und Kommunikationssysteme

2.7.1 Entwicklung und Raumwirksamkeit von Angebot und Nachfrage

Die Verbreitung von Nachrichten stellt historisch betrachtet eine Frühform des heutigen Verkehrswesens dar. Vor der Industrialisierung bildete der Transport von Pferdekutschen bekanntlich die einzige Landverkehrsmöglichkeit jenseits des Fußwegs, und aus der Beförderung von Briefen per Postkutsche entstanden das von THURN UND TAXIS in Deutschland entwickelte Postwesen. Parallel ist als bedeutende Umwälzung des Kommunikationswesens die Erfindung und Anwendung von **Telegraf und Telefon** im 19. Jh. zu nennen (u. a. durch Johann Philipp REIS und Alexander GRAHAM BELL). Daraus ging schließlich das Fernmeldewesen hervor. Heute wird der Entwicklung von Information und Kommunikation eine überragende gesellschaftliche Bedeutung beigemessen, die sich auch in der Rede vom medial vernetzten, „globalen Dorf" (MACLUHAN) oder der **„Informationsgesellschaft"** als neuem Paradigma (CASTELLS 1996, ZOOK 2005) manifestiert.

Information und Kommunikation wurden allerdings erst mit dem Aufkommen der Industriegesellschaften zum Massenphänomen, während es zuvor ein Privileg von Oberschicht, Adel und Kirche war (GRÄF 1988, S. 15). Die weite Verbreitung und Nutzung der elektronischen Medien ist in Deutschland im Grunde erst in der Nachkriegszeit des 20. Jh.s festzustellen, hat sich dann allerdings sehr rasch durchgesetzt. Parallel mit der Entwicklung privaten Wohlstands erfuhr die Verbreitung

von Rundfunk- und Fernsehgeräten sowie des Telefons in Deutschland seit 1965 einen sprunghaften Anstieg. Bereits Mitte der 1980er Jahre lag die Ausstattung der westdeutschen Haushalte mit Telefon, Radio- und Fernsehgeräten bei über 90 % (GRÄF 1988, S. 64).

Vor allem seit dem Aufkommen der modernen Telekommunikation hat sich das Nachrichtenwesen sehr dynamisch entwickelt. Mit dem Begriff der **Telekommunikation** wird „die Gesamtheit aller elektrotechnischen Raumüberwindungsvorgänge" bezeichnet (HEINZE/KILL 1995, S. 953), zu denen auch akustische und optische Übertragungsverfahren gehören; die elektronische Übertragung steht jedoch heute im Mittelpunkt. Je nach Übermittlungsinhalten wird dabei zwischen Sprach- (Telefon, Rundfunk), Bild- (Fernsehen, Telefax), Text- (Telex) und Datenkommunikationsdiensten (Datenverarbeitung) unterschieden. Während sich Fax und frühe Bildschirmtext-Technologien noch auf der Basis analoger Techniken und Standards entwickelten, haben sich Informations- und Kommunikationsdienste in jüngster Zeit durch die Bereitstellung **digitaler Technologien** rasant entwickelt. Dies wurde u. a. durch hohe Übertragungsgeschwindigkeiten und einheitliche Übertragungsstandards ermöglicht.

Die weltweite Verbreitung des **Internet** sowie internetgestützter Übertragungsmodi (insbesondere E-Mail) haben diese Entwicklung in den 1990er Jahren beschleunigt. Eine derart weite **Verbreitung und Anwendung der neuen Technologien** war noch vor zwei Jahrzehnten kaum vorstellbar, denn die jeweilige Diffusion von Angebots- und Nachfragestrukturen erfolgt erfahrungsgemäß in unterschiedlichen Geschwindigkeiten: Während die Entwicklung neuer Telekommunikationsangebote im Zuge des technologischen Wandels beschleunigt verlaufen kann, verläuft ihre nachfrageseitige **Akzeptanz und Anwendung** eher in längerfristigen Zeiträumen. Dies hängt nicht nur mit der Frage zusammen, zu welchem Preis entsprechende Infrastrukturangebote für eine größere Nutzerzahl erstellt werden können, so dass sich diese eine Inanspruchnahme der neuen Dienste leisten kann. Ihre Verbreitung geht letztlich in hohem Maße auf kulturelle Adaptionsmuster zurück: also das Einsickern in alltagsweltliche Lebenszusammenhänge, das von mehr Faktoren abhängt als der jeweiligen Kosten-Nutzen-Relation (z. B. Zugänglichkeit, Brauchbarkeit). Traditionelle und moderne Kommunikationstechnologien gleichen sich dahingehend, dass ihre Verbreitung historisch gesehen bereits mehrfach unterschätzt wurde: dies galt vor mehr als einem Jahrhundert für das aufkommende Telefon, und dies galt in der zweiten Hälfte des 20. Jh.s auch für die Text- und Datenübertragungsdienste, die der modernen Internetkommunikation vorausgingen (vgl. DEITERS/GRÄF/LÖFFLER 2001, S. 25).

Die neuen und alten Kommunikationsdienste werden indes bei weitem nicht überall auf der Welt in gleichem Maße nachgefragt und genutzt bzw. stehen dort zur Verfügung. Nach Daten der Internationalen Union für Telekommunikation (ITU) hatte im Jahr 2003 weniger als die Hälfte der Weltbevölkerung von über 6,1 Mrd. einen **Telefonanschluss**. Nur 3 von 100 Bewohnern Afrikas haben Zugang zu einem Telefon. Ca. 700 Mio. Menschen hatten im Jahr 2003 einen Anschluss an das Internet, davon waren nur gut 12 Mio. Menschen aus Afrika (ITU 2004). Industrie- und Entwicklungsländer scheinen hier eine sehr gespaltene Entwicklung zu nehmen, wie es auch innerhalb der Industrieländer durchaus ein Gefälle zwischen der verbreiteten IuK-Praxis in den Verdichtungsräumen und den in dieser Hinsicht tendenziell zurück bleibenden ländlichen Regionen gibt (s. die Daten zur Verbreitung von Festnetz- und Mobiltelefonen in den Tab. 2.7.1 und 2.7.2).

Bei der **Internet-Nutzung** liegt Deutschland ebenso wie in der Mobilfunk-Verbreitung im internationalen Mittelfeld der In-

Tab. 2.7.1 Verbreitung von Telefonanschlüssen (Festnetz)

Region	Anschlüsse in Tsd.		% 2000-2004
	2000	2004	
Afrika	19.413,2	25.818,1	7,4
Amerika	287.685,6	295.839,1	0,7
dar. USA	192.513,0	177.947,0	- 1,9
Asien	338.674,4	539.363,6	12,3
dar. Japan	61.957,1	58.788,0	- 1,3
dar. China	144.829,0	312.443,0	21,2
Europa	316.660,2	323.730,3	0,6
Ozeanien	12.473,5	12.985,3	1,0
Summe	974.906,8	1.197.736,5	5,3

Quelle: ITU 2005

Tab. 2.7.2 Verbreitung von Telefonanschlüssen (Mobil)

Region	Anschlüsse in Tsd.		% 2000-2004
	2000	2004	
Afrika	15.358,6	75.891,9	49,1
Amerika	180.589,9	370.045,5	19,6
dar. USA	109.478,0	181.105,1	13,4
Asien	240.624,4	710.528,1	31,1
dar. Japan	66.784,4	91.473,9	8,2
dar. China	85.260,0	334.824,0	40,8
Europa	291.425,4	571.806,2	18,4
Ozeanien	10.262,1	19.833,8	17,9
Summe	738.260,3	1.748.105,4	24,1

Quelle: ITU 2005

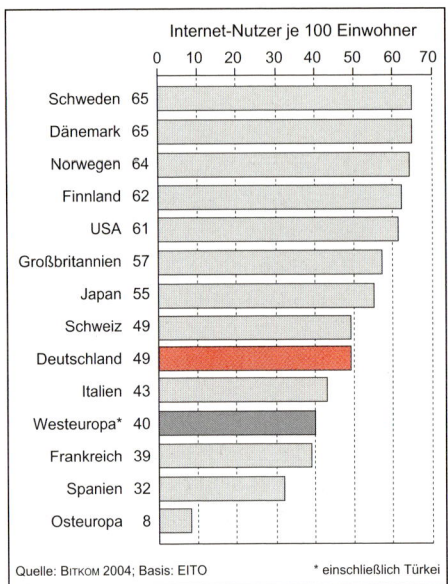

Abb. 2.7.1 **Internet-Nutzer 2003**

dustrieländer (Abb. 2.7.1). Mehr als jeder zweite deutsche Haushalt nutzt heute das Internet; Mobiltelefone wurden im Jahr 2003 von 78 % aller Deutschen genutzt (BITKOM 2004, S. 12). War die Verbreitung des Telefons in der DDR noch begrenzt, sind die Kommunikationssysteme mit der deutschen Vereinigung schnell ausgebaut und modernisiert worden. Zunehmend steht die Mobilkommunikation im Mittelpunkt der künftigen Entwicklung. Ein weiteres, in hohem Maße raumrelevantes Feld der modernen Kommunikation ist der **Online-Handel** (E-Commerce). Dieser ist in der Vergangenheit stark gewachsen und erreichte 2003 in Deutschland ein Volumen von 138 Mrd. EUR; davon entfiel der überwiegende Teil auf den Handel zwischen Unternehmen. Zwar ist der Anteil der Online-Transaktionen am gesamten Handel immer noch gering, doch entfallen fast 30 % des europäischen E-Commerce auf Deutschland (BITKOM 2004, S. 26).

Parallel zu seinem Bedeutungszuwachs in jüngerer Zeit ist der Informations- und Kommunikationssektor (IuK) verstärkt Gegenstand geographischer Forschungen geworden, wenn auch diese weniger im Blickpunkt der Öffentlichkeit standen als die Wirtschafts- oder Sozialwissenschaften (vgl. Gräf 1988). Der Autor weist auf die verschiedenen Ansätze in der raumbezogenen Analyse von IuK hin. Bereits in CHRISTALLERS (1933) Arbeit über die zentralen Orte in Süddeutschland wurde die Zahl von Telefonanschlüssen als Indikator zur Bestimmung und Abgrenzung räumlicher Einheiten verwendet. Besondere Aufmerksamkeit fand die Forschung von HÄGERSTRAND (1971) zur Ausbreitung von Innovationen, bei denen sowohl **soziale Kommunikation** (Kontaktfelder) als auch technische Kommunikation, insbesondere über das Telefon, im Mittelpunkt standen. In den 1980er Jahren verstärkte sich das Forschungsinteresse an den neuen Informations- und Kommunikationstechniken, auch im räumlichen Zusammenhang. Räumliche und virtuelle Aktivität bzw. Mobilität werden als Elemente eines wechselseitig verflochtenen Bedingungsgefüges aufgefasst (Abb. 2.7.2).

Der Versuch, die **räumlichen Wirkungen** der neuen Informations- und Kommunikationsdienste angemessen einzuschätzen, wirft jedoch einige Schwierigkeiten auf (vgl. LAASER/SOLTWEDEL 2001, LÄPPLE 1989). Bereits mit dem Aufkommen des Telefons entstanden die ersten Szenarien hinsichtlich der möglichen Veränderungen menschlicher Interaktion durch die neue Kommunikationstechnik sowie ihrer räumlichen Verbreitung. Die Telekommunikation trug dazu bei, physische Distanz zu weit geringeren Kosten als bisher zu überwinden. Dies hat zwangsläufig Auswirkungen auf die Stadt- und Raument-

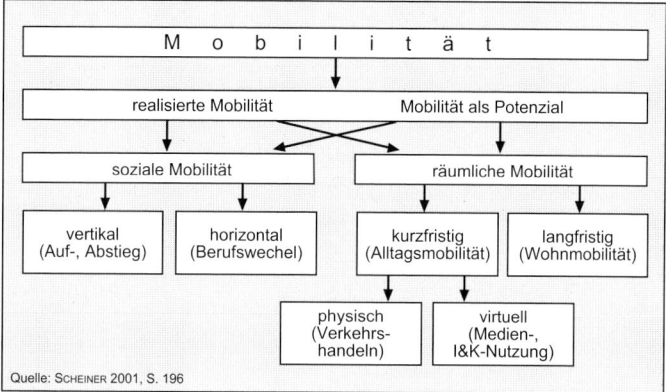

**Abb. 2.7.2
Stellung von IuK-Nutzung im System der Mobilität**

Quelle: Scheiner 2001, S. 196

wicklung sowie Mobilität und Verkehr (vgl. Henckel et al. 1984). Spätestens mit dem rasanten Aufkommen der modernen Kommunikationstechnologien wurden Überlegungen populär, die vom Verschwinden des physischen Raumes, dem *Death of distance* (Cairncross 1997) oder gar dem Ende der Geographie ausgingen. Zumindest wurde von einer „Geographie der Informationsgesellschaft" (Hepworth 1989) erwartet, dass räumliche Bindungen gelockert und die Polaritäten zwischen Zentrum und Peripherie neu gewichtet würden (vgl. Graham/Marvin 1996; Kotkin 2000). Zugleich wurden große Hoffnungen in das **Gestaltungspotenzial der IuK-Technologien** gesetzt, sei es zur Entwicklung strukturschwacher ländlicher Räume oder zur Lösung der Verkehrsprobleme auf dem Wege der Substitution physischen Verkehrs durch Informationsaustausch (Institut für Mobilitätsforschung 2004).

Diese Szenarien haben sich jedoch aus verschiedenen Gründen (noch) nicht bestätigt. Hinter den entsprechenden Annahmen steht zum einen ein vereinfachtes Abbild der Interaktion von Technologie und Gesellschaft, die weitaus komplexer erfolgt als unterstellt (Moktharian 2000). So kann Telekommunikation physischen

Verkehr anregen, ersetzen oder aber sich neutral auswirken. Durch **Telearbeit** lassen sich durchaus Berufswege einsparen – wenn auch nicht in dem Umfang, wie dies anfangs erwartet wurde (BMWi/BMAS 1998). Zugleich erhöhen sich aber die individuellen Dispositionsspielräume, wenn der werktägliche Zwang der Fahrt zur Arbeit entfällt. An die Stelle der eingesparten Berufsverkehrsfahrten können neue Freizeitwege treten, das tägliche Zeit- oder Geldbudget kann auf neuen Wegen ausgeschöpft werden. Die Gesamtbilanz kann auf diese Weise neutral oder sogar schlechter als vorher ausfallen (Luley et al. 2003; Moktharian 2003, Zumkeller 1997). Auch im Bereich des **Güterverkehrs** wurden revolutionäre Umwälzungen in der Organisation der Logistik erwartet, vor allem durch Rationalisierung des Distributionskanals, Umgehung von Distributionsstufen (etwa des Großhandels) und durch **Restrukturierung der Logistikketten** (Abb. 2.7.3).

Auch hier dürften die überprüfbaren Wirkungen der IuK aber bisher noch gering ausfallen (vgl. Fraunhofer/DIW 2003, Hesse 2002). Art und Ausmaß der mit der Nutzung neuer Technologien einhergehenden Wirkung hängen stark vom je-

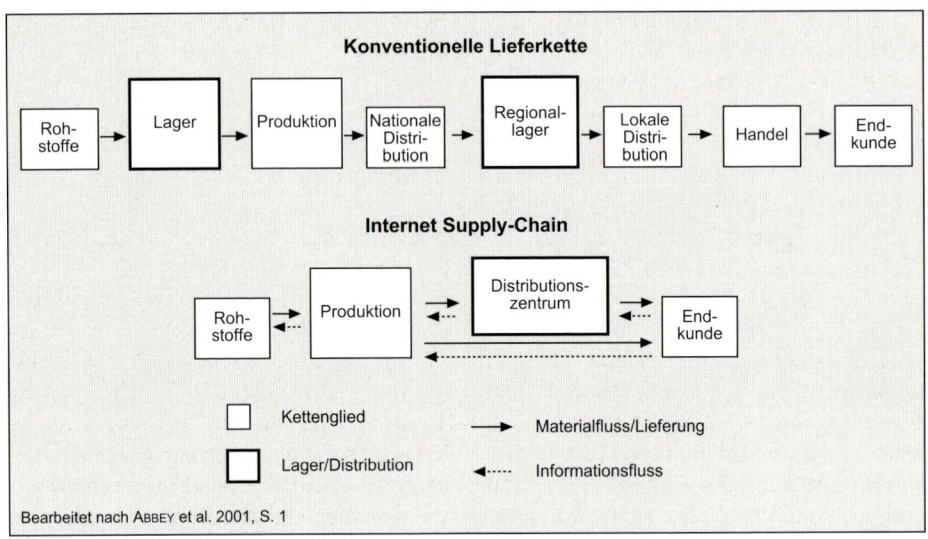

Abb. 2.7.3 Restrukturierung der Logistikkette durch das Internet

weiligen Einzelfall ab. Zum anderen wurde bei solchen Szenarien nicht bedacht, dass sich auch neue Technologien immer im Kontext des Bestehenden entwickeln: Sie werden parallel zu vorhandenen Infrastrukturen eingeführt und genutzt (vgl. die komplementäre Nutzung des Internets und des stationären Einzelhandels), sie können diese ergänzen oder ablösen. Sie können sich aber auch nicht durchsetzen und insofern einen Seitenpfad der Technikentwicklung beschreiten; die moderne Technikgeschichte gibt Zeugnis von vielen solcher Seitenpfade (vgl. Beispiel Wankelmotor).

Mehr als ein Jahrzehnt nach der Popularisierung des Internet, und nachdem übertriebene Hoffnungen in eine durch Informations- und Kommunikationsmedien gestützte „Neue Ökonomie" vorläufig enttäuscht wurden, ist davon auszugehen, dass die Telekommunikation ein **evolutionäres Veränderungspotenzial** besitzt, das auf Dauer unstrittig von Bedeutung ist. Gleichwohl besitzt menschliches Handeln Beharrungskräfte, die der These vom revolutio-

nären Wandel eher entgegenstehen. Auch räumliche Distanz gehört zu diesen Beharrungskräften, wenn sie auch heute auf komplexere Weise in Erscheinung treten als es vereinfachte Modelle wie die Gravitationstheorie unterstellt haben (s. Kap. 4.1). Derzeit besteht weitgehend Einigkeit darüber, dass Faktoren wie Raum oder Distanz in der Informationsgesellschaft weiterhin eine Rolle spielen: sie werden unter den neuen Bedingungen nur anders ausgefüllt als vorher. Statt einer Auflösung des Raumes ist insofern von einer **Reorganisation der Erreichbarkeitsverhältnisse** auszugehen. Sinkende Raumwiderstände (preiswerte Mobilität, ausgebaute Verkehrsnetze) erlauben die Ausdehnung der Aktionsräume, und dies begünstigt die Herausbildung einer selektiven, polarisierten Raumentwicklung (LINCOLN INSTITUTE FOR LAND POLICY 2001).

In dieser Wirkungskette spielen also weniger einzelne Technologien als komplexe Subsysteme und deren Anwendungskontexte eine treibende Rolle. Zu diesen gehören neue **Produktions- und Distributionskonzepte**, mit denen Warenproduktion und -verteilung in den Unternehmen sukzessive verändert wurden – bereits lange vor dem Aufstieg des Internet, wenn sie auch durch dieses nun verstärkt werden. Auch bei der Personenmobilität spielt der technologische Kontext vorläufig nur eine Nebenrolle; er dürfte bislang weniger bedeutend gewesen sein als der Wandel in der individuellen Alltagsdisposition und in Mustern der **Lebensführung**. Letztlich kommt technologischer Wandel erst im raum- und siedlungsstrukturellen Kontext zum Tragen, wo sich neue Mobilitätsmöglichkeiten vor dem Hintergrund der individuellen Nachfrage (Spielräume, *contraints*) erst in der jeweiligen raumstrukturellen Situation zu konkreten Mustern ausformen (vgl. Wheeler et al. 2000).

Dass die Kategorie des Raumes trotz weiterer Fortschritte in der Entwicklung der IuK auch künftig Bestand haben wird, lässt sich exemplarisch daran ablesen, dass die für die Entwicklung und Anwendung neuer Kommunikationsformen erforderliche Wertschöpfung immer noch in den großen **Verdichtungsräumen und Kernstädten** erbracht wird, nicht im ortlosen *Cyberspace*. So haben zahlreiche Studien zu den sogenannten kreativen *Districts* großer Städte, unter ihnen Los Angeles, San Francisco und New York City (insbes. Manhattan) in den USA bzw. Paris, London oder München und Berlin in Europa prototypisch urbane Affinitäten der „kreativen Milieus" nachgewiesen. Dies gilt für traditionelle Sektoren wie das Verlagswesen sowie die Produktion von Internet-Inhalten; vgl. unter zahlreichen Beispielen Zook (2000) oder Krätke (2002). Hier kommt eine Mischung aus Agglomerationseffekten, Fühlungsvorteilen und anderen Vorzügen räumlicher Nähe bzw. Verflechtung zum Tragen, die sich positiv auf die Produktivität dieser Milieus auswirken. Solche stimulierenden und wechselseitig rückgekoppelten Effekte waren bisher vorwiegend auf Kernstädte bzw. urbane Zentren gerichtet, nicht auf periphere Lagen.

2.7.2 Infrastrukturnetze und Schnittstellen

Die Verbreitung der modernen Telekommunikationsinfrastruktur ist in der jüngsten Vergangenheit in rasch aufeinanderfolgenden Schüben erfolgt. Im Licht dieser Tatsache wird aber oft übersehen, dass die **Diffusion der technischen Netze** im historischen Maßstab eher langsam erfolgt ist. Dies hat verschiedene Gründe, die nicht nur in ökonomischen und sozialen Grenzen auf Seiten der Nachfrager liegen (man denke etwa an Schwellenwerte der sozialen Akzeptanz), sondern auch mit den erheblichen technisch-ökonomischen und finanziellen Aufwendungen für die Infrastrukturerstellung zusammen hängen. Dabei ist zu berücksichtigen, dass auch die neuen IuK-Infrastrukturen keineswegs immateriell sind, wie die mittlerweile populäre Rede vom „*space of flows"*, dem **Raum der Ströme** (Castells 1996) suggeriert. Dieser Raum der Ströme, so könnte man denken, ist neben oder gar an die Stelle des physischen Raums der Orte getreten und gibt den IuK-Technologien ihren ortlosen Charakter.

Der Austausch von Information und die Unterhaltung von Kommunikationsbeziehungen ist an das **Vorhandensein physisch-materieller Übertragungsmedien** gebunden, ganz gleich ob dies herkömmliche Kupferkabel sind, moderne Glasfaserkabel oder elektrische Leitungen, die als *powerline* bereits versuchsweise für den Datentransfer genutzt wurden. Diese Medien müssen an den lokalen Knotenpunkten Schnittstellen zu den Nutzern bilden. Früher ging es um Ortsvermittlungsstellen im Fernmeldedienst, heute geht es um die Übertragung der Daten an die Kunden durch lokale Carrier über die sogenannte letzte Meile. Schließlich setzen sie selbstverständlich eine passende Hardware (Geräteinfrastruktur) bei den Endnutzern voraus. Dazu gehören das Telefon oder das Telefax ebenso wie heute der Computer.

Der Aufbau der neuen Kommunikationsnetze erfolgte parallel zur Durchsetzung der neuen Dienste stufenweise (Kasten 2.7.1). In den westlichen Industrieländern waren die (analogen) Telefonnetze spätestens in den beiden zwei Jahrzehnten nach dem Zweiten Weltkrieg nahezu flächen-

---

Kasten 2.7.1
Ausbau und Wandel der Kommunikationsnetze und -angebote

• Einführung von Telefax, Teletex (elektronisches Fernschreiben) und Bildschirmtext (Btx), überwiegend in analoger Technik, Ausbau der Infrastrukturen (1980-1987)

• Digitalisierung der neuen Dienste, insbesondere Einführung von ISDN (*Integrated Services Digital Network*) im Festnetz sowie Errichtung von Kommunikationsnetzen der Wissenschaft. Parallele Öffnung der Märkte und Besetzung von Marktpositionen durch neue Dienstleister (1987-1992)

• Einführung der Mobilkommunikation für einen Massenmarkt, weitgehende Öffnung des Telefonmarktes, Entwicklung des World Wide Web (Internet), neue technische Übertragungsmöglichkeiten (1992-1997/98)

• Popularisierung von Internet und Mobilkommunikation, Entwicklung neuer Kommunikationsangebote, etc. (ab Ende der 1990er Jahre)

Quelle: nach Deiters/Gräf/Löffler 2001, S. 25

---

deckend ausgebaut, während die Versorgung in den Ländern der Zentralverwaltungswirtschaften weit weniger dicht war. Von 1980 an erfährt die Entwicklung der Kommunikationsnetze eine neuerliche Zäsur, die zum einen sowohl auf dem technischen Fortschritt allgemein als auch auf den Vorteilen verbreiteter **technologischer Standards** beruht; zum anderen kommen die Effekte der Deregulierung dieses Sektors in den Blick, der bis dato eine Domäne staatlichen Handelns war. Verkabelung und Infrastrukturaufbau, die Zulassung privaten Rundfunks und die Einführung neuer medialer Dienste gehen dabei Hand in Hand und sind insofern die Stichworte, mit denen die Entwicklung seit den 1980er Jahren gekennzeichnet werden kann.

Auf den Zeitraum von **1980-1987** klassifizieren Deiters/Gräf/Löffler (2001, S. 25) eine erste Phase in **Ausbau und Wandel der Kommunikationsnetze**, die im wesentlichen aus der Einführung von Telefax, Teletex (elektronisches Fernschreiben) und Bildschirmtext (Btx) besteht, einem Vorläufer des heutigen E-Mail-Systems, überwiegend in analoger Technik. Von **1987-1992** setzte eine Phase der **Digitalisierung der neuen Dienste** ein, die einen entsprechend höheren technischen Standard für die Übertragungswege sowie die Vermittlungstechnik voraussetzt. Dazu gehört an erster Stelle die Einführung von ISDN (*Integrated Services Digital Network*) im Festnetz, aber auch die Errichtung von Kommunikationsnetzen der Wissenschaft (wie des CERN in Genf, an dem im Prinzip das Internet entwickelt wurde) sowie die parallele Öffnung der Märkte und die Besetzung von Marktpositionen durch neue Dienstleister. Die Freigabe des Tarifwettbewerbs auf dem Telefonmarkt z. B. in Deutschland sowie die **Einführung der Mobilkommuni-**

kation für einen Massenmarkt, mehr oder minder komplementär zur stationären Nutzung, kennzeichnen die dritte Phase von **1992 bis 1997/98**. Seit Ende der 1990er Jahre hat sich diese Entwicklung durch die Öffnung des Telefonmarktes in Europa, das Aufkommen neuer Dienste, etwa den Handel über Internetplattformen sowie neue technische Möglichkeiten (z. B. satellitengestützte Übertragungsmodi), weiter beschleunigt. Scheinbar triviale Dinge wie die Übermittlung von Kurznachrichten über das Display des mobilen Telefons (SMS) haben schnell an Bedeutung gewonnen.

Heute haben sich das Internet und die digitale Kommunikation in Deutschland stark verbreitet: Mehr als 50 % der Bundesbürger haben Anschluss an das World Wide Web, mehr als 70 % der Deutschen telefonieren mobil (BITKOM 2004). Entsprechend ist der Ausbau der neuen Infrastrukturen weit vorangeschritten: mit 4,4 Mio. Breitbandanschlüssen und 12 Anschlüssen je Haushalt liegt Deutschland im internationalen Vergleich jedoch eher im hinteren Mittelfeld (BITKOM 2004). Bis 2006 wird eine Verdoppelung dieser Kennziffern erwartet. Die Nutzung elektronischer Postdienste (E-Mail) als Alternative zum Briefe Schreiben/Fax senden hat sich unter denjenigen, die Anschluss an diese Dienste haben, praktisch durchgesetzt; das Gleiche gilt für die Nutzung des Internet. Der „digitale Graben" (*digital divide*), die befürchtete **Spaltung der Gesellschaft nach Internetnutzern und -nichtnutzern**, verläuft aber nicht entlang einfacher Alters-, Bildungs- und Einkommensgrenzen; eine solche Teilung ist quer durch die Gesellschaft vorfindbar, mit leichten räumlichen Differenzierungen: städtisch-urbane Haushalte sind zu höherem Anteil *on-line* als Haushalte in ländlichen Regionen.

Eine zentrale technologische Voraussetzung für diese breite Diffusion und Anwendung der neuen Dienste war die Festlegung verbindlicher Standards unter den verschiedenen Akteuren und Institutionen. Ohne solche Standards ist die Durchsetzung einer neuen Technologie erheblich erschwert bzw. das Risiko, dass die Entwicklung in technischen Sackgassen endet, relativ hoch. Im Beispielfall der neuen IuK-Netze ist hier insbesondere die Verwendung von IP-Protocol, ASCII-Codes sowie der HTML-Sprache zu nennen, dank derer Daten über das Internet einheitlich übertragen werden können und sprachlich kommuniziert werden kann, oder die Einigung auf den *Group System Mobil Standard* (GSM) in der Mobilkommunikation. In den Unternehmen ist entsprechend die Datenfernübertragung (DFÜ) zu nennen, die bereits vor dem Aufstieg des Internet zu einer starken Vernetzung der Wertschöpfungsstufen geführt hat, etwa in der Transport- und Speditionswirtschaft.

Mit der **Aufhebung des Netzmonopols der Deutschen Bundespost bzw. der Deutschen Telekom** zum 1.8.1996 und der zum 1.1.1998 erfolgten Aufhebung ihres Sprachdienstmonopols sind neue Anbieter auf den Kommunikationsmarkt getreten, die teilweise auch die Netzinfrastrukturen in eigener Verantwortung erstellen. Zu diesen Unternehmen gehören Verkehrsunternehmen wie die Deutsche Bahn, die ihr betriebsinternes Netz in das Unternehmen Arcor einbrachte, das sie seinerzeit zusammen mit der Mannesmann AG gründete, oder große Energieversorger und Stadtwerke, die ebenfalls eigene Kommunikationsnetze unterhielten. Im Fall von Arcor konnten sich die Beteiligten auch die Knotenpunkte der Eisenbahn zu Nutze machen, die ihnen Zugang zu den lokalen Verteilernetzen verschafften. Während unter den Vollanbietern nur wenige Unternehmen in Konkurrenz zum früheren Monopolisten getreten sind (in Deutschland z. B. Vodafone als Nachfolgerin von Mannesmann-Arcor, s. Abb. 2.7.4), gibt es eine sehr viel größere Zahl lokaler Anbieter. Diese sogenannten City-Carrier treten nicht nur als Ersteller neuer Dienste auf (Internet- oder Telefondienst-Provider), sondern sie betreiben meist eine eigene Netzinfrastruktur.

Diese neuen Netze sind von ihrer räumlichen Strukturlogik sehr unterschiedlich. Im Fall von Vodafone bzw. früher Mannesmann-Arcor sind die Trassen der Eisenbahn und damit deren Strecken- und Leitungsnetz maßgeblich für die heutige Netztopologie (vgl. Rauh 1999b, S. 54). Allerdings bietet das alte Bahnkommuni-

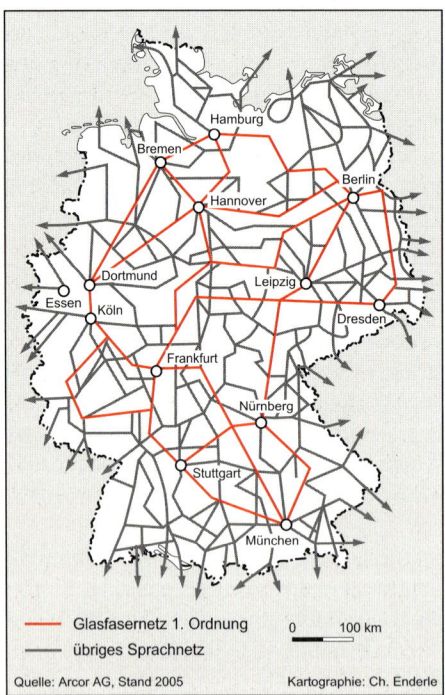

Abb. 2.7.4 **Netzstruktur eines Telekommunikationsanbieters**

kationsnetz nicht den heutigen technischen Standard (ISDN), sondern wird erst sukzessive hochgerüstet. Das Gleiche gilt für die Netzknoten dieses Betreibers, deren Modernisierung in der Städtehierarchie abwärts gerichtet verläuft: d. h. die Versorgung mit ISDN-Anschlüssen erfolgt seit 1999 ausgehend von den großen Agglomerationen mit mehr als 400.000 Einwohnern (vgl. Rauh 1999b, S. 55).

Auch bei den sogenannten City-Carriern ist eine Konzentration der Netzknoten und ihrer Verbindungen auf die wichtigsten Ballungsräume festzustellen, so wie bei dem von Rauh zitierten Beispiel des Unternehmens „Carrier 24". Da die passende Netzinfrastruktur eine wichtige Voraussetzung für die Nutzung unterschiedlicher Dienste sein kann, dürften Bewohner ländlicher Regionen unter Umständen erst sehr viel später als diejenigen in den Städten von höherer Qualität und günstigeren Tarifen profitieren; diese wurden als Folge des Wettbewerbs zumindest in Aussicht gestellt. Zum Teil bleiben solche Gruppen bzw. Regionen dann auf die Angebote des früheren Monopolisten angewiesen.

2.7.3 Infrastrukturpolitik und -planung
Die Entwicklung der Kommunikationsinfrastrukturnetze und ihrer Schnittstellen ist in der Vergangenheit nicht allein durch technologischen Wandel und räumliche Diffusion, sondern auch durch Veränderungen des institutionellen Rahmens gekennzeichnet gewesen. Beispiele hierfür sind Ausbau und Unterhaltung der Infrastrukturnetze von Bahn und Post, die über einen großen Zeitraum unter den Bedingungen eines staatlichen Monopols betrieben und genutzt wurden bzw. – betrachtet man das Bahnnetz, das sich noch im Eigentum des Bundes als Mehrheitsaktionär der Deutschen Bahn AG befindet – teilweise

auch heute noch sind. Im Fall der Kommunikation reichen die historischen Wurzeln des Fernmeldewesens weit zurück: Fast 300 Jahre, von 1595 bis 1867, währte das Monopol des Hauses Thurn und Taxis als „Reichsgeneralpostmeister" in Deutschland (GRÄF 1988, S. 16). Die seinerzeit aus politischen Gründen erfolgte Zersplitterung des Postwesens fand erst 1924 mit der Gründung der Deutschen Reichspost ein vorläufiges Ende.

Die Aufgabe der Infrastrukturbereitstellung wurde seither in der alleinigen Verantwortung des Staates gesehen. Diese Sichtweise hatte verschiedene Wurzeln: zum einen spielte das Fernmeldewesen traditionell eine wichtige Rolle im militärischen Kontext, ebenso wie die Logistik, so dass die hoheitliche Aufgabenerfüllung im Grunde selbst erklärend war. Kommunikation hat zum anderen immer auch eine Bedeutung für Ziele der politischen und sozialen Integration im staatlichen Zusammenhang – sowohl im demokratischen Wohlfahrtsstaat als auch in autoritären Systemen. Nicht selten geht revolutionären Bewegungen die Übernahme der Einrichtungen von Rundfunk und Medien voraus, um politische Anliegen überhaupt gesellschaftlich wahrnehmbar und sprachlich kommunizierbar zu machen.

Heute übt der Staat vor allem drei wichtige Funktionen im Kontext einer **Infrastrukturpolitik für Information und Kommunikation** aus (s. Kasten 2.7.2): Erstens nimmt der Staat eine zentrale Rolle in der Schaffung ordnungspolitischer Rahmenbedingungen ein, wobei diese Kompetenz in Europa von den Nationalstaaten zunehmend in Richtung EU verlagert wurde. So folgte die nationale Deregulierung des Telekommunikationsmarktes in Deutschland einer abgestimmten EG-Politikstrategie aus den frühen 1980er Jahren (RAUH

Kasten 2.7.2
Aufgaben des Staates in der IuK-Politik

- Schaffung ordnungspolitischer Rahmenbedingungen (z. B. Sicherstellung diskriminierungsfreien Marktzugangs für Anbieter)
- Ausbau netzgebundener Infrastrukturen
- Technologie, Innovations- und Strukturpolitik im Bereich der Telekommunikation

---

1999a, S. 33), die sich über mehrere Stufen der technischen Harmonisierung, wirtschaftlichen Integration und schlussendlich der Öffnung der Märkte hin vollzog. Seit 1998 sind im Grunde die Telekommunikationsmärkte aller EU-Mitgliedstaaten dereguliert. In Deutschland verlief dieser Prozess ebenfalls stufenweise, beginnend mit der Postreform I im Jahr 1989, im folgenden dann über die Vergabe von Funklizenzen und die Freigabe der Sprachübertragung Anfang der 1990er Jahre zur Postreform II im Jahr 1994 sowie zur Aufhebung des Netzmonopols der Post und zur Freigabe des Sprachtelefondienstes in Deutschland zum 1.1.1998 (RAUH 1999a, S. 34ff.). Allerdings überwacht der Staat als Gewährsträger weiterhin die Nutzung der Infrastrukturen über seine eigens gegründete Regulierungsbehörde für Telekommunikation und Postdienste (RegTP, heute Bundesnetzagentur). Sie hat die Aufgabe, Tarife zu kontrollieren bzw. zu genehmigen und den freien Zugang aller Wettbewerber zu den Netzen sicherzustellen.

Diese ordnungspolitische Funktion der Infrastrukturpolitik wird, zweitens, in aller Regel begleitet durch den aktiven Ausbau von Infrastrukturen. So hätte sich das Privatfernsehen in Deutschland in den 1980er Jahren ohne die parallele Erstellung der Kabelnetze bei weitem nicht so schnell durchsetzen können wie geschehen. Hier hatte der Staat eine wichtige Funktion als Impulsgeber. Schließlich ist der Staat bzw. sind die Gebietskörperschaften drittens im Bereich der **Technologie- und Struktur-politik** aktiv, die vor allem mit dem Ziel der Wirtschaftsförderung betrieben wird. Sie erfolgt teilweise in direkter Ableitung der Dreisektorenhypothese von FOURASTIÉ, mit der der relative Bedeutungswandel zwischen den drei großen Wirtschafts-sektoren erklärt wurde. Ziel der entspre-chenden Politiken ist die Substitution von Arbeitsplatzverlusten im primären und vor allem im sekundären Sektor durch neue Beschäftigung in Dienstleistungs- und Technologieberufen; in Deutschland kon-kurrieren vor allem die Großstädte Berlin, Hamburg, Köln, Leipzig und München um die Ansiedlung von Unternehmen der al-ten und neuen Medien sowie der Informa-tions- und Kommunikationstechnologien.

Die Aufhebung der Monopole, die Öff-nung der Märkte und die Privatisierung der großen, früher staatlichen Telefonge-sellschaften sollen einen Modernisierungs-schub im Kommunikationsmarkt her-beiführen. Es soll ein neuer tertiärer, technologisch basierter Wachstumsmarkt generiert werden, der bessere Leistungen zu geringeren Kosten für die Nutzer brin-gen und sich zugleich makroökonomisch positiv auswirkt. Zugleich werden durch die **Privatisierung** aufgrund der zuneh-mend begrenzten finanziellen Handlungs-spielräume der öffentlichen Hand neue Fi-nanzierungsmodelle ins Spiel gebracht, die den weiteren Ausbau der Infrastruktur er-lauben sollen. Zu solchen Modellen gehört der Börsengang der Telekommunikations-firmen, der privates Kapital mobilisieren und die hohen Vorlaufinvestitionen für den Ausbau und die Modernisierung der Netze abdecken soll. Ein anderes Beispiel gibt

die Versteigerung von Mobilfunklizenzen (UMTS), mit der sich die Bundesregierung im Jahr 2000 erhebliche finanzielle Res-sourcen erschließen konnte. Beide Fälle demonstrieren zugleich die hohen Risiken des Telekommunikationssektors als Wirt-schaftszweig: mittlerweile hat eine erste, prognostizierte Marktbereinigung unter den neuen Anbietern stattgefunden; T-Mo-bile soll durch den Rückzug von der Bör-se wieder in den Konzern der Deutschen Telekom eingegliedert werden; die damit einhergehenden Verluste bleiben den Akti-onären überlassen. Auch die durch den Er-werb der UMTS-Lizenzen bedingten ho-hen Kosten haben sich für die meisten der beteiligten Unternehmen bisher nicht ren-tiert.

Die skizzierten Entwicklungen demons-trieren, dass der Strukturwandel in der Telekommunikations- und Informations-wirtschaft eine umfassende **gesamtwirt-schaftliche Dimension** besitzt, die weit über seine - potenziellen und realen - Im-plikationen für Mobilität und Verkehr hin-ausgehen. Nach Angaben von BITKOM um-fasste die IuK-Wirtschaft im Jahr 2003 in Deutschland insgesamt circa 750.000 Be-schäftigte. Neue Basistechnologien, ent-sprechende Netzinfrastrukturen und ver-änderte Verhaltensmuster auf Seiten der Nutzer wirken auf komplexe Weise zusam-men. Grundsätzlich ist die Bedeutung der neuen Telekommunikations- und Informa-tionssysteme für den Verkehr sicher unbe-stritten: die Mobilkommunikation erlaubt eine völlig neue Form von Bewegungs-freiheit und Unabhängigkeit – gerade auch in raum-zeitlicher Hinsicht. Auf der ande-ren Seite gibt es offenbar Beharrungskräf-te, die einer raschen Umwälzung von in-dividuellen Raum-Zeit-Mustern entgegen stehen. Dies deuten auch aktuelle Erhe-bungen zu Zeitbudgets und Mobilitätshandeln an (vgl. Kap. 1.3).

Dass die Einschätzungen des technologischen Wandels und seiner Konsequenzen in jüngster Zeit vorsichtiger als noch zu Zeiten des Internet-Booms erfolgen, ist sowohl dem verminderten Wachstumstempo von Internetökonomie und Online-Transaktionen als auch der komplizierten Einbettung dieser Nutzungen in raumwirtschaftliche Zusammenhänge geschuldet. Auch scheinbar beschleunigt verlaufende gesellschaftlich-technische Trends brauchen offensichtlich eine längere Zeit zur Durchsetzung. Erst im Zuge ihres Reifeprozesses, der sowohl Konsolidierung bzw. Verstetigung als auch Abflachen beinhalten kann, lassen sich spekulative Interpretationen von solchen unterscheiden, die eher substanziell sind und damit längerfristig Bestand haben. Aufgaben einer vertieften geographischen Betrachtung dieser Entwicklung liegen weiterhin in der empirischen Fundierung und theoriegeleiteten Einordnung folgender Aspekte:
• der räumlichen Dimension im weiteren Prozess der Diffusion neuer IuK-Technologien, Systeme und ihrer Anwendung

• der Entstehung räumlicher Disparitäten in der Versorgung der Bevölkerung mit IuK-Angeboten und dem politisch-planerischen Umgang damit
• dem womöglich veränderten raum-zeitlichen Handeln unter dem Einfluss neuer Technologien in der Mobilkommunikation, in der Verkehrsinformation und -steuerung.

Gegenwärtig ist auf dem Gebiet der Mobilkommunikation die Durchsetzung von weiter gehenden Innovationen im Bereich der IuK zu beobachten, die das raum-zeitliche Handeln der Nutzer ganz erheblich verändern können. Sie finden sowohl in der Personenmobilität (Handy, mobile E-Mail- und Internetkommunikation) als auch im Gütertransport (Funkchip RFID) statt. Die zunehmende Anwendung der nicht-stationären Kommunikation lässt sich als eine Form von grundlegender Mobilisierung der Kommunikation deuten, die zugleich eine Lockerung von stationären Infrastrukturen erlaubt und damit größere Flexibilität mit sich bringt.

Literaturauswahl zur Ergänzung und Vertiefung von Kapitel 2.7

• **Allgemeine Entwicklung der Informationsgesellschaft**
Zook 2005, IMF 2001, BMWi/BMAS 1998, Cairncross 1997, Castells 1996
• **Räumliche Wirkungen der Informations- und Kommunikationstechnologien:**
Deiters/Gräf/Löffler 2001, Wheeler et al. 2000, Rauh 1999a, Graham/Marvin 1996, Hepworth 1989, Gräf 1988, Henckel et al. 1984
• **Verkehr und Telekommunikation:**
Luley et al. 2003, Hesse 2002, IfL (Hg.) 2001, Moktharian 2000, Heinze/Kill 1995, Hepworth/Ducatel 1992, ARL 1987
• **Statistiken/Datenreihen zur Verbreitung der Telekommunikation:**
Daten zur Informationsgesellschaft, (lfd. Jahre), Bitkom (Hg.), Berlin
World Telecommunication Indicators Database, (lfd. Jahre), ITU (Hg.), Genf
Statistiken zur Verbreitung von Internet-Domains (www.icann.org, www.zooknic.com)

2.8 Intermodale Transportketten

2.8.1 Gegenstand des Kombinierten Verkehrs

Gegenstand des **intermodalen Verkehrs** ist die Verknüpfung verschiedener Verkehrsträger (Modi). Der Begriff der **Transportkette** wird verwendet, um dem zunehmenden Vernetzungsgrad der einzelnen Wertschöpfungsstufen Rechnung zu tragen, bei deren Integration unterschiedliche Verkehrsträger zum Einsatz kommen (DIN 30781). Ihre Verknüpfung wird angestrebt, um auf dem Wege einer verbesserten Arbeitsteilung der verschiedenen Verkehrsträger das Verkehrssystem insgesamt effizienter zu gestalten. Jeder Verkehrsträger soll in der Transportkette mit seinen spezifischen Stärken zum Einsatz kommen, d. h. es geht um die bestmögliche Kombination von Massenleistungsfähigkeit und Umweltverträglichkeit des Schienen- und Schiffsverkehrs mit der hohen Flexibilität und Netzabdeckung des Straßenverkehrs.

Intermodalität nimmt daher einen besonderen Stellenwert im **Konzept einer integrierten Verkehrspolitik** ein. Sie besteht prinzipiell aus den folgenden Elementen:
• Vernetzung der Verkehrsträger (etwa Bahn, Straße, Wasserstraße)
• Vernetzung der Handlungsebenen (Staat, Gebietskörperschaften)
• Vernetzung von Angebot und Nachfrage (*demand management*).

Integrierte Verkehrspolitik ist aus der Kritik der klassischen, einseitig auf das Ziel der Abwicklung wachsenden Straßenverkehrs bezogenen angebotsorientierten Infrastrukturpolitik entstanden (BMVBW 2002a, S. 11). Die bessere Organisation und Abstimmung von Mobilität und Verkehr in einer komplexen Umgebung wird

für die jeweiligen Verkehrsträger untereinander wie für das gesamte Verkehrssystem angestrebt. Sie gilt als ein Schlüssel zur Schaffung eines zukunftsfähigen Verkehrssystems, das die Stärken eines jeden Verkehrsträgers optimal nutzt und kombiniert.

2.8.2 Intermodalität im Gütertransport

Der Begriff des **Kombinierten Verkehrs** wird allgemein wie folgt definiert: „Kombinierter Verkehr ist der Transport von Gütern in Ladungsträgern, wobei nacheinander verschiedene Transportmodi (z. B. Lkw, Eisenbahn, Schiff) benutzt werden und die Güter selbst während des gesamten Transports und somit auch während der Umladungen zwischen den Transportmodi in den Transport-Ladungsträgern (z. B. Containern, Wechselbehältern, Lkw und Lkw-Anhängern) verbleiben (Abb. 2.8.1). Theoretisch bezieht sich diese Definition auf jeden intermodalen Verkehr, während der Kombinierte Verkehr im engeren Sinne eine Unterkategorie des intermodalen Verkehrs darstellt, bei dem als weiteres Kriterium hinzukommt, dass der längere Teil der Transportstrecke mit der Eisenbahn oder Schiffen durchgeführt wird und der Vor- und Nachlauf auf der Straße so kurz wie möglich gehalten wird" (Reim 2001, S. 998).

Mit diesen Merkmalen gehört der **Kombinierte Verkehr (KV) Schiene-Straße** bzw. **Schiene-Wasserstraße** seit geraumer Zeit zu den zentralen Bausteinen der Verkehrs- und Umweltpolitik im Bereich des Gütertransports. Eine idealtypische Transportkette des KV Schiene-Straße enthält den Zulauf per Straße, einen (relativ langen) Hauptlauf auf der Schiene sowie die Andienung des Empfangsstandorts per Straße. Als Schnittstelle zwischen Zulauf und Hauptlauf bzw. Nachlauf dient

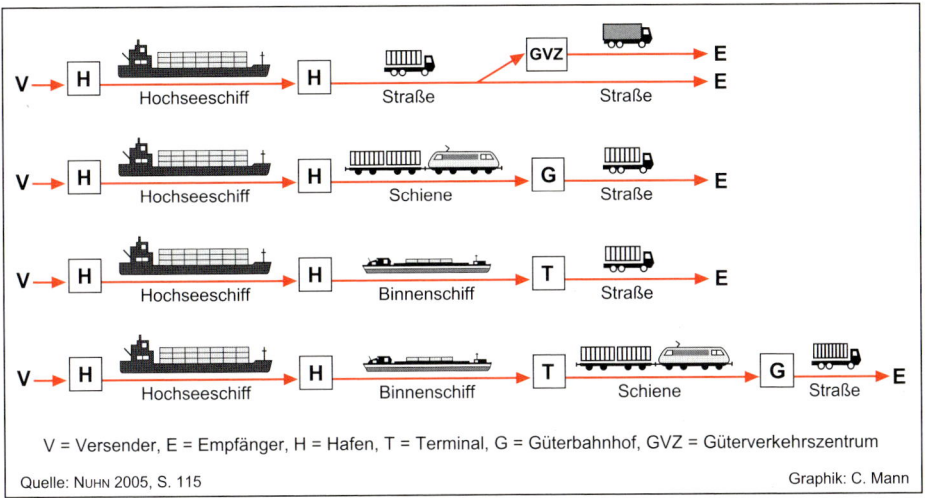

V = Versender, E = Empfänger, H = Hafen, T = Terminal, G = Güterbahnhof, GVZ = Güterverkehrszentrum

Quelle: NUHN 2005, S. 115

Graphik: C. Mann

Abb. 2.8.1 Intermodale Transportkette im kombinierten See-Landverkehr

der Umschlag an einem Umschlagbahnhof (Abb. 2.8.3). Zur Organisation des schienenseitigen Hauptlaufs sind mittlerweile verschiedene Modelle in der Anwendung. Aus Umweltsicht wird für den KV reklamiert, dass sein spezifischer Energieverbrauch nur circa ein Viertel des reinen Lkw-Transports ausmacht (BMVBW 2001, S. 9). Eine Gesamtbilanz muss aber die teilweise hohen Emissionen im Zu- und Nachlauf berücksichtigen, die den Umweltvorteil des KV relativieren können (vgl. IRU/BGL 2002).

Ein immanentes Hemmnis für die stärkere Durchsetzung des KV sind die durch den **Wechsel des Ladungsträgers** bedingten Kosten sowie die damit einhergehenden Zeitverluste in der Transportkette. Grundsätzlich wird bspw. beim Unternehmen Stinnes, in dem seit 2003/2004 die Güterverkehrs- und Logistikaktivitäten der Deutschen Bahn AG gebündelt sind, davon ausgegangen, dass der Kombinierte Verkehr erst von einem Entfernungsbereich oberhalb von 600 km sowohl zeitlich als kostenmäßig mit dem zielreinen Lkw-Ver-

kehr konkurrieren kann (Abb. 2.8.2). Hierbei wird unterstellt, dass der Umschlag versendernah organisiert werden kann. Aufgrund der regional stark schwankenden Nachfrage nach KV-Dienstleistungen werden bei weitem nicht alle Transportrelationen an allen Umschlagbahnhöfen durch die Carrier angeboten, so dass zu den Kosten- und Zeitproblemen des KV Mängel in der flächendeckenden Bereitstellung hinzu kommen.

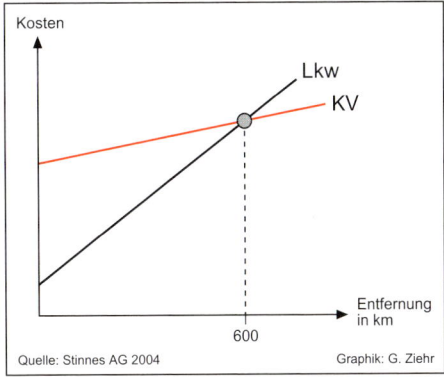

Quelle: Stinnes AG 2004

Graphik: G. Ziehr

Abb. 2.8.2 Leistungspotenziale von Lkw und KV

Abb. 2.8.3 Umschlagbahnhof Köln-Eifeltor   Foto: DB AG/Klee

Die verschiedenen Verkehrsträger sind in sehr unterschiedlichem Maße am **Aufkommen des KV** beteiligt. Wie aus Tab. 2.8.1 hervorgeht, wurden 2002 die größten absoluten Mengen sowie die höchsten relativen Anteile im Seeverkehr transportiert. Dieser hat durch die Containerschifffahrt im Zuge der Globalisierung der Transportnetze erheblich an Bedeutung gewonnen. Die Bahn hat im Jahr 2001 nur 14 % ihres Transportaufwands im KV produziert. Noch im Jahr 2000 wurden die größten Mengen an Ladungsträgern im Straßengüterverkehr einschließlich Wechselbe-

Tab. 2.8.1 KV-Aufkommen in Deutschland 2002 (in 1000 t)

Verkehrsträger	Gesamtmenge	Leere Behälter (n. b.)	Gesamt	Darunter Verkehr mit Ladungsträgern	
Eisenbahn	285.357	11.831	297.188	45.259	15,2 %
Binnenschiff	231.746	•	231.746	13.430	5,8 %
Seeschiff	242.546	35.538	278.084	130.476	46,9 %
Straßengüter-verkehr	2.720.163	•	2.720.163	70.494*	2,6 %

Quelle: REIM 2004   * nur Container, ohne Wechselbehälter

hältern bewegt (REIM 2001). Die Binnenschifffahrt spielt bisher insgesamt nur eine
untergeordnete Rolle im KV und wird auch
im KV-Segment, von Ausnahmen abgesehen, direkt mit dem Verkehrsträger Schiene konkurrieren.

Aufgrund der **Internationalisierung
der Wertschöpfungsprozesse** und des damit einhergehenden anhaltenden Verkehrswachstums im oberen Entfernungssegment wird dem KV künftig eine besondere
Bedeutung beigemessen (STATISTISCHES
BUNDESAMT 2005). Seit den 1980er Jahren
vermutet man hier erhebliche Wachstum-
schancen. In ihrem „Bericht zum Kombinierten Verkehr" (BMVBW 2001) musste
die Bundesregierung allerdings einräumen,
dass diese Wachstumsentwicklung bis dato
nicht realisiert werden konnte. Zwischen
1984 und 2000 stieg das gesamte Aufkommen des KV Straße-Schiene zwar um mehr
als 100 % von 15,7 Mio. t (1984) auf 35,5
Mio. t (2000). Gleichwohl war die Ziel-
marke von 30 Mio t bereits in den 1980er
Jahren anvisiert und wurde erst Mitte der
1990er Jahre erreicht. Nach einem steilen
Anstieg der Transportmengen zwischen
1984 und 1989 stagnierte die Entwicklung
des KV insgesamt mehrfach und hat seit

1994 nur noch geringfügig zugenommen.
Erst in jüngster Zeit wird wieder ein stärkeres Wachstum registriert (REIM/WALTER
2004).

Als exemplarisch kann die Entwicklung des KV bei der **Kombiverkehr KG**
betrachtet werden, die als größter Betreiber in Deutschland das Aufkommen zahlreicher Versender in Industrie und Handel
bzw. vieler Spediteure sowie Transportunternehmen bündelt. Nach einem starken
Anstieg der Sendungszahl zwischen 1979
und 1990 bewegt sich das Sendungsauf-
kommen in den 1990er Jahren in einem
Bereich um die 900.000 (Abb. 2.8.4). Für
diese stagnierende Entwicklung des KV
insgesamt werden verschiedene Gründe
herangezogen: zum einen wird davon ausgegangen, dass die Wettbewerbssituation
im Transportmarkt den (ohnehin sehr leistungsfähigen) Direkttransport auf der Straße begünstigt. Dieser Effekt dürfte durch
die **Deregulierung des Straßengüterverkehrs** seit 1992 erheblich verstärkt worden
sein (s. Kap. 2.1). Zum anderen fehlen den
Unternehmen die Schnittstellen zum KV-
System, weswegen die Förderrichtlinie
des Bundes ausdrücklich ihren Schwerpunkt auf die Bereitstellung von Terminals

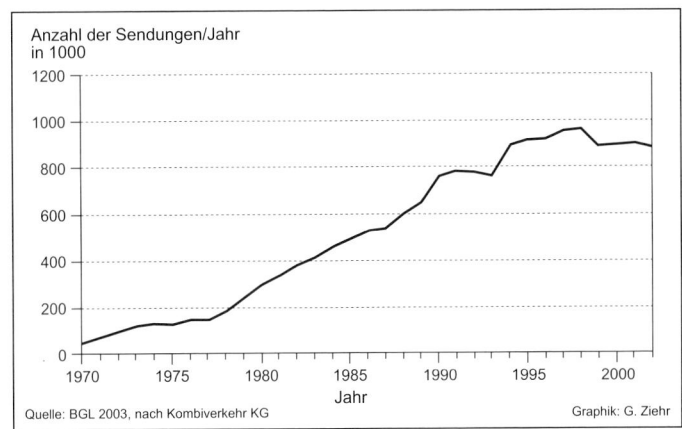

**Abb. 2.8.4
Entwicklung des
KV-Aufkommens bei
Kombiverkehr KG**

Anzahl der Sendungen/Jahr
in 1000

Quelle: BGL 2003, nach Kombiverkehr KG

Jahr

Graphik: G. Ziehr

und Umschlaganlagen gelegt hat. Auch die seit Ende der 1990er Jahre entstandenen Güterverkehrszentren sind zumindest programmatisch auf die Förderung des intermodalen Verkehrs ausgerichtet.

Das zukünftige Potenzial des KV wird sich nach Einschätzung von Unternehmen und Experten auf den Bereich der **internationalen Verkehre** konzentrieren. Dort werden die größten Mengenzuwächse erwartet: vor allem aufgrund der Besetzung von internationalen Transportkorridoren durch die Bahnunternehmen, wegen der steigenden Bedeutung der Seehafenhinterlandverkehre (und damit der Transportkette Seeschiff-Bahn) sowie ausgelöst durch die Nachfrage nach Transporten innerhalb ausgewählter logistischer Systeme. Inwieweit allgemeine Verkehrsengpässe auf dem Netz der wichtigsten europäischen Autobahnen oder die steigende Anlastung von externen Kosten hierzu beitragen wird, muss abgewartet werden. Es spricht aber viel dafür, dass die Vorteile des Kombinierten Verkehrs vor allem auf der Langstrecke – mit einem hohen Anteil der Bahn im Hauptlauf – zur Geltung kommen.

Dies gilt erst recht, da im Kontext der Osterweiterung der Europäischen Union von einer noch stärker ausgeprägten Arbeitsteilung und damit einem weiteren Anstieg des **grenzüberschreitenden Verkehrs in Europa** ausgegangen wird. Aufgrund der sich dadurch verschärfenden Kapazitätsengpässe vornehmlich auf der Straße werden zunehmende Probleme gesehen, den Anforderungen der Verlader gerecht zu werden, Sendungen über große Distanzen in komplexen logistischen Prozessketten mit kurzen Laufzeiten und hoher Zuverlässigkeit zu bewegen. Im Mittelpunkt der **Anforderungen der verladenden Wirtschaft** stehen diesbezüglich die Kriterien Zeit, Zuverlässig-

keit, Flexibilität, Service sowie der Preis (STÖLZLE 2003).

Erst wenn diese Kriterien auch im Kombinierten Verkehr erfüllt werden können, bestehen vermutlich realistische Chancen, zu einer **Verkehrsverlagerung von der Straße auf die Schiene** zu kommen. Als Voraussetzungen hierfür werden verbesserte übergreifende Informationen u. a. über Transportprodukte und -kapazitäten, eine Optimierung der Schnittstellen sowie Angebote des Kombinierten Verkehrs „aus einer Hand" gesehen. Die Unternehmen des KV fordern neben weiteren finanziellen Hilfen für die Terminals den Ausbau der Schieneninfrastruktur mit Präferenz-Trassen für den Güterverkehr, um separate Logistikzüge fahren zu können. Ein Umschlag von der Straße auf die Schiene und umgekehrt sei ansonsten im Vergleich zum durchgehenden Lkw-Transport nicht zu finanzieren (Kasten 2.8.1).

Dient der Kombinierte Verkehr zur besseren und verträglicheren Organisation der Güterströme, stellen **Güterverkehrszentren** (GVZ) seit Ende der 1980er Jahre einen wichtigen Beitrag zur Optimierung der **Schnittstelle zwischen den Verkehrsträgern** und damit zu deren Integration dar. GVZ sind Gewerbegebiete, die vorrangig zur Ansiedlung von Transportbetrieben bzw. transportintensiven Unternehmen gedacht sind; neben der Konzentration dieser Betriebe an einem Standort gehört auch die Vorhaltung von intermodalen Infrastrukturen ganz wesentlich zu diesem Konzept. Weiterhin werden GVZ von ihrer Funktion und ihren räumlichen Einzugsbereichen her definiert. Auf diese Weise kann zwischen vergleichbar einfachen Umschlageinrichtungen, logistischen Dienstleistungszentren und echten GVZ unterschieden werden. Von einem Güterverkehrszentrum (GVZ) kann defi-

Kasten 2.8.1
Angebotsstrategien von Stinnes AG/Kombiverkehr KG

Im Rahmen verstärkter Anstrengungen zur Verbesserung des Angebotes im Kombinierten Verkehr Straße/Schiene und damit zur Erhöhung des Marktanteils des KV haben zwei der führenden Unternehmen im Kombinierten Ladungsverkehr, die bahneigene Stinnes-Logistik sowie die Kombiverkehr KG, folgende Aktivitäten beschlossen:

• Ausbau der Internationalität durch europaweite Beteiligungen/Allianzen

• Fortsetzung der Schaffung marktfähiger Kostenstrukturen

• Gründung der „Railion Intermodal" als eigene Produktionsgesellschaft

• Komplettierung des Kerngeschäftes Schienentransport durch optimierte Serviceleistungen über Beteiligungen und Tochtergesellschaften

• Spezialisierte Operateure konzentrieren sich auf die jeweiligen Märkte

• Stabile Qualität in der nationalen und internationalen Produktion

• Angebot eines europäischen Netzwerkes an Verbindungen über Gateways

• Fokussierung auf die Wachstumsmärkte

• Partnerschaft mit Reedern, Spediteuren und Wiederverkäufern

• Komplettleistung aus einer Hand für Endkunden

Räumlich ist weiterhin zu unterscheiden zwischen der Behandlung lokaler und regionaler, überregionaler und/oder internationaler Güter- und Transportströme, die unterschiedlichen Anforderungen von Nachfrage- und Angebotsseite unterliegen. Je nach Einzugsbereich, Funktion und beteiligten Betrieben entstehen dann differenzierte Leistungsprofile, die verschiedene räumliche, verkehrliche und ökonomische Konsequenzen haben. Im Kern liegt die **Funktion von GVZ** darin, den Übergang zwischen verschiedenen Verkehrsträgern wie Straße und Schiene bzw. Binnenschiff oder zwischen Nahverkehr und Fernverkehr zu optimieren, Dienstleistungen für mehrere Unternehmen an einem Standort vorzuhalten oder aber die störende Nutzung Güterverkehr an bestimmten Standorten zu konzentrieren. Ein expliziter Aufgabeninhalt von GVZ in Richtung Umwelt- oder Verkehrsentlastung besteht allerdings bisher nicht, wenn dieser auch von öffentlicher Seite immer wieder in die Diskussion eingebracht wurde.

Im Gegensatz zu anderen europäischen Ländern (Italien, Frankreich) wurden GVZ in Deutschland erst relativ spät als Gegenstand der Verkehrspolitik aktiv besetzt. Anfang der 1990er Jahre gab es in Deutschland nur ein einziges Güterverkehrszentrum (Bremen). Seither sind jedoch zahlreiche Projekte verfolgt worden, von denen auch eine nennenswerte Zahl realisiert wurden, u. a. drei Vorhaben im Berliner Raum, die GVZ in Leipzig und in Köln. Abb. 2.8.5 gibt einen Überblick über im Bau befindliche bzw. geplante GVZ-Projekte in Deutschland (ISL 2003a). Terminals des Kombinierten Verkehrs, die seinerzeit geplanten, aber nie realisierten 41 Frachtzentren für den Stückgutverkehr der Bahn sowie die 33 Frachtzentren der Post sind hier nicht berücksichtigt. Nach Anga-

nitionsgemäß frühestens dann gesprochen werden, wenn eine Anlage für den Güterumschlag:

• **multimodal** (mehrere Verkehrsträger umfassend, mindestens Schiene und Straße verknüpfend)

• **multifunktional** (verschiedene Dienstleistungen integrierend) und

• **überbetrieblich** (unter Einschluss von Kooperationen und Synergien mehrerer Unternehmen) angelegt ist.

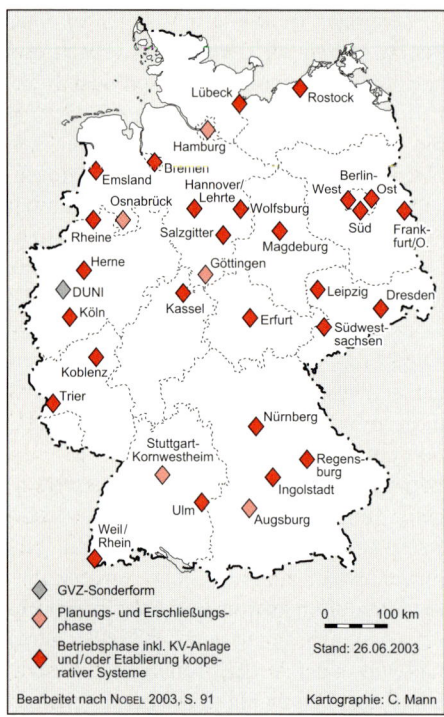

Abb. 2.8.5 GVZ-Standorte in Deutschland

jekt sowohl von seiner Größe her als auch aufgrund der spezifischen Entstehungs-bedingungen nicht ohne weiteres auf andere Räume übertragbar. Großstrukturen des Güterverkehrs mit einem Flächenbedarf von 150 bis 200 ha passen nicht an jeden Standort; auch tendieren sie dazu, eher neue Probleme aufzuwerfen als echte Lösungsbeiträge zu leisten. Unterhalb dieser Großstrukturen werden in verschiedenen deutschen Städten mittelgroße GVZ realisiert, die den Anforderungen der Stadtplanung möglicherweise noch weitestgehend gerecht werden könnten. Dazu zählen die GVZ-Planungen in Berlin, Hannover, Köln oder Nürnberg (s. Abb. 2.8.6).

Gemessen an der o. g. Definition von GVZ gibt es nur wenige Projekte, die für sich beanspruchen können, verschiedene Güterverkehrsträger und -unternehmen zu vernetzen und somit das **Ziel der Integration** zu erfüllen (vgl. HESSE 1993). In aller Regel sind GVZ-Planungen von Interessen einzelner Akteure geprägt (Handelsketten, Industrieverlader). Sie sind auch ausschlaggebend für den Realisierungserfolg des GVZ, der sich grundsätzlich an zwei Zielen misst: der Ansiedlung von Unternehmen und den Wirkungen auf den Gütertransport. In dieser Hinsicht gleichen Theorie und Praxis der Förderung von GVZ auffallend derjenigen des Kombinierten Verkehrs. Offenbar ist die **Realisierung der Vorhaben** an sich an zahlreiche komplexe Bedingungen geknüpft (vgl. FGSV ARBEITSGRUPPE VERKEHRSPLANUNG 2004). Daher erscheinen auch die durch den Betrieb und die Nutzung eines GVZ möglichen Verkehrseffekte (modale Verlagerung, Effizienzsteigerung) nur begrenzt erreichbar (SONNTAG et al. 1998; KEUCHEL 2000). Mehr als 15 Jahre nach der ersten Realisierung in Deutschland wird insofern auch der Anspruch bzw. das Zielkon-

ben dieser Quelle sind insgesamt 28 GVZ in Deutschland aktiv, wovon eine Sonderform (GVZ Duisburg-Niederrhein) definitionsgemäß ein „Virtuelles GVZ" darstellt (das im Wesentlichen auf der kommunikativen Vernetzung von Einzelstandorten und -unternehmen basiert); vier Vorhaben sind als in der „Planungs- oder Erschließungsphase" befindlich klassifiziert. Die Lage vieler GVZ-Projekte in Nord- bzw. Ostdeutschland signalisiert in gewisser Weise, dass nicht die verkehrswirtschaftliche Notwendigkeit an sich, sondern eher das Flächenangebot ausschlaggebend für die konkrete Initiative gewesen ist.

Während das Bremer GVZ auch in Ermangelung anderer Praxisbeispiele lange Zeit den Status eines bundesweiten Modellprojektes hatte, war dieses Pro-

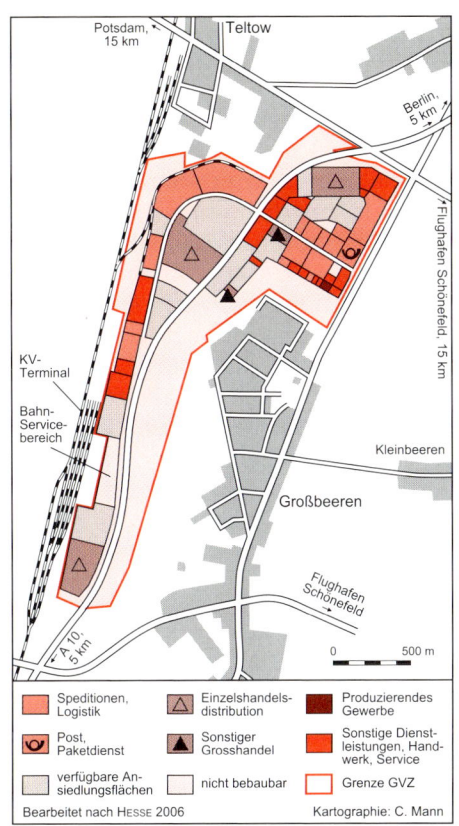

Abb. 2.8.6 Layout, Nutzung und Infrastruktur des GVZ Berlin-Süd 2003

zept von GVZ kritisch überprüft (ECKSTEIN 2004).

2.8.3 Intermodalität im Personenverkehr

Intermodalität sowie eine bessere Verknüpfung der Verkehrsträger sollen dazu dienen, auch den Personenverkehr durch **Arbeitsteilung der verschiedenen Teilsysteme** effizienter zu gestalten, so dass jeder Verkehrsträger mit seinen spezifischen Stärken zum Einsatz kommt. Diese Arbeitsteilung wird auch als Chance gesehen, das Verkehrssystem insgesamt raum- und umweltverträglicher zu gestalten. In der

Personenmobilität ist die Verknüpfung der Verkehrsträger, anders als beim Güterverkehr, im Grunde eine Selbstverständlichkeit, da selbst die Benutzung des Pkw in der Regel an vor- und nachgelagerte Fußwege gekoppelt ist. Im öffentlichen Verkehr (ÖV) ist die Optimierung von Zu- und Abgang als eine Schlüsselfrage der Angebotsqualität längst anerkannt, wenn auch noch nicht überzeugend realisiert.

Aufgrund der stagnierenden Verkehrsanteile des öffentlichen Verkehrs und der verschärften Konkurrenz zum Pkw wird einer optimierten **Verknüpfung des ÖV** untereinander sowie mit anderen Verkehrsträgern aber eine wachsende Bedeutung beigemessen. In der Infrastruktur- und Netzplanung des ÖV wurden dazu in vergangenen Jahren erhebliche Anstrengungen unternommen, etwa zur Verknüpfung des Schienenschnellverkehrs mit den andienenden Buslinien, durch Abstimmung der Fahrpläne und Tarifgemeinschaften sowie durch kurze Wege im Übergang von Bus zu Schiene an den Bahnhöfen. Auch die Verknüpfung von Kfz und öffentlichem Verkehr wurde gefördert, insbesondere durch die Einrichtung von sogenannten **Park-and-Ride-Plätzen** (P+R), also die Bereitstellung von Parkraum an bedeutenden Haltestellen und Bahnhöfen des ÖV. Sie ist allerdings wegen des hohen baulichen und finanziellen Aufwandes sowie der bisher begrenzten Wirkungen auf das Verkehrsverhalten nicht unumstritten (HOLZ-RAU et al. 1996). Unter anderem weil P+R-Plätze häufig den zu- und nachlaufenden Pkw-Verkehr verändern, nicht notwendigerweise aber den für den Hauptlauf gedachten öffentlichen Verkehr stärken, wurde in den letzten Jahren die Förderung von Fahrradabstellplätzen im Rahmen des sogenannten **Bike and Ride** (B+R) verstärkt.

In jüngerer Zeit erweitert sich das Verständnis von Intermodalität im Personenverkehr auf gemeinschaftlich genutzte Pkw: **Autoteilen** oder **Car-Sharing** entstand in Deutschland zu Beginn der 1990er Jahre mit dem Ziel, Autobesitz und Autonutzung zu entkoppeln (PETERSEN 1995). Im Jahr 2000 existierte ein Angebot von Car-Sharing in 187 deutschen Städten (BEHRENDT 2000). Seit 2003 betätigt sich auch die Deutsche Bahn AG auf diesem Marktsegment. Car-Sharing ermöglicht Bahn- und ÖV-Kunden die ergänzende Benutzung eines Pkw im Bedarfsfall und macht somit eine flexible Reisekette möglich. Dazu werden wohnstandortnah Fahrzeuge vorgehalten, die elektronisch gebucht werden können und deren Nutzung zeit- bzw. kilometerabhängig bezahlt wird. Der hohe Anteil variabler Kosten im Gesamtreiseaufwand dient zugleich als Anreiz, möglichst wenig Pkw-Verkehr zu erzeugen; der Preisunterschied des Car-Sharing gegenüber dem reinen ÖV oder dem privaten Pkw-Verkehr stellt aber offenbar auch ein wichtiges Hemmnis für eine stärkere Verbreitung des Car-Sharing dar. In einer Studie des IZT (BEHRENDT 2000) wurde die Kundenzahl für Deutschland im Jahr 2000 auf circa 25.000 Personen geschätzt, die die Angebote von 78 Unternehmen nutzten. Das Car-Sharing-Potenzial wurde 1994 auf eine Größenordnung zwischen 2,5 und 8,1 Mio. geschätzt (BAUM/PESCH 1994). In der Schweiz hat sich die Mobility AG mittlerweile als Komplettanbieter des Autoteilens flächendeckend durchgesetzt.

Die Verknüpfung der Verkehrsträger erfolgt nicht allein durch physische Schnittstellen (wie z. B. Knotenpunktbahnhöfe, P+R- oder B+R-Plätze, Stellplätze für Car-Sharing), sondern zunehmend auch durch **Information und Kommunikation** (verkehrsträgerübergreifende Fahrplaninformationen), für die die neuen technischen Möglichkeiten des PC, der Rechnernetzwerke in Verkehrsbetrieben und -verbünden sowie das Internet entscheidende Voraussetzungen geschaffen haben. Internet und Online-Zugang der Nutzer sind heute zur Fahrplaninformation obligatorisch und haben auch organisatorische Verknüpfungen erleichtert, wie **Mitfahrzentralen und -börsen**. Damit können Fahrgemeinschaften leichter arrangiert werden (z. B. beim Pendlernetz NRW) oder es wird das gemeinsame verbilligte Bahnfahren auf der Basis von Mitfahrerrabatten möglich.

2.8.4 Chancen und Hemmnisse des intermodalen Verkehrs

Intermodaler Verkehr stellt einen wichtigen Pfeiler einer **Integrierten Verkehrspolitik** dar, wie sie auch die Bundesregierung verfolgt (BMVBW 2002a). Dieser Zielkanon der Integration kann jedoch nur ein übergeordnetes Handlungsziel darstellen, nicht eine operationalisierbare Zielkategorie. Dass hier „Integration" als Leitmetapher dient, ist insofern als ein Kompromiss aus einer funktionalen und einer politisch-interventionistischen Betrachtung zu verstehen. Die bisher schwierigen Realisierungsbedingungen integrierter Verkehrspolitik signalisieren allerdings, dass Vernetzung der Verkehrsträger erstens nur auf lange Sicht funktioniert und zweitens noch nicht notwendig eine Lösung darstellt, sondern zunächst nur Angebote schafft. Damit diese von den Nachfragern genutzt werden, müssen entsprechende Anreize vorliegen bzw. Vorteile daraus resultieren.

Die schwierigen Realisierungsbedingungen der Integrierten Verkehrspolitik basieren allerdings nicht allein auf den aktuellen Rahmenbedingungen des Verkehrsmarktes, sondern stellen in gewisser Weise ein historisches Kontinuum dar. Wie

SCHÖLLER (2005) in seiner historisch angelegten Betrachtung zeigen konnte, gleichen sich verschiedene Politikkonzepte des 19. und 20. Jh.s sowohl in dieser Absicht als auch in der Tatsache ihrer prekären Realisierung. Dies galt beispielsweise für die Entwicklung der Eisenbahnen in Deutschland und den Versuch, durch ihre Vereinheitlichung der Vielstaaterei ein Ende zu bereiten (SCHÖLLER 2005, S. 171); ebenso zielten die Verkehrspolitiken der Weimarer Republik wie auch der Nachkriegszeit auf eine verstärkte Zusammenarbeit der Verkehrsträger, z. B. von Kraftwagen und Eisenbahn im Güterverkehr. Damit wurden auch z. T. erhebliche Interventionen des Staates begründet.

Trotz seiner vielen Vorzüge ist der intermodale Verkehr heute noch weit entfernt von einer allgemeinen Bedeutung, sieht man von der herausragenden Rolle der Containertransporte in der Seeschiffahrt einmal ab. Dies liegt u. a. daran, dass Intermodalität in der Regel einen wichtigen, systembedingten Nachteil gegenüber dem mono-modalen, direkten Transport von Tür zu Tür aufweist: Umsteigen ist grundsätzlich kosten- bzw. zeitintensiv und produziert Reibungsverluste. Die durchgängige Optimierung der Reisekette durch Anschlusssicherung und direkte Zugänge ist insofern eine ungelöste Aufgabe. Dies gilt erst recht für die Vernetzung von privatem und öffentlichem Verkehr.

Insbesondere aus ökologischer Sicht wird eine **Intensivierung der Vernetzung** von nichtmotorisierten Verkehrsträgern (NMV) sowie zwischen diesen und den öffentlichen Verkehrsmitteln (ÖPNV) für notwendig gehalten. Hier liegen große Spielräume bspw. auf lokaler Ebene, etwa zur Erstellung durchgängiger Fußwege- und Radroutennetze oder zur Schaffung von Angeboten für neue Teilmärkte (Frei-

zeitverkehr). Ein weiteres Beispiel sind Informationssysteme mit einer einheitlichen Plattform (Benutzeroberfläche) für die gesamte Reisekette. **Benutzerfreundlichkeit** ist zwingend: Multi-modale Angebote müssen einfach sein, sich leicht erschließen und möglichst wenig Verluste in Form von zusätzlichen Kosten, Zeitaufwand etc. produzieren. Dies wird selbst im Erfolgsfall noch nicht ausreichen, die notwendigen Effekte für einen Umbau des Verkehrssystems zu erzielen. Daher bleibt die bessere Vernetzung von ÖV und IV erforderlich. Krönung des multi-modalen Verkehrs wäre weiterhin ein durchschlagendes Konzept für das öffentliche Auto, sollte das Autoteilen (Car-Sharing) eines Tages einen Weg aus der Nische finden.

Auch im Bereich des Güterverkehrs hat die bisherige Politik der Bundesregierung zur Förderung des Kombinierten Verkehrs nicht die erhofften Wirkungen erbracht (BMVBW 2001, S. 10). Hierfür ist ausschlaggebend, dass diese Strategie primär angebotsseitig angelegt war und die notwendigen Rahmenbedingungen auf der Nachfrageseite nicht hinreichend berücksichtigt. Instrumente wie der KV entfalten nur dann ihre gewünschte Wirkung, wenn die planungs- und ordnungsrechtlichen Randbedingungen sowie die infrastrukturellen Voraussetzungen stimmen. Eine **Steuerung über diese Rahmenbedingungen** wird insbesondere mit Blick auf die Wettbewerbssituation der Verkehrsträger und dort vor allem hinsichtlich der Transportpreise für notwendig gehalten. Erst wenn sich die politisch gewünschten Transportoptionen (hier: der KV Straße-Schiene) mit den reinen Lkw-Transporten messen lassen können, sind spürbare Wirkungen auf Verkehr und Umwelt zu erwarten.

Literaturauswahl zur Ergänzung und Vertiefung von Kapitel 2.8

- **Einführung und Überblick:**
STATISTISCHES BUNDESAMT 2005
- **Intermodalität im Gütertransport: Kombinierter Verkehr (KV):**
REIM 2004, 2001, ISL 2003a, SACK 2002, WENGER 2001, BUKOLD 1996
- **Intermodalität im Personenverkehr**
BEHRENDT 2000, PETERSEN 1995, BAUM/PESCH 1994
- **Politik und Planung, Chancen und Hemmnisse des intermodalen Verkehrs**
BMVBW 2002a
- **Statistiken/Datenreihen zum Kombinierten Verkehr:**
Verkehrswirtschaftliche Zahlen, (lfd. Jahre), BGL (Hg.), Frankfurt/Main
Verkehr in Zahlen, (lfd. Jahre), BMVBW (Hg.), Berlin

3 Verkehrsentwicklung in räumlicher Betrachtung

3.1 Verdichtungsräume

3.1.1 Die Kernstadt als siedlungsstrukturelle Gegebenheit

Mobilität und Verkehr, Handel und Warentausch sowie Produktion und Distribution von Gütern sind konstituierend für die Entwicklung der **Städte**. WEBER spricht in seinem klassischen Aufsatz „Die Stadt" (1921, S. 61) vom „regelmäßigen Güteraustausch am Ort der Siedlung" als einem wichtigen Merkmal der europäischen Stadt. Auch die wenig später formulierten Theorien zur Erklärung der siedlungsstrukturellen und wirtschaftsräumlichen Ordnung (CHRISTALLER 1933, LÖSCH 1944) haben sich mit der Bedeutung arbeitsteiliger Versorgungssysteme für die Herausbildung von Städten befasst und umgekehrt die Rolle der Städte für die Entstehung von Marktgebieten betont.

Das Konzentrationsvermögen der Stadt, bezogen auf Einwohner und Arbeitskräfte, auf Wirtschaftsstandorte, Infrastruktur und kulturelle Einrichtungen, Ideen und Interaktionen kann insofern als eine Konstante im Urbanisierungsprozess verstanden werden (REULECKE 1985). Dieser Konstante entspricht die herausgehobene Rolle, die das **Stadtzentrum** über Jahrhunderte hinweg in ökonomischer, sozialer und kultureller Hinsicht eingenommen hat und die auch das theoretische wie empirische Bild der europäischen Stadt stark bestimmt hat (vgl. BURGESS 1927, FRIEDRICHS 1995).

Die beiden grundlegenden **Eigenschaften der Stadt** – Konzentration von Angeboten und Versorgung von Einzugsbereichen über das Stadtgebiet hinaus – standen stets unter maßgeblichem Einfluss der **Transport- und Verkehrssysteme**. Der Bedeutungsüberschuss der Stadt gegenüber ihrem Umland beruhte auch auf ihrer Verkehrserreichbarkeit. Spätestens in der industriellen Stadt mussten Arbeitskräfte und Rohstoffe in einem vorher nicht gekannten Ausmaß an den Produktionsort gebracht werden (s. u.), was in dieser Form erst durch die Eisenbahn gelang. Ebenso haben sich die Innenstädte als ökonomische und kulturelle Zentren erst mit der Bereitstellung der modernen Massenverkehrsmittel vollends entfalten können. Die Rahmenbedingungen des Verkehrs, vor allem die technischen und ökonomischen Voraussetzungen der Transportsysteme sowie die **Transportkosten**, haben daher einen zentralen Stellenwert in den o. g. klassischen Theorien zur Entwicklung der Städte bzw. der räumlichen Struktur des Städtesystems. Auch wenn deren Erklärungsgehalt im Hinblick auf die stark gesunkenen Transportkosten und die Massenmotorisierung an Relevanz verloren hat, bleibt doch der enge Zusammenhang von Verkehrs- und Stadtentwicklung bestehen (Abb. 3.1.1).

Dies gilt in ganz besonderer Weise für die **Innenstädte**, in denen sich Siedlungsdichte bzw. Nutzungskonzentration und Verkehrsdichte traditionell bündeln. Das Stadtzentrum galt lange als Ort höchs-

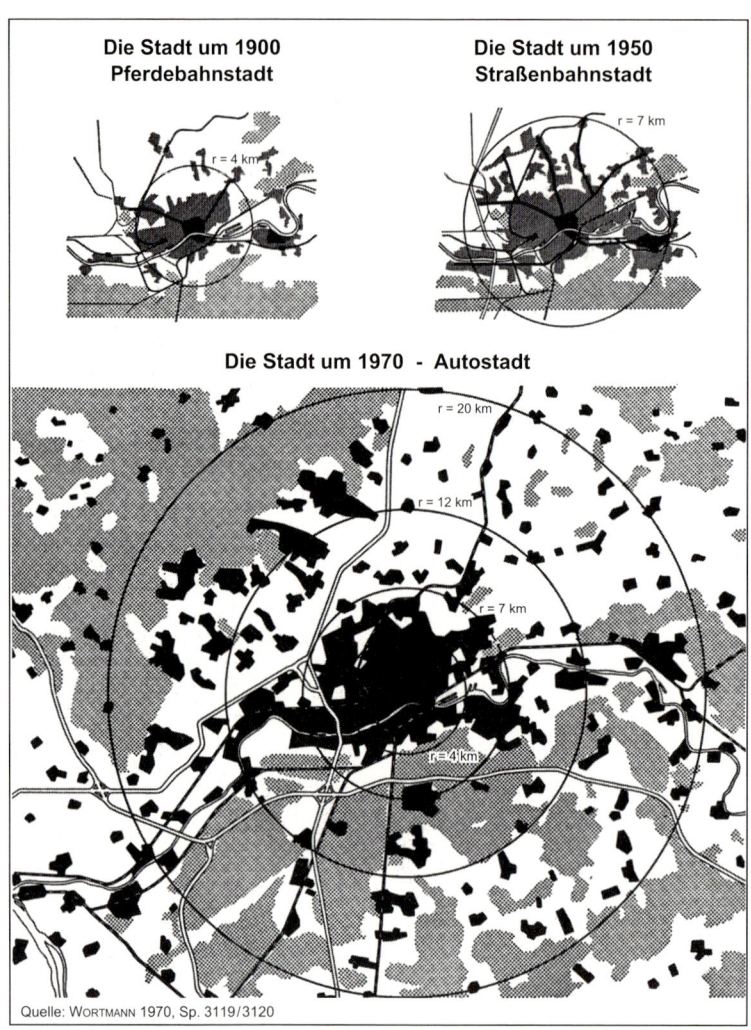

Die Stadt um 1900
Pferdebahnstadt

r = 4 km

Die Stadt um 1950
Straßenbahnstadt

r = 7 km

Die Stadt um 1970 - Autostadt

r = 20 km

r = 12 km

r = 7 km

r = 4 km

Quelle: WORTMANN 1970, Sp. 3119/3120

**Abb. 3.1.1
Stadt um 1900,
1950, 1970**

ter Erreichbarkeit (vgl. ALONSO 1964) und damit auch als Kristallisationspunkt des Verkehrs. Die hervorragende Verkehrserschließung des Zentrums in der Stadt der Fußgänger, Pferde- und Straßenbahnen des ausgehenden 19. Jh.s trug insofern zum Bedeutungsgewinn der Stadt insgesamt bei. Die Konzentration von Nutzungen auf engem Raum, die der moderne **Städtebau** und die Infrastruktur- und Stadttech-

nik möglich gemacht haben, bot zahlreiche ökonomische Vorteile und wirkte sich positiv auf die Städte aus. Eines der in dieser Hinsicht vielleicht wirkungsmächtigsten „Bilder" vom Verkehr in der vitalen, gemischten und vielfältig genutzten Industriestadt zeigt den Potsdamer Platz in Berlin, der damals als verkehrsreichster Platz Europas galt (vgl. Abb. 3.1.2).

Dieses Beispiel zeugt von der Bedeutung

Abb. 3.1.2 Großstadtverkehr am Potsdamer Platz in Berlin um 1930
Foto: Landesarchiv Berlin

der öffentlichen Nahverkehrsmittel, die in den 1920er und 1930er Jahren des vergangenen Jahrhunderts den größten Einfluss auf die Städte ausübten. Nach dem Zweiten Weltkrieg begann sich in Deutschland der **motorisierte Massenverkehr** durchzusetzen. Wohlstandswachstum, preiswerte „Volks"-Wagen sowie der Ausbau der Verkehrswege, vor allem der Stadtstraßen und Autobahnen, prägten zunehmend den Stadtverkehr (s. a. Kasten 3.1.1). Zugleich trug die wachsende funktionsräumliche Trennung in den Städten erheblich zur Verkehrsentstehung bei. Sie war zwar angeregt durch die **Charta von Athen** (vgl. Heineberg 2001[2], S. 212f.). Wirklichkeit wurde sie aber erst durch planerisches Handeln, das im Prinzip richtige Argumente überinterpretiert hat. So wurden z. B. Abstandserlasse u. ä. zum Schutz der Wohnbevölkerung vor Emissionen eingeführt. Infolge dessen entstand eine räumlich getrennte Stadtstruktur, die erhebliche Nachteile für die Funktionsfähigkeit und Lebensqualität der einzelnen Stadtteile mit sich brachte (Häussermann 2000). Auf diese Weise wurden auch strukturelle Zwänge zur Pkw-Benutzung erzeugt.

Kasten 3.1.1
Merkmale des Innenstadtverkehrs

- Hohe Verkehrsdichte allgemein, aufgrund von Bebauungsdichte und Konzentration höherwertiger Nutzungen (Handel, Dienstleistungen) im Zentrum
- Konzentration von Folgelasten des motorisierten Verkehrs (insbes. Luft- und Lärmemissionen) in zentralen Bereichen sowie an Hauptverkehrsstraßen
- Relativ hohe Anteile des nichtmotorisierten Verkehrs (Fußwege, Fahrradfahrten), u. a. durch frühzeitige Anlage von Fußgängerzonen in den Stadtzentren
- Große Bedeutung des Öffentlichen Personennahverkehrs (ÖPNV), insbes. während der Phase des Stadtwachstums zu Beginn des 20. Jahrhunderts
- Zunehmend ausgewogene tageszeitliche Verteilung (Abbau der Nachmittagsspitze aufgrund flexibler Arbeits- und Betriebszeiten, ausgedehnter Ladenöffnung)
- Knappheit an Parkraum sowie hohe Nutzungsdichte begünstigen verkehrsplanerische Steuerungsansätze, etwa die Förderung des ÖPNV oder des nichtmotorisierten Verkehrs

Historisch gesehen stellt die durch den Automobilverkehr überformte Stadt erst eine relativ junge, wenn auch sehr folgenreiche Epoche der modernen Stadtgeschichte dar (vgl. WACHS/CRAWFORD 1992). In der Konsequenz des wachsenden Straßenverkehrs wurde die positive Bewertung von Mobilität und Erreichbarkeit erstmals in Frage gestellt: das Stadtzentrum entwickelte sich vielfach zum Ort der höchsten **Belastung** mit den **negativen Folgewirkungen** des Verkehrs. Hierzu zählen erstens die direkten Auswirkungen des motorisierten Verkehrs, wie Unfallgefahren bzw. -schäden, Lärm- und Luftbelastungen (Abgasemissionen, Reifenabrieb) sowie städtebauliche Effekte (z. B. die Trenn-

wirkung von Straßen, Tunnelrampen etc.), die die Lebensbedingungen in den Städten teilweise erheblich beeinträchtigen. Als problematisch werden zweitens auch die Folgen des **autoorientierten Städtebaus** angesehen (s. u.): Je stärker die Innenstädte dem wachsenden Pkw-Verkehr durch den Bau von Schnellstraßen und Parkhäusern untergeordnet wurden, umso mehr wurden Attraktivität und Lebensqualität in städtischen Zentren beeinträchtigt. Drittens trugen die Belastungen durch den Verkehr neben anderen Faktoren zur Abwanderung von Unternehmen und Haushalten aus der Stadt ins Umland bei. Die **Suburbanisierung** hatte nicht nur eine Schwächung der Stadt an sich, sondern fataler Weise auch einen weiteren Anstieg des Verkehrsaufkommens zur Folge (s. Kap. 3.2).

Der Konflikt zwischen der Verkehrsfunktion von Städten (Erreichbarkeit als Existenzbedingung) und konkurrierenden Funktionen und Nutzungen (Aufenthaltsqualität, Lebens- und Umweltqualität, Gestaltung öffentlicher Räume) zeigt sich besonders ausgeprägt am Beispiel des **städtischen Wirtschaftsverkehrs** (HESSE 1998). Mit diesem Begriff sind Verkehre gemeint, die beim Transport von Gütern und bei der Erbringung von Dienstleistungen entstehen (s. Kasten 3.1.2). Die Städte sind auf die Funktionsfähigkeit dieser Verkehre angewiesen, denn sie müssen für Handel und Gewerbe erreichbar sein; zugleich sind die mit dem Wirtschaftsverkehr, insbesondere dem Schwerverkehr, einhergehenden Belastungen zu begrenzen, damit die Städte nicht Schaden an ihrer Attraktivität als Wirtschafts- und Lebensraum nehmen.

Die Kernstädte sind also aufgrund der Konzentration von Raumnutzungen durch **hohe Verkehrsdichte** und **Belastungen** geprägt; dieses Problem tritt an den Hauptverkehrsstraßen verschärft auf, an denen häufig sozial schwache Bevölkerungsschichten wohnen und die überproportional stark durch den Verkehr belastet sind. Gleichwohl wurden in vielen Großstädten des In- und Auslandes in den vergangenen zwei Jahrzehnten auch spürbare Verbesserungen durch eine **integrierte Stadt- und Verkehrsplanung** erzielt (s. u.). Verkehr wird heute trotz seiner starken Zuwächse stadt- und umweltverträglicher abgewickelt als zu Zeiten des funktionalistischen Städtebaus, der noch die „autoge-

rechte Stadt" zum Ziel hatte (vgl. REICHOW 1959).

Im Grunde gelten heute gerade die Innenstädte als diejenigen städtischen Teilräume, in denen eine zielgerichtete Verkehrsgestaltung am ehesten möglich ist: Das Zentrum der Großstadt ist derjenige Verkehrsraum, der aufgrund seiner typischen Eigenschaft der Raumknappheit Spielräume zur Gestaltung des Verkehrsgeschehens bietet (s. Kap. 3.1.4). Im Leitbild der kompakten Stadt oder der **Stadt der kurzen Wege** manifestieren sich z. B. Eckpunkte einer nachhaltigen, stadt- und umweltverträglichen Verkehrsentwicklung, die auf Faktoren wie Dichte und Mischung und damit auf wesentliche Merkmale von Innenstädten und innenstadtnahen Standorten abheben (vgl. PETERSEN 2000). Solche Strategien setzen aber voraus, dass der Konflikt zwischen Funktionalität und Lebensqualität gelöst wird, d. h. dass ein bestimmtes, als verträglich definiertes Maß an Dichte nicht überschritten wird.

Kasten 3.1.2
Städtischer Wirtschaftsverkehr

- Definition: Wirtschaftsverkehr umfasst alle Verkehre zur Beförderung von Gütern und zur Erbringung von Dienstleistungen, die in Ausübung des Berufs erfolgen
- Mengenmäßige Bedeutung: circa ein Drittel des motorisierten Verkehrsaufkommens in Städten, davon entfallen zwei Drittel auf den Personenwirtschaftsverkehr, ein Drittel auf den Gütertransport mit Nutzfahrzeugen
- Wirtschaftsverkehr setzt sich zusammen aus geschäftlichen Fahrten von Handwerk und Gewerbe sowie aus Lieferverkehren des Groß- und Einzelhandels bzw. des Verkehrsgewerbes
- Der Nutzfahrzeugverkehr als kleinerer Teil des Wirtschaftsverkehrs trägt überproportional zu den Lärm- und Luftschadstoffemissionen des Verkehrs sowie zur Abnutzung der Straßen- und Brückeninfrastruktur bei
- Die Tagesganglinie des Wirtschaftsverkehrs ist stärker als beim Personenverkehr durch die klassische Morgen- und Abendspitze geprägt, aufgrund der Prägung des Wirtschaftsverkehrs durch Betriebszeiten, Zyklen im Warenumschlag sowie Warenannahmezeiten bei den Empfängern

Bearbeitet nach HESSE 1998

3.1.2 Raumspezifische Charakteristik von Mobilität und Verkehr

Jeder städtische Siedlungsraum weist aufgrund seiner spezifischen physischen Gegebenheiten sowie seiner Bewohner- und Nutzungsstrukturen ein bestimmtes Verkehrsaufkommen auf und unterscheidet sich diesbezüglich von anderen Stadträumen. Ausschlag gebend hierfür sind nicht nur die Verkehrserschließung der jeweiligen Teilgebiete, also die infrastrukturellen Eigenschaften des Raums, sondern auch siedlungsstrukturelle Aspekte wie die Ausstattung mit Versorgungseinrichtungen, Bebauungsdichte und Entfernung zum Stadtzentrum. Hinzu kommt die jeweilige soziale Komposition, d. h. die Differenzierung der Bewohner nach Haushaltsgröße, Alter und Einkommen. Erst das

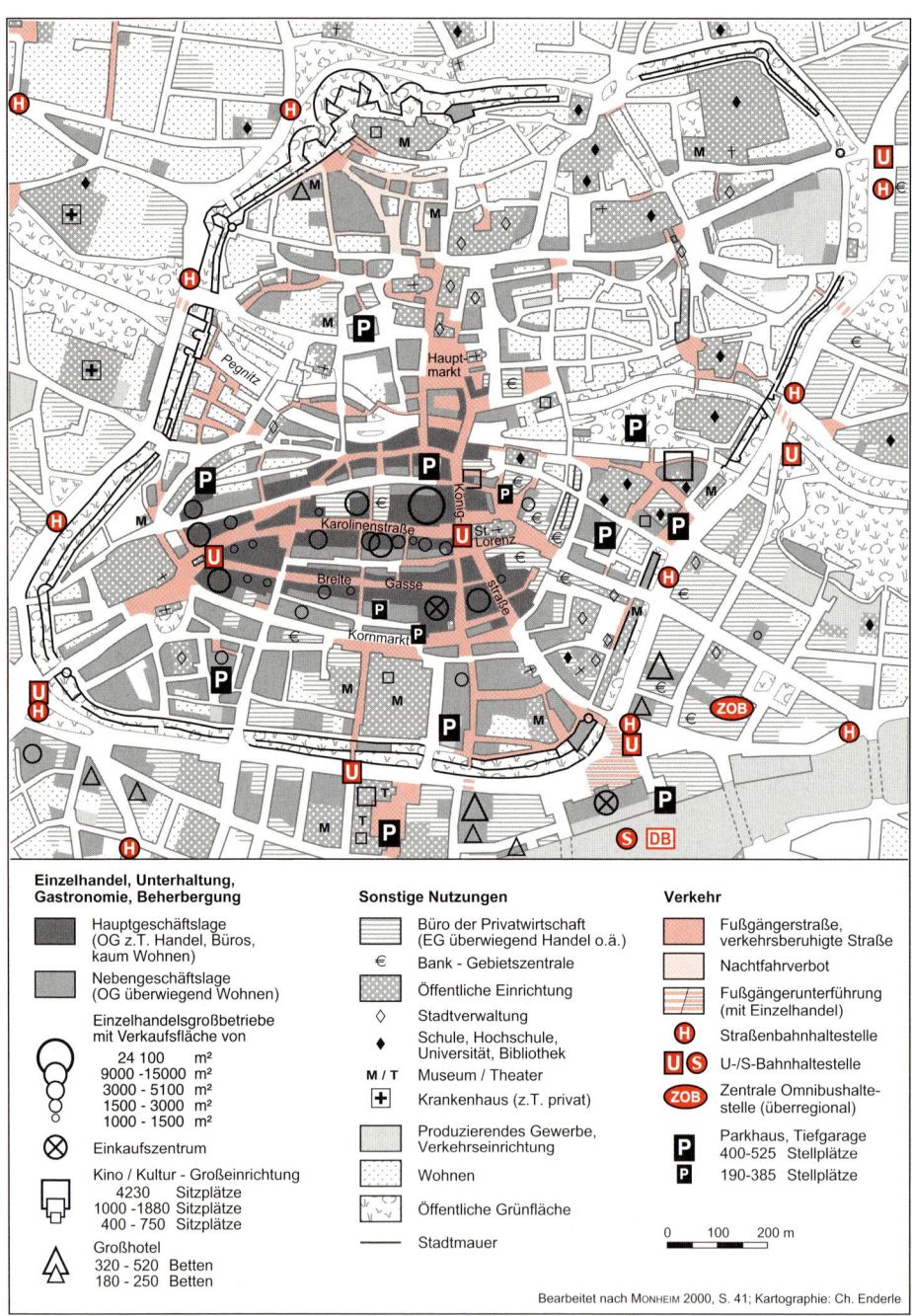

Einzelhandel, Unterhaltung, Gastronomie, Beherbergung

▮ Hauptgeschäftslage
(OG z.T. Handel, Büros, kaum Wohnen)

▮ Nebengeschäftslage
(OG überwiegend Wohnen)

Einzelhandelsgroßbetriebe
mit Verkaufsfläche von

24 100	m²
9000 -15000	m²
3000 - 5100	m²
1500 - 3000	m²
1000 - 1500	m²

⊗ Einkaufszentrum

Kino / Kultur - Großeinrichtung
4230   Sitzplätze
1000 -1880 Sitzplätze
400 - 750   Sitzplätze

△ Großhotel
320 - 520 Betten
180 - 250 Betten

Sonstige Nutzungen

▢ Büro der Privatwirtschaft
(EG überwiegend Handel o.ä.)

€ Bank - Gebietszentrale

▨ Öffentliche Einrichtung

◇ Stadtverwaltung

♦ Schule, Hochschule,
Universität, Bibliothek

M / T Museum / Theater

✚ Krankenhaus (z.T. privat)

▨ Produzierendes Gewerbe,
Verkehrseinrichtung

░ Wohnen

᠁ Öffentliche Grünfläche

— Stadtmauer

Verkehr

▮ Fußgängerstraße,
verkehrsberuhigte Straße

▯ Nachtfahrverbot

▨ Fußgängerunterführung
(mit Einzelhandel)

Ⓗ Straßenbahnhaltestelle

Ⓤ Ⓢ U-/S-Bahnhaltestelle

ⓩOB Zentrale Omnibushalte-
stelle (überregional)

◼ Parkhaus, Tiefgarage
400-525 Stellplätze

◼ 190-385 Stellplätze

0   100   200 m

Bearbeitet nach Monheim 2000, S. 41; Kartographie: Ch. Enderle

Abb. 3.1.3 Innenstadt als Standort, Beispiel Nürnberg

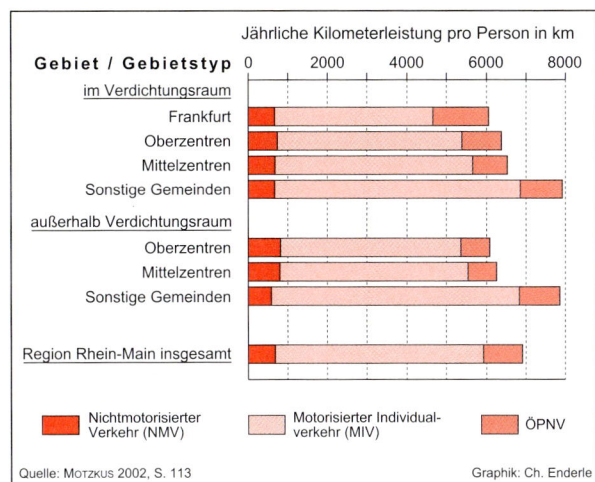

Abb. 3.1.4
Kennziffern der Mobilität nach Hauptverkehrsmittel und Raumtyp

Zusammenwirken von (Verkehrs-) Infrastruktur, Sozialstruktur und Raumstruktur erklärt die jeweilige Eigenschaft eines Teilraums mit Blick auf das spezifische Aufkommen von Mobilität und Verkehr. Dies gilt für die urbane Stadtstruktur, aber auch für die Zentrenstruktur im großräumigen Vergleich (vgl. a. Kap. 3.2).

Städtische Wohngebiete sind durch hohe Anteile von Personenverkehren geprägt, die je nach Nutzungsintensität, nach Lage- und Erschließungsstandards sowie der Lebenslage und Lebensweise der Bewohner entstehen und motorisiert oder nichtmotorisiert abgewickelt werden. Wirtschaftsverkehre treten vorwiegend bei der Belieferung von Haushalten (Post, Paketdienste, Lieferdienste) sowie durch Fahrten von Handwerk und Gewerbe auf. Dagegen tragen **Gewerbegebiete** in besonderer Weise zum Güterverkehrsaufkommen bei (Lkw-Verkehr, je nach Erschließung auch Schienen- oder Schiffsverkehr). Sie bilden neben den Transportknoten die am stärksten belasteten städtischen Teilräume; **Kernstädte und Innenstadtrandgebiete** weisen traditionell einen spezifischen Mix

aus Personen- und Güterverkehren auf, der aus der jeweiligen Nutzung und ihrer städtebaulichen Anordnung resultiert (s. Abb. 3.1.3). Im Verkehrsbild spielen die Zielverkehre von einpendelnden Berufstätigen sowie die Lieferverkehre des Handels eine tragende Rolle.

Städtische Kernräume bzw. Innenstädte bieten aufgrund ihrer Nutzungsmerkmale, städtebaulicher Eigenschaften sowie der Verkehrserschließung optimale Bedingungen für die **nichtmotorisierte Fortbewegung** (Fußgänger, Radverkehr) sowie für die Benutzung des **Öffentlichen Personennahverkehrs** (ÖPNV). Diese Bedeutung der Innenstadt lässt sich empirisch gut nachweisen, denn die Anteile des öffentlichen Verkehrs sind in dieser Raumkategorie höher als anderenorts im urbanen Raum, erst recht in ländlichen Regionen bzw. in Räumen ohne ausgeprägte Zentrenstruktur (12 %-Anteil an allen werktäglichen Wegen in Agglomerationsräumen mit Zentren, gegenüber 8 % im Bundesdurchschnitt; nach MiD 2002, S. 65; s. Abb. 3.1.4).

Das **Zufußgehen** und das **Fahrradfah-**

ren wurden in der Verkehrsforschung und -planung lange Zeit stark vernachlässigt, obwohl sie einen wichtigen Bestandteil der Alltagsmobilität darstellen. Immerhin wurde im Jahr 2002 ausweislich der Erhebung „Mobilität in Deutschland" fast ein Drittel aller Wege in Städten zu Fuß oder per Fahrrad zurück gelegt (INFAS/DIW 2004; s. a. Kap. 1). Städte und ihre Zentren bieten aufgrund ihrer Dichte und Erreichbarkeit vorzügliche Bedingungen für die nichtmotorisierte Mobilität, und sie profitieren zugleich davon: Fußwege und Radfahrten sind extrem umweltfreundlich. Ein passendes Umfeld für beide Verkehrsarten bietet zugleich sozial ausgewogene Teilhabechancen, während Kraftfahrzeuge immer nur einem Teil der Bevölkerung zur Verfügung stehen (können) und ihre Nutzung hohe Belastungen erzeugt.

Die besondere Bedeutung des öffentlichen Nahverkehrs für die Erschließung der Innenstädte resultiert aus der jüngeren Geschichte europäischer Stadtentwicklung, in der die **Infrastrukturnetze des ÖPNV** ganz wesentlich das Stadtwachstum mitbestimmten. Vor allem die Ende des 19. Jh.s aufkommenden **Schienenverkehrsmittel S-Bahn und U-Bahn** ermöglichten das starke Wachstum der Städte während der industriellen Urbanisierung. Terraingesellschaften planten neue Siedlungsgebiete unter Berücksichtigung der Netzplanung des ÖPNV (vgl. BERNHARDT 1998). Die Werksstandorte der neuen Industrien, z. B. im Ruhrgebiet, waren entweder fußläufig erreichbar (Werkssiedlungen) oder an den ÖPNV angebunden. Die großen Kaufhäuser in den Innenstädten hatten direkten Zugang von den Haltestellen und Bahnhöfen des ÖPNV, dessen Verkehrsanteile mit der Stadt wachsen konnten. Individuelle Aktionsräume veränderten sich in Übereinstimmung mit den Erreichbarkeiten des ÖPNV-Systems (vgl. Abb. 3.1.5).

Noch heute zeichnen sich die meisten europäischen Großstädte durch im internationalen Maßstab relativ hohe Anteile des ÖPNV aus. Ihr Vorteil bemisst sich an den hohen Transportkapazitäten sowie der relativen Umweltfreundlichkeit, beides im Vergleich zum MIV. Vor allem schienengebundene Nahverkehrsmittel wie S-Bahn, U-Bahn und Straßenbahn bzw. Stadtbahn können ein Vielfaches der Transportkapazität des Kfz-Verkehrs abwickeln. Sie eignen sich insofern sehr gut für den **Massenverkehr** in großen Städten bzw. Verdichtungsräumen (vgl. STEIERWALD/KÜNNE 1994; s. a. Kasten 3.1.3). Neben der Massenleistungsfähigkeit auf der Strecke liegt auch der Flächenbedarf pro transportierter Einheit deutlich unter dem Vergleichswert des Kfz-Verkehrs, da dieser sowohl als fließender wie auch als ruhender Verkehr sehr viel Platz beansprucht. Da Straßenraum und Parkraum in Verdichtungsräumen allgemein, vor allem aber in den Innenstäd-

---

Kasten 3.1.3
Theoretische Leistungsfähigkeit der Verkehrsmittel ÖPNV bei Zugfolge von 90 Sekunden

- S-Bahn: 70.000 Plätze pro Stunde und Richtung
- U-Bahn: 40.000 Plätze pro Stunde und Richtung
- Straßenbahn/Stadtbahn: 30.000 Plätze pro Stunde und Richtung

Zum Vergleich: Die Kapazität einer Hauptverkehrsstraße beträgt nach EAHV (Richtlinie für Entwurf und Anlage von Hauptverkehrsstraßen) im zweispurigen Ausbaustandard 1.600 bis 2.200 Kfz pro Stunde und Richtung, bei zwei Richtungsfahrbahnen 1.800 bis 2.600 Kfz/h/Richtung.

Quelle: STEIERWALD/KÜNNE 1994, S. 499, 415

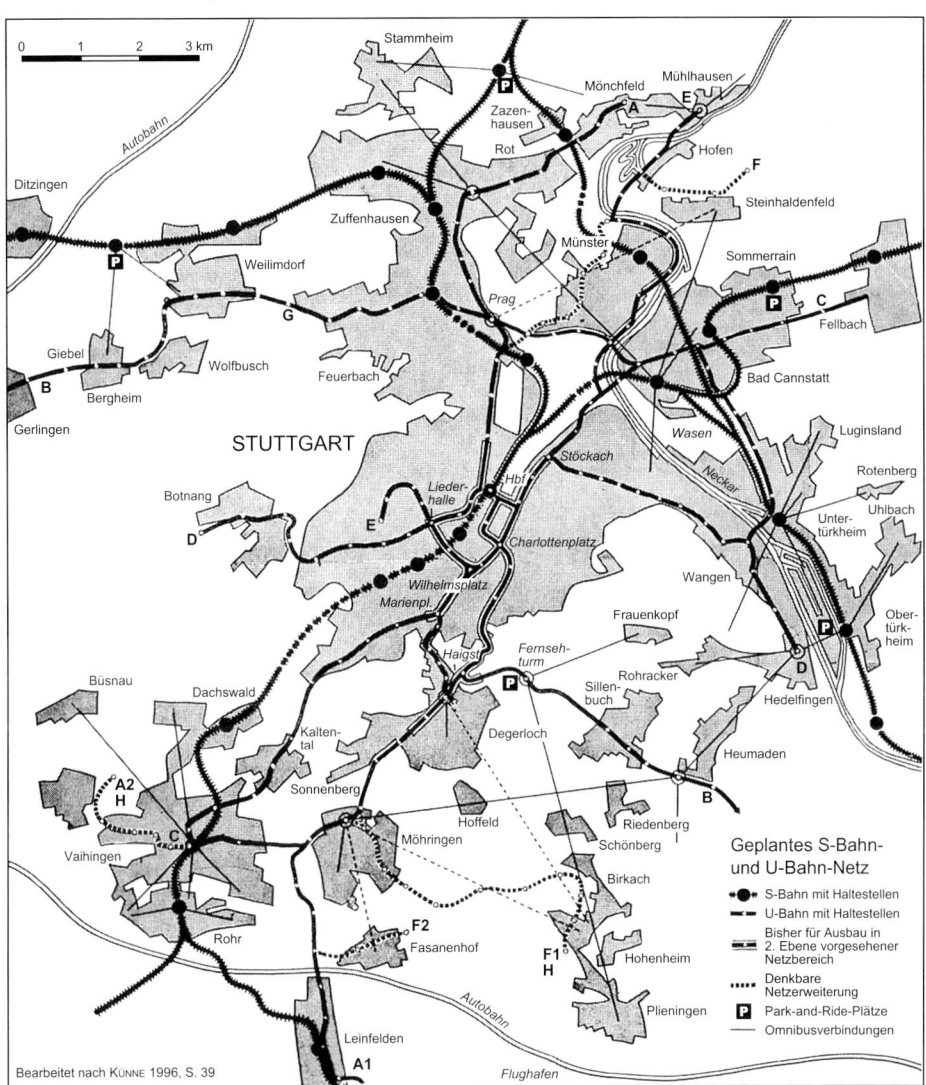

Geplantes S-Bahn- und U-Bahn-Netz

●━●● S-Bahn mit Haltestellen
━ ━ ━ U-Bahn mit Haltestellen
▬▬ Bisher für Ausbau in 2. Ebene vorgesehener Netzbereich
••••• Denkbare Netzerweiterung
P Park-and-Ride-Plätze
——— Omnibusverbindungen

Bearbeitet nach Künne 1996, S. 39

Abb. 3.1.5 U-/S-Bahn-Netz in Stuttgart 1972

ten sehr knapp ist, verfügt der ÖPNV über eine besonders ausgeprägte Effizienz und Stadtverträglichkeit.

In den 1980er und 1990er Jahren wurde von einer „Renaissance der Straßenbahn" gesprochen (vgl. Köstlin/Wollmann 1988). Anlass hierzu gaben die Wieder-

einführung bzw. der Ausbau der **Straßenbahn als Oberflächen-Verkehrsmittel** in Städten wie Basel, Freiburg, Grenoble, Karlsruhe, Saarbrücken oder Straßburg, um nur einige Beispiele zu nennen. Als besonders innovativ gilt die Entwicklung der Zweisystemstadtbahn in Karlsruhe, die die

Netzinfrastruktur der Eisenbahn mit derjenigen des städtischen Nahverkehrs kombiniert; in Karlsruhe gelang es zudem, den ÖPNV in die expandierenden Siedlungsräume des Umlands auszubauen und ihn insofern an der bis dato stark auf den Pkw gestützten Suburbanisierung teilhaben zu lassen (vgl. Kap. 3.2.2).

Mit den neuen Stadtbahnprojekten wurde ein maßgeblicher Trend der ersten drei Nachkriegsjahrzehnte gebrochen: die Verdrängung des **innerstädtischen Schienenverkehrs in den Untergrund**. Diese war offiziell damit begründet worden, den ÖPNV zu beschleunigen; tatsächlich wurden die Tunnelstrecken jedoch auch gebaut, um dem Kraftfahrzeugverkehr freie Fahrt im Straßenraum zu verschaffen. Das idealtypische Fallbeispiel hierfür ist der weitgehende Ersatz der Straßenbahn durch eine in den Zentren unterirdisch geführte **U-Stadtbahn** in den Städten des **Ruhrgebiets**, mit der eine erhebliche Konzentration und Ausdünnung der (Straßenbahn-)Schienennetze einherging. Im Ergebnis wurden dort zwischen 1967 und 1992 mit einem Aufwand von 11,82 Mrd. DM insgesamt 145 km Stadtbahnstrecke neu in Betrieb genommen. Dabei umfasste der Anteil der neu errichteten Schienenstrecken eine Länge von 33 km (weitere 11 km im Bau). Parallel wurden allein im Bereich des Verkehrsverbundes Rhein-Ruhr (VRR) die Straßenbahnnetze von 841 km Länge um mehr als ein Drittel auf 531 km Länge reduziert (LANDTAG NORDRHEIN-WESTFALEN 1993, S. 22, 29).

Eine geographische Analyse der Siedlungsstrukturen des Ruhrgebietes hätte relativ leicht den Beleg erbringen können, dass die hohe Netzdichte der Straßenbahn dem **dezentralisierten Siedlungstyp der Ruhrgebietsstädte** wesentlich besser angepasst war als die unterirdische Stadt-

bahn, die nur für Millionenstädte sinnvoll erscheint. Die systembedingt geringere Netzabdeckung mit weniger Zugangsstellen und größeren Haltestellenabständen hat die Strukturprobleme des ÖPNV in dieser Region erheblich verschärft. Heute ist die kostspielige Unterhaltung von U-Bahnhöfen, Fahrtreppen etc. kaum noch finanzierbar.

Ergänzend zum Schienenverkehr der großen Verdichtungsräume wird ein wichtiger Teil des ÖPNV-Angebots in großen Städten durch den **Busverkehr** gestellt. In Klein- und Mittelstädten besteht der öffentliche Nahverkehr vielfach allein aus dem Bus, ggf. in Verknüpfung mit dem Schienenverkehr der regionalen Eisenbahnen. Im Vergleich zu Straßenbahn oder U-Bahn ist der Bus in Bau und Betrieb weit weniger aufwändig, allerdings verfügt er auch nur in wenigen Fällen über einen eigenen Fahrweg und somit über entsprechende Angebotsqualitäten. Seine Netze können leichter an veränderte Siedlungsstrukturen angepasst werden, oft steht der Bus aber auch gemeinsam mit dem Pkw im Stau, was seine Attraktivität deutlich einschränken kann. Seit den 1990er Jahren sind neue **Stadtbuskonzepte und -systeme** in der Erprobung, welche die Marktanteile des ÖPNV ausbauen oder zumindest sichern konnten. Dies gilt vor allem für Stadtbusse in Klein- und Mittelstädten, mit denen die Nutzerzahlen des ÖPNV teilweise erheblich gesteigert werden konnten (s. a. Kap. 3.2.3).

Ein wichtiges Feld des städtischen Verkehrs stellt der sogenannte **ruhende Kfz-Verkehr** dar, d. h. die Unterbringung haltender und parkender Kfz im Straßenraum bzw. im öffentlichen Raum. Es ist zugleich, aufgrund der in aller Regel begrenzten Platzverhältnisse in den Städten, ein außerordentlich kritischer Punkt im Verhältnis von Stadt und Verkehr. Zwar hatte man in den 1960er und 1970er Jahren versucht, eine an den Bedürfnissen des Kfz-Verkehrs orientierte Angebotsplanung umzusetzen. Die Massenmotorisierung hat die Verkehrsplanung jedoch in dieser Hinsicht vor kaum lösbare Aufgaben gestellt. Die Ausweisung zentraler Geschäftsstraßen als Fußgängerzone oder die Freihaltung historischer Stadtzentren vom Kfz-Verkehr hat einige diesbezügliche Brennpunkte einerseits entschärfen können (vgl. MONHEIM 2000); andererseits muss die Erreichbarkeit dieser verkehrsberuhigten Areale der Innenstädte sicher gestellt sein, so dass dafür in aller Regel Parkhäuser und Tiefgaragen notwendig werden.

Die Problematik des ruhenden Verkehrs verweist auf ein weiteres Problem der Stadt- und Verkehrsplanung: die Sicherung hoher **Qualitäten des öffentlichen Raums**. Damit werden allgemein Attraktivität, Nutzbarkeit und Sicherheit des Stadtraums verbunden. Die hohe Motorisierung in den Städten kann sich durch den Platzbedarf des fließenden und ruhenden Kfz-Verkehrs, seine Lärm- und Schadstoffemissionen sehr nachteilig auf die Aufenthaltsqualität im Stadtraum auswirken. Damit beeinträchtigt der motorisierte Verkehr eine wichtige Eigenschaft von Städten: Urbanität. Sie ist elementar an Öffentlichkeit und funktionierende öffentliche Räume gekoppelt. Die tendenzielle Abwertung des öffentlichen Raums durch den Massenverkehr wird dagegen als antiurban, als stadtfeindlich interpretiert (vgl. SIEBEL 2004).

Das Aufkommen und die Abwicklung des **Verkehrs in Verdichtungsräumen** unterscheidet sich zwischen den Innenstädten bzw. Stadtzentren und ihren Randbereichen durchaus signifikant. Dies ist u. a. an den Parametern Wegelänge, Mo-

torisierung und Kfz- bzw. ÖPNV-Nutzung abzulesen. Der Tatbestand, dass verschieden strukturierte Siedlungsräume insofern eine unterschiedliche Verkehrsintensität hervorbringen können, deutet auf eine raumspezifische Erklärung von Mobilität und Verkehr hin. Diese Fragestellung war in den vergangenen Jahren folglich Gegenstand einer größeren Zahl von Forschungsvorhaben und Diskussionen in Deutschland und im Ausland (vgl. KUTTER 1991, HALL 1997, HOLZ-RAU 1997, KAGERMEIER 1997b, NEWMAN/KENWORTHY 1999, HESSE 1999c, MOTZKUS 2002).

Als ein Ausgangspunkt dieser Diskussion in Deutschland können die Arbeiten von KUTTER bzw. HOLZ-RAU auf der Basis der Verkehrsbefragung in West-Berlin (1986) gelten, die mit Blick auf die **Verkehrsstrukturen verschiedener Stadtquartiere** ausgewertet wurden (vgl. Tab. 3.1.1). Die Unterschiede wurden zunächst

Tab. 3.1.1 Jährlicher Verkehrsaufwand pro Person und pro 1.000 realisierte Aktivitäten in Berliner und Hamburger Stadtquartieren

Berliner Kernbezirke	6.500 km
Randbezirke (Berlin-Spandau)	12.310 km
Berlin-Gropiusstadt	14.100 km
Hamburger „Schlafstädte"	> 18.000 km
Hamburger Umlandgemeinden	> 20.000 km

Quelle: HOLZ-RAU 1997, S. 33ff.

auf die höhere Dichte dieser Quartiere, die geringeren Distanzen zur Innenstadt sowie die bessere ÖPNV-Erschließung bei geringerer Motorisierung der Haushalte zurückgeführt. Auswertungen der bundesweiten Erhebung KONTIV '89 (Kontinuierliche Erhebung des Verkehrsverhaltens) sowie der Volkszählung 1987 in Bezug auf den Verkehrsaufwand in unterschiedlich großen Gemeinden haben dieses Bild ergänzt. Ihre zentrale Aussage war, dass die größten **Distanzen der Wohnbevölkerung** von kleinen Orten (weniger als 20.000 E) sowie von Millionenstädten zurückgelegt wurden. Dies liegt im ersten Fall an den größeren Distanzen zum nächsten Zentrum, im zweiten an den steigenden Entfernungen innerhalb der Metropolen. Städte zwischen 100.000 und 500.000 Einwohnern wurden als für die eigene Bevölkerung relativ verkehrssparsam eingestuft (vgl. HOLZ-RAU 1997, S. 57f.).

Zwischen Dichte und Ortsgröße einerseits und dem Verkehrsaufwand andererseits gibt es jedoch keine direkte Korrelation. Dies hängt mit der Abgrenzung des jeweiligen Bezugsgebietes zusammen: Die o. g. Bewertungen beziehen sich allein auf die Wohnbevölkerung der untersuchten Räume; dies gilt auch für die 1976, 1982 und 1989 durchgeführten Befragungen im Zusammenhang der KONTIV-Erhebungen sowie viele örtliche Erhebungen zum Stadtverkehr, die insofern ein unvollständiges Bild zeichnen. Betrachtet man den Quellverkehr der Wohnbevölkerung und Zielverkehr der Einpendelnden, was aufgrund der gestiegenen siedlungs- und wirtschaftsräumlichen Verflechtungen sinnvoll ist, zeigt sich, dass das spezifische **Verhältnis aus Wohnbevölkerung und Arbeitsplatzangebot** eine bestimmende Größe des Verkehrsaufwandes ist (HOLZ-RAU 1997, S. 57f.). Dies gilt zumindest für den Berufsverkehr.

Empirische Untersuchungen in den Regionen Stuttgart (HOLZ-RAU 1997), Rhein-Main (MOTZKUS 2002) und München (KAGERMEIER 1997b) haben das **Zusammenwirken von Siedlung und Verkehr** weiter untersucht. Sie bestätigen zwar die Varianz in der Verkehrsmittelnutzung und in den zurückgelegten Distanzen innerhalb der Stadt, zwischen Stadt und Umland sowie zwischen (Umland-) Gemeinden unterschiedlicher Größe. Sie ist aber nicht allein auf Dichte und Größe des Stadtraums zurückzuführen. Die **Ausdehnung der individuellen Aktionsräume** bei zunehmender Nutzung des Kfz-Verkehrs geht auf ein ganzes Set von Faktoren zurück, bei denen siedlungsräumliche Kriterien einen Teil ausmachen, sozial-räumliche (i. w. S.) einen anderen. Dies kann am Beispiel der **Relation von Erwerbs- und Wohnbevölkerung** gezeigt werden: Selbst unter der Voraussetzung einer rechnerisch ausgewogenen Relation dieser beiden Größen konnten in der Region Stuttgart real steigende Auspendlerzahlen nachgewiesen werden (HOLZ-RAU et al. 1995, S. 58). Ursache dieser unausgewogenen Relation von Wohnbevölkerung und Arbeitsplatzangebot ist der Tatbestand, dass individuelle Entscheidungen auf dem Wohnungsmarkt und dem Arbeitsmarkt nach anderen als allein räumlichen oder siedlungsstrukturellen Kriterien getroffen werden. In der Summe dieser rationalen Einzelentscheidungen ergibt sich ein Bild der Stadt, in der Wohn-, Arbeits- und Freizeitort nicht notwendiger Weise deckungsgleich sind. Es entspricht insofern auch nicht per se den Leitbildern und Intentionen der Planung.

Als weiterer Faktor zur „raumspezifischen" Erklärung von Alltagsmobilität und Verkehr gilt die **Wohnstandortmobilität**, d. h. die Art und das Ausmaß von Umzügen und Wanderungen. Denn durch eine veränderte **Wohnstandortwahl** verändern sich auch die Wege und Zeiten der **Verkehrsmobilität**. Alltägliche Routinen werden gebrochen, das Verkehrshandeln richtet sich neu aus. Ein peripher gelegener, schlecht durch den ÖPNV erschlossener Wohnstandort bringt eine auf das Automobil gestützte Alltagsmobilität mit sich – ganz gleich, ob dies der gewohnten Lebensweise entspricht oder aber dieser Verhaltensimpuls erst durch den neuen Wohnstandort hervor gerufen wurde. Während der Kauf eines Hauses oder die Auswahl einer neuen Mietwohnung meist wohl bedacht vorgenommen werden, sind die Verkehrsverhältnisse am neuen Wohnort sehr selten Gegenstand einer genauen Überprüfung. Oft wird erst im Nachhinein festgestellt, dass die ÖPNV-Anbindung im suburbanen Raum viel schlechter ist als in der Kernstadt (vgl. Kap. 3.2).

In diesem Kontext rückt schließlich die Dimension der **Lebenslage und Lebensweise der Verkehrsteilnehmer** verstärkt in den Blickwinkel von Forschung und Planung. Als Ausgangspunkt dient hier die soziodemographische Differenzierung der Nachfrager (nach Alter, Familienstand, Einkommen etc.), an die sich die Identifikation unterschiedlicher Konsummuster, Freizeitgewohnheiten und normativen Orientierungen anschließt. In den Großstädten geht es dabei z. B. um die Identifikation bestimmter sozialer Milieus (etwa Arbeitermilieu, postmaterielle Milieus); ähnlich gelagert ist die Konstruktion von Mobilitätsstilen (vgl. GÖTZ et al. 1998, BECKMANN et al. 2006), die mit bestimmten Einstellungen und resultierenden Verhaltensmustern verbunden werden. Auf diese Weise versucht die Forschung, eindimensionale, stark quantitativ begründete Erklärungsansätze des Verkehrshandelns zu überwinden und die soziale Realität angemessener abzubilden (vgl. Kap. 1). Dies könnte z. B. als Ausgangspunkt zur Entwicklung zielgruppenspezifischer Konzepte dienen.

3.1.3 Handlungsbedingungen und Handlungskonzepte

Der besonderen Bedeutung der Kernstädte für den Verkehr entspricht der außerordentlich große Stellenwert, den Innenstadtkonzepte für die Verkehrsplanung traditionell haben. Sie sind außerdem Gegenstand kontroverser Diskussionen. Innenstadtkonzepte werden nicht selten stellvertretend für das Verkehrsthema an sich sehr politisch zwischen den beteiligten Interessengruppen ausgefochten. Dabei stehen sich eine umwelt- und denkmalschutzorientierte Sichtweise auf der einen Seite, die den motorisierten Verkehr in Stadtzentren stärker begrenzen will, und die Interessen von Handel und Gewerbe an möglichst ungehinderter Zufahrt auch zum Kern der City auf der anderen Seite oft idealtypisch gegenüber.

Im Zuge des Wiederaufbaus der deutschen Innenstädte wurden auch neue Konzepte für ihre Kernbereiche entworfen. Dazu gehören insbesondere auch die **Fußgängerzonen**, mit deren Anlage in den 1960er Jahren erste Ansätze einer Beschränkung des Kfz-Verkehrs praktiziert werden sollten (vgl. Abb. 3.1.6). Die Einrichtung der Fußgängerzonen geschah häufig gegen den Widerstand des lokalen Handels und der Wirtschaftsverbände, die Umsatzeinbußen aufgrund verschlechterter Erreichbarkeit ihrer Betriebe für den rasant wachsenden Kfz-Verkehr befürchteten (auch im Vergleich zu den großflächigen Standorten im Außenbereich). Es stellte sich jedoch bald heraus, dass die Fußgängerzonen im Gegensatz zu dieser Befürchtung zu leistungsfähigen Innenstadtstandorten entwickelt werden konnten. Fußgängerzonen sind heute diejenigen Standorte, in denen das höchste Passantenaufkommen (d. h. auch: die höchste Kundenfrequenz des Handels) und nicht selten auch die höchsten Bodenpreise in den Großstädten registriert werden.

Ein weiteres, ebenso strittig diskutiertes Thema stellt die Forderung nach **autofreien Innenstädten** dar, die in den 1980er Jahren im Zeichen einer kritischen Umweltdiskussion verstärkt gefordert wurden.

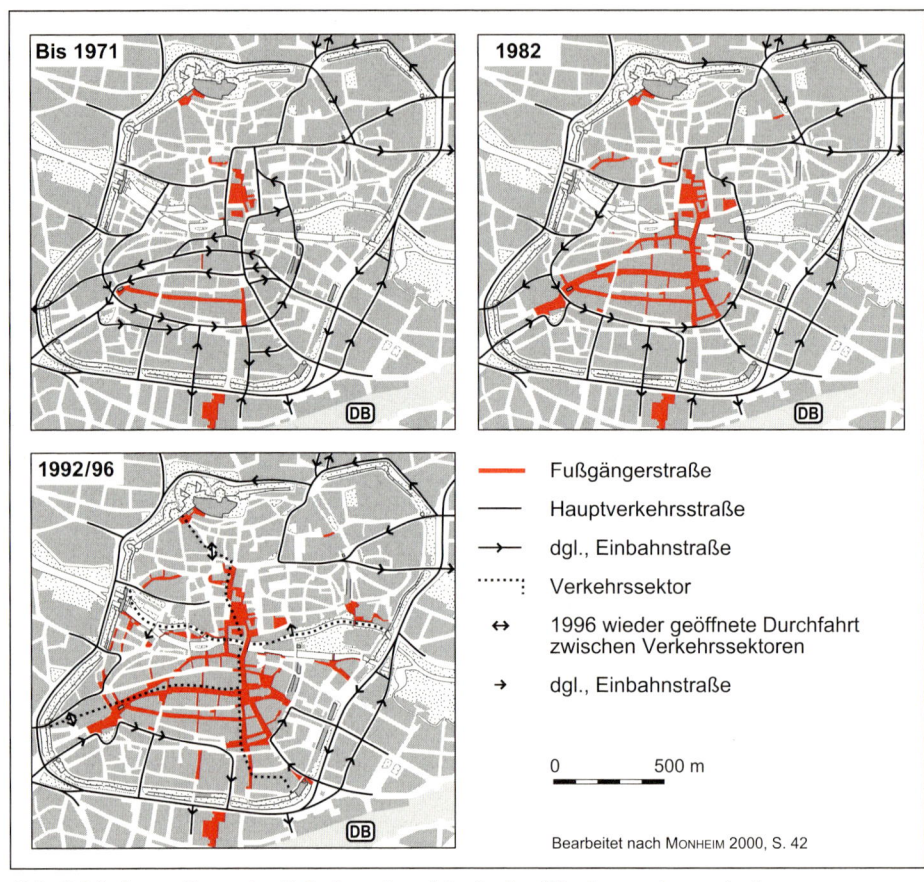

Abb. 3.1.6 Ausweitung der Fußgängerbereiche in der Nürnberger Innenstadt

Diese Forderung ging von der Prämisse aus, dass die Innenstädte die verkehrsreichsten und damit auch höchst belasteten städtischen Teilräume sind. Eine radikale Sperrung weiter Teile der Innenstadt, im Grunde aufbauend auf der Einführung der Fußgängerzonen, sollte zur flächenhaften Entlastung der Städte vom Kfz-Verkehr und seinen Schadwirkungen führen. Dass dieser Beweis nie wirklich geführt werden konnte, hat nicht allein mit dem politischen Widerstand einflussreicher Kräfte von Handel und Gewerbe gegen solche Konzepte zu tun. Oft ist auch strittig, in-

wieweit die Innenstädte noch die Schwerpunkte der Verkehrs- und Umweltbelastungen darstellen, während die hochbelasteten Hauptverkehrsstraßen objektive Problemzonen darstellen.

In den aktuellen Diskussionen um die Feinstaubbelastung in Innenstädten und an stark befahrenen Hauptverkehrsstraßen, die durch die seit dem 1.1.2005 geltende Luftqualitätsrahmenrichtlinie der EU ausgelöst wurden, spielen sogenannte **Umweltzonen** bzw. Teilräume mit besonderen Anforderungen an die Umweltverträglichkeit des Verkehrs wieder eine wichtige Rolle. In diesem Kontext hat auch die seit 2003 in London gültige *Congestion Charge* (Stauabgabe) die Aufmerksamkeit auf restriktivere Ansätze in der Stadtverkehrsplanung gelenkt. Sie wird in Höhe von 8 Pfund Sterling (ca. 11,60 EUR) für eine Einfahrt mit dem Pkw in die Innenstadt erhoben. Die Erhebung der *Charge* hat zu einer moderaten Minderung des Pkw-Verkehrs und zu einer Beschleunigung des Busverkehrs in der Londoner City geführt; zudem soll künftig ein großer Teil des Mittelaufkommens in den Ausbau des öffentlichen Verkehrs (insbes. des U-Bahn-Netzes) investiert werden. Auf diese Weise versucht die Politik, Anreize und Restriktionen für einen besseren Stadtverkehr zu kombinieren.

Grundsätzlich kann sich verantwortliche Stadtverkehrsplanung allerdings nicht auf die Regelung des Nadelöhrs Innenstadt beschränken, wo Staus und Parkplatzmangel Interventionen ohnehin begünstigen. Verkehrspolitik und -planung müssen Konzepte und Instrumente zur Steuerung des Verkehrs für **alle Teilräume der Stadt** entwickeln. Diese sollten möglichst abgestuft und aufeinander aufbauend entwickelt werden, und sie sind mit einer breiten Kommunikationsstrategie einzuführen. Nur dann besteht eine Aussicht, dass sie erstens umgesetzt werden und zweitens auch die gewünschten Effekte erzielen.

3.1.4 Perspektiven für Politik und Planung

Zur Steuerung des Stadtverkehrs haben die deutschen Großstädte 1989 einen durchaus ambitionierten und umfassenden, aber zugleich praxisnahen **Handlungskatalog** im sogenannten „**10-Punkte-Papier**" des Deutschen Städtetags zusammen gefasst (DEUTSCHER STÄDTETAG 1989). Dieses Papier kann im Grunde auch heute noch beanspruchen, als praktische Leitlinie zum problemorientierten Umgang mit dem städtischen Verkehr zu dienen. Es versucht, sowohl den ökonomischen Interessen der Städte wie dem Ziel einer umweltorientierten Entwicklung des Verkehrs gleichermaßen gerecht zu werden.

Im Zentrum einer solchen **integrierten Stadt- und Verkehrsplanung** stand und steht der Versuch einer Gestaltung des Kfz-Verkehrs in Richtung Stadt- und Umweltverträglichkeit (vgl. MONHEIM 1979). Bezugnehmend auf ein umfassendes Verständnis von stadtverträglicher Mobilität gehören hierzu zum einen bauliche Investitionen zur Förderung des nichtmotorisierten Verkehrs (Fuß- und Radverkehr), zum anderen der **Ausbau des öffentlichen Verkehrs**, dessen Leistungsschwerpunkte vor allem in Agglomerationen und Zentren liegt (s. Abb. 3.1.7).

Außerdem gehören hierzu auch Bestandserhalt, -erneuerung und -verbesserung im Straßenverkehr sowie die **städtebauliche Integration** des Verkehrs. Siedlungsstrukturelle Kontexte werden heute verstärkt als Ergänzung erwogen, etwa durch die Konzentration von Neubaumaßnahmen auf durch den ÖPNV oder Schienenverkehr gut erschlossene Standorte und Achsen oder die Ausweisung von Wohnquartieren als autofrei oder autoarm. Dort werden dann neben guten ÖPNV-Anschlüssen auch Mietautos für Bedarfszwecke angeboten (s. Car-Sharing, Kap. 2.8). Dabei geht es einerseits um **Verkehrsvermeidung**, also um die Reduzierung von Distanzen und Einsparung motorisierter Ortsveränderungen (vgl. HESSE 1995). Bei **Strategien der Verkehrsverlagerung** nehmen andererseits die Verbesserung und Beschleunigung des Angebots von Bussen und Bahnen sowie die Sicherung des nichtmotorisierten Verkehrs einen wich-

ÖV-Potenzial (Anteil 24%)

Wege am Stichtag:	3,6
MIV-Anteil:	78%
Anteil Berufstätige:	53%
Pkw-Verfügbarkeit jederzeit:	91%
Anteil Männer:	52%
Durchschnittsalter:	48 Jahre
gegenwärtige ÖV-Nutzung:	selten / nie

Räumliche Verteilung

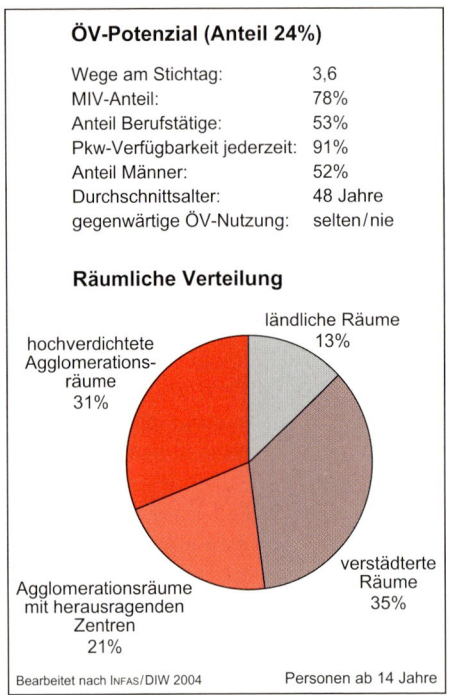

ländliche Räume 13%

hochverdichtete Agglomerations-räume 31%

verstädterte Räume 35%

Agglomerationsräume mit herausragenden Zentren 21%

Bearbeitet nach INFAS/DIW 2004   Personen ab 14 Jahre

Abb. 3.1.7 Verteilung des ÖPNV-Potenzials nach Raumtypen

tigen Platz ein (s. Kasten 3.1.4).

Die integrierte Stadt- und Verkehrspla-nung sieht in der **Begrenzung des Park-raums** eines der wichtigsten Instrumen-te zur Steuerung des Stadtverkehrs (vgl. DÖRNEMANN 1998). Ihre These ist, dass durch die Verknappung von Parkplätzen ein starker Anreiz zur Benutzung der öf-fentlichen Nahverkehrsmittel gegeben wird. Im Rahmen des auch **Parkraumbe-wirtschaftung** genannten Ansatzes wird daher zum einen die Menge der im Stadt-zentrum und angrenzenden Teilräumen vorgehaltenen Parkplätze limitiert, zum anderen werden mit zunehmender Nähe zum Zentrum ansteigende Parkgebühren erhoben. Da die Stadtzentren durch den ÖPNV in aller Regel sehr gut erschlossen sind, geht die Planung davon aus, dass die

Benutzer hinreichende Alternativen zum Pkw zur Verfügung haben.

Die Parkraumbewirtschaftung wird ei-nerseits als effiziente Stellschraube zur Steuerung des Zielverkehrs in die Stadt-zentren angesehen; sie ist andererseits aber auch ein umstrittenes Instrument, da vor allem in Geschäftsstraßen Umsatzeinbu-ßen aufgrund der verminderten Kfz-Ver-kehrserreichbarkeit befürchtet werden.

Kasten 3.1.4
Strategien der Stadtverkehrspolitik

- Sicherung einer funktionsfähigen, ge-mischten und dichten Stadtstruktur als Voraussetzung für gute Erreichbarkeiten und hohe Verkehrsanteile des „Umwelt-verbunds" (ÖPNV, Fuß- und Radverkehr)

- Orientierung von Schwerpunkten in der Flächennutzungsplanung in Abstimmung mit den Netzen des ÖPNV

- Förderung der Verkehrsarten des Umwelt-verbunds durch hohe Erschließungsqua-litäten (eigene Fahrwege bzw. durchgän-gige Wegenetze), gute Angebotsqualitäten (dichte Fahrplantakte, attraktive Tarife) und Optimierung der Verknüpfungspunkte zwischen den verschiedenen Verkehrsträ-gern (insbesondere des Umweltverbunds, aber auch zum Pkw-Verkehr)

- Integration aller öffentlichen Verkehrsan-gebote (inklusive Car-Sharing) im Rah-men eines umfassenden Mobilitätsma-nagements und -marketings

- Städtebauliche Integration und stadtver-trägliche Abwicklung des Pkw-Verkehrs, z. B. durch Geschwindigkeitsdämpfung (Tempo-30-Zonen), maßvolle Ausgestal-tung der Verkehrsanlagen, Vermeidung von Barrieren und Trennwirkungen, Lärm-minderungsplanung etc.

- Förderung stadtverträglicher Wirtschafts-verkehre durch kooperative Lieferdiens-te, emissionsarme Fahrzeuge, Zeitfenster zur Sicherung der Nachtruhe in Mischge-bieten u. ä.

Abb. 3.1.8 Städtebauliche Integration des Verkehrs durch ÖPNV, Rad- und Fußverkehr (Basel)
Foto: M. Hesse

Der empirische Erkenntnisstand hierzu ist zwar uneinheitlich; es gibt jedoch zahlreiche, behutsam umgesetzte und politisch geschickt vermittelte Konzepte einer **Steuerung des Parkraumangebots**, die mit ortsspezifischen Maßnahmen beiden Seiten gerecht werden können (BSV 2000, Monheim 1999). Allerdings ist auch nicht zu übersehen, dass derzeit eine Lockerung solcher Ansätze praktiziert wird, die in Politik und Öffentlichkeit als restriktiv empfunden werden, etwa durch Aufgabe von Parkgebühren oder durch Freigabe des Kurzzeitparkens. Auf diese Weise weicht das einst relativ stringente, systematische Konzept der integrierten Stadtverkehrsplanung einem mehr oder weniger voluntaristischen, sprunghaften Baukastensystem, aus dem man sich je nach aktuellen politischen Prioritäten bedient. Dies zeigt, dass

die konkrete Umsetzung der Bausteine einer integrierten Stadt- und Verkehrsplanung nicht nur eine ingenieurtechnische Aufgabe, sondern auch ein hochgradig stadtpolitisches Thema darstellt.

Konkrete Ansätze zur **Steuerung des städtischen Güterverkehrs** sind weit weniger entwickelt als im Personenverkehr. Sie sind erst in den späten 1980er bzw. frühen 1990er Jahren entstanden und waren zunächst primär auf die Sicherung der Funktionsfähigkeit des Wirtschaftsverkehrs bezogen. Nur teilweise wurde auch ausdrücklich auf eine Entlastung der Umwelt gesetzt. **Fahrzeugtechnische Maßnahmen** zur Reduzierung der Lärm- oder Schadstoffemissionen, im Pkw-Verkehr relativ erfolgreich, hat es für den Güterverkehr nur sehr begrenzt gegeben. Zum Teil sind sie wegen zu hoher Kosten nicht zum

Einsatz gekommen (Motorkapselung), zum Teil stehen sie noch vor der Markteinführung (Ruß-/Stickoxidfilter).

In vielen Ballungsräumen stehen daher planerische Ansätze für lokale Handlungsstrategien im Güterverkehrsbereich im Zentrum, vor allem zur Entwicklung von **Güterverkehrszentren** (GVZ) sowie die Bündelung von Frachten und Fahrten (**City-Logistik**). GVZ wurden als Gewerbegebiete zur Konzentration verkehrsintensiver Unternehmen, zur Förderung des intermodalen Verkehrs (insbes. von Bahn und Binnenschiff) und zur Entlastung der Innenstädte vom Schwerverkehr gedacht (s. Kap. 2.8; 3.2). Für die Innenstadtentlastung war insbesondere die Überlegung handlungsleitend, **betriebliche Kooperationen** in der City-Logistik in Gang zu setzen. Dabei sollten Unternehmen einen Teil ihrer Sendungen auf einen neutralen Transportdienstleister verlegen, der die Auslieferung an die Kunden übernimmt. Auf diese Weise sollten Lkw-Fahrten gebündelt und somit eingespart werden, der **Güterverkehr effizienter und stadtverträglicher** als unter den üblichen Konkurrenzbedingungen organisiert werden. Bisher ist der entsprechende Beitrag von GVZ und City-Logistik zur Verkehrsentlastung jedoch noch sehr gering (vgl. Klein et al. 1998).

Im **Güterfernverkehr**, der die Verdichtungsräume teilweise direkt, teilweise indirekt berührt, sollten vor allem **Bahn und Binnenschiff** gestärkt werden. Auch dies ist aber bisher nur begrenzt gelungen (s. o.), was vor allem darauf zurückgeführt wird, dass diese Verkehrsträger nach Qualität und Kosten nicht mit dem Lkw konkurrieren können – wenngleich eine größere Zahl von Einzelbeispielen zeigt, dass dies möglich ist (MSKS 2000). **Lkw-Führungskonzepte** sollen dazu beitragen, ver-

meidbare Belastungen durch den Verkehr in Wohngebieten zu minimieren. Robuste Handlungsstrategien, die die Belastungen des Güterverkehrs dauerhaft und spürbar reduzieren, ohne dass den Innenstädten und ihren Anliegern wirtschaftliche Nachteile entstehen, sind indes aus den vielen Modellvorhaben zum Wirtschaftsverkehr seit Anfang der 1990er Jahre noch nicht hervorgegangen. Räumlich betrachtet scheinen die **Stadtzentren** für den **Güternahverkehr** aber aufgrund ihrer Raumknappheit am ehesten dazu geeignet, dass Unternehmen und ihre Kunden Kompromisse zwischen dem Ziel der Erreichbarkeit und dem Ziel der Stadtqualität i. w. S. eingehen. Ein Beispiel hierfür gibt die Auslieferung von Paketen und kleinteiligen Sendungen mit Lastenfahrrädern oder Elektrofahrzeugen; in den Niederlanden wird dazu auch der Wasserweg genutzt (vgl. Flämig/Hertel 2006).

Insgesamt kann vor Ort ein wichtiger Beitrag zur stadtverträglichen Gestaltung des Verkehrs geleistet werden. Allerdings sind die politisch-planerischen und rechtlichen Handlungsspielräume der Gemeinden zu Verkehrsmanagement und -lenkung durchaus begrenzt. Die faktischen Erfolge der ordnungsrechtlichen Umweltpolitik insbesondere im Bereich der Luftreinhaltung (vgl. Katalysatordiskussion der 1980er Jahre oder aktuelle Debatte um verkehrsbedingte Feinstaubemissionen) haben deutlich gemacht, dass lokales Handeln auf flankierende Rahmenbedingungen durch den Staat angewiesen ist. Nur auf diese Weise ist sichergestellt, dass entsprechende Maßnahmen auch wettbewerbskonform umgesetzt werden können und nicht diejenigen Städte, die den Mut zu solchen Schritten aufbringen, etwa durch Erreichbarkeits- oder Standortnachteile bestraft werden (s. Kap. 5).

Literaturauswahl zur Ergänzung und Vertiefung von Kapitel 3.1

• **Allgemeine Einführung in die Stadtentwicklung**
  SIEBEL 2004, HEINEBERG 2001[2], FRIEDRICHS 1995, REULECKE 1985
• **Verkehr und Stadtentwicklung - Personenverkehr**
  BECKMANN et al. 2006, MOTZKUS 2002, HOLZ-RAU 1997, KAGERMEIER 1997b, FORSCHUNGSVERBUND
  LEBENSRAUM STADT (Hg.) 1994, WACHS/CRAWFORD (Hg.) 1992
• **Verkehr und Stadtentwicklung - Wirtschaftsverkehr**
  FLÄMIG/HERTEL 2006, HESSE 1998
• **Verkehrspolitik und -planung**
  BANISTER 2002, MONHEIM 2000, HESSE 1995, STEIERWALD/KÜNNE 1994, MEYER-TASCH et al. (Hg.)
  1992, KUTTER 1991, DEUTSCHER STÄDTETAG 1989, MONHEIM 1979
• **Datenreihen zum Stadtverkehr**
  Mobilität in Deutschland, (ausgew. Jahre), INFAS/DIW (Hg.), Bonn, (www.kontiv2002.de)
  Mobilität in Städten - SrV, Lehrstuhl für Verkehrs- und Infrastrukturplanung, TU DRESDEN (Hg.),
  (www.tu-dresden.de/srv)
  Clearingstelle für Verkehrsdaten und Verkehrsmodelle, INSTITUT FÜR VERKEHRSFORSCHUNG, DLR,
  (www.clearingstelle-verkehr.de)

3.2 Suburbane Räume

3.2.1 Suburbia als siedlungsstrukturelle Gegebenheit

Die Siedlungsentwicklung war in den vergangenen Jahrzehnten in der Mehrzahl der Industrieländer durch umfassende Dekonzentrationstendenzen gekennzeichnet. Spätestens seit der Nachkriegszeit hatte sich in Deutschland die Wachstumsdynamik von Bevölkerung und Beschäftigten sukzessive von den Verdichtungsräumen und alten Kernen über die innerstädtischen Randlagen in die vormals ländlichen Außenbereiche verschoben (HESSE u. SCHMITZ 1998, SIEDENTOP et al. 2003). Während die Kernstädte in den 1980er und 1990er Jahren, trotz allgemeinen Bevölkerungswachstums in der Bundesrepublik, Einwohner verloren hatten, waren ihre Umlandkreise und damit die suburbanen Räume überproportional stark gewachsen. In jüngster Zeit

wurden zunehmend auch ländliche Gebiete im weiteren Umland von diesem Prozess erfasst – über den sogenannten ersten „Ring" der Suburbanisierung hinaus in die verdichteten und ländlichen Kreise in größerem Abstand zur Kernstadt (BBR 2005, S. 191).

Vor allem in den verstädterten Räumen am Verdichtungsrand wurden Bautätigkeit und Bevölkerungswachstum immer disperser, die **Konturen von Stadt und Land** immer unschärfer. Besonders die kleinen, gering verdichteten Umlandgemeinden zwischen den Verkehrsachsen konnten in den 1990er Jahren stark wachsen (SIEDENTOP et al. 2003, BBR 2005). Die suburbanen Räume haben in dieser Konsequenz eine erhebliche Aufwertung erfahren, zunächst durch Zuwanderung von Bevölkerung und Beschäftigung, später durch Ansiedlung von Versorgungs- und Freizeitstätten (vgl. PRIGGE 1998). Als Konsequenz ist der suburbane Raum durch sehr verschiedene Nutzungen gekennzeichnet:

Abb. 3.2.1 Suburbanes Einfamilienhausgebiet Foto: M. Hesse

• die klassischen **suburbanen Wohngebiete** mit Ein- und Zweifamilienhäusern, wie sie im 20. Jh. vor allem aus den USA bekannt sind und spätestens seit der Nachkriegszeit auch die Entwicklung der urbanen Räume in Europa kennzeichnen; in den letzten beiden Jahrzehnten sind hier außerdem verstärkt Wohnstandorte in Geschossbauweise hinzu gekommen;

• **suburbane Gewerbegebiete**, in denen anfangs die flächenzehrende Industrie nach ihrem Auszug aus der Stadt Platz fand, später zunehmend auch Handwerk und Kleingewerbe, Büro- und Dienstleistungsnutzungen siedelten;

• Standorte des **großflächigen Einzelhandels** auf Sonderbauflächen, teilweise auch in Mischgebieten, die später um Freizeiteinrichtungen wie Multiplex-Kinos, Bowlingbahnen o. ä. erweitert wurden;

• **neue Transportknoten** wie P+R-Plätze, Fern- und Regionalbahnhöfe, Transportgewerbegebiete sowie Güterverkehrszentren, die hauptsächlich der Lagerung und dem Umschlag von Gütern sowie deren Distribution in die bzw. aus der Kernstadt dienen;

• schließlich die für die Peripherie typischen **Ver- und Entsorgungsinfrastrukturen** wie Umspannwerke, Kläranlagen, Abfallbehandlungsanlagen, die u. a. aus Immissionsschutzgründen aus der Stadt verlagert wurden.

Neben dieser Nutzungstypologie unterscheiden sich suburbane Teilräume auch **historisch-genetisch**, denn sie sind aus unterschiedlichen Siedlungsstrukturen hervorgegangen (HARLANDER et al. 2001). Ausgangspunkt der Suburbanisierung waren oft **alte Ortskerne** der einstigen Vor- und Nachbarstädte, um die herum sich die

Abb. 3.2.2 Suburbanes Einkaufszentrum, Wildau bei Berlin   Foto: M. HESSE

Frühformen einst suburbaner Wohngebiete gelegt haben (etwa **Villenviertel**). Die alten Kerne sind in der Großstadt stark überformt und kaum noch zu erkennen. Es dominieren zum einen die typischen **Stadterweiterungsgebiete** jenseits der gründerzeitlichen Bebauung wie Zeilen- und Blockrandgebiete (die heute nicht mehr als suburban gelten), außerdem **Wohn- und Gewerbestandorte am Rand der Kernstadt** und in größerer Distanz dazu.

In jüngerer Zeit (ab 1980er Jahre) sind außerdem die weiter von der Kernstadt entfernt gelegenen, nicht mehr zum geschlossen bebauten Bereich zählenden dispersen Teilräume zwischen den Städten zu nennen, die einen wichtigen Teil von Suburbia ausmachen. Sie stellen eine komplexe Mischung aus Wohnbauflächen, Einkaufs- und Geschäftszentren, Industrie- und Gewerbegebieten sowie den In-frastrukturen dar (s. Abb. 3.2.2). SIEVERTS (1997) hat diese Räume aufgrund ihrer Lage und ihres hybriden Charakters als **„Zwischenstadt"** bezeichnet. Abseits der Großstadt bzw. im ländlichen Raum sind die Ränder der **Klein- und Mittelstädte** mit zunehmendem Wachstum bzw. großräumigem Verflechtungsgrad Teil des suburbanen Raums geworden (s. ARING 1999, BBR 2004). Die **suburbanen Kernstädte**, oft ältere Industriestädte, verfügen über eigene Zentralität, sie profitieren teilweise von Abwanderungen aus der nächstgelegenen Großstadt, sie können aber durch Suburbanisierung in den weiter entfernten ländlichen Raum auch an Bedeutung verlieren.

Die **Dezentralisierungsbewegung** in Richtung Suburbia war, ebenso wie der Konzentrationsprozess zur Zeit der Urbanisierung, ohne die modernen Verkehrsmittel nicht denkbar gewesen (vgl. Matzerath 1996). Zuerst war es der öffentliche Nahverkehr, der den Auszug von Bevölkerung und Arbeitsplätzen aus der Kernstadt in suburbane Räume ermöglichte. Die typische **suburbane Vorstadt** ist z. B. in Berlin erst durch die S-Bahn entstanden, deren radiales Netz das Muster der Stadterweiterung über den Wilhelminischen Ring hinaus praktisch vorgab. Das private Kfz machte diese Absetzbewegung von der Kernstadt – im Verbund mit der stetig erweiterten Infrastruktur und vor dem Hintergrund der Attraktivität des Wohnens im Eigenheim „im Grünen" – zum Massenphänomen. Dank gut ausgebauter Verkehrswege und der Motorisierung der meisten Haushalte entstand ein selektives Muster von Raumnutzung, das man heute auch als **„Regionalisierung von Lebensweisen"** betrachten kann: Wohnen im Grünen, Arbeiten entweder dort oder in der Kernstadt, Freizeit im suburbanen Raum, aber auch in den Kulturzentren der Metropolen. Räumlicher Fixpunkt der Alltagsorganisation ist nicht mehr die Kernstadt, sondern das individuelle **Netz von Aktivitäten**, das sich über die ganze Stadtregion oder gar (vgl. das ICE- oder Autobahnfernpendeln) größere Bezugsräume legt. Vor allem diese jüngere Phase in der Wechselbeziehung von Stadtstruktur und Verkehrssystem gilt heute als fundamental:

„Verkehrssystem und Siedlungsstruktur sind [...] unauflöslich miteinander verbunden. Beide bilden eine Einheit; sie verstärken sich wechselseitig und treiben so die überkommene, geschlossene Stadt, die etwa seit 5.000 Jahren in einer vergleichbaren Form existiert hatte, über sich hinaus. Das Auto erzeugt die Stadtflucht und die Stadtflucht begünstigt das Auto – das Prinzip des Individualverkehrs gerinnt auf diese Weise zu einer festen Struktur aus

Asphalt und Beton, gegen die sich sämtliche Versuche der Umsteuerung als hilflos erwiesen haben." (Sieferle 1997, S. 190)

Mit dieser tragenden Rolle des Verkehrs in der Suburbanisierung sind zugleich zahlreiche **Probleme** verbunden. Parallel zur Ausweitung der Bauflächen, zur Verringerung der Nutzungsdichte und zur funktionalen Entmischung steigen die Entfernungen zu Arbeitsplätzen, Einkaufs- und Freizeitgelegenheiten. In der Regel führen verringerte Erreichbarkeiten im Nahraum für Fußgänger und öffentlichen Verkehr zu weiterem Bedeutungsgewinn des Kfz-Verkehrs – wenngleich dieser Effekt von anderen Faktoren überlagert wird (s. u.). Verkehrsbedingte Belastungen sind hoch, solange der Lebensmittelpunkt der suburbanen Bevölkerung noch in der Kernstadt liegt (s. Kasten 3.2.1). In ökonomischer Hinsicht stellt die Bereitstellung der Infrastrukturen im suburbanen Raum (Erschließung, Straßen, Parkraum etc.) ein vielfach diskutiertes Problem dar.

Je dichter Suburbia besiedelt wird, umso stärker ähneln die Randbereiche der Stadt. Dies hat ambivalente Folgen: zum einen erfolgt eine **„Urbanisierung**

Kasten 3.2.1:
Räumliche Verflechtungsmuster im Kontext der Suburbanisierung

- Pendelbeziehungen (Einwohner aus dem Umland arbeiten in der Kernstadt)
- Versorgungsbeziehungen (Güter kommen vom Umland in die Stadt)
- Entsorgungsbeziehungen (der Abfall der Stadt wird auf die Deponie verbracht)
- interne Verflechtungsbeziehungen (Transport von Zulieferteilen, Geschäftsreisen in GE-Gebieten im Umland)
- Freizeitverkehre (Stadtmenschen fahren ins Grüne, Suburbaniten suchen die städtischen Museen auf ...)

der Suburbs", die in den USA bereits in den 1960er Jahren beobachtet wurde (vgl. MASOTTI/HADEN 1973); später wurde diese Entwicklung auch mit dem Etikett der „Post-Suburbanisierung" belegt (KLING et al. 1991). Diese Arbeiten vertreten die These, dass sich der suburbane Raum nicht mehr nur aus Randwanderung speise, also quasi Parasit der Kernstadt sei, sondern Zuwanderung von außen erhalte, eigene Raum-Zeit-Muster ausforme etc. (vgl. GIULIANO/SMALL 1999, MULLER 1981). Auf diese Weise würde Suburbia zunehmend unabhängig von den Kernstädten; suburbane Räume hätten danach nicht nur eine eigene Geschichte jenseits der alten Stadt, sondern nehmen zunehmend eigene Züge an (vgl. BRAKE 2001, BRAKE et al. 2005). Es ist aber unklar, ob dieses Stadium der Suburbanisierung für Deutschland zutrifft. In den süddeutschen Verdichtungsräumen wie Rhein-Main, Rhein-Neckar und Stuttgart kann indes beobachtet werden, wie sich der Siedlungsraum um die Kernstädte und Oberzentren anreichert und verdichtet (vgl. BBR 2000, S. 79f., EISENREICH 2001).

Parallel zu diesem baulich-räumlichen Angleichungsprozess haben die suburbanen Räume auch **in sozialer Hinsicht** urbane Gestalt angenommen: So handelt es sich bei den „Suburbaniten" nicht mehr nur um die idealtypische Familie mit Kindern, die aus der lauten Stadt ins Grüne ziehen, sondern auch um Singles und Paare verschiedenen Alters, die sowohl das freistehende Eigenheim als auch das Reihenhaus oder den Geschossbau suchen (vgl. BLOTEVOGEL/JESCHKE 2003, IMU-INSTITUT 2002). Ihre Wanderung ins Stadtumland ist in hohem Maße an Lebensphasen gebunden und erfolgt keineswegs nur einmal und auf Dauer (vgl. HESSE 2004). Suburbia wird bunter, vielschichter, städtischer. Mit

solchen Eigenschaften der Stadt an sich nimmt die suburbane Stadtlandschaft auch ihre Probleme und Schattenseiten an, etwa **Nachbarschaftskonflikte** oder insbesondere auch **Verkehrsprobleme**. Je attraktiver die suburbanen Wohnstandorte werden, umso größer kann der entsprechende „Dichtestress" werden. Je weiter suburbane Betriebe von ihren Kunden entfernt lokalisiert sind, umso teurer können **Agglomerationsnachteile** werden, durch Transportkosten, Zeitaufwand, Staus etc. Indem suburbane Räume das reproduzieren, weswegen ihre Bewohner die Stadt verlassen haben, sind sie zugleich nicht selten auch ein Ort der Enttäuschung. Denn Haushalte und Betriebe finden dort nicht automatisch das, was sie gesucht haben: einen optimalen Standort, der ihren Anforderungen zu einem möglichst günstigen Preis gerecht wird (vgl. IMU-INSTITUT 2002).

In jüngster Zeit steht die Diskussion der Suburbanisierung unter dem Eindruck veränderter empirischer Trends: Danach ist dieser Prozess in vielen Regionen Ostdeutschlands und teilweise auch Westdeutschlands vorläufig zur Ruhe gekommen (vgl. MÜLLER/SIEDENTOP 2004). In den meisten ostdeutschen Regionen hat sich der Wachstumsdruck umgekehrt: **Abwanderung** und **demographischer Wandel** bestimmen zunehmend die Bevölkerungs- und Raumentwicklung. Es ist indes noch nicht absehbar, ob es sich dabei um einen Pendelausschlag oder um eine Art säkulare Wende handelt – nämlich den Abschied von der wachstumsgestützten Stadterweiterung durch Suburbanisierung. Es spricht aber viel für die Annahme, dass die bisher mit der Suburbanisierung verbundene **Entdichtung des Siedlungsraums** auch unter Schrumpfungsbedingungen voranschreitet. Damit ist die Erwartung weiter steigenden Verkehrsaufwands verbunden.

Mobilität und Verkehr weisen also auch im suburbanen Zusammenhang eine Art Doppelcharakter auf: einerseits sind sie direkter Ausdruck fortschreitender Raumentwicklung, andererseits lösen sie weitere siedlungsräumliche Dispersion aus. Eine Entlastung der Kernstädte ist heute oft nur noch durch Ausbau der peripheren Infrastruktur erreichbar. Dies führt fast zwangsläufig zur weiteren Ausdehnung der Aktionsradien, macht weiter entfernt gelegene Raumnutzungen attraktiv und erleichtert auf diese Weise die fortschreitende Suburbanisierung. Diese ambivalente Eigenschaft des Verkehrs, die CLARK (1958) mit dem Stichwort *„Transport – Maker and Breaker of Cities"* kennzeichnete, ist in suburbanen Räumen sicher besonders ausgeprägt.

3.2.2 Raumspezifische Charakteristik von Mobilität und Verkehr

Mobilität und Verkehr spielen in mindestens drei Teilprozessen der Suburbanisierung in Deutschland eine zentrale Rolle. Vielfach thematisiert ist der Zusammenhang von **Wohnsuburbanisierung und Motorisierung**, der auch als Wahlverwandtschaft von Eigenheim und Automo-

bil bezeichnet wurde (vgl. ANDERSEN 1997, WACHS/CRAWFORD 1992). Der zeitversetzt eintretende Prozess der **Gewerbesuburbanisierung** hat die Raum-Zeit-Beziehungen weiter von der alten Kernstadt gelöst (KAHNERT 1998); er wurde seit den 1980er Jahren durch den Maßstabssprung und die **Suburbanisierung von Handel und Freizeit** forciert (HATZFELD 1997). Der dritte, bisher kaum beachtete Teilprozess umfasst die **Randwanderung und Peripherisierung** der Logistik, wozu Transport-, Distributions- und Großhandelsbetriebe gehören (vgl. HESSE 1999a). In diesen drei Prozessen wurden die Grundlagen für die Entstehung suburbaner Mobilitätsmuster gelegt.

Beim suburbanen Personenverkehr spielt (vgl. Kasten 3.2.2) die Randwanderung der Wohnbevölkerung eine zentrale Rolle. Die **residenzielle Mobilität von Haushalten** hat sich angesichts niedrigerer Bodenpreise, guter Verkehrserschließung und anspruchsvoller individueller Wohnwünsche stark in disperse Räume zwischen den Verkehrsachsen und in größerer Distanz zur Kernstadt verlagert (s. Abb. 3.2.3). Je nach individueller Motorisierung bzw. Pkw-Verfügbarkeit entsteht die Bereitschaft zu einer verkehrsaufwändigen

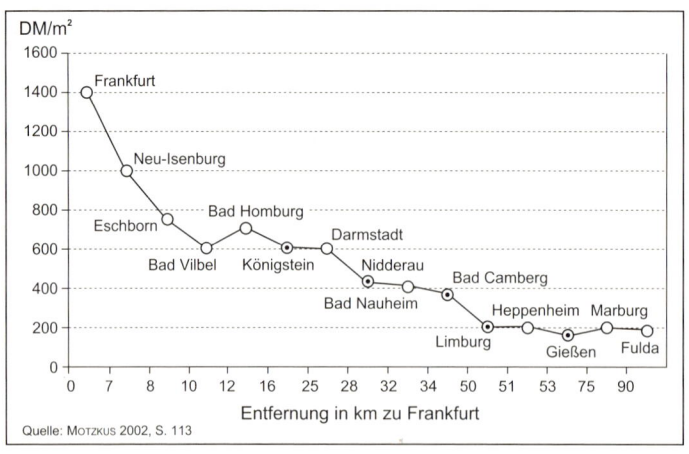

Abb. 3.2.3 Bodenpreisgefälle in der Region Rhein-Main

Quelle: MOTZKUS 2002, S. 113

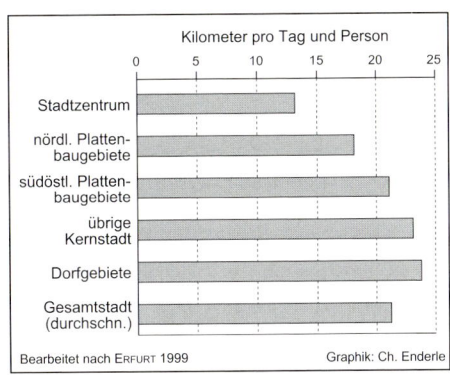

Abb. 3.2.4 Verkehrsaufwand in ausgewählten Stadtteilen von Erfurt 1998

Alltagsorganisation. Verbleibt der Arbeitsplatz häufig noch in der Stadt, verschieben sich die Einkaufs- und Freizeitmobilität stärker in Richtung von Wohnstandort und Wohnumfeld. Als Konsequenz werden im Umland sowohl der größeren als auch der kleineren Zentren stetig aufwändigere Verkehrsbeziehungen praktiziert.

In empirischen Erhebungen wurden suburbane Räume lange stark **vernachlässigt**. Verkehrsforschung und -statistik waren bisher stark auf die **Wohnbevölkerung der Kernstädte** fixiert (s. Kap. 3.1). Fallstudien haben mittlerweile gezeigt, dass sich die Stadtränder im Vergleich dazu durch größere zurückgelegte Distanzen, eine höhere Motorisierung der Haushalte und eine stärker Pkw-orientierte Verkehrsmittelwahl auszeichnen. Ursache hierfür sind meist die längeren Wege zu Arbeits-, Versorgungs- und Ausbildungsstätten (vgl. KAGERMEIER 1997a; s. Abb. 3.2.4). Dieser als „siedlungsstrukturell" bezeichnete Verkehrseffekt wurde seit den 1980er Jahren nachgewiesen (vgl. HESSE 1999b).

Der Prozess der Suburbanisierung ostdeutscher Städte hat diesen Effekt verstärkt, was Abb. 3.2.4 am Beispiel der Stadt Erfurt zeigt. Der **durchschnittliche Verkehrsaufwand pro Person und Werktag** liegt in der äußeren Kernstadt oder in peripheren Dorfgebieten um mehr als zwei Drittel über dem Wert des Stadtzentrums.

Abb. 3.2.5 zeigt die Stadt-Umland-Relationen mit Blick auf die Verkehrsmittelwahl im Erfurter Stadtgebiet. Der hohe Anteil von 56 % des Kfz-Verkehrs an den

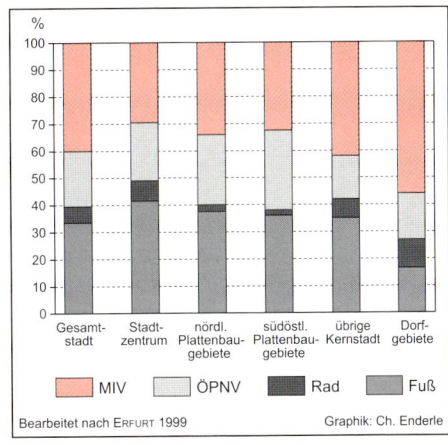

Abb. 3.2.5 Verkehrsmittelwahl in ausgewählten Stadtteilen von Erfurt 1998

alltäglichen Wegen im Außenbereich verdeutlicht den Einfluss, den das periphere Wohnen auf die Mobilität ausübt. Damit gewinnt der Pkw im Zuge der Randwanderung erheblich an Bedeutung, zugleich wird die Peripherie als Wohnstandort für motorisierte Haushalte attraktiver.

In der Stadtregion Rostock hat der Suburbanisierungsprozess die **Entstehung verschiedener suburbaner Siedlungstypen** begünstigt (vgl. OBENAUS/ZUBER-SEIFERT 1995, S. 26): flächige Verteilung im stadtnahen Umland der Kernstadt, Aufreihung entlang von radialen Siedlungsachsen, punktuelle Erweiterung an Siedlungsachsenendpunkten, disperse Standorte locker verteilt im Raum. Aus der Nutzung dieser Siedlungstypen geht ein wachsender Anteil des Pkw-Verkehrs hervor. 1992 verhielten sich Pkw und ÖPNV im Rostocker Umland bezüglich der Anteile an allen werktäglichen Wegen 75 % : 6 %, während diese Relation in der Kernstadt noch 59 % : 28 % betrug (ebda.). Dazu passt der Befund von HERFERT (1996, S. 43) zur Wohnsuburbanisierung in Schwerin und Leipzig. Dort war die Zweit- und Drittmotorisierung der Haushalte infolge des Umzugs in das disperse, schlecht ausgestattete Umland (Schwerin) rapide gestiegen; sie erhöhte sich von 27,0 % auf 62,7 % der Haushalte. Die Pkw-Nutzung für den Weg zum Arbeitsplatz war bei diesen Haushalten von 56 % auf 84 % (Haushaltsvorstand) bzw. von 30 % auf 69 % (Ehepartner) gestiegen (ebda.).

Im Rahmen der repräsentativen Stichprobe der Erhebung „Mobilität in Deutschland" (INFAS/DIW 2004) wurde dieser Effekt differenziert abgebildet: Die Bewohner **suburbaner Räume in Agglomerationen** zeigen bei vielen Kennwerten zu zurückgelegten Distanzen, Modal Split, Pkw- und ÖPNV-Nutzung, Motorisierung der Haushalte und ÖV-Erreichbarkeiten Ähnlichkeiten mit den Bewohnern ländlicher Gebiete und unterscheiden sich deutlich von den **Kernstadtbewohnern**. Dies gilt vor allem für die zurückgelegten Distanzen, die sich aber auch innerhalb suburbaner Gebiete deutlich unterscheiden: Während die Distanzen in den suburbanen Gebieten der größten Regionen mit mehr als 500.000 Einwohner fast dem Niveau der ländlichen Gebiete entsprechen, liegen sie in den suburbanen Gebieten der kleineren Regionen mit 100.000 bis 500.000 Einwohner deutlich darunter (s. Tab. 3.2.1).

Der Einfluss der Suburbanisierung auf die Verkehrsentstehung erschließt sich vollständig erst beim Blick auf regionale Verflechtungen, wie langjährige Untersuchungen zur Entwicklung der Wohn- und Verkehrsmobilität in der Stadtregion Hannover über die Zeiträume zwischen 1970 und 1987/1993 bzw. 1987 und 1999 zeigen (PESTEL INSTITUT 1994, SCHAFFNER 2000). Sie belegen, dass sich Wohnstandorte und Arbeitsplätze räumlich immer weiter auseinander entwickeln, u. a. als Konsequenz der Suburbanisierung. Die räumliche Verteilung von Angeboten entspricht nicht mehr der individuellen Nachfrage, so dass die Optionen zur Kopplung von Wohnen und Arbeiten stark begrenzt sind.

Der Pendelverkehr ist insofern auch ein wichtiger Indikator der Suburbanisierung, als er im Zeitablauf seine Richtung ändert (vgl. LOWE 1998). So wird angenommen, dass **radiale Zentrum-Peripherie-Beziehungen** an Bedeutung verlieren, während **interne und tangentiale Verflechtungen** außen wichtiger werden: „Betrachtet man die Struktur regionaler Verflechtungen anhand der Berufspendlerbeziehungen, so wird deutlich, dass die Kernstädte der Verdichtungsräume und die ländlichen Zentren sowie generell die (größeren)

Tab. 3.2.1 Verkehrskennziffern nach Raumkategorie

	Kerngebiete		Suburbane Gebiete		Ländliche Gebiete	Deutschland Gesamt
	> 500 Tsd.	100-500 Tsd.	> 500 Tsd.	100-500 Tsd.	< 2 Tsd.	
Distanzen						
km/Person/Tag (alle Zwecke)	38,2	37,2	43,3	39,6	44,5	39,7
Modal Split						
MIV (%)	49,5	53,5	65,4	64,5	64,6	58,0
ÖPNV (%)	13,6	8,1	5,6	4,7	4,8	7,5
Zu Fuß/Fahrrad (%)	35,5	37,6	28,0	29,6	28,7	33,1
Nutzung Verkehrsmittel						
Pkw (fast) täglich (%)	46,1	49,5	64,3	63,8	62,6	54,9
Pkw seltener als monatlich (%)	13,4	10,3	4,4	5,8	4,6	8,6
ÖPNV nie (%)	11,5	16,6	23,2	32,3	40,6	25,6
Pkw im Haushalt						
kein Pkw (%)	20,3	16,6	7,0	7,7	5,5	12,6
1 Pkw (%)	53,3	53,7	45,5	44,3	41,9	49,0
2 und mehr Pkw (%)	26,4	29,7	47,5	48,0	52,6	38,4

Quelle: IÖR/IRS/UNIVERSITÄT LEIPZIG 2005; Basis: INFAS/DIW 2004

Städte als Arbeitsplatzschwerpunkte vorherrschen. [...] Die quantitativ wichtigsten Zielorte, die auch Pendlerströme über weite Distanzen auf sich ziehen, sind nach wie vor die Kernstädte der großen monozentrischen Verdichtungsräume, allen voran Hamburg, München, Berlin. [...] Deutlich wird aber auch, dass polyzentrische Siedlungsstrukturen wie im Rhein-Main-Raum oder dezentrale mittelständische Betriebsstrukturen wie in Baden-Württemberg eher zu vernetzten Pendlerbeziehungen mit geringeren Pendelentfernungen führen. Bei genauerer Betrachtung erkennt man auch die tangentialen Verflechtungen im Umland, die – gemessen am gesamten Pendelverkehr – noch gering sind, aber in ihrer Bedeutung ständig zunehmen" (BBR 2000, S. 77).

Hinzu kommt die wachsende Bedeutung von Aktivitäten außerhalb der Berufs- bzw. Arbeits- oder Ausbildungswege. Einkaufs- und Freizeitzwecke nehmen in der Alltagsmobilität stetig zu. Dies gilt für suburbane Teilräume vor allem dann, wenn sie durch Gewerbe- und Freizeitnutzungen angereichert sind und somit auf verschiedenste Bedürfnisse eingerichtet sind. Das **suburbane Mobilitätsbild** ist insofern nur noch teilweise Ausdruck der veränderten Siedlungsstruktur, sondern des sozialökonomischen Wandels insgesamt (vgl. ALBERS/BAHRENBERG 1999). Dieser ist zum einen durch **soziodemographische Ausgangsgrößen** bestimmt, also Fragen der Haushaltsgröße, Lebensformen und Einkommen, zum anderen spielen qualitative Aspekte der Lebensführung eine Rolle. Dazu gehören Muster des Konsum- und Freizeitverhaltens, Lebensstile oder längerfristige Bedürfnisse wie des Wohnens (BECKMANN et al. 2006). Art und Umfang der suburbanen Personenmobilität entwickeln sich insofern also nicht allein oder primär siedlungsstrukturell, als Ableitung aus Dichte und Mischung (wie es Verkehrswissenschaften und Stadtplanung oft diskutieren), sondern in Abhängigkeit von Alter, Ausstattung und Struktur der suburbanen Teilräume sowie der Ausprägung ihrer Verflechtungen mit der Kernstadt bzw. anderen Wirtschaftsräumen.

Der **Güterverkehr** ist mit der Suburbanisierung auf zwei Ebenen wechselseitig verknüpft (vgl. Kasten 3.2.3): erstens erzeugt die Abwanderung von Handel und verarbeitendem Gewerbe einen abgeleiteten Güterverkehr, der der unmittelbaren Versorgung der suburbanen Betriebe und Wohnstandorte dient. Zweitens übernimmt die Peripherie einen wichtigen Teil der Warenumschlagfunktion der Kernstadt. Traditionell waren die Schnittstellen des Güterverkehrs im Binnenland die zentral gelegenen Marktplätze, Großmärkte und Lagerhäuser, später die Bahnhöfe und Verladestellen der Güterbahn; in Binnen- und Seehafenstädten hat der Hafen diese Funktion ausgeübt. Seit den 1960er Jahren werden die Betriebe des Güterumschlags bzw. der Güterverteilung verstärkt aus den Kernstädten abgezogen und im Umland der Verdichtungsräume angesiedelt. Mit dem Anstieg des Produktions- und Handelsvolumens und parallel zur wachsenden Austauschintensität der arbeitsteiligen Wirtschaft sind vielgliedrige, weit gespannte Versorgungsnetze entstanden. Ihre Knotenpunkte – Güterverkehrs- und Distributionszentren, Transportgewerbegebiete, Großhandelsstandorte etc. – sind straßenverkehrsgünstig gelegen und weisen eine klare Tendenz zur Dispersion auf. Auf diese Weise erfährt die **städtische Peripherie** einen stetigen Bedeutungszuwachs als eigenständiger **Verkehrs- und Logistikstandort**. Ein Musterbeispiel hierfür gibt der Korridor entlang der BAB 14 zwischen Halle und Leipzig, in dem es seit 1990 zur Ansiedlung zahl-

> **Kasten 3.2.3**
> **Merkmale des Güterverkehrs in suburbanen Räumen:**
> - Suburbane Standortwahl als ein Ausgangspunkt für die Neuordnung der logistischen Netze
> - große Bedeutung der Verbindungsverkehre zwischen suburbanem Knotenpunkt und Kernstadt
> - hohe Anteile von Schwerverkehr im Vergleich zu kernstädtischen Räumen
> - Überlagerung von Fernverkehren und Verkehren der lokalen Distribution

reicher Transport-, Speditions-, Groß- und Einzelhandelsbetriebe gekommen ist. Entsprechendes gilt für die Gewerbestandorte um das Hermsdorfer Kreuz in Thüringen (BAB 4/BAB 9, s. Abb. 3.2.6) oder die Handels- und Speditionsräume im engeren Verflechtungsraum Berlin-Brandenburg (s. Abb. 3.2.7). Als prototypisch in Westdeutschland gelten das östliche Ruhrgebiet (mit BAB 1, 2, 40), der Niederrhein oder der Münchner Osten, ebenso das Umfeld des Flughafens Frankfurt (Main). Die suburbane Standortwahl folgt der Logik, die Distribution dort anzusiedeln, wo die Flächen billig, die Verkehrsanbindung optimal und das Störpotenzial möglichst niedrig sind. Im suburbanen Raum sind die Voraussetzungen dafür auch deshalb sehr günstig, weil hier Anschluss an die Infrastrukturen für den überregionalen Verkehr und die lokale und regionale Distribution besteht.

Hinsichtlich des Güterverkehrsaufkommens weisen die suburbanen Räume in der Regel hohe Anteile von Schwerverkehr auf, je nach Besatz mit Produktions- und Baustoffbetrieben, Groß- und Einzelhandel und Verkehrsgewerbe. Je attraktiver diese Räume für Logistiknutzungen sind,

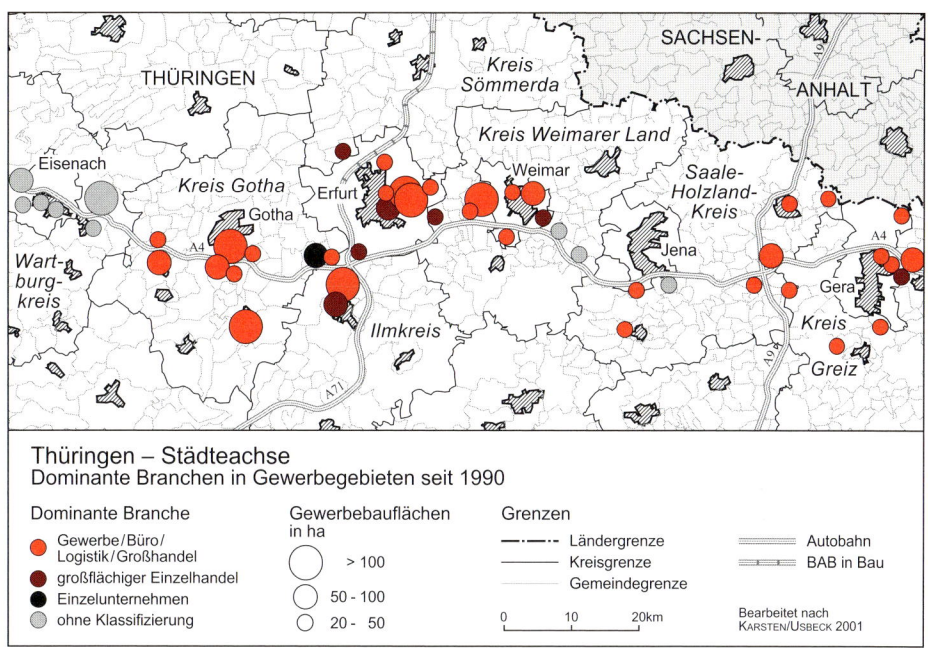

Thüringen – Städteachse
Dominante Branchen in Gewerbegebieten seit 1990

Dominante Branche	Gewerbebauflächen in ha	Grenzen	
● Gewerbe/Büro/ Logistik/Großhandel	○ > 100	—·—·— Ländergrenze	▒▒▒ Autobahn
● großflächiger Einzelhandel	○ 50 - 100	——— Kreisgrenze	▒▒▒ BAB in Bau
● Einzelunternehmen	○ 20 - 50	——— Gemeindegrenze	
● ohne Klassifizierung		0 10 20km	Bearbeitet nach KARSTEN/USBECK 2001

Abb. 3.2.6 Gewerbesuburbanisierung in Thüringen

um so höher ist das Güterverkehrsaufkommen am Stadtrand. Innenstädte und Zentren sind durch eher kleinteiligen Güter- und Wirtschaftsverkehr geprägt, der dort Anteile von bis zu 50 % des Kfz-Verkehrs erzielen kann. RUSKE (1995) dokumentiert eine Quantifizierung der stadtstrukturellen Verteilung des Güterverkehrs mit Verweis auf Erhebungen in Stuttgart im Jahr 1984 (vgl. a. HESSE 1998). Dort wurde das Stadtgebiet in drei Teilräume (Stadtkernzone, inneres Stadtgebiet, übriger Stadtbereich) aufgeteilt, außerdem das Umland. Danach entfielen die größten Anteile städtischer Güterverkehrsfahrten mit 67,4 % auf den übrigen Stadtbereich, gefolgt vom inneren Stadtgebiet mit 20,3 % und der Stadtkernzone mit 12,3 %.

In der Region München wurde der Umfang des **Wirtschaftsverkehrs** (Gütertransport mit Lkw, Dienstleistungsfahrten mit Pkw/Transporter) auf ein werktägliches Aufkommen von 766.000 Fahrten berechnet (IVU/PTV 1997). Davon waren 566.000 Fahrten (74 %) münchenbezogen, also entweder Binnenverkehr der Stadt oder Verkehre mit Ziel/Quelle in München. Auf das Umland entfielen 26 % des Fahrtenaufkommens (IVU/PTV 1997, S. 13). Dieser Anteil an den Fahrten erscheint gering; doch ist der Anteil des Lkw-Verkehrs, v. a. des **Schwerverkehrs**, im suburbanen Raum sehr hoch, ebenso sind Distanzen und Fahrleistungen aufgrund der dispersen Flächennutzung und der logistischen Vernetzungen höher als in der Kernstadt. Allgemein ragen unter den gewerblichen Nutzungen neben allen großen Unternehmen Handels- und Transportbetriebe als relativ verkehrsaufwändig heraus.

Weil das Stadtumland optimale Standorte zur Einrichtung von **Transportge-**

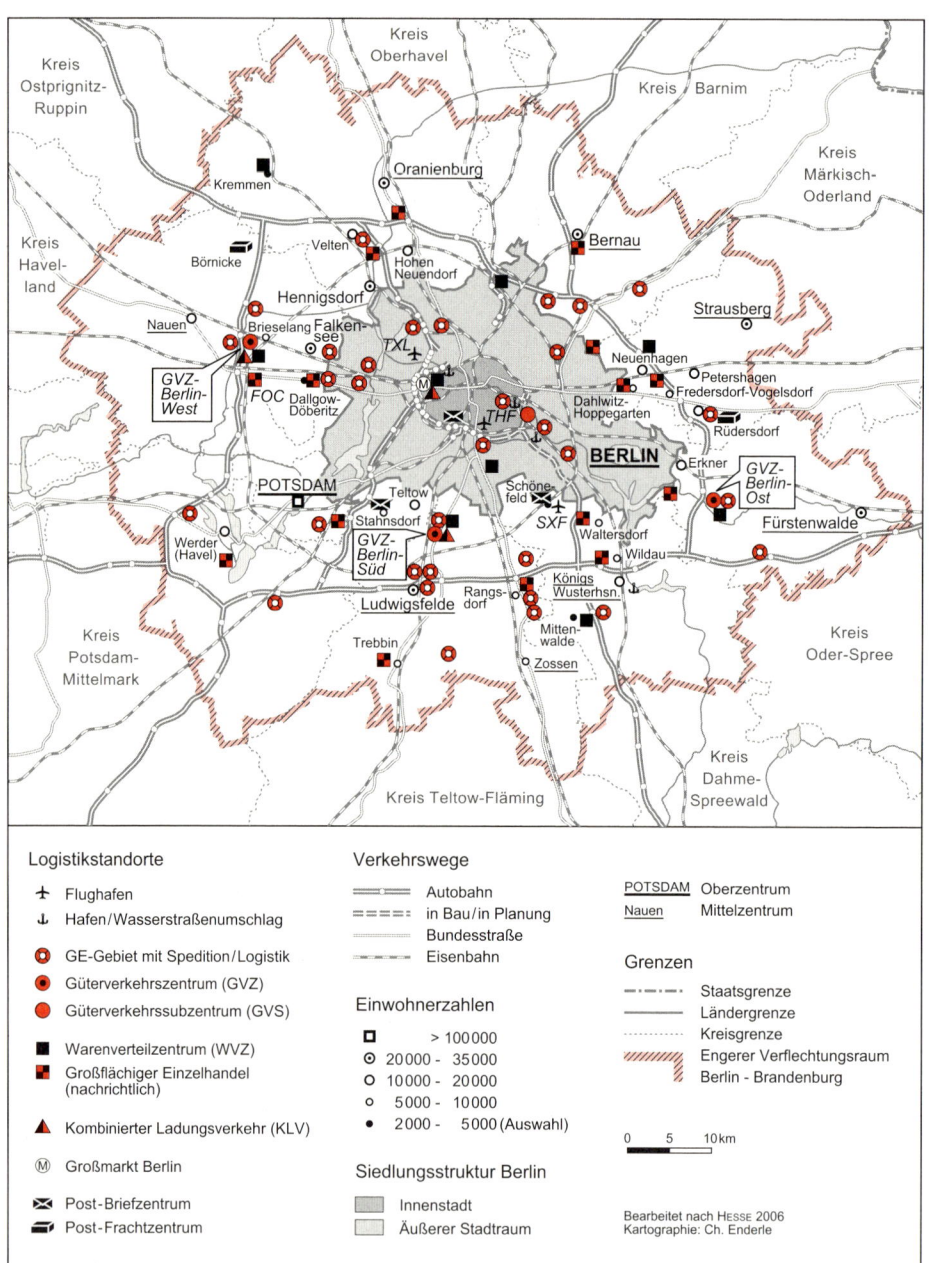

Logistikstandorte

✈ Flughafen

⚓ Hafen/Wasserstraßenumschlag

🔴 GE-Gebiet mit Spedition/Logistik

🔴 Güterverkehrszentrum (GVZ)

🔴 Güterverkehrssubzentrum (GVS)

■ Warenverteilzentrum (WVZ)

■ Großflächiger Einzelhandel
(nachrichtlich)

▲ Kombinierter Ladungsverkehr (KLV)

Ⓜ Großmarkt Berlin

✉ Post-Briefzentrum

📦 Post-Frachtzentrum

Verkehrswege

══ Autobahn

════ in Bau/in Planung

⋯⋯ Bundesstraße

─── Eisenbahn

Einwohnerzahlen

□   > 100 000

⊙   20 000 - 35 000

○   10 000 - 20 000

∘   5 000 - 10 000

•   2 000 - 5 000 (Auswahl)

Siedlungsstruktur Berlin

▨ Innenstadt

▨ Äußerer Stadtraum

POTSDAM   Oberzentrum

Nauen   Mittelzentrum

Grenzen

─·─· Staatsgrenze

──── Ländergrenze

⋯⋯⋯ Kreisgrenze

▨▨▨ Engerer Verflechtungsraum
Berlin - Brandenburg

0   5   10 km

Bearbeitet nach Hesse 2006
Kartographie: Ch. Enderle

Abb. 3.2.7 Suburbane Standorte der Logistik in Berlin-Brandenburg

werbegebieten und **Güterverkehrs-zentren** (GVZ) bietet, beeinflussen diese das suburbane Güterverkehrsaufkommen stark (s. Kap. 2.8): In einer Untersuchung zu den Verkehrseffekten logistischer Knoten (SONNTAG et al. 1998) wurde die Wirkung des GVZ Großbeeren im Süden Berlins anhand von Simulationsrechnungen ermittelt. Dabei stellte sich heraus, dass die GVZ ein hohes Güterverkehrsaufkommen erzeugen. Nur in einem der untersuchten Fälle (GVZ als „Megaknoten") wurde eine insgesamt positive Verkehrsbilanz erzielt. Bei den anderen lag das Gesamtverkehrsaufkommen über dem Null-Fall (kein GVZ; Standorte der Betriebe im Stadtgebiet). Das bedeutet, dass suburbane Standorte wie die GVZ erhebliche Leistungen für die Stadtregion erbringen, indem sie die Kernstadt von flächen- und verkehrsintensiven Aktivitäten und ihren Folgen entlasten.

3.2.3 Handlungsbedingungen und Handlungskonzepte

Mit der spezifischen Struktur und Mobilitätstypik suburbaner Räume sind auch die **Steuerungsbedingungen** andere als in der Stadt. Suburbia ist weniger dicht als die Kernstadt, die Haushalte sind in aller Regel höher motorisiert und haben kaum Parkplatzprobleme, die zurück gelegten Wege sind länger als in der Stadt. Trotzdem folgen viele, auch aktuelle **Strategien der Stadt- und Verkehrsplanung** kernstädtischen Ansätzen: als Ausweg aus der Verkehrsspirale werden ein Stopp der Suburbanisierung, eine Orientierung an hoher Siedlungsdichte und daran orientierte Verkehrsorganisation gefordert (vgl. APEL et al. 1998). Wie der Zusammenhang von Siedlungs- und Verkehrsentwicklung zeigt, ist dieser konzeptionelle Bezug auf die kompakte Stadt in suburbanen Räumen

nicht weiterführend (vgl. BOARNET/CRANE 2001). Sie sind geprägt durch spezifische Merkmale, unterscheiden sich z. T. deutlich von der Kernstadt: Im Zuge der Suburbanisierung wird aus der alten Stadt, in der Lebens- und Wirtschaftsraum räumlich und zeitlich in hohem Maße deckungsgleich waren, eine selektiv genutzte, polyzentrische Stadtregion (vgl. KLOOSTERMAN/MUSTERD 2001, PRIEBS 2004).

Mobilität und Verkehr treten zunehmend als Schlüsselfaktor dieser feingewobenen Strukturen auf, als raum-zeitliches Bindeglied der **neuen regionalen Arbeitsteilung** (vgl. GILLESPIE et al. 1998, HALL 1997). Unter konstanten Randbedingungen (niedrige Energiepreise, soziokulturelle Hegemonie des Pkw, Bodenpreise) werden diese Vernetzungsmuster weiter an Bedeutung gewinnen, und sie werden damit auch künftig in der Summe Verkehrswachstum begünstigen. Dies gilt im Güterverkehr für die verkehrsintensive Distributionsökonomie, die an die Stelle der alten Produktionswirtschaft getreten ist und sich wie ein Versorgungsgürtel um die Kernstädte legt; dies gilt für die Netzwerkstruktur, die private Aktionsräume in der Konsumgesellschaft heute angenommen haben. Die daraus resultierende Raum- und Zeitorganisation ist bisher nur fragmentarisch erkennbar; sie ist weder städtisch noch ländlich-peripher, sie ist aber vermutlich sehr verkehrsaufwändig.

Die neuen Nutzungsmuster der suburbanen Räume erfordern also auch ein verändertes Herangehen von räumlicher Politik und Planung. Es geht insofern um einen Perspektivwechsel, um eine **an diesen Raumtyp angepasste Mobilitätsorganisation**, die in Abgrenzung zur Kernstadt stärker auf die genannten Merkmale suburbaner Räume eingerichtet ist. Dazu kommen vor allem zwei Handlungsfelder in Betracht: erstens in Wachstumsräumen eine auf die öffentlichen Verkehrsträger bzw. die nichtmotorisierte Mobilität bezogene Siedlungsplanung, zweitens im Bestand die Organisation und Optimierung der Mobilität, die im siedlungsstrukturellen, sozialen und ökonomischen Kontext von Suburbia entsteht. Die über die Siedlungsstruktur gegebenen Erreichbarkeiten sind insofern wichtige Voraussetzungen für die Realisierung eines solchen Konzeptes, sie reichen zur konkreten Ausfüllung dieses Rahmens jedoch nicht aus.

3.2.4. Perspektiven für Politik und Planung

Punktaxiale Netze der Raumentwicklung stehen traditionell im Zentrum von verkehrsbezogenen Konzepten der Raumordnung. Sie werden auch für den planerischen Umgang mit der Stadtregion und ihren verschiedenen Teilräumen favorisiert (vgl. Priebs 2004). Eine **abgestimmte Siedlungs- und Verkehrsplanung** hängt in Wachstumsräumen ganz wesentlich davon ab, dass Freiraum gesichert wird und Bauflächen primär an Knotenpunkten des öffentlichen Nahverkehrs, vor allem des Schienenverkehrs, ausgewiesen werden (vgl. Pretsch/Beckmann 2004). Dieser Ansatz wird in vielen Regionen mit unterschiedlicher Durchdringung verfolgt, so z. B. im Konzept der dezentralen Konzentration der **Gemeinsamen Landesplanung** Berlin-Brandenburg (vgl. Sinz 1999). Auf diese Weise ist eine Art gerichtete Suburbanisierung denkbar, mit mehr oder weniger linienförmiger Konzentration, deren Rückgrat öffentliche Verkehrsmittel sind, nicht das individuelle Kfz. Die vorrangig ÖV-erschlossenen Knoten dienen dabei als Zentren, um die ggf. zusätzliche Siedlungsflächen arrondiert werden (vgl. Abb. 3.2.8 und Kasten 3.2.4).

Dieser integrierte Planungsansatz baut auf organisatorischen Konzepten der Verkehrsanbieter auf. Insbesondere die **Schaffung regionaler Verkehrsverbünde**, die mittlerweile in allen Verdichtungsräumen der Bundesrepublik eingerichtet wurden, hat in der Vergangenheit wichtige Grundlagen zur Organisation des Verkehrs in Stadtregionen gelegt. Die Verbünde wurden z. T. als Tarifgemeinschaften gegründet, so dass ein Großteil der öffentlichen Nahverkehrsmittel, teilweise inklusive der Deutschen Bahn, mit einem Fahrschein bzw. einer Zeitkarte benutzt werden konnten. Teilweise sind sie auch von Beginn an auf die gemeinsame Planung und Erstellung durchgängiger Angebote ausgerichtet gewesen. Mit der **Regionalisierung des Schienenpersonennahverkehrs** und der Einführung der **Nahverkehrsplanung** zwischen 1993 und 1996 konnten weitere Verbesserungen in der regionalen Organisation des ÖPNV erzielt werden. Jedoch ist es trotz positiver Fahrgastentwicklung vieler Verkehrsverbünde nicht gelungen, die Vormachtstellung des Pkw im Regionalverkehr zu brechen.

Aus diesem Grund muss das **stadtregionale Management von Mobilität und Verkehr** weiter entwickelt werden. Es sollte künftig auch Akzente bei der Nachfragesteuerung im Kfz-Verkehr setzen, statt allein auf die bisher praktizierte Angebotsplanung im ÖPNV zu hoffen. Diese Steuerung der Nachfrage ist im suburbanen Raum allerdings objektiv erschwert: Gilt für die Verdichtungsräume bzw. vor allem für ihre Kerne das Gesetz der Knappheit (an Straßenraum, an Parkraum), das oft überhaupt erst Steuerungsfenster öffnet, so fehlen entsprechende Restriktionen des Verkehrswachstums in aller Regel in den suburbanen Teilräumen. Mit zunehmender Verdichtung ergeben sich jedoch

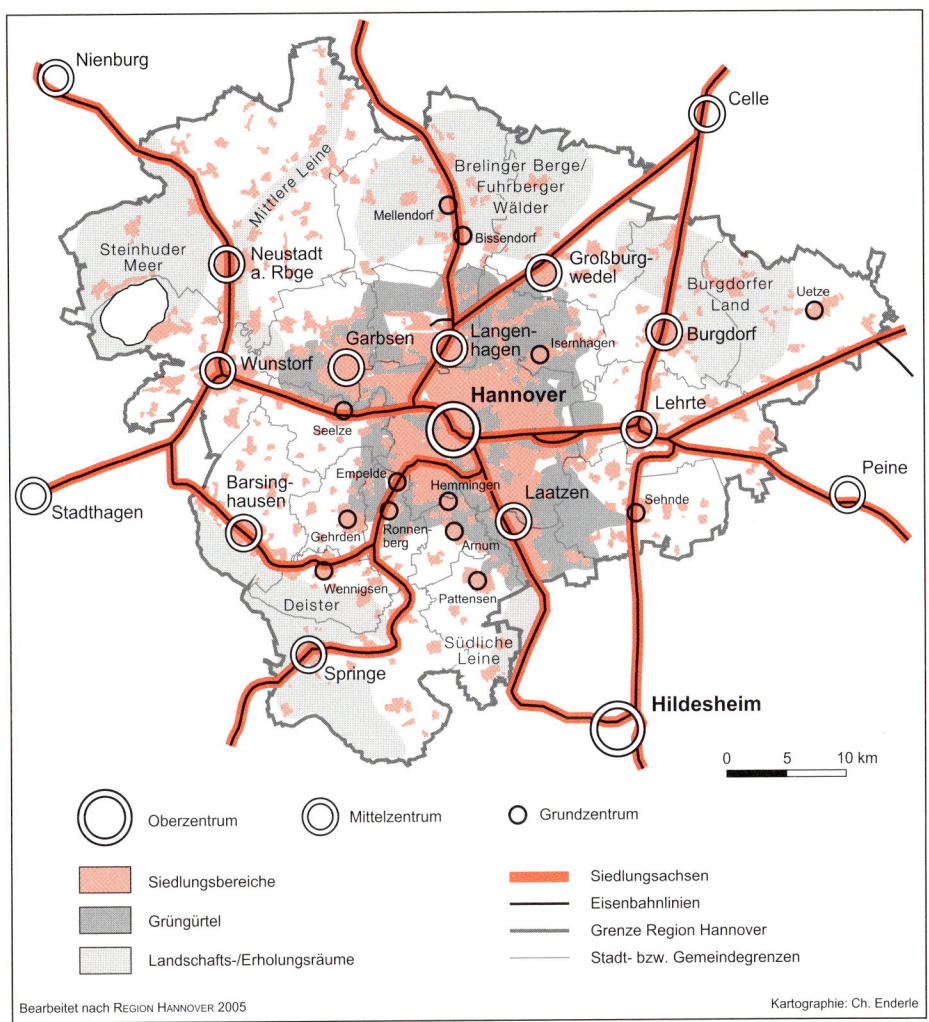

Abb. 3.2.8 Integration von Siedlung, Freiraum und Verkehr in der regionalen Raumordnung

auch neue Engpässe im Verkehrsnetz, vor allem auf den Radialstraßen in die Kernstadt, und damit Anreize zur Steuerung. Da die suburbane Bautätigkeit vorwiegend in den Achsenzwischenräumen erfolgt ist und die dort siedelnden Haushalte zu großen Teilen motorisiert sind, werden die öffentlichen Verkehrsmittel vermutlich aber nur unter sehr günstigen Bedingungen den Hauptverkehrsbedarf decken.

Vermutlich zwingen gerade die komplexen Raumzeitmuster in Stadtregionen (sowie der in den vergangenen Jahren erfolgte Ausbau der Verkehrsnetze) dazu, den hohen Grad an Motorisierung dieser Räume zu akzeptieren und entsprechend angepasste, **raumverträgliche Nutzungen des Pkw** zu fördern. GANSER hat diese Aufga-

Kasten 3.2.4
HVV - Hamburger Verkehrsverbund

Verkehrsverbünde fassen die Angebote verschiedener Träger des Personenverkehrs in einer Stadt bzw. einer Region mit einem abgestimmten Fahrplan, dem Einheitstarif sowie zentraler Kundeninformation zusammen. Eine Organisation erfolgt zumeist nach dem 3-Ebenen-Modell. Die beteiligten Gebietskörperschaften sind für politische Grundsatzentscheidungen und den Finanzausgleich zuständig. Das Management und organisatorische Fragen übernimmt die mittlere Verbundebene. Die eigentliche Verkehrsleistung wird von öffentlichen und privaten Transportunternehmen erbracht.

Der älteste Verkehrsverbund in Deutschland ist der am 29.11.1965 gegründete Hamburger Verkehrsverbund HVV. Gründungsmitglieder waren die Verkehrsunternehmen Hamburger Hochbahn HHA (U-Bahn, Straßenbahn, Bus, Alsterschifffahrt), Deutsche Bundesbahn DB (S-Bahn), Verkehrsbetriebe Hamburg-Holstein VHH (Bus) sowie zwei Fährgesellschaften. Das HVV-Gebiet umfaßte 3.000 km^2 mit 2,4 Mio. Bewohnern. Im Winterhalbjahr 1966/67 wurden der Gemeinschaftstarif und der Einheitsfahrplan eingeführt. Gleichzeitig begann die Modernisierung des Fahrzeugparks, der Haltestellen und Bahnhöfe sowie der Bau von P+R- und B+R-Anlagen (Fahrradmitnahme in Bahnen seit 1981). Sonderangebote zielten auf eine bessere Auslastung der Schwachverkehrszeiten (Seniorenkarte seit 1976, Veranstaltungs-Kombiticket seit 1981). Durch preiswerte Zeitkarten im Abonnement seit 1970, Vergünstigungen für Großkunden seit 1989, die ProfiCard seit 1992 und das Semesterticket seit 1994 sollten die Abwanderung der ÖPNV-Nutzer gebremst und damit die wachsenden Probleme des Straßenverkehrs gemildert werden.

Das Rückgrat der Personenbeförderung bilden die U- und S-Bahnen (Anteil ca. 66 %), die deshalb stark ausgebaut wurden (Abb. unten). Stadt-, Regional- und Eilbusse sind auf die Haltestellen der Bahnlinien ausgerichtet. Schnell- und Metrobusse stellen für die Außenbezirke die Verbindung untereinander und zur Innenstadt her. Abgerundet wird das Angebot mit Nachtbuslinien. Durch die Verbesserung des Leistungsangebots konnte die Zahl der ÖPNV-Nutzer trotz zeitweiser Rückgänge stabilisiert werden.

1995 wurde der HVV entsprechend den EU-Vorgaben als Managementunternehmen umstrukturiert (vgl. oben). 2002 erfolgte eine starke Ausweitung des Verbundgebietes nördlich der Elbe um vier schleswig-holsteinische Randkreise und 2004 eine Erweiterung nach Süden um drei niedersächsische Landkreise (vgl. Abb. 3.3.7). Damit umfaßt der HVV jetzt 8.616 km^2 mit 3,3 Mio. Bewohnern. In der Metropolregion waren im Jahr 2004 insgesamt 38 Verkehrsunternehmen tätig, die ca. 540.000 Fahrgäste über eine Distanz von 4,3 Mrd. km beförderten.

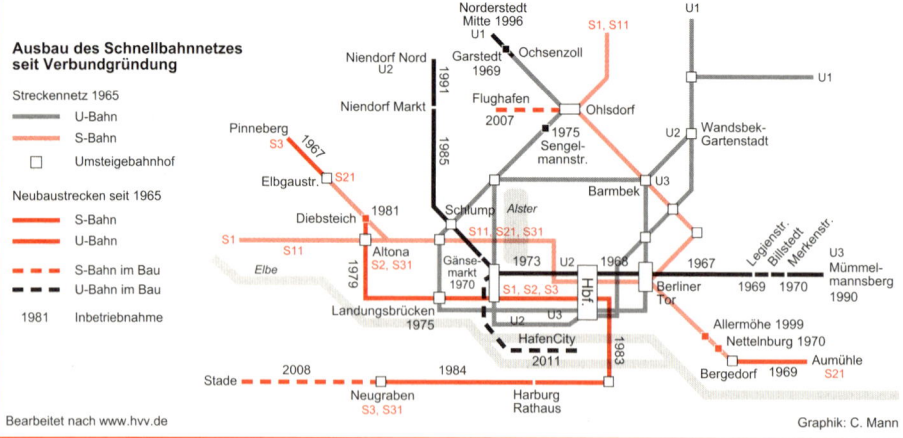

Ausbau des Schnellbahnnetzes seit Verbundgründung

Streckennetz 1965
— U-Bahn
— S-Bahn
□ Umsteigebahnhof

Neubaustrecken seit 1965
— S-Bahn
— U-Bahn
--- S-Bahn im Bau
--- U-Bahn im Bau
1981 Inbetriebnahme

Bearbeitet nach www.hvv.de

Graphik: C. Mann

be wie folgt beschrieben (GANSER 2000, S. 38). Er hat dafür plädiert, siedlungsstrukturelle und verkehrliche Leitbilder zu überprüfen, an heutige Realitäten anzupassen und in operationalisierte Strategien zu zerlegen. Im Mittelpunkt seiner Überlegung stehen Bestandspolitik und kleinteilige Vernetzung der siedlungsstrukturellen Ränder, statt im zwischenstädtischen Raum nach starken Zentren zu suchen, wo es diese nicht mehr gibt. Diese Idee dürfte erst recht im Licht der rückläufigen Bevölkerungsentwicklung vieler Regionen an Bedeutung gewinnen.

Für den Personenverkehr würde dies heißen, einen an den suburbanen Raum angepassten Individualverkehr zu fördern. Dabei geht es vor allem um **flexible Bedienungsformen**, die auch als „hybride" Verkehrsangebote bezeichnet werden (vgl. HOFFMANN 1993). Damit sind Angebotsformen gemeint, die zwischen dem privatem Pkw-Verkehr und dem öffentlichem Linienverkehr angesiedelt sind (CERVERO/ BEUTLER 1999). Dazu zählen z. B. neue Nutzungskonzepte wie Car-Sharing, Quartiersbusse, Anruf-Sammeltaxen oder die als Paratransit bezeichnete organisierte Mitnahme. Solche Ansätze wurden eigentlich für Räume und Zeiten schwacher Nachfrage nach öffentlichen Verkehrsleistungen konzipiert und finden bisher vor allem im **ländlichen Raum** Einsatz (s. Kap. 3.3). Sie passen aufgrund des intermediären Charakters der suburbanen Räume zwischen Kernstadt und Umland möglicherweise auch in diese Raumkategorie. Ermutigende Erfahrungen im Betrieb solcher neuen Mobilitätsangebote gibt es aber aus dem suburbanen Raum bislang kaum. Bisher beruhen tragfähige flexible Bedienungsformen im peripheren ländlichen Raum vor allem auf ehrenamtlichem Engagement der Fahrerinnen und

---

Kasten 3.2.5
Flexible Bedienungsformen für suburbane Räume

• An Siedlungsdichte und Fahrgastaufkommen angepasste konventionelle Linienverkehre (z. B. Quartiersbus)
• Anruf-Sammeltaxi (AST), Taxibus
• Rufbus
• Bürgerbus
• Mitfahrgelegenheiten und Fahrgemeinschaften
• Car-Sharing/Autoteilen

Fahrer, die **Bürgerbusse** entgeltfrei betreiben (s. Kasten 3.2.5).

Auch die flexiblen Bedienungsformen müssen wirtschaftlich betrieben werden. Dies kann jedoch erhebliche Probleme aufwerfen. Viele der bisher experimentell erprobten flexiblen Bedienungsformen sind an ihrer schwierigen Koordinierbarkeit und der mangelnden Rentabilität gescheitert. Außerdem müssen die institutionellen Rahmenbedingungen geschaffen werden. Dazu gehört eine Lockerung des **Personenbeförderungsgesetzes** (PBefG), das bisher die Erstellung von Verkehrsdienstleistungen über Konzessionen regelt. Diese sind aber in der Regel in der Hand der klassischen ÖPNV-Betriebe, die sich mit dem schwierigen Segment der Schwachlastverkehre kaum befassen wollen. Auch versuchen Taxi-Unternehmen, die potenzielle Konkurrenz durch Anruftaxen u. ä. zu verhindern. Schließlich setzt die Entwicklung neuer Angebote im Schwachlastbereich eine gemeinsame Siedlungs- und Verkehrsplanung in Kernstadt und Umland voraus, etwa im Rahmen einer **regionalen Nahverkehrsplanung**, die die gesamte Stadtregion unter Einschluss des suburbanen Raums umfassen muss. Informationssysteme und Kundenberatung sind weitere wichtige Voraussetzungen für die Akzeptanz dieser Angebote bei den Kunden (s. Reinkober 1994).

Beim **Güterverkehr** ist noch offen, welche Handlungsstrategie für Peripherie und Kernstadt jeweils am besten angemessen sein kann: die Nutzung des Stadtumlands als eine Art Terminal zur Entlastung der Kernstadt oder die Integration in den städtebaulichen Bestand im Innenbereich. Berechnungen aus großen Städten favorisieren dezentrale Lösungen, die möglichst nah an den Distributionsgebieten (= Kun-

den) orientiert sind (s. o.). Allerdings ist die ökonomische Tragfähigkeit solcher Konzepte noch unklar. Eine Lehre der bisherigen Praxis ist, dass auch beim Güterverkehr eine Steuerung über Infrastruktur und Flächenangebote allein nicht ausreicht, sondern andere Instrumente gefragt sind (s. Kap. 3.1). Angesichts der Bedeutung der logistisch geprägten Gewerbegebiete und Verkehrsknoten für den suburbanen Raum stellt sich auch die Frage, inwieweit sie durch Städtebau und Architektur besser gestaltet werden sollten.

Literaturauswahl zur Ergänzung und Vertiefung von Kapitel 3.2

- **Einführung und Überblick über die Suburbanisierung**
  Bölling/Sieverts 2004, Priebs 2004, Siedentop et al. 2003, Harlander et al. 2001, Prigge (Hg.) 1998, Sieverts 1997
- **Verkehr im Kontext der Suburbanisierung**
  IÖR et al. 2005, Hesse 2001, Albers/Bahrenberg 1999, Hesse 1999a, Holz-Rau 1997, Kagermeier 1997a, Breitzmann (Hg.) 1995
- **Steuerung des Verkehrs im Kontext der Suburbanisierung:**
  Pretsch/Beckmann 2004, Hesse 2001, Sinz 1999, Holz-Rau et al. 1995, Reinkober 1994, Hoffmann 1993

3.3 Ländliche Räume

3.3.1 Der Ländliche Raum als struktureller Kontext

Im Gegensatz zu den Verdichtungsräumen, die weltweit sehr ähnliche Strukturen und verkehrspolitische Probleme aufweisen, sind ländliche Räume sehr vielschichtig und heterogen aufgebaut. Dominante naturgeographische und sozioökonomische Faktoren wirken differenzierend und prägen **individuelle Teilräume** mit spezifischem Charakter. So gehören zu den ländlichen Räumen sowohl schwer zu-

gängliche Bergländer als auch ausgedehnte Ebenen mit unterschiedlichen Siedlungs- und Wirtschaftsstrukturen.

Generelle Kriterien wie eine geringe Bevölkerungsdichte und disperse Siedlungsverteilung, eine periphere Lage zu den Agglomerationen sowie wirtschaftliche Strukturschwäche und unzureichende Verkehrsanbindung erlauben es aber, von einer Gebietskategorie mit ähnlicher Problemlage zu sprechen (vgl. Kasten 3.3.1). Die **spezifische Verkehrssituation** wird teilweise auch als „Verkehr in der Fläche" bezeichnet (u. a. Aberle 1987). Höherrangige Infrastrukturen wie Bundesstraßen und Eisenbahnlinien mit öffentlicher Ver-

Kasten 3.3.1
Merkmale strukturschwacher ländlicher Räume:

- Periphere Lage zu den Hauptwirtschaftszentren
- Geringe Bevölkerungsdichte (Grenzwerte < 100 bis 200 E/km²)
- Kleinere disperse Siedlungen (Einzelhof, Weiler, Dorf, Kleinstadt)
- Gute Wohnsituation bei defizitärer technischer u. sozialer Infrastruktur
- Naturnahe Landschaften mit hohem Erholungspotenzial
- Dominanz land- und forstwirtschaftlicher Flächennutzung
- Niedriges Arbeitsplatzangebot und Einkommen
- Geringe Wirtschaftskraft und niedrige Investitionen
- Hoher Auspendlerüberschuss
- Starke selektive Binnen- und Abwanderung (negativer Wanderungssaldo)
- Teilweise auch Zuwanderung seit den 1970er Jahren
- Zunehmende Überalterung, Mangel an jungen Frauen im Heiratsalter
- Langsamer sozioökonomischer Wandel

Verkehrsproblematik:

- Defizitärer Ausbau der Infrastruktur
- Unzureichender Anschluss an großräumige Verkehrsachsen
- Dominierender MIV, hohe Pkw-Dichte (500 Pkw/1.000 E)
- Diffuse Verkehrsnachfrage mit hohem Schüleranteil
- Reduziertes ÖPNV-Angebot (rückläufige Nutzung)

ten deshalb allenfalls Teilräume im Sinne eines Nebeneffekts. Sowohl die interne Verkehrserschließung als auch die externe Anbindung an den Fernverkehr sind in vielen Landgebieten lückenhaft. Selbst Mittel- und Oberzentren können häufig nur mit großem Zeitaufwand erreicht werden.

Die Auflistung der Merkmale peripherer ländlicher Räume vermittelt den Eindruck, dass es sich generell um Problemregionen handeln würde. Dies ist allerdings nicht der Fall, wie bereits im vorausgehenden Kapitel deutlich wurde. Entgegen der vermuteten allgemeinen **Strukturschwäche** haben sich in der BRD auch Landgebiete in den letzten Jahrzehnten positiv entwickelt. Es handelt sich dabei vorwiegend um Gebiete mit sozioökonomischer Dynamik und einer günstigen Erreichbarkeit. Durch den Ausbau der Verkehrs- und Kommunikationsinfrastrukturen und die finanzielle Förderung von Regionalentwicklungsprogrammen zur Schaffung gleichwertiger Lebensverhältnisse konnten Teilerfolge erzielt werden.

Beschäftigungsgewinne in diesen Regionen zwischen 1976 und 1994 belegen, dass sich bei zunehmenden Agglomerationsnachteilen auch für Landgebiete Chancen ergeben (BADE 1997). Dies hat dazu geführt, dass die Kategorie der ländlichen Räume in der **Raumordnungspolitik** differenzierter betrachtet wird.

Die deutsche Raumordnung hat bis 2004 den Verdichtungsraumtypen unterschiedlicher Ausprägung jeweils ländliche Gebiete zugeordnet und die verbleibenden **Restflächen als ländliche Räume** mit unterschiedlicher Struktur und Entwicklungsproblematik weiter differenziert. In Abb. 3.3.1 werden strukturschwache ländliche Räume mit sehr starken bzw. starken Entwicklungsproblemen den ländlichen Gebieten ohne nennenswerte Entwick-

kehrsbedienung sind als Verbindungslinien zwischen größeren Städten und nicht zur Flächenerschließung des ländlichen Raumes konzipiert worden. Sie begünstig-

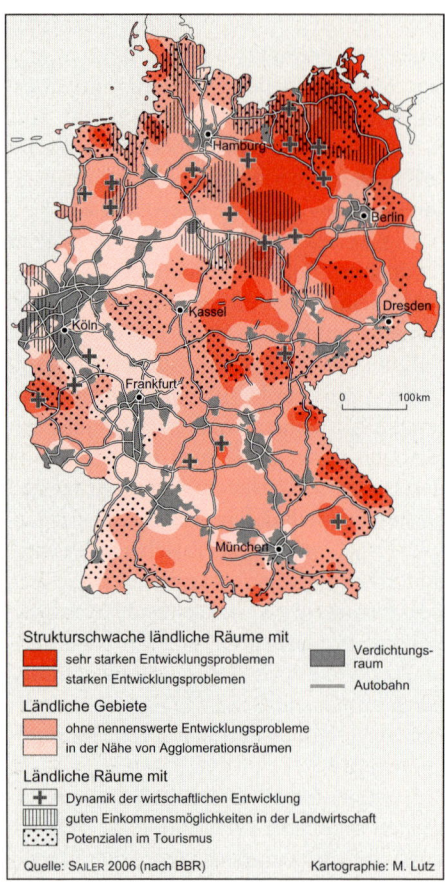

Strukturschwache ländliche Räume mit

■ sehr starken Entwicklungsproblemen
■ starken Entwicklungsproblemen

Ländliche Gebiete

□ ohne nennenswerte Entwicklungsprobleme
□ in der Nähe von Agglomerationsräumen

Ländliche Räume mit

+ Dynamik der wirtschaftlichen Entwicklung
▨ guten Einkommensmöglichkeiten in der Landwirtschaft
⠿ Potenzialen im Tourismus

■ Verdichtungsraum
— Autobahn

Quelle: SAILER 2006 (nach BBR)   Kartographie: M. Lutz

Abb. 3.3.1 Ländliche Räume in Deutschland

lungsprobleme und den Gebieten in der Nähe von Agglomerationen gegenübergestellt. Zusätzliche Aussagen betreffen die wirtschaftliche Dynamik und die Einkommensmöglichkeiten aus der Landwirtschaft bzw. dem Tourismus.

Im Raumordnungsbericht 2005 (BBR 2005) wird die Unterscheidung zwischen ländlichen Räumen und Verdichtungsräumen allerdings ersetzt durch die Oberkategorien Zentralraum (ca. 1.000 E/km²; 11 % der Landesfläche, 49 % der Bevölkerung), Zwischenraum (ca. 200 E/km²; 31 % der Fläche, 25 % der Bevölkerung) und **Pe-**

ripherraum (unter 100 E/km²; 58 % der Fläche, 26 % der Bevölkerung). Dieses Begriffssystem ist zwar im Hinblick auf Lage- und Erreichbarkeitskriterien stimmig, bleibt aber inhaltsleer im Bezug auf die Strukturproblematik und die Abgrenzungskriterien. Aus übergeordneter Sicht erscheint es auch wenig plausibel, dass ca. 60 % eines infrastrukturell vergleichsweise sehr gut ausgestatteten Landes im Zentrum von Mitteleuropa als peripher eingestuft werden.

Auch die **Europäische Kommission** (EU GD VI) hat Probleme mit der Definition und Abgrenzung ländlicher Räume, die letztlich nur nach Bevölkerungsdichtewerten erfolgt. Eine solche Vorgehensweise wird insbesondere durch die Größe und Struktur der Länder bzw. der statistischen Basiseinheiten und die festzulegenden Schwellenwerte beeinträchtigt, die kaum allgemeingültig fixiert werden können. Wegen der länderspezifischen Strukturen müssen in Skandinavien andere Grenzwerte als in den Benelux-Staaten oder in Spanien angesetzt werden. Deshalb ist auch der von der **OECD** verwendete Wert von 150 E/km² zur Unterscheidung zwischen Stadt- und Landgebieten problematisch (danach wäre z. B. die Hauptstadtregion von Helsinki ein Landgebiet!). Aus diesen Gründen erscheint eine differenziertere Betrachtung zur Einordnung erforderlich.

Die früher für eine Definition des ländlichen Raumes verwendeten Aktivitäten in der **Land- und Forstwirtschaft** (z. B. Agrarquote) reichen nach dem Übergang von der Agrar- zur Industrie- und Dienstleistungsgesellschaft in vielen Ländern nicht mehr aus. Heute lebt im ländlichen Raum Mitteleuropas nur noch ein kleiner Teil der Bevölkerung direkt oder indirekt von der Land- und Forstwirtschaft. Während die **Arbeitsplätze** im primären Sektor und im dörflichen Gewerbe an das disperse Siedlungsnetz gebunden waren, haben die Mechanisierung der Agrarproduktion und die Konzentration der Verarbeitung an wenigen Standorten die Beschäftigungsmöglichkeiten stark eingeschränkt auf wenige Fachkräfte und den Betriebsleiter sowie seine Familienangehörigen (HENKEL 2004).

Durch die Auflösung der kleinräumigen Versorgungsstrukturen sind auch das Handwerk und viele Dienstleistungsunternehmen weggefallen bzw. nur noch in Grund- und Mittelzentren anzutreffen. Der **wirtschaftliche Strukturwandel** bedingt im ländlichen Raum wegen der geringen Beschäftigungsalternativen hohe Arbeitslosigkeit, macht Umschulungen erforderlich und ist mit dem Zwang zu Pendelwanderung bzw. mit dem Fortzug verbunden. Neben den Mittelzentren, in denen die Industrie teilweise „verlängerte Werkbänke" für einfache Fertigungen mit niedriger Entlohnung errichtete, haben auch die Arbeitsstätten in entfernteren Oberzentren größere Bedeutung erlangt, was täglich mehrstündige Pendelwege erfordert.

Bei höheren Geburten- und Sterbeziffern stellten ländliche Räume bislang ständige **Abwanderungsgebiete** dar. Wegen der Anpassung des generativen Verhaltens sind die Unterschiede zwischen Land und Stadt allerdings heute zurückgegangen. Dagegen hat die selektive Abwanderung vor allem von Jugendlichen weiterhin Bedeutung. Hieraus resultiert mittelfristig für die ländlichen Regionen ein Verlust an Qualifikation sowie ein Defizit an Frauen im reproduktionsfähigen Alter. Insbesondere in peripheren Gebieten wird die Überalterung weiter fortschreiten und die Zahl der Haushalte zurückgehen, wodurch die Tragfähigkeit für Versorgungseinrich

tungen weiter schwindet bzw. nur noch begrenzte Wahlmöglichkeiten bestehen und eine Monopolisierung der Angebote stattfindet. Diese Entwicklung wird in den kommenden Jahren nicht nur zum Verlust von einzelnen Dienstleistern führen, sondern auch zur Aufgabe ganzer Siedlungen. Besonders negativ betroffen sind periphere Gebiete in Ostdeutschland (WEISS 2002).

Die traditionellen **Bevölkerungs- und Sozialstrukturen** haben sich wegen des veränderten generativen Verhaltens, der Fortzüge, neuer beruflicher Erfahrungen sowie der Zuwanderung alternativer Gruppen aus den Agglomerationsräumen verändert. An die Stelle der überschaubaren dörflichen Gemeinschaft mit ausgeprägter sozialer Kontrolle und Großfamilien sind unterschiedliche Wohnformen und Lebensstile getreten, so dass sich ländliche und städtische Räume nur noch graduell im Hinblick auf Traditionsbewusstsein, religiöse Orientierung und Wahlverhalten unterscheiden (BECKER 1997). Dies gilt insbesondere für das wachsende Umland der Oberzentren und die aktiveren Mittel- und Unterzentren.

Traditionelle Lebens- und Wirtschaftsweisen im ländlichen Raum mit einer weitgehenden Deckung von Wohn- und Arbeitsstätte sowie einem hohen Selbstversorgungsgrad bedingten über längere Zeiträume eine eher geringe, meist **kleinräumig orientierte Mobilität**. Bei einer häufig nur auf schlecht ausgebaute Landstraßen, Wirtschaftswege und Saumpfade beschränkten Verkehrsinfrastruktur dominiert auch heute noch in der Peripherie vieler Länder die Fortbewegung zu Fuß, per Tragtier, Wagen oder mit dem Fahrrad (vgl. Kap. 3.3.5). Auch in Mitteleuropa hat sich diese Situation erst grundlegend durch den forcierten Ausbau von Allwetterstraßen und die Motorisierung seit Mitte des

20. Jh.s verändert.

Nur für einzelne ländliche Gemeinden, die an überregionalen Handelsstraßen oder an Chausseen lagen, boten sich bereits vorher bessere Möglichkeiten zur Vermarktung ihrer Produkte und Dienstleistungen. Auch durch den **Eisenbahnbau** änderte sich diese Situation in Deutschland zunächst nicht grundlegend. Erst mit der Verdichtung des Netzes nach der Zulassung einfacherer Standards für Nebenstrecken 1890 ergaben sich neue Möglichkeiten. Durch das Engagement regionaler Gebietskörperschaften in Verbindung mit lokalen Wirtschaftsunternehmen wurden Verbindungsstrecken und kürzere Stichbahnen errichtet (z. T. Schmalspur), die positive Entwicklungsimpulse auslösten.

In Siedlungen mit einem Bahnhof boten sich Ansatzpunkte für Einrichtungen des privaten und genossenschaftlichen Landhandels und für sonstige außerlandwirtschaftliche Beschäftigungsmöglichkeiten. Durch den **Bahnanschluss** ergaben sich im Zuge der fortschreitenden Industrialisierung auch verbesserte Voraussetzungen für Tages- oder Wochenendpendler sowie für die Gewerbeansiedlung. Die Einwohnerzahl der an der Eisenbahn gelegenen Orte erhöhte sich deutlich auf Kosten der stagnierenden Siedlungen im Hinterland. Mit der Weltwirtschaftskrise zu Beginn der 1930er Jahre deutete sich allerdings bereits das Ende vieler Privatbahnen an. Dieser Prozess verstärkte sich mit der Freisetzung von Beschäftigten aus der Landwirtschaft und dem ländlichen Gewerbe nach dem Zweiten Weltkrieg. Begünstigt wurden jetzt Orte, die in der Nähe von gut ausgebauten Bundesstraßen bzw. Autobahnauffahrten lagen, weil sie dadurch frühzeitig an Werksbusnetze und den Öffentlichen Straßenpersonenverkehr (ÖSPV) angeschlossen wurden. Mit fortschreitender Motorisierung trat der private Pkw neben das Angebot des schrumpfenden ÖPNV.

3.3.2 Raumspezifische Charakteristik von Mobilität und Verkehr

Die Verkehrsnachfrage ländlicher Räume wird durch ihre Siedlungs- und Bevölkerungsstruktur sowie die wirtschaftliche Entwicklung determiniert. Beim Fehlen größerer Städte und geringer Verdichtung der Siedlungsstruktur, die häufig durch Einzelhöfe, Weiler und Dörfer geprägt wird, ist das **Transportaufkommen** gering. Die Einwohnerdichten der Flächenländer liegen unter 200 bzw. 100 E/km^2 (Niedersachsen 165 E/km^2) und auf Landkreise bezogen sogar um 50 Einwohner pro km^2 (Nordvorpommern und Altmark 53 E/km^2). Bei der aus diesen Dichtewerten resultierenden räumlich und zeitlich dispersen Verkehrsnachfrage ergeben sich erhebliche Probleme für ein angemessenes kostendeckendes Angebot im Öffentlichen Personennahverkehr (**ÖPNV**) durch private Unternehmen oder staatliche Betreiber wie Post und Bahn.

Dies betrifft insbesondere den durch hohe Fixkosten belasteten Schienenpersonenverkehr (**SPNV**), der seit Beginn der 1960er Jahre dramatische Beförderungsrückgänge zu verzeichnen hatte. Da sich die Deutsche Bundesbahn (DB) auf den Ausbau der lukrativeren Fernstrecken konzentrierte, unterblieben Modernisierungsinvestitionen auf den Nebenstrecken. Das Angebot im ländlichen Raum wurde bei schrumpfender Inanspruchnahme und steigenden Betriebskosten immer weiter eingeschränkt. Bereits in dieser Phase kam es nicht nur zur Stilllegung von Stichbahnen, sondern auch zur Aufgabe der Personenbeförderung und Einschränkung des Güterverkehrs auf weniger nachgefragten Verbindungen im Netz (HOFFMANN 1965).

Abb. 3.3.2 a zeigt das vergleichsweise dichte **Schienennetz** des weitgehend durch ländliche Räume geprägten Bundeslandes Niedersachsen im Jahre 1957. Bedeutung kam auch den annähernd 40 Nichtbundeseigenen Eisenbahnen (NE) zu, deren Gesamtzahl im Bundesgebiet 1955 noch bei 240 lag mit einem Streckennetz von 6.380 km (davon 1.460 km Schmalspur). Unter dem Gesichtspunkt der Flächenerschließung war die Bahnversorgung Niedersachsens lediglich im Küstenhinterland und grenznahen Emsland nicht voll gewährleistet. Zwanzig Jahre später präsentiert sich das Netz als sehr lückenhaft durch die Aufgabe vieler Stichbahnen und Nebenstrecken (Abb. 3.3.2 b).

Ähnliche Probleme wie im SPNV ergaben sich mit kürzerer Zeitverschiebung auch beim Gütertransport der Bahn. Die Zahl der **Güterabfertigungsstellen**, die 1958 in der BRD noch bei 5.800 lag und den ländlichen Raum angemessen versorgte, ging durch Aufgabe der kleineren Bahnhöfe bis 1970 auf ca. 1.000 und bis 1976 sogar auf 400 zurück (Seidenfus 1976). Gleichzeitig entstand durch die ca. 2.000 privaten Speditionen ein kostengünstiges flächendeckendes Netz für Sammelgutverkehr, das der Bahn auch bei den Hauptverbindungen Konkurrenz machte. Vor diesem Hintergrund erhöhten sich die von der Bundesregierung auszugleichenden Defizite der DB von knapp 4 Mrd. DM im Jahr 1970 auf 10,5 Mrd. DM in 1975 (Winter 1976).

Mit dem Ziel der Defizitreduzierung legte die Bahn deshalb 1976 eine Karte des betriebswirtschaftlich optimalen **Streckennetzes** vor, die nur noch Eisenbahnverbindungen zwischen den Verdichtungsräumen berücksichtigte und Abschnitte mit über 15.000 t Wagenladungsverkehr pro Streckenkilometer enthielt (vgl.

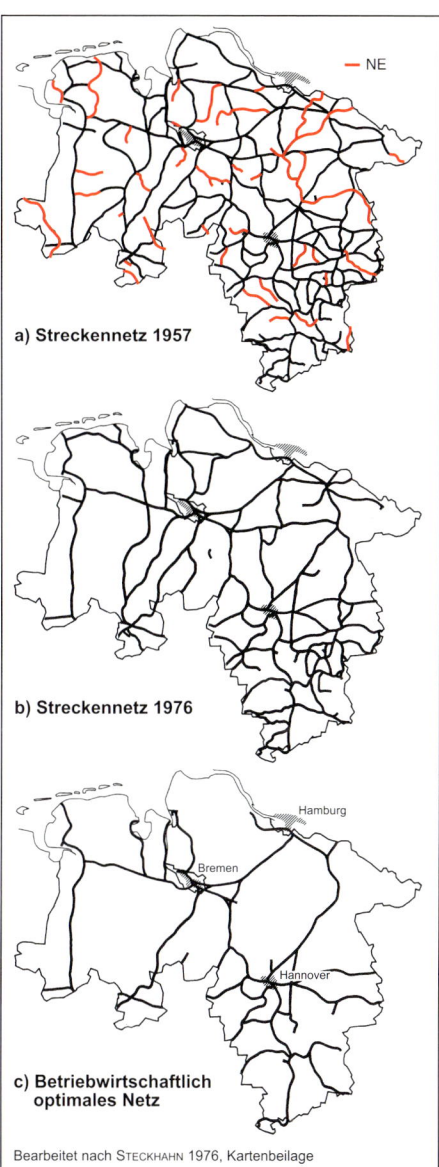

a) Streckennetz 1957

b) Streckennetz 1976

c) Betriebswirtschaftlich optimales Netz

Bearbeitet nach Steckhahn 1976, Kartenbeilage

Abb. 3.3.2 Eisenbahnnetz in Niedersachsen 1957 (a), 1976 (b) sowie betriebswirtschaftlich optimales Netz (c)

Abb. 3.3.2 c für Niedersachsen). Der Halbierung des Bahnnetzes auf ca. 15.000 km mit der pauschalen Schließung wenig genutzter Nebenstrecken stimmte die Bundesregierung allerdings nicht zu und forderte stattdessen eine Einzelfallprüfung (WOLLNER 1986). Der **Rückbau der Bahn** in Teilschritten ging damit weiter, so dass von den 1960 vorhandenen 12.100 km Nebenstrecken 1985 nur noch 9.300 km in Betrieb waren, was einer Schrumpfung von 23 % entspricht. Noch drastischer war die Streckenstilllegung bei den Privatbahnen von 5.300 km 1960 auf 3.100 km 1985 bzw. einer Reduzierung um 42 % (SCHLIEBE 1986).

Ab 1985 wurden mit einzelnen Bundesländern Verträge über den teilweisen **Erhalt von Nebenstrecken** und die Bestandsgarantie für das verbleibende Netz abgeschlossen. In Deutschland gelang es damit, wegen des Protests der Bevölkerung und des Engagements der öffentlichen Hand, das Schienengrundnetz auch für den Personenverkehr zu erhalten, während in Nordamerika die Personenbeförderung per Bahn nahezu ganz aufgegeben wurde. Demgegenüber bemühten sich die Alpenländer, insbesondere die Schweiz, um die erfolgreiche Modernisierung und Erhaltung des Schienennetzes auch im ländlichen Raum. In Deutschland wurden mit dem Rückbau der Bahn Ersatzverkehre per Omnibus eingerichtet. Der Bus erlaubt einen räumlich und zeitlich flexibleren Einsatz und einen deutlich höheren Kostendeckungsgrad (beim SPNV 1986 nur ca. 20 %; im Vergleich zum ÖSPV 5-10 mal teurer! OETTLE 1981, GROSSE 1986).

Die **Probleme der ÖPNV-Versorgung** des ländlichen Raumes waren mit der Umstellung auf den Busbetrieb allerdings nicht behoben, wie die weiter sinkenden Fahrgastzahlen und der sich erhöhende Subventionsbedarf verdeutlichen. Das Hinterland der Mittelzentren war im Flächenland Niedersachsen 1980 zu 20 %

nicht direkt und zu weiteren 28 % nur mit einer Reisezeit von über 60 Minuten angeschlossen. Während in der Hauptverkehrszeit werktags zwischen 6-8 Uhr bzw. 16-19 Uhr und bedingt im Normalverkehr zwischen 9-16 Uhr das Angebot vielfach noch ausreichte, war es während der Schwachverkehrszeit von 19-6 Uhr und an den Wochenenden unzureichend (SCHNITKER 1981, SCHLIEPHAKE/WITTMANN 1980, SCHULTE 1983, VOIGT 1989). Selbst mit dem privaten Pkw stellt die Erreichbarkeit des nächstgelegenen Oberzentrums für manche periphere ländliche Räume bis heute ein Problem dar (vgl. Abb. 3.3.3).

Die private Motorisierung ist deshalb in der BRD nach 1965 in den Landge-

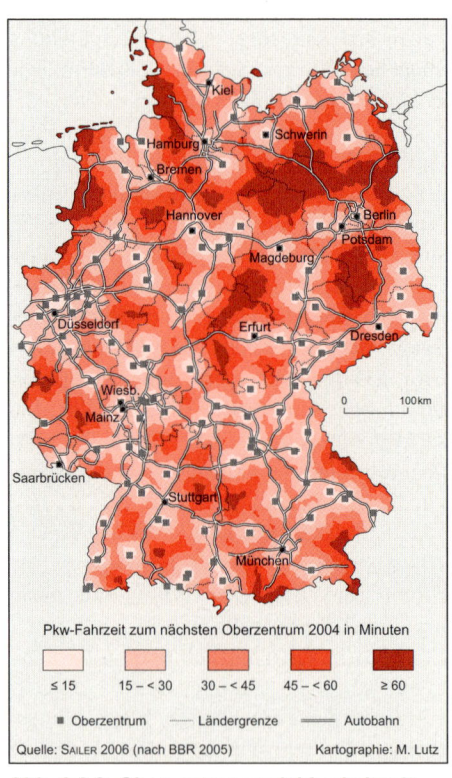

Abb. 3.3.3 **Oberzentrenerreichbarkeit mit dem Pkw**

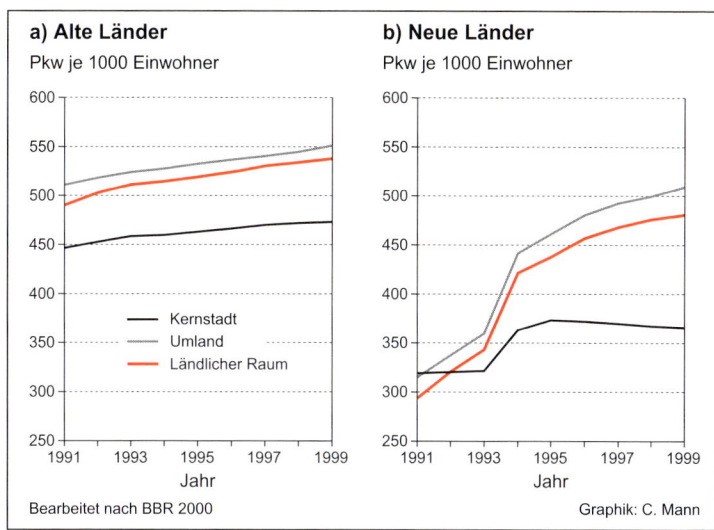

**Abb. 3.3.4
Jüngere Entwicklung des Motorisierungsgrades in Deutschland. Alte (a) und Neue (b) Bundesländer**

bieten stärker gestiegen als im Bundesdurchschnitt und steigt auch in jüngerer Zeit weiter – insbesondere im Umland der Agglomerationen und im ländlichen Raum mit hoher Pendlerverflechtung (vgl. Abb. 3.3.4). Heute dominiert folglich der **Motorisierte Individualverkehr** (MIV) mit Anteilen um 80 % am Personenverkehr. Wegen der mit dem Individualverkehr verbundenen ökologischen und sozialen Problematik (Ressourcenbeanspruchung, Energieverbrauch, Umweltbelastung, Unfallgefahr, Mobilitätsverlust bestimmter Gruppen) bemüht sich die öffentliche Hand trotz der rückläufigen Nachfrage und des Subventionsbedarfs weiterhin um die Aufrechterhaltung eines für jeden zugänglichen Transportangebots. Hiervon abhängig sind insbesondere die Auszubildenden, Alten und Armen, die über kein eigenes Verkehrsmittel verfügen bzw. keinen Führerschein besitzen.

Neue Verkehrsbedarfe sind nicht nur im Berufsverkehr entstanden, sondern auch im **Schülerverkehr**. Durch die Abschaffung der Dorfschulen und die Zentralisie-

rung des Unterrichts in größeren Schulzentren war die Einrichtung von speziellen Schulbuslinien erforderlich, die von den Auflagen der Personenbeförderung im Linienverkehr freigestellt sind. Der Anstieg der überörtlichen Wegstrecken für Schüler erhöhte sich dadurch zwischen 1960 und 1980 im Mittel um 124 % für Grundschulen und um 178 % für Hauptschulen (KUNST 1989).

Durch den sukzessiven Wegfall des dörflichen Einzelhandels und der handwerklichen Dienstleistungen entstanden auch im **Versorgungsverkehr** neue Bedarfe, die nur in den größeren Zentren gedeckt werden können. Ähnliche Effekte waren nach der Gebietsreform in den 1970er Jahren mit der Auflösung der kleinen Gemeinden und ihrer Zusammenfassung zu größeren politischen Einheiten in neuen Verwaltungszentren verbunden. Im Mittel verdoppelten sich hierdurch die Wegstrecken.

Diese Tatbestände belegen, dass die auf Grund-, Mittel- und Oberzentren gerichtete staatliche Planungs- und **Raumordnungs-**

politik sowie die sektoralen Reformen des Schul- und Verwaltungswesens erheblich zur Schwächung der Kleinsiedlungen im ländlichen Raum und zur Ausweitung der Funktionsräume mit ihren verkehrlichen Folgen beigetragen haben. Die mit der Maßstabsvergrößerung verbundene Distanzzunahme führte zur Reduzierung der Aktionsradien und zur Einschränkung der Mobilität einzelner Bevölkerungsgruppen (insbes. von Schülern, Frauen und Alten). Bei dieser Einschätzung muss allerdings konstatiert werden, dass die generellen wirtschafts- und bevölkerungsräumlichen Tendenzen auf die Schwächung der Landgebiete und die Zentralisierung in größeren Siedlungen gerichtet waren. In Ländern ohne raumplanerische Begleitung dieser Prozesse ist es teilweise zur völligen Entleerung der strukturschwachen Landgebiete gekommen

Durch die Bevölkerungsverlagerung und die Konzentration der Dienstleistungen in größeren Zentren sind auch in Deutschland die räumlichen Disparitäten verstärkt worden, so dass sich raumordnungspolitischer **Handlungsbedarf** ergibt. Postuliert werden die Förderung von Basis- und Nachbarschaftszentren von mindestens 500 bzw. 1.500 Einwohnern mit Schule und Kindergarten sowie die Anbindung von Ortsteilen über 200 Einwohner durch täglich vier Busverbindungen ins nächste Mittelzentrum mit Haltestellen in einem Kilometer Entfernung. Die Fahrzeit sollte eine Stunde nicht überschreiten (u. a. Schild 1981).

Eine Hauptursache der **Schwäche des ÖPNV** lag bis in die 1980er Jahre in den weitgehend unkoordinierten Parallelangeboten. Neben den an private Betreiber vergebenen Linienkonzessionen bestanden in der Regel öffentlich organisierte Busdienste von Bahn und Post sowie Sonderverkehre für Schüler, Werksangehörige und Freizeitaktivitäten (z. B. Theater, Disco), die jeweils nur für bestimmte Gruppen zugänglich waren. Insbesondere der Ausbildungsverkehr, der mit ca. 10 % am Gesamtverkehr sowie 20-30 % am städtischen ÖPNV beteiligt war und in Landgebieten ca. 55 % erreichte, stellt bis heute die größte Nutzergruppe dar. Durch die organisatorischen Maßnahmen ergab sich eine weitere Aufsplitterung der dispersen Transportnachfrage, die durch eine Bündelung und einmalige Subventionierung hätte kostengünstiger und effizienter gestaltet werden können (Schnitker 1981).

Zielaussagen der **Ministerkonferenz für Raumordnung** (MKRO) forderten deshalb bereits 1979 und 1983 eine Abstimmung der Linien, der Fahrpläne und der Tarife sowie die Integration der Schüler- und Werksverkehre. Außerdem sollten Mindeststandards für die Erschließung mit drei Fahrtenpaaren pro Tag in einer Reisezeit von 45 Minuten angestrebt und in Nahverkehrsplänen durch die Gemeinden und Landkreise bzw. durch Verkehrsverbünde dokumentiert werden (Deiters 1985). Von Seiten der Verkehrswissenschaft sowie der Raumordnung und Regionalplanung sind deshalb wiederholt Vorschläge zur Koordination der verschiedenen Aktivitäten und **Integration der Dienste** angeregt worden. Hierbei geht es vor allem um die Abstimmung und Bündelung der historisch gewachsenen und für unterschiedliche Betreiber konzessionierten Buslinien zu einem auf die Mittelzentren ausgerichteten einheitlichen Netz (Abb. 3.3.5). Darüber hinaus geht es auch darum, die verschiedenen Verkehrsträger entsprechend ihrer Leistungsfähigkeit möglichst zeit- und kostensparend einzusetzen. Die Prinzipdarstellung in Abb. 3.3.6 veranschaulicht diesen Sachverhalt für die Integration von Bahn- und Busverkehr.

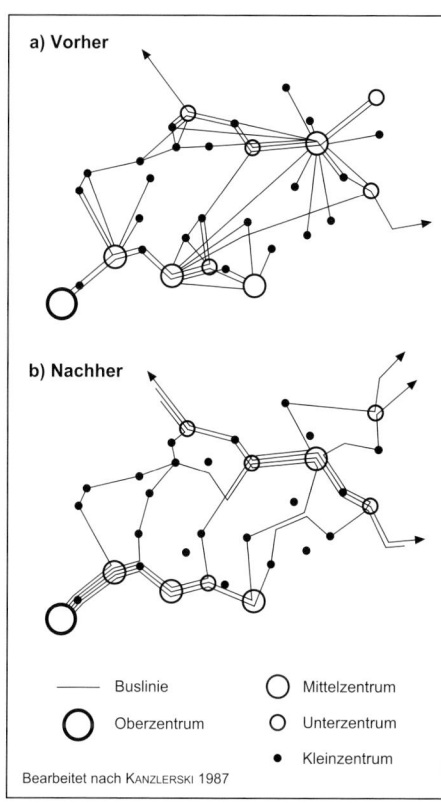

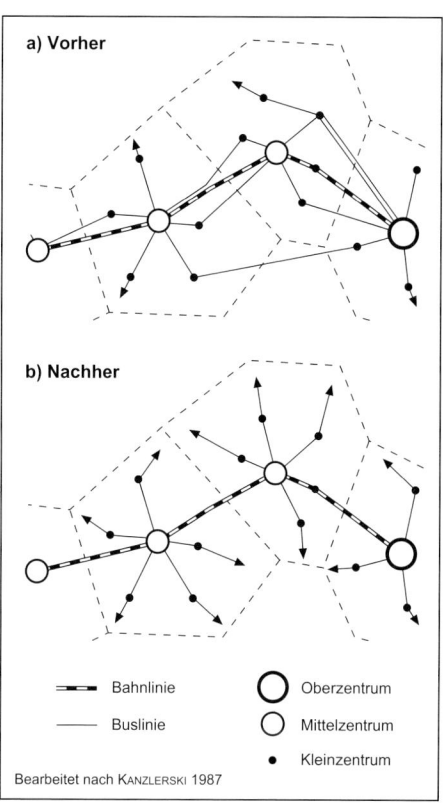

Abb. 3.3.5 Prinzipdarstellung einer Verkehrsintegration im Busliniennetz

Abb. 3.3.6 Prinzipdarstellung einer Ausrichtung des Busnetzes auf die Schiene

Dies bedeutet u. a. die Zusammenführung von Bahn- und Postbussen sowie des Schienenverkehrs mit privaten Buslinienbetreibern zu einem regional verbundenen Angebot mit abgestimmten Fahrplänen und Einheitstarifen für **das integrierte Gesamtnetz**. Auch die häufig defizitäre Anbindung der Fläche an den überregionalen Verkehr lässt sich durch eine Abstimmung der Umsteigezeiten verbessern (KANZLERSKI 1976, ABERLE 1987, KRACKE et al. 1992). Durch eine effektive Kooperation werden die Netzlücken geschlossen, Parallelverkehre vermieden und Angebotsverbesserungen für die Kunden

erreicht. Außerdem können Energiekosten eingespart, Umweltbelastungen minimiert und Schritte hin zu einer nachhaltigen Verkehrsbedienung eingeleitet werden.

Ein vielbeachtetes integriertes regionales **Nahverkehrskonzept** wurde 1979 durch die freiwillige Mitarbeit aller Verkehrsunternehmen im **Landkreis Hohenlohe** als erstes Modellvorhaben mit Förderung des BMV durchgeführt. Es folgte bald eine größere Zahl ähnlicher Projekte, aus denen wertvolle Erkenntnisse für die Neuorganisation des ÖPNV in der Fläche gewonnen werden konnten.

3.3.3 Handlungsbedingungen und Handlungskonzepte

Die Zuständigkeit für die Bereitstellung der Verkehrsinfrastruktur, die Regulierung des Transportwesens und ein angemessenes Angebot an öffentlichen Dienstleistungen teilen sich **Bund, Länder und Gemeinden**. Die Bundesregierung ist zuständig für das großräumige Netz im Sinne der Daseinsvorsorge sowie für Grundsatzfragen und die politische Koordinierung. Länder und Kommunen betreuen die regionale bzw. lokale Ebene und den ÖPNV. Die Verknüpfung der großräumigen europäischen bzw. nationalen mit der regionalen Ebene im Sinne eines Interregionalverkehrs ÖPRV, der Nah- und Fernverkehr planerisch und organisatorisch verbindet, fehlt noch weitgehend, wie Schelter 2003 betont. Eine Integration der lokalen und der regionalen Ebene wird dagegen durch die expandierenden Verkehrsverbünde in jüngerer Zeit geleistet.

Allerdings ergaben sich häufig rechtliche Probleme, soweit nicht die restriktiven Bestimmungen des **Personenbeförderungsgesetzes** (PBefG) von 1961 erfüllt waren (Konzessionierung, spezieller Führerschein, Lenkzeiten etc.). Nach den Bestimmungen des PBefG werden Linien- (§ 42) und Gelegenheitsverkehre (§ 46) mit Bussen, Taxis (§ 47) und Mietwagen (§ 49) für die geschäftsmäßige Beförderung von Personen konzessioniert. Hieran geknüpft sind zugleich die Voraussetzungen für eine finanzielle Förderung. Im Linienverkehr besteht ein Anspruch auf Ausgleichszahlungen, die Kraftfahrzeugsteuer für Busse entfällt, und es wird nur der halbe Mehrwertsteuersatz fällig.

Durch die in der zweiten Stufe der Bahnreform in Deutschland Anfang 1996 umgesetzte **Regionalisierung** des Schienenpersonennahverkehrs (SPNV) eröffneten sich neue Möglichkeiten für eine integrierte Planung des ÖPNV und für Alternativen zur Aufrechterhaltung des Schienenverkehrs im ländlichen Raum. Die Planungs-, Organisations- und Finanzierungsverantwortung ging von der Bundesregierung auf die Länder über, die für diese Aufgabe weiterhin vom Bund Finanzierungszuschüsse erhalten (vgl. Kap. 2.2.5). Die Länder bzw. die von ihnen eingesetzten Zweckverbände bestellen Nahverkehrsleistungen bei den Betreibern. Hierzu werden öffentliche Ausschreibungen durchgeführt, an denen sich neben der DB AG auch private Anbieter beteiligen können, die häufig kostengünstiger kalkulieren und sich am Markt etabliert haben.

Eine Stärkung des regionalen Bahnverkehrs wird auch als Teil der Nachhaltigkeitsstrategie angesehen. Die Verlagerung des Verkehrs auf die Schiene führt allerdings nicht automatisch zu einer Verringerung des **Schadstoffausstoßes**, sondern nur, wenn die Kapazitäten voll genutzt werden. So ist ein schlecht besetzter Dieseltriebwagen wegen des hohen NO_x-Ausstoßes und der Rußpartikel in der Ökobilanz pro Person/km unter Umständen ungünstiger als ein voll besetzter moderner Pkw. Angesagt sind regionsspezifische Lösungen, die eine gute Akzeptanz finden, weil sie an das Mobilitätsbedürfnis der Kunden angepasst sind (Oettle 1990, Jakubowski/Zarth 2002).

In den letzten Jahren sind durch gemeinsame Investitionen von Bund, Ländern, Kreisen, Gemeinden und neuen Betreibern die Fahrzeugparks erneuert, die Betriebssysteme modernisiert sowie integrierte Taktfahrpläne für ÖSPV und SPNV eingeführt worden. Bei Nutzung der verbesserten Neigetechnik konnten Fahrzeitverkürzungen erreicht und durch die Einrichtung neuer Haltepunkte der Zugang der

Kunden erleichtert werden. Wegen der **Angebotsverbesserung** und einer aktiven Informationspolitik war es erstmals möglich, die Personenbeförderung im Nahverkehr auf der Schiene zu steigern und den Anteil des SPNV auch gegenüber der Busbeförderung und dem Individualverkehr relativ zu erhöhen sowie die Wirtschaftlichkeit durch eine Anpassung an die Nachfrage zu verbessern. Die generelle Verkehrsleistung der Schiene hat sich von 6,5 % in 1991 auf 8,2 % in 1999 erhöht, während der ÖSPV leicht von 9,3 % auf 8,4 % gesunken ist. Auch der MIV war zwischen 1999 und 2001 leicht rückläufig (Hüsing 1999, Schröder 2004).

Neben privaten Anbietern, die sich im SPNV etabliert haben, versucht auch der Bahnkonzern sich mit der sog. Mittelstandsinitiative seit Anfang 2002 durch die Gründung der DB RegioNetz GmbH dem Wettbewerb zu stellen. Im Rahmen von Pilotprojekten wurden zunächst vier **Regionalnetze** mit insgesamt annähernd 1.000 km Strecke, 10 Mio. Zugkilometern Verkehrsleistung sowie 1.100 Mitarbeitern und 110 Mio. EUR Jahresumsatz in 2004 ausgegliedert. Es handelt sich um die Kurhessenbahn (KHB mit 245 km), die Erzgebirgsbahn (EGB mit 217 km), die Südost Bayern Bahn (SOB mit 406 km) und die Oberweißbacher Berg- und Schwarzatalbahn (OBS mit 29 km) (Achen/Donbusch 2002).

Die **DB RegioNetz** hat Nebenstrecken, Bahnhöfe und Werkstätten vom Konzern gepachtet und unterhält die Infrastruktur selbst. Auf der Basis von langfristigen Beförderungsaufträgen sowie gemeinsamen Investitionen der beteiligten Unternehmen und Institutionen in die Leit- und Sicherheitstechnik sowie in energiesparende Fahrzeuge für den Einmannbetrieb konnten sogar stillgelegte Strecken neu eröffnet

werden. Bereits 2004 wurden mit dem Modellversuch Gewinne erzielt, so dass mit einer Ausweitung gerechnet werden kann. Während auf einzelnen Strecken bzw. Teilnetzen durch neue Organisationsformen und Investitionen **Nachfragesteigerungen** erreicht wurden, sind die Nebenstrecken im Schienenverkehr insgesamt auch nach der Regionalisierung wegen vielfältiger Hemmnisse nicht in erhofftem Maße reaktiviert worden. Hemmend wirkten sich insbesondere die Zuständigkeit für die Schieneninfrastruktur und der geringe Wettbewerb aus (Müller/Wolf 2002).

Durch die Regionalisierung des SPNV ergaben sich auch verbesserte Möglichkeiten der Integration in übergeordnete ÖPNV-Konzepte bzw. in die Nahverkehrspläne (Abb. 3.3.7). Das durch die räumlich erweiterten **Verkehrsverbünde** koordinierte Angebot mit abgestimmten Fahrplänen und einheitlichen Tarifen bietet Rationalisierungsvorteile, z. B. durch die Vermeidung von Parallelverkehren, besitzt aber auch kooperationsspezifische Nachteile wie z. B. Einbußen als Folge der Einheitstarife, die weiterhin mit erheblichen Subventionen von der öffentlichen Hand ausgeglichen werden müssen. Für den Nutzer sind durch die organisatorischen Verbesserungen und die Modernisierung der Infrastrukturen deutliche Attraktivitätssteigerungen eingetreten, die allerdings nur in Teilnetzen zu spürbaren Nachfragezunahmen geführt haben.

Generelle Verkehrsprognosen für die mittelfristige Entwicklung des Personenverkehrs gehen von einem weiteren Wachstum um 10-20 % bis 2020 aus. Deshalb sind zusätzliche Überlegungen zur Erhaltung der Mobilität durch eine Verringerung der Intensität und die umweltverträgliche Gestaltung des Verkehrs angebracht (Hilsberg 2002). Unter Berücksichtigung

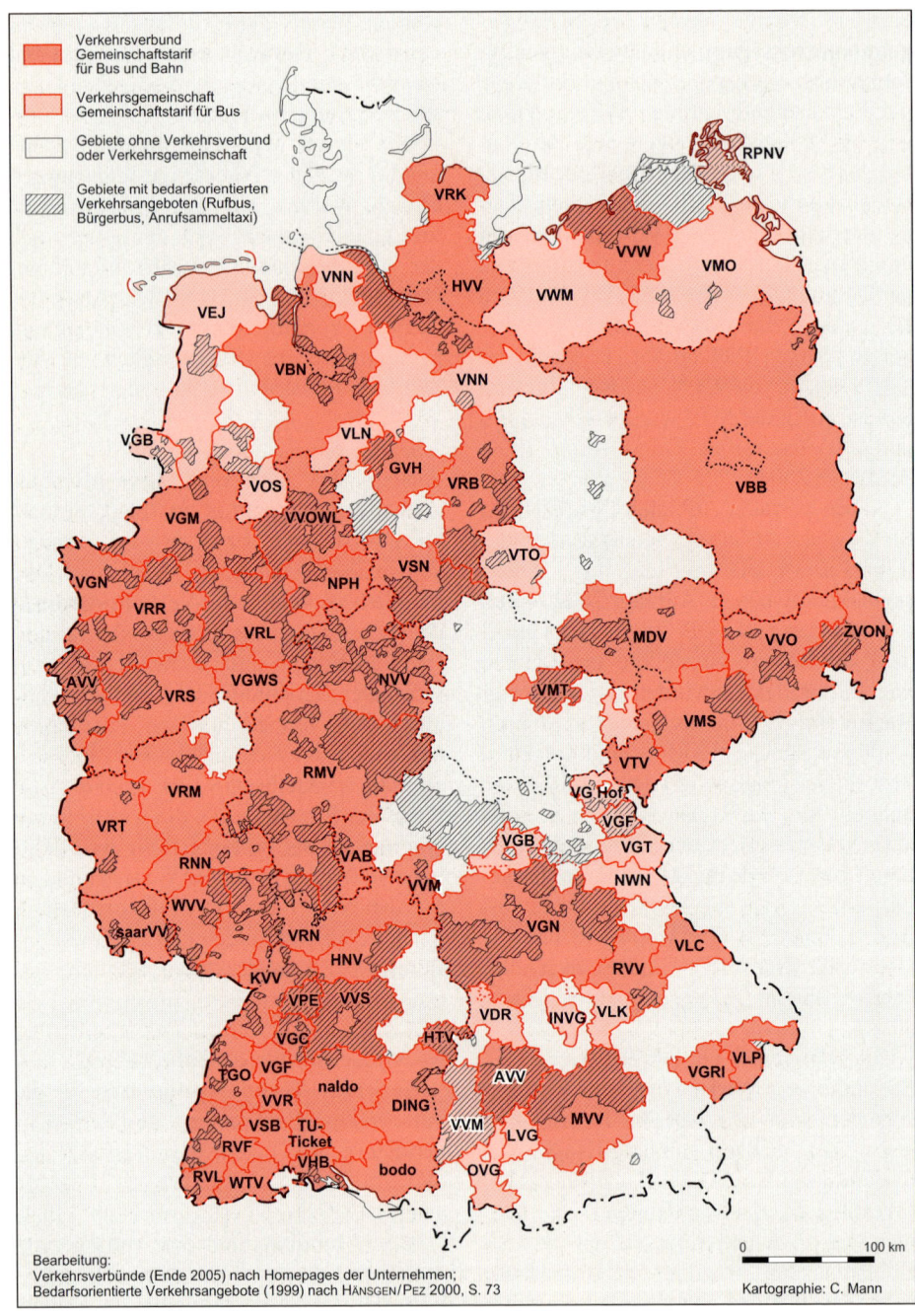

Abb. 3.3.7 Verkehrsverbünde und -gemeinschaften sowie bedarfsorientierte ÖPNV-Angebote

der zu erwartenden Bevölkerungsentwick-lung in peripheren Gebieten sind die **lang-fristigen Perspektiven** für den ÖPNV al-lerdings wenig ermutigend. Dies bedeutet, dass die Versorgungsnetze im Verkehrsbe-reich und darüber hinaus alle Infrastruktur-netze überdimensioniert sind und aus Kos-tengründen zurückgebaut werden müssen. Langfristig ist in Regionen mit schrump-fender Bevölkerung somit ein drastischer **Rückgang der Verkehrsbewegungen** zu erwarten, der die traditionellen Formen des ÖPNV in Frage stellt und eine stufen-weise Umstellung auf alternative bedarfs- und nachfrageorientierte Versorgungsan-gebote erfordert.

3.3.4 Perspektiven für Politik und Planung

Die Verkehrsversorgung dünn besiedel-ter ländlicher Räume ist wegen schwacher Nachfragestrukturen mit dem Angebot eines konventionellen öffentlichen Lini-enverkehrs nur mit hohem Zuschussbe-darf zu realisieren. Deshalb sind seit Mitte der 1970er Jahre eine Vielzahl von **alter-nativen Angebotsformen** und Strategien entwickelt worden, die eine höhere räum-liche und zeitliche Flexibilität aufweisen und teilweise erfolgreich eingesetzt wer-den. Es handelt sich vorwiegend um An-gebote, die zwischen dem herkömmlichen ÖV und dem MIV anzusiedeln sind und als Paratransit bezeichnet werden (HEINZE et al. 1982, HEINZE 1986, WENGLER-REEH 1991, KAGERMEIER 2004).

Eine erste Gruppe von Maßnahmen kann unter dem Stichwort **bedarfsgesteuer-te Bussysteme** zusammengefasst werden (rechnergestützter Rufbus, Anruf-Sammel-taxi, Veranstaltungstaxi, Discobus etc.). Es handelt sich dabei um Busse unterschied-licher Größe (vorwiegend Kleinbusse), die nicht an eine starre Route mit festen Hal-

tepunkten gebunden sind, sondern je nach Bedarf von der eigentlichen Strecke ab-weichen und dadurch ein Bedienungsband mit Bedarfshaltestellen um die ursprüng-liche Linie erschließen, zu der sie jeweils zurückkommen. Abb. 3.3.8 veranschau-licht diese Ausweitung bis hin zur flächen-haften Netzbildung und Verknüpfung von Linienbetrieb, Richtungsbandbetrieb und Flächenbetrieb. Dabei wird ein Primär-system des gebundenen Linienverkehrs mit dem teilgebundenen Sekundärsystem des Bedarfsverkehrs zusammengefügt, das durch ungebundene Beförderungssysteme des Tertiärsystems zu ergänzen ist.

Der jeweilige aktuelle Routenverlauf wird durch eine **Betriebszentrale** gesteu-ert, bei der die Fahrgäste rechtzeitig vor-her den Beförderungswunsch anmelden müssen. Dadurch ergibt sich ein für den Nutzer relativ attraktives Angebot, dessen Kosten im Falle regionaler Begrenzung, bei Verzicht auf anspruchsvolle Technolo-gie und durch die Einbeziehung örtlicher Selbsthilfe – etwa beim unentgeltlichen Telefondienst in der Zentrale oder beim freiwilligen Fahrereinsatz – begrenzt wer-den können. Auf diese Weise ist es mög-lich, nach einer einmaligen Investition in die notwendige Infrastruktur, den Betrieb durch soziales Engagement auch bei un-günstigen Rahmenbedingungen zu ge-währleisten.

Ein spezielles Konzept, das auf einer Gemeinschaftsinitiative beruht, stellt der **Bürgerbus** dar, der zumeist von einem Verein getragen und von ehrenamtlichen Fahrern betrieben wird. Die Idee entstand bereits Mitte der 1960er Jahre in Birming-ham, war 10 Jahre später in den Nieder-landen als *Buurtbus* verbreitet und wurde seit den 1980er Jahren auch in Deutsch-land übernommen. Heute gibt es hier ca. 100 Bürgerbusvereine und in annähernd

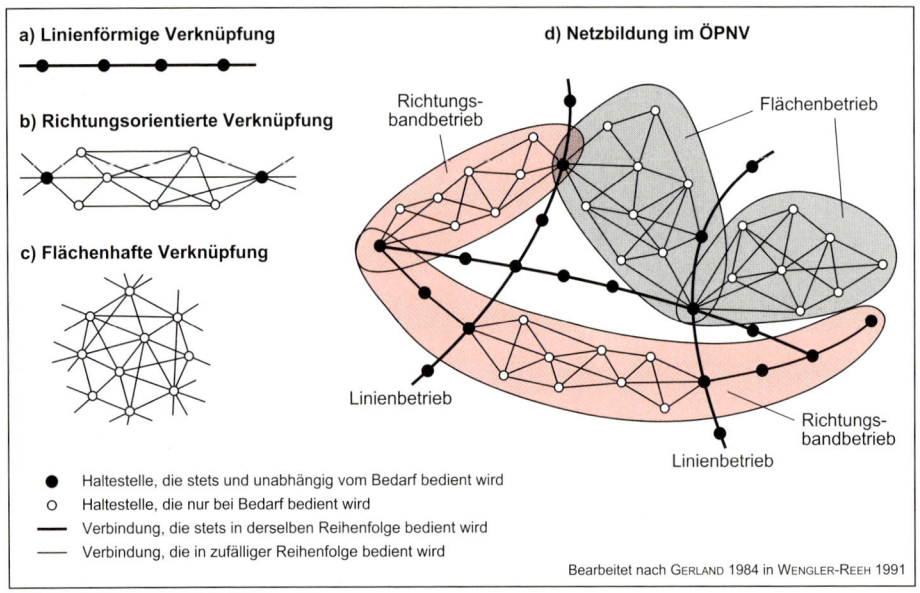

Abb. 3.3.8 Grundformen der Haltestellenverknüpfung und Netzbildung im ÖPNV

50 Gemeinden ein erfolgreiches Angebot (Schmithals/Schenk 2004).

Alternative Betriebsformen mit flexibler Bedienung erfüllen nur bedingt die gesetzlichen Vorgaben und haben deshalb Genehmigungs- und Finanzierungsprobleme. Trotz annähernd 20jähriger Bemühungen um bedarfsgerechte flexible Verkehrsangebote zur Ergänzung bzw. Substitution defizitärer Buslinien ist das PBefG lange Zeit nicht entsprechend novelliert worden. Nach dem Gemeinde-Verkehrsfinanzierungsgesetz (GVFG) von 1971 in der Fassung von 2003 gibt es nur für Normalbusse Zuschüsse, während die für den Paratransit wichtigen Kleinbusse nebst der erforderlichen Kommunikationstechnologie nicht gefördert werden (Wagner et al. 2004, Dalkmann/Ötting 2004).

In ähnlicher Weise können auch Taxis, die bisher exklusiv als individueller Beförderungsservice eingesetzt wurden, in Form von **Sammeltaxen** mit großen Fle-

xibilitätsvorteilen und hoher Angebotsattraktivität eingesetzt werden. Bei der kollektiven Nutzung sinken die Beförderungskosten, insbesondere, wenn zusätzliche Subventionen für den Einsatz im ÖPNV-Ersatzverkehr in Zeiten mit geringer Nachfrage oder für bestimmte Nutzergruppen (z. B. Behinderte) gezahlt werden. Positive Erfahrungen im Vor- und Nachlauf zum Eisenbahnverkehr sowie zur Ergänzung des ÖSPV im Zubringer- und Verteilerverkehr liegen vor. Im Ausland sind die sog. *Colectivos* insbesondere in den Agglomerationen der Dritten Welt weit verbreitet. Hierdurch wird eine bedarfsgesteuerte Flächenbedienung unter weitgehender Vermeidung von Leerfahrten erreicht. Auf breiter Basis haben sich die *Scatter-*, *Route-* oder *Zonal-*Taxis bisher in Deutschland allerdings nicht durchgesetzt. Im Rahmen eines von der EU in Schweden betreuten Demonstrationsprojektes ergaben sich aus dem bedarfsorientierten Türzu-Tür-Angebot mit Taxis und Minibussen Anregungen zur Weiterentwicklung (vgl. ARTS-KONSORTIUM 2004 und Kasten 3.3.2).

Eine sehr effektive und kostengünstige Form des Paratransits besteht in der Bildung von **Fahrgemeinschaften** (Mitfahrgelegenheit, Zusteigeverkehr). Mitfahrgelegenheiten aufgrund von individuellen Vereinbarungen bilden ein wichtiges Mobilitätspotenzial im ländlichen Raum. Ungebundene, nicht-kommerzielle Mitnahme von Familienmitgliedern, Nachbarn oder auch Fahrgemeinschaften durch Elterninitiativen sind üblich und stellen teilweise die Vorstufe für professionelle Mitfahrzentralen mit und ohne Kostenbeteiligung dar. So ist der Bürgerservice Pendlernetz (NRW), der Angebot und Nachfrage für Berufs-, Freizeit- und Alltagspendler aus dem Westen des Bundeslandes per Telefon oder E-mail ermöglicht, aus einer lokalen Initiative im Kreis Kleve entstanden (www.nrw.pendlernetz.de). **Zusteige- und Mitnahmekonzepte** zur Ergänzung des Liniennetzes auf regionaler Ebene mit Kostenbeteiligung, aber ohne vorherige Anmeldung oder Mitgliedschaft als einfaches spontanes Mitnahmesystem werden zurzeit in der Schweiz getestet (www.carlos.ch).

Mittlerweile gibt es ein breites Angebot von privaten oder **öffentlichen Mitfahrzentralen** sowie von Beförderungsdiensten für bestimmte Gruppen oder Fahrzwecke (Einkauf, Veranstaltungsbesuch etc.). Neben der freiwilligen Beförderung mit dem eigenen Pkw für wechselnde Personen sind regelmäßige Mitfahrten im Berufsverkehr oder zu wiederkehrenden Ereignissen im ländlichen Raum weit verbreitet. Sie werden aus Gründen der Energieeinsparung und der Reduzierung der Umweltbelastung auch steuerlich

begünstigt (REINKE 1985).

Ähnliche Überlegungen für eine flächenhafte Erschließung dünnbesiedelter ländlicher Räume zielen auf die effektivere Nutzung des **Fahrrads als Zubringer** für den ÖPNV. Hierfür müssen an den Regionalbushaltestellen im Sinne von Bike & Ride Abstellmöglichkeiten geschaffen oder vom Bus Fahrradtransporter mitgeführt werden. Die Kombination von schnellem Linienverkehr mit Bus oder Bahn und individuell ausgerichtetem Fahrradverkehr zur Flächenerschließung ist insbesondere für Jugendliche ohne Führerschein von Interesse und entlastet die Familie von Bring- und Holfahrten mit dem Pkw (FROMBERG et al. 2004).

Auch das seit Anfang der 1980er Jahre in Deutschland als Selbsthilfeinitiative eingeführte **Car-Sharing**, das in den letzten Jahren durch Professionalisierung in größeren Städten an Bedeutung gewonnen, bietet für den ländlichen Raum ein noch nicht genutztes Potential. Gegenwärtig sind annähernd 100 Organisationen in 250 Orten aktiv. Die Mitgliederzahl erhöhte sich von 20.000 in 1997 auf 70.000 in 2004. Selbst Großunternehmen wie die DB AG sind in den Markt eingestiegen (NOBIS/LOOSE 2004, BÖHLER/WANNER 2004).

Nähere Einblicke in das Handwerkszeug zur Nahverkehrsplanung sowie in traditionelle und neue Konzepte der Organisation des ÖPNV in der Fläche vermittelt das von Experten bearbeitete Handbuch des BMVBW (vgl. KIRCHHOFF et al. 1999). Von Seiten des Bundesministeriums für Bildung und Forschung (BMBF) wurde deshalb 2001 der Förderschwerpunkt „Personenverkehr für die Region" gestartet, in dem 10 Forschungsverbünde mit insgesamt 80 Einzelvorhaben betreut wurden. Es geht jetzt verstärkt um

Kasten 3.3.2
Koordinierung von Verkehrsangeboten auf der Insel Gotland/Schweden

Im Rahmen des EU-Modellprojektes ARTS (*Actions on the Integration of Rural Transport Services*) wurde die Harmonisierung und Erweiterung bestehender Verkehrsangebote mit dem Vorhaben SAMKOM angestrebt.

Zielsetzung:

Bündelung, Vereinheitlichung und Verbesserung unterschiedlicher öffentlich finanzierter bedarfsorientierter Verkehrsangebote im dünn besiedelten ländlichen Raum. Verbesserung der Erreichbarkeit des nächstgelegenen Versorgungszentrums und des Übergangs in das bestehende Buslinennetz zwischen dem Hauptort Visby sowie einigen größeren Dörfern (vgl. Karte).

Umsetzung:

Für das neu konzipierte Verkehrsangebot von *Plustrafiken* werden Taxis und Kleinbusse mit 8 Sitzplätzen je nach Bedarf eingesetzt. Die Bedienungshäufigkeit besteht aus einer Verbindung pro Tag bzw. zwei Ver-bindungen pro Woche in Abhängigkeit von der Nachfrage. Zu Teilräumen wird außerdem eine zusätzliche Verbindung am Freitagabend speziell für junge Leute angeboten. Die Anzahl der Nutzer bzw. der Wege konnte gesteigert werden, wodurch sich eine Kostensenkung ergab.

Bewertung (nach einjähriger Laufzeit):

Obwohl das Angebot allen Nutzergruppen offen stand, dominierten ältere Menschen, die insbesondere Versorgungsfahrten durchführten (Einkauf, Arzt, Besuche). Die Nicht-Nutzer waren unzureichend über das Angebot informiert, was den Misserfolg des Abendbusses am Freitag an einigen Orten erklärt. Die zielgruppen-spezifische Werbung muss deshalb verstärkt werden. Beim vorgesehenen weiteren Ausbau sollen auch Behinderten- und Krankentransporte soweit wie möglich integriert und eine einheitliche Betriebsgesellschaft bzw. eine Fahrtenbuchungszentrale geschaffen werden.

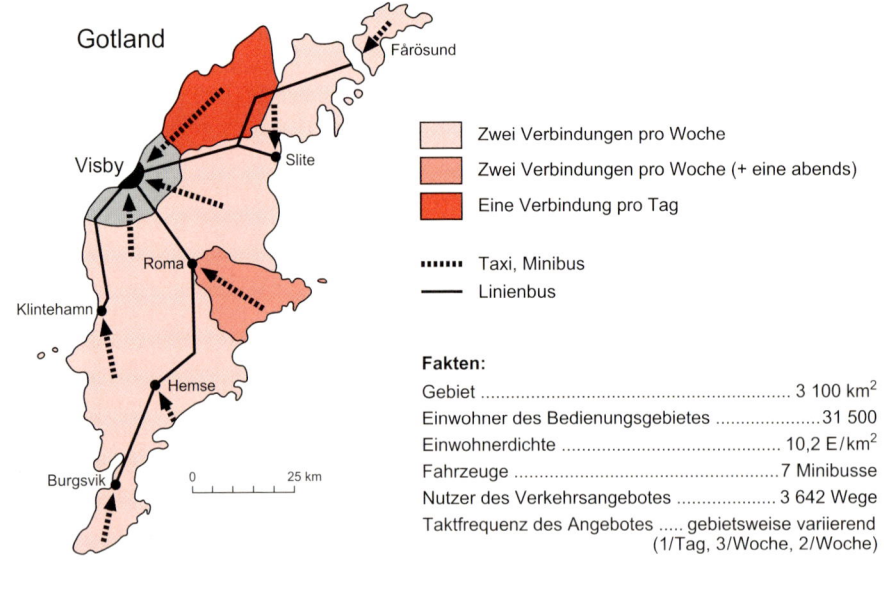

Bearbeitet nach ARTS-KONSORTIUM 2004

Graphik: C. Mann

die breitere **Umsetzung der entwickelten innovativen Mobilitätsangebote**, die sich an den realen Bedürfnissen der Bevölkerung im ländlichen Raum orientieren und bei sozial, ökonomisch und ökologisch ausgerichteter Perspektive durch die Zusammenarbeit öffentlicher und privater Akteure an die jeweiligen Bedarfe angepasst werden müssen (vgl. BMBF 2004, Kagermeier 2004).

Literaturauswahl zur Ergänzung und Vertiefung von Kapitel 3.3

• **Einführung und Überblick:**
  Bade 1997, Becker 1997, Granderath 1995, Heinze et al. 1982, Schild 1981
• **ÖPNV im ländlichen Raum:**
  IRPUD 1989, Voigt 1989, Kanzlerski 1987, Schulte 1983
• **Rückbau des Schienenverkehrs:**
  Steckhan 1976, Seidenfus 1976, Hoffmann 1965
• **Reaktivierung des Schienenverkehrs:**
  Schröder 2004, Achen/Dornbusch 2002, Hilsberg 2002, Müller/Wolf 2002, Hüsing 1999
• **Alternative Verkehrsangebote:**
  Kagermeier (Hg.) 2004 (s. Einzelbeiträge des Sammelbandes), Kirchhoff et al. 1999, Wengler-Reeh 1991, Heinze 1986
• **Verkehrspolitik für den ländlichen Raum:**
  BMBF 2004, ARTS-Konsortium 2004, BMBau 1987, Aberle 1987

3.4 Fernverkehre, interregionale Verkehrsbeziehungen

3.4.1 Verkehrsachsen und -korridore als raumstrukturelle Gegebenheit

Gegenstand dieses Abschnitts ist der **Fernverkehr** bzw. sind die diesen Verkehr verursachenden **großräumigen Verkehrsbeziehungen und -infrastrukturen**. Die Fernverkehre gelten heute in Industrieländern wie Deutschland als die wesentlichen Wachstumsfelder im Verkehrssektor, während der Nahverkehr Tendenzen der Sättigung aufweist (Zumkeller 2004). Historisch betrachtet haben die Fernverkehrsbeziehungen bei der Evolution der modernen Verkehrswege eine zentrale Rolle gespielt, denn wichtige Impulse sowohl für den Seeverkehr als auch für den Wandel vom wassergebundenen zum Landverkehr gingen vom Fernverkehr aus, nicht von der lokalen Mobilität. Gleiches gilt erst recht für die kommerzielle Luftfahrt, deren Einsatzbereich in aller Regel der großräumige Verkehr ist. Räumlich betrachtet resultiert das Wachstum der Fernverkehre insbesondere aus dem Maßstabssprung vieler Aktivitäten vom lokalen auf das regionale bzw. überregionale Skalenniveau: die diesem Phänomen zugrunde liegende räumliche Arbeitsteilung und die ihr dienende Infrastrukturpolitik gehören zu den wichtigen Determinanten der Verkehrsentwicklung insgesamt.

Die Verkehrsgeographie leitet ihren besonderen Stellenwert zur Analyse von **Raum- und Verkehrsentwicklung** aus der engen **Wechselbeziehung** beider

Kenngrößen ab: Die Herausbildung der Fernverkehrssysteme und -korridore kann als Treiber der großräumigen Entwicklung betrachtet werden, und die Verkehrssysteme profitieren zugleich vom wachsenden wirtschaftlichen Austausch (vgl. PRIEMUS/ZONNEVELD 1997). Es geht also wie im städtischen Kontext auch hier um die spezifische Interdependenz von Raum und Verkehr. Dies gilt in besonderer Weise für die Raumerschließung in den Entwicklungsländern, jenseits der durch den Seeverkehr gut erschlossenen Küstengebiete und Hafenstädte: Aufgrund der hohen Kosten und anspruchsvollen technischen Voraussetzungen war der Landtransport über eine lange Zeit sehr viel schwieriger durchzuführen als der Seeverkehr. Entsprechend konzentrierte sich die wirtschaftliche Entwicklung vieler Länder auf die **Küstenstädte** bzw. -zonen, während das **Landesinnere** demgegenüber benachteiligt war (VANCE 1986). Dies haben viele Beispiele gezeigt, wie etwa die Transamazônica in Südamerika oder in jüngerer Zeit die Trans-Kalahari in Afrika, die auf 600 km Länge Botswana im südlichen Afrika durchquert und damit auch die Verbindung von Namibia nach Johannesburg erheblich verkürzt.

Eine der großen Herausforderungen für das Verkehrswesen lag und liegt in der **Verbesserung der landseitigen Erschließung und Erreichbarkeit** von Regionen, um deren Entwicklungspotenziale zu mobilisieren. In der Verkehrsgeographie befassten sich daher zentrale Konzepte mit der Ausbreitung des Verkehrs im Binnenland, ausgehend von der Schnittstelle Seehafen (vgl. RIMMER 1977, TAFFEE et al. 1963). In diesen Modellen wurde die idealtypische Entstehung von Verkehrsnetzen beschrieben, die sich aus der komplexen Verknüpfung von Schnittstelle (Hafen),

Achsen im Hinterland und der einzelnen Knotenpunkte untereinander ergeben (vgl. Kap. 4.2.5). Ein Resultat dieser Modelle sind hochwertige Verkehrskorridore, als Rückgrat des Verkehrsnetzes. Auch unter den veränderten technisch-ökonomischen Rahmenbedingungen der heutigen Zeit nehmen kontinentale Verkehrsachsen (wie etwa die europäische Nord-Süd-Magistrale von Skandinavien nach Italien oder die Verbindung von Ost- und Westküste in Nordamerika) einen wichtigen Platz im Verkehrs- und Infrastruktursystem ein.

Die vom Fernverkehr durchmessenen Verkehrskorridore umfassen sowohl materielle Fernverkehrswege (Straßen, Schienenwege, Wasserstraßen) als auch per Konvention festgelegte Transportrouten zur Benutzung der Meere und der Luft. Die Ursprünge der Entstehung von landseitigen Fernverkehrswegen, die hier im Mittelpunkt stehen, liegen in den alten Handelswegen der Hochkulturen der Frühzeit, später dann vor allem im Straßenbau der Römer; sie legten die Grundlage für eine Verkehrsinfrastruktur, die über Jahrhunderte hinweg die Topologie der Fernverkehrsnetze bestimmte. Fernhandel und Hansestädte gaben der Herausbildung von Fernverkehrsbeziehungen im Mittelalter und der frühen Neuzeit weitere Impulse (vgl. Beispiel Hellweg), wobei im Merkantilismus das Seeschiff die zentrale Rolle spielte. Das Zusammenspiel von Urbanisierung und Industrialisierung vom 19. Jahrhundert an sowie die damit wechselseitig in Verbindung stehende Expansion der Wasserstraßen (Kanäle) und der Eisenbahn haben die Entwicklung des Verkehrs im Binnenland erheblich beschleunigt (REULECKE 1985).

Im 20. Jh., vor allem aber in der Zeit nach dem 2. Weltkrieg, erfolgte in Deutschland der verstärkte **Ausbau der Hochgeschwin-**

Abb. 3.4.1 Autobahn und Eisenbahnneubaustrecke im Korridor Köln-Frankfurt/Main
Foto: DB AG/BRENNEKEN 2002

digkeitsverkehrsnetze von Straße (Autobahn) und Bahn (Schnellverkehrsnetz, ICE). Sie tragen heute einen wichtigen Teil der Leistung der jeweiligen Verkehrsträger (vgl. Kap. 2). Damit wurden die großräumigen Verkehrskorridore auch zu wichtigen Eckpfeilern im Raumordnungs- bzw. Städtesystem. Im zentralörtlichen System wurde den Entwicklungsachsen die Aufgabe zugewiesen, Knotenpunkte zu verbinden und die einzelnen Teilräume zu stärken. Die Herausbildung des heutigen Städtesystems ist insofern auch nicht nur aufgrund endogener Faktoren der jeweiligen Standorte zu erklären, sondern steht immer in Beziehung zu den Aktivitäten von Politik und Planung, die Verbindungsqualität und Erreichbarkeit fördern.

Heute werden die Fernverkehrswege auch in der Infrastruktur- und Raumordnungspolitik als **Korridore** verstanden.

Sie stellen zum einen, ausgehend von den klassischen punktaxialen Konzepten der Landesplanung, strategische Elemente der Infrastrukturpolitik dar; zum anderen übernehmen sie unter den Bedingungen von Raumknappheit und begrenzten finanziellen Spielräumen wichtige Aufgaben der **Bündelung von Verkehrsfunktionen** (Abb. 3.4.1). „Fernverkehrskorridore entstehen durch Bündelung von Fernverkehrsinfrastruktur auf engem Raum (parallele Führung verschiedener Verkehrsträger) aufgrund naturräumlicher Gegebenheiten (z. B. Rheintal mit Fernstraße, Schiene und Binnenschifffahrt) oder durch gezielte Planung (BAB 3 und die ICE-Verbindung Köln-Frankfurt). Fernverkehrskorridore werden auch als Verbindungskorridore bezeichnet. Unter Radialkorridoren werden strahlenförmig vom Verdichtungsraum ins Umland führende Bündelungen von Verkehrswegen oder -trägern verstanden." (LÖFFLER/LUTTER 2001, S. 132) Schließlich bündeln die Korridore auch einen Teil der mit dem Verkehr einhergehenden Belastungen, woraus sich besondere Aufgaben der Raumordnungspolitik ergeben (s. Kap. 3.4.2 unten).

3.4.2 Raumspezifische Charakteristik von Mobilität und Verkehr

Die Lage und der Verlauf der **großen Verkehrskorridore** in Deutschland folgen der historisch-genetischen Entwicklung des Verkehrsnetzes, das durch drei Merkmale gekennzeichnet ist: erstens ist es mit einer gewissen Zwangsläufigkeit aus der Verbindung der **wichtigsten Ballungsräume** Deutschlands entstanden. Dazu gehören die Agglomerationen Hamburg, Bremen und Berlin, der Raum Hannover/Braunschweig, die Regionen Rhein-Ruhr, Rhein-Main und Rhein-Neckar sowie Augsburg, München und Nürnberg. Zweitens hat die Zäsur der deutschen Teilung spätestens seit 1961 zu einer Trennung der in Ost-West-Richtung verlaufenden Verkehrswege geführt, in deren Folge sich eine starke Nord-Süd-Ausrichtung des Verkehrsnetzes ergab; folgerichtig entstand auch die erste Eisenbahnneubaustrecke in Deutschland nach dem Krieg von Hannover nach Würzburg. Drittens haben sich die Verkehrsbeziehungen und -infrastrukturen zwischen den alten und neuen Bundesländern (also in Ost-West-Richtung) seit 1990 wieder etabliert.

Die hinsichtlich ihrer mengenmäßigen Belegung bedeutendsten deutschen Fernverkehrskorridore folgen dem „großen C" der **Siedlungsstruktur** und verbinden die oben genannten Agglomerationen (vgl. a. Kap. 2.1). Dazu gehören die Verbindung (BAB) von Hamburg über Hannover und Frankfurt am Main weiter Richtung Oberrhein/Basel, die von der zweiten Hälfte der 1920er Jahre an als „Hafraba" den ersten großen Fernverkehrskorridor Deutschlands markierte, die Autobahn von Stuttgart nach München (heute BAB 8) sowie schließlich die Verbindung von Berlin über Leipzig nach Nürnberg und München (heute BAB 9). Das Rheintal stellt eine zentrale Achse für den Fernverkehr aus den Benelux-Ländern nach West- und Süddeutschland sowie weiter nach Italien dar; entlang dieser Achse verlaufen auch wichtige grenzüberschreitende Gütertransporte per Binnenschiff, Bahn und Lkw, die aus den niederländischen Mainports Rotterdam und Schiphol in das kontinentaleuropäische Hinterland führen. Die stark belegten Korridore in Ost-West-Richtung sind vor allem die Autobahn Ruhrgebiet-Hannover-Berlin (heute BAB 2), mit östlicher Fortsetzung nach Polen, sowie die Autobahn von Mittelhessen nach Thüringen bzw. Sachsen (vgl. Abb. 3.4.2). Diese Ost-West-Verbindungen gewinnen mit wachsender wirtschaftsräumlicher Integration der Regionen Mittelosteuropas künftig weiter an Bedeutung.

Wesentliche **Netzerweiterungen** dieser Fernverkehrskorridore sind vor allem zwischen den 1960er und 1980er Jahren erfolgt, etwa der Bau der BAB 7 von Hamburg über Hannover nach Frankfurt/ M., außerdem die BAB 45 durch das Siegerland (als Direktverbindung zwischen Rhein-Ruhr und Rhein-Main). Im Schienenverkehr sind vor allem die bereits erwähnten Neubaustrecken der Bahn Hannover-Würzburg und Mannheim-Stuttgart zu nennen. In den 1990er Jahren kam ferner der Bau der Neubaustrecke Köln-Frankfurt hinzu (vgl. Kap. 2.2). Die weitgehend parallele Realisierung der Bahnneubaustrecke zum Verlauf der BAB 3 stellte eine mehr oder weniger konsequente Anwendung des

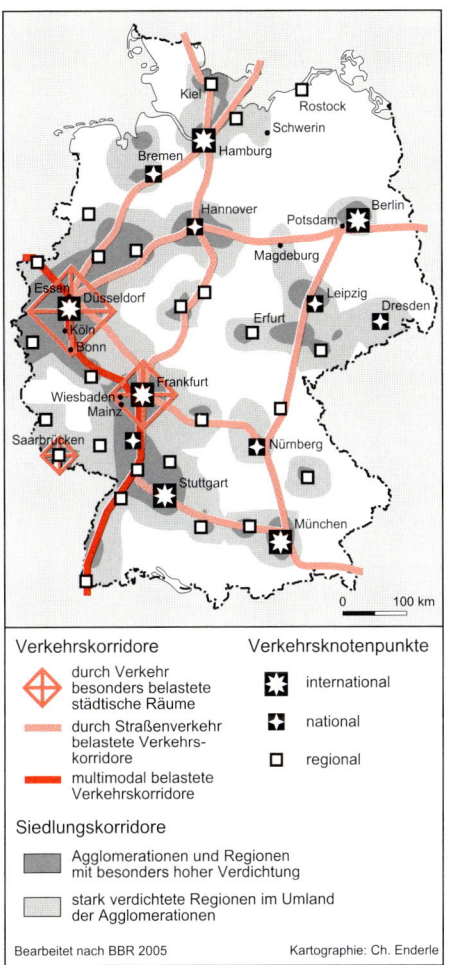

Verkehrskorridore

◈ durch Verkehr besonders belastete städtische Räume

━━ durch Straßenverkehr belastete Verkehrskorridore

━━ multimodal belastete Verkehrskorridore

Siedlungskorridore

▨ Agglomerationen und Regionen mit besonders hoher Verdichtung

▢ stark verdichtete Regionen im Umland der Agglomerationen

Verkehrsknotenpunkte

✪ international

✚ national

▢ regional

Bearbeitet nach BBR 2005   Kartographie: Ch. Enderle

Abb. 3.4.2 Siedlungs- und Verkehrskorridore in Deutschland

Prinzips des Korridors dar.

Nach der Wende im Jahr 1990 und im Vorgriff auf den ersten gesamtdeutschen Bundesverkehrswegeplan 1992 wurden außerdem 17 **Verkehrsprojekte Deutsche Einheit** aufgelegt, mit denen der Nachholbedarf in der Verkehrsinfrastruktur Ostdeutschlands gedeckt werden sollte. Dieses Programm sah den Neu- und Ausbau von 7 Straßen-, 9 Schienen- und 1 Wasserstra-

ßenverbindung zwischen den alten und neuen Bundesländern vor. Mit einem Investitionsvolumen von fast 60 Mrd. DM sollten die Erreichbarkeit Ostdeutschlands verbessert und die bislang im „Schatten" der Wirtschaftszentren gelegenen Regionen wettbewerbsfähig werden. Zu den bedeutendsten dieser Vorhaben gehörten der Neubau der BAB 20 Lübeck-Rostock (Ostseeautobahn) und der BAB 14 (Halle-Magdeburg), der Neu- und Ausbau der Schienenverbindungen zwischen Berlin und Hannover bzw. Hamburg sowie der Ausbau der Wasserstraße von Hannover über Magdeburg nach Berlin. Die Realisierung der 17 Verkehrsprojekte wird die Regionen Ostdeutschlands auf das durchschnittliche Erreichbarkeitsniveau des EU-Zentralraums anheben (HOLZHAUSER/ STEINBACH 2001, S. 139).

Die Verbesserung der Lagequalitäten und Erreichbarkeiten durch die großen Fernverkehrsprojekte lässt sich auch anhand von sogenannten Zeitkarten illustrieren. Sie ergänzen das Kriterium der räumlichen Lage durch zeitliche Aspekte und weisen einzelnen Standorten raumzeitlich definierte Positionierungen zu, die entscheidend von ihrem Zugang zum Netz der Verkehrskorridore abhängen (vgl. SPIEKERMANN/WEGENER 1993, 1994). Mit der Bereitstellung von Autobahnen und Hochgeschwindigkeits-Eisenbahn koppelt sich die zeitliche Erreichbarkeit von der kilometrischen Distanz ab, zeitliche Lagen gewinnen gegenüber der erdräumlichen Lage an Bedeutung. Am Beispiel Berlins lässt sich mithilfe der Zeitkarten auch abbilden, wie sich im Laufe von zwei Jahrhunderten der innerhalb eines Tages erreichbare Raum vom engeren Umland auf weite Teile Europas ausgedehnt hat (s. Abb. 3.4.3).

Die **Anteile der Fernverkehrsträ-**

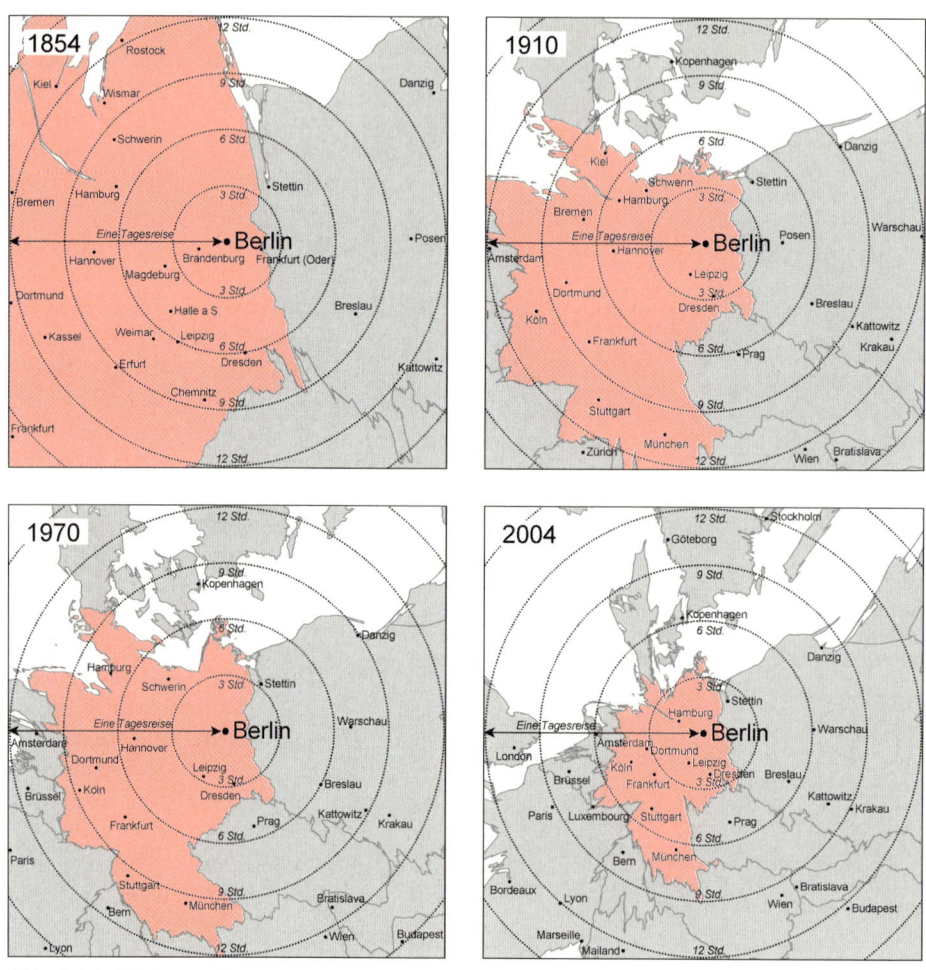

Abb. 3.4.3 Zeitkarten/Erreichbarkeit durch Hochgeschwindigkeitsverkehr
Bearbeitet nach LEMKE et al. 2005, S. 84

ger an Aufkommen und Aufwand im Personen- und Güterverkehr auf den großen Korridoren spiegeln relativ deutlich die Verteilung des Verkehrs insgesamt wider, – mit der Einschränkung, dass Bahn und Binnenschiff nennenswerte Anteile allein auf den großen Verkehrsmagistralen erreichen können, während Pkw und Lkw in der Fläche ihre Vorteile der Netzbildung ausspielen können. Dies gilt im Güterverkehr allerdings nur für die Rheinstrecke,

auf der die Schienen- und Binnenschiffstonnagen annähernd den Wert des Lkw erreichen. Auf allen anderen großen Korridoren dominiert der Straßengüterverkehr (vgl. SCHRÖDER 2001, S. 88-89). Im Personenverkehr hat die Bahn durch das Angebot des Hochgeschwindigkeitsverkehrs zumindest relationsweise dem Pkw Marktanteile abnehmen können. Allerdings ist die Entwicklungsdynamik der einzelnen Fernverkehrsträger sehr unterschiedlich.

Die teilweise Rückkehr der Bahn in den Hochgeschwindigkeitsmarkt wird durch das Aufkommen der sog. Billigflieger (*Low Cost Carrier*) derzeit stark gefährdet. Mit Preisen teilweise deutlich unter dem durchschnittlichen Fernverkehrstarif der Deutschen Bahn vermögen einige dieser Fluglinien erhebliche Marktanteile auf sich zu ziehen.

Die großen Verkehrskorridore tragen auch die **Teilnetze einzelner Verkehrsanbieter**, weil sie Gewähr dafür leisten, dass alle wichtigen Ballungsräume Deutschlands mit einer Fahrzeit von 8-10 Stunden (d. h. innerhalb der gesetzlich zulässigen Lenkzeit von Lkw-Fahrern) erreicht werden können. So orientiert sich der Schienengüterverkehr der Deutschen Bahn in seinem „Nachtsprung" am Kernnetz der Verkehrskorridore. Einzelne Unternehmensnetze, beispielsweise von Speditionen oder Kurier-, Express- und Paketdiensten (KEP), sind ebenfalls auf diese Netzlogik hin ausgerichtet. Als entfernungskilometrisch-, zeit- und lenkzeitoptimierter Standort hat sich die Region Mittelhessen, insbesondere der Raum Bad Hersfeld, erwiesen, der am geographischen Mittelpunkt Deutschlands sowie im Schnittpunkt der BAB 4, 5 und 7 gelegen ist. Aus diesem Grund haben dort in den vergangenen zehn Jahren viele dieser Unternehmen ihre Distributionszentren errichtet, weil sie von hier innerhalb weniger Stunden einen großen Teil des Bundesgebietes erreichen können.

Die großen Verkehrskorridore sind schließlich auch Teil der Netze für den **internationalen und grenzüberschreitenden Verkehr**, der in den vergangenen Jahrzehnten stark gestiegen ist. Dazu hat vor allem die Entwicklung zur Europäischen Union beigetragen. Parallel zur Entfaltung eines stetig expandierenden transnationalen Wirtschaftsraums entstand ein Transitraum für den internationalen Güterstrom, dessen Durchlässigkeit mit zunehmend offenen Grenzen weiter gesteigert wurde. Das Zusammenwachsen Europas wurde nicht zuletzt auch mit Hilfe von transkontinentalen Verkehrsachsen angestrebt, und zugleich haben Liberalisierung und Deregulierung der Transportmärkte dazu beigetragen, dass Güterverkehre (v. a. auf der Straße) schneller und billiger wurden. Auch die innerhalb Europas gestiegene Reisefreiheit hat zum Anstieg dieser Verkehre beigetragen (s. u.).

Mit der wachsenden Bedeutung der großen Korridore für die Abwicklung des Fernverkehrs wachsen auch die dort lokalisierten **Probleme und Konflikte**. Naturgemäß ballen sich die Belastungen durch den Verkehr in den Agglomerationen und entlang der Hauptverkehrsstraßen bzw. großen Fernverkehrskorridore. Die Bündelung von Schadwirkungen der Infrastruktur und des Verkehrs stellt dabei i. d. R. einen Kompromiss, keine optimale Lösung dar. Einerseits gilt das Bündelungsprinzip als traditioneller Ansatz der Verkehrsplanung, mit dem zumindest bestimmte Teilräume von Belastungen freigehalten werden können. Diese Entlastung erfolgt aber andererseits in aller Regel auf Kosten der Ballungskerne und der Korridore bzw. Bereiche entlang der Hauptverkehrsachsen. Aus diesem Grund hatte die MINISTERKONFERENZ FÜR RAUMORDNUNG bereits 1993 gefordert, ein Konzept zur Belastungsminderung für die Verkehrskorridore zu entwickeln, das 1997 vorgelegt wurde (vgl. MKRO 1997, s. u.).

Zu den Hauptbelastungsdimensionen gehören an den Korridoren, neben den direkten Folgen des Verkehrs wie Lärm- und Schadstoffemissionen, Abrieb etc. insbesondere auch die Störung des Landschaftsbilds durch Brückenbauwerke, Hochlage von Trassen, Verbauung von Flusstälern etc., die vor allem in den durchquerten ländlichen Regionen deutlich sichtbar sind. Aus Sicht der Ökologie werden die Eingriffe in das Landschaftsbild kritisiert (vgl. Zeller 2002). Ein weiteres ökologisches Problem betrifft die Flächenzerschneidung durch die Verkehrstraßen, in deren Folge sich Verinselungseffekte für Tierpopulationen und Lebensräume ergeben. Die Karte der **unzerschnittenen verkehrsarmen Räume** in Deutschland zeigt, wie stark die Verkehrsbänder heute zur Begrenzung von größeren Naturarealen beitragen (BfN 1999). Aufgrund der vor allem durch den Güterverkehr auch nachts überdurchschnittlich frequentierten Verkehrskorridore sind die entlang von Autobahnen und Schienenstrecken gelegenen Abschnitte in besonderer Weise durch Verkehrslärm belastet, nicht selten sogar stärker als in den diesbezüglich baulich oft besser gepufferten Städten.

Im Kontext des Ausbaus der zunehmend auf **Hochgeschwindigkeit** ausgerichteten Verkehrskorridore sind weiterhin Probleme zu nennen, die durch Verhaltenseffekte erzeugt oder verschärft werden. Dies gilt sowohl für das Handeln von Personen als auch von Unternehmen, welche die stetig verbesserten Fernverkehrsmöglichkeiten zu nutzen wissen. Als Folge verbesserter Verkehrstechnologien und -infrastrukturen ergibt sich eine steigende Tendenz zur Distanzüberwindung bzw. -orientierung. Lokale Beziehungen und Nahverkehre werden sukzessive durch Aktivitäten an weiter entfernt gelegenen Standorten ersetzt, da der klassische *„distance decay"* (Distanzabnahmefunktion) durch schnelle Beförderungsmittel und geringere Kosten aufgehoben wird. Ein gutes Beispiel hierfür sind Angebote von *Low Cost Airlines* zum „Shopping in London" o. ä., aber auch die

steigende Bereitschaft zum Fernpendeln, das erst durch schnelle Fernverkehrsmittel möglich wird. Gleiches gilt für die Tendenz der Unternehmen zur Ausschöpfung von Kostenvorteilen durch großräumige Arbeitsteilung. Die diesen Verhaltensmustern inne wohnende Steigerungslogik führt zu einem stetigen Maßstabssprung vom lokalen über den regionalen zum Fernverkehr. Sie trägt in hohem Maße zur Verkehrsentstehung bei und kann als eine immanente Entwicklungstendenz des heutigen Verkehrssystems gelten (s. Kap. 6).

3.4.3 Handlungsbedingungen und Handlungskonzepte

Die großen Fernverkehrskorridore stehen traditionell im Mittelpunkt von **Verkehrspolitik und Planung**. Dies hat zum einen mit ihrer Bedeutung für die Verkehrsentwicklung insgesamt zu tun (wenngleich diese in der Vergangenheit gegenüber dem Nahverkehr nicht selten überschätzt wurde), zum anderen aufgrund der hohen Wachstumsraten des Fernverkehrs und der damit einhergehenden Belastung von Infrastruktur, Umwelt und Siedlungsraum. Da die aktuellen Randbedingungen im Bereich der sozioökonomischen Entwicklung vermutlich die Tendenzen zur Fernorientierung im Personenverkehr sowie zur Internationalisierung und Globalisierung im Gütertransport stützen werden, ist der Handlungsbedarf in dieser Hinsicht unbestritten groß.

Das für die Verkehrsinfrastrukturpolitik in Deutschland bzw. den Neu- und Ausbau der Verkehrskorridore maßgebliche Instrument ist der **Bundesverkehrswegeplan** (BVWP). Er ist das national bedeutendste Fernverkehrskonzept, das in regelmäßigen Abständen durch die Bundesregierung nach Abstimmung mit den Ländern vorgelegt wird (vgl. Kap. 2.1). Es enthält die wesentlichen Entscheidungen über Baumaßnahmen, Ausbaustandard und (nachrichtlich) Finanzmittel. Der letzte Bundesverkehrswegeplan 2003, der mittlerweile sechste Plan dieser Art in Deutschland, löste den BVWP des Jahres 1992 ab. Er wurde von der Bundesregierung am 2. Juli 2003 beschlossen und dient als Investitionsrahmenplan und Planungsinstrument für die mittel- bis langfristige Planung der Verkehrswege des Bundes. Für den Zeitraum 2001 bis 2015 ist für die drei Verkehrsträger Schiene, Straße und Wasserstraße ein Finanzvolumen in Höhe von circa 150 Mrd. EUR vorgesehen. Davon entfallen rund 83 Mrd. EUR auf die Erhaltung der Bestandsnetze. Der Anteil für die Erhaltungsinvestitionen an dem Gesamtinvestitionsvolumen steigt gegenüber dem BVWP 1992 von 46 % auf nahezu 56 %. Für den Neu- und Ausbau der Schienenwege des Bundes, der Bundesfernstraßen und der Bundeswasserstraßen sind rund 66 Mrd. EUR vorgesehen. Die Investitionen für alte und neue Bundesländer sind in einem Verhältnis von 65 % zu 35 % aufgeteilt. Während frühere Pläne vor allem für ihre einseitige Schwerpunktsetzung im Bereich der Bundesautobahnen kritisiert wurden, sind im Rahmen der BVWP 1992 und 2003 die Investitionsmittel von Straße und Schiene annähernd gleichgewichtig verteilt worden.

Der BVWP unterscheidet sich von seinen Vorgängerplänen, insbesondere auch vom BVWP 1992, durch die Anwendung einer modernisierten **Bewertungsmethodik**, die der Einstufung der einzelnen Projekte zugrunde liegt. Neben der Bewertung nach der aktualisierten Nutzen-Kosten-Analyse sollten die Vorhaben umwelt- und naturschutzfachlich untersucht und hinsichtlich ihrer ökologischen Risiken eingestuft werden. Darüber hinaus wurde die raumstrukturelle Bedeutung der Vorhaben im Rahmen einer Raumwirksamkeitsanalyse ermittelt. Die Prioritäten (Dringlichkeiten) für die Aufnahme bewerteter Vorhaben in den BVWP 2003 ergeben sich prinzipiell aus dem Nutzen-Kosten-Verhältnis, aus netzkonzeptionellen Überlegungen, aus den Planungsständen und dem im Geltungszeitraum voraussichtlich verfügbaren Investitionsrahmen. Für die Realisierung werden grundsätzlich die beiden Dringlichkeitsstufen „Vordringlicher Bedarf" (VB) und „Weiterer Bedarf" (WB) unterschieden.

Der BVWP teilt mit seinen Vorgängerplänen die **Kritik von Umweltorganisationen und -verbänden** an der Verhältnismäßigkeit der Planungen, ihrer Ausgewogenheit mit Blick auf die Berücksichtigung aller Verkehrsträger (nicht nur des Straßenverkehrs) sowie einer angemessenen Beachtung der Folgewirkungen und Belastungen, die durch die einzelnen Vorhaben entstehen (HEUSER/REH 2004). Zu den kritisierten Dimensionen gehören insbesondere Umweltverträglichkeit und Raumwirksamkeit, Monetarisierung externer Effekte, Netzwirkung statt Einzelfallbetrachtung etc. (vgl. UMWELTBUNDESAMT 1998). Insbesondere für die großen Fernverkehrsprojekte gilt seit den 1970er, spätestens 1980er Jahren, dass sie gesellschaftspolitisch stark umstritten waren und oft den Ausgangspunkt einer Diskussion um die zukünftige Verkehrspolitik insgesamt markierten (vgl. HESSE 1995 und Kap. 5).

Unter anderem als Reaktion auf das anhaltende Wachstum der Fernverkehre und die damit verbundenen Konflikte wurde in Deutschland Mitte der 1990er Jahre das Konzept der **verkehrlich hochbelasteten Regionen und Korridore** eingeführt (vgl. BFLR 1995, MKRO 1997). Neben den flächenhaft stark belasteten Räumen, die vorwiegend deckungsgleich mit den Agglomerationen sind, geht es hier vor allem um Verkehrskorridore, die durch intensive verkehrliche Nutzung oder aber durch bauliche Infrastruktur hoch belastet sind bzw. in denen auch beides zutreffen kann. Zu diesen Räumen gehören nahezu flächendeckend die Autobahn- und Schienenverkehrskorridore in Nordrhein-Westfalen sowie in den Regionen Rhein-Main und Rhein-Neckar, weiterhin die BAB 2 zwischen dem Ruhrgebiet und Magdeburg, die BAB 1 und 5 in Norddeutschland sowie die BAB 4 in Ostdeutschland. Als Lösungsstrategien werden gemeindeübergreifende Siedlungs- und Verkehrskonzepte zur Senkung der Belastungen gefordert (vgl. Löffler/Lutter 2001, S. 132). In verkehrlich hochbelasteten Räumen außerhalb der Verdichtungsräume (Bsp. Bodenseeraum) wird ferner eine Verzahnung von Maßnahmen in den Bereichen Verkehr und Tourismus für notwendig gehalten. Angesichts des anhaltenden Wachstums des Fernverkehrs ist das Konzept der verkehrlich hochbelasteten Räume bisher aber vorwiegend ein Analyseinstrument. Zur Gestaltung der Verkehrsentwicklung wäre es auf flankierende politische Maßnahmen und Rahmenbedingungen angewiesen.

Eine herausragende Bedeutung für die Planung und Gestaltung von Verkehrskorridoren besitzt heute die **Europäische Union**. Dies ist eine logische Folge des politischen und ökonomischen Zusammenwachsens von Europa, in dessen Folge auch politisch-administrative Kompetenzen von den Mitgliedstaaten auf die EU übergehen. Für den Verkehr hat die Entwicklung zum heutigen Europa vor allem zwei Konsequenzen: Erstens setzt sich mit dem **Wegfall von politischen und Handelsgrenzen** ein Regime des transnationalen Warentauschs in Szene, das auf den ungehinderten Verkehrsfluss setzt. Die Herstellung des Binnenmarkts mit freiem Verkehr von Waren und Dienstleistungen ist schließlich ausdrückliches Ziel der EU gewesen. Seit 1992 haben die Verkehrsmengen infolge von Marktausweitung, Wettbewerb und Deregulierung des Verkehrsmarkts rasch zugenommen. Wie bei den großen Mitgliedstaaten Deutschland, Frankreich, Großbritannien und Italien sind auch die Verkehrskennziffern der gesamten Europäischen Union im Personen- und Güterverkehr kritisch: Bei hohen Wachstumsraten insgesamt hat der Straßenverkehr in den vergangenen Jahren überproportional stark zugenommen (vgl. Tabellen 3.4.1 und 3.4.2).

Zweitens erfordert die Expansion des Bezugsraums ein verändertes Planungskonzept. Dies gilt nicht allein für die Durchleitung von Infrastrukturen, d. h. zum Beispiel für eine grenzüberschreitende Netzplanung, sondern auch für die technische Harmonisierung (etwa bei der Elektrizitätsversorgung der Eisenbahnen), die Anpassung von Sicherheitsstandards oder Arbeitsschutzvorschriften. Insofern entsteht gerade in den Grenzregionen (etwa in den EUREGIOS) ein großer Bedarf an **grenzüberschreitender Planung und Entwicklung von Verkehrsangeboten und -infrastruktur**. Bei solchen Vorhaben wird in aller Regel auf eine Verbesserung der Verkehrsverhältnisse insgesamt hingearbeitet. Fallweise versucht die regionale Politik auch, Art und Umfang der Verkehrsströme zu steuern. Dies gilt vor allem für den Alpenraum, insbes. in der Schweiz und in Österreich (s. u.). Dort dienen restriktive Maßnahmen dazu, die Menge des die Region querenden bzw. tangierenden Verkehrs zu regulieren und zu begrenzen.

Im Vertrag von Maastricht 1992 haben

Tab. 3.4.1 Gütertransport der EU-15 (in Mrd. tkm)

	Straße	Bahn	Wasser	Pipeline	Summe
1970	470	282	103	64	938
1980	720	290	106	85	1.201
1990	976	255	107	70	1.409
1991	1.010	234	107	79	1.430
1995	1.124	222	115	82	1.543
2000	1.319	250	128	85	1.782
2001	1.344	241	126	87	1.798
2002	1.376	236	125	85	1.821
1995-2002	+ 22 %	+ 6 %	+ 9 %	+ 3 %	+ 18 %

Quelle: EU COM 2004a

Tab. 3.4.2 Personenverkehr der EU-15 (in Mrd. Pkm)

	Pkw	Bus	Bahn	Tram, Metro	Summe
1995	3.703	462	319	51	4.534
1996	3.774	467	325	52	4.618
1997	3.844	467	327	52	4.690
1998	3.932	474	329	53	4.788
1999	4.009	476	339	55	4.878
2000	4.074	480	346	56	4.957
2001	4.118	483	348	57	5.005
2002	4.203	486	346	57	5.092
1995-2002	+ 14 %	+ 5 %	+ 9 %	+ 13 %	+ 12 %

Quelle: EU COM 2004a

sich die EU-Mitgliedstaaten erstmalig für den Aus- und Aufbau von vereinheitlichten transeuropäischen Netzen (TEN) im Bereich der Verkehrs-, Energie- und Telekommunikationsinfrastruktur ausgesprochen. Mit der **Entwicklung Transeuropäischer Verkehrsnetze** (TEN-V) werden nach dem Unionsvertrag zwei Ziele formuliert: zum einen soll die Errichtung eines dauerhaft finanzierbaren, nachhaltig umweltgerechten Verkehrssystems angestrebt werden: „Mit dem Auf- und Ausbau transeuropäischer Verkehrsnetze im gesamten Gebiet der Gemeinschaft wird insbesondere auch bezweckt, einen auf Dauer tragbaren Personen- und Güterverkehr unter möglichst sozial- und umweltverträglichen sowie sicherheitsorientierten Bedingungen zu gewährleisten und alle Verkehrsträger unter Berücksichtigung ihrer komparativen Vorteile zu integrieren. Die Schaffung von Arbeitsplätzen ist eine der möglichen Auswirkungen des transeuropäischen Netzes" (EU 1996, S. 2).

Zum anderen dient das gemeinsame Verkehrsnetz auch dem **wirtschaftlichen und sozialen Zusammenwachsen Europas** insgesamt. Vor allem soll der Abstand der wirtschaftsschwächeren Regionen gegenüber den -stärkeren Räumen bzw. dem EU-Durchschnitt abgebaut werden (Kohäsion): „Die Verkehrspolitik spielt bei der Stärkung des wirtschaftlichen und sozialen Zusammenhalts der Europäischen Union eine wichtige Rolle. Sie trägt zum Abbau des regionalen Gefälles bei, insbesondere durch einen leichteren Zugang zu den insularen und am Rande gelegenen Gebieten. Ferner wirkt sie sich positiv auf die Beschäftigungslage aus, indem Investitionen in Verkehrsinfrastrukturen und die Mobilität der Arbeitnehmer gefördert werden" (EU COM 1998b, S. 1).

Im April 1994 hat die Europäische Kommission einen Vorschlag über Leitlinien für den Aufbau eines Transeuropäischen Verkehrsnetzes (**TEN-V**) vorgelegt. Dieses sollte ursprünglich bis 2010 schrittweise realisiert werden. Das transeuropäische Verkehrsnetz beschreibt die Netze aller Verkehrsträger auf der Grundlage nationaler Planungen, unter Einbeziehung der als Knotenpunkte fungierenden See-, Flug- und Binnenhäfen sowie moderner Verkehrsmanagementsysteme. Es berücksichtigt die Verbindungen zu den Netzen in

Drittländern, insbesondere den mittel- und osteuropäischen Staaten auf der Grundlage der sogenannten „paneuropäischen" Korridore (vgl. MÜLLER et al. 2003). Das Netz der TEN-V umfasst sowohl Straßen, Eisenbahnstrecken, Binnenwasserstraßen, das europäische Hochgeschwindigkeitsnetz, den kombinierten Verkehr (Vernetzung verschiedener Verkehrsträger) als auch Häfen und Flughäfen sowie Umschlaganlagen für den Güterfernverkehr, weiterhin Verkehrsmanagement-, Informations- und Navigationssysteme. Die Errichtung des transeuropäischen Verkehrsnetzes soll die **Verbindungen der bestehenden Netze** auf internationaler Ebene stärken und Lücken schließen (vgl. Abb. 3.4.4). So erfassten die europäischen Verkehrsminister im Dezember 1994 in Essen 34 prioritäre Projekte. 14 Projekte, die in einer Prioritätenliste enthalten sind, stuften sie mit **hoher Priorität** und als förderungswürdig ein. Dabei handelt es sich hauptsächlich um Projekte zum Ausbau der Straßenverbindungen (vor allem mit Blick auf Peripherregionen) sowie der Hochgeschwindigkeitseisenbahn, die die großen Verdichtungsräume verbinden soll.

Das Konzept der TEN wurde in Richtung eines Transeuropäischen Transport-Netzwerks (TEN-T) überarbeitet. Im Rahmen dieser Diskussion wurde erwogen, den Infrastrukturausbau, der bisher von den Nationalstaaten getragen wurde, in die Kompetenz der EU zu verlagern. Im Juni 2003 veröffentlichte die **„Hochrangige Gruppe Transeuropäisches Verkehrsnetz"** einen Bericht für die für Verkehr und Energie zuständige Generaldirektion der Europäischen Kommission. Die Gruppe hatte den Auftrag, die im transeuropäischen Verkehrsnetz bis 2020 vorrangig durchzuführenden Vorhaben auf der Grundlage von Vorschlägen der Mitgliedstaaten und

der Beitrittsländer zu ermitteln. Im Bericht der hochrangigen Gruppe werden Empfehlungen zur Finanzierung der Bauvorhaben und zur Koordinierung der einzelnen Investitionen im Rahmen von TEN-T gegeben. Die Gesamtkosten dieser Vorhaben werden auf circa 225 Milliarden EUR geschätzt. Mit diesen Vorhaben, die auch die EU-Erweiterung zum 1.5.2004 berücksichtigen, soll die Umsetzung nachhaltiger Mobilitätskonzepte erleichtert werden. Dazu ist geplant, die Investitionen auf den Eisenbahn- und den Binnenschiffsverkehr zu konzentrieren.

Der hohe Finanzierungsbedarf sowie die Harmonisierung der sehr heterogenen nationalen Teilnetze stellen die größten **Probleme bei der Realisierung der TEN** dar. TEN sind eine europäische Idee, die im wesentlichen auf der Zusammenfassung und (planerischen) Integration der nationalen Verkehrsnetze bzw. der Netzteile von überregionaler Bedeutung basiert. Im Rahmen der TEN-V waren Investitionen von 400 Milliarden EUR vorgesehen, davon allein 110 Milliarden EUR für die 14 prioritären Vorhaben. Dieser Finanzbedarf muss jedoch vorwiegend durch die Mitgliedstaaten gedeckt werden, da sich die Europäische Kommission nur in geringem Maße an der Finanzierung beteiligt. Sie beteiligt sich an der Finanzierung vorbereitender Studien mit maximal 50 % der Kosten, bei den eigentlichen Baukosten nur mit 10 %. Vor dem Hintergrund dieser Ungleichverteilung und der stark unterfinanzierten nationalen Investitionshaushalte setzen die EU wie die Mitgliedstaaten vermehrt auf die Beteiligung privaten Kapitals, etwa durch öffentlich-private Partnerschaften. Die stärkere Einbeziehung privater Investoren wird mit der Hoffnung auf eine breitere Streuung des Risikos, geringere Finanzierungskosten sowie eine

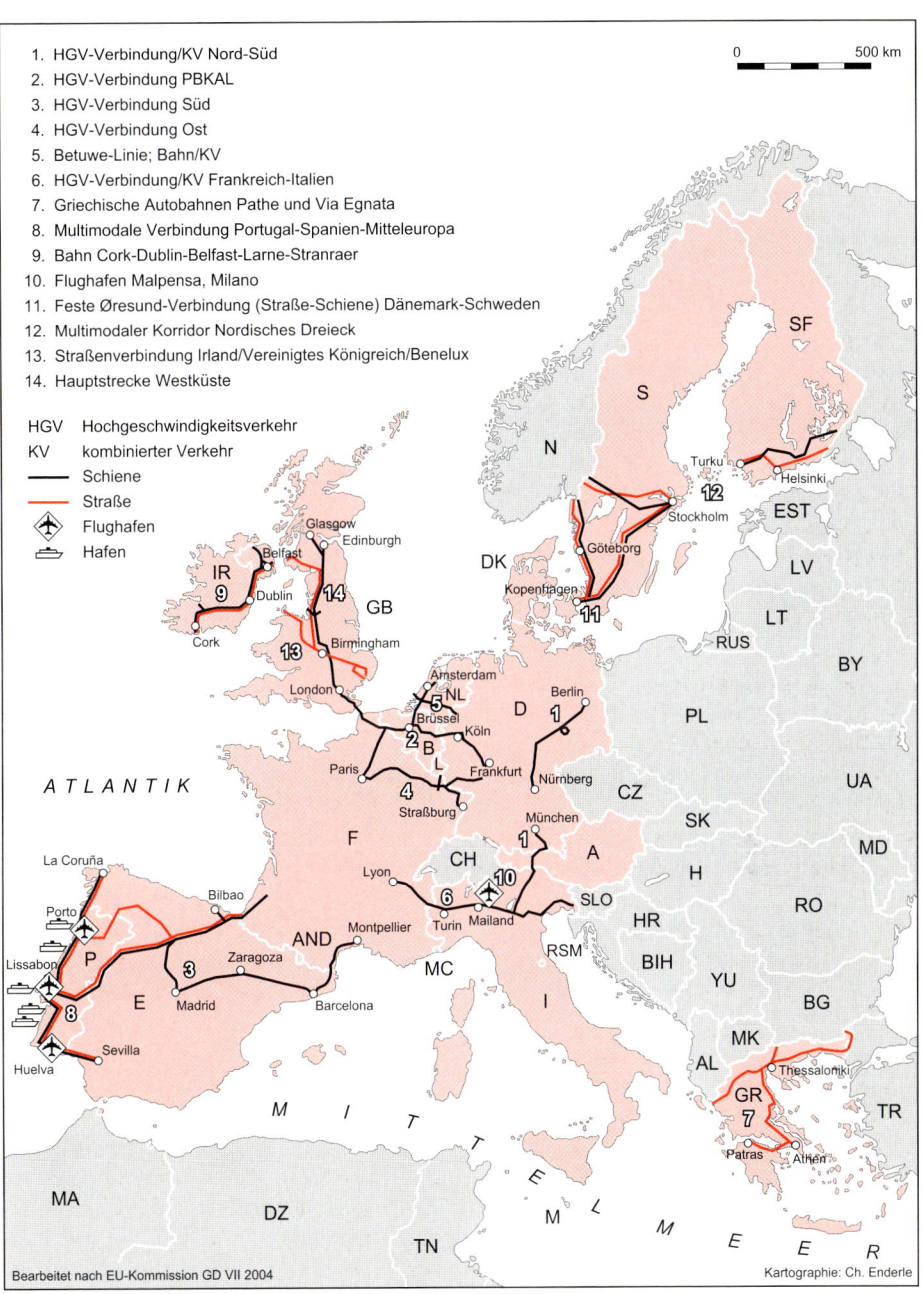

1. HGV-Verbindung/KV Nord-Süd
2. HGV-Verbindung PBKAL
3. HGV-Verbindung Süd
4. HGV-Verbindung Ost
5. Betuwe-Linie; Bahn/KV
6. HGV-Verbindung/KV Frankreich-Italien
7. Griechische Autobahnen Pathe und Via Egnata
8. Multimodale Verbindung Portugal-Spanien-Mitteleuropa
9. Bahn Cork-Dublin-Belfast-Larne-Stranraer
10. Flughafen Malpensa, Milano
11. Feste Øresund-Verbindung (Straße-Schiene) Dänemark-Schweden
12. Multimodaler Korridor Nordisches Dreieck
13. Straßenverbindung Irland/Vereinigtes Königreich/Benelux
14. Hauptstrecke Westküste

HGV   Hochgeschwindigkeitsverkehr
KV   kombinierter Verkehr
───── Schiene
───── Straße
✈   Flughafen
⛴   Hafen

Bearbeitet nach EU-Kommission GD VII 2004

Kartographie: Ch. Enderle

Abb. 3.4.4 Prioritäre Verkehrsprojekte im Rahmen der TEN

raschere Realisierung von Vorhaben begründet (Wissenschaftlicher Beirat beim BMVBW 2005). Mit Blick auf das Ziel der nachhaltigen Verkehrsentwicklung, das die EU-Kommission für sich reklamiert, wird das Konzept der TEN-V von Umweltorganisationen allerdings erheblich kritisiert (vgl. T&E 2002).

In **Deutschland** stehen im Rahmen der transeuropäischen Verkehrsnetze **TEN-V** u. a. Autobahnerweiterungen, besonders in den neuen Bundesländern, sowie der Ausbau des Hochgeschwindigkeitsnetzes der Bahn in der Diskussion. Zur Realisierung dieser Vorhaben ist ein Finanzbedarf von insgesamt mehr als 80 Mrd. EUR geplant. Drei der 14 prioritären Projekte der TEN tangieren das Gebiet der Bundesrepublik Deutschland: die ICE-Verbindung Berlin-Nürnberg-München-Verona, die Hochgeschwindigkeitseisenbahnstrecke Paris-Brüssel-Köln-Amsterdam-London sowie die Betuwe-Linie, eine Schienenverkehrsverbindung zwischen dem Hafen Rotterdam und dem Ruhrgebiet (EU COM 2004b).

3.4.4 Perspektiven für Politik und Planung

Die zukünftige Entwicklung der Fernverkehrskorridore wird weiter eine zentrale Aufgabe der **Infrastrukturpolitik** sowohl der EU-Mitgliedstaaten als auch im europäischen Rahmen darstellen. Zugleich befindet sich die Infrastrukturpolitik in einem Dilemma, das sich bereits heute andeutet, in naher Zukunft aber noch verschärfen wird. Erstens sind der klassischen, auf die Erstellung von technisch-baulicher Infrastruktur gestützten Politik durch die rückläufigen Staatseinnahmen bzw. die Strukturkrise der öffentlichen Haushalte zunehmend enge Grenzen gesetzt. Allein der Bestandserhalt wird schon kaum finanzierbar sein, erst recht nicht der großmaßstäbige Neubau von Verkehrswegen. Zweitens ist zu beachten, dass die Infrastrukturpolitik systembedingt eher träge bzw. nur mit Zeitverzögerung auf die rasch wachsende Nachfrage reagieren kann (*time lag*). Hier stellt sich die Frage einer stärkeren Vorsorgeorientierung der raumbezogenen Politik, statt der wachsenden Verkehrsnachfrage nachgelagert zu sein. Drittens kann eine Steuerung durch **angebotsorientierte Maßnahmen** Art und Ausmaß der Verkehrsströme heute nur noch zum Teil beeinflussen, solange sie nicht unmittelbar auf die **Nachfrage** einwirkt, etwa durch Preisgestaltung, Internalisierung externer Kosten etc.

Jenseits der ambitionierten Ziele speziell der europäischen Verkehrspolitik ist daher davon auszugehen, dass den bescheidenen Steuerungserfolgen einiger Nationalstaaten ein rudimentäres transeuropäisches Verkehrsnetz gegenüber stehen wird. Dies liegt nicht zuletzt an der widersprüchlichen Politik der EU selbst, die einerseits in ihren Weiß- und Grünbüchern eine nachhaltige, umweltverträgliche und effiziente Entwicklung des Verkehrs fordert. Andererseits gelten Verkehrswege und -korridore als zentrales Instrument zur Herstellung von Kohäsion, also für das Zusammenwachsen von Europa und den Abbau regionaler Disparitäten. Beide Ziele zugleich sind wohl nur schwer erreichbar.

In jedem Fall ist die Weiterentwicklung der großen Verkehrskorridore mit dem Anspruch konfrontiert, ökologische **Nachhaltigkeit**, ökonomische Effizienz und soziale Ausgewogenheit zu verbinden. Die Raumordnungs- und Umweltpolitik hat hierzu, teilweise direkt unterstützt durch die Europäische Union, mit der **Umweltverträglichkeitsprüfung** und **integrierten Bewertungsmodellen** einen differenzier-

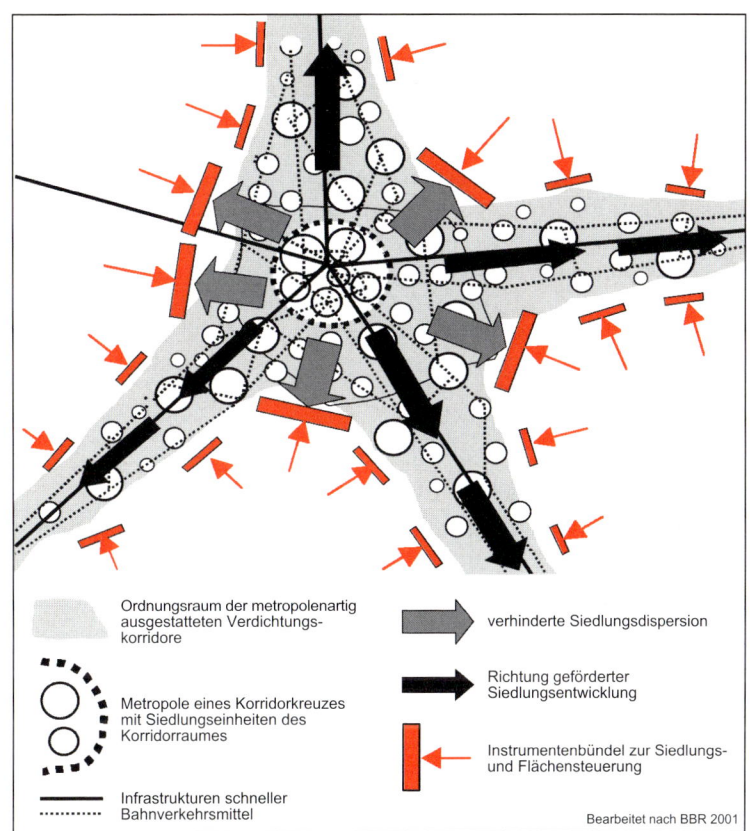

**Abb. 3.4.5
Planungsziele
und -strategien
in Verdichtungs-
korridoren**

Ordnungsraum der metropolenartig
ausgestatteten Verdichtungskorridore

Metropole eines Korridorkreuzes
mit Siedlungseinheiten des
Korridorraumes

Infrastrukturen schneller
Bahnverkehrsmittel

verhinderte Siedlungsdispersion

Richtung geförderter
Siedlungsentwicklung

Instrumentenbündel zur Siedlungs-
und Flächensteuerung

Bearbeitet nach BBR 2001

ten Set von Instrumenten entwickelt, der dabei zum Einsatz kommen muss (vgl. Kap. 5). Der zukünftige Bedarf der Infrastrukturpolitik wird vermutlich vorrangig im Bereich der Bestandsverbesserung und -unterhaltung liegen müssen. Eine weitere Expansion der Infrastruktursysteme wird nur dort realisierbar sein, wo der Bedarf unstrittig gegeben und der Grenznutzen entsprechend hoch ist (z. B. in Richtung Mittelosteuropa). Ebenso wie im Fall der Metropolregionen und großen Stadtregionen bilden Verkehrs- bzw. Verdichtungskorridore wichtige Aufgabenfelder für eine abgestimmte Planung, die Leitvorstellungen für den Siedlungsraum mit

denjenigen für die Verkehrsnetze integriert (vgl. Abb. 3.4.5).

Die **Durchsetzung großer Infrastrukturvorhaben** wird auf europäischer Ebene indes genauso schwierig werden, wie dies bei den Mitgliedstaaten bereits heute der Fall ist. Denn es besteht weithin hoher Anpassungsbedarf im Planungssystem: Einerseits steigt der politische Druck zur Bewältigung des Verkehrs durch Ausbau der Infrastruktur beständig; dies deuten auch die wachstumsorientierten Ansätze der Union insgesamt (etwa Lissabon-Strategie) an. Andererseits kann der Charakter des Verkehrssektors als politisch strittig vorausgesetzt werden. Neue große Infrastrukturvorhaben sind vor Ort erfahrungsgemäß an schwierige Realisierungsbedingungen geknüpft, mithin sind die Umsetzungsbedingungen kritisch.

Jenseits der traditionellen Infrastrukturpolitik könnte daher die klassische Forderung nach Förderung von Verkehrsmanagement und -information (**Regeln statt Bauen**) künftig überall dort neue Aktualität gewinnen, wo weniger das quantitative Angebot an „harter" Infrastruktur als vielmehr ihre „weiche" Adaption an veränderte Rahmenbedingungen entscheidend ist. Dies kann am Beispiel des transeuro-

päischen Schienengüterverkehrs verdeutlicht werden, der allein auf der Basis einer Errichtung von Netzinfrastrukturen das Marktmonopol des Lkw nicht mehr brechen wird. Vielmehr wird eine integrierte, offensive Angebotspolitik, wie sie etwa das Konzept durchgängiger Trassen für den Schienengüterverkehr (der sogenannten **Güterfreeways**) vorsieht, erforderlich sein, die dieses Marktsegment im Verbund mit den europaweiten Anbietern der Dienstleistung und ihren Nachfragern entwickelt.

Kasten 3.4.1 Alpentransit

Der **alpenquerende Verkehr** (Alpentransit) stellt einen der wichtigsten Brennpunkte des europäischen Verkehrsgeschehens dar. Er hat in den vergangenen Jahren erheblich zugenommen und wirft zahlreiche Probleme auf. Dies hat auch damit zu tun, dass der Alpenraum durch das **Zusammentreffen von physischen, kulturellen und nationalstaatlichen Grenzen** gekennzeichnet ist (vgl. Bätzing 2003). Das Gebirge wirkt zunächst als traditionelle Barriere für die Verkehrsströme, da Passstraßen nur langwierig zu überqueren sind, während Tunnelquerungen sehr kostspielig in der Erstellung sind, außerdem sind ihre Kapazitäten im Betrieb begrenzt. Auch wenn Zollgrenzen zwischen den Alpenanrainerstaaten mit Ausnahme der Schweiz mittlerweile entfallen sind, bleiben doch technische Anpassungsprobleme, etwa zwischen dem deutschen und dem italienischen Eisenbahnsystem. Schließlich sind mit Blick auf die politisch-planerische Regulierung des Verkehrs sehr unterschiedliche „Kulturen" im Umgang damit zu berücksichtigen, insbesondere in der Schweiz (s. u.).

Der Alpentransit verdeutlicht aber auch die **allgemeinen Probleme der großen Verkehrskorridore**, die zwischen großräumiger Verbindungsfunktion und lokalen Problemen und Belastungen angesiedelt sind: der Alpentransit bündelt die Risiken räumlicher Arbeitsteilung, denn an den Nahtstellen der Infrastruktur kommt es nicht selten zu Blockaden, die gleich eine überregionalen Verkehrsachse lahmlegen können. Der Alpentransit demonstriert die Verwundbarkeit der Naturräume, die er durchquert. Die Diskussion über das Maß der damit einhergehenden Belastung gibt zugleich ein prägnantes Beispiel räumlicher Verteilungskonflikte, indem Nutzen und Lasten des Alpentransitverkehrs sehr ungleich verteilt sind. Ein wesentlicher Teil der Kritik am Alpentransit hat sich in der Vergangenheit am **alpenquerenden Straßengüterverkehr** festgemacht, der die gesamte Region extrem stark belastet (z. B. durch Emission von Luftschadstoffen, Verlärmung der betroffenen Alpentäler). Die Verkehrsstatistik belegt allein eine Verdoppelung der Transportmengen im Straßentransit zwischen 1985 und 2000 (vgl. Tab. 3.4.3 und 3.4.4). Dabei ist es der Schweiz mit ihren restriktiven Vorgaben für den Lkw-Verkehr (u. a. 28 t-Limit für Lkw) sowie ihren Planungen zum Ausbau der Eisenbahnverbindungen (der im Bau befindlichen Neuen Alpentransversale) noch am ehesten gelungen, dem Verkehr Grenzen zu setzen. Dies ist allerdings auch, den politischen Vorgaben der EU entsprechend, teilweise auf Kosten der Nachbarländer Frankreich und Österreich erfolgt, deren EU-Mitgliedschaft eine stärkere Regulierung des Lkw-Verkehrs nicht zuließ. Eine Lösung des Alpentransitproblems ist daher in mehrfacher Hinsicht an grenzüberschreitende Kooperation gekoppelt. (Fortsetzung nächste Seite)

Tab. 3.4.3 Alpenquerender Schienenverkehr (in Mio. t)

	Schweiz St. Gotthard	Schweiz Lötschberg	Österreich Brenner	Frankreich Fréjus-Tunnel	Summe
1985	11.2	2.8	4.7	7.5	26.2
1990	13.6	4.3	5.5	7.2	30.6
1995	13.6	4.4	8.4	8.0	34.4
2000	16.8	3.8	8.7	9.4	38.7
2001	15.8	4.8	10.7	8.6	39.9
2002	14.2	4.8	10.5	8.6	38.1
2003	14.3	5.6	10.7	7.8	38.4
Durchschnittliches jährliches Wachstum in %					
85-90	4.0	9.0	3.2	-0.8	3.2
90-02	0.4	0.9	5.5	1.5	1.8
02-03	0.7	16.7	1.9	-9.3	0.8

Quelle: EU COM 2004a

Tab. 3.4.4 Alpenquerender Straßenverkehr (in Mio. t)

	Schweiz St. Gotthard	Schweiz St. Bernhard	Österreich Brenner	Frankreich Fréjus-Tunnel	Summe
1985	1.9	0.8	14.3	12.3	29.3
1990	3.1	1.1	13.6	21.8	39.6
1995	5.5	1.1	20.0	25.8	52.4
2000	7.6	1.3	25.4	25.8	60.1
2001	7.4	3.0	25.0	25.7	61.1
2002	7.5	3.0	25.8	25.4	61.7
2003	9.2	2.4	27.0	25.2	63.8
Durchschnittliches jährliches Wachstum in %					
85-90	10.3	6.6	-1.0	12.1	6.2
90-02	7.6	8.7	5.5	1.3	3.8
02-03	22.7	-20.0	4.7	-0.8	3.4
Anzahl der Schwerlastfahrzeuge in 1000					
1990	548	185	925	1.279	2.937
2000	1.187	217	1.560	1.553	4.517
2001	966	405	1.550	1.549	4.470
2002	858	391	1.600	1.531	4.380
2003	1.004	287	1.650	1.521	4.462

Quelle: EU COM 2004a

Aus Sicht der Umwelt gehört die Reduzierung des Alpentransitverkehrs zu den dringendsten Anliegen einer **nachhaltigen Entwicklung im Alpenraum**. Zur Förderung von Nachhaltigkeit und zur Reduzierung der Belastungen, die u. a. durch den Transitverkehr hervorgerufen werden, war 1991 die **Alpenkonvention** beschlossen worden (Übereinkommen 1991). Die Alpenkonvention ist ein Staatsvertrag zur Gewährleistung des Schutzes und einer nachhaltigen Entwicklung des Alpenraums. Sie wurde am 7. November 1991 von Österreich, Frankreich, Deutschland, Italien, Liechtenstein, der Schweiz und der EU in Salzburg unterzeichnet. Slowenien unterzeichnete die Konvention am 29. März 1993. Monaco trat der Konvention aufgrund eines Zusatzprotokolls bei. Die Konvention trat am 6. März 1995 in Kraft. Als Teil der Alpenkonvention wurde ein rechtsverbindliches **Verkehrsprotokoll** erarbeitet, das die wichtigsten Maßnahmen für den Verkehrsbereich formuliert (Protokoll 2000). Ziel ist, durch bereichs- und grenzübergreifende Maßnahmen eine Verknüpfung der ökologischen und ökonomischen Interessen zu schaffen.

Die nichtstaatliche Alpenschutzkommission CIPRA versucht als zivilgesellschaftliche Organisation (der über 100 Verbände und Organisationen aus 7 Alpenstaaten angehören), den Prozess der Umsetzung der Alpenkonvention zu fördern und zu beschleunigen. Im Mittelpunkt bisheriger Überlegungen und Aktivitäten zur Minderung der Belastung durch den alpenquerenden Güterverkehr steht die Verlagerung der Frachten von der Straße auf die Schiene vor. Darunter sind vor allem die beiden großen Baumaßnahmen im Rahmen der NEAT/Neue Alpentransversale in der Schweiz zu nennen, die die Kapazitäten für den Schienenverkehr erheblich erweitern werden. Ob damit zugleich aber auch die erhofften Entlastungen vom Lkw-Verkehr verbunden sind, ist noch offen. Vermutlich wird die Nahtstelle Alpentransit als Konflikt nur dann gelöst werden können, wenn die europäischen Gütertransporte insgesamt (d. h. von der Quelle bis zum Ziel) verträglicher abgewickelt werden.

Literaturauswahl zur Ergänzung und Vertiefung von Kapitel 3.4

• **Einführung und Überblick über das Thema Verkehrskorridore (s. dazu auch Kap. 1):**
ZELLER 2002, PRIEMUS/ZONNEVELD 1997, VANCE 1986
• **Verkehrskorridore und ihre Planung in Deutschland:**
HOLZHAUSER/STEINBACH 2001, LÖFFLER/LUTTER 2001, SPIEKERMANN/WEGENER 1993
• **Europäische Verkehrskorridore:**
LEMKE et al. 2005, EU COM, DG ENERGY AND TRANSPORT 2004b
• **Exkurs: Alpentransit**
BÄTZING 2003, CIPRA 2001

3.5 Dritte Welt

Die in den vorausgehenden Kapiteln dargestellten Entwicklungen, Problemlagen und verkehrspolitischen Lösungsansätze basieren weitgehend auf den Erfahrungen aus Deutschland und Ländern mit vergleichbar hohem Stand der Infrastrukturausstattung. Deshalb soll hier im Sinne eines **Exkurses** gesondert auf die Situation in Ländern eingegangen werden, deren Verkehrsausbau noch nicht den Entwicklungsstand der Industrieländer besitzt und die bei geringem Volkseinkommen, wenig effizienten Institutionen und politischen Systemen kaum in der Lage sind, diese Situation kurzfristig zu ändern.

Es handelt sich um die sogenannten **Entwicklungsländer**, die auch als **Länder des Südens** oder die **Dritte Welt** bezeichnet werden und zu denen in jüngerer Zeit von einigen Autoren auch die ehemals sozialistischen Transformationsländer Osteuropas und Mittelasiens gerechnet werden, auf die hier allerdings nicht näher eingegangen wird (JACOBS/GREAVES 2003). Folglich geht es um eine **sehr heterogene Gruppe von Ländern** mit unterschiedlicher Größe, Ausstattung, Kultur und politischem System, die von den Vereinten Nationen und im Rahmen bilateraler Entwicklungshilfe auf unterschiedlichen Ebenen bei ihren Modernisierungsbemühungen unterstützt werden (im Jahr 2000 ca. 155 Länder). Hierbei findet in besonderem Maße der Verkehrssektor Berücksichtigung, weil er als Voraussetzung für wirtschaftliches Wachstum, soziale Mobilität und Integration in das Weltsystem gilt. Im Rahmen der ersten Entwicklungsdekade nach dem Zweiten Weltkrieg hat die Weltbank bis zu 40 % ihrer Darlehen für Verkehrsprojekte eingesetzt, und auch heute liegt der Anteil noch bei 20 % (NJENGA/DAVIS 2003).

Im Rahmen der Modernisierungstheorie ging man in den 1950er Jahren davon aus, dass sich eine nachholende wirtschaftliche Entwicklung durch den **Ausbau der Infrastrukturen** direkt stimulieren ließe. Zwar erkannte der Befürworter OWEN (1964), dass allein durch die Möglichkeit der Durchführung von Transporten diese noch nicht ausgelöst werden und deshalb eher von einer Katalysatorwirkung der Infrastruktur auszugehen ist. WILSON konstatierte 1966, dass Transportinvestitionen kein Wachstum generieren, wenn hierzu nicht bereits eine Disposition besteht. Doch die Weltbank konzentrierte ihre Kreditvergabe zunächst weiterhin auf die Finanzierung großer Infrastrukturprojekte.

Erst ab den 1980er Jahren setzte sich die Erkenntnis durch, dass **Transportinvestitionen** mit begleitenden Maßnahmen in anderen Sektoren kombiniert werden müssen, um die erhofften Erfolge zu erzielen. Die Finanzierungsinstitute begannen ihre Prioritäten auf integrierte Projekte, insbesondere zur ländlichen Regionalentwicklung, umzustellen. Eine weitere Kritik an der Förderpraxis der Weltbank zielte auf die einseitige Ausrichtung an moderner Technologie und motorisiertem Verkehr. Seit den 1990er Jahren werden deshalb auch zunehmend Vorhaben gefördert, die kostengünstigere traditionelle Formen des Transports berücksichtigen und dadurch eine größere Breitenwirkung erzielen.

Verkehrsprobleme der Dritten Welt sind in der deutschsprachigen **Geographie** nur vereinzelt bearbeitet worden. Auch die neue Überblicksdarstellung von Scholz (2004) schenkt diesem Bereich keine besondere Beachtung. Anders stellt sich die Situation in der englischsprachigen Geographie dar, wo im Jahr 1996 mit den Büchern von Hilling und Simon gleich zwei Bände erschienen sind, die den Stand des Wissens auf der Basis der Nachkriegsentwicklung zusammenfassen (vgl. auch Hoyle/Smith 1992, Dimitriou 1990, Hoyle 1973). Vielfältige Problemanalysen, Grundsatzdiskussionen und Erfahrungen bei der Implementierung von Verkehrsprojekten in Entwicklungsländern finden sich auf der Homepage der Weltbank.

3.5.1 Koloniales Erbe und geplanter Netzausbau

Viele Entwicklungsländer haben erst nach dem Zweiten Weltkrieg die politische Unabhängigkeit erlangt und sind im Hinblick auf ihre Grenzen und Infrastrukturen durch koloniale Interessen bestimmt worden. Auch Länder, die den Kolonialstatus bereits früher überwunden und die formale Selbständigkeit erlangt haben, sind durch den Wirtschaftsimperialismus des 19. und beginnenden 20. Jh.s in ihrer Entwicklung von außen determiniert worden, was sich bis heute in den grundlegenden Verkehrs- und Siedlungsstrukturen dokumentiert. Am Beispiel des Kleinstaates Guatemala, der bereits nach dem Zerfall des spanischen Kolonialreichs entstand und später durch britische und US-amerikanische Interessen bestimmt wurde, soll die stark von außen gelenkte Entwicklung der Verkehrsstrukturen erläutert werden (vgl. Nuhn 1980 u. 1988 sowie Tab. 3.5.1 u. Abb. 3.5.1 a-e).

Während der **Kolonialzeit** konzentrierte sich die Bevölkerung Guatemalas auf kleinere isolierte Siedlungszellen im zentralen Hochland und an der pazifischen Abdachung. Die Siedlungsinseln standen untereinander durch den sogenannten Camino Real in Verbindung, der nur in der Trockenzeit passierbar war. Eine größere wirtschaftliche Bedeutung für das spanische Mutterland bestand nicht. Zeitweise wurden Edelmetalle, Indigo und Agrarprodukte wie Tabak und Kakao exportiert, deshalb mussten neben dem Camino Real seit Mitte des 16. Jh. auch Verbindungen zu Schiffsanlegeplätzen an der Küste unterhalten werden. Der Gütertransport wurde durch indianische Träger, Maultiere und zweirädrige Ochsenkarren abgewickelt. Die meisten Saumpfade und Karrenwege waren nur zeitweise benutzbar und mussten häufiger verlegt werden. Nach der Loslösung vom Mutterland 1821 blieb diese Situation zunächst noch für einige Jahrzehnte weitgehend unverändert (vgl. Abb. 3.5.1 a).

Erst nach der politisch-administrativen Konsolidierung und der Durchführung liberaler Reformen kam es zu einer sich verstärkenden **Außenorientierung** mit der

Tab. 3.5.1 Sozio-ökonomische Entwicklungsphasen und Verkehrserschließung in Guatemala

Siedlungs- u. wirtschafts-räumliche Struktur	Verkehrsträger u. Verkehrsmittel	Transportierte Güter	Richtung der Verkehrsströme
1. Kolonialzeitliche Wirtschaft und Isolation bis Mitte des 19. Jahrhunderts			
Isolierte Siedlungszellen im Hochland und pazifischen Tiefland; geringe ökonomische Bedeutung	Wege für Ochsenkarren und Maultierpfade; Träger, Lasttiere, Karren	Agrarprodukte (Kakao, Tabak, Indigo, Rinder); Edelmetalle	Vom Binnenland zur Küste und nach Spanien
2. Integration in die Weltwirtschaft ab 2. Hälfte des 19. Jahrhunderts			
Erweiterung der Siedlungszellen; Kaffeeanbau im Hochland; Verkehrsausbau	Neue Wege für Karren; erste Eisenbahnlinien	Agrarprodukte (insbesondere Kaffee); Konsumgüter; Investitionsgüter	Vom Hochland zu Häfen und nach Europa bzw. USA; Importe umgekehrt
3. Außenorientierung und Binnenkolonisation 1. Hälfte des 20. Jahrhunderts			
Erschließung neuer Wirtschaftsräume; Bananenplantagen im Tiefland; Hafen und Eisenbahnbau	Eisenbahnlinien und Feldbahnen; Schotterstraßen für Karren und Motorfahrzeuge	Agrar- und Forstprodukte (Kaffee, Banane, Holz); Konsumgüter; Investitionsgüter	Vom Binnenland zu Häfen und nach USA bzw. Europa; Importe umgekehrt
4. Binnenorientierung und regionale Integration MCCA* ab Mitte des 20. Jahrhunderts			
Erweiterung der Siedlungsräume; Wachstum der Hauptstadtagglomeration; Industrialisierung; Baumwoll- u. Zuckerrohranbau	Beton- und Teerstraßen für Motorfahrzeuge; Niedergang der Eisenbahn; Flughäfen	Agrarprodukte (Kaffee, Banane, Zucker, Baumwolle, Rindfleisch); Konsumgüter; Investitionsgüter	Vom Binnenland zu Häfen u. nach USA bzw. Europa; Importe umgekehrt; Regionalverkehr polarisiert durch Hauptstädte
5. Strukturanpassung und Weltmarktöffnung ab Mitte der 1980er Jahre			
Erweiterung der Siedlungsräume; Krise trad. Agrarexporte u. Verschuldung; neue Exportprodukte	Selektiver Ausbau von Straßen und Flughäfen; Containerterminals	Agrarprodukte für Export und Binnenmarkt; Konsumgüter; Reexporte; Investitionsgüter	Exporte über Häfen und Flughäfen insbes. nach USA und Asien; Binnenverkehr orientiert an Hauptstädten

Quelle: NUHN 1980   * MCCA: Zentralamerikanischer Gemeinsamer Markt

Einführung des Kaffeeanbaus für den Export nach Europa und Krediten zur Anlage von Pflanzungen und Transportinfrastruktur aus London. Das neue Marktprodukt verdrängte die Selbstversorgungsfrüchte im Hochland und führte zur Erschließung von Flächen an der pazifischen Abdachung. Der Abtransport der zunehmenden Erntemengen machte den Ausbau der Karrenwege erforderlich, die bald als Bahnlinien modernisiert wurden (1882 Champerico-Retalhuleu; 1884 Pto. San José-Guatemala). Die wirtschaftliche Expansion war mit einer starken Bevölkerungszunahme und einem differenzierten Zentrenwachstum verbunden (Abb. 3.5.1 b).

Verstärkt wurde die Eingliederung in die Weltwirtschaft durch die Anlage ausgedehnter Plantagengebiete im karibischen Küstenhinterland durch ausländische Unternehmer, ausländisches Kapital und teilweise auch ausländische Arbeitskräfte. Dabei entstanden **Enklaven**, die verkehrsmäßig nur an die privaten Exporthäfen wie Pto. Barrios, nicht aber an die zentralen Landesteile angeschlossen waren. Der

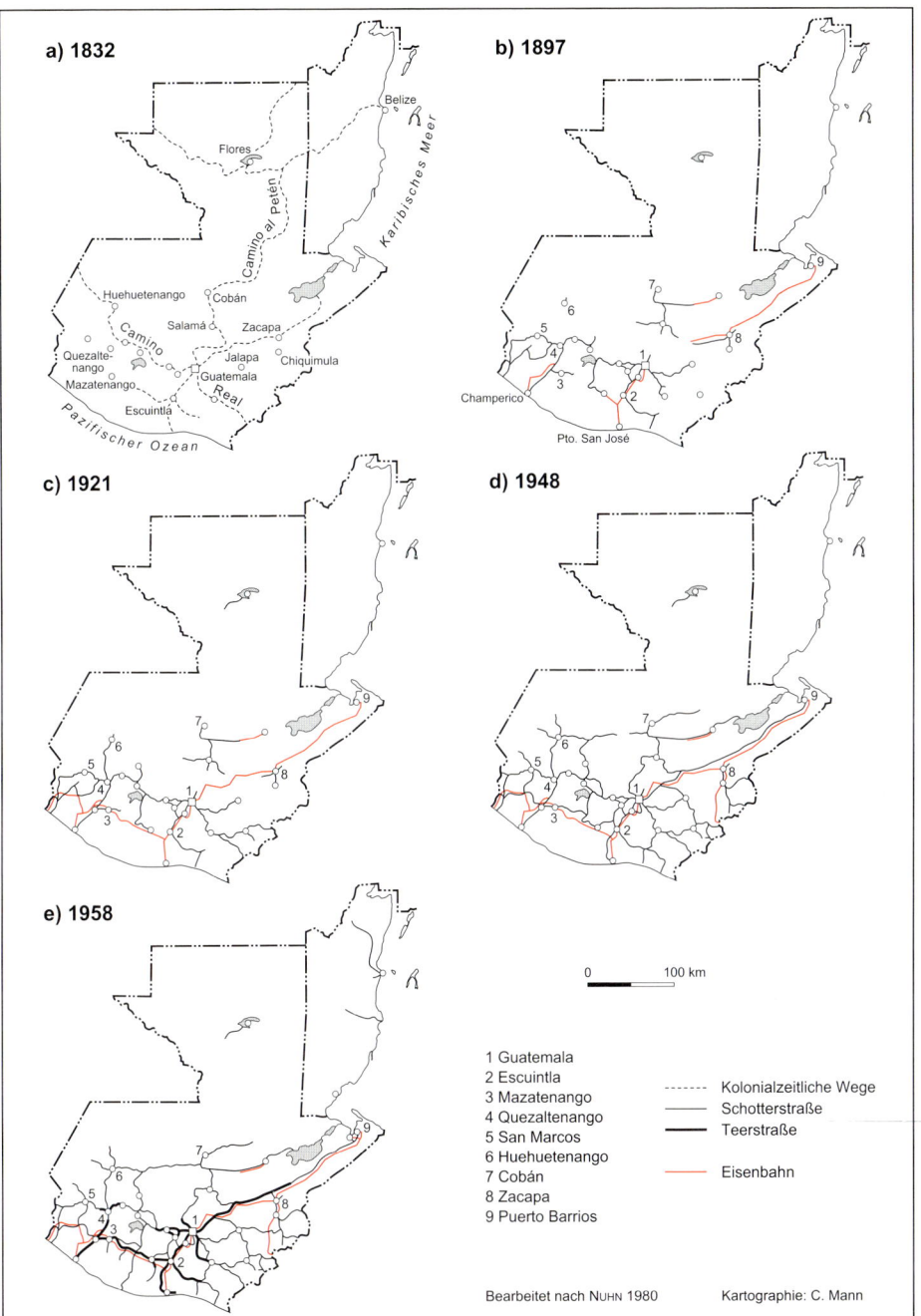

a) 1832

Belize
Flores
Camino al Petén
Karibisches Meer
Huehuetenango
Cobán
Salamá
Zacapa
Camino
Quezalte-
nango
Jalapa
Chiquimula
Mazatenango
Guatemala
Real
Escuintla
Pazifischer Ozean

b) 1897

7
6
9
5
4
8
1
Champerico
3
2
Pto. San José

c) 1921

9
7
6
5
4
1
3
8
2

d) 1948

9
7
6
5
4
1
8
3
2

e) 1958

9
7
6
5
4 3
8
1
2

0   100 km

1 Guatemala
2 Escuintla
3 Mazatenango
4 Quezaltenango
5 San Marcos
6 Huehuetenango
7 Cobán
8 Zacapa
9 Puerto Barrios

.... Kolonialzeitliche Wege
——— Schotterstraße
——— Teerstraße
——— Eisenbahn

Bearbeitet nach Nuhn 1980   Kartographie: C. Mann

Abb. 3.5.1   Entwicklung des Verkehrsnetzes in Guatemala 1932-1958

Ausbau der Verkehrswege erfolgte selektiv unter außenwirtschaftlichen Gesichtspunkten und bezog die Verbindungen zwischen den traditionellen Bevölkerungszentren nur randlich ein. Die meisten Wege blieben schlecht passierbar wie zur Kolonialzeit. Der Bau von Eisenbahnhauptstrecken fand zu Beginn des 20. Jh.s seinen Abschluss, ohne dass eine effektive Vernetzung erfolgte. Private Gesellschaften behielten die Verfügungsgewalt über die Strecken, die weitgehend den Charakter von Stichbahnen ins Hafenhinterland zur Extraktion tropischer Produkte behielten (Abb. 3.5.1 c).

Neben der von außen gesteuerten Erschließung der Tiefländer durch die Bananenwirtschaft entwickelte sich mit zunehmendem Bevölkerungsdruck im Hochland und Krisen der Exportwirtschaft auch eine bäuerliche Kolonisation, die von den besiedelten Kernräumen nach außen bzw. vom Hochland ins Tiefland gerichtet war. Seit den 1920er Jahren nahm die Bedeutung des Kraftfahrzeugs zu, wodurch der Straßenausbau forciert wurde. Eigene Behörden wurden geschaffen und Gesetze zur Förderung des Verkehrswesens erlassen (1920 Dirección General de Caminos). Unter Einbeziehung der Munizipalverwaltungen sollte ein auf die Städte bezogenes **internes Straßennetz** aufgebaut werden. Jeder Bürger war zur Zahlung einer jährlichen Abgabe oder ersatzweise zur zweiwöchigen Arbeit beim Straßenbau verpflichtet. Diese Bemühungen führten zur Anlage eines weitmaschigen Wegenetzes, brachten aber keine nachhaltigen Erfolge, weil eine sachgerechte Planung und technische Ausführung der Bauarbeiten fehlte. Was in der trockenen Jahreszeit mühsam ausgebaut wurde, ging in der Regenzeit meist wieder verloren.

Diese Situation änderte sich mit der Einführung straßenbautechnischer Normen bei der Realisierung der *Carretera Interamericana*. Bereits 1934 wurde von nordamerikanischen Ingenieuren eine Projektstudie in Guatemala vorgelegt. Unter dem Einfluss des Zweiten Weltkrieges kam es 1941 zum Bau von Teilstücken der Südroute im Pazifiktiefland als *Routa Militar de Emergencia*, und erst 1944 erfolgten die Arbeiten zum Bau der *Carretera Interamericana* von Guatemala-Stadt durch das dicht besiedelte Hochland mit finanzieller und technischer Beratung durch die USA. Eisenbahn und Straßen liefen jetzt teilweise parallel und standen untereinander in Konkurrenz (vgl. Abb. 3.5.1 d).

Nach dem Zweiten Weltkrieg wurde der **Infrastrukturausbau** als eine wichtige Voraussetzung für den im Rahmen der ersten Entwicklungsdekade zu erzielenden Wirtschaftsaufschwung betrachtet. Durch den Eintritt Guatemalas in den Zentralamerikanischen Gemeinsamen Markt (MCCA) sollte eine importsubstituierende Industrialisierung möglich werden. In diesem Zusammenhang wurden neben den Verbindungen zu den Häfen und den Durchgangsstraßen zu den Nachbarländern (Integrationsstraßen) auch die größeren Provinzstädte angebunden. Der Güter- und Personenverkehr verlagerte sich von der Eisenbahn auf die modernen Teerstraßen. Die Industrialisierung und der Ausbau der Dienstleistungen verstärkten das Wachstum der Hauptstädte und belebten die Binnenwanderung (Abb. 3.5.1 e).

Das **Straßennetz Guatemalas** war um 1980 ca. 14.300 km lang (davon 2.800 km asphaltiert). Die gut ausgebauten Strecken erster Ordnung (1.300 km) umfassten die nationalen Hauptstraßen, die den Verkehr zum Ausland, zu den Häfen und zu den wichtigen Landesteilen ermöglichen.

Das Netz zweiter Ordnung (1.500 km) bestand aus geteerten Zubringerstraßen, die wichtige Regionalzentren und Produktionsgebiete an die Durchgangsachsen anschlossen. Das Netz dritter Ordnung mit ganzjährig befahrbaren Schotterstraßen war auf die Erschließung der peripheren Hinterländer ausgerichtet mit durchweg unzureichend ausgebauten Trassen, engen Kurven, starken Gefälleunterschieden und mangelhaften Brücken. Das Netz vierter Ordnung bestand aus nur zeitweise in der Trockenperiode befahrbaren Wegen, die eine flächenhafte Erschließung ermöglichen sollten. Die ungleichmäßige Straßendurchdringung bedingte, dass weite Landesteile mangelhaft bzw. gar nicht integriert waren. Im Tiefland besaßen Flüsse und Seen als Verkehrsträger Bedeutung (Abb. 3.5.2 , 3.5.3 u. 3.5.4).

Durch den mit technischer und finanzieller Hilfe im Rahmen von nationalen Verkehrsentwicklungsplänen systematisch erfolgten Ausbau des Straßennetzes sowie der Häfen und Flughäfen schienen die erforderlichen Voraussetzungen für eine auf die Bedürfnisse des Landes ausgerichtete **Verkehrsentwicklung** und ein Wachstum der Sekundärzentren eingeleitet worden zu sein (zur allgemeinen Einordnung vgl. Kap. 4.2.4). Eine Analyse der Verkehrsmengen in den 1970er Jahren belegt auch eine starke Dynamik im Zentralen Hochland, auf der Pazifischen Küstenstraße und der Ver-

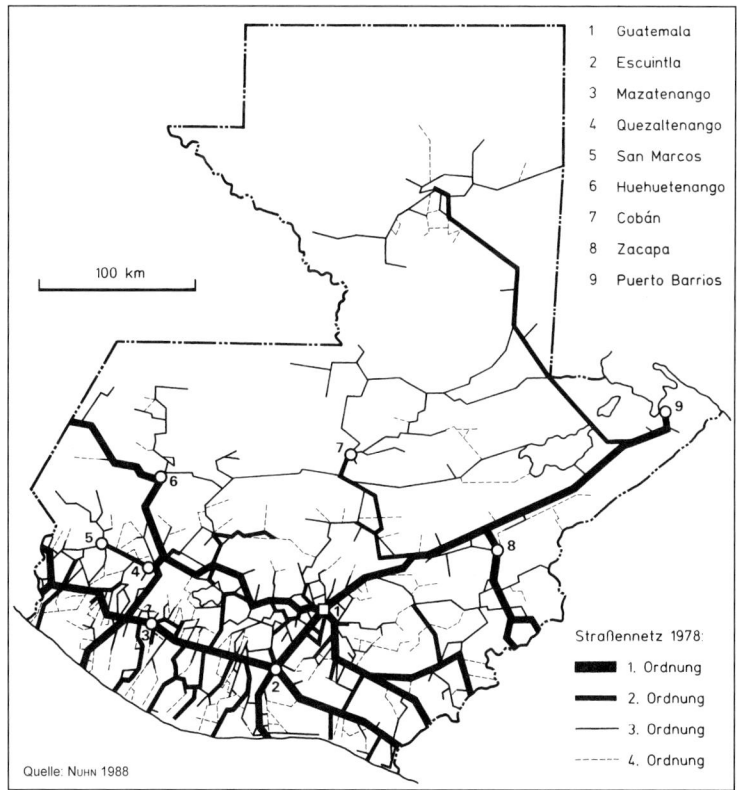

1 Guatemala
2 Escuintla
3 Mazatenango
4 Quezaltenango
5 San Marcos
6 Huehuetenango
7 Cobán
8 Zacapa
9 Puerto Barrios

100 km

Straßennetz 1978:
━━━ 1. Ordnung
━━ 2. Ordnung
── 3. Ordnung
---- 4. Ordnung

**Abb. 3.5.2
Klassifiziertes
Straßennetz
in Guatemala
um 1980**

Quelle: NUHN 1988

Abb. 3.5.3 Periphere Landesteile in Entwicklungsländern ohne ganzjährig befahrbaren Straßenanschluss werden teilweise mit älteren Flugzeugen bedient.
Foto: H. NUHN, Mittelamerika

Abb. 3.5.4 Der Wasserweg ist auch heute noch für nicht straßenmäßig angeschlossene Landesteile eine wichtige Verkehrsader, insbesondere für die Güterbeförderung.
Foto: H. NUHN, Nicaragua

bindungsachse zum Atlantikhafen. Demgegenüber erfuhren aber die peripheren
Landesteile im Norden und Südosten nur
vergleichsweise geringe Steigerungen.

Die angestrebte Dezentralisierung durch
die Stärkung der Sekundärzentren und die
Einbeziehung der verdichteten ländlichen
Siedlungsgebiete im Hochland wurde
nicht erreicht. Wenn die Veränderungen
pro Streckenabschnitt auf die Entwicklung
im Gesamtnetz bezogen werden, zeigt sich
ein überdurchschnittliches Wachstum nur
im Bereich der Landeshauptstadt und der
Zubringerstrecken von den Häfen. Die peripheren Räume blieben deutlich hinter
dem Gesamtzuwachs zurück (vgl. Abb.
3.5.5).

Durch den Ausbau der Infrastrukturen
sind die **räumlichen Disparitäten** somit
im vorliegenden Falle nicht gemildert,
sondern noch verstärkt worden. Die Zen-
tralregion hat ihren Einflussbereich auf

Kosten der Sekundärzentren ausgeweitet
und durch die Außenbeziehungen vertieft.
Unter diesen Rahmenbedingungen wird es
nachvollziehbar, dass sich in den 1980er
Jahren ein lang anhaltender militanter Konflikt zwischen den marginalisierten Gruppen und der Zentralgewalt entwickelte, in
dessen Verlauf die nicht mehr gewarteten
Infrastrukturen wieder teilweise verloren
gingen, so dass sich das Straßennetz Ende
der 1990er Jahre in desolatem Zustand befand, was insbesondere auf die vernachlässigten Instandsetzungsmaßnahmen zurückzuführen ist.

Zur Beseitigung dieser für viele Entwicklungsländer typischen Defizite und
zur Verbesserung des Zugangs der isolierten Bevölkerung zu ökonomischen und sozialen Diensten wurde 1997 mit Unterstützung der Weltbank ein **Pilotprojekt** für
den nachhaltigen Ausbau des ländlichen
Wegenetzes und der Zubringerstraßen im

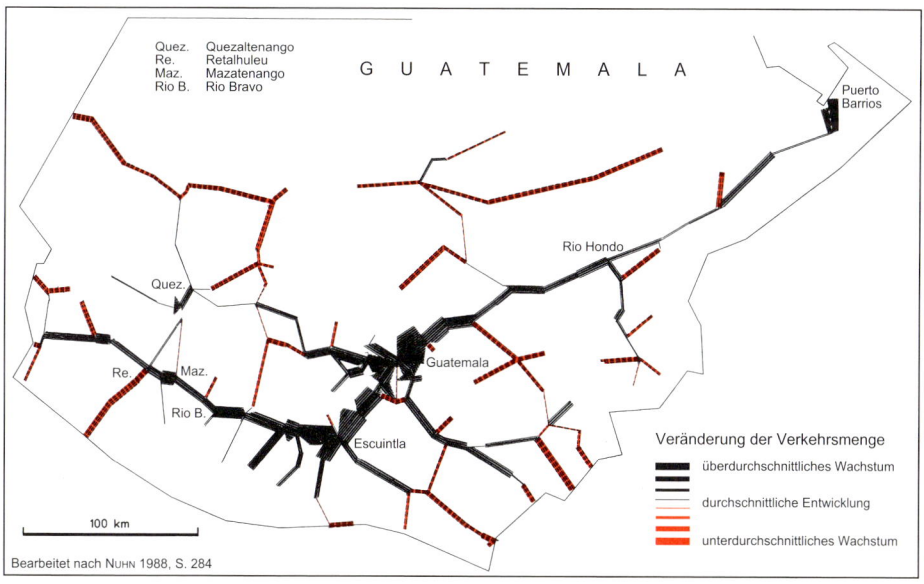

Abb. 3.5.5 Veränderungen des Verkehrsaufkommens pro Tag und Streckenabschnitt gegenüber dem mittleren Zuwachs im Gesamtnetz im Zeitraum 1969-1978

Department San Marcos gestartet. Nach dem offiziellen Straßeninventar des zuständigen Ministeriums waren 350 km im Untersuchungsgebiet registriert. De facto wurden aber bei der Bestandsaufnahme 970 km erfasst, die von Gemeinden und Kreisen in Selbsthilfe bzw. mit Unterstützung von Hilfsorganisationen errichtet worden waren und sich zumeist in sehr schlechtem Zustand befanden.

In einem ersten Schritt mussten deshalb die unterschiedlichen staatlichen und privaten Akteure (Dirección General de Caminos DGC, Instituto de Fomento Municipal IFOM, Kommunen, Kreise, NGO's) mit dem Ziel einer institutionellen Reform zusammengeführt werden. Zur Bündelung der Ressourcen schlossen sich 12 Kreise zur Betreuung eines Straßennetzes niederer Ordnung von 1.100 km zusammen. Eine Delegiertenversammlung aus den Gemeinden und Kreisen wählte ein Exekutivkomitee, das mit technischer Beratung durch DGC und IFOM die Planung, das Management und die Implementierung von Erhaltungs- und Baumaßnahmen an kosteneffizient arbeitende private Consulting- und Tiefbaufirmen in Auftrag gibt. Die Finanzierung erfolgt aus einem hierzu gegründeten Straßenbaufonds, in den alle Beteiligten Beiträge einzahlen. Das DGC behält nur die Zuständigkeit für 220 km National- und Departementstraßen.

Damit sind eine Dezentralisierung der Verantwortung vom Straßenbauministerium auf die regionale Ebene und eine Verlagerung der Baumaßnahmen vom wenig effizienten Staatsbetrieb auf private Akteure vor Ort erfolgt. Es wird erwartet, dass auftretende Probleme damit direkt und rascher gelöst werden können und durch Partizipation der Betroffenen eine nachhaltige Verbesserung des ländlichen Wegenetzes erreicht werden kann. Aus diesem Grund besitzt das Projekt Vorbildcharakter für andere Länder (www.weltbank.org).

3.5.2 Straßenbau und Entwicklung ländlicher Räume

Im Rahmen des Ausbaus des nationalen Verkehrsnetzes sind in den letzten Jahrzehnten in vielen Ländern **Straßen zur Erschließung** bis dahin kaum besiedelter Regionen gebaut worden. Insbesondere wegen der Bevölkerungszunahme und fehlender Arbeitsplätze erhoffte man sich durch die Neulanderschließung direkte Beschäftigungseffekte beim Straßenbau sowie bei der Nutzung des Holzes und der Bodenschätze. Erschließungsstraßen gelten in diesem Zusammenhang als Auslöser für Migration, Penetration und Ressourcenentwicklung. Sie stellen für Kleinbauern und Händler aber auch für Landspekulanten und Kapitalinvestoren *highways of hope* dar.

Insbesondere in den Tropen Südostasiens und Lateinamerikas wurden bis dahin kaum beeinträchtigte größere Regenwaldgebiete für eine **Besiedlung** durch Straßen geöffnet. Die größte Aufmerksamkeit hat hierbei Amazonien erhalten. Aus dem übervölkerten und mit wenig Grundnahrungsmitteln ausgestatteten Andenhochland sind in Bolivien, Peru, Ecuador und Kolumbien Siedler entlang der zahlreichen Erschließungsstraßen in den *Oriente* vorgedrungen und haben Land gerodet bzw. mineralische Rohstoffe gesucht (vgl. u. a. HEGEN 1966).

Gleichzeitig wurde in Brasilien die Integration der zentralen Landesteile zum Regierungsprogramm erklärt (KLEINPENNING 1971). Nach der 1960 abgeschlossenen Verlagerung der Hauptstadt ins Binnenland nach Brasilia begann ein systematischer Ausbau von Erschließungsachsen, die in wenigen Jahren mehrere tausend Ki-

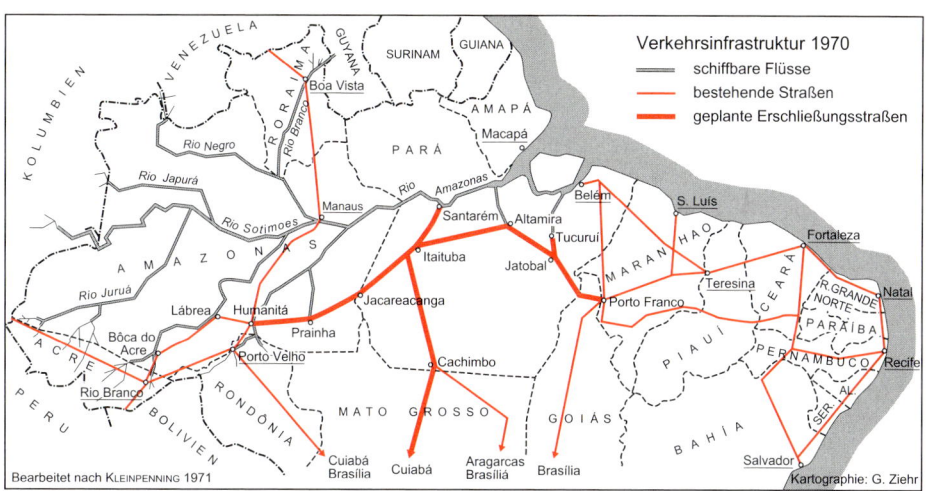

Abb. 3.5.6 Erschließungsstraßen in Amazonien um 1970

lometer in die Urwaldgebiete vorgestoßen sind (Abb. 3.5.6).

Hierbei handelt es sich um einen östlichen Zweig von Brasilia nach Belém und eine westliche Verbindung von Cuiabá nach Pôrto Velho mit Verlängerungen zur peruanischen sowie über Manaus zur venezolanischen Grenze. Die eigentliche **Transamazônica** besteht aus einer Ost-West-Achse von Recife nach Humaitá (3.500 km) und einer Nord-Süd-verlaufenden Achse von Cuiabá nach Santarém (1.500 km). Die Bundesstraßen der zentralen Korridore sind in den folgenden Jahren durch eine große Zahl von Landes- und Kreisstraßen ergänzt worden, so dass zwischen 1970 und 2000 ca. 80.000 km neu errichtet wurden (MARGULIS 2003).

Neben den angeworbenen Straßenbauarbeitern aus dem Nordosten, die bevorzugt in **staatlichen Kolonien** angesiedelt wurden, setzte eine **spontane Landnahme** durch Kleinbauern und Landarbeiter sowie durch Großgrundbesitzer und Kapitalgesellschaften ein, die durch Gesetzgebung, Planung und Verwaltung nur sehr begrenzt reguliert werden konnte. Falsche Einschätzungen des Nutzungspotenzials, ungenügende Kenntnisse der agroökonomischen Erfordernisse und rasche Abholzung führten zu Fehlschlägen der kleinbetrieblichen Nutzung sowie zur Ausbreitung großflächiger extensiver Weidewirtschaft (KOHLHEPP 1995).

Neue soziale Probleme und negative ökologische Auswirkungen im globalen Maßstab haben die Regierung mit internationalem Druck Ende der 1980er Jahre veranlasst, ihre Straßenbau- und Erschließungsförderung zu beenden. Der von privaten Interessen bestimmte Prozess des **Raubbaus an Ressourcen** konnte bisher jedoch nicht gestoppt und in eine nachhaltige Entwicklung überführt werden. Dies steht damit im Zusammenhang, dass es sich um ein sehr komplexes Ursachengeflecht von ökonomischen, sozialen und geostrategischen Gründen handelt. Auch belegen neuere Untersuchungen, dass die expandierende Weidewirtschaft gegenüber anderslautenden früheren Einschätzungen hohe Erträge abwirft (MARGULIS 2003).

Mit der Anbindung ländlicher Regionen durch Allwetterstraßen ist das Problem einer **flächenhaften Erschließung** der meist dünnbesiedelten Räume (15-70 E/km^2) mit Einzelhöfen, Streusiedlungen, und kleinen Dörfern noch nicht gelöst. Bestehende Pfade, Erdwege und Schottertrassen für Fußgänger, Tragtiere, Karren und sonstige Verkehrsmittel müssen den jeweiligen Erfordernissen entsprechend ausgebaut werden, damit die Erschließungsstraße ihre Funktion übernehmen kann (vgl. Abb. 3.5.7). Hierbei müssen die örtlichen Verhältnisse des Untergrundes, der Bodenbedeckung mit Vegetation, der Topographie, des Klimas sowie die Art und Intensität der zu erwartenden Nutzung berücksichtigt werden (Lebo/Schelling 1998).

Anzustreben sind **einfache Lösungen** mit niedrigen Kosten und angepasster Technologie. Hierzu gehören Programme, die Hilfe zur Selbsthilfe anbieten und die vorhandene Arbeitskraft in der Region nutzen. In diesem Zusammenhang wurden z. B. in Mexiko 6.000 Siedlungen mit technischer Beratung und Finanzhilfen beim Ausbau von Zubringern zur nächsten Allwetterstraße unterstützt (Edmonds 1980). Durch solche begrenzten Maßnahmen und umfassendere **ländliche Wegebauprogramme** lässt sich die ökonomische und soziale Isolierung marginaler Landgebiete verringern. Arztbesuche werden ermöglicht und der Aufbau von Schulen erleichtert, weil bei vorhandenem Straßenanschluss eher Lehrer zu gewinnen sind. Modernisierungseffekte wie die Einführung und rasche Ausbreitung von Lat-

Abb. 3.5.7 In der Regenzeit sind einfache Erdwege selbst mit Vierradantrieb kaum passierbar.
Foto: H. Nuhn, Mittelamerika

rinen, Zinkdächern und Zementstrukturen verdeutlichen die spontanen Lerneffekte im Zusammenhang mit der Verbesserung der Infrastrukturen. Sie lassen sich aus intensiviertem Anbau und erhöhten Markterlösen finanzieren (SALAU/BABA 1984, AIREY 1985, FRICKE/KOCHENDÖRFER-LUCIUS 1988).

In der Regel fehlen den Bewohnern aber die notwendigen Kenntnisse, Erfahrungen und Finanzmittel, so dass staatliche **Planung und Förderung** erforderlich sind, um nachhaltige Verbesserungen zu erreichen. Ohne Hilfe von außen können die Subsistenzbauern in den meisten Fällen den Anschluss an eine Erschließungsstraße nicht realisieren. Bei ihrem Jahreseinkommen ist der Kauf von Traktoren und Pickups für die Landarbeit und Transporte, selbst bei einer Verteilung der Kosten auf die Lebensdauer der Maschinen, nicht zu amortisieren. Deshalb lassen sich die theoretisch postulierte Zeitersparnis und die Transportkostenvorteile für Produktionssteigerungen häufig nicht realisieren.

Für die Inwertsetzung der bereitgestellten Straßeninfrastruktur sind kooperative Lösungen und die schrittweise **Einführung einfacher Transportmittel** mit Kleinkrediten erforderlich. Hierzu gehören insbesondere nicht-motorisierte Lösungen, die ohne größere Investitionen und laufende Kosten möglich werden (vgl. Tab. 3.5.2).

Untersuchungen in Tansania haben ergeben, dass der Einsatz von **Karren, Tragtieren und Fahrrädern** erhebliche Erleichterungen und Zeitersparnisse bei einem guten Preis-Leistungsverhältnis bringt. Für einen durchschnittlichen 5-Personen-Haushalt wurden im Jahresverlauf 1.600 Wege mit einer Dauer von 2.500 Stunden und einer Transportleistung von 85 t/km ermittelt. Davon entfielen auf die Versor-

Tab. 3.5.2   Leistung nichtmotorisierter Beförderungsmittel

Beförderungs-mittel	Ladung in kg Ø - max.	Geschwindig-keit in km/h
Träger (mit Gestell)	25 - 50	4 - 5,0
Esel	50 - 135	5,0
Maultier	34 - 50	7,2
Pferd	40 - 55	5,6
Ochse	30 - 65	3,5
Dromedar	96 - 140	4,0
Handkarren	100 - 200	3 - 4
Tiergespann	500 - 3.000	3 - 5
Fahrrad	40 - 8	10 - 20

Quelle: HILLING 1996, NJENGA/DAVIS 2003

gung mit Wasser und Brennholz allein 61 % der Wege, 41 % des Zeitaufwandes und 71 % der Beförderungsleistung, die überwiegend von Frauen erbracht wurde. Durch den Einsatz der einfachen Transportmittel ergaben sich Zeitgewinne, die zur Intensivierung der Feldarbeit verwendet werden konnten (SIEBER 1998).

Ähnliche Feldstudien in Kenia belegen, dass über 50 % aller **Wege der Subsistenzhaushalte** zur Aufrechterhaltung der internen Versorgung und der bäuerlichen Aktivitäten dienen, während nur 22 % für Tausch und Marktbeziehungen eingesetzt werden. Für die Selbstversorgung eines Haushalts mussten in einem Jahr 40-60 m³ Wasser und 8-10 m³ Brennholz transportiert werden, während die Ernteverkäufe unter 2 t blieben. 80 % aller Wege wurden zu Fuß und nur 7 % mit dem öffentlichen Kleinbus zurückgelegt. Besonders stark durch die interne Lastbeförderung waren auch hier die Frauen betroffen (HEIDEMANN/KAIRA 1984, KAIRA 1983 sowie BRYCESON et al. 2003).

Aus diesem Grunde empfiehlt sich nicht nur der **Ausbau von Trassen** für Motorfahrzeuge, sondern auch **von Pfaden** für Fußgänger, Tragtiere und Karren. Mit vergleichsweise geringen Mitteln können Drainagen, Knüppeldämme, Furten und einfache Holzbrücken hergerichtet werden. Bis zu einer Entfernung von einem halben Tagesmarsch zum nächsten Absatz- und Versorgungszentrum wirken sich diese Maßnahmen günstiger aus als autogerechte Pisten, weil dem größten Teil der ärmeren Bevölkerung Finanzmittel zur Fahrzeugnutzung fehlen und man an die traditionellen Fußwege gewöhnt ist (SIEBER 1998).

In asiatischen Ländern besitzt das **Fahrrad als Zwei- bzw. Dreirad** für den Personen- und Gütertransport eine lange Tradition. Anfang der 1990er Jahre waren in Bangladesch 1,25 Mio. Rikschas im Einsatz (GALLANGHER 1992). In Afrika werden Räder dagegen erst in jüngerer Zeit in Landgebieten eingesetzt. Seit Mitte der 1960er Jahre konnten in Uganda gute Erfahrungen mit Zweirädern gemacht werden, die zu einer raschen Ausbreitung geführt haben. Sie schließen die Lücke zwischen Fuß- und Bustransport in infrastrukturell unzureichend ausgestatteten Räumen. Nach der Lockerung von Importbeschränkungen werden seit den 1990er Jahren daneben auch verstärkt Leichtmotorräder eingesetzt, die vorwiegend gebraucht aus Indien und China bezogen werden (HOWE 2003).

Die an den Beispielen gewonnenen Einblicke bieten eine Basis für die Diskussion der Frage nach dem Zusammenhang zwischen Verkehr, Wirtschaftswachstum und Regionalentwicklung. Hierauf wird im Kap. 4.3 in genereller Form näher eingegangen (vgl. auch PRUD'HOMME 2004, BRICEÑO et al. 2004). Intensität, Richtung und Wirkungsweise von Verkehrsinvestitionen lassen sich nur schwer von anderen gleichzeitig wirkenden Faktoren isolieren und eindeutig quantifizieren, deshalb gibt es sehr unterschiedliche Aussagen. Neben **erwarteten positiven Effekten** durch die ermöglichten Transporte von Personen und Gütern mit den Auswirkungen für Landnutzung, Produktion, Handel und Beschäftigung wirken auch der Zugang zu Bildungseinrichtungen, Gesundheitsdiensten und die rasche Ausbreitung von Innovationen fördernd.

Dabei wird allerdings leicht übersehen, dass auch **negative Einflüsse** wirksam werden. So können lokale Arbeitsplätze und Märkte durch das günstigere Angebot von außen wegfallen, weil keine Konkurrenzfähigkeit zu billigen Massenprodukten gegeben ist. Auch kommen Zwischenhändler in die Region, die häufig ein Transportmonopol besitzen und nur ungünstige Preise zahlen. Landspekulationen fördern Umstrukturierungen und begünstigen den großflächigen Einsatz von Maschinen mit negativen ökologischen Folgen sowie Verdrängungsprozessen, die soziale Probleme auslösen. Auch entstehen Anreize zur Abwanderung, weil außerhalb der Region günstigere Arbeits- und Freizeitangebote wirksam werden. In vielen Fallstudien wird belegt, dass die Schaffung von Verkehrsverbindungen auch in den Entwicklungsländern zwar eine notwendige, aber keine hinreichende Voraussetzung zur Initiierung sozioökonomischer Entwicklungsprozesse darstellt (u. a. WILSON et al. 1966; HOYLE 1973).

3.5.3 Verkehrsprobleme in Agglomerationen

Der Anteil der in Städten lebenden Menschen hat sich weltweit in den letzten Jahrzehnten auf über 50 % erhöht. In der Dritten Welt ist die Urbanisierung zugleich mit einer **Metropolisierung** verbunden, d.h. in vielen Ländern konzentrieren sich 60-75 % der Stadtbevölkerung auf die größte Ag-

glomeration, welche den Entwicklungsprozess polarisiert und dominiert. Durch
die starke Flächenexpansion sowie die Zu-
sammenballung von Bevölkerung, Dienstleistungen und Produktionsstätten sind die
Verkehrsprobleme enorm gewachsen und
stellen eine hohe sozioökonomische und
ökologische Belastung dar.

Trotz dieser ähnlichen Problemlage darf
nicht übersehen werden, dass sich die Situation in den einzelnen Städten aufgrund
verschiedener Lage, Größe, Ressourcen
sowie Funktionen und Traditionen sehr
unterschiedlich darstellt. In einigen Fällen
mit geringerem Bevölkerungsdruck, günstigerer Finanzlage, angemessener Planung
und durchsetzungsfähigen Institutionen
sind die **Transportprobleme erfolgreich
angepasst** worden. So sind in den ehemals
sozialistischen Ländern neue Großwohn-
siedlungen im Randbereich meist durch
leistungsfähige Schienenverkehrsmittel
an die Zentren angeschlossen. Bei hohem
Erneuerungsbedarf, fehlenden Subventionen, Deregulierung und Privatisierung ist
die Funktionsfähigkeit dieser Verkehrssysteme heute allerdings vielfach nicht mehr
gegeben. Zudem steigt bei Einkommens-
zuwächsen der Anteil des Pkw-Verkehrs
vielfach rasch an, so dass die kollektiven
Transportmittel marginalisiert zu werden
drohen.

In den meisten Metropolen der Dritten
Welt ist es nicht gelungen, die Siedlungsexpansion zu ordnen und eine angemessene,
darauf abgestimmte Verkehrsplanung umzusetzen. Die **Infrastrukturen** sind **unzureichend ausgebaut**, das Angebot öffentlicher Personenbeförderung defizitär, und
der rasch wachsende motorisierte Individualverkehr führt bei schlechtem Verkehrsmanagement zum Dauerstau. Im Zentrum
von Manila, Mexiko, Kuala Lumpur oder
Shanghai sinkt die Fahrzeuggeschwindig-

keit an Wochentagen unter 15 km/h. Die
meist älteren, schlecht gewarteten Fahrzeuge belasten im Stop-and-go-Verkehr
die Umwelt durch hohen Geräuschpegel
und Schadstoffausstoß. Insbesondere die
Schwebstäube sowie Ozon, Blei, NO_x und
CO konzentrieren sich bei Inversionswet-
terlagen zu einer Dunstglocke mit Schäden
für die menschliche Gesundheit, den Na-
turkreislauf und die Bauwerke.

Tab. 3.5.3 verdeutlicht, dass die Probleme der **Schadstoffbelastung** in den
Agglomerationen der Dritten Welt trotz
teilweiser Verbesserungen noch wesentlich stärker hervortreten als in den Indus-

**Tab. 3.5.3 Schadstoffbelastung in Agglome-
rationen der Dritten Welt und in Industrieländern in den 1990er Jahren**

Region Großstadt	Schadstoffe					
	CO	NO_x	Blei	Fein-stäube	SO_2	O_3
Ostasien						
Seoul	+	o	+	++	++	o
Peking	–	o	o	++	++	+
Jakarta	+	+	+	++	o	+
Bangkok	+	o	o	++	o	+
Manila	–	–	+	++	o	–
Südasien						
Karachi	+	–	++	++	+	–
Bombay	+	o	+	++	o	–
Delhi	+	o	+	++	+	–
Lateinamerika						
Lima	o	+	+	++	o	o
Mexiko-Stadt	+	+	+	++	o	++
São Paulo	+	+	o	++	o	++
Buenos Aires	+	o	o	+	–	–
Rio de Janeiro	+	+	o	++	o	+
Afrika						
Kairo	+	+	+	++	++	–
Lagos	++	–	+	+	o	–
Industrieländer						
London	+	o	o	o	o	o
Los Angeles	+	+	o	+	o	++
New York	+	o	o	o	o	+
Tokio	o	o	o	o	o	++

o niedrige Belastung   + moderate bis starke Belastung
++ stärkste Belastung   – keine Angaben

Quelle: GWILLIAM 2003, S. 200

trieländern. Da die Motorisierung in vielen Ländern des Südens wie z. B. China gerade erst beginnt, warnen Experten vor den globalen Auswirkungen der zunehmenden Emissionen insbesondere im Hinblick auf die Treibhausgase (DOLZER 1998, SETCHEL 1995). Erst in wenigen Städten der Dritten Welt wurden durch die Umstellung auf schadstoffarme Antriebe (Taxi mit Gasantrieb in Buenos Aires u. Neu Delhi) oder die Einführung von bleifreiem Benzin und Katalysatoren Verbesserungen erreicht.

Maßnahmen zur **Begrenzung der Zahl der Fahrzeuge** in Innenstädten wie in Mexiko, D. F. (tageweise wechselnde Fahrerlaubnis für Pkw mit gerader bzw. ungerader Zulassungsnummer) bringen zwar vorübergehend Milderung, sind aber nur bei strikter Kontrolle wirksam. Nachhaltiger erweisen sich umfassendere Konzepte wie in Singapur. Hier hat man neben Schritten zur Einschränkung des Individualverkehrs (Importkontrolle für Pkw, Gebietslizenzierung, Benzinsteuer etc.) gleichzeitig den ÖPNV ausgebaut (Metro, Busse etc.) und im Rahmen einer **integrierten Verkehrs- und Siedlungsplanung** auch die Subzentren mit Arbeitsstätten, Versorgungseinrichtungen und Transportsystemen ausgestattet.

Besonders hoch ist in der Dritten Welt die Belastung durch **Verkehrsunfälle**. Dies ist auf vielfältige Ursachen zurückzuführen wie eine undisziplinierte Fahrweise bei unzureichender Regelung und Überwachung, nur bedingt verkehrstaugliche Fahrzeuge und mangelhafte Straßen mit Schlaglöchern, fehlenden Radwegen und Bürgersteigen. Eine Trennung der unterschiedlichen Verkehrsteilnehmer nach ihrem spezifischen Bedarf und der Geschwindigkeit erfolgt zumeist nicht. Hierdurch werden die Stauanfälligkeit erhöht und die Unfallgefahr verstärkt. Von weltweit nahe-

zu einer Mio. Verkehrstoten pro Jahr sind 85 % den Entwicklungsländern zuzurechnen. Die Todesrate pro Pkw liegt hier 10 % höher als in den Industrieländern. Zumeist sind Fußgänger und Radfahrer betroffen, die in der Regel keine Unfallversicherung besitzen, wodurch die Familien den Schaden tragen müssen (GWILLIAM 2003).

Zunehmende **Mobilitätsprobleme** in den Agglomerationen treffen vor allem die ärmeren Schichten, die insbesondere nichtmotorisierte und öffentliche Verkehrsmittel benutzen, die in den dicht bebauten Altstadtquartieren und in den Hüttenvierteln der Außenbereiche häufig unterentwickelt sind. In afrikanischen und indischen Großstädten werden 25-50 % aller Wege noch zu Fuß oder mit dem Fahrrad zurückgelegt. Bei der Belegung der Straßenränder mit stationären und fahrbaren Verkaufsständen des Kleinhandels und geparkten Fahrzeugen wird diese Fortbewegung zusätzlich erschwert.

Versuche, die Mobilität innerhalb der Agglomeration zu verbessern sind meist auf den Straßenbau für den Autoverkehr gerichtet. Hierdurch werden weitere Verkehrsteilnehmer zum Kauf eines Pkw animiert, woraus eine Schwächung des ÖPNV-Angebots resultiert. Verlierer sind die **einkommensschwachen Bevölkerungsschichten**, die bei steigenden Bodenpreisen und Mieten immer mehr an periphere Standorte gedrängt werden und bei längeren Wegen zum Arbeitsplatz und zu Versorgungseinrichtungen in der Kernstadt auf preiswerte Massenverkehrsmittel angewiesen sind. Da die gewachsenen Distanzen vom Stadtrand zum Zentrum nicht mehr zu Fuß oder mit dem Fahrrad zurückgelegt werden können, muss die ärmere Bevölkerung höhere Beträge ihres niedrigen Einkommens für den Transport aufwenden (z. B. mehrere Einzeltickets für

Hin- und Rückweg bei fehlendem Einheitstarif). Die Weltbank hat in Vergleichsstudien ermittelt, dass die täglich anfallenden Transportkosten teilweise 30 % eines Minimallohns ausmachen, was bedeutet, dass die betroffenen Bevölkerungsgruppen vom Zugang zu regelmäßiger Lohnarbeit und Dienstleistungen ausgeschlossen sind (Carruthers et al. 2005).

Deshalb ist ein preiswerter **Busverkehr** für die Überwindung größerer Distanzen innerhalb der Agglomeration von besonderer Bedeutung für die einkommensschwache Bevölkerung. Zumeist wird diese Dienstleistung von kommunalen Unternehmen angeboten, die unter Privatisierungsdruck stehen. Bereits 1970 wurden in Mexiko-Stadt (8,5 Mio. Einwohner) täglich 6,8 Mio. Passagiere mit ca. 100.000 Bussen befördert (54 % des Verkehrsaufkommens). Daneben waren 2,9 Mio. Personen im Pkw unterwegs (24 % des Verkehrsaufkommens), und ca. 1 Mio. Fahrgäste wurde durch die im Bau befindliche U-Bahn befördert (UN 1989). Busse stehen in unterschiedlicher Form und Größe zur Verfügung (vgl. Abb. 3.5.8)

Busse sind flexibel einsetzbar und preisgünstig zu betreiben, deshalb besitzen sie sowohl in kleineren als auch in größeren Städten eine besondere Bedeutung für den ÖPNV. Damit sie nicht im allgemeinen Stau stecken bleiben, benötigen sie allerdings Vorrangschaltungen des Ampelsystems und eigene Busspuren. Diese weitergehenden Maßnahmen sind in Agglomerationen der Dritten Welt aber eher selten anzutreffen.

Modellcharakter haben die in **Curitiba/Brasilien** (1,5 Mio. E 1996) auf den Bustransport ausgerichteten Stadtentwicklungsmaßnahmen erhalten. In der Planung werden Flächennutzung, Straßenbau und Verkehrsangebot aufeinander abgestimmt.

Fünf Entwicklungsachsen sind durch jeweils drei gebündelte Straßen mit mehreren Fahrstreifen und Richtungsverkehr ausgestattet. Dabei werden der Durchgangs- und Anliegerverkehr getrennt und eigene Buswege mit Haltestellen und Integrationsterminals für Umsteiger reserviert. Das Rückgrat bilden seit 1974 die **Expressbuslinien** mit kurzem Bedienungstakt, auf die Zubringerlinien ausgerichtet sind. Die Verbindung zwischen den Außenbezirken stellen seit 1979 **Ringlinien** her, die um die Innenstadt geführt werden, und seit 1991 übernehmen **Direktlinien** mit weiter auseinander liegenden Haltestellen (Außenbereich 3-5 km, Innenbereich 1,5-3 km) die Verbindung zwischen Zentrum und Peripherie (Durchschnittsgeschwindigkeit 30 km/h). Auf den stark frequentierten Strecken werden Doppelgelenkbusse mit 270 Plätzen eingesetzt. Durch dieses weitgehend auch behindertengerechte Angebot mit Einheitstarifen konnte die Zahl der Fahrgäste gesteigert werden, wenn auch die Zahl der Pkw-Halter gleichzeitig stärker gewachsen ist. Annähernd 30 % der ÖPNV-Nutzer verzichten auf die tägliche Nutzung des eigenen Fahrzeugs (Jäger 1998).

Nur in wenigen Großstädten der Dritten Welt außerhalb Lateinamerikas werden ambitionierte Bussysteme für den Massentransport im Öffentlichen Personennahverkehr eingesetzt. Meist ermöglichen private **Kleinbusbetriebe** und kollektive Taxis eine rasche, preiswerte und flexible Beförderung sowohl in den Innenstädten als auch im Außenbereich. Dabei handelt es sich um unterschiedliche Formen der Linienbindung und Quartiersorientierung mit festen Haltepunkten oder Sammelstrecken entlang bestimmter Straßenabschnitte sowie um die Verteilung der Fahrgäste nach Bedarf innerhalb von Richtungsbändern

Abb. 3.5.8 Der Öffentliche Personennahverkehr erfolgt in Kuba mit Bussen, die teilweise im Eigenbau zur Aufnahme von großen Passagierzahlen gefertigt werden wie das *Cameleon* als Metrobus in Havanna.   Foto: H. NUHN

Abb. 3.5.9 Havanna/Kuba ist eine der wenigen Millionenstädte, die noch nicht durch den wachsenden motorisierten Individualverkehr beeinträchtigt wird.
Foto: G. ZIEHR

oder Wohnvierteln. Die Beförderung erfolgt nach Einheitstarifen oder individuell ausgehandelten Fahrpreisen.

Herausragende Bedeutung kommt in diesem Zusammenhang in einigen Großstädten der Flotte von **Kleintaxis** zu, welche auf der Suche nach Kunden durch die Straßen fahren und mit individueller oder kollektiver Beförderung ihre Fahrzeuge möglichst gut auszulasten versuchen. Dabei sind unterschiedlichste Fahrzeugtypen und Umbauten im Einsatz, die auch zu regionalspezifischer Namensgebung angeregt haben. In Accra werden die Minibusse *Tro-Tro*, in Nairobi die umgebauten Pickups *Matutu*, in Manila die für 10-14 Personen erweiterten Jeeps *Jeepney* und in Ankara die meist überlegten Limousinen *Dolmus* genannt. Die teilweise informell betriebenen, zumeist überalterten und überlegten Fahrzeuge sind durch häufige Pannen belastet und in Unfälle verwickelt. Schlecht gewartete Minibusse und Taxis tragen bei hohen Emissionen nicht unerheblich zu den Umweltproblemen im Stadtgebiet bei.

Bei einer Transportnachfrage von über 25.000 Personen pro Stunde und Richtung in einem Verkehrskorridor werden Schienenverkehrsmittel erforderlich (Tab. 3.5.4). Hierfür sind höhere Aufwendungen für Bau und Betrieb zu leisten. Vergleichs-weise wenig Kosten erfordern die traditionelle Straßenbahn und der moderne **Leichtbauschnellzug** (LRT Light Rapid Transit), die jeweils auf separater Trasse geführt werden müssen, damit sie ihre Systemvorteile entwickeln können. So befördern die Trambahnen in Kairo ohne Priorität gegenüber dem übrigen Straßenverkehr nur 2.300 Passagiere pro Stunde, während bei eigener Trasse und Vorrangbehandlung in Alexandria Vergleichswerte von 11.600 Passagieren pro Stunde erreicht werden (Fouracre et al. 2003).

Die größte Beförderungsleistung wird von **Untergrundbahnen** erreicht, die aber wegen des Tunnelbaus zugleich die höchsten Investitionen erfordern. Außerdem müssen Ingenieurleistungen, Infrastrukturen und Betriebsmittel aus den Industrieländern auf Dollarbasis erworben werden. Eine Metro kann je nach Auslegung 600-2.000 Personen aufnehmen und beim Einsatz von 20-25 Zügen mit 8 Wagen pro Stunde 60.000 Personen in einer Richtung befördern (in Hongkong sogar 80.000). Die Tagesleistung im Korridor erhöht sich dadurch auf 350.000 Personen pro Tag. Die Durchschnittsgeschwindigkeiten schwanken zwischen 30 und 35 km/h bzw. bei weiter auseinander liegenden Haltestellen sogar zwischen 40 und 45 km/h. 1950 wurden in Paris erstmals Hartgummirei-

Tab. 3.5.4 Kennziffern für schienengebundene Massenverkehrsmittel

	Bus	Tram	LRT	Metro
Geschwindigkeit (km/h)	20 - 25	10 - 20	20 - 30	30 - 40
Stationsabstand (m)	200 - 500	200 - 500	500 - 1.000	800 - 1.200
Passagiere (pro Wagen)	90	180	240	400
Wagen (pro Zug)	1	1/2	2/4	6/8
Zuglänge (m)	8 - 10	30 - 40 (2 Wagen)	10 - 100 (3 Wagen)	100 - 140 (6 Wagen)
Beförderungskapazität je Richtung pro h	20.000 - 25.000	10.000 - 15.000	15.000 - 30.000	60.000 - 80.000

Quelle: Fouracre et al. 2003, S. 301-303   * Durchschnittswerte bei eigener Fahrspur

fen eingesetzt, die ein rascheres Anfahren und Bremsen der Züge erlauben, aber zugleich einem höheren Verschleiß ausgesetzt sind. Diese aufwändige Technologie wurde auch in Mexiko und Santiago übernommen. (Fouracre et al. 2003).

Die an dem Bau von Metros gebundenen Erwartungen haben sich nicht in jedem Falle erfüllt, weil die vorkalkulierten Nutzerzahlen ausblieben und hohe **finanzielle Belastungen** durch die mit Auslandskrediten beschaffte moderne Technologie (Antriebstechnik, Signalgebung, Energiebereitstellung etc.) nicht durch die Betriebseinnahmen refinanziert werden können. Bereits in den 1980er Jahren wurde deshalb eine Diskussion über unangemessenen Technologieimperialismus ausgelöst (Dick/Rimmer 1986). Aber auch bei veralteter Technologie im Falle der Straßenbahnen in Kalkutta werden nur ca. 40 % der Betriebskosten erwirtschaftet, während im Falle der moderneren LRT in Manila zumindest dieser Betrag abgedeckt ist. Während die öffentlichen Busunternehmen im Schnitt einen Kostendeckungsgrad von ca. 60 % erreichen, liegt der Vergleichsbetrag für städtische Schienenbahnen nur bei ca. 30 % (Fouracre et al. 2003).

Für die Außenanbindung der Agglomerationen sind **Regional- und Fernbahnen** im Einsatz, die im Falle von Mumbai (Bombay), Chennai (Madras) und Kambodscha große Bedeutung für den Pendlertransport besitzen, in anderen Fällen aber wegen unrentablen Betriebs eingestellt wurden wie in Manila und Lagos. Einige Kennziffern zum Schienenschnellverkehr in Agglomerationen der Dritten Welt vermittelt Tab. 3.5.5.

Viele Städte der Dritten Welt befinden sich auf einem **Entwicklungspfad** von der Fußgängerstadt mit muskelgetriebenen Zwei- und Dreirädern (z. B. Phnom Penh)

Tab. 3.5.5 Beförderungsleistung im Schienenschnellverkehr in Großstädten der Dritten Welt um 2000

Stadt/System	Verkehrskorridore	Beförderte Personen		
		im Jahr (in Mio)	am Tag (1.000)	
		insges.	pro Linie	pro Korridor
Metro				
Buenos Aires	6	242	5,1	112
Bangkok	2	90	3,8	125
Hongkong	6	792	9,0	367
Mexiko D. F.	11	1.433	7,1	362
Singapur	2	296	3,6	411
LRT				
Kuala Lumpur	2	61	1,1	85
Manila	2	109	3,3	153
Medellin	3	105	3,2	97
Bussystem				
Bogota	3	184	4,7	174
Curitiba	5	684	1,3	380
Quito	2	83	7,4	115
Sao Paulo	4	273	4,4	190

Quelle: Fouracre et al. 2003, S. 302

oder einfachen Motorfahrzeugen wie Krafträder und Kleinbusse (u. a. Hanoi) hin zu wenig leistungsfähigen Bussystemen und wachsender Motorisierung (z. B. Chennai, vgl. Abb. 3.5.10). In den meisten Megacities gibt es gemischte Transportsysteme unterschiedlicher Ausprägung und Problemlage mit kritischem Pkw-Anteil (z. B. Kuala Lumpur). Der für den straßengebundenen Verkehr innerhalb der Stadt verfügbare Raum liegt in vielen Fällen nur bei 15-20 % der Gesamtfläche, während in den Industrieländern die Vergleichswerte 30 % erreichen und in der Autostadt Los Angeles sogar 60 % überschreiten (Barter 2004 sowie Etherington/Simon 1996, Zacharias 2002).

Die in vielen Entwicklungsländern be-

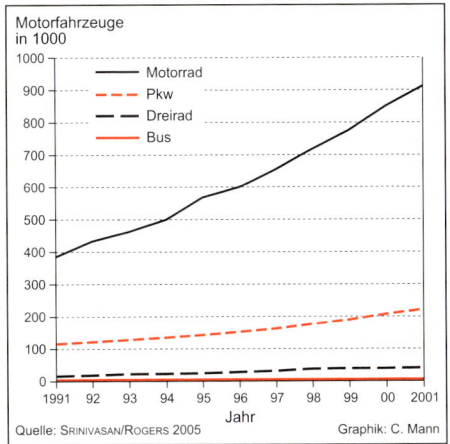

Quelle: SRINIVASAN/ROGERS 2005   Graphik: C. Mann

Abb. 3.5.10 Motorisierung in Chennai 1991-2001

stehenden Engpässe auf dem problematischen Weg zu einer autogerechten Stadt lassen sich aus finanziellen, sozialen und politischen Gründen trotz entsprechender Visionen in absehbarer Zeit nicht überwinden. Deshalb sollte die Verkehrspolitik auf die Eindämmung des motorisierten Individualverkehrs und den Ausbau leistungsfähiger und preiswerter öffentlicher Verkehrssysteme gerichtet sein, um die Mobilität aller Bürger zu erhalten.

3.5.4 Infrastrukturen zur Einbindung in den Weltverkehr

Nach einer Phase der nach innen gerichteten Entwicklungsbemühungen durch Infrastrukturausbau und importsubstituierende Industrialisierung ist seit den 1990er Jahren im Rahmen der neoliberalen Reformen die Außenorientierung wieder in den Mittelpunkt der Entwicklungsstrategie für Länder der Dritten Welt getreten. Eine erfolgreiche Integration in den Weltmarkt und die Ausrichtung von Touristenströmen auf das eigene Land setzen moderne Straßen, Flughäfen und Häfen voraus. Während die Schwellenländer hier durch-

weg den Anschluss gefunden haben, sind die übrigen Entwicklungsländer nicht nur relativ zurückgeblieben, sondern ihre aktuelle Situation stellt sich in vielen Fällen ungünstiger dar als vor drei Jahrzehnten.

Straßenverbindungen und Kommunikationsnetze zwischen den meisten Ländern hatten während der Kolonialzeit keine Bedeutung und erhielten auch nach der Unabhängigkeit beim Aufbau interner Infrastrukturen kaum Priorität. Bei ähnlicher Struktur und geringem Handelsaustausch sowie der Furcht vor negativen Außeneinflüssen (Schmuggel, Migration, politische Agitation) war das Interesse an **grenzüberschreitenden Straßen** eher gering. Ein Beleg dafür ist, dass der innerafrikanische Handel noch Mitte der 1980er Jahre nur 5 % des Gesamthandels der Länder betrug (PEDERSEN 2000).

Visionen für länderübergreifende Durchgangsstraßen und transkontinentale Verbindungen sind eher in den Staaten des Nordens entwickelt worden, wie der weitgehend umgesetzte *Pan American Highway* von Alaska bis Feuerland belegt, dessen Bau stark durch die USA unterstützt wurde. Nicht realisiert wurde dagegen die von Cecil Rhodes konzipierte Bahnlinie von Kairo zum Kap der Guten Hoffnung. Auch die von der Organization of African Unity (OAU) oder der UN-Economic Commission for Africa (ECA) in den 1970er Jahren angeregten *Trans-African Highways* sind nur in Teilstücken mit unterschiedlichem Standard realisiert worden (HOFMEISTER 1980).

Ein Weiterbau der von den Kolonialmächten in unterschiedlicher Spurweite errichteten **Eisenbahnen** erfolgte auch in Afrika nur in sehr begrenztem Umfang. Bei schlechter Wartung, veraltetem rollenden Material und unzulänglichem Management sind viele Strecken bereits stillgelegt worden und verbliebene hofft man im Rahmen einer Privatisierung durch Fremdkapital wieder modernisieren und effizienter gestalten zu können. Diese Situation stellt sich in den meisten Ländern der Dritten Welt ähnlich dar (Thompson 2003).

Positiver ist die Entwicklung im Hinblick auf den nach dem Zweiten Weltkrieg expandierenden **Luftverkehr** verlaufen (vgl. Kap. 2.6). Nach der Unabhängigkeit schlossen die jungen Staaten bilaterale Luftfahrtabkommen, gründeten nationale Fluggesellschaften und bauten mit internationaler Unterstützung Flughäfen aus. Diese Verbindungen waren vorrangig auf die Metropolen der ehemaligen Kolonialmächte ausgerichtet und weniger auf eine regionale Vernetzung, weil hierfür die Nachfrage kaum gegeben war. Durch die teilweise Deregulierung des Luftverkehrs, die Bildung von Allianzen und die Einführung neuer Organisationskonzepte mit Drehkreuzen und Zubringerdiensten, die sich an den Standorten verstärkter Nachfrage und der globalen Vernetzung orientieren, hat sich die Bedeutung der Flughäfen in den Ländern der Dritten Welt stark verschoben. In einigen Schwellenländern wie in Singapur oder Mexiko sind internationale Hubs entstanden. Auch in marginalen Räumen wie Afrika südlich der Sahara sind die Flughäfen Johannesburg, Nairobi und Dakar wegen stärkerer touristischer Nachfrage und erhöhtem Frachtaufkommen (z. B. Schnittblumen und Gemüse) zu regionalen Drehkreuzen aufgestiegen, während andere Flughäfen wie Lagos und Abidjan Verbindungslinien verloren haben.

Noch stärkere Veränderungen haben sich im Zusammenhang mit der Einführung des Containers und der logistischen Revolution im **Seeverkehr** ergeben (vgl. Kap. 2.5). Durch die in den 1970er Jahren umgesetzte neue internationale Arbeitsteilung in der Industrie wurden einige Schwellenländer als Standorte multinationaler Unternehmen in die sich entwickelnden globalen Produktionssysteme einbezogen. Dies hat den Ausbau von Containerhäfen und Schifffahrtsunternehmen begünstigt. Heute gehören asiatische Containerreedereien und Umschlagsunternehmen aus Singapur oder Hongkong zu den weltweit aktiven multinationalen Branchenführern.

Demgegenüber hat Lateinamerika zunächst kaum und Afrika lange Zeit gar keine Impulse durch die **Containerisierung** erhalten. Die hier vorrangig exportierten Rohstoffe und Agrarprodukte wurden bei zeitweisem Überangebot weiterhin mit konventionellen Schiffen transportiert. Eine Modernisierung der zumeist von staatlichen Betrieben geführten Häfen und Reedereien, denen aufgrund der Befürwortung durch die UN-Handelsorganisation (UNCTAD) eine Quote von 40 % der jeweiligen Transportmengen zustand, unterblieb. Dadurch konnten weder Rationalisierungs- noch Skaleneffekte für sinkende Transportkosten genutzt werden. Der Anteil der Frachtkosten am Importwert lag noch in der zweiten Hälfte der 1990er Jahre in den Entwicklungsländern bei 8 % und in Afrika südlich der Sahara bei 14 % bzw. in einigen *Landlocked Countries* sogar bei 20-30 % gegenüber nur 4 % in den Industrieländern (UN 1998).

Seit den 1990er Jahren beginnt sich die Situation durch die Maßnahmen zur Strukturanpassung und den Einsatz von Containern auch für den Transport von Fleisch, Fisch, Früchten und Schüttgut (Kaffee und Kakao) sowie Schnittholz zu verändern. Damit beginnt die selektive Umrüstung der Hafenanlagen im Rahmen von *Dedicated Terminals* und durch Konzessionen an Managementgesellschaften. Allerdings gibt es auch noch die Probleme des **Inlandstransports** zu lösen. Während der Schiffstransport eines Containers von Europa nach Mombasa ca. 20 Tage benötigt, dauern die Zollformalitäten und der Weitertransport nach Kampala 40 Tage. In Ghana wurden von den angelandeten Containern nur ca. 5 % direkt weitergeleitet, während die übrigen im Hafen ausgepackt werden müssen, weil Transportgerät und Umschlagseinrichtungen im Binnenland fehlen (PEDERSEN 2003).

Wegen der **veralteten Hafeneinrichtungen** sowie des niedrigen Arbeitstempos und teilweiser Korruption der Dienstleister sind bisher zeit- und kostensparende Transportsysteme kaum umgesetzt. Eine Differenzierung nach Haupt- und Nebenhäfen, die den Einsatz von größeren Schiffen und Feeder-Diensten ermöglicht, steht in Afrika noch vor den Anfängen. Es ist zu erwarten, dass diese Situation durch Einflüsse von außen im Wettbewerb der Schifffahrts- und Logistikunternehmen verändert wird. So hat die größte Containerreederei Maersk vor einiger Zeit das südafrikanische Schifffahrtsunternehmen Safmarine übernommen, das sich durch Kooperation und Kauf bereits eine Sonderstellung im westlichen und südlichen Afrika erworben hatte. Damit wird Maersk in die Lage versetzt, seine beiden für Afrika wichtigen Hubs in Algeciras/Südspanien und Jebel Ali/nahe Dubai für afrikanische Zubringerverkehre zu nutzen. Kurzfristig sind dadurch günstigere Transportzeiten und sinkende Frachtkosten zu erwarten, mittelfristig können aus der dominierenden Stellung eines Unternehmens aber auch Nachteile erwachsen.

Auch für die Modernisierung der Infrastruktur und des Betriebs von anderen Verkehrsanlagen werden unter dem Einfluss internationaler Berater und Finan-zierungsinstitute zunehmend der Rückzug des Staates und die stärkere **Beteiligung des Privatsektors** angestrebt. Während Afrika hier noch am Anfang steht, ist die Entwicklung in Lateinamerika und Asien schon weiter fortgeschritten, insbesondere in den größeren Ländern Argentinien, Brasilien und Mexiko sowie in Indonesien und China. Eine Überblicksdarstellung der Weltbank weist für den Zeitraum 1985-2003 insgesamt 1.137 neue Infrastrukturprojekte mit einer Gesamtsumme von 684 Mrd. US $ für den Privatsektor nach. Auf Länder der Dritten Welt entfallen davon annähernd 60 % der Projekte und 45 % des Investitionsvolumens. Mehr als die Hälfte der Vorhaben sind auf Mautstraßen bezogen, ca. ein Fünftel auf Eisenbahnen und jeweils ca. 10 % auf Flughäfen und Häfen. Nur bei einem knappen Drittel der Projekte handelte es sich um Neubauten (ESTACHE/SEREBRISKY 2004, HEGGIE 2003).

Damit sind die Finanzbedarfe zur Erhaltung und zum Ausbau der Infrastruktur in vielen Staaten bei weitem nicht gedeckt. Einige Entwicklungsländer haben in falscher Einschätzung des Interesses privater Investoren bereits ihre Haushaltsmittel reduziert, wodurch die Probleme verstärkt werden. Während für die Nutzung von Tunnel und Brücken bereits häufiger Gebührenzahlungen verlangt werden, ist die **Straßenmaut** noch weniger verbreitet und bezieht sich selbst in Ländern, die bereits vor Jahren mit der Umstellung begonnen haben allenfalls auf 5 % des Netzes. Brasilien hat wegen einer kritischen Finanzlage in jüngerer Zeit begonnen, für den Export wichtige Autobahnen im Süden und Südosten des Landes an private Konzessionsnehmer zu versteigern (2005 acht Teilstrecken mit 3.060 km, DVZ 26.04.05). Hierdurch verspricht man sich mittelfristig eine Haushaltsentlastung von 3 Mrd. EUR. Die Länge der bisher bereits in privater Regie betriebenen Bundesstraßen von ca. 8.000 km soll verdoppelt werden. Auch China hat wegen seines enormen Infrastrukturdefizits und der raschen Motorisierung damit begonnen, in größerem Umfang Mautstraßen einzurichten. Auf die negativen Folgen dieser Infrastrukturpolitik für die Bevölkerung weist CHUNG (2002) hin.

Literaturauswahl zur Ergänzung und Vertiefung von Kapitel 3.5

• **Einführung und Überblick:**
JACOBS/GREAVES 2003, HILLING 1996, SIMON 1996, HOYLE/SMITH 1992, NUHN 1980, HOYLE (Hg.) 1973

• **Erschließungsstraßen:**
MARGULIS 2003, KOHLHEPP 1995, KLEINPENNING 1971, WILSON et al. 1966

• **Verkehrsprobleme im ländlichen Raum:**
BRYCESON et al. 2003, SIEBER 1998, FRICKE/KOCHENDÖRFER-LUCIUS 1988, HEIDEMANN/KAIRA 1984

• **Verkehrsprobleme in Agglomerationen:**
BARTER 2004, FOURACRE et al. 2003, GWILLIAM 2003, JÄGER 1998, DIMITRIOU (Hg.) 1990 DICK/RIMMER 1986

• **Nichtmotorisierte Verkehrsmittel:**
HOWE 2003, ZACHARIAS 2002, ETHERINGTON/SIMON 1996, GALLAGHER 1992

• **Infrastrukturpolitik und Einbindung in den Weltverkehr:**
BRICENO-GARMENDIA et al. 2004, ESTACHE/SEREBRISKY 2004, PRUD'HOMME 2004, HEGGIE 2003, PEDERSEN 2003, THOMPSON 2003

4 Theorien und Modelle

4.1 Transportkosten und Modelle räumlicher Ordnung

4.1.1 Entwicklung und Bedeutung der Transportkosten

Verbesserte Infrastrukturen, technologische Innovationen und organisatorische Neuerungen sowie stärkerer Wettbewerb der Unternehmen ermöglichten in den letzten Jahrzehnten eine deutliche **Reduzierung der Transportkosten**. Untersuchungen in den USA belegen, dass zwischen 1960-1992 die durchschnittlichen Einnahmen aus der Beförderung einer Tonne Fracht pro Meile von 16 Cents auf 11 Cents zurückgegangen sind, d. h. jährlich um 0,15 Cents (Abb. 4.1.1 a). Gleichzeitig ist eine Verkürzung der Transportdauer und eine Erhöhung der täglichen bzw. jährlichen Fahrzeiten eingetreten. Der Trend zur Reduktion der Transportkosten lässt sich bereits seit dem frühen 20. Jh. durch den sinkenden Anteil der Transportwirtschaft am Volkseinkommen der USA von 8 % in 1929 auf 3 % in 1990 belegen (Abb. 4.1.1 b; GLAESER/KOHLHASE 2003).

Mit dieser Entwicklung wurden die Voraussetzungen für eine Neuordnung der Produktions- und Distributionssysteme geschaffen. Heute gibt es deshalb auch die Auffassung, dass die früher bedeutende **raumdifferenzierende Wirkung der Transportkosten** verloren gegangen ist und Raumüberwindungskosten vernachlässigt werden können. Diese Meinung wird teilweise durch die Situation in den Kernräumen der Triade bestätigt. Sie stimmt allerdings nicht bei einer Berücksichtigung der Situation in den Ländern des Südens, wo die Verkehrsinfrastrukturen nach wie vor unzureichend ausgebaut sind, das Transportangebot defizitär ist und hohe Kosten anfallen.

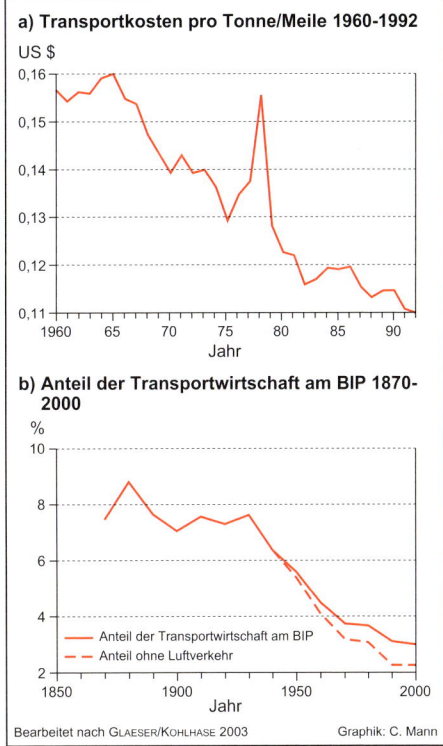

a) Transportkosten pro Tonne/Meile 1960-1992

b) Anteil der Transportwirtschaft am BIP 1870-2000

Bearbeitet nach GLAESER/KOHLHASE 2003   Graphik: C. Mann

Abb. 4.1.1   Kurz- und langfristige Entwicklung der Transportkosten in den USA

Die im Zusammenhang mit den sinkenden Kommunikations- und Transportkosten aufgetretenen und weiter zu erwartenden räumlichen Effekte auf Siedlung und Wirtschaft sind bisher weniger von Geographen, dafür aber umso mehr von Ökonomen untersucht worden. Provozierende Thesen vom „Ende der Geographie" oder vom *„Death of distance"* (CAIRNCROSS 1997) haben innerhalb der Ökonomie eine kontroverse wissenschaftliche Diskussion ausgelöst, die unter dem Stichwort *New Economic Geography* geführt wird. Dabei geht es insbesondere um die Frage, ob der **Distanzfaktor** wirklich an Bedeutung verloren hat und verringerte Raumüberwindungskosten mehr zur Konzentration oder Dekonzentration der Wirtschafts- und Bevölkerungsdynamik beitragen (u. a. KRUGMAN 1991, KRUGMAN/VENABLES 1995, LIMÃO/VENABLES 2001, BRUN et al. 2002, DESMET/FAFCHAMPS 2005). Erhalten die bisher durch hohe Transaktionskosten benachteiligten **peripheren Räume** bzw. die *land locked countries* durch die Einführung der neuen IuK-Technologien bessere Entwicklungschancen oder verstärkt sich der Austausch zwischen den Kernräumen in benachbarten Ländern (VENABLES 2001, TABUCHI/THISSE 2002, COMBES/LAFOURCADE 2005)? Welche Rolle spielen die physische und institutionelle **Infrastruktur**, d. h. insbesondere das Verkehrsnetz und die Regulierung der Transportströme, für die Intensivierung des Wirtschaftsaustauschs und eine Verminderung der räumlichen Disparitäten (CARRERE/SCHIFF 2003, ANDERSEN/WINCOOP 2004)? Diese Problemstellungen bleiben auch in Zukunft für raumbezogene Analysen von Bedeutung. Unter verkehrsgeographischer Perspektive ist es deshalb weiterhin wichtig, sich mit der Transportkostenproblematik zu beschäftigen.

Generell werden die Transportkosten zwischen zwei Standorten durch die **Luftliniendistanz** $d_{i,j}$ geschätzt, die allerdings von der wirklichen Entfernungslänge $l_{i,j}$ wegen der geländebedingten Umwege von Straße und Schiene im Einzelfall deutlich abweichen kann. Auch die plausible Vorstellung, dass sich die Beförderungskosten direkt proportional zur Entfernung erhöhen, stimmt in der Praxis meist nicht, weil sich die Gesamtkosten aus einer entfernungsbezogenen **variablen Komponente** (Energieverbrauch, Fahrereinsatz, Fahrzeugverschleiß, Maut etc.) und einer **fixen Komponente**, den so genannten Terminalkosten (Infrastruktur, Beladung, Lagerung, Verwaltung, Versicherung etc.), zusammensetzen. In der neueren Literatur findet sich auch häufig der Terminus **Transaktionskosten**, der neben dem Aufwand für die Beförderungsleistung u. a. auch die Informationsbeschaffung, Geschäftsanbahnung, Steuerung und Überwachung der Austauschbeziehung berücksichtigt.

Zu den Transaktionskosten im weiteren Sinne gehören auch die **Logistikkosten**, also alle Kosten, die bei der Planung, Durchführung und Kontrolle des betrieblichen Materialflusses entstehen. Sie können in der vernetzten Ökonomie beträchtliche Dimensionen erreichen. Für die US-Wirtschaft betrugen die Logistikkosten im Jahr 2001 ca. 910 Mrd. US-$ bzw. 8,7 % des Bruttoinlandsprodukts (CASSINFO 2002, S. 5). Der Vergleichswert für Deutschland lag im Jahr 2003 bei 7,2 % (INVEST IN GERMANY 2005, S. 18).

Im internationalen Vergleich erscheinen die Logistikkosten, gemessen am Umsatz der Unternehmen, vor allem in Deutschland relativ hoch (CHRISTOPHER 1994, s. Tab. 4.1.1.). Dabei wurden hohe Werte bei Transport (variable Kosten) und Lagerhaltung (fixe Kosten) gemessen. Betrachtet man die einzelnen Wirtschaftszweige, sind

Tab. 4.1.1 Logistikkosten in Unternehmen (in Prozent vom Umsatz)

Kostenelement	Länder				
	F	D	NL	UK	USA
Transport	2,43	5,81	1,44	2,65	2,92
Lagerhaltung	2,50	2,60	2,07	2,02	1,83
Auftragseingang	1,30	2,27	1,38	0,72	0,55
Verwaltung	0,65	0,65	0,32	0,27	0,39
Bestand	1,83	0,72	1.53	2,08	1,91
Summe	8,71	12,05	6,07	7,74	7,60

Quelle: Christopher 1994, S. 247

die Anteile der **Logistikkosten des Handels** mit 27,6 % der Gesamtkosten deutlich höher als in der Konsumgüterindustrie mit 12,8 % und der Automobilindustrie mit 8,2 % (Baumgarten/Thoms 2002, S. 14). Auch nach diesen Daten entfällt wiederum ein hoher Anteil der Logistikkosten auf die physische Distribution (Konsumgüterindustrie: 64,1 %, Handel: 53,4 % und Automobilindustrie: 26,8 %). Die betrieblichen Aktivitäten in Richtung Kostensenkung werden künftig vermutlich in allen Unternehmen aller Sektoren weiter gehen.

Abb. 4.1.2 verdeutlicht, dass im Falle einer direkten Umlegung der Terminalkosten auf die Transportstrecke die ersten Kilometer anteilsmäßig viel höher durch fixe als durch variable Kosten belastet werden (a) und bei einer **Berechnung der Gesamtkosten** nach zurückgelegten Meilen die anfangs sehr hohen Beträge rasch sinken und dann nur noch langsam abnehmen (b). Um diese extrem ungleichmäßige Belastung zu vermeiden, werden bei der Festlegung der Beförderungstarife die Terminalkosten auf eine größere Distanz umgelegt im Sinne einer abnehmenden Gesamtkostenkurve (a).

Auch die **verschiedenen Verkehrsträger** werden in unterschiedlicher Weise durch fixe und variable Transportkos-

ten belastet. Daraus ergeben sich Vor- und Nachteile für die konkurrierenden Beförderungssysteme. So liegen die fixen Kosten beim **Lkw** mit einem Anteil an den Gesamtkosten von ca. 10 % relativ niedrig, weil die Anschaffungspreise günstig und die Nutzung der öffentlichen Straßen weitgehend kostenfrei sind. Demgegenüber fallen die variablen Kosten wegen des Mineralölverbrauchs und anderer distanzab-

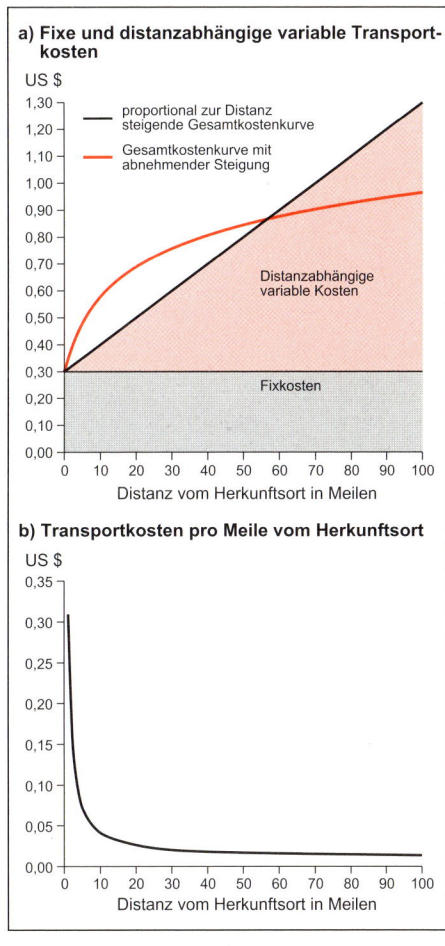

Abb. 4.1.2 Zusammensetzung der Transportkosten und Abhängigkeit von der Distanz

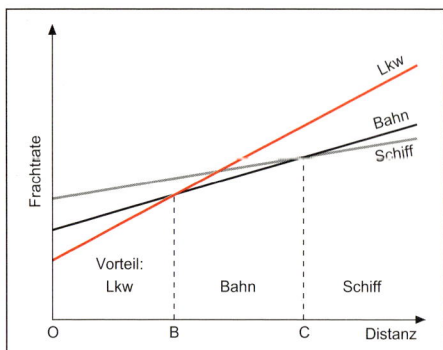

Abb. 4.1.3 Idealtypische Transportkosten-kurven von Lkw, Bahn und Schiff

hängiger Kosten relativ hoch aus. Die Kurve in Abb. 4.1.3 steigt nahezu proportional zur Distanz. Die Stärke des Lkw liegt deshalb grundsätzlich bei kürzeren und mittleren Distanzen.

Demgegenüber wird der **Schienentransport** durch hohe Fixkosten für die Infra- und Suprastruktur von Fahrweg und Transportbehälter belastet, die erst bei größerer Entfernung durch wesentlich günstigere Energie- und Personalkosten aufgewogen werden können. Die Kurve verläuft deshalb deutlich flacher. Besonders hoch sind die Vorleistungen beim **maritimen Transport** für den Schiffbau und die Hafenanlagen, die aber wegen des Massentransports und der günstigen Betriebskosten auf See bei längeren Distanzen zu niedrigeren Gesamtkosten führen. Im Rahmen intermodaler Transportketten versucht man, die Vorzüge der einzelnen Transportmodi zu verknüpfen mit dem Ziel einer kostengünstigen Haus-zu-Haus-Beförderung (vgl. Kap. 2.8).

Bis vor kurzem wurden die Frachtkosten sehr stark durch **staatliche Einflussnahme** reguliert und spiegelten nur bedingt die distanzabhängigen variablen Kosten wider. So wird z. B. von der Post für Briefe das **Einheitstarifsystem** prak-

tiziert und für die Frachtbeförderung eine **Zonierung** gewählt, welche die kürzeren Distanzen benachteiligt und die längeren bevorzugt. Bei der Bahn wurden aus wirtschafts- und sozialpolitischen Gründen einzelne Güter- bzw. Personengruppen begünstigt. So lagen im stärker industrialisierten und gut durch Schienenwege erschlossenen NO der USA die Frachttarife ca. 60 % niedriger als im SW des Landes. Für mehr als fünf Jahrzehnte galten **regionale Staffeltarife**, welche die traditionellen Industriegebiete begünstigten.

Im Hinblick auf die räumliche Preispolitik muss auch jeder Produzent entscheiden, ob er seine Ware **fob** (*free on board*) anbietet und dem Käufer Transport und Versicherung überlässt, wodurch sich je nach Standort unterschiedliche Belastungen ergeben, oder ob die **Lieferung frei Haus** erfolgen soll und damit die Transportkosten als Mischkalkulation vorher eingepreist werden müssen.

Es liegt auf der Hand, dass die Transportkosten auch stark in Abhängigkeit von der Güterart und dem Beförderungsrisiko schwanken, weil z. B. verderbliche landwirtschaftliche Produkte eine andere Behandlung erfordern als unempfindliche Massengüter oder hochwertige Fertigprodukte. Je nach Risiko, Sperrigkeit, Menge und Wert werden unterschiedliche **Frachttarife für Gütergruppen** definiert. Durch spezielle Transportgefäße, Umschlagseinrichtungen und Lagerüberwachung sind produktspezifische Beförderungssysteme mit sicherem und kostengünstigem Transport entwickelt worden, die eine rasche und kostengünstige Beförderung ermöglichen.

Nach einer weitgehenden Deregulierung des Transportwesens können heute die Unternehmen ihre **Wettbewerbspreise** selbst definieren. Das bedeutet z. B., dass die

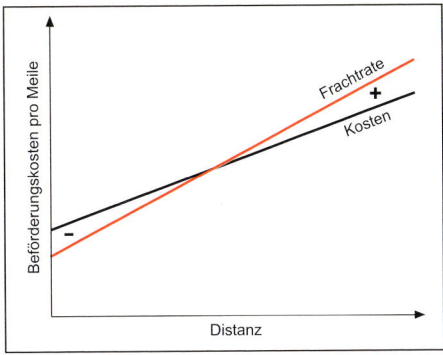

Abb. 4.1.4 Strategische Festlegung von Frachttarifen der Bahn

Bahn die Preise für kürzere Entfernungen gegenüber den realen Kosten senkt, um ihre Position im mittleren Bereich gegenüber dem Lkw stärker zur Geltung zu bringen, und zum Ausgleich auf längeren Distanzen verteuert (vgl. Abb. 4.1.4).

Auch langfristige Verträge über Mengen und Transportzeiten erlauben günstigere Kalkulationen z. B. für Ganzwagenladungen oder Blockzüge. Auf diese Weise ergeben sich aus strategischen und markttechnischen Überlegungen immer mehr Abweichungen von den auf Entfernungsbasis kalkulierten Frachttarifen (PUWEIN 2000).

So haben die Zitrusanbauer in Kalifornien mit Blick auf die Konkurrenten im Süden der USA Transporttarife kalkuliert, die für den Nordosten nicht mehr steigen. Auch die Weinversender aus Fresno belasteten ihr Produkt wegen der Konkurrenz von Importen aus Europa über die Atlantikhäfen nur bis zum Ostabfall der Rocky Mountains mit steigenden Frachtkosten, während der gesamte mittlere Westen und die Ostküste zu gleichen Tarifen beliefert wurden (vgl. Abb. 4.1.5, TAAFFE et al. 1996). Transportpreise sind heute weitgehend Teil des Marktsystems und nicht mehr starr an Distanzen geknüpft.

Nicht alle Kosten, welche durch die Verkehrsteilnehmer verursacht werden, sind in den Beförderungsentgelten enthalten. Ein großer Teil der Unfall- und Umweltkosten (Lärm, Luftschadstoffe etc.), aber auch ungedeckte Infrastrukturkosten (Bau und Unterhaltung von Verkehrsanlagen) gehen zu Lasten der Allgemeinheit. Sie werden deshalb bei der individuellen Entscheidung der Verkehrsteilnehmer oft nicht beachtet, wodurch vermeidbare Fahrten entstehen. Seit einigen Jahren werden deshalb unter dem Begriff der Kostengerechtigkeit die Einbeziehung der **externen Kosten des Verkehrs** und die Anlastung nach dem Verursacherprinzip angestrebt. Auch im Weißbuch der EU wird eine entsprechende Ausrichtung der Verkehrspolitik gefordert (EU COM 2001).

Während die Existenz der Belastungen durch den Verkehr unbestritten ist, werden die Versuche zur **Quantifizierung, Bewertung und Zurechnung** der externen Kosten des Verkehrs bzw. der einzelnen Verkehrszweige kontrovers diskutiert

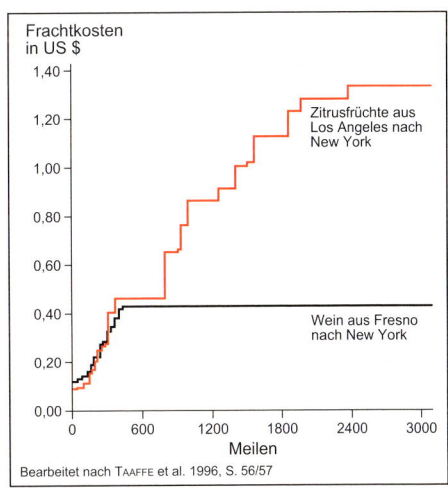

Abb. 4.1.5 Definition von Tarifzonen für Zitrusfrüchte und Wein aus dem Westen der USA Mitte des 20. Jh.s

(WILLEKE 1996, INFRAS/IWW 2000). Bei der Komplexität des Sachverhalts sind die quantitative Erfassung der Schadenstatbestände sowie ihre Bewertung in Geldeinheiten und die verursachergerechte Anlastung bisher kaum objektiv leistbar. Wissensdefizite müssen deshalb durch Annahmen überbrückt und Bewertungsspielräume durch politische Vorgaben eingeengt werden (vgl. Kap. 5).

Die Transportkosten eines Gutes sind neben der Höhe der Produktionskosten für seine Verbreitung innerhalb eines Marktgebietes entscheidend. Durch die Reichweite des Absatzes wird im Wettbewerb mit anderen Produktionsstandorten eine **regionale Spezialisierung** ermöglicht. Mit Hilfe von grafischen Darstellungen können diese Zusammenhänge erläutert werden. Bei Abb. 4.1.6 a handelt es sich um drei Produktionsstandorte A, B, C mit gleichen Produktionskosten (senkrechte Linien P_A, P_B, P_C) sowie gleichen relativ hohen distanzabhängigen Transportkosten (schräge Linien T(d)). Die Grenzen zugeordneter Marktgebiete lassen sich aus den Schnittpunkten der Transportkostenlinien ableiten. Im Falle von A handelt es sich um das Transportkostenfeld von x bis y, d. h. ein Konsument am Standort k kauft günstiger in A als in B oder C ein. Unter diesen Voraussetzungen entsteht kein Güteraustausch zwischen den Produktionsstandorten.

Wird demgegenüber von niedrigeren Transportkosten (flacher Verlauf von T(d)) und stark variierenden Produktionskosten (unterschiedliche Höhe von P_A, P_B, P_C) ausgegangen (Abb. 4.1.6 b), ergibt sich eine hohe Spezialisierung der Produktion am Standort C, weil von hier aus das Gesamtgebiet zu den günstigsten Preisen versorgt werden kann. Die nicht konkurrenzfähige Produktion an den Standorten A und B wird eingestellt. Sind dagegen hohe Trans-

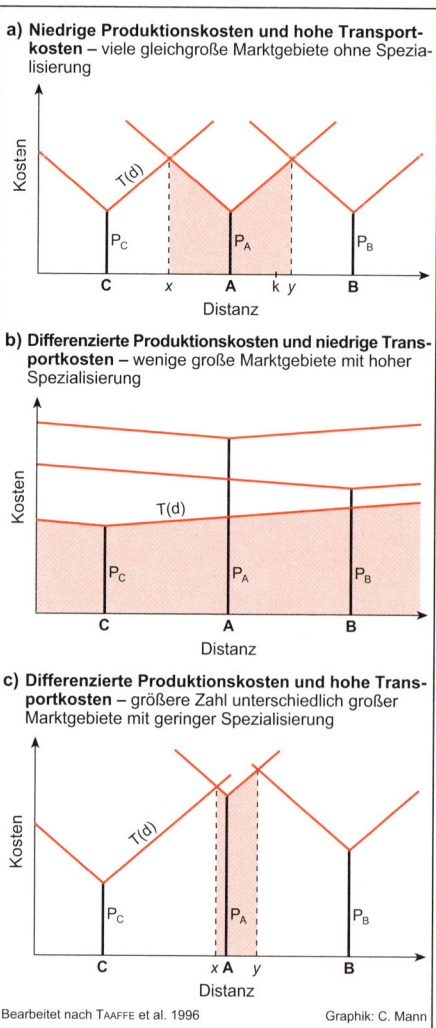

a) **Niedrige Produktionskosten und hohe Transportkosten** – viele gleichgroße Marktgebiete ohne Spezialisierung

b) **Differenzierte Produktionskosten und niedrige Transportkosten** – wenige große Marktgebiete mit hoher Spezialisierung

c) **Differenzierte Produktionskosten und hohe Transportkosten** – größere Zahl unterschiedlich großer Marktgebiete mit geringer Spezialisierung

Bearbeitet nach TAAFFE et al. 1996   Graphik: C. Mann

Abb. 4.1.6 Zusammenhang zwischen Produktionskosten und regionaler Spezialisierung

portkosten (steiler Verlauf von T(d)) neben stärkeren Unterschieden bei den Produktionskosten (unterschiedliche Höhe von P_A, P_B, P_C) gegeben, kommt es zur Ausbildung eigener Marktgebiete unterschiedlicher Größe ohne besondere Spezialisierungseffekte (vgl. Abb. 4.1.6 c).

Daraus kann gefolgert werden, dass die Voraussetzung für einen Güteraustausch zwischen einem Herkunftsgebiet A und einem Zielgebiet B von einer ausreichenden Preisdifferenz $(P_A - P_B)$ abhängt. Gleichzeitig dürfen die Transportkosten zwischen A und B $(T(d_{AB}))$ die Preisdifferenz zwischen P_A und P_B nicht übersteigen, sonst findet kein Austausch statt, d. h.

$$P_A - P_B > T(d_{AB})$$

Regionale Spezialisierung entsteht folglich aufgrund von so genannten **komparativen Kostenvorteilen**. Der Grad der Spezialisierung wird bestimmt durch die Relation zwischen den Transportkosten und der Preisdifferenz. Hierbei handelt es sich nicht um feste Größen, da eine stärkere Nachfrage zu Preissteigerungen bzw. zum Ausgleich der Preise zwischen den Regionen führen kann. Bei hohen Transportkosten ist die Tendenz zur regionalen Spezialisierung gering, und es entstehen zahlreiche kleinere Marktgebiete. Bei niedrigen Transportkosten steigt die Tendenz zur regionalen Spezialisierung, und es bilden sich wenige größere Marktgebiete.

4.1.2 Raumwirtschaftliche Modelle

Die früher gravierenden Probleme der Distanzüberwindung und die hohen Kosten für den Gütertransport zum Markt bzw. der Rohstoffe und Zwischenerzeugnisse zum Produktionsstandort haben bereits im 19. und beginnenden 20. Jh. zur **Entwicklung modelltheoretischer Erklärungsansätze** über die Verteilung der Standorte im Wirtschafts- und Siedlungsraum geführt.

Besondere Bedeutung erlangten die bereits 1826 vom Gutsbesitzer und Agrarökonomen Heinrich von Thünen aus empirischen Erhebungen durch isolierende Abstraktion gewonnenen Vorstellungen über die **Landnutzung in Abhängigkeit** von den Transportkosten zum Markt. Ausgangspunkt für seine Berechnungen sind eine Reihe von restriktiven Annahmen:

• Gegeben ist ein vom Rest der Welt isolierter Wirtschaftsraum mit nur einem Markt im Zentrum.

• Es handelt sich um ein homogenes Produktionsgebiet ohne differenzierende Einflüsse von Boden, Klima, Betriebsgröße und Ausstattung.

• Die Verkehrserschließung zum Markt ist in allen Teilgebieten gleich, und die Transportkosten erhöhen sich linear in Abhängigkeit von der zurückgelegten Entfernung.

• Die Landwirte haben einen vergleichbaren Bildungsstand, sind umfassend über das Marktgeschehen informiert und verhalten sich rational bzw. streben einen optimalen Erlös an.

Es handelt sich folglich um ein geschlossenes System, in dem die Transportkosten die variable Größe darstellen und der Agrarunternehmer nur das Anbauprodukt wählen muss, das an seinem Standort den höchsten Reinertrag liefert (vgl. Abb. 4.1.7). Hierfür ist die **Berechnung der Lagerente** (R), d. h. des Nettoerlöses pro Flächeneinheit erforderlich (ausführlich bei Heineberg 2003, S. 131ff.)

$$R = E \cdot (p - a) - E \cdot f_d$$

R = Lagerente (Nettoerlös pro Fläche) in EUR/ha
E = Ertrag (Produktionsmenge) in dz/ha
p = Marktpreis in EUR/dz
a = Produktionskosten in EUR/dz
f = Transportkosten in EUR/dz/km
d = Distanz zum Zentrum (Markt) in km

Abb. 4.1.7 a veranschaulicht den Zusammenhang. Der auf dem Markt erzielte Preis für das Anbauprodukt I $E \cdot p$ wird reduziert um die Produktionskosten $E \cdot a$

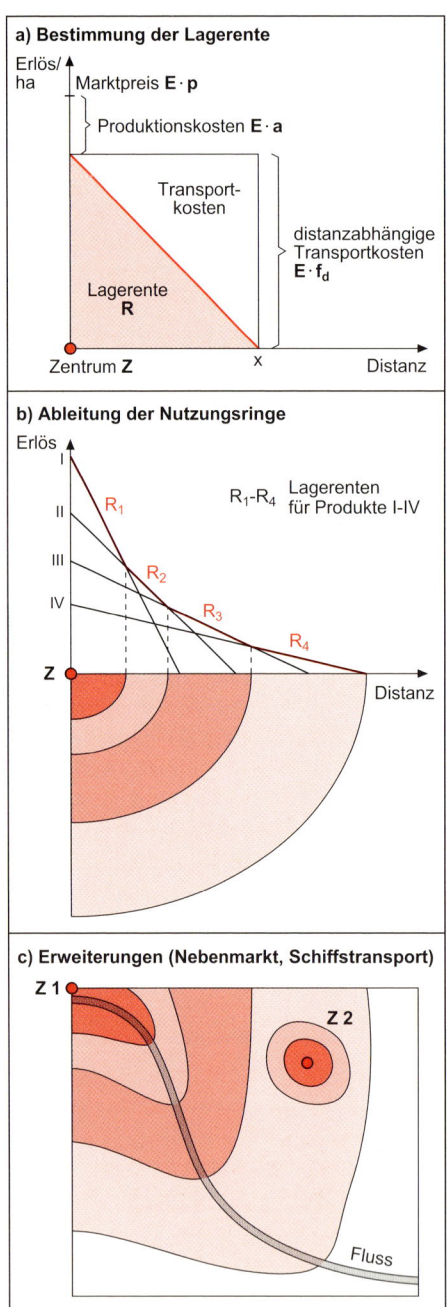

Abb. 4.1.7 Modell transportkostenabhängiger Landnutzung (J. H. v. THÜNEN)

(überall gleich für I) und weiterhin um die Transportkosten zum Absatzzentrum $E \cdot f_d$, die je nach Lage des Produktionsstandortes zum Markt unterschiedlich hoch ausfallen. Ab einer bestimmten Distanz vom Zentrum (Punkt x) haben die Transportkosten den Reinertrag aufgezehrt, und es entstehen Verluste mit diesem Produkt. Da alternative Anbaumöglichkeiten mit anderen Produktionskosten, Transportempfindlichkeiten und Marktpreisen bestehen, sind die **Wettbewerbsprodukte** II-IV im Hinblick auf ihre Lagerente zu prüfen.

Abb. 4.1.7 b zeigt, dass sich durch den Übergang zu Anbauprodukten mit niedrigeren Transportkosten und höherem Nettoerlös eine Abfolge unterschiedlicher Anbauzonen ergibt. Das Produkt I mit der höchsten Lagerente R_1 wird vergleichsweise stark durch Transportkosten belastet (steiler Kurvenverlauf). Ab dem Schnittpunkt mit der Kurve von Produkt II kann mit diesem Gut ein höherer Erlös pro Hektar erzielt werden, der wiederum am Schnittpunkt mit dem weniger durch Transportkosten belasteten Produkt III verdrängt wird. Auf diese Weise entsteht eine Abfolge **konzentrischer Anbauringe um den Markt** mit einem Intensitätsabfall vom zentrumsnahen Gebiet (intensiver Gartenbau) bis hin zum äußeren Produktionsring (extensive Viehwirtschaft).

Die restriktiven Annahmen im Hinblick auf den isolierten homogenen Raum sind durch von THÜNEN selbst mit der Einbeziehung günstigerer Verkehrsachsen (Fluss, Eisenbahn) und kleinerer Nebenzentren (Z_2) teilweise der Realität angenähert worden (vgl. Abb. 4.1.7 c). In der Nachfolge konnten weitere **Anpassungen** erreicht und bis in die Mitte des 20. Jh.s in einer größeren Zahl von Studien Landnutzungsringe auf unterschiedlichen Maßstabsebenen identifiziert werden.

Auch in der **Stadtstrukturforschung** wurden von BURGESS 1925 und HOYT 1939 deskriptive Modelle mit Ring- und Sektoralmustern unter Beteiligung von Transporteinflüssen abgeleitet. Ein wichtiger Ausgangspunkt für die Erforschung des städtischen Bodenmarktes sowie die Erklärung von Bebauungsdichte und Gebäudehöhe stellte von THÜNENS Lagerente dar (vgl. ALONSO 1960). Auch für das Modell der Zentralen Orte von CHRISTALLER 1933 sowie seine Weiterentwicklungen bilden Distanzringe eine wichtige Basis (jeweils ausführlich bei HEINEBERG 2001, S. 103ff.). Diese auf die methodischen Grundsätze ausgerichteten Bewertungen zeigen die große Bedeutung von J. H. von THÜNEN für die Entwicklung der Geographie (vgl. u. a. GIESE 1995). Die **generellen Einschätzungen** dürfen jedoch nicht dazu verleiten anzunehmen, dass unter den heutigen Transport-, Distributions- und Produktionsverhältnissen einer globalisierten Wirtschaft räumliche Nutzungsstrukturen noch mit den einfachen Annahmen von THÜNENS angemessen erklärt werden könnten.

Mit der fortschreitenden Ausbreitung der Schwerindustrie wurden in der zweiten Hälfte des 19. Jh.s auch theoretische Konzepte zur **Lokalisation von Produktionsstätten** in Abhängigkeit von den Transportbeziehungen entwickelt, die von A. WEBER systematisiert und 1909 in einem grundlegenden Werk vorgelegt wurden. Wie im Falle der Landnutzungsmodelle wird hierbei von ähnlich rigiden Annahmen ausgegangen. Gegeben sind eine homogene Fläche sowie zwei lokalisierte Materialien und ein Konsumort, welche die Eckpunkte eines Dreiecks bilden. Unterschieden wird weiterhin zwischen Reingewichtsmaterialen, deren Gewicht voll in das Endprodukt eingeht und Gewichtsverlustmaterialien, die beim Verarbeitungs-

prozess Gewicht verlieren. Als Sonderfall werden auch ubiquitäre Materialien zugelassen, die überall vorkommen (z. B. Wasser). Gesucht wird der Transportkostenminimalpunkt als optimaler Produktionsstandort (vgl. Abb. 4.1.8).

Im Falle der Abb. 4.1.8 a handelt es sich um zwei lokalisierte Reingewichtsmaterialien, die 30 km auseinander liegen und 40 km bzw. 50 km vom Konsumort des Fertigprodukts entfernt sind. Für ein Endprodukt von 10 t Gewicht werden 4 t Material von M_1 und 6 t von M_2 benötigt. Die Vergleichsrechnung zur **Bestimmung des tonnenkilometrischen Minimalpunkts** weist den Konsumort als günstigsten Standort für die Produktionsanlage aus, weil hier die Transportkosten am niedrigsten liegen. Unter Berücksichtigung von Gewichtsverlustmaterialien verschiebt sich der Transportkostenminimalpunkt vom Konsumort weg in Richtung der Materialfundorte (vgl. Abb. 4.1.8 b).

Wegen der sehr restriktiven Annahmen hat WEBER noch Arbeitskosten und Agglomerationsvorteile in sein Modell einbezogen. Im Falle der **Arbeitskosten** wird zunächst der Transportkostenminimalpunkt (P) berechnet und anschließend durch die Konstruktion von Linien gleicher zusätzliche Transportkosten (Isodapane) im Hinblick auf die Orte niedrigerer Arbeitskosten (L_1 und L_2) geprüft, ob bei einer Bilanzierung der Vor- und Nachteile eine Verschiebung vorteilhaft ist. Standorte außerhalb der Grenzlinie, an der die zusätzlichen Transportkosten die niedrigeren Lohnkosten aufwiegen (kritische Isodapane), scheiden unter Berücksichtigung der Gesamtkosten aus. Im vorliegenden Beispiel ist L_1 im Vergleich mit P als Standort vorzuziehen (Abb. 4.1.8 c).

Auch WEBERS Modell ist bis in die jüngere Zeit durch die Aufhebung einzelner

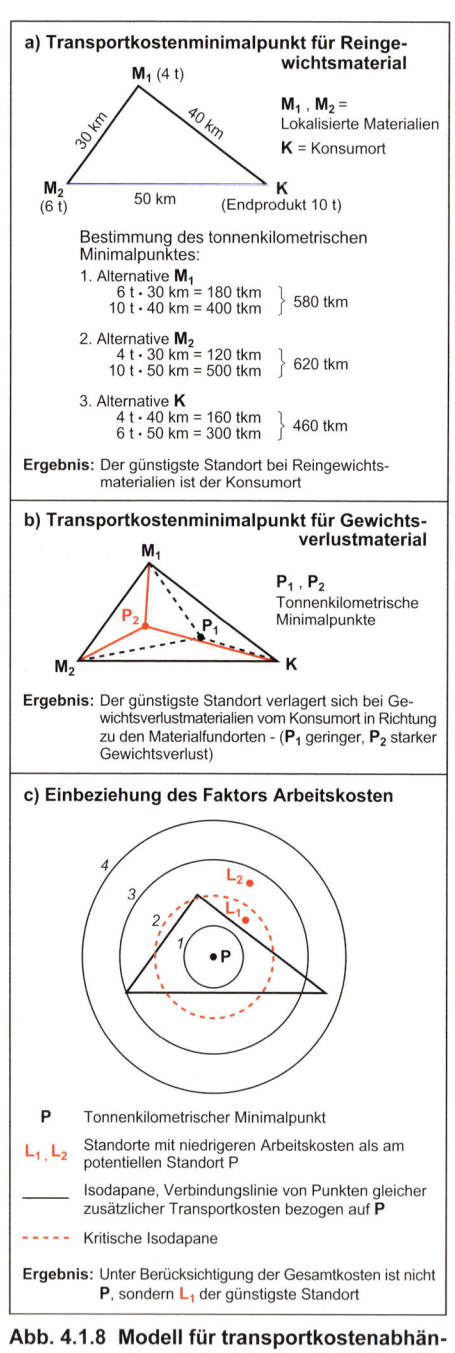

a) **Transportkostenminimalpunkt für Reingewichtsmaterial**

M_1 (4 t)

M_1 , M_2 = Lokalisierte Materialien

K = Konsumort

M_2 (6 t)   50 km K (Endprodukt 10 t)

Bestimmung des tonnenkilometrischen Minimalpunktes:

1. Alternative M_1
   6 t · 30 km = 180 tkm
   10 t · 40 km = 400 tkm } 580 tkm

2. Alternative M_2
   4 t · 30 km = 120 tkm
   10 t · 50 km = 500 tkm } 620 tkm

3. Alternative K
   4 t · 40 km = 160 tkm
   6 t · 50 km = 300 tkm } 460 tkm

Ergebnis: Der günstigste Standort bei Reingewichtsmaterialien ist der Konsumort

b) **Transportkostenminimalpunkt für Gewichtsverlustmaterial**

M_1

P_1 , P_2
Tonnenkilometrische Minimalpunkte

P_2 P_1

M_2 K

Ergebnis: Der günstigste Standort verlagert sich bei Gewichtsverlustmaterialien vom Konsumort in Richtung zu den Materialfundorten - (P_1 geringer, P_2 starker Gewichtsverlust)

c) **Einbeziehung des Faktors Arbeitskosten**

4
3
2
1

L_2
L_1
P

P Tonnenkilometrischer Minimalpunkt

L_1 , L_2 Standorte mit niedrigeren Arbeitskosten als am potentiellen Standort P

────   Isodapane, Verbindungslinie von Punkten gleicher zusätzlicher Transportkosten bezogen auf P

- - - -   Kritische Isodapane

Ergebnis: Unter Berücksichtigung der Gesamtkosten ist nicht P, sondern L_1 der günstigste Standort

Abb. 4.1.8 Modell für transportkostenabhängigen Industriestandort (WEBER)

restriktiver Annahmen und Erweiterungen flexibler gestaltet worden, z. B. von ISARD 1956 und SMITH 1971 (ausführlich bei KULKE 2004, S. 65ff.). Viele der **Voraussetzungen für Produktion und Absatz** treffen heute allerdings in keiner Weise mehr zu. Gegenwärtige Unternehmen sind einbezogen in vielgliedrige komplexe Beschaffungs- und Distributionsketten. Neben den Transportkosten stellen der Zeitverbrauch und die zeitgenaue Lieferung wichtige Faktoren dar. Auch Informationen über die rasch wechselnde Marktnachfrage sind von vitaler Bedeutung für eine flexible Produktion.

Trotz dieser Tendenzen haben die **modelltheoretischen Betrachtungen der** *New Economic Geography* unter besonderer Berücksichtigung der Transportkosten seit Ende der 1980er Jahre eine Renaissance erfahren. Erste Arbeiten von KRUGMAN haben sich zu einer breiten, teilweise auch kritisch geführten Diskussion entwickelt (u. a. MCCANN 2005). Auch die neueren Ansätze basieren weitgehend auf neoklassischen Annahmen und gehen vom rationalen Verhalten der Akteure sowie von einem sich langfristig einstellenden wirtschaftlichen Gleichgewicht aus. Die Abbildung komplexer Beziehungen zwischen verschiedenen Variablen wird durch **dynamische nichtlineare Gleichungssysteme** mit integrierten Rückkoppelungseffekten angestrebt. Damit lassen sich die Statik der klassischen Modelle überwinden und Simulationen durchführen (FRANZ 1998).

Meist werden zwei räumliche Einheiten (Länder, Regionen, Städte – nicht also Einzelstandorte) mit unterschiedlicher Ausstattung und unterschiedlich dynamischen Einflussgrößen betrachtet. Die Transportkosten gelten als Ausdruck unterschiedlicher **Raumüberwindungshindernisse**.

Sie üben je nach Intensität und Dauer differenzierte Wirkungen aus. Sinkende Transportkosten begünstigen zunächst eine Unternehmenskonzentration, können aber bei anhaltender Tendenz auch zu Dispersionswirkungen führen, bis ein neues Gleichgewicht erreicht ist (zur generellen Einschätzung der *New Economic Geography* vgl. MARTIN 1999, BATHELT 2001, STERNBERG 2001).

4.2 Verkehrsnetze und Raumerschließung

4.2.1 Struktur und Bedeutung von Verkehrsnetzen

Die Verkehrsinfrastruktur wird in hohem Maße durch die untereinander verflochtenen Netze von Straßen, Schienen und Wasserwegen bestimmt. Ihre Anlage erfordert hohe Investitionen, und für die Erhaltung der Funktionsfähigkeit sowie die Anpassung an den Stand der Technik sind laufende Aufwendungen erforderlich. Gut ausgebaute Verkehrsnetze bilden eine Voraussetzung für die arbeitsteilige Wirtschaft und den weltweiten Handelsaustausch. Die Netzdichte korrespondiert mit der Intensität wirtschaftlicher Aktivitäten und der Konzentration von Bevölkerung und Siedlung. Bereits einfache Kennziffern aus Netzlänge und Fläche (z. B. Straßen-km/100 km²) vermitteln erste Eindrücke vom Entwicklungsstand eines Gebietes. Mitte des 20. Jh.s lag die Straßendichte weltweit im Durchschnitt bei 10 km, während die Eisenbahndichte nur knapp 1 km betrug. Die entsprechenden Höchstwerte in Ländern wie Belgien und Luxemburg erreichten 300 km bzw. 18 km (GINSBURG 1961, S. 60ff.).

Verortete Infrastrukturen für den Transport von Personen, Gütern und Nachrichten entstehen dort, wo eine Verkehrsspannung zwischen Ausgangs- und Endpunkt zu sich wiederholenden Bewegungsabläufen führt, die an feste Korridore gebunden sind. Eine umfassende Theorie der Verkehrswege ist im Rahmen der klassischen Standortansätze nicht entwickelt worden. HAGGETT (1973) betrachtet die **Entstehung** und den Umbau **eines Verkehrsnetzes** im Zusammenhang mit der Siedlungs- und Wirtschaftsentwicklung. Wichtige Phasen der Herausbildung sind in Abb. 4.2.1 modellhaft veranschaulicht. Den Ausgangspunkt bilden räumliche Bewegungsabläufe, die als Interaktionen bzw. als Transfer zwischen festen Punkten durch ökonomische und soziale Faktoren gesteuert werden (a). Verdichten sich Verkehrsströme (Migration, Pendelwanderung, Versorgung), erfolgen der Ausbau von Leitwegen und die Integration zu einem Netzwerk (b), wodurch die Reibungswiderstände vermindert und neue Möglichkeiten eröffnet werden. Von den fortgesetzten räumlichen Interaktionen profitieren insbesondere die Schnittstellen der Verkehrsströme, die als Marktorte, Gewerbestandorte und städtische Zentren an Bedeutung gewinnen (c). Innerhalb des Netzes kommt es zur Hierarchiebildung der Knoten, die sich in einer Rangordnung von Ober-, Mittel- und Unterzentren manifestiert. Stabilisiert sich das System von funktionalen Beziehungen über einen Zeitraum, entstehen ein Gleichgewicht der räumlichen Dynamik und ein stabiles Ordnungssystem in der Fläche (d).

Die Beschreibung und Analyse von Netzstrukturen erfolgen in der Geographie traditionell mit **Hilfe von Karten**. Der Einfluss der natürlichen Gegebenheiten auf die Ausprägung der Netze wird bereits aus der topographischen Karte durch Geländeformen, Flussläufe, Bodenbede-

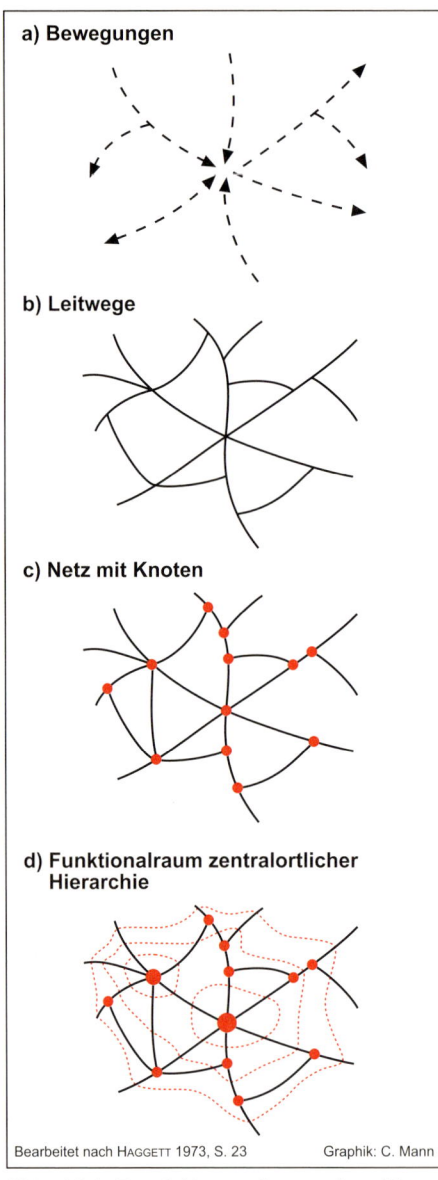

a) Bewegungen

b) Leitwege

c) Netz mit Knoten

d) Funktionalraum zentralortlicher Hierarchie

Bearbeitet nach HAGGETT 1973, S. 23   Graphik: C. Mann

Abb. 4.2.1 Entwicklungsphasen eines Verkehrsnetzes unter dem Einfluss sozioökonomischer Kräfte

ckung etc. unmittelbar ersichtlich. Über die maßstabsgetreue Situationswiedergabe der hierarchisch gegliederten Verkehrs-

wege hinaus können die netzgebundenen Transportströme, Reisezeiten und Tarifzonen etc. in speziellen Verkehrskarten veranschaulicht werden (FREITAG 1966; MEINE 1967).

Schon im 19. Jh. hat man die **Trassierung** der Verkehrswege in Abhängigkeit von physischen Faktoren sowie von der Besiedlung und den Erfordernissen der Wirtschaft systematisch untersucht. Neben großräumigen Netzentwürfen für den Eisenbahn- und Chausseebau (z. B. LIST 1841; vgl. Abb. 2.2.8) wurden auch Elemente und Grundtypen der Netzgestalt im Hinblick auf ihre Vor- und Nachteile systematisiert und bewertet (Dreieck, Quadrat, Ringstrukturen, baumartige Verästelungen etc.). Abb. 4.2.2 zeigt den Entwurf für ein strahlenförmiges, auf den Mittelpunkt eines Gebirgskessels ausgerichtetes Wegenetz von J. G. KOHL 1841. Von den dünn besiedelten Hängen im oberen Teil des Beckens (vgl. Aufriss a) vergrößern und verdichten sich die baumartigen Stränge und Ringe der Verkehrswege, um im Zentrum ein enges Netz zu bilden (Grundriss b).

Volks- und betriebswirtschaftliche Überlegungen sowie Kalkulationen über die erwartete Nutzung der Anlagen ergänzen die Vorstellungen zur optimalen formalen **Gestaltung der Netze**. Dem grundlegenden zweibändigen Werk von LAUNHARDT zur Theorie des Trassierens (1887/88) folgten im 20. Jh. neue Darstellungen, die den jeweiligen Stand der Wissenschaft wiedergeben (u. a. BLUM 1925 sowie HOFFMANN 1961). Die wissenschaftlichen Grundlagen und der politische Abstimmungsprozess der Verkehrswegeplanung in Deutschland sind bereits weiter vorn in anderem Zusammenhang behandelt worden (vgl. Kap. 2.1).

Die **einfachste Komponente** eines Verkehrsnetzes ist die **Verbindungsstrecke**

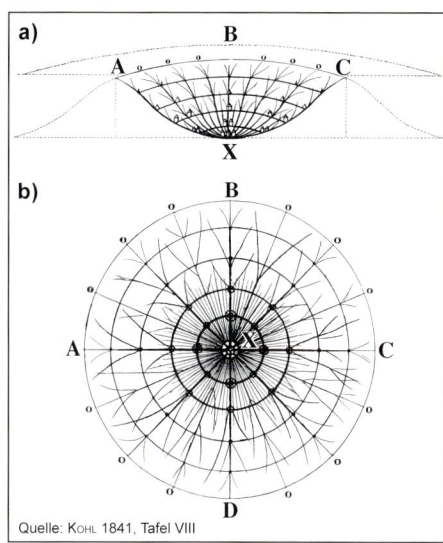

Abb. 4.2.2 Wegenetz eines Gebirgskessels im Grund- und Aufriss

zwischen zwei Orten **als gerade Linie**. In der Praxis findet sich eine solche idealtypische Verknüpfung, die bei kürzester Distanz auch den geringsten Zeitaufwand und die niedrigsten Kosten verursacht, eher selten, weil sich Abweichungen durch positive oder negative Einflüsse ergeben. So sind Umwege zur Vermeidung besonders hoher Baukosten durch die Untertunnelung eines Berges oder die Überbrückung eines Gewässers angemessen, wenn die mittelfristigen Unterhalts- und Betriebskosten der längeren Strecke die einmaligen Investitionen und laufenden Betriebsaufwendungen für die kürzere Strecke nicht übersteigen. Positive Abweichungen von der direkten Verbindung sind dann gerechtfertigt, wenn dadurch weitere Orte angebunden werden, die ein erhöhtes Transportaufkommen und eine stärkere Nutzung der Strecke gewährleisten. D. h. das Verhältnis zwischen einer möglichst kurzen Strecke und einem möglichst hohen Verkehrsaufkommen muss optimiert werden.

Für die Straßenplaner besteht das Grundproblem der **Interessenabwägung zwischen den Betriebskosten** der Fahrzeughalter, die ein Netz mit vielen direkten Verbindungen fordern, **und den Baukosten** der zumeist staatlichen Träger, die wegen der hohen Aufwendungen indirekte Verbindungen mit Umwegen für zumutbar halten. Abb. 4.2.3 veranschaulicht diese Zusammenhänge.

Vorgegeben sind die sechs Orte A-F, die durch Verkehrswege miteinander verbunden werden sollen. Bei geringen finanziellen Mitteln bietet sich im Falle der größten Verkehrsspannung zwischen zwei Orten A und D eine **Direktverbindung** an (a). Ist der Verkehrsbedarf der zwei Orte B und E deutlich niedriger, kann eine **Prioritätslö-**

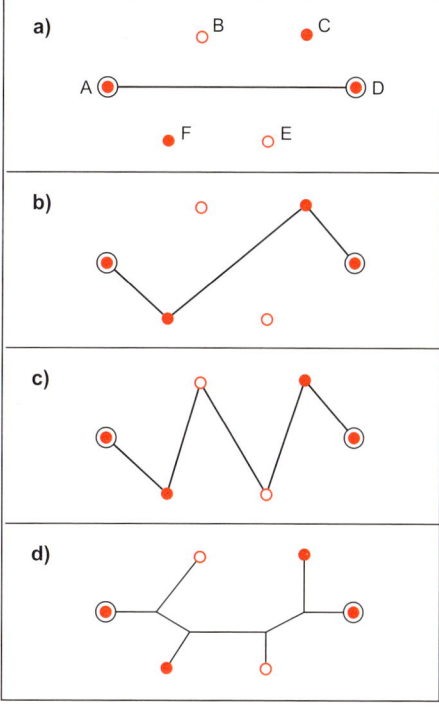

Abb. 4.2.3 Interessenabwägung bei der Netzplanung

sung nach (b) angestrebt werden. Bei eher ähnlichem Transportaufkommen aller Orte und ausreichenden Finanzmitteln empfiehlt sich eine **Verknüpfung aller Orte** in einem Streckenverlauf (c). Im Vergleich zu einer Direktverbindung aller Zentren untereinander ergeben sich zwar Umwege, aber deutlich kürzere Wegstrecken und damit geringere Kosten. Trotzdem kann auch diese Lösung nicht als optimal angesehen werden, weil eine **intermediäre Trassierung** (d) die Wegelängen weiter verkürzt und damit geringere Bau- und Unterhaltskosten erforderlich werden. Direktverbindungen im Sinne eines vollständigen Netzes wären nur dann gerechtfertigt, wenn bei sehr hohem Transportaufkommen die Ersparnisse bei den Betriebskosten (Zeit, Energie etc.) die hohen Baukosten mittelfristig amortisieren könnten.

Für den Straßennutzer stellt sich das **Problem der Routenauswahl** häufig noch wesentlich komplexer dar, weil nicht nur das Vorhandensein einer direkten Verbindung, sondern auch der Ausbauzustand, die erlaubten Geschwindigkeiten, die Staugefahr und eventuelle Nutzergebühren in die Überlegungen einzubeziehen sind. Insbesondere im Bereich der großen Agglomerationen, wo Fußgängerzonen, Einbahnstraßen, Parkverbote etc. in die Entscheidung mit einzubeziehen sind, haben wir es mit sehr komplexen Netzen und Nutzerqualitäten zu tun, die sich häufig ändern und von Ortsfremden nur mit Hilfe von aktualisierten Informations- und Leitsystemen ohne Probleme befahren werden können.

Einfache Verfahren zur quantitativen Erfassung und Auswertung von Verkehrssachverhalten aus der Statistik sowie aus Fahrplänen und Tariftabellen zur Abwägung von Zeitaufwand und Kosten für Betrieb und Planung sind seit den 1960er Jahren durch **differenzierte Auswertungsmethoden** unter Einbeziehung der Graphentheorie und der Matrizenrechnung erweitert worden. Die Neuerungen wurden vorwiegend in den USA entwickelt bzw. eingesetzt und sind in Deutschland erst nachträglich rezipiert worden.

4.2.2 Verkehrsnetze als Graphen

Strukturen und Eigenschaften von Verkehrsnetzen können mit Hilfe der Graphentheorie näher untersucht und bewertet werden. Hierzu sind die dreidimensionalen komplexen Netze zu vereinfachen und auf die formalen topologischen Strukturen eines Graphen zu reduzieren. D. h. Verkehrspunkte (Bahnhöfe, Siedlungen) und Verkehrslinien (Schienen- und Straßenabschnitte) sind auf die abstrakte Konfiguration von **Knoten** (englisch: *vertices*) und **Kanten** (englisch: *edges*) zu reduzieren. Der Graph besteht folglich aus diesen beiden Grundelementen, die in unterschiedlicher Weise miteinander verknüpft sein können. Kanten werden begrenzt durch zwei benachbarte Knoten; Knoten sind Ausgangspunkte von Kanten. Im Falle von nur einer Kante handelt es sich um einen Endpunkt. Eine Folge von Kanten, die von Endpunkten begrenzt werden, bezeichnet man als **Wege**. Ein Graph mit geschlossener Kantenfolge (Anfangs- und Endpunkte fallen zusammen) heißt Kreis bzw. **Zyklus** (einfachste Form Dreieck), und ein zusammenhängender Graph mit Verzweigungen führt die Bezeichnung **Baum**.

Einfache Grundformen von Graphen, die aus Verkehrsnetzen abgeleitet sind, werden in Abb. 4.2.4 vorgestellt. Im Falle von (a) sind 6 Knoten durch 5 Kanten zu einem **Hufeisen** miteinander verbunden. Durch Hinzufügen einer 6. Kante fallen Anfangs- und Endpunkt zum **Kreis** zusammen (b). Die Verbindungsqualität erhöht sich. Für einen Handlungsreisenden, der alle Orte besuchen will, ergibt sich sogar eine ideale Reiseroute. Werden alle Knoten zu einem **vollständigen Netz** miteinander verknüpft, erhöht sich die Zahl der Kanten auf 15, was zwar eine optimale Erreichbarkeit aller Orte bedeutet, aber mit sehr hohen Baukosten verbunden ist. Die Lösung (d) hebt einen Knoten besonders hervor, über den alle Verbindungen im Sinne einer **Drehscheibe** vermittelt werden. Für den Selbstfahrer sind hierdurch erhebliche Umwege erforderlich. Aus organisatorischen Gründen ist die *Hub-and-spoke*-Lösung aber für Transportanbieter mit abgestimmten Taktfahrplänen und im Rahmen eines größeren Netzes mit weiteren Außenverbindungen von Interesse, weil dadurch Skaleneffekte erzielt werden können.

Die aus Verkehrsnetzen abgeleiteten Graphen können auch in Form einer **Zahlenmatrix** erfasst werden. Die Anzahl der Zeilen und Spalten der Matrix entspricht der Anzahl der Knoten im Netz. In jeder Zelle der Matrix können Daten über die Beziehungen zwischen den beiden betroffenen Knoten festgehalten werden (Entfernung, Fahrzeit etc.).

Im Beispiel (Abb. 4.2.5) sollen Aussagen über die **Konnektivität** zwischen den Knotenpaaren im Netz gemacht werden. Hierfür werden in den Zeilen die Angaben über die Herkunftsknoten und in den Spalten über die Zielknoten eingetragen. Als einfacher Sachverhalt wird nur berücksichtigt, ob eine Verbindung zwischen beiden Knoten vorhanden ist (kodiert als 1) oder eine solche fehlt (kodiert als 0). Neben Strukturdaten zum Netz können auch komplexere Sachverhalte über den Transportfluss oder Handelsaustausch berücksichtigt werden. Durch das Aufsummieren der Zeilenangaben ergibt sich ein neuer Vektor, der im vorliegenden Fall eine Aussage

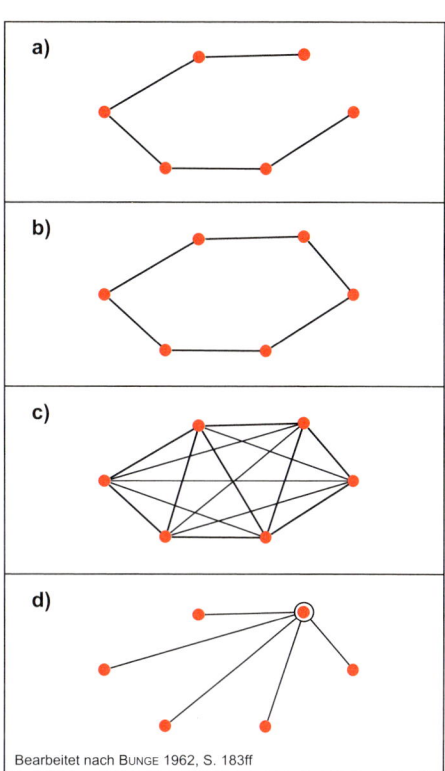

Bearbeitet nach BUNGE 1962, S. 183ff

Abb. 4.2.4 Grundformen von Graphen

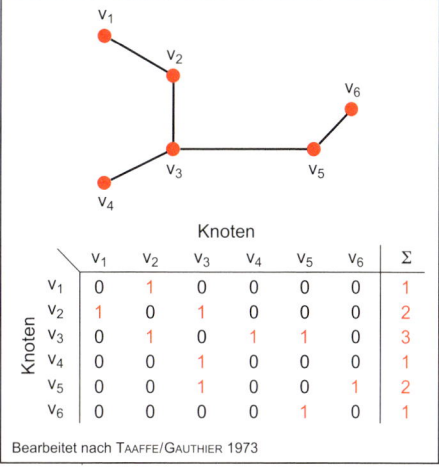

		Knoten					
		v_1	v_2	v_3	v_4	v_5	v_6	Σ
Knoten	v_1	0	1	0	0	0	0	1
	v_2	1	0	1	0	0	0	2
	v_3	0	1	0	1	1	0	3
	v_4	0	0	1	0	0	0	1
	v_5	0	0	1	0	0	1	2
	v_6	0	0	0	0	1	0	1

Bearbeitet nach TAAFFE/GAUTHIER 1973

Abb. 4.2.5 Graph und Zahlenmatrix zur Berechnung der Konnektivität

über die Gesamtzahl der direkten Verbindungen von einem Knotenpunkt zu allen anderen macht. Bei dem einfachen Beispiel könnte man natürlich bereits aus dem Graphen entnehmen, dass es sich um den Knoten 3 handelt. Im Falle komplexerer Netze mit 50-100 Knoten ist das aber nicht möglich. Nach einer Ordnung der Vektoren in absteigender Größe bietet sich ein genaues Bild der Rangfolge der Knoten im Hinblick auf ihre Konnektivität.

Durch Matrixmanipulationen können neben den hier nur berücksichtigten direkten auch indirekte Verbindungen einbezogen werden. Statt der topologischen Verbindungsmaße lassen sich auch kilometrische Distanzen einführen. Daraus sind z. B. kürzeste Verbindungswege im Netz zu berechnen. Erläuterungen zu den entsprechenden Rechenverfahren finden sich u. a. bei TAAFFE/GAUTHIER (1973, S. 116ff.).

4.2.3 Kennziffern zur Analyse von Verkehrsnetzen

Quantitativ-analytische Methoden zur Charakterisierung von Verkehrsnetzen haben seit den 1960er Jahren insbesondere in die anglo-amerikanische Verkehrsgeographie Eingang gefunden (GARRISON 1960, KANSKY 1963, GARRISON/MARBLE 1965, HAGGETT/CHORLEY 1969). Die entwickelten Rechenverfahren und Kennziffern gehören bis heute zum Standardrepertoire der englischsprachigen Lehrbücher (u. a. BLACK 2003, TAAFFE et al. 1996), haben aber in der deutschsprachigen Geographie nur ein eher kurzfristiges Echo gefunden (WERNER 1966, VETTER 1970 u. 1974, LEUSMANN 1974, SCHICKHOFF 1978). In dieser Grundrissdarstellung wird deshalb nur auf ausgewählte gebräuchliche Indizes kurz eingegangen und für eine vertiefte Auseinandersetzung auf die englischspra-

chige Literatur verwiesen.

Von besonderem Interesse sind Kennziffern zur Charakterisierung ganzer Verkehrsnetze, die einen aktuellen Vergleich unterschiedlicher Regionen oder die Erfassung von Veränderungen im Zeitverlauf erlauben. In diesem Zusammenhang geht es insbesondere um den Grad der internen Verflechtung bzw. um die Konnektivität (vgl. Kasten 4.2.1).

Neben der Beschreibung und Typisierung der Netzstrukturen im Hinblick auf formale Eigenschaften ist die Frage nach der Funktionalität und den Austauschprozessen für verkehrsgeographische Fragestellungen von besonderem Interesse. Hierbei geht es zunächst um die **Interaktionen** zwischen Knotenpaaren, d. h. um die durch *Push*- und *Pull*-Faktoren bzw. Angebots- und Nachfragesituationen ausgelösten Bewegungen und Transportströme in Abhängigkeit vom Problem der Distanzüberwindung.

Ein häufig verwendetes Verfahren zur Erfassung der Verkehrsspannung bzw. zur Abschätzung des Informationsaustauschs sowie der Personen- und Güterströme zwischen zwei Orten ist der **Gravitationsansatz**. Bereits 1929 erkannte REILLY bei der Untersuchung von Migrationsströmen zwischen US-Städten, dass sich die Werte bei zunehmenden Bevölkerungszahlen der beteiligten Orte erhöhten und sich bei wachsender Distanz zwischen den Orten verringerten. Diese weitgehende Übereinstimmung mit NEWTONS Gravitationsgesetz veranlasste ihn, unter Verwendung der Basisformel und der Bevölkerungszahlen der betroffenen Orte (P_i, P_j) sowie der Distanz (d_{ij}) Berechnungen durchzuführen, die eine weitgehend erfolgreiche Abschätzung der Wanderungsströme ermöglichten. Danach gilt:

$$M_{ij} = P_i \cdot P_j \div d_{ij}^2$$

Kasten 4.2.1 Kennziffern zur Netzbeschreibung

Ein einfaches Verfahren geht von der Anzahl der Kanten (E) und Knoten (V) sowie der zusammenhängenden Subgraphen (P) aus und berechnet die so genannte **Zyklomatische Zahl**

$$\mu = E - V + P$$

Es werden hierdurch die fundamentalen Zyklen, die in ihrem Inneren weder eine Kante noch einen Knotenpunkt haben, erfasst. Einfache Verkehrsnetze aus Bäumen besitzen folglich den Wert 0, und vollständige Netze haben hohe Kennziffern.

Direkte Verknüpfungsmaße sind die von GARRISON/MARBLE entwickelten Alpha-, Beta- und Gamma-Indizes. Der **Alpha-Index** ist ein Maß für die Anzahl der vorhandenen zyklischen Verbindungen (vgl. zyklomatische Zahl; E – V + 1) in Relation zur maximal möglichen Anzahl solcher Verbindungen (2 V – 5)

$$\alpha = (E - V + 1) \div (2\,V - 5)$$

Der Index kann Werte zwischen 0 und 1 annehmen. Ein numerischer Wert 0 bedeutet die minimale und eine 1 die maximale Konnektivität. Für eine leichtere Interpretation werden die Ergebnisse meist mit 100 multipliziert und somit als Prozentwert angegeben.

Der **Gamma-Index**, der ebenfalls sehr ähnliche Werte liefert, die zwischen 0 und 1 liegen, geht von der Anzahl der Kanten (E) aus und setzt sie in Relation zur maximal möglichen Gesamtzahl von Kanten in diesem Netz [3 (V – 2)]

$$\gamma = E \div [3\,(V - 2)]$$

Ist das Ergebnis 0, sind nur Knoten und keine Kanten vorhanden. Vollständige Netze erhalten den Wert 1 und Bäume bzw. nicht zusammenhängende Netze Werte zwischen 0 und 0,5 (TAAFFE/GAUTHIER 1973, SCHICKHOFF 1978).

Der **Beta-Index** setzt die beobachtete Zahl von Kanten (E) in Relation zur vorhandenen Zahl von Knoten (V)

$$\beta = E \div V$$

Dieser Index wird häufig zur Charakterisierung des Entwicklungsstandes eines Netzes herangezogen (KANSKY 1963). Höher entwickelte Netze werden durch hohe und wenig verknüpfte Netze durch niedrige Werte gekennzeichnet.

Zur Messung der Dichte und Kompaktheit eines Netzes werden die Eta-, Theta- und Pi-Indizes eingesetzt. Der **Eta-Index** ist definiert als die mittlere Kantenlänge eines Netzes in Kilometern. Er wird berechnet aus der Gesamtlänge eines Netzes in km (M) und der Anzahl der beobachteten Kanten

$$\eta = M \div E$$

Daraus folgt, dass der Wert umso kleiner ausfällt (kürzere Kanten), je verbundener das Netz ist. Gut erfasst wird die Anzahl der baumförmigen Elemente. Die Kennzahl kann deshalb beim Vergleich der Entwicklungsstadien eines Netzes hilfreich sein.

Der ähnlich aufgebaute **Theta-Index** setzt die Gesamtlänge eines Netzes (M) mit der Anzahl der beobachteten Knoten (V) in Verbindung und erfasst dadurch die durchschnittliche Wegelänge pro Knoten

$$\theta = M \div V$$

Der Theta-Index ist geeignet, um die unterschiedliche Konnektivität verschiedener Netze zu erfassen. Ein Interpretationsproblem ergibt sich daraus, dass auch hierbei gleiche Kennziffern für unterschiedliche Netzformen auftreten können.

Der **Pi-Index** wird durch den Quotienten aus der Gesamtlänge des Netzes (M) und der Länge des Netzdurchmessers (D) berechnet

$$\pi = M \div D$$

Die nummerischen Werte sind größer/gleich 1. Bäume und wenig verbundene Netze erhalten den Wert 1, stärker verflochtene Netze jeweils höhere Werte.

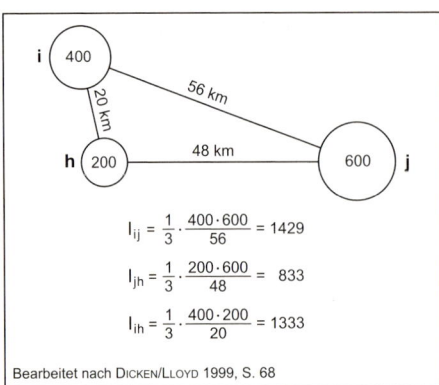

$$I_{ij} = \frac{1}{3} \cdot \frac{400 \cdot 600}{56} = 1429$$

$$I_{jh} = \frac{1}{3} \cdot \frac{200 \cdot 600}{48} = 833$$

$$I_{ih} = \frac{1}{3} \cdot \frac{400 \cdot 200}{20} = 1333$$

Bearbeitet nach DICKEN/LLOYD 1999, S. 68

Abb. 4.2.6 Gravitationsmodell zur Bestimmung von Interaktionen

Dieser Wert lässt sich für beliebig viele Städtepaare berechnen und vergleichen. 1949 experimentierte ZIPF mit der Gravitationsformel sowie mit Verkehrsdaten zur Autobus-, Eisenbahn-, Flug- und Telefonnutzung zwischen nordamerikanischen Städten. Er konnte u. a. im Hinblick auf den Omnibusverkehr Voraussagen machen, welche durch den empirischen Befund bestätigt wurden. In der Nachfolge wurden statt der Luftliniendistanz auch reale Entfernungsangaben oder Frachtkosten sowie der Zeitaufwand in die Berechnungen einbezogen. Außerdem wurden **Modifikationen** am Verfahren vorgenommen, um die Praxistauglichkeit zu erhöhen. Dabei ist die Basisformel durch Konstanten erweitert worden, welche eine Anpassung an die spezifischen regionalen Bedingungen und die unterschiedlichen Dimensionen der Daten erlauben. Diese Werte können aus der jeweiligen realen Situation abgeleitet werden. Ihre Bestimmung und Begründung eröffnet Möglichkeiten der Manipulation und ist deshalb teilweise umstritten. Weitere Grundlagen, Anwendungsbeispiele und Kritik finden sich bei HEINEBERG (2003, S. 213-215). Die um Konstanten erweiterte generelle Formel lautet:

$$I_{ij} = k \cdot (P_i \cdot P_j) \div d_{ij}^{\ b}$$

I_{ij} = Interaktion zwischen Orten i und j
P_i, P_j = Bevölkerung der Orte i und j
D_{ij} = Distanz zwischen Orten i und j (km bzw. reale Reise-/Frachtkosten)
k = Konstante (in Abhängigkeit von Größenordnung)
b = Konstante (meist 1, 2 oder 3)

4.2.4 Logistik- und Distributionsnetze

Die Entwicklung der Logistiksysteme hat zu einer erheblichen Restrukturierung und **Modifikation von Transportnetzen** geführt. Die Genese dieser Netze folgt den zeitlichen Vorgaben der Lieferketten. Neben die physischen Merkmale des Raumes bzw. die Eigenschaften der Infrastruktur treten als Determinanten der Netzlogik die zeitlichen Vorgaben und Erreichbarkeiten. Zugleich fließen technisch-organisatorische Aspekte des betrieblichen Managements ein. So ergeben sich Netzstruktur und -hierarchie aus dem spezifischen Verhältnis von fixen und variablen Kosten (s. Kap. 4.1), hier insbesondere die Zahl der Standorte und die zur Verbindung der Standorte zurückzulegenden Distanzen.

Transportnetze mit einer hohen **Dichte von Lieferpunkten** (z. B. das Paket- oder Briefnetz der Deutschen Post AG) bedienen sich einer relativ großen Zahl von Standorten zur Sicherstellung der Lieferzuverlässigkeit (Faktor Zeit) und parallel zur Senkung der Transportkosten. Grobmaschige Transportnetze (etwa von national operierenden Expressdiensten) mit relativ hoher Raumabdeckung nutzen die verhältnismäßig niedrigen Transportkosten zur Einsparung der ungleich höheren Standortkosten (Personal, Gebäude, Infrastruktur).

Als Ausdruck des veränderten Kostenkalküls der Unternehmen ergibt sich ein

Wandel vom mehrstufigen, vielpoligen Netz zu einem im Prinzip ein- bis zweistufigen, **stark konzentrierten Netz** (Ihde 2001, S. 221; s. Abb. 4.2.7). Unter diesen Netzen hat in den vergangenen Jahren die *Hub-and-spoke*-Struktur (Drehkreuz mit Nabe und Speiche) eine große Bedeutung erlangt, wie das Beispiel vieler Fluglinien verdeutlicht, die vom Direktverkehr auf das Prinzip der Drehscheibe mit Knotenpunkten und Umsteigeverbindungen umgestellt haben (s. Kap. 2.6). In diesem Logistikkonzept besitzen die Netzknoten eine neue Zentralität und somit eine hervorgehobene Bedeutung.

Am Beispiel der jüngeren Standortkonzentration von Großhandels- und Distributionsbetrieben im Zentrum nationaler Transportnetze lässt sich der Trend belegen. Neue Standorte in Nord- bzw. Mittelhessen, wie Bad Hersfeld, fungieren als zentrale Knotenpunkte großräumiger Distributionsnetze (Gudehus 2000).

Parallel zur Entwicklung der Informationstechnik und der damit einhergehenden logistischen Steuerungskompetenz werden die verschiedenen **Elemente der neuen Netze** spezifisch gesteuert. Sie sind daher nicht mehr nur in vertikal-hierarchischer Hinsicht strukturiert, sondern als sogenannte „*layer*" schichtweise gestapelt. Die einzelnen Schichten werden von den verschiedenen Elementen der Transfer-, Transport- und Kommunikationsfunktionen gebildet, die eng miteinander verbunden sind. Wandel/Ruijgrok (1993) haben die Beziehungen am Beispiel von Transport und Logistik differenziert dargestellt (Abb. 4.2.7). Materialfluss, Transportstrom, Infrastruktur sowie Information und Kommunikation (IuK) sind auf verschiedenen Ebenen angesiedelt, die übereinander gelagert und eng miteinander verzahnt sind. Sie werden jedoch teilweise unab-

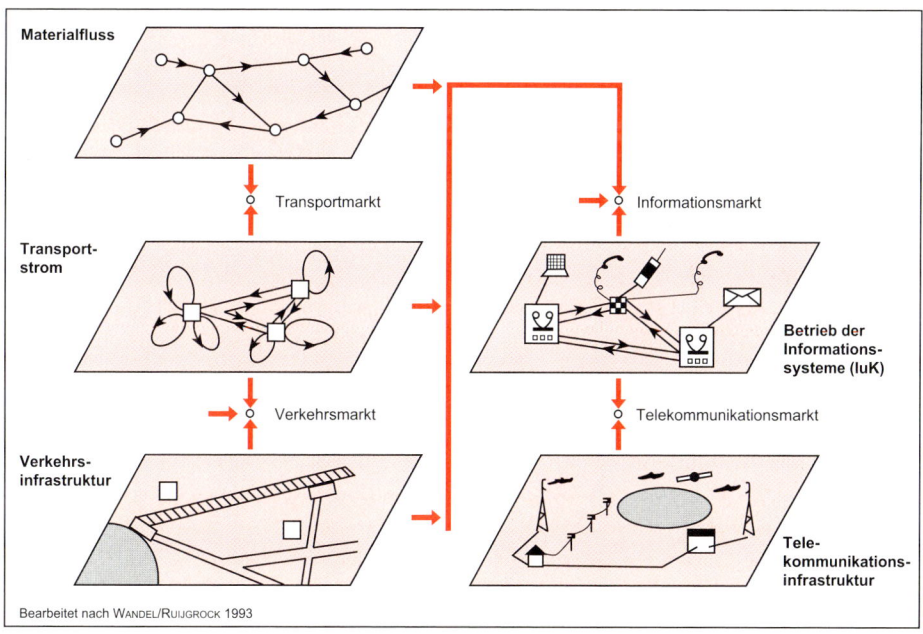

Abb. 4.2.7 Zusammenhang zwischen Transport-, Logistik- sowie IuK-Netzen

hängig voneinander gesteuert. Dabei sind Asymmetrien insbesondere zwischen dem physischen Raum und dem „Raum der Ströme" (vgl. CASTELLS 1996 u. Kap. 2.7) gesondert zu beachten: Während die Systemdynamiken auf der Ebene von Material- und Informationsfluss beschleunigt verlaufen, reagiert der physische Raum über Raumwiderstände, Transportkosten etc. eher träge. Auch das System der Logistik, das auf den ersten Blick in hohem Maße durch Informationsaustausch geprägt ist, beruht auf dem Zusammenspiel von virtuellem und physischem Raum.

4.2.5 Entwicklungsstadien von Verkehrsnetzen und Raumerschließung

Transportnetze verändern sich mit der sozioökonomischen Entwicklung der Regionen. In Industrieländern handelt es sich dabei sowohl um den Ausbau als auch um den Rückbau entsprechend der Verlagerung der Bevölkerungs- und Wirtschaftsschwerpunkte sowie um die Anpassung an neue Transporttechnologien und neue Formen von Produktion und Absatz. Meist sind diese Prozesse mit räumlicher Konzentration bzw. Dezentralisierung verbunden.

Bei der Fokussierung auf die großräumige Entwicklung in historischer Dimension lassen sich generelle Abläufe und **Phasen der Formierung des Verkehrsnetzes** im Kontext der allgemeinen Siedlungs- und Wirtschaftsexpansion identifizieren. Die auf wesentliche Einflussfaktoren und formale Elemente begrenzten Darstellungen vermitteln einen guten Überblick und ein vertieftes Verständnis der Zusammenhänge. Sie sollten aber nicht unkritisch betrachtet werden, weil Fragen der Gewichtung von Faktoren und der Abgrenzung der Phasen auch anders beantwortet werden können.

VANCE hat 1970 in einem vereinfach-

ten **fünfstufigen Modell** aufgezeigt, wie die Weiterentwicklung des Siedlungs- und Transportsystems in Europa mit der Verstärkung des Überseehandels erfolgte und in der Neuen Welt zum Aufbau eines außenorientierten Transportsystems führte, das sich im Verlaufe der später einsetzenden Binnenentwicklung umorientierte (vgl. Abb. 4.2.8).

In der **ersten Phase**, die für Europa bereits ein Netz zentraler Orte mit einigen Handelszentren von regionaler Bedeutung ausweist, beginnt von günstig gelegenen Seehäfen aus die Erkundung der Gegenküsten, die in der **zweiten Phase** zum beginnenden Austausch von gewerblichen Produkten gegen Rohstoffe wie Fisch und Edelhölzer führt. Hieraus ergeben sich positive Rückwirkungen auf die Ausgangshäfen. An der Gegenküste kommt es zum Aufbau stationärer Brückenköpfe, von denen aus die Erschließung des Binnenlandes beginnt (meist über Flüsse). In der **dritten Phase** werden in beiden Hafenhinterländern die Verkehrsverbindungen ausgebaut und konsolidiert. Unter dem Einfluss der Industrialisierung vollziehen sich in der **vierten Phase** ein selektiver Siedlungsausbau in Europa und der Übergang zum Massentransport auf der Eisenbahn. Auch in der Neuen Welt erhält die Binnenentwicklung durch die technologischen Innovationen und die politische Trennung vom Mutterland einen starken Auftrieb. Der Handel wird auf andere Länder ausgeweitet. In der abschließenden **fünften Phase** erreicht das Siedlungs- und Verkehrssystem in Europa seine Reife, während sich in der Neuen Welt die Binnenerschließung durch eine Verdichtung des Transportnetzes und die Ausbildung großer Zentren langsamer konsolidiert.

Ein ähnliches viel beachtetes Modell wurde bereits 1963 von TAAFFE, MORRILL

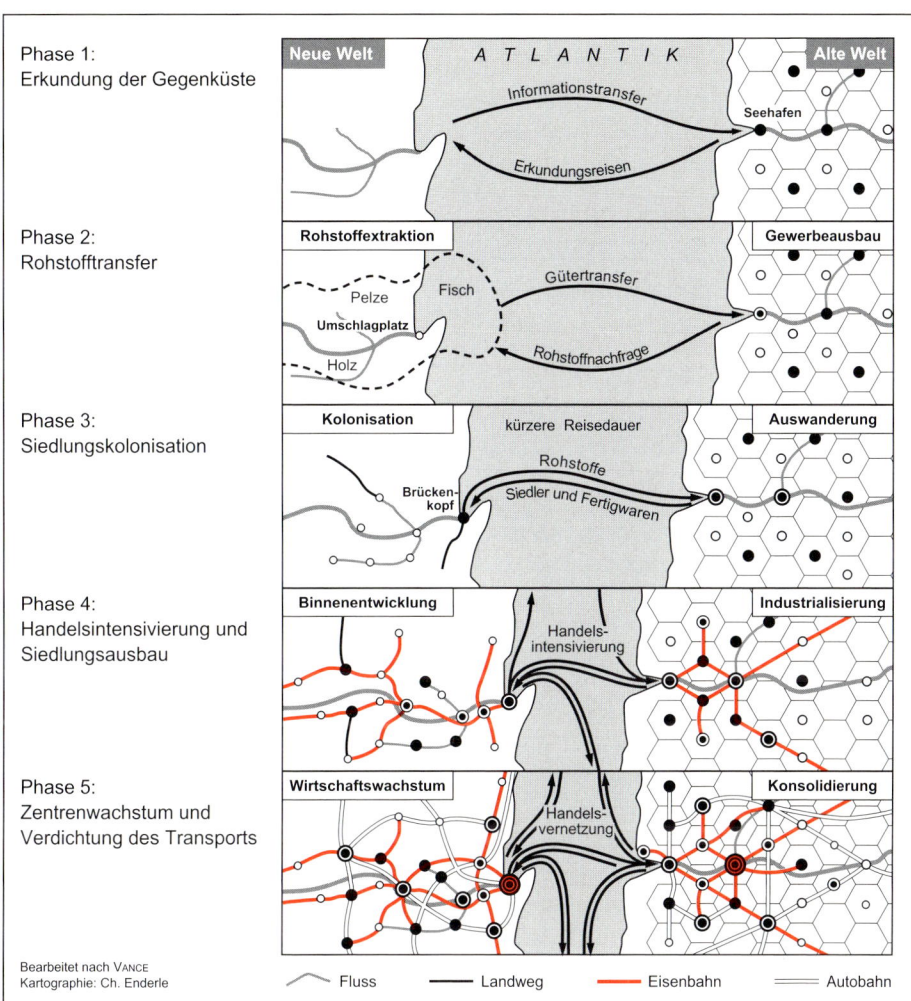

Phase 1: Erkundung der Gegenküste	Neue Welt — ATLANTIK — Alte Welt; Informationstransfer; Erkundungsreisen; Seehafen
Phase 2: Rohstofftransfer	Rohstoffextraktion — Gewerbeausbau; Pelze, Fisch, Umschlagplatz, Holz; Gütertransfer; Rohstoffnachfrage
Phase 3: Siedlungskolonisation	Kolonisation — Auswanderung; kürzere Reisedauer; Rohstoffe; Brückenkopf; Siedler und Fertigwaren
Phase 4: Handelsintensivierung und Siedlungsausbau	Binnenentwicklung — Industrialisierung; Handelsintensivierung
Phase 5: Zentrenwachstum und Verdichtung des Transports	Wirtschaftswachstum — Konsolidierung; Handelsvernetzung

Bearbeitet nach VANCE
Kartographie: Ch. Enderle

Fluss   Landweg   Eisenbahn   Autobahn

Abb. 4.2.8 Stadien der Wirtschafts- und Verkehrserschließung im Kontakt Europa und Nordamerika nach VANCE 1970

und GOULD auf der Basis afrikanischer Erfahrungen abgeleitet (Ghana, Nigeria). In jüngerer Zeit hat PEDERSEN (2003) auf der Basis der Entwicklung der letzten Jahrzehnte die früheren Einschätzungen der postkolonialen Phase in den Beispielländern teilweise revidiert. Allerdings wird dadurch das von RIMMER (1977) unter Einbeziehung asiatischer Erfahrungen er-

weiterte und verallgemeinerte Modell nur randlich betroffen. Unterschieden werden vier Hauptphasen:

In der **vorkolonialen Zeit** bestehen in Afrika nur kleinere verstreute Siedlungen, demgegenüber sind in Asien auch größere zeremonielle Zentren im Binnenland vorhanden. Während der **frühkolonialen Phase** werden westliche Handels- und Mi-

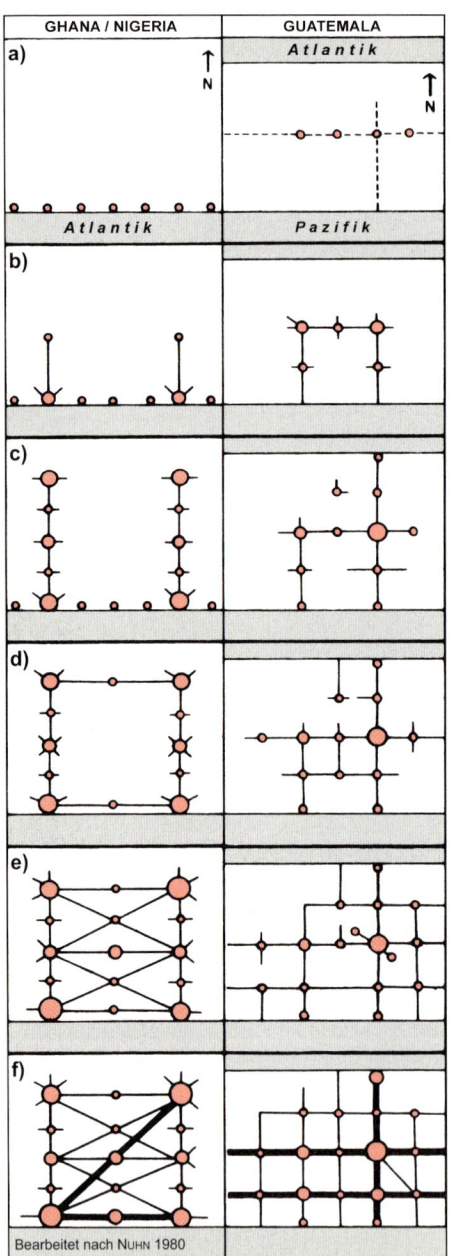

GHANA / NIGERIA	GUATEMALA

a)

Atlantik

N

N

Atlantik   Pazifik

b)

c)

d)

e)

f)

Bearbeitet nach NUHN 1980

Abb. 4.2.9 Entwicklungsstufen des Verkehrsnetzes im Kolonisationsprozess am Beispiel Westafrika und Mittelamerika

litärposten an der Küste errichtet und die bestehenden größeren Zentren im Binnenland zu Verwaltungs- und Tauschplätzen umfunktioniert. In der **hochkolonialen Phase** findet die von außen eingeleitete politische und wirtschaftliche Durchdringung ihren Abschluss. Der Eisenbahn- und Straßenbau erleichtert die Extraktion der Rohstoffe sowie die Verteilung der im Gegenzug eingeführten Industriegüter. Dabei kommt es zur Überlagerung der autochthonen Strukturen und zur Ausrichtung auf die nach außen orientierten Verkehrsachsen mit schwacher interner Vernetzung. Dieser Vorgang setzt sich in der **postkolonialen Phase** fort. Zumeist wird mit Weltbankkrediten der moderne Straßenausbau finanziert. Durch wirtschaftliche Polarisierungsprozesse und eine verstärkte Land-Stadt-Wanderung kommt es zur Ausbildung dominanter Metropolen.

Die Abfolge der Phasen einer von außen gesteuerten Verkehrsnetzentwicklung mit Extraktionswirtschaft, Landnahme, Besiedlung und dem Übergang zu wirtschaftlicher Binnenerschließung wird auch durch die bereits früher einsetzende koloniale Entwicklung in Lateinamerika bestätigt, die zumeist durch eine zentralperiphere Entwicklungsdynamik geprägt wurde (Beispiele Guatemala, Costa Rica, Mexiko). Abb. 4.2.9 stellt in vereinfachter Form **idealtypische Stadien einer küsten- bzw. binnenlandorientierten Entwicklung** nebeneinander (vgl. TAAFFE/MORRILL/ GOULD 1963, NUHN 1982).

Nach der präkolonialen Phase, die durch kleinere, untereinander kaum verbundene Zentren mit begrenztem Hinterland gekennzeichnet ist (a), beginnen von strategisch günstig gelegenen Orten Erschließungsstraßen ins Hinterland/Umland vorzustoßen (b). In der nächsten Phase entstehen Etappenorte bzw. intermediäre

Zentren im Binnenland mit Stichstraßen zur weiteren Flächenerschließung, die von den ursprünglichen Hauptstraßen ausgehen (c). Die größeren Orte wachsen weiter auf Kosten der kleineren, die teilweise ihre Funktionen verlieren (d). Im weiteren Verlauf verstärkt sich die Binnenvernetzung (e) und in der abschließenden Phase dominieren Prozesse der Konzentration von Bevölkerung und Wirtschaft in den großen Zentren, während gleichzeitig ein diffe-

renzierter Ausbau der Strecken im Binnenland und die direkte Verbindung der bedeutenderen Orte fortschreiten.

Neben den großräumigen Entwicklungsmodellen der Verkehrserschließung sind auch kleinräumige, auf ausgewählte Elemente begrenzte Darstellungen vorgelegt worden. Hierzu gehört das **Hafenmodell *Anyport*** von Bird (1971), das sich auf einen wichtigen Knoten im Verkehrsnetz bezieht. Auf der Basis spezifisch bri-

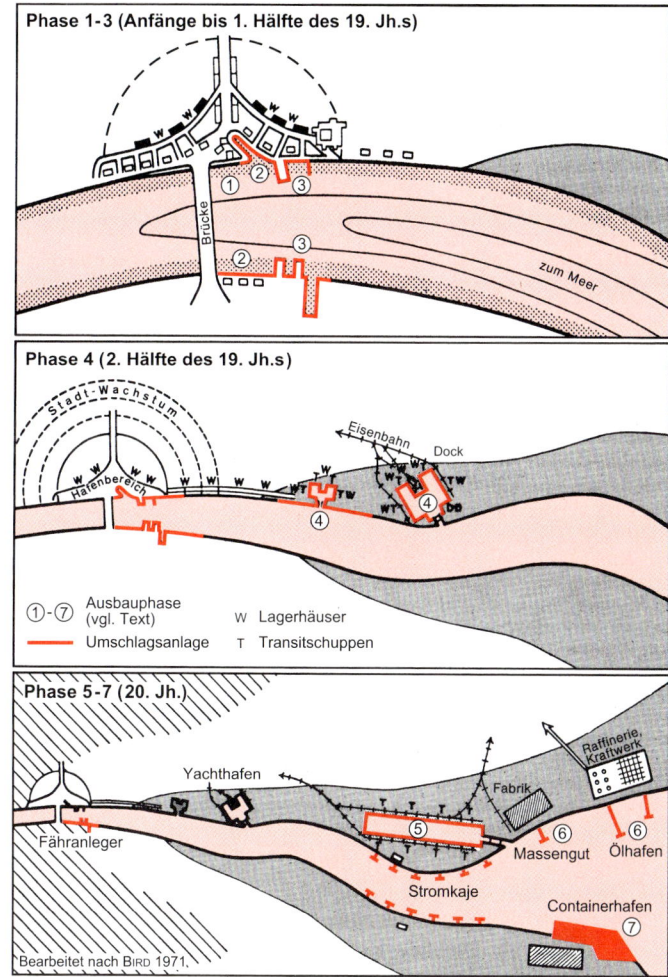

Abb. 4.2.10 Hafenentwicklungsmodell *Anyport* von Bird 1971

tischer Erfahrungen, die sich aber unter dem Einfluss des Empire weltweit verbreitet haben, werden wichtige Phasen der Hafenentwicklung zu sechs Stadien zusammengefasst (Abb. 4.2.10).

Die Anlage von Überseehäfen erfolgte durchweg nicht direkt an der Küste, sondern im Innern von Buchten und am Unterlauf von Flüssen, um den günstigen Wassertransport auszunutzen (vgl. London, Hamburg, Amsterdam). Ursprünglich lagen die Schiffe am Rande bzw. außerhalb der befestigten Stadtanlagen **vor Reede**. Die meist hochwertige Fracht wurde mit Lastkähnen in die Speicher im Stadtgebiet gebracht (Phase 1). Erweiterungen führten im 17. und 18. Jh. zur Anlage von mehr **Liegeplätzen** und zum Ausbau kleinerer Hafenbecken auch am Gegenufer (Phase 2). In der ersten Hälfte des 19. Jh.s wurden bei stark wachsendem Handel größere **Hafenbecken** mit Kaianlagen und Schuppen gebaut (Phase 3). Die älteren Speicher im Stadtgebiet wurden nach und nach aufgegeben. Weiteres Wachstum des Verkehrs und der Übergang zum eisernen Dampfschiff führten Mitte des 19. Jh.s zur Entwicklung neuer **Kaiflächen mit Eisenbahnanschluss** weiter flussabwärts für die Anlage von Hafenbecken mit Schleusen (Docks), soweit die Gezeiten die Umschlagsaktivitäten beeinträchtigten (Phase 4). Starkes Wachstum der maritimen Aktivitäten brachte die großzügige Erweiterung der Liegeplätze am Strom flussabwärts in **Riesendocks** (Phase 5). Nach dem 2. Weltkrieg wurden die älteren Mehrzweckanlagen aufgegeben und durch neue **spezialisierte Umschlagterminals** für einzelne Güterarten wie Öl, trockenes Massengut und Stückgut ersetzt. In diesem Zusammenhang entstanden auch einzelne Industriekomplexe am seeschifftiefen Wasser (Phase 6). Ältere Hafenbecken

wurden zugeschüttet und die landseitigen Verkehrsflächen und Lagerhäuser für städtische Nutzungen umgewidmet. Die jüngste Entwicklung wird durch spezialisierte **Vorhäfen** gekennzeichnet, die direkt an der Küste liegen oder sogar ins Meer hinaus gebaut werden (neue Phase 7).

4.3 Verkehr und regionale Entwicklung

4.3.1 Verkehrsinfrastruktur im Spiegel ökonomischer Theorien

Ökonomische Theorien erklären regionale Entwicklung als Resultat eines komplexen Zusammenspiels von räumlichen Ausstattungsmerkmalen und **Standortqualitäten**, dem Handeln von Unternehmen sowie spezifischen lokalen und regionalen Entwicklungspotenzialen. In klassischer Perspektive wurde dabei besonderes Gewicht auf das Vorhandensein von unternehmensexternen Produktionsfaktoren (Arbeit, Kapital, Rohstoffe, Technologie) gelegt, die das interne Kalkül des Unternehmens bestimmen (vgl. Kap. 4.1 und WEBER 1909). Danach wurden vor allem solche Standorte präferiert, in denen zu minimalen Kosten produziert werden konnte, unter denen die Transportkosten eine zentrale Rolle gespielt haben. Im Zuge des wirtschaftlichen Strukturwandels haben sich die entsprechenden Theorien stark ausdifferenziert (vgl. GIESE/MOSSIG 2002). Je nach Wirtschaftszweig, Branche und Spezialisierung der Betriebe wurden z. B. ganze Kataloge von Faktoren für die **rationale Standortwahl** erstellt (vgl. CHAPMAN/WALKER 1991; HAYTER 1997). Zu den klassischen „harten" Standortfaktoren gehören Infrastruktur, Bodenpreise oder Arbeitsmarkt. Die **Verkehrserschließung von Wirt-**

schaftsstandorten hat dabei traditionell eine besondere Bedeutung eingenommen (RIETVELD/VICKERMAN 2004). Entwicklungstheorien gehen davon aus, dass die Verkehrsinfrastruktur den regionalen Entwicklungsprozess stark mit bestimmt (DAWKINS 2003). Die bessere Erschließung von Räumen für die wirtschaftliche Entwicklung trägt zur **Integration von Märkten** bei, erbringt **Reisezeitgewinne** und **Kostensenkungen** (z. B. Transportkosten). Sie geht mit diesen Größen in Bewertungsverfahren, z. B. der Bundesfernstraßenplanung, ein. Insofern kommt dem Verkehr im räumlichen Entwicklungsprozess eine besondere Bedeutung zu (vgl. HOYLE/SMITH 1998). Dort, wo mit großen Verkehrsprojekten Grenzen überwunden und neue Verflechtungsräume geschaffen werden (vgl. den Bau des Kanaltunnels zwischen England und Frankreich oder der Öresund-Brücke in Skandinavien), werden immer regionale Entwicklungsimpulse erwartet. Dies gilt auch für Peripherregionen abseits der großen Ballungsräume bzw. Verkehrskorridore, die sich von besserer Erreichbarkeit Anschluss an Prosperität und Entwicklung erhoffen.

Allerdings ist die wissenschaftliche Einschätzung der Rolle, die die Verkehrsinfrastruktur in diesem Prozess heute noch spielt, in Wirtschaftspolitik und Wirtschaftsforschung keineswegs einheitlich (vgl. BATHELT/GLÜCKLER 2002). Zwar ist die Erkenntnis trivial, dass Mobilität und Verkehr, Handel und Warentausch auf eine materielle Infrastruktur angewiesen sind, erst recht im Zeitalter wachsender weltwirtschaftlicher Verflechtungen. Gute Verkehrsverbindungen tragen zu erhöhter Produktivität, zu erweiterten Märkten und zu technologischer Innovation bei. Nicht zufällig sind klassische Fördermaßnahmen, wie etwa die **Gemeinschafts-**

aufgabe „Verbesserung der regionalen Wirtschaftsstruktur", u. a. auch auf die Förderung von Infrastrukturvorhaben ausgerichtet. Diese wirkt traditionell auf die Förderung großräumiger Absatzbeziehungen, d. h. sie zielt auf räumliche Verflechtungen in einem Radius von mehr als 50 km um einen gegebenen Betriebsstandort und setzt insofern gute Verkehrserreichbarkeit voraus.

Doch Straßen, Schienen und Wasserwege werden heute nicht mehr per se als Motor oder Katalysator regionalen Wachstums gesehen. Zumindest gilt dies nicht mehr ohne weiteres für die mit Verkehrsinfrastruktur i. d. R. gut versorgten Industrieländer. War sich die neoklassische Wirtschaftspolitik, ausgehend von den Annahmen der Export-Basis-Theorie, in ihrem Befund einer positiven Korrelation zwischen Verkehrsinfrastruktur (bzw. Erreichbarkeit) und Regionalentwicklung (Wachstum, Beschäftigung, Produktivität) noch relativ sicher, stellt sich dieses Wirkungsfeld heute offener dar. Dies hat mit den komplexen, in der Forschung aus methodischen Gründen aber oft vereinfachten Wirkungsbeziehungen zu tun: „Despite the increasing interest in infrastructure, and a belief in its importance in economic development, our understanding of the way infrastructure works in the economy is still imperfect at both theoretical and empirical levels" (VICKERMAN 1998).

Insofern wird der Stellenwert der Infrastruktur im Kontext von Erreichbarkeit, Verkehrswegen und raumwirtschaftlicher Entwicklung heute eher vorsichtig eingeschätzt (vgl. RIETVELD/BRUINSMA 1998 sowie VICKERMAN 2000). Allerdings betonen die theoretischen Ansätze der *New Economic Geography* den anhaltenden Stellenwert von Transportkosten und denjenigen Infrastrukturen, die zu ihrer Senkung beitragen (s. Kap. 4.1.2). Die empirische Überprüfung solcher Ansätze ist allerdings noch in den Anfängen; entsprechende Einschätzungen sind offenbar stark vom gewählten Indikator (Produktivität, Beschäftigung, Kostensenkung), vom Zeitmaß der Betrachtung (kurz- oder langfristig) und von den räumlichen Bezugsebenen (lokal, regional) abhängig. Hier spielen die Grenznutzen der Infrastrukturpolitik in solchen Regionen eine wichtige Rolle, die bereits über ein hohes Ausstattungsniveau verfügen und in denen zusätzliche Maßnahmen vermutlich nur noch geringe zusätzliche Effekte mit sich bringen (vgl. Zusammenstellung bei GATHER 2004, S. 36). Die möglichen Wirkungen, die von Verkehrsinfrastrukturen ausgehen können, lassen sich nicht einfach benennen, weil sie an mehrere **kausale bzw. interdependente Beziehungen** geknüpft sind: Sie basieren auf Implikationen über das Handeln individueller Akteure (Unternehmen, Investoren, Arbeitnehmer), auf Fragen der sozialen bzw. regionalen Verteilungsgerechtigkeit, schließlich auf der Abwägung von positiven und negativen (externen, internen) Effekten, die individuell und damit auch regional sehr unterschiedlich vorgenommen wird.

Auch **raumbezogene Wirkungen** können unklar bzw. widersprüchlich ausfallen, denn die Ermittlung von Infrastruktureffekten ist mit Zunahme des räumlichen Aggregationsniveaus weniger eindeutig. D. h. während Beschäftigungseffekte durch Infrastrukturen auf städtischer oder regionaler Ebene noch messbar sind, ist die Identifikation möglicher Wirkungen auf großräumiger Ebene schwieriger. Methodisch zuverlässig ist nur im konkreten Einzelfall zu beurteilen, in welchem Umfang Verbesserungen in der Infrastruktur mit messbaren ökonomischen Nutzen für

Haushalte oder Unternehmen einhergehen oder inwiefern die Verteilung interner und externer Kosten dadurch beeinflusst wird.

In Peripherregionen besteht zudem das Problem, dass mit einer verbesserten Verkehrsanbindung auch das Gegenteil des Beabsichtigten erreicht werden kann, nämlich regionale Destabilisierung aufgrund von **Entleerungseffekten**. Diese These war vor allem durch eine vielbeachtete Studie der Bundesforschungsanstalt für Landeskunde und Raumordnung (BfLR) zur **Raumwirksamkeit von Fernstraßen** in das Blickfeld einer größeren Öffentlichkeit geraten (LUTTER 1980, 1981). Die damit einhergehende Problematisierung der Infrastrukturpolitik war zwar von Beginn an umstritten, weil diese Arbeit genau jenes Argument zum Bau von Fernstraßen grundsätzlich in Zweifel zog, das traditionell einen wichtigen theoretischen Begründungszusammenhang bildet: nämlich regionalpolitische Wohlfahrtseffekte durch verbesserte Erreichbarkeit. Seither wird diese Thematik mit widersprüchlichen Argumenten und uneinheitlichen empirischen Belegen diskutiert (s. Abb. 4.3.1).

Im Zusammenhang mit dem **2. Fortschrittsbericht Ost** zum Stand der Regional- und Infrastrukturentwicklung in den neuen Bundesländern (vgl. DIW et al. 2002) hat das Kieler Institut für Weltwirtschaft (IfW) jüngst darauf hingewiesen, „dass mit der Inbetriebnahme von Verkehrsinfrastruktur, selbst wenn diese grundsätzlich als notwendig erkannt wurde, im Einzelfall [...] per Saldo negative (räumlich entleerende) statt positive Wirkungen auf die betroffenen Regionen ausgehen können, weil sich durch neue Verkehrswege die Absatzradien zentral gelegener Produzenten auf Kosten kleinerer peripher gelegener Anbieter ausweiten können" (LAASER/SICHELSCHMIDT 2003,

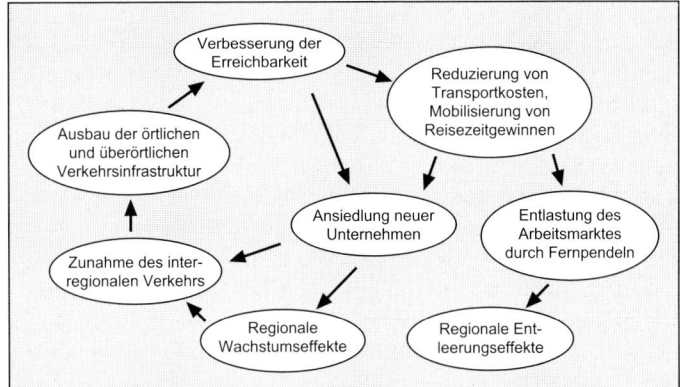

Abb. 4.3.1
Verkehrsinfrastruktur
im regionalen
Entwicklungsprozess

S. 46f.). So halten die Autoren es für sinnvoll, den ökonomischen Nutzwert der Ostseeautobahn A 20 zu relativieren, da auch raumentleerende Effekte zu erwarten sind. Diese Feststellung modifiziert klassische Einschätzungen aus den Wirtschaftswissenschaften und der Regionalpolitik, die Raumentwicklung und Infrastrukturausbau bisher als stark positiv korreliert angesehen haben.

Auch VICKERMAN geht in einer Auswertung des einschlägigen Forschungsstandes auf diesen Punkt ein und gibt dazu ein eher zurückhaltendes Votum ab: „The basic conclusion from this discussion is that the evidence is not strong for a clear unambiguous impact of infrastructure on economic growth, regional development or cohesion. There are bits of evidence which support both the positive and the negative views. There is some reason to believe that infrastructure can have both a direct impact on growth in the short run and a positive effect on private sector productivity, but that some of the original estimates of these effects were far too large. [...] On the negative side, there is a need to consider what may be termed the two-way road argument. This suggests that much of the impact of infrastructure may be simply

to rearrange economic activity rather than add net new growth" (VICKERMAN 2000, S. 113f.). Damit verliert die Verkehrsinfrastruktur keineswegs an grundsätzlicher Bedeutung und gerät insofern nicht aus dem Blickfeld der Regionalpolitik. Sie verliert aber den überragenden Stellenwert, der ihr einst zugewiesen wurde.

4.3.2 Empirische Grundlagen
Die Bedeutung des Verkehrs in der regionalen Entwicklung erschließt sich nur empirisch. Dazu können zum einen Kenndaten zu **regionalen Entwicklungsverläufen** ausgewertet und mit den jeweiligen **infrastrukturellen Ausstattungsniveaus** gespiegelt werden. Solche Daten liegen für die Regionen in der Europäischen Union bzw. Deutschlands auf der Basis einheitlicher Abgrenzungen und teilweise über größere Zeitreihen vor (BBR 2000). Zum anderen können exemplarische Entwicklungsverläufe über einen größeren Zeitraum (d. h. ex-post) verfolgt oder aber im Rahmen einer prospektiven Forschung mit Blick auf Entwicklungsursachen und Rahmenbedingungen vertieft werden.

In der **Regionalpolitik der Europäischen Union** spielt die Verkehrsinfrastrukturpolitik traditionell eine zentrale

Rolle. Im Anschluss der peripheren Regionen an die europäischen Metropolen bzw. in den transeuropäischen Verkehrswegen sieht die Union ein wichtiges Instrument ihrer **Politik der Kohäsion**, das heißt des politischen Zusammenwachsens der Union und der ökonomischen Entwicklung dieser Regionen. Hierbei waren z. B. späte Beitrittsländer wie Portugal, Griechenland oder Irland betroffen, in jüngster Zeit natürlich die mittel- und osteuropäischen Mitglieder der EU wie die baltischen Staaten, Ungarn oder Slowenien. Sie liegen an der Peripherie der Union und sollen durch den Verkehrswegebau Anschluss an die Entwicklung der übrigen Mitgliedstaaten finden (vgl. Kap. 3.4). Dabei indizieren die statistischen Rahmendaten unterschiedliche Entwicklungsniveaus der betroffenen Länder. Ihr Entwicklungsstand bemisst sich sowohl an Agglomerationseffekten, insbesondere der Dichte von Bevölkerung und Wirtschaftskraft in den großen Verdichtungsräumen, aber auch an deren Erreichbarkeit.

Die **Erreichbarkeitsverhältnisse in Deutschland** sind aufgrund des hohen Standards der Infrastrukturversorgung und der Lage im Kernraum der europäischen Union relativ gut. Nach dem Raumordnungsbericht der BBR waren die bedeutenden Agglomerationszentren Ende der 1990er Jahre von allen deutschen Regionen aus in weniger als zwei Stunden erreichbar (BBR 2000, S. 116). Nennenswerte Erreichbarkeitsdefizite zeichnen nur noch wenige, vornehmlich dünn besiedelte Regionen der neuen Bundesländer aus. Insgesamt bestehen größere regionale Ausstattungsunterschiede noch im kombinierten Güterverkehr der Bahnen, aber nicht bei den Personen- und Güterverkehrsnetzen an sich.

Eine der ländlichen Regionen Westdeutschlands, in der die Entwicklungsoption Fernstraßenbau über einen größeren Zeitraum ebenso intensiv wie kontrovers diskutiert wurde, ist das **Emsland** (Niedersachsen). Von Beginn der Nachkriegszeit an, spätestens mit den 1960er/1970er Jahren, wurde dort versucht, eine in hohem Maße als strukturschwach geltende ländliche Region „zu entwickeln". Die Region war bereits 1950 Gegenstand eines vom Bundestag beschlossenen **Emslanderschließungsprogramms** und erhielt von der Landesregierung Niedersachsens später den Status des bevorzugten Ausbauorts. Handlungsleitend war eine **wachstumsorientierte Industrialisierungsstrategie**, die im Kern auf die Ansiedlung von Einrichtungen der Energieerzeugung (u. a. zwei Kernkraftwerke), der Rohstahlproduktion und der Chemischen Industrie gesetzt hat (vgl. DANIELZYK/WIEGANDT 1999). Als eine wichtige Voraussetzung für die erfolgreiche Platzierung dieses schwerindustriellen Komplexes in der an sich strukturschwachen Region galt die **Bundesautobahn 31**, der sogenannte „Ostfriesenspieß", die das Ruhrgebiet (Oberhausen) mit der Nordseeküste (Emden) verbindet. Über einen Zeitraum von mehr als 30 Jahren wurde an dieser Fernverkehrsverbindung gearbeitet, bevor sie mit dem letzten Lückenschluss im Dezember 2004 durchgängig fertig gestellt war. Die besondere Wertschätzung dieser Infrastrukturmaßnahme lässt sich auch daran ablesen, dass sie in einem bis dato einmaligen Vorgang von **regionalen Körperschaften** und Akteuren privat mitfinanziert wurde (vgl. DANIELZYK/WIEGANDT 2005, S. 45).

Über den Einfluss der BAB 31 auf die regionale Entwicklung gingen die Meinungen in den Verkehrs- und Regionalwissenschaften seinerzeit weit auseinander (vgl. WEBER 1982 und SCHILDBERG 1983).

Ein Faktum ist indes, dass sich Westniedersachsen im bundesdeutschen bzw. auch im westdeutschen Vergleich sehr positiv darstellt. Nicht zuletzt die Region Emsland bildet einen der wenigen **norddeutschen Wachstumsräume**, was Bade (2004) auf erfolgreiche Ansiedlungsstrategien im Bereich neuer, wachstumsstarker Industrien (etwa die Kunstoffindustrie) zurück führt. Folgt man der einen Position, hatte der stetige Ausbau der Autobahnachse, die parallel zu einer Hauptstrecke der Eisenbahn verläuft, einen gewichtigen Anteil am wirtschaftlichen Aufschwung des Emslandes (Hugenberg 1988). Das ehemalige Armenhaus Deutschlands erhielt durch die A 31 offenbar Anschluss an die Moderne. Im Gegensatz dazu postulierten Kritiker, dass die Autobahn vor allem das Auspendeln in die Ferne erleichtere, nach allen Erfahrungen aber nicht zu nachhaltigem Wachstum der Region beitragen würde (vgl. Schildberg 1983).

Danielzyk/Wiegandt (1999, S. 223) haben zur Erklärung der positiven Entwicklung der Region darauf hingewiesen, dass als wesentliche **Faktoren für Unternehmensansiedlungen** nicht eine geschlossene regionalpolitische Strategie, sondern Einzelvorhaben mit spezifischen Standortanforderungen (Verfügbarkeit großer, unbelasteter Flächen, die politische und soziokulturelle Akzeptanz in der Region und die ökologisch wenig belastete Umgebung) ausschlaggebend waren. Die **Regionalentwicklung im ländlichen Raum** Westdeutschlands lässt sich am Beispiel des Emslandes insofern als mehrdimensionales, komplexes Interaktionsfeld begreifen, in dem physische Raumausstattung und Siedlungsstruktur, Infrastrukturpolitik, gesellschaftliches Klima und politische Steuerung zusammen wirken – aber nicht ohne weiteres gezielt beeinflusst

werden können. Doch erst in der Gesamtschau dieser Faktoren und ihrer geglückten Kombination kommen Effekte zum Tragen, die sich die Regionalpolitik oft von Einzelmaßnahmen verspricht. Diese Einzelprojekte werden nicht selten auch in ihrer Bedeutung überhöht und fungieren als sog. Leuchttürme, als regionale Projektionsflächen für Wirtschaftswachstum. Dies gilt nicht zuletzt für **große Verkehrsprojekte** wie die Magnetbahn Transrapid, Autobahnen oder ICE-Neubaustrecken.

Einen regelrechten Schub erhielt die Diskussion um die regionale Infrastrukturpolitik nach der Wende 1989/90 mit Blick auf die **neuen deutschen Bundesländer**. Denn dort waren die Notwendigkeit regionaler ökonomischer Stabilisierung sowie ein großer Nachholbedarf in der Infrastruktur gegeben. Auch hier wurde der **Stellenwert der Verkehrsinfrastruktur** unterschiedlich eingeschätzt: Positionen wie die von Seitz (2000) fokussierten sehr stark auf die Förderung der Verkehrsinfrastrukturen als Mittel zur Beseitigung genereller Wachstumsdefizite; regionales Wachstum wurde dort in Abhängigkeit von der Distanz zum nächsten Autobahnanschluss erklärt. Andere Autoren wie Kitterer (2002) haben dagegen im Zusammenhang der Mittelverwendung im Solidarpakt I betont, dass die Verkehrsinfrastruktur für das wirtschaftliche Wachstum allgemein nicht zwingend sei: „Eine Strategie flächendeckender öffentlicher Investitionen wäre falsch. Sektor- und regionalspezifische Infrastrukturprofile versprechen mehr Erfolg. Der Schwerpunkt dieser Maßnahmen sollte in den Bereichen der intraregionalen Vernetzung sowie der Ausbildung, Forschung und Innovation liegen" (Kitterer 2002).

Gather (2004) hat die Bedeutung der Verkehrserschließung für die regionale

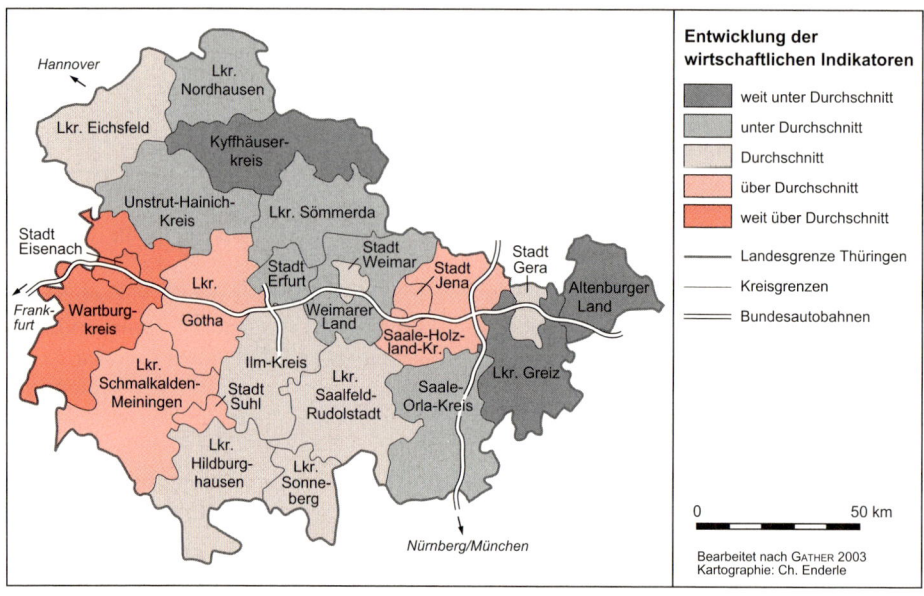

Entwicklung der wirtschaftlichen Indikatoren

- weit unter Durchschnitt
- unter Durchschnitt
- Durchschnitt
- über Durchschnitt
- weit über Durchschnitt
- Landesgrenze Thüringen
- Kreisgrenzen
- Bundesautobahnen

0   50 km

Bearbeitet nach GATHER 2003
Kartographie: Ch. Enderle

Abb. 4.3.2 Verkehrsinfrastruktur und regionale Entwicklung in Thüringen

Entwicklung am Beispiel der **Autobahnen in Thüringen** untersucht. Er bestätigt die o. g. Befunde in seiner Fallstudie. Sie basiert auf regionalstatistischen Daten und Regressionsrechnungen und setzt die Wachstumsindikatoren in Beziehung zum Erschließungsstand des Autobahnnetzes. Die methodische Herausforderung dieses Vorgehens ist, den Einfluss der Verkehrsinfrastruktur von anderen Faktoren zu isolieren – wohl wissend, dass diese mit der Infrastruktur zusammen wirken. So haben sich ehemals grenznahe Räume in der Nähe westdeutscher Verdichtungsräume positiv entwickelt, ohne dass sie bereits über einen Autobahnanschluss verfügen würden. Insgesamt wurde unter den untersuchten Einflussgrößen **Bevölkerungsdichte, Bodenpreise** und **Nähe zu einer BAB** ein großer Einfluss der beiden ersten Faktoren gesehen (Bevölkerungsdichte korreliert vorrangig positiv mit der wirtschaftlichen Entwicklung von Städten). „Die Erschlie-

ßung durch Bundesautobahnen fällt in ihrem Erklärungswert für die regionalwirtschaftliche Entwicklung gegenüber den beiden erstgenannten Einflussgrößen deutlich zurück" (GATHER 2004, S. 40, s. a. Abb. 4.3.2).

Allein auf der Ebene der Landkreise, also im intraregionalen Standortwettbewerb, wird eine positive Korrelation von Autobahnnähe und Betriebsansiedlung gesehen. Allerdings haben autobahnnahe Landkreise höhere **Wachstumsraten** des Bruttoinlandsprodukts als autobahnferne. Dies wird damit erklärt, dass sich „infolge des verstärkten Konkurrenz- und Anpassungsdruckes entlang der Autobahnen **strukturelle Anpassungsprozesse** und Rationalisierungsmaßnahmen schneller vollziehen als in Regionen mit weniger ausgeprägtem Güter- und Informationsaustausch" (GATHER 2004, S. 42). Erreichbarkeit und die ihrer Verbesserung dienenden Fernstraßen haben nach Auffassung von

GATHER zwei Gesichter: „In einem geeigneten wirtschaftlichen Umfeld strukturstarker Regionen können sie zahlreiche [...] Indikatoren positiv beeinflussen. In strukturschwachen Teilräumen besteht dagegen die Gefahr, dass sich durch den beschleunigten Anpassungs- und Modernisierungsdruck der regionalen Wirtschaft die Probleme des Arbeitsmarktes zunächst sogar weiter verschärfen" (GATHER 2004, S. 46).

Grundsätzlich bleibt zu berücksichtigen, dass objektive Faktoren regionaler Entwicklung auch mit Ex-post-Untersuchungen nur unvollkommen ermittelt werden können. Außerdem ist die Rolle **subjektiver Bewertungen** nicht zu unterschätzen, die immer wieder auch auf den Faktor Erreichbarkeit abheben. Im Rahmen einer Studie des Instituts für Arbeitsmarkt- und Berufsforschung (IAB) wurden acht **Faktoren zur Standortqualität** von Vergleichsregionen untersucht (BLUME et al. 2003). Dabei wurde auch der Frage nachgegangen, welcher Zusammenhang zwischen Erreichbarkeit bzw. Verkehrsverbindung und wirtschaftlicher Entwicklung besteht. Konkret wurde dabei festgestellt, dass die objektive Erreichbarkeit und die Bewertung der Verkehrsverbindungen durch die Unternehmen weit auseinander klaffen. Z. T. waren die objektiven Indikatoren positiv, die Situation wurde aber von den befragten Unternehmen als negativ gewertet. Die Autoren betonen, dass zwischen den Indikatoren zur Erreichbarkeit und den Anforderungen der Unternehmen an die Verkehrsinfrastruktur kein kausaler Zusammenhang besteht (BLUME et al. 2003, S. 278).

Danach konnten auch Regionen mit relativ schlechter Verkehrsverbindung eine relativ gute wirtschaftliche Entwicklung erreichen (was natürlich die hypothetische

---

Kasten 4.3.1
Erfolgsfaktoren der wirtschaftlichen Entwicklung in ostdeutschen Regionen:

- Qualität der Beratungsleistungen über einen Standort
- Mobilisierung von Fördermitteln, Liegenschaftspolitik vor 1995
- Gebühren und Steuerpolitik
- Kooperationsklima zwischen den Institutionen
- Interkommunale Kooperation
- Technologie- und Innovationsförderung
- Innovationsgrad der lokalen Politik, Existenz regionaler Leitfiguren.

Bearbeitet nach BLUME et al. 2003, S. 343

Frage nicht beantwortet, ob sie sich im Fall einer besseren Verkehrsverbindung noch besser entwickelt hätten). Als zentraler Indikator für den Zusammenhang zwischen Standortqualität und wirtschaftlicher Entwicklung erwies sich der weit gefasste Indikator „lokale Bedingungen", also das Engagement und die Leistungsfähigkeit lokaler öffentlicher Institutionen (s. Kasten 4.3.1).

4.3.3 Perspektiven für Politik und Planung

Die Verkehrsinfrastruktur hat nach wie vor eine Bedeutung für regionale Entwicklungsprozesse. Jedoch hat sich die Einschätzung dieses Faktors im Zeitablauf geändert, was sowohl mit dem in den Industrieländern erreichten Ausbaustandard zu tun hat als auch mit der Vielzahl weiterer Faktoren, die regionale Entwicklungsprozesse beeinflussen. Zusammenfassend lässt sich der entsprechende Diskussionsstand in Westeuropa bzw. Deutschland wie folgt charakterisieren (vgl. KUJATH 1998, LAMMERS/NIEBUHR 2002):

- Die **Anbindung an überregionale Verkehrsnetze** wird aus regionaler Sicht durchweg als wichtig eingeschätzt, stellt aber heute i. d. R. keinen zentralen Faktor mehr dar.
- Allerdings wird der Faktor Verkehrsinfrastruktur in **Befragungen** durch lokale Experten häufig als sehr wichtig angesehen.
- Überall dort, wo bereits relativ gute Erreichbarkeiten und Ausstattungsstandards existieren, wird der **Grenznutzen zusätzlicher Infrastrukturmaßnahmen** immer geringer.
- Nur in echten Peripherregionen mit **hohen Erreichbarkeitsnachteilen** lassen sich durch eine verbesserte Verkehrsverbindung relativ klare positive Effekte erzielen.

Regionale Wachstums- und Entwicklungsprozesse werden aus heutiger Sicht auf einen Kranz weiterer Faktoren zurückgeführt, die sich wie folgt darstellen:

- **Unternehmensstrategien** stellen einen zentralen Einflussfaktor für die regionale Entwicklung dar, die wiederum an einen breiten Set von Bedingungen geknüpft sind.
- **Lokale institutionelle Netzwerke und Rahmenbedingungen** sind für den wirtschaftlichen Erfolg von Regionen zunehmend wichtig geworden.
- Regionale **wirtschaftliche Entwicklung** ist hochgradig **pfadabhängig**, baut also auch auf Vergangenheit, Geschichte und Erfahrung auf, die immer zu berücksichtigen sind.

Welche Konsequenzen resultieren für die regionale **Wirtschafts- und Infrastrukturpolitik** aus diesen empirischen Befunden? Welche praktische Bedeutung folgt daraus, dass Verkehrsinfrastrukturen eine notwendige, aber keineswegs hinreichende Bedingung der wirtschaftlichen

Entwicklung sind? Grundsätzlich lassen sich zwei Handlungsfelder unterscheiden, je nachdem, ob der Schwerpunkt eher auf Erreichbarkeit und Verkehrsinfrastruktur liegt (verkehrsbezogener Ansatz) oder auf der Verbesserung der regionalen Entwicklungsbedingungen insgesamt (regionsbezogener Ansatz). In aller Regel dürfte eine integrierte Entwicklungsstrategie für Regionen sich beider Ansätze bedienen – aber nicht einen Faktor, wie die Verkehrswege, herausheben und prioritär behandeln.

In welcher Weise diese Ansätze konkret ausgefüllt werden, hängt sehr stark von der Perspektive ab, die auf den jeweiligen Raum gerichtet ist: dies kann eine stärker außenorientierte, im Prinzip **exportorientierte Sichtweise** einer Region sein, die sich auf die Export-Basis-Theorie beruft und vorrangig auf die Verbesserung der Austauschbedingungen und Erreichbarkeit setzt. Davon zu unterscheiden ist eine tendenziell binnenorientierte, eher auf das **endogene Potenzial** bezogene Strategie der Regionalentwicklung und -förderung. Letztere wurden insbesondere in den 1980er Jahren verstärkt diskutiert, und zwar vor dem Hintergrund der Wirkungsschwäche der klassischen exportorientierten Regionalpolitik. Auch hier haben sich allerdings einseitige Festlegungen als nicht tragfähig erwiesen, nicht zuletzt weil die Einbindung der Wirtschaftsstandorte in großräumige Zusammenhänge in den vergangenen Dekaden stark zugenommen hat.

Gleichwohl wurde durch diese Diskussion ein **Verständniswandel in regionalen Entwicklungsstrategien** eingeleitet, mit dem auf die Grenzen eines vorrangig export- bzw. außenbezogenen Ansatzes reagiert wurde. Vgl. dazu den Bericht einer Expertenkommission in der Schweiz, die diese neue Regionalpolitik skizziert hat

(EXPERTENKOMMISSION 2003, Tab. 4.3.1). Spätestens seit den 1990er Jahren wird in der Regionalpolitik nicht mehr primär auf harte Standortfaktoren und deren Förderung gesetzt, sondern auch auf institutionelle Settings und Rahmenbedingungen sowie auf lokale Vernetzungen und positives Wirtschaftsklima. Dieser Verständniswandel hat sich in solchen Peripherregionen beschleunigt, die überproportional stark durch den demographischen Wandel und die Krise der öffentlichen Haushalte betroffen sind. Als Konsequenz daraus wird ein Wechsel von einer ausgleichs- und verteilungsorientierten zu einer wachstumsorientierten Raumentwicklungspolitik erwogen. Damit gehen auch veränderte Ausgangsbedingungen für den Umgang mit dem **Verkehr in regionalen Entwicklungs- und Förderstrategien** einher: klassische Paradigmen stehen auf dem Prüfstand, die Förderpraxis wird an die neue Situation angepasst.

Die Konsequenz aus diesen Erkenntnissen ist, die Verkehrsinfrastruktur in den Kontext der gesamten für die Regionalentwicklung verantwortlichen Faktoren einzubetten. Für die Regionalpolitik wird in der Regel die Durchführung von **Stärken- und Schwächen-Analysen** empfohlen, auf deren Basis dann regionale Defizite identifiziert und vorrangige Handlungsfelder definiert werden können. Verkehrsinfrastrukturelle Maßnahmen, wie der Ausbau des Verkehrsnetzes, die Einrichtung von Schnittstellen des Kombinierten Verkehrs oder die gezielte Beseitigung von Engpässen ergeben sich als Instrument der Regionalentwicklung vorrangig dort, wo besondere Ausstattungsdefizite vorliegen. In ihrer Umsetzung sind Fragen der Raum- und Umweltverträglichkeit eben-

Tab. 4.3.1 Verständniswandel in der Regionalpolitik

	Bisherige Regionalpolitik	Neue Regionalpolitik
Hauptanliegen	Abbau regionaler Disparitäten	Wettbewerbsfähigkeit von Regionen durch Wachstum und Innovation
Stoßrichtungen	Infrastrukturförderung, einzelbetriebliche Förderung, Netzwerkförderung	Förderung von Innovationsprozessen (Wertschöpfungssysteme und Cluster, Nutzung von Impulsen von Zentren, Netzwerkförderung etc.)
Perimeter	Wirtschaftliche Problemregionen	Flächendeckend, Gesamtgebiet als Bezugsrahmen für die Programm- und Projektentwicklung
Maßstabsebene	Kleinräumig, feste Angrenzung	Großräumig, variable Geometrie
Ansatzpunkte	Verbesserung der Standortfaktoren (Infrastruktur), Schaffung von Arbeitsplätzen (Diversifikation)	Wertschöpfung und Innovation
Entwicklungsimpulse	Von unten und oben	Von unten (Unternehmer/Innovatoren)
Aufgaben des Bundes	Förderung und Mitfinanzierung von regionalen Entwicklungskonzepten, Genehmigung und Mitfinanzierung von Einzelprojekten	Förderung von Clustern und Netzwerken, Unterstützung von Pilotprojekten, Unterstützung der Selbstorganisation, Aufstellung von Spielregeln, Monitoring und Evaluation
Finanzierungsinstrumente	Projektfinanzierung etc.	Globalbeiträge an (Groß-) Regionen für innovative Konzepte

Quelle: EXPERTENKOMMISSION 2003

so zu gewichten wie die Plausibilität der zu erwartenden regionalen Wohlfahrtseffekte (s. Kasten 4.3.2). Im Bereich von Naherholung und Tourismus liegen bereits Erfahrungen dahingehend vor, wie regionale Entwicklung unter Berücksichtigung des Verkehrs (seiner Chancen, seiner Probleme) zielorientiert gefördert werden kann (vgl. RAUCH 1993).

Insgesamt sprechen zahlreiche Studien dafür, besonderes Augenmerk auf die **Handlungsfähigkeit und Interaktion regionaler Akteure und Institutionen** zu legen. Diese sind – im Gegensatz zur physischen Infrastruktur – weniger kapitalintensiv und können auch kurzfristig gestärkt werden. Ein solcher Ansatz wird durch neuere theoretische Überlegungen der Regionalökonomie gestützt (vgl. z. B. KUJATH 1998). Dazu gehören Ansätze, die in Ergänzung zur klassischen Standortfaktorenpolitik regionale Entwicklungskonzepte fördern, Leitprojekte identifizieren, regionale Konsensbildungsprozesse in Gang setzen und über regionale Netzwerke Beschäftigungs- und Wachstumspotenziale mobilisieren. Diese Empfehlung gilt im Besonderen für die mit qualitativ hochwertiger Verkehrsinfrastruktur ausgestatteten Industrieländer, weniger für Regionen in Transformations- und Entwicklungsländern, die jenseits der wirtschaftsräumlichen Zentren liegen und die erst über die Anbindung an die großräumigen Infrastrukturnetze die Möglichkeit zur wirtschaftlichen Teilhabe erhalten.

Grundsätzlich sollte die Entwicklung der Verkehrsinfrastrukturen auf den verschiedenen Ebenen besser mit **regionalwirtschaftlichen Potenzialen** verbunden werden. Dies erfordert langfristig auch ei-

Kasten 4.3.2
Bausteine der Integration des Verkehrs in Wirtschaftsförderung und Regionalentwicklung:
* Durchführung von Stärken- und Schwächen-Analysen innerhalb und außerhalb des Verkehrssektors
* Bestandspflege und Vernetzung der Unternehmen der Verkehrswirtschaft, Förderung logistischer Kooperationen
* Förderung von logistischen Innovationen, insbesondere Angeboten und Schnittstellen des Kombinierten Verkehrs
* Förderung der Regionalisierung des Schienenverkehrs (unter Einschluss von NE-Bahnen, Industriebahnen etc.)
* Entwicklung und Sicherung von Gleisanschlüssen bei Industrieverladern, Trassensicherung für den Schienenverkehr
* Integration des Verkehrs in regionale Entwicklungskonzepte

nen Perspektivenwechsel von der Verantwortung des Staates für die Verkehrswege (Bundesverkehrswege) hin zu einer stärker subsidiär organisierten Infrastrukturplanung und -finanzierung (s. Kap. 5). Außerdem sind die Bewertungsverfahren zur Abschätzung der regionalwirtschaftlichen Effekte von Verkehrswegen, die auch heute noch grundsätzlich Kostensenkungen durch Erreichbarkeitsverbesserungen unterstellen, auf der Basis neuerer theoretischer und empirischer Einsichten zu modernisieren. Hierbei sind die sehr differenzierten, teilweise auch gegenläufigen Wirkungen, die von Verkehrswegen im regionalen Entwicklungsprozess ausgehen, entsprechend zu berücksichtigen.

Literaturauswahl zur Ergänzung und Vertiefung von Kapitel 4

- **Entwicklung und Bedeutung von Transportkosten:**
  Combes/Lafourcade 2005, Anderson/Wincoop 2004, Glaeser/Kohlhase 2003, Puwein 2000, Franz 1998
- **Transportkosten aus Sicht der New Economic Geography:**
  Desmet/Fafchamps 2005, McCann 2005, Brun et al. 2002, Limão/Venables 2001, Krugman/Venables 1995
- **Raumwirtschaftliche Modelle:**
  Kulke 2004, Heineberg 2003, Giese 1995, Christaller 1933, Weber 1909, Thünen 1875
- **Verkehrsnetze als Graphen:**
  Black 2003, Taaffe et al. 1996^2, Schickhoff 1978, Leusmann 1974, Vetter 1970, Haggett/Chorley 1969
- **Logistik- und Distributionsnetze:**
  Baumgarten/Thoms 2002, Ihde 2001^3, Gudehus 2000, Christopher 1994
- **Entwicklungsstadien von Verkehrsnetzen und Raumerschließung:**
  Pedersen 2003, Nuhn 1982, Rimmer 1977, Vance 1970, Taaffe/Morrill/Gould 1963
- **Zusammenhang von Verkehr und Regionalentwicklung:**
  Rietveld/Vickerman 2004, Dawkins 2003, Banister/Berechman 2000, Hoyle/Smith 1998
- **Raumwirksamkeit von Fernstraßen:**
  Gather 2004, Vickerman 2000, Lutter 1981
- **Konsequenzen für Politik und Planung in Deutschland:**
  Expertenkommission 2003, DIW et al. 2002, Kujath 1998, Rauch 1993

5 Nachhaltige Entwicklung: Handlungsbedarf und Handlungsstrategien

5.1 Probleme des Verkehrs, Probleme mit dem Verkehr

Spätestens seit sich der motorisierte Straßenverkehr in Deutschland allgemein durchgesetzt hat, werden die damit einhergehenden Belastungen und Grenzen kritisch diskutiert. Dies hat zunächst damit zu tun, dass vor allem der **Kfz-Verkehr sehr viel Platz beansprucht**. Zugleich sind die Möglichkeiten der Verkehrsinfrastruktur, mit den Zuwächsen bei Motorisierung und Verkehrsleistung Schritt zu halten, begrenzt. Dies war schon in den 1950er und 1960er Jahren so. Vor allem in den großen Verdichtungsräumen gibt es auf absehbare Zeit nicht genug Platz, um den fließenden und ruhenden Verkehr konfliktfrei unterzubringen. Insofern war bereits die Einrichtung von Fußgängerzonen in den Zentren der großen Städte Ausdruck dieses Grundkonflikts. Er wurde punktuell zugunsten von Fußverkehr und höherer Aufenthaltsqualität gelöst, allerdings abgestimmt mit den Interessen des Kfz-Verkehrs, dessen Zugang zu den Stadtzentren durch Tiefgaragen und Parkhäuser sicher gestellt blieb. Aufgrund steigender Staus wurde wiederholt über weiter gehende Einschränkungen oder gar Sperrungen für den Kfz-Verkehr nachgedacht; fallweise wurden solche **Verkehrsbeschränkungen** auch dauerhaft erlassen (insbesondere in Kurorten oder in kleinen Gemeinden in den Alpen, an der Nordsee).

Neben den Funktions- und Kapazitätsproblemen der Verkehrsentwicklung, die oft mit der Metapher vom „Verkehrsinfarkt" assoziiert worden sind, wurden auch die **negativen Folgen des Straßenverkehrs für Stadt und Umwelt** kritisiert. Im Zeitalter der Massenmotorisierung stellt der anhaltend hohe Ressourcenverzehr durch den Verkehr ein ernsthaftes Problem dar. Spätestens seit der ersten Energiekrise der 1970er Jahre, die mit ihrem zeitweisen Erdölmangel und den autofreien Sonntagen noch in Erinnerung ist, bestimmt der Verkehr auch als Stadt- und Umweltproblem die Agenda von Politik und Planung. Vielfältige Probleme kennzeichnen auch den Verkehr in Entwicklungsländern, etwa die allgemein hohe Verkehrsdichte in Agglomerationen, die teilweise erheblichen Sicherheitsmängel vor allem im Straßenverkehr sowie die hohen Belastungen für Mensch und Umwelt durch die rapide steigende Motorisierung (vgl. Petersen/ Schallaböck 1995).

Ein zentraler Auslöser des umweltpolitischen Handlungsbedarfs in den Industrieländern waren die ökologischen Belastungen durch den Betrieb von Kraftfahrzeugen mit Verbrennungsmotor, unter denen Pkw und Lkw (s. Kasten 5.1.1) eine herausragende Rolle spielen. Zu den wichtigen direkten Umweltbelastungen des Verkehrs zählen die **Emission von Luft-**

Kasten 5.1.1
Umweltfaktor Nutzfahrzeuge

Ein wichtiger Emittent von Schadstoffen sind Nutzfahrzeuge (Lkw ab 3,5 t zul. Gesamtgewicht), die allein massebedingt einen höheren Ausstoß von Schadstoffen haben und deutlich mehr Lärm verursachen als Pkw. Ein einzelner Lkw kann als Emittent von Lärm 25 Pkw entsprechen. Bei den Emissionsfaktoren für Abgasemissionen liegen Lkw mit einem zulässigen Gesamtgewicht von mehr als 3,5 t etwa um den Faktor 3 (Kohlenwasserstoffe), 10 (Stickoxide) oder 10 bis 20 (Dieselrußpartikel) über den Vergleichswerten der Pkw, während ihr Anteil an den Fahrleistungen deutlich unter zehn Prozent liegt. Die Belastung durch verkehrsbedingte Stickoxidemissionen geht heute bereits mehrheitlich auf Nutzfahrzeuge zurück. Dieser Trend wird in Zukunft noch andauern, wenngleich die durch die EU festgelegten Euro-4- und Euro-5-Grenzwerte hier für erhebliche Reduktionen sorgen.

Quelle: IFEU 1992; UBA et al. 2004

schadstoffen wie Kohlenmonoxid, Stickoxide, Rußpartikel, Benzol, Kohlendioxid sowie die Abriebe von Reifen und Verschleißteilen. Sie tragen zum sauren Regen bei, gefährden Pflanzen, Tiere und Grundwasser und sind Ursache gesundheitlicher Beeinträchtigungen, etwa von Atemwegserkrankungen. Bei einigen dieser Schadstoffe ist die Entwicklung seit Ende der 1990er Jahre rückläufig, bei anderen hat der Verkehrssektor einen fast anhaltend hohen Anteil (s. Abb. 5.1.1). Doch noch im Jahr 2002 gingen mehr als 50 % der NO_x-Belastungen, 15,9 % der Emission organischer Verbindungen sowie 20,4 % der CO_2-Belastungen auf den Verkehrssektor zurück (Verkehr in Zahlen 2004/2005, S. 287/288).

Zwar sind durch die nationalen bzw. europäischen Vorschriften zur Reduzie-

rung der Abgasemissionen von Fahrzeugen deutliche Verbesserungen erzielt worden bzw. auf mittlere Sicht zu erwarten (s. Abb. 5.1.2). Gleichwohl werden auch heute noch **Grenzwerte überschritten** und hohe Belastungen erzeugt, wie jüngst das Feinstaub-Problem gezeigt hat. Dabei scheinen vor allem solche Emissionsprobleme dauerhaft, gegen die nicht auf technischem Wege angegangen werden kann, wie dies bei der NO_x-Minderung durch den 3-Wege-Katalysator der Fall war, sondern die im Prinzip nur durch Verhaltensumstellungen lösbar sind (s. das Energie-/CO_2-Problem).

Der Verkehrssektor ist über den Energieverbrauch auch an den CO_2-Emissionen beteiligt, die vermutlich das wichtigste globale Umweltproblem unserer Zeit darstellen (RAHMSTORF 2001). Der Anteil des Verkehrs an den Gesamtemissionen von CO_2 in Deutschland liegt seit einigen Jahren im Bereich der 20 %, wovon der weitaus überwiegende Anteil auf den Straßenverkehr entfällt (STATISTISCHES BUNDESAMT 2004, SRU 2005). Seit der Formulierung der Zielvorgaben zur CO_2-Minderung durch die Klima-Enquête-Kommissionen des Deutschen Bundestages und den Beschluss der Bundesregierung im Jahr 1990 zeigt sich sehr deutlich, dass der Verkehrssektor im Unterschied zu Industrie, Haushalten und Energiewirtschaft kaum Entlastungsbeiträge erbracht hat, sondern einen konstant hohen Anteil an den CO_2-Emissionen aufweist (UBA 2003). Dies hat nicht nur mit der Verkehrsentwicklung insgesamt zu tun, also etwa mit der Zunahme verkehrsintensiver Lebens- und Wirtschaftsweisen, sondern auch mit dem Trend zu immer leistungsstärkeren Fahrzeugen, der die durchaus vorhandenen Bemühungen um eine höhere spezifische Energieeffizienz bisher unterlaufen hat.

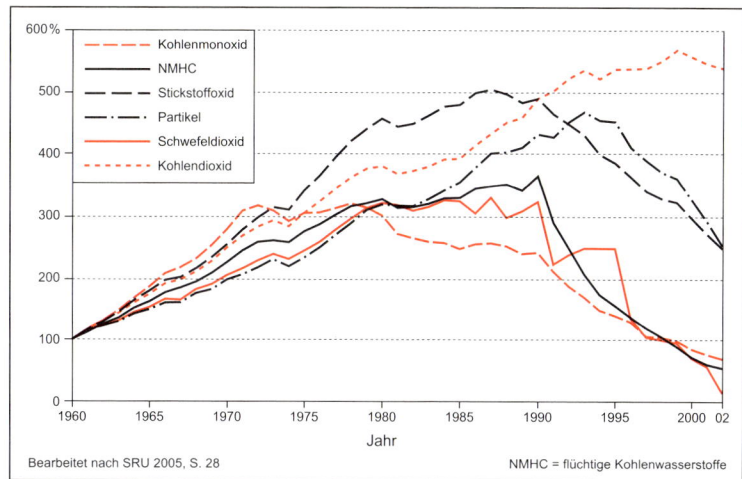

Abb. 5.1.1 Entwicklung der Abgas-emissionen aus Pkw und Lkw in Deutschland im Vergleich zu 1960

Bearbeitet nach SRU 2005, S. 28

NMHC = flüchtige Kohlenwasserstoffe

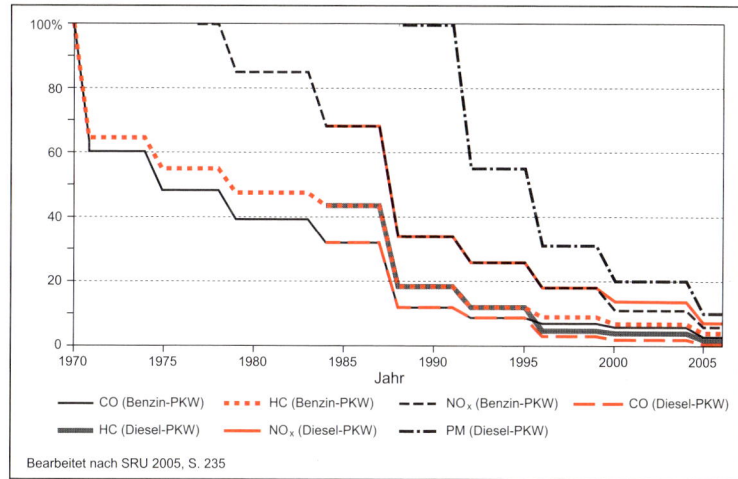

Abb. 5.1.2 Entwicklung der EU-Grenz-werte zur Minderung fahrzeug-spezifischer Schadstoff-emissionen

Bearbeitet nach SRU 2005, S. 235

Ein strukturelles Problem stellen auch die **verkehrsbedingten Lärmemissionen** dar. Verkehrslärm hat die klassischen Luftschadstoffe als Belastungsquelle Nr. 1 vielerorts schon abgelöst und gilt heute als wichtige Ursache von Belästigungen und gesundheitlichen Beeinträchtigungen (Tab. 5.1.1). Durch Lärm werden die Menschen einem signifikant erhöhten Herzinfarktrisiko ausgesetzt. Diese Probleme sind durch Motorkapselungen an Fahrzeugen nur be-

grenzt zu mindern, zumal solche Maßnahmen sehr kostspielig und daher unpopulär sind; von einer bestimmten Fahrgeschwindigkeit an dominieren zudem nicht mehr die Motorgeräusche, sondern Rollgeräusche und Fahrtwiderstand. Nach Aussage des Umweltbundesamtes sind Pkw heute „so laut wie vor 25 Jahren". Vielfach bleiben gegen den Verkehrslärm nur passive Maßnahmen wie der Bau von Schallschutzeinrichtungen (Schallschutzfenster,

Tab. 5.1.1 Bewertung von Verkehrslärm nach Verursachung

Geräuschquelle	Grad der Belästigung				
	äußerst gestört und belästigt	stark gestört und belästigt	mittelmäßig gestört und belästigt	etwas gestört und belästigt	überhaupt nicht gestört und belästigt
Straßenverkehr	4	6	20	30	40
Nachbarn	2	4	11	26	57
Flugverkehr	1	3	8	20	68
Industrie/Gewerbe	0	2	5	12	81
Schienenverkehr	1	2	5	12	80

Quelle: SRU 2005

Lärmschutzwände am Verkehrsweg). Sie gehen aber nicht selten zulasten der Stadtgestalt, etwa durch großflächige Verbauung von Stadtstraßen. Nach § 47 des Bundesimmissionsschutzgesetzes (BImSchG) sind die Gemeinden in Deutschland verpflichtet, **Lärmminderungspläne** aufzustellen und Verkehrslärm konsequent zu reduzieren. Dieser Pflicht kommen sie aber, nicht zuletzt aus finanziellen Gründen, kaum nach.

Verkehrslärm wird nicht nur von Kraftfahrzeugen wie Pkw und Lkw emittiert, sondern auch durch den **Schienenverkehr** und den Luftverkehr. Die hochbelasteten Trassen entlang der wichtigen transkontinentalen Achsen des Schienenverkehrs sind daher ebenso Brennpunkte der Lärmschutzdiskussionen wie die Flughäfen und ihre Aus- und Einflugschneisen. Bei den Lärmemissionen der Bahn fällt auch die Bedeutung der nachts verkehrenden Güterzüge ins Gewicht. Die Eisenbahnen sind in gewisser Weise repräsentativ für das Dilemma der Verkehrspolitik, da sie auf der einen Seite als relativ umweltverträglich gelten, andererseits aber auch weniger offen gegenüber Innovationen (z. B. Leichtbauweise); zumindest benötigen fahrzeug- und fahrwegtechnische Innovationen, paradoxer Weise als Folge ihrer Langle-

bigkeit, auch deutlich länger zur Durchsetzung als beim Pkw.

Noch kontroverser diskutiert wird das **Lärmproblem beim Flugverkehr**. Dies hat mit der Intensität und Prägnanz der Belastung sowie mit der vor allem im Frachtflugverkehr häufig frequentierten Nachtzeit zu tun. Das Lärmproblem wird mit dem stürmischen Wachstum des Flugverkehrs immer dringlicher. Dies hat z. B. dazu geführt, dass das regionale Dialogforum zum **Ausbau des Flughafens Frankfurt/Main** als Bedingung für die Zustimmung der betroffenen Öffentlichkeit zum Bau einer neuen Landebahn ein Nachtflugverbot vorgeschlagen hat. Aufgrund des stark wachsenden Flugverkehrs stellt sich die Lärmproblematik an allen internationalen Verkehrsflughäfen sowie zunehmend auch an regionalen Korrespondenzstandorten. Vom Belastungsverlauf her reproduziert auch der Flugverkehr das bekannte Muster, nach dem zwar spezifische Emissionen durch neue Technologien (etwa lärmarme Triebwerke) gesenkt werden, diese Einsparungen in der Summe aber durch das starke Wachstum der Flugbewegungen wieder kompensiert werden können.

Auch die **Flächeninanspruchnahme** durch Verkehrswege und -einrichtungen gehört in den Kreis der strukturellen Probleme und Belastungen, die nicht ohne weiteres auf technischem Wege lösbar sind (s. Kap. 2.1). Dieses Problem stellt sich sowohl in der Stadt als auch im überregionalen Verkehr. In den Verdichtungsräumen sind es neben den Straßen vor allem die **Flächen zum Abstellen von Fahrzeugen** im öffentlichen bzw. halb-öffentlichen Raum. Im überregionalen Verkehrsnetz sind es vor allem die großmaßstäblichen Trassen von Autobahnen und Schnellstrecken der Bahn, von denen ökologische Belastungen ausgehen. Dazu zählen auch die indirekten **Zerschneidungswirkungen**, die zu Verinselungseffekten bei Tierpopulationen und zur Entwertung großflächiger Naturräume führen können (s. Kap. 3.4). Von besonderem Gewicht sind die Auswirkungen der Verkehrswege auf das **Landschaftsbild**, vor allem Eingriffe durch Brückenbauwerke u. ä. Hieraus erwuchs in Deutschland ähnlich wie in Großbritannien spätestens in den 1980er Jahren eine breite Bewegung gegen den Straßenbau, punktuell auch gegen Hochgeschwindigkeitstrassen der Bahn. Viele Bürgerinitiativen richten sich gegen das Verbauen von Flusstälern und offener Landschaft durch Verkehrstrassen und fordern eine andere Verkehrspolitik. Das Motiv zum Schutz der Landschaft bzw. für einen landschaftsgerechten Straßenbau reicht dabei bis in die ersten Jahrzehnte des 20. Jh.s zurück (vgl. ZELLER 2002).

Schließlich sind an dieser Stelle auch die Probleme für die **Verkehrssicherheit** zu nennen, die insbesondere durch den Kfz-Verkehr verursacht werden (vgl. Kap. 2.2). Hier hat es in den vergangenen Jahrzehnten auf den ersten Blick eine positive Entwicklung gegeben: Während in der früheren Bundesrepublik im Jahr 1970 die Rekordzahl von 17.500 Verkehrsto-

ten in Deutschland registriert wurde, sind dies fast 35 Jahre später einschließlich der ehemaligen DDR nur noch 6.100 (Verkehr in Zahlen 2004/2005, S. 163). Allerdings liegt die Zahl der Verletzten nach wie vor sehr hoch (348.500 im Jahr 2003, gegenüber dem Maximum von 388.600 im Jahr 1999). Auch ist bekannt, dass die messbaren Fortschritte bei den Unfallfolgen sich zu einem nicht geringen Teil aus hohen Investitionen in die passive Sicherheit von Pkw erklären und damit weniger den Radfahrern und Fußgängern zugute kommen.

In den Städten wirkt der motorisierte Verkehr nicht nur als Verursacher von Umweltproblemen, sondern auch auf vielfältige Weise als **städtebauliches Problem**: hohe Verkehrsmengen machen Hauptverkehrsstraßen eigentlich unbewohnbar, der ruhende Verkehr beansprucht erhebliche Platzreserven, und die Handlungsspielräume der Bauleitplanung werden stark vom Verkehr definiert (Erreichbarkeit von Standorten, Verträglichkeit der Erschließung, Möglichkeit der Mischung). Außerdem ist der Wirtschaftsverkehr, vor allem der **Schwerverkehr** als besonderes städtebauliches Problem zu nennen, dessen hohen Gewichte und Achslasten Straßen- und Brückeninfrastrukturen schädigen. Schließlich fallen die Unfallfolgen hier häufig sehr schwer aus (HESSE 1998). Die besonderen Anforderungen des Lkw-Verkehrs an die Dimensionierung des Straßenraumes (Auslegung für große Fahrzeuge) sind innerhalb der Städte nur begrenzt zu erfüllen, infolgedessen präferieren verkehrsintensive Nutzungen verstärkt großflächige Areale außerhalb. Eine Folge dieses Flächennutzungswandels kann dann weiteres Verkehrswachstum aufgrund der gewachsenen Verflechtungsbereiche sein.

Abb. 5.1.3 Wirtschaftsverkehr, Städtebau und Umwelt als Konfliktfeld   Foto: M. HESSE

5.2 Leitbilder und Handlungsstrategien

Im Licht der vielfältigen Probleme und Belastungen durch den motorisierten Verkehr steht dieser seit Jahrzehnten im Blickfeld der **Verkehrs- und Umweltpolitik**, beginnend mit dem 1. Umweltprogramm der Bundesregierung von 1971. Seit sich Personen- und Güterverkehr immer stärker auf der Straße abspielen, stehen die hierdurch verursachten Schadwirkungen in der allgemeinen Kritik. Dies gilt in allererster Linie für die entwickelten Industrieländer, insbesondere in Europa, zunehmend aber auch in Nordamerika und Asien, und es betrifft aufgrund der Verkehrsdichte und entsprechend hoher Belastungen dort in besonderer Weise die Verdichtungsräume und ihre Zentren (vgl. Kap. 3.1).

Parallel zum Wachstum des Kfz-Verkehrs wurde in der Nachkriegszeit in allen europäischen Ländern ein **ingenieurtechnischer Planungsansatz** verfolgt, der zunächst vor allem auf die bauliche Trennung der Verkehrsarten sowie die Erweiterung der Verkehrswege zielte (vgl. BANISTER 2002). Mit der Beseitigung der Kapazitätsgrenzen des Verkehrs sollte auch das Problem der mit dem Straßenverkehr verbundenen Belastungen aus der Welt geschafft werden. Diese Planungsphilosophie bündelte sich im Leitbild der autogerechten Stadt und im Instrument des **Generalverkehrsplans** (GVP). Im Generalverkehrsplan wurden wesentliche Vorgaben für den Netzentwurf und die Bemessung der Verkehrsinfrastrukturen, ihre Auslegung für bestimmte Geschwindigkeiten sowie die verkehrliche Erschließung wichtiger Standorte und Knotenpunkte im Netz festgelegt. Handlungsleitend war das Ziel der Sicherung von Leichtigkeit und Flüssigkeit des Straßenverkehrs. Im funktionalistischen Städtebau der Wiederaufbauzeit bzw. der 1960er Jahre gingen Verkehrsflussoptimierung und Stadtumbau eine enge Verbindung ein (Horn 1992).

Zentrales Axiom dieses auch als „heroic engineering" (Vigar 2001) bezeichneten Ansatzes war es, die steigenden Verkehrsbedürfnisse durch **Ausbau der Infrastrukturen** zu befriedigen; Kapazitätsprobleme sowie Belastungen sollten durch Beschleunigung und räumliche Verlagerung des Verkehrs (planfreie Führung von Straßen und Kreuzungen, Netzerweiterungen) behoben werden. In dieser Tradition wurden Stadtautobahnen, Schnellstraßen, Unterführungen und Umfahrungen sowie Parkplätze und Tiefgaragen errichtet. Dem „Traum vom Verkehrsfluß" (Schmucki 1998) wurde, wie die Beispiele Dresdens und Münchens gezeigt haben, in beiden deutschen Staaten auf bemerkenswert ähnliche Weise nachgegangen. Allerdings hatte der öffentliche Nahverkehr in der DDR nicht zuletzt aufgrund der geringeren Motorisierung der Bevölkerung einen weit höheren Stellenwert als in der Bundesrepublik, was sich jedoch nach 1990 rasch ändern sollte. Mit dem Ausbau der Verkehrswege wurde, ähnlich wie beim Fernverkehr, eine sich selbst verstärkende Dynamik in Gang gesetzt, die auf wachstumsbedingte Knappheiten im Verkehrsraum mit zusätzlichen Kapazitäten reagierte, die wiederum Anlass für weiteres Wachstum gaben. Diese Steigerungslogik des Verkehrs mündete in ein paralleles Wachstum von Angebot und Nachfrage.

Der Ansatz der klassischen Verkehrsplanung wurde schon in den 1960er und 1970er Jahren wiederholt kritisiert (vgl. für Großbritannien Buchanan 1962, für Deutschland Dollinger 1972). Die Kritik verstärkte sich in den 1980er Jahren im Angesicht zunehmender Umweltschäden (z. B. Waldsterben). Vor dem Hintergrund eines **veränderten gesellschaftlichen Problembewusstseins** entstand die moderne Verkehrspolitik, von Oettle (1990) auch als Politik der Verkehrszähmung bezeichnet. Im Verbund mit den offensichtlichen Kapazitätsgrenzen des wachsenden Verkehrs lösten die Umwelt- und Gesundheitsbelastungen in Städten eine programmatische Revision der Verkehrsplanung aus (Holzapfel et al. 1988). Städtebauliche, soziale und ökologische Ziele traten als neue Planungsziele neben die Funktionstüchtigkeit des Verkehrssystems (vgl. BMBau 1986, Monheim 1979); planerische Methoden wurden durch bürgerschaftliches Engagement ergänzt (vgl. Albers 1993).

Die ersten konkreten Folgen hatte dieser neue Planungsansatz auf dem Gebiet der **Verkehrsberuhigung**. Sie zielte auf den geschwindigkeitsdämpfenden Umbau von Wohngebietsstraßen und die Ausweisung großflächiger Tempo-30-Zonen (vgl. Abb. 5.2.1). Damit wurden durchaus Beiträge zu höherer **Stadtverträglichkeit des Kfz-Verkehrs** geleistet, auch wurden städtische Nutzflächen umgewidmet und anderen als Verkehrszwecken zugänglich gemacht. Allerdings hatte dieser Umbau der Stadtstraßen nur geringfügige nachhaltige Auswirkungen auf das realisierte Verkehrshandeln.

In den 1990er Jahren entstand das Konzept der **Verkehrsentwicklungsplanung** (VEP), später auch **integrierte Stadt- und Verkehrsplanung** genannt (Beckmann 2001, Holz-Rau 1996). Auslöser hierfür

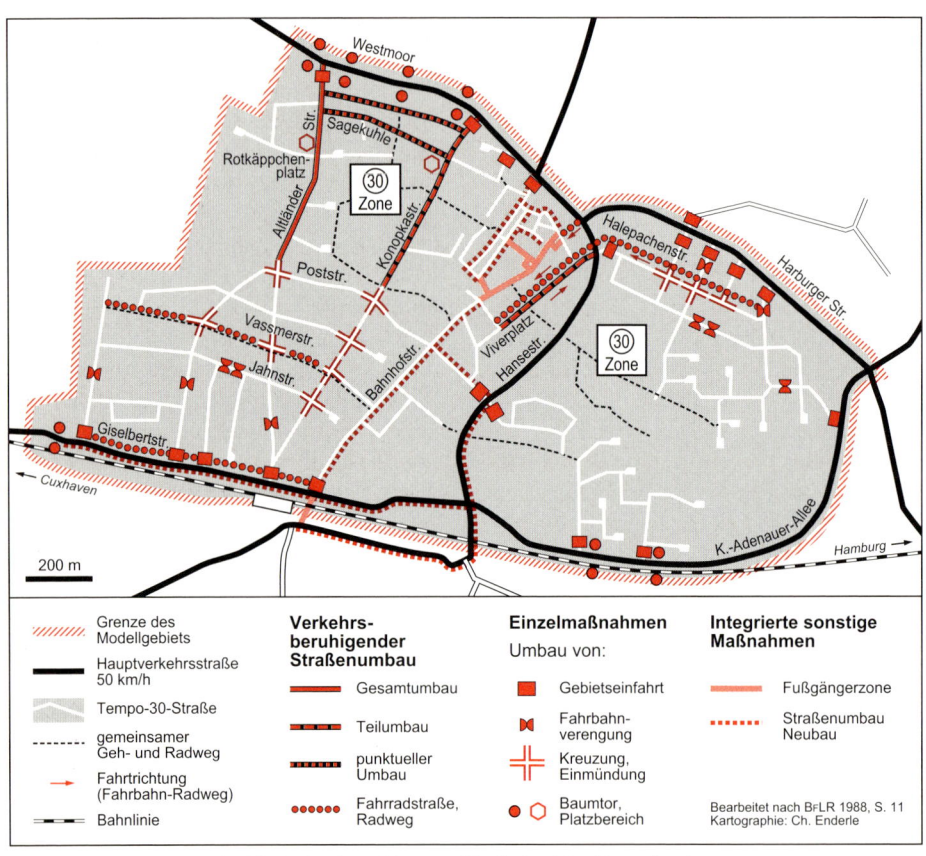

Abb. 5.2.1 Flächenhafte Verkehrsberuhigung, Modellgebiet Buxtehude

waren nicht zuletzt begrenzte Platzkapazitäten für den fließenden und ruhenden Verkehr in der Stadt, aber auch die wachsenden verkehrsbedingten Umweltbelastungen. Im Licht der ersten Erfolge einer Beschränkung des Kfz-Verkehrs in Fußgängerzonen und Wohnstraßen zielte diese Strategie auf die mehr oder weniger gleichberechtigte Berücksichtigung aller Verkehrsarten, unter ausdrücklichem Einschluss des nicht-motorisierten Verkehrs. Demgegenüber hatte sich die Generalverkehrsplanung fast vollständig auf die Planung und Regelung des Straßenverkehrs konzentriert. Aufbauend darauf wurde

eine Integration von Stadt- und Verkehrsplanung angestrebt, d. h. insbesondere die Abstimmung der Netz- und Angebotsplanung der Verkehrsträger mit der Bauleitplanung der Kommunen. Allerdings fällt die reale Entwicklung des Verkehrs nicht selten weit hinter diese ambitionierten Planungen zurück, denn die konkrete Umsetzung muss nicht notwendiger Weise zu den gewünschten Verhaltenseffekten führen (Wirkungsproblem); außerdem treffen harte Maßnahmen wie die Neuaufteilung des Straßenraums zugunsten des Radverkehrs häufig auf den Widerstand derjenigen Kräfte und Interessen, die durch solche Maßnahmen Nachteile zu erwarten haben (Umsetzungsproblem), – unabhängig davon, ob sich diese Annahme auf empirische Tatbestände stützen kann, auf subjektiv wahrgenommene Sachzusammenhänge oder auf Vorurteile.

Insgesamt waren der Umsetzung einer umweltorientierten Verkehrsplanung in den 1990er Jahren also erhebliche Grenzen gesetzt (vgl. BLATTER 1993, KLEIN 1999). Unter dem Stichwort der *Soft policies* wurde daher, ergänzend zu Strategien der Infrastruktur- und Angebotspolitik, verstärkt auf die Beeinflussung des Verkehrshandelns gesetzt. Bewusstseinsbildung, modernes Marketing und positive statt restriktive Ansätze sollten die gesellschaftliche Basis für eine andere Verkehrsplanung schaffen. Auch die lange vernachlässigten organisatorischen Aspekte der Leistungserstellung wurden im Zuge der Entwicklung des sogenannten **Mobilitätsmanagements** stärker berücksichtigt (MÜLLER 2004). Analog dazu wurden seit den 1990er Jahren und in jüngster Zeit Strategien zum Umgang mit dem **Güter- und Wirtschaftsverkehr** entwickelt und auf der Basis praktischer Erfahrungen bewertet (vgl. BESTUFS 2005, OECD 2003). Forschungsberichte und Sammlungen guter Beispiele (*good practices*) dokumentieren in dieser Hinsicht, dass die im Rahmen der Verkehrsentwicklungsplanung bzw. integrierten Stadt- und Verkehrsplanung getätigten Maßnahmen durchaus nachvollziehbare, positive Effekte vorweisen konnten (vgl. SCHALLER 1993, GÜLLER/BREU 1996, HANS-BÖCKLER-STIFTUNG 2001).

Mit Blick auf die Steuerung des Verkehrs lassen sich durchaus erfolgreiche von weniger erfolgreichen Städten unterscheiden (s. Abb. 5.2.2). In der erstgenannten Kategorie sind Städte wie Münster oder Erlangen für einen erfolgreichen Radver-

kehr oder Karlsruhe und Freiburg für den stetigen Ausbau des ÖPNV bekannt. In diesen Städten haben sich Verkehrs- und Aufenthaltsqualität im Sinne von hoher Attraktivität verbessert. Der Strategie der integrierten Stadt- und Verkehrsplanung gebührt insofern das Verdienst, den technisch-ökonomischen Funktionalismus der 1960er und 1970er Jahre grundlegend in Frage gestellt zu haben. Dies passierte mitunter gegen den Widerstand der etablierten Vertreter der Straßenverkehrsplanung. Erst seit dieser Zeit haben die Belange des nichtmotorisierten Verkehrs einen eigenen Stellenwert in der Verkehrsplanung, ganz unabhängig davon, inwieweit diese Absicht auch jeweils realisiert worden ist.

Insgesamt ist die **Zähmung und Anpassung des Verkehrs an die Stadt** aber bisher nur begrenzt gelungen. Die tatsächlich erzielten Steuerungsresultate werden dem formulierten Anspruch nicht gerecht. Dies erklärt OETTLE (1996, S. 254) damit, dass „die bislang eingesetzten Mittel [...] entweder unzulänglich oder mit den Zähmungszielen unvereinbar" gewesen seien. Teilweise wird ausgangs der 1990er Jahre auch von einer Art Trendwende in Verkehrspolitik und -planung gesprochen, die zurück zu den alten Expansionszielen und Infrastrukturkonzepten führe. Die jüngere Entwicklung des städtischen Verkehrs ist insofern durch einen sich zuspitzenden Konflikt gekennzeichnet: Einem steigenden Anspruchsniveau der Planung (Stichwort Nachhaltigkeit) standen offenbar zunehmende Steuerungsgrenzen gegenüber. Zumindest haben sich die anspruchsvollen Ziele, mit denen die kommunale Verkehrsplanung spätestens in den 1990er Jahren angetreten ist, überwiegend nicht realisieren lassen. Das Steuerungsumfeld war eher durch Tendenzen der **Deregulierung** des planerischen Umfelds als

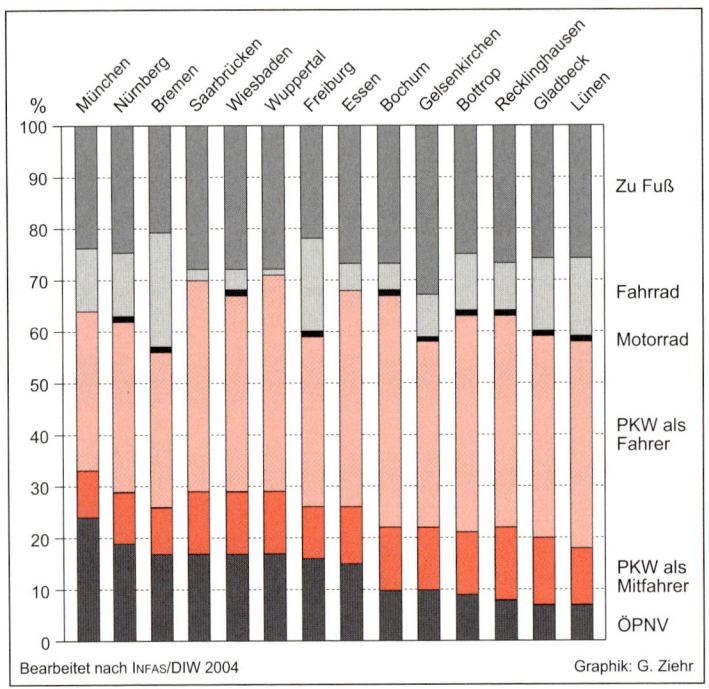

Bearbeitet nach INFAS/DIW 2004

Graphik: G. Ziehr

**Abb. 5.2.2
Modal-Split-Daten
verschiedener
Städte**

durch einen Zuwachs an Gestaltungsoptionen geprägt (vgl. EWERS/ILGMANN 2000). Mittlerweile ist auf kommunaler Ebene weithin Ernüchterung eingetreten: Eine grundlegende Trendwende in der Verkehrsentwicklung und -politik ist nicht in Sicht. Selbst in den Großstädten, die vielfach ambitionierte Konzepte und Verfahren zur Steuerung des Verkehrs entwickelt hatten, blieben die entsprechenden Pläne und Programme oft folgenlos (vgl. am Beispiel Heidelbergs: JASPER 1999).

5.3 Nachhaltigkeit als Leitbild

Seit der Konferenz der Vereinten Nationen für Umwelt und Entwicklung 1992 in Rio de Janeiro hat sich die nachhaltige Entwicklung als zentrales Leitbild auf vielen Politikfeldern durchgesetzt. Die Forderung nach Herstellung dauerhaft tragfähiger Lebensbedingungen durch Orientierung an **intra- und intergenerationeller Gerechtigkeit** als Maßstab der praktischen Politik ist im Verlauf der 1990er Jahre mehrheitsfähig geworden. Sie wird auch auf Mobilität und Verkehr angewendet (OECD 1997). Im Zeichen der Nachhaltigkeit ist davon nicht nur die Eigenschaft des Verkehrssystems als Quelle zahlreicher Umweltbelastungen berührt, sondern auch die Schlüsselrolle von Mobilität für den Zugang zu gesellschaftlichen Ressourcen und Teilhabe. Es geht also um Sicherstellung von Beweglichkeit, aber zugleich auch um Umweltverträglichkeit. Mit dem sich hier öffnenden Konflikt wurde der politisch-planerische Anspruch zur Steuerung des Verkehrs gegenüber den Vorjahren noch einmal erheblich ausgeweitet, ohne dass die bereits sichtbaren Umsetzungshemmnisse der traditionellen Verkehrs-Umwelt-Politiken beseitigt gewesen wären.

Nachhaltigkeit wird üblicherweise in drei **Dimensionen** konkretisiert: es geht um die dauerhafte Entwicklung in ökonomischer, sozialer und ökologischer Hinsicht, außerdem um deren institutionelle Absicherung (vgl. Abb. 5.3.1). Die ökologische Dimension zielt auf die Einhaltung von lokalen und globalen Belastbarkeitsgrenzen, definiert also Obergrenzen eines nachhaltigen Handelns aus der Sicht des Naturhaushaltes. Die **ökologische Dimension** muss in den entwickelten Ländern, die besonders energieintensiv wirtschaften und die Grenzen der langfristigen ökologischen Tragfähigkeit überschritten haben, im Vordergrund stehen.

Die **ökonomische Dimension** definiert Mindeststandards, also eine Untergrenze der wirtschaftlichen Entwicklung. An der ökonomischen Untergrenze einer nachhaltigen Struktur wird zumindest soviel Ertrag erwirtschaftet, dass Grundbedürfnisse wie Ernährung, Wohnen, Bildung, persönliche Integrität etc. gewährleistet sind. Dieser Aspekt hat vor allem in den Entwicklungsländern eine besondere Bedeutung. Dagegen sind die entwickelten Länder gefragt, inwieweit ihr materieller Wohlstand (hier: ihre Motorisierungsstandards, Energieverbrauch) bei Einhaltung ökologischer Kriterien aufrecht erhalten bleiben kann.

Die **soziale Dimension** stellt die Frage nach der Verteilungsgerechtigkeit und Chancengleichheit innerhalb der Gesellschaft. Unter verschiedenen Aspekten ist diese Dimension in allen Gesellschaften gleichermaßen von Bedeutung. Die verschiedentlich auch als solche gekennzeichnete institutionelle Dimension zielt auf die gesellschaftlichen Regelsysteme und Organisationsstrukturen, die eine Umsetzung

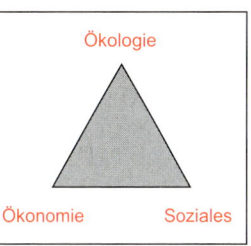

**Abb. 5.3.1
Drei Dimensionen von
Nachhaltigkeit**

der nachhaltigen Entwicklung sicherstellen; hierzu gehören bspw. Verträge und Abkommen sowie Einrichtungen, die die Einhaltung von Zielen überwachen.

Die auf den Verkehr bezogenen **Ziele der Nachhaltigkeit** lassen sich für die drei Dimensionen wie folgt formulieren: Die vom Verkehr ausgehenden ökologischen Belastungen sind, soweit mit anderen Zielen vereinbar, zu minimieren, sie sollen das Erneuerungs- bzw. Austauschvermögen des Naturhaushaltes nicht überschreiten. Die ökonomischen Austauschprozesse sind, soweit mit anderen Zielen vereinbar, zu sichern oder zu verbessern. Verkehr ist mit dem geringstmöglichen Ressourcenverzehr (Rohstoffe, Finanzen) abzuwickeln. Individuelle Teilnahmechancen am gesellschaftlichen Leben sind, soweit mit anderen Zielen vereinbar, ohne soziale Einschränkungen zu gewährleisten, soziale Belastungen sind zu minimieren und ggf. ausgewogen zu verteilen.

Diese allgemeinen Ziele der Nachhaltigkeit können über **Indikatoren** und so genannte **Qualitäts- bzw. Handlungsziele** jeweils weiter konkretisiert werden (s. Kasten 5.3.1). Wie für das Ziel der Stadtverträglichkeit gilt auch für die Nachhaltigkeit, dass ihre Umsetzung mit erheblichen Problemen, Widersprüchen und Konflikten konfrontiert ist und eine große Herausforderung für die Praxis bildet.

Gemessen am Forderungskatalog der nachhaltigen Entwicklung ist der Verkehr

Kasten 5.3.1
Handlungsziele einer nachhaltigen Verkehrsentwicklung bis 2030

• Reduktion des verkehrsbedingten Verbrauchs fossiler Energie und damit der verkehrsbedingten CO_2-Emissionen um 80 %

• Reduktion der verkehrsbedingten NO_x-Emissionen um 90 %

• Reduktion der verkehrsbedingten HC-Emissionen um 90 %

• Reduktion der Partikelemissionen je nach Region um 55 bis 99 %

• Einhalten eines Lärmgrenzwerts von 55 bis 70 dB(A) tagsüber und 45 dB(A) nachts

• Flächeninanspruchnahme nur in dem Umfang, dass alle Ökosysteme bestehen können

Quelle: OECD 1997

noch weit vom angestrebten Zustand entfernt (s. Abb. 5.3.2). Wie insbes. Kapitel 2 gezeigt hat, dominieren die am wenigsten umwelt- und sozialverträglichen Verkehrsmittel, und der Zugang zu Mobilität und damit gesellschaftlicher Teilhabe ist sozial sehr selektiv verteilt. Im Konfliktfall wird die eine Dimension der Nachhaltigkeit gegen die andere ausgespielt, wenn

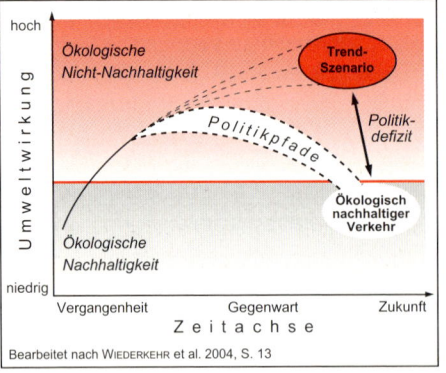

Bearbeitet nach WIEDERKEHR et al. 2004, S. 13

Abb. 5.3.2 *„Policy gap"* im Nachhaltigen Verkehr

etwa soziale Teilhabe nur auf Kosten der ökologischen Probleme möglich wird (vgl. den Titel der Pkw-Prognose der Deutschen Shell AG von 1987: „Frauen bestimmen die weitere Motorisierung").

Unter den verschiedenen Handlungsfeldern, die im Kontext einer nachhaltigen Entwicklung diskutiert werden, gilt der **Verkehrsbereich** als „sperrig" und **veränderungsresistent**. Im Unterschied zum Energie- oder Agrarsektor, wo die jeweiligen Wendeszenarien in den vergangenen Jahren eine gewisse Wirkmächtigkeit entfaltet haben, gilt die **Verkehrswende** (HESSE 1995, s. u.) bisher als weitgehend gescheitert, zumindest als noch nicht realisiert und womöglich so nicht realisierbar.

Zwei aktuelle Analysen im Kontext der umweltökonomischen Gesamtrechnung attestieren dem Verkehrssektor ohne Einschränkung **Nicht-Nachhaltigkeit** (STATISTISCHES BUNDESAMT 2004, SRU 2005). Mit diesem Urteil bewegt sich Deutschland durchaus im Kanon der anderen europäischen Industrieländer (vgl. Kasten 5.3.2). Die politische Programmatik und Rhetorik des Bundes sowie der meisten Länder zielt zwar auf eine Begrenzung des Verkehrswachstums, doch findet der Straßenverkehr in Deutschland wie in den meisten anderen europäischen Ländern weiterhin die größte Aufmerksamkeit der Politik und die höchsten Budgetanteile in den Haushalten. Die europäische Kommission ist diesen nationalen Politiken mit ihren programmatischen Konzepten teilweise voraus, so z. B. mit dem *White paper European transport policy for 2010: time to decide* (EU COM 2001). Die politische Praxis der EU ist aber sehr widersprüchlich, wenn es um die Verbesserung der Wettbewerbsfähigkeit Europas oder die Kohäsion geht und dazu vorrangig die Infrastrukturen – auch die des Verkehrs –

Kasten 5.3.2
A New Deal for Transport

Unter diesem ambitionierten Schlagwort war die britische Labour-Regierung nach 1997 angetreten, der durch das konservative Regime vernachlässigten Verkehrspolitik neue Bedeutung zu verleihen und den Verkehrssektor zukunftsfähig zu machen. In der von 1979-1997 dauernden Ära der Premierminister Thatcher und Major waren Verkehrsmärkte dereguliert und öffentliche Verkehrsunternehmen privatisiert worden, außerdem wurde das Straßennetz stark ausgebaut. Die Labour-Regierung trat hingegen mit der politischen Absichtserklärung an, ein integriertes Verkehrssystem zu schaffen, das mehr modale Wahlmöglichkeiten bieten sollte, um auf diese Weise Nachhaltigkeit mit Erreichbarkeit zu verknüpfen. Dazu wurden in Teilbereichen sehr ambitionierte Einzelkonzepte entworfen (Fiskalpolitik, Infrastrukturpolitik, Restrukturierung der Bahn, Nachhaltige Distribution).

Im Rahmen einer Überprüfung der Umsetzung dieser Strategie aus dem Umfeld der britischen Geographen wurde der *„New Deal for Transport"* kritisch bilanziert. Danach ist Labour bereits kurze Zeit nach Regierungsübernahme vom Kurs einer auf Nachhaltigkeit setzenden Politik abgewichen. So wurden relativ bald nach 1998 im Rahmen des konkretisierten *10-Year-Plans* die Prioritäten wieder beim Ausbau der Straßenverkehrsinfrastruktur gesetzt. Das ursprünglich verfolgte Vorhaben einer stufenweisen Mineralölsteuererhöhung wurde nach massiven Protesten im Jahr 2000 aufgegeben. Maßnahmen zur CO_2-Minderung, die die Regierung im Rahmen des Kyoto-Protokolls verpflichten, wurden, so die Kritiker, aus Rücksichtnahme auf die *car-owning democracy* wieder aufgegeben. Große Umsetzungsdefizite werden auch im Bereich des Managements der Verkehrsnachfrage (*transport demand management*) gesehen, das durch eine entsprechende räumliche Planung vorangetrieben werden sollte, die aber weitgehend aus dem Blickwinkel der Politik verschwunden sei (vgl. Docherty/Shaw 2003).

ausgebaut werden sollen! Gegenwärtig ist der Verkehr in Deutschland ebenso nicht-nachhaltig wie in den Ländern der OECD insgesamt. Folgerichtig stellt eine Überprüfung der Umsetzung des *White paper* fest, dass es hier noch große Defizite gibt (EU COM 2005).

Aufgrund seines vernetzten, interdependenten Charakters ist der Verkehr strukturell komplex und schwierig zu steuern. Gleichwohl ist damit nicht gesagt, dass Verkehr überhaupt nicht gestaltbar wäre. Allerdings lässt sich das Verkehrsproblem nur mit einem durchdachten, entschlossenen Politikkonzept lösen, das diesen Tatbestand zur Kenntnis nimmt und zur Grundlage seines Handelns macht. D. h. **Konzepte müssen mehrdimensional an-**

gelegt sein, sich verschiedener Handlungsfelder und Instrumente bedienen und diese ortsspezifisch anwenden. Nimmt man das Diktum der Nachhaltigen Entwicklung ernst, dann kommt es erstens darauf an, integrierte Ansätze zu fördern, die quer zu den klassischen Ressorts und Schubladen verlaufen müssen, damit sie Wirkung entfalten. Zweitens muss die soziale Ausgewogenheit beachtet werden, weil sie sonst politisch nicht tragfähig sind. Drittens können die Elemente eines solchen Konzeptes nicht als Verwaltungsakt verordnet, sondern müssen gesellschaftlich kommuniziert werden. Die Menschen müssen aktiv für ein solches Konzept gewonnen werden.

5.4 Elemente einer Verkehrs- wende und die Rolle des Raumes

Mit Blick auf den Ansatz der Verkehrsgeographie stellt sich die Frage, inwieweit es Konzepte für die Raumnutzung gibt, die zugleich auch eine möglichst effiziente Struktur der Raumüberwindung erlauben. In Anlehnung an das Konzept der Energiewende wurde dazu das Rahmenkonzept der Verkehrswende entwickelt (HESSE 1995). Es ziel auf strukturelle Veränderungen in der Organisation von Mobilität sowie derjenigen Zwecke, denen Mobilität im allgemeinen dient. Es kann daher als der Versuch einer **Konkretisierung des Nachhaltigkeitsprinzips** im Bereich Verkehr gelten, insbesondere mit Blick auf langfristige, dauerhaft angelegte Lösungen. Dabei geht es erstens um die Abkehr vom Prinzip der Bedarfsdeckung und die Förderung von Verkehrsvermeidung als wichtigste Einsparquellen; dazu können verkehrssparsame Raumstrukturen ebenso wie stärker regionalisierte Wirtschaftsweisen beitragen, möglicherweise in Zukunft auch der Einsatz neuer Technologien. Zweitens sind funktionsfähige Alternativen zum motorisierten Individualverkehr zu fördern (Verkehrsverlagerung), auch im Kombinierten Verkehr (s. Kap. 2.8). Drittens geht es um stadt-, umwelt- und sozialverträglichere Formen der Abwicklung des Verkehrs, wozu Geschwindigkeitsbegrenzungen und angepasste Fahrzeugtechnologien gehören, perspektivisch auch andere Antriebsarten als die auf fossilen Brennstoffen basierenden. Im Unterschied zum klassischen Ansatz der Infrastrukturpolitik soll auf ein verändertes Verkehrshandeln gesetzt werden, z. B. über fußgängerfreund-

---

Kasten 5.4.1
Raumbezogene Strategien nachhaltiger Verkehrsentwicklung

- Infrastruktur der Verkehrsvermeidung, insbesondere dezentrale Versorgungsstrukturen und gute Erreichbarkeiten
- Regionale Wirtschaftskreisläufe und Distributionsnetze
- Dichte Angebotsnetze des nichtmotorisierten und öffentlichen Verkehrs
- Integrierte Mobilitätsdienstleistungen
- Entschleunigung und Barrierefreiheit im Straßenverkehrssystem

---

liche Wohngebiete, Radverkehrsnetze, die intelligente Vernetzung der Verkehrsangebote, neue Mobilitätsdienstleistungen und Lieferdienste etc.

Ein solcher Politikentwurf reflektiert die Entstehungsbedingungen von Mobilität und deren Steuerungsoptionen. Er räumt Fragen nach der geschickten Verkehrsorganisation einen höheren Stellenwert ein als dem schlichten Bau von Straßen und Schienen. Die **Verkehrswende** zielt außerdem darauf, nicht nur die Verkehrsorganisation an sich, sondern die Rahmenbedingungen der Verkehrsentstehung und -vermeidung zu thematisieren und zum Gegenstand eines abgestimmten Politikkonzepts zu machen. Dieses Konzept ist nicht nur anspruchsvoll, sondern es muss sich schwierigen Realisierungsbedingungen stellen, und es entbehrt einer einfachen Lösung, die es auf diesem Handlungsfeld allerdings ohnehin nicht gibt.

Raumbezogene bzw. **raum-zeitliche Handlungsansätze** haben dabei eine besondere Bedeutung, denn eine Grundthese ist, dass die angestrebte strukturelle Entlastung nur durch eine enge Verzahnung von verkehrlichen und räumlichen Strategien möglich ist. Aus Sicht der Nachhaltigkeit liegt der Schlüssel für eine solche Politik in einer Infrastruktur zur Verkehrsvermeidung, bestehend aus raum- und zeitnahen Versorgungssystemen (Gelegenheiten), sehr guten Erreichbarkeitsverhältnissen und nutzerfreundlichen Informationssystemen. Entsprechende Konsequenz wären kleinräumig vernetzte Lebensverhältnisse, die über gute Erreichbarkeit in Städten, dichte Angebotsnetze etc. organisiert werden. Ein solches Bild materialisiert sich in der Idee von der kompakten **„Stadt der kurzen Wege"**, die durch dichte Bebauung, gute Wegenetze und damit optimale Erreichbarkeitsverhältnisse möglichst viel (motorisierten) Verkehr überflüssig macht (Abb. 5.4.1). Sie gilt – theoretisch – nicht nur als relativ umweltverträglich, sondern auch in hohem Maße sozial-integrativ, da sie ein Maximum an gesellschaftlicher Teilhabe ermöglicht, die unabhängig von Verkehrsmittelzugang, Motorisierung etc. ist.

Es ist indes durchaus offen, ob ein solches Szenario im **Zeitalter der Globalisierung** Realität werden kann: Unter der heutigen Bedingung der Mobilisierung der Lebenswelten steht es vor ernst zu nehmenden sozialen und ökonomischen Barrieren. Die Lebensverhältnisse in der heutigen spätmodernen, post-fordistischen Gesellschaft unterscheiden sich insofern von denjenigen der „klassisch-modernen" oder fordistischen Gesellschaft dadurch, dass die Netzstrukturen heute komplexer und grobmaschiger sind, die Distanzen größer und individuelle Freiheitsgrade erheblich gewachsen sind (Verfügbarkeit von Verkehrsmitteln, Einkommen, Zeitbudgets). In der arbeitsteiligen Ökonomie vollziehen sich ähnliche Prozesse: Die Ausdifferenzierung der Produktions- und Distributionssysteme erzeugt neue, komplexe Netze der Warenbeschaffung, -produktion und -verteilung (s. Kap. 1).

Konsequenz dieser Feststellung ist, dass es in der **räumlichen Entwicklungslogik** der Lebenswelten neue Anreize und Imperative geben muss, die Impulse für weniger Raumüberwindung, für eine stärkere

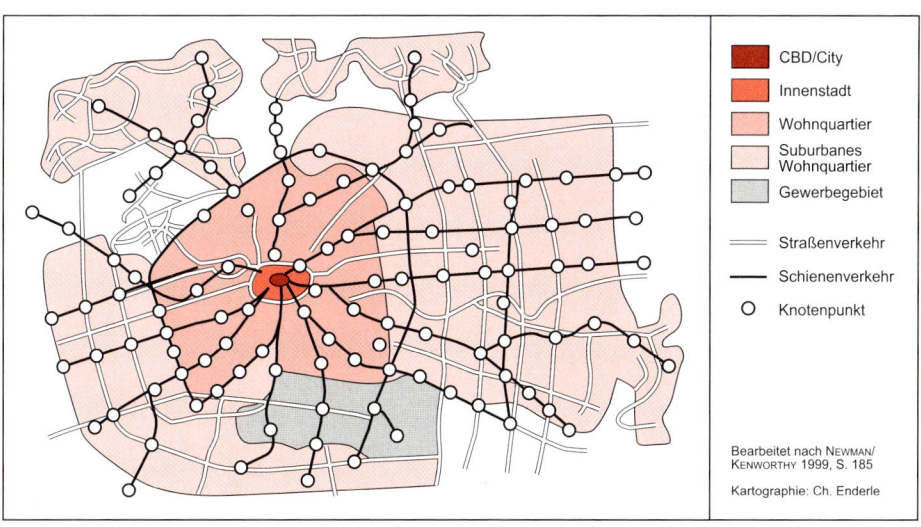

Abb. 5.4.1 **Schemazeichnung einer Stadt der kurzen Wege**

Abb. 5.4.2
Regionalmarke
„Von Hier"

Binnenrationalität statt Fernorientierung geben (vgl. BÄTZING/ERMANN 2001). D. h. dass Nähe zu fördern ist und dass entfernungsintensives Handeln zumindest gemäß seinen effektiven Kosten sanktioniert werden muss. In der Güterversorgung könnten regionalisierte Erzeugungs- und Distributionsstrukturen dazu beitragen, wenn die entsprechenden Einspareffekte durch Ökobilanzen etc. nachgewiesen sind (s. Abb. 5.4.2). Auf diese Weise ließe sich ein Teil der Steigerungslogik entschärfen, die in der räumlichen Arbeitsteilung begründet ist.

Die skizzierte Raumpolitik muss durch eine abgestimmte Fiskalpolitik ergänzt werden. Die Schlüsselinstrumente einer politischen Umsteuerung müssten in diesem Sinne **Leitplanken für eine andere Verkehrsentwicklung** setzen (vgl. LEHMBROCK et al. 2005). Solche Leitplanken müssen insbesondere durch die Preispolitik gesetzt werden, vor allem durch die **Steuer- und Abgabenpolitik** in Verbindung mit adäquaten Preisen für fossile Energien. Auf diesem Gebiet gibt es in Deutschland mit der Ökosteuer seit dem Jahr 2000 und der Lkw-Maut seit 2005 zumindest Ansätze in diese Richtung; gleiches gilt für die in der EU erwogene neue Wegekostenrichtlinie. Mit den fiskalischen Instrumenten soll nicht nur der Güterverkehr stärker reguliert werden, für den es nur wenige örtlich einsetzbare Steuerungsinstrumente gibt. Es soll darüber hinaus auch zu einer wettbewerbskonformen Anwendung der Politikstrategien kommen, so dass ihre Folgen gerecht verteilt werden.

Darüber hinaus werden kurz- und mittelfristig eine Verknüpfung der Verkehrsmittel und die Verlagerung möglichst großer Teile des Straßen- und Flugverkehrs auf die Bahn, das Schiff sowie die nichtmotorisierte Fortbewegung notwendig sein. Ziel muss es sein, die spezifischen Vorteile der jeweiligen Verkehrsträger zu kombinieren und zu einem **integrierten System** zusammenzufügen. Allerdings sind auch dieser keineswegs neuen Absicht durchaus Grenzen gesetzt, und die öffentlichen Verkehrsmittel sind nicht per se ökologisch neutral oder positiv zu beurteilen. Sie sind auch nicht in jedem Einsatzfall dem Individualverkehr überlegen. Vielmehr kommt es auf die spezifischen Einsatzzwecke, die Auslastungsgrade und die zur Verfügung stehenden Alternativen an; in manchen Fällen kann auch das Individualverkehrsmittel angemessener sein. Außerdem stehen auch die Massenverkehrsmittel unter Innovationsdruck, müssen ihre spezifische Umweltbelastungen reduziert werden. Je stärker solche umweltorientierten Innovationen bei Straßenfahrzeugen berücksichtigt werden, umso geringer wird der diesbezügliche Abstand zwischen dem Kfz-Verkehr und dem Schienen- bzw. Schiffsverkehr, umso mehr gerät der öffentliche Verkehr unter Legitimationsdruck.

Zwei Aufgabenfelder staatlichen Handelns werden zur Unterstützung einer solchen Strategie als erforderlich angesehen: die Ordnungspolitik und die Infrastrukturpolitik. Die **Ordnungspolitik** stellt einen wichtigen Rahmen für die umweltpolitische Steuerung dar, etwa durch Erlass und Überwachung von Tempolimits, Fahrzeugstandards oder Lenkzeiten. Sie war in den vergangenen Jahrzehnten, etwa in der Luftreinhaltepolitik, sehr erfolgreich. Auch in der **Infrastrukturpolitik** wird weiterhin großer Handlungsbedarf für eine Entwicklung des Verkehrs in Richtung Nachhaltigkeit gesehen (vgl. SRU 2005). Investitionspläne wie der deutsche Bundesverkehrswegeplan werden jedoch als Beispiel für die Persistenz traditioneller Politikentwürfe betrachtet (vgl. UBA 2002). Während der Ausbau der Infrastruktur dort auch künftig als notwendig angesehen wird, bezweifeln dies andere Autoren im Licht des demographischen Wandels (vgl. ZUMKELLER 2004; s. a. Kap. 6).

Eine ganz andere Bewertung des Verkehrs als in den Industrieländern wird weiterhin im Kontext der Entwicklungspolitik vorgenommen, sowohl was die vom Verkehr erwarteten Wohlfahrtseffekte betrifft als auch hinsichtlich der Probleme, die mit stürmischen Zuwachsraten einhergehen. In den **Entwicklungsländern** werden seit geraumer Zeit die höchsten Wachstumsraten in der Motorisierung erzielt (vgl. Kap. 3.5). Während die Industrieländer hier mittelfristig Sättigungstendenzen erwarten, stellt sich die Situation in den Ländern der Dritten Welt anders dar. Die Notwendigkeit des Ausbaus des Verkehrsangebots für eine Verbesserung der Lebensbedingungen ist unstrittig. Allerdings erwächst aus der Übernahme nichtnachhaltiger Pfade des Verkehrs ein erhebliches Problem (s. Kasten 5.4.2).

Kasten 5.4.2 Konkurrierende Politikmodelle für Umwelt und Entwicklung

Aufstrebende Industrienationen wie China demonstrieren das Dilemma der Nachhaltigkeitspolitik, wenn innerhalb von ein bis zwei Generationen ein *shift* vom Fahrrad auf den Pkw erfolgt, parallel eine heimische Automobilindustrie entsteht und somit eine Spiralendynamik von Verkehrsmöglichkeit und -abhängigkeit in Gang gesetzt wird, die bereits in den Industrieländern zu beobachten war. Die ökologische Konsequenz dieser Entwicklung wird erheblich sein. Zwar ist die Brisanz der drohenden Motorisierung von Ländern wie China oder Indien anerkannt (China z. B. hat bereits Verbrauchsobergrenzen für Pkw erlassen), doch ist nicht zu erkennen, wie nachholende Motorisierung dieser Länder verhindert werden könnte. Aus Sicht der Industrieländer wäre ein solches Verdikt auch politisch kaum legitim. Mit welchem Recht wäre Indern und Chinesen zu verwehren, was sich US-Amerikaner und Europäer wie selbstverständlich zugestehen?

Die Auseinandersetzung um eine global nachhaltige Verkehrsentwicklung wird programmatisch entlang ähnlicher Konfliktlinien geführt, wie dies innerhalb der Industrieländer der Fall ist. Anhand der Positionen von zwei Nichtregierungsorganisationen lässt sich dieser Disput idealtypisch nachvollziehen: Auf der einen Seite ist der *World Business Council of Sustainable Development (WBCSD)* zu nennen, den 170 global tätige Unternehmen gegründet haben, um ein Zeichen global verantwortlichen Handelns zu setzen. Ihr Programm „Mobilität 2030: Die Herausforderungen der Nachhaltigkeit meistern" unterstellt eine weitere Zunahme der Motorisierung weltweit und setzt zur Lösung der damit einhergehenden Probleme auf saubere Technologien im Bereich des Automobils. Eine Gegenposition vertritt das *Institute for Transportation and Development Policy (ITDP)*, New York, das an der Bewahrung und Verbesserung von sanften Technologien für einen nachhaltigen Verkehr in Entwicklungsländern arbeitet. Dazu gehören vor allem die regional stark verbreiteten nichtmotorisierten Verkehrsmittel wie das Fahrrad oder die Rikscha, aber auch öffentliche Nahverkehrssysteme. Bei diesen werden effiziente und bezahlbare Konzepte wie integrierte Bussysteme den hochmodernen, für die lokale Bevölkerung aber unbezahlbaren Metrosystemen vorgezogen. Auf diese Weise sollen diese Länder direkt – ohne den kostspieligen Umweg über die Adaption umweltschädlicher Technologien und Verhaltensweisen – auf einen Pfad der umweltverträglichen und sozial ausgewogenen Mobilität gelangen.

Literaturauswahl zur Ergänzung und Vertiefung von Kapitel 5

- **Einführung und Überblick über die Verkehrspolitik (s. dazu auch Kap. 1):**
  BUTTON/HENSHER 2005, BANISTER 2002^2, HESSE 1995
- **Verkehr und Nachhaltige Entwicklung:**
  SRU 2005, OECD 1997
- **Umweltorientierte Verkehrspolitik und -planung:**
  MÜLLER 2004, UBA 2002, SCHALLER 1993; BEST URBAN FREIGHT SOLUTIONS (www.bestufs.net);
  MOBILITÄTSMANAGEMENT (www.mobilitaetsmanagement.nrw.de)
- **Konzepte für die Verkehrs- und Raumentwicklung:**
  LEHMBROCK et al. 2005, NEWMAN/KENWORTHY 1999, PETERSEN/SCHALLABÖCK 1995, LINDER et al. 1975
- **_Policy_-Studien zum Verkehr:**
  VIGAR 2001, JASPER 1999, KLEIN 1999

6 Ausblick: Mobilität und moderne Gesellschaft

Die geographische Analyse von Mobilität und Verkehr offenbart spezifische Merkmale, die einen anderen als rein verkehrstechnischen bzw. -planerischen Umgang damit nahe legen. Das **Verkehrsproblem stellt sich als komplexes gesellschaftliches Phänomen** dar: Mobilität und Verkehr sind sowohl Träger als auch Spiegelbild einer Vielzahl von sozialen und ökonomischen Prozessen, die sowohl auf der gesellschaftlichen Makroebene als auch auf der Mikroebene individueller Entscheidungen ablaufen. Diese **Interdependenz** gilt in besonderer Weise für die **raum-zeitliche Dimension**: Der Verkehr ist zugleich Auslöser und Folge von Raumnutzungen und Zeitregimes. Der Versuch, diesen Zusammenhang theoretisch, empirisch und durch Systemmodelle oder integrierte Planungsansätze zu erfassen birgt allerdings das Risiko der Überfrachtung, wie der oft unkonkrete Diskurs um eine nachhaltige Entwicklung zeigt.

Mobilität steht für ein universelles Entwicklungsparadigma der Moderne. Entwickelte Gesellschaften zeichnen sich durch eine signifikante Zunahme der funktionalen Differenzierung, durch räumliche Arbeitsteilung und damit auch von Mobilität und Verkehr aus. „Die Moderne hat einen bislang unaufhaltsamen Modernisierungsprozess in Gang gesetzt, dessen Gesetz die Bewegung nach vorne ist, die Beschleunigung des sozialen Wandels, die Expansion der Produktion und des Konsums materieller Güter, die Vergrößerung der sozialen Einheiten, die **Globalisierung** von Kommunikation, Personen- und Güterströmen [...]. Vorangetrieben wird die Entwicklung durch das Gesetz des Wettbewerbs und den damit einhergehenden Zwang zur Arbeitsteilung. [...]. Auf dem Wege der Globalisierung können immer mehr Menschen mit immer mehr Gütern und Dienstleistungen versorgt werden. Das ist die materielle Basis der Entfaltung individueller Rechte, die wiederum durch den kulturellen Modernisierungsprozeß vorangetrieben wird" (MÜNCH 1998, S. 225-226).

Diese umfassende ökonomische und soziale Restrukturierung hat konkrete Bezüge zu Raum und Zeit. Die Reichweite menschlicher Interaktion hat infolge technisch-organisatorischer Innovationen stark zugenommen, mit erheblichen Konsequenzen für die Raumentwicklung (vgl. SCHIVELBUSCH 1977, KASCHUBA 2004). Dieser Prozess hat sich im Kontext der Globalisierung beschleunigt (vgl. HARVEY 1989, Kap. 1). Er kann aber nicht auf einen Faktor allein zurückgeführt werden: Es ist vielmehr das **Zusammenwirken von technisch-ökonomischer Entwicklung, gesellschaftlichem Rahmen sowie individueller Entfaltung**, das wesentliche Fundamente der modernen Mobilitätsentwicklung gelegt hat. Hinzu kommt der Charakter des Verkehrs als selbstreferenzielles technologisches Teilsystem, dem eine hohe Eigendynamik innewohnt. Danach reproduzieren der Verkehr und seine Infrastruktur die Bedingungen für weiteres Wachstum stetig neu. Diese Wechselbeziehung ist in die Funktionslogik der modernen Gesellschaft eng eingebunden. Borscheid schildert die zunehmend dichtere Vertaktung des Lebens als „**Kulturgeschichte der Beschleunigung**", die lange vor der Industrialisierung begann und seit dem 19. Jh. stark voran getrieben wurde: „Steigerung und Beschleunigung gehören zu den wichtigsten Grundprinzipien bei der Entwicklung der Produktions- und Konsumkulturen der westlichen Welt, für die Stillstand inzwischen Rückschritt bedeutet. Wie kaum ein anderes Handeln des Menschen folgt die immer weiter gesteigerte Beschleunigung von Tätigkeiten der unserem Wirtschaftssystem und unserem Denken zugrunde liegenden Steigerungslogik, die sich mit dem einmal erreichten nicht zufrieden gibt, die ganz auf Verbesserung und Wachstum angelegt ist, die jede erreichte Stufe als Absprungbalken zum Erreichen einer weiteren Stufe nutzt und in ihrer Steigerungsfähigkeit prinzipiell nach oben hin offen ist" (Borscheid 2004, S. 11). Der Verkehrssektor gibt ein Beispiel für diese Steigerungsdynamik: Sollten per Infrastrukturausbau die Folgen des Verkehrswachstums gemindert werden, wurden damit de facto Impulse für weiteres Verkehrswachstum gegeben.

Personenmobilität und Warenverkehr besitzen in der modernen Gesellschaften eine **Bedeutung über die reine Transportfunktion hinaus**. Mobilität ist auch als Beitrag zu einer umfassenden sozialen und ökonomischen Integration zu interpretieren. Die entsprechenden Stichworte sind Individualisierung und Flexibilisierung als zentrale Merkmale eines modernen Lebensstils und einer gesellschaftlichen Funktionslogik. Werlen (2000) zeigt in seiner vergleichenden Analyse von traditioneller und spätmoderner Gesellschaft die „Entbettung" lokaler Lebensverhältnisse und ihre Integration in zunehmend globale Zusammenhänge auf als eine unausweichliche Konsequenz der Moderne.

Im Licht dieser Eigenschaften stellt sich die Frage, ob es nennenswerte Spielräume zur Ausgestaltung der Mobilität gibt. Komplexität und gesellschaftliche Relevanz von Mobilität und Verkehr bedingen eine **Sperrigkeit des Verkehrs gegenüber Steuerung**. Sie ist Ausdruck des Systemcharakters, folgt aber auch politischen Setzungen und individuellen Präferenzen. In dieser Hinsicht werden Mobilität und Verkehr **gesellschaftspolitisch stark polarisiert verhandelt**, zwischen einer individualistischen, mobilitätsorientierten bzw. automobilbezogenen Haltung auf der einen Seite und einer stärker kollektiven multimodalen Einstellung andererseits. Zwischen diesen beiden Polen verlaufen die **großen gesellschaftlichen Kontroversen** um den Ausbau des Straßennetzes, die Zähmung des Automobilverkehrs (Tempolimit) oder die Begrenzung der Umweltfolgen (vgl. Kap. 5).

Eine „Lösung" des Verkehrsproblems ist auch deshalb schwierig, weil die Menschen durch ihr tägliches Verkehrshandeln quasi Expertenstatus haben und sich nicht durch Politik und Planung lenken lassen wollen. Außerdem besetzen sie, mit Blick auf Kosten und Nutzen des Verkehrs, vielfach zugleich die Rolle von Opfer und Täter, was klare Handlungskonsequenzen erschwert.

6.2 Mobilität und Verkehr im Spiegel gesellschaftlicher Leitbilder

Die Tatsache, dass der Verkehr gesellschaftspolitisch strittig ist, signalisiert, dass die Politik mit ihren Rahmensetzungen nur begrenzt steuern kann. Zumindest kann sie kaum gegen große Teile der Gesellschaft agieren. Sie muss sich vielmehr auf relevante Grundstimmungen und relativ breite Mehrheiten für bestimmte Maßnahmen stützen. Dies hat in Deutschland zwar die Einführung einer Ökosteuer ermöglicht, nicht aber ein allgemeines Tempolimit auf Autobahnen. Derzeit gibt es keinen Konsens für eine mögliche Trendumkehr des Verkehrs in Richtung Nachhaltigkeit.

Deshalb erscheint es wichtig zu klären, in welche Richtungen **gesamtgesellschaftliche Vorstellungen von Mobilität und Verkehr** weisen. Dies kann anhand des Bedeutungswandels von Mobilitätsleitbildern analysiert werden (vgl. CANZLER 1996). In **Leitbildern** bündeln sich kollektive Auffassungen vom Verkehr, sie symbolisieren das gesellschaftlich Erwünschte und gehen der Entwicklung von Politikstrategien voraus. Sie setzen daher wichtige Rahmenbedingungen für jeden Interventionsversuch. Im Rückblick auf die Entwicklung entsprechender Leitvorstellungen im Nachkriegsdeutschland zeigt sich ein bemerkenswerter Wandel von Leitbildern in Bezug auf Mobilität und Verkehr. Dieser hat nicht zuletzt die jeweiligen Muster politischer Intervention bestimmt. Die allgemeine Zunahme des Wohlstands zur Zeit des **Wirtschaftswunders** der 1950er und 1960er Jahre wird oft mit dem rasanten **Aufstieg des Volkswagens** symbolisiert, später auch mit der **Einheit aus Pkw und**

Eigenheim, um die herum viele Menschen ihre Vorstellung von Lebensstil organisiert haben (vgl. ANDERSEN 1997). Dieses positive Bild von Wohlstand und Wachstum, das in der DDR nicht grundlegend anders war, wurde erst in den 1970er Jahren durch die Ölkrise, autofreie Sonntage und wachsende Umweltkritik in Zweifel gezogen. Daran schloss sich in den 1990er Jahren die Diskussion um eine **nachhaltige Mobilität** an (vgl. UBA 1997). Dieser Diskurs wurde allerdings vorwiegend in Wissenschaft und Politik sowie in der umweltbewegten Bürgerschaft geführt und im Kern nur sehr begrenzt handlungswirksam.

In der Gesellschaft hatte sich längst eine abweichende **Wahrnehmung von Mobilität** durchgesetzt, die positiv besetzt war und auf die funktionalen Nutzenaspekte von Mobilität und Verkehr abhob. In dieser Konsequenz dominiert der Pkw mittlerweile nicht nur bei Verkehrsaufkommen, sondern auch bei der Ausstattung der Haushalte mit einem Wert von über 80 % (vgl. INFAS/DIW 2004, S. 22). Analog dazu bestimmt der Lkw den größeren Teil des Güterverkehrs. Mobilität, Motorisierung und Straßenverkehr gelten nicht nur als Mittel zur Fortbewegung, sondern sind Kennzeichnen dieser Zeit. „Flexibilität bestimmt Motorisierung" (Shell Deutschland Oil 2004). **Individuelle Mobilität** ist in der gesellschaftlichen Praxis wie im Diskurs **hegemonial**, also bestimmend geworden. In den hochmotorisierten Ländern hat sich der Charakter der Leitbilder seither weiter gewandelt. Zumindest vordergründig orientieren sie sich nicht mehr an einem bestimmten Zweck, sondern am entsprechenden Mittel (vgl. BECKMANN 2002). Damit folgen sie zunehmend eigenen Rationalitäten. Heute steht das **Produkt Auto im Zentrum von Leitbildern** moderner Mobilität, nicht mehr seine Zweckbestimmung. Es ist kein Zufall, dass auch ökologisch orientierte Akteure zunehmend an Technik-Entwürfen anknüpfen, wie z. B. Greenpeace in den 1990er Jahren mit einem ökologisch modernisierten Renault Twingo („Smile") oder Daimler-Chrysler mit dem umweltfreundlich auftretenden Smart. In Anerkennung der weltweiten Verbreitung des Automobils ist auch zu sehen, dass die **Weltstädtebaukonferenz Urban 21** bezüglich des Verkehrs vorrangig auf das Öko-Auto und die Regulierung knappen Straßenraums (*road pricing*) gesetzt hat und weniger auf verkehrssparsame Raumentwicklung oder stärker regional gebundene Wertschöpfungssysteme (vgl. HALL 2000).

In jüngster Zeit wird eine wachsende Bedeutung von **symbolischer Repräsentation von (Auto-) Mobilität** beobachtet. Auffallend ist die Konjunktur von themenbezogenen Events und Erlebnisparks,

in denen Automobilkonzerne das Produkt Auto inklusive seines sozio-kulturellen Umfeldes inszenieren. Dies geschieht auf besonders prägnante Weise beim Unternehmen Volkswagen, das im Jahr 1999 mit der Erlebnismeile „Autostadt" in Wolfsburg eine völlig neue Verbindung von Automobilausstellung, -marketing und Repräsentation eröffnet hat (s. Abb. 6.2.1). Diese Symbolik hat mit der „Gläsernen Manufaktur" von VW in Dresden zur Montage von Luxusautos auch den Produktionsprozess erfasst. Selbst der Vertrieb von Pkw wird heute eingebettet in eine aufwändige architektonische Kulissen der Autohäuser, die zugleich auch als Schauplatz gesellschaftlicher Ereignisse genutzt werden.

Unter diesen Bedingungen erscheint die Suche nach einer nachhaltigen Mobilität erheblich erschwert. Mit Blick auf die **Kulturalisierung von Auto und Mobilität** stellt sich die Frage, durch welche

Abb. 6.2.1 Autostadt   Foto: E. RAAB

Eigenschaften eine ökologische Moderne gekennzeichnet sein könnte. Projekte wie die Autostadt oder die Gläserne Manufaktur belegen nicht nur die große Macht der Bilder. Sie sind Ausdruck und prägendes Muster der **Vergesellschaftung von Mobilität, Verkehr und Technik**. Gegen diese Bilder und Deutungsmuster haben ökologisch begründete Strategien einen schweren Stand. Ein anderes Verständnis von Mobilität kann aber kaum per politisch-administrativer Verordnung durchgesetzt werden, sondern nur im Rahmen einer anderen **Mobilitätskultur**. Die temporäre Sperrung von Straßen für Freizeitnutzungen – wie bei der Berliner *Blade Night* (Inline-Skating) oder bei den einmal jährlich für den Fuß- und Radverkehr reservierten Hochbrücken und Bundesstraßen deutet an, wohin ein solcher Perspektivwechsel führen kann. Die Verfestigung eines entsprechenden Mobilitätsleitbildes würde erheblich begünstigt, wenn es dazu ein Äquivalent auf der „rationalen" Ebene der Alltagsnutzung gäbe: beim zweckmäßigen Gebrauch von Fuß und Rad, Kickboard, Inline-Skate und Rikscha etc. Eine wichtige Voraussetzung hierfür liegt in attraktiven, lebenswerten Städten und Zentren, die ein hohes Potenzial für nahräumliche Mobilität und eine passende Infrastruktur bieten. Die Schaffung dieser „passenden" Raumstruktur wird nicht per se ein verändertes Mobilitätshandeln mit sich bringen; sie ist aber hierfür eine notwendige Voraussetzung.

6.3 Verkehr in Zukunft

Zu Beginn des 21. Jh.s sind Mobilität und Verkehr durch veränderte Rahmenbedingungen gekennzeichnet, welche die Handlungskulisse von Wissenschaft und Forschung sowie von Politik und Planung auf absehbare Zeit prägen werden. Diese Trends unterscheiden sich mit Blick auf ihre Verkehrsfolgen. Zunächst gibt es Indizien, die für eine weitere Wachstumsentwicklung des Verkehrs sprechen. In diesem Kontext wirken als wesentliche Treiber auch künftig folgende Faktorenbündel (vgl. Kap. 1):

• **Wirtschaftliche Dynamik**, Austausch und Disparitäten: also die Entfaltung eines stetig expandierenden transnationalen Wirtschaftsraums mit zunehmend offenen Grenzen. Als Resultat dieser Entwicklung weisen die großräumigen und vor allem internationalen Verkehre seit Jahren höhere Wachstumsraten als die Binnenverkehre auf. Die Räume des EU-Binnenmarktes oder der NAFTA-Freihandelszone in Nordamerika sind zugleich auch wichtige Transiträume des Verkehrs geworden. Vieles spricht dafür, dass die raumzeitliche Zerlegung der Produktions- und Wertschöpfungsprozesse fortschreiten und die Nachfrage nach Gütertransport- und Logistikdienstleistungen damit weiterhin hoch sein wird.

• **Soziale Differenzierung**: also die Veränderung von qualitativer Struktur und Dynamik von Mobilität im Kontext flexibler Lebensbedingungen und -stile sowie zunehmende Mobilitätsanforderungen. Beispiele hierfür liefern das in wachsendem Umfang praktizierte Fernpendeln und die hohe Umzugsintensität der „Mobilitätspioniere" (vgl. Bonss/Kesselring 2002). Auch die Freizeit und Versorgungsmobilität gibt ein treffendes Beispiel für den raum-zeitlichen Sprung vom lokalen über den regionalen bis hin zum globalen Maßstab, wie etwa das „Shoppen" im Ausland per Billigflieger. Auch bei Kurzreisen und Touristik sowie im Geschäftsreiseverkehr wird weiterhin eine hohe Nachfrage erwartet.

• **Politik und Institutionen**: hier ist vor allem der beständig steigende Einfluss der Europäischen Union zu nennen. Zum einen mit Blick auf die in den 1990er Jahren realisierte Deregulierung und Liberalisierung des Transportmarkts, die positiven Einfluss auf die Verkehrsentwicklung ausübt und zum anderen bezüglich der Erweiterung der Union um neue Mitgliedsländer. Hier wird ein institutioneller Transitraum geschaffen, der dem schrankenlosen wirtschaftlichen Austausch dient. Dieser hat räumlich erweiterte Verflechtungsbeziehungen und neue Verkehrsströme zur Folge.

Auf diesen Feldern dürften auch in Zukunft bestimmende Trends zu vermuten sein, die auf den ersten Blick das Bild der weiter wachsenden Mobilität stützen. Wenn trotzdem in jüngster Zeit verstärkt von **veränderten Randbedingungen** die Rede ist, die eine Wachstumsentwicklung nicht als die allein denkbare Zukunft vorwegzeichnen, dann basiert dies auf folgenden Trends:

• Auf mittlere Sicht ist von den Folgen des **demographischen Wandels** auszugehen, d. h. aus der Alterung der Gesellschaft und der Abnahme der Gesamtbevölkerung werden sich eine veränderte Verkehrsbeteiligung sowie geringere Nutzerzahlen ergeben. Folgt man der 10. Bevölkerungsvorausberechnung des Statistischen Bundesamtes, dann wird die Gesamtbevölkerung Deutschlands bis zum Jahr 2050 von heute 82 Mio. im mittleren Szenario auf circa 75 Mio. zurückgehen (STATISTISCHES BUNDESAMT 2003). Dies ist ein signifikanter Rückgang, der regional gesehen spürbare Folgen haben kann. Vermutlich wird eine **Entspannung der Verkehrssituation, wenn nicht so-**

gar eine **Sättigung der Verkehrsnachfrage** eintreten (vgl. ZUMKELLER 2004). Diese Tendenz dürfte durch den veränderten Altersaufbau der Gesellschaft mit einer geringeren Aktivitätendichte verstärkt werden. Sie zeichnet sich bereits aktuell in abgeschwächten Wachstumsraten des Personenverkehrs ab, der vor allem in Städten stagniert (CHLOND et al. 2002). In den Jahren 2001 und 2002 war sogar erstmals seit den 1950er Jahren der Güterverkehr in Deutschland rückläufig (Verkehr in Zahlen 2003/2004).

• Hinzu kommt die **Krise der öffentlichen Haushalte**, die eine Abkehr von der bisher praktizierten infrastrukturellen Vollversorgung aller Regionen mit Verkehrsinfrastrukturen sowie eine Konzentration auf die Unterhaltung und Erneuerung des Bestands erzwingt. Diese Veränderungen werden die **Infrastrukturpolitik** und damit auch die Verkehrsentwicklung schon in absehbarer Zukunft stark mitbestimmen. Zwar wird eine Privatisierung der Verkehrswegefinanzierung zur Entlastung der leeren öffentlichen Haushalte bereits heute praktiziert, allerdings ist es noch unklar, ob sich investiertes privates Kapital durch eine Nutzerfinanzierung der Verkehrswege angemessen verzinsen kann. Vermutlich werden die Knappheit der öffentlichen Finanzmittel sowie die Belegung der privat erstellten Verkehrswege mit Nutzungsgebühren dazu beitragen, dass Verkehrsinfrastruktur nicht mehr als öffentliches Gut betrachtet wird. Dies dürfte auch das Verkehrsaufkommen begrenzen.

• Außerdem scheint der Bedeutungsverlust von Transportkosten mit der **weltweit wachsenden Energienachfrage** ein Ende zu finden. Seit der Ölpreis im Herbst 2005 zeitweise den historischen Höchststand von 70 US $/Barrel überschritten hat, spricht viel für die Annahme, dass er auf hohem Niveau verbleiben wird. Bei gestiegenen Energiekosten dürften sich mittelfristig die Kalkulationsgrundlagen für viele verkehrsintensive Lebens- und Wirtschaftsweisen ändern. Mittelfristig wird sich die Kostenrechnung aller energieintensiven Verkehrsträger und damit die unternehmerische Logistikkalkulation verändern. Teile des Personenverkehrs (etwa Freizeitverkehr) werden stärker als bisher unter Kostenaspekten bewertet.

In welchem Ausmaß diese Faktoren das Verkehrsgeschehen beeinflussen und inwiefern sie die zuvor genannten Treiber von Verkehrswachstum in ihrem Einfluss relativieren, bleibt abzuwarten. TOPP (2003) hat das Spannungsfeld von Wachstum und Stagnation in zwei Szenarien von „Pessimist" und „Optimist" illustriert und jeweils gute Gründe für Annahmen präsentiert, welche die eine oder andere Entwicklung stützen.

Anzunehmen ist, dass es künftig zu einer **Abflachung der klassischen Wachstumskurve** in der Entwicklung der Verkehrsmengen kommt. Dies entschärft den Handlungsdruck einerseits und verschafft größere Spielräume zur Anpassung. Andererseits könnte das auch dazu verleiten, das Verkehrsproblem nur noch als vorübergehend zu interpretieren (dagegen sprechen die Platzprobleme in Städten, Defizite in der Verkehrssicherheit, Probleme der Luftqualität und der latente Verkehrslärm). Auch setzt die Haushaltskrise der öffentlichen Hand der Planung enge Grenzen, was sich auf den Ausbau der Verkehrswege und auf ihre Instandhaltung auswirkt. Damit sind klassische Planungsansätze in Frage gestellt, die bisher vorrangig mit Infrastrukturausbau auf Mengen- und Verträglichkeitsprobleme reagiert haben und insofern sehr kapitalintensiv waren.

Aber auch ambitionierte Planungsansätze wie die integrierte Verkehrsplanung (vgl. Kap. 5) dürften vor diesem Hintergrund an ihre Grenzen stoßen, weil der Infrastrukturausbau für den öffentlichen Personennahverkehr, für Schnittstellen im Kombinierten Verkehr oder Radwegenetze kaum noch finanzierbar ist.

Hieraus ergeben sich **relevante Forschungsfragen**, die insbesondere die demographische und technologische Entwicklung betreffen. So geht es um die konkrete Bedeutung der veränderten Rahmenbedingungen für den Verkehr in Deutschland, die sich aus dem Zusammenspiel von **Raum- und Siedlungsstruktur, Verkehrsangebot und -nachfrage** ergibt (vgl. BBR 2003, 2005). Damit kann zum einen ein geringeres Verkehrsaufkommen verbunden sein, solange die Gesamtmenge der mobilen Personen stagniert oder zurück geht; zum anderen können sich die Verkehrsbeziehungen aufgrund einer veränderten Siedlungsstruktur modifizieren, und zwar in Richtung einer kompakteren Siedlungsform (mit kürzeren Distanzen) wie auch in Richtung einer steigenden räumlichen Arbeitsteilung mit mehr Verkehr (s. Abb. 6.3.1).

Ein weiteres wichtiges Forschungsfeld stellen **technologische Innovationen** dar, sowohl im Bereich der Telekommunikation und Nachrichtenübermittlung als auch auf dem Gebiet der Verkehrs- und Antriebstechnologien. Je stärker sich Telekommunikations- und Informationssysteme auch im Verkehrssektor durchsetzen werden, umso mehr dürfte das Mobilitätshandeln längerfristig dadurch beeinflusst oder gar geprägt werden (vgl. Kap. 2.7). Angesichts der rasanten technologischen Entwicklungsdynamik sind auf diesem Gebiet Veränderungen zu erwarten. In der Verkehrstelematik sind weitere Innovati-

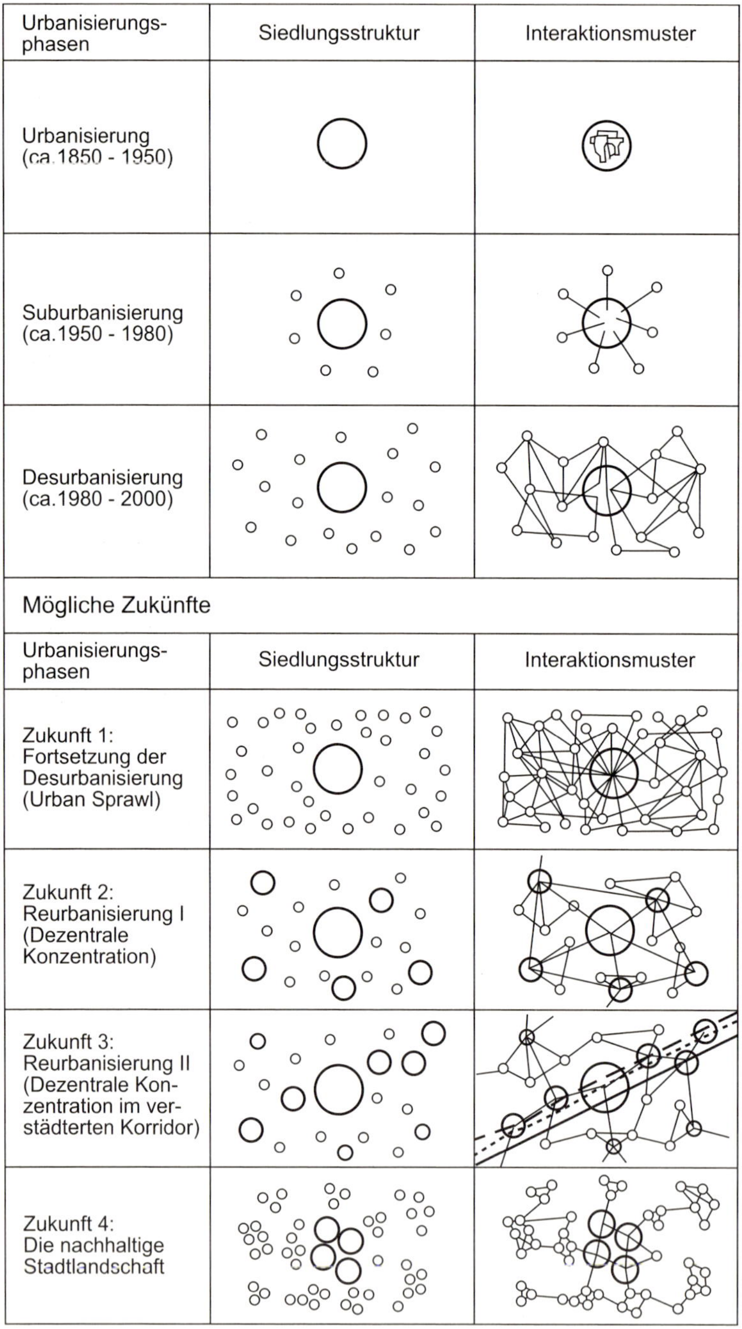

Urbanisierungs-phasen	Siedlungsstruktur	Interaktionsmuster
Urbanisierung (ca.1850 - 1950)		
Suburbanisierung (ca.1950 - 1980)		
Desurbanisierung (ca.1980 - 2000)		

Mögliche Zukünfte

Urbanisierungs-phasen	Siedlungsstruktur	Interaktionsmuster
Zukunft 1: Fortsetzung der Desurbanisierung (Urban Sprawl)		
Zukunft 2: Reurbanisierung I (Dezentrale Konzentration)		
Zukunft 3: Reurbanisierung II (Dezentrale Konzentration im verstädterten Korridor)		
Zukunft 4: Die nachhaltige Stadtlandschaft		

Abb. 6.3.1
Siedlungs-
struktur und
Interaktions-
muster

Bearbeitet nach SRU 2005, S. 290 bzw. HESSE/SCHMITZ 1998, S. 452

onen zur Optimierung des Verkehrsflusses, zur Erhöhung der Verkehrssicherheit oder zur Steuerung der Waren- und Transportströme absehbar. Die neuen IuK-Technologien dürften vielfältige Konsequenzen für die räumliche Mobilität haben, sowohl im privaten Haushalt als auch in der Organisation von Unternehmen. Unter den Bedingungen steigender Energiepreise könnte sogar ein Teil der Hoffnungen auf die **Substitution physischen Verkehrs durch Telekommunikation** Wirklichkeit werden, die bisher noch nicht erkennbar sind. Damit kann die technologische Entwicklung auch von nachhaltiger Bedeutung für die Stadt- und Raumentwicklung sein.

Bei den **Verkehrs- und Antriebstechnologien** wird derzeit davon ausgegangen, dass Verbrennungsmotoren auch mittelfristig das Bild des motorisierten Verkehrs prägen und dass auf diesem Gebiet noch keine revolutionären Veränderungen zu erwarten sind (vgl. UBA 2003, S. 37ff.). Während nachwachsende Rohstoffe bislang nur eine Nische als Treibstoffersatz oder -additiv einnehmen, könnte der **Erdgasantrieb** hingegen eine wichtige Rolle beim Übergang von fossilen zu regenerativen Energiequellen spielen. Ein mögliches Langfristszenario sieht den (solar erzeugten) **Wasserstoff** als relativ umweltfreundliche Energiequelle und Antriebsart, an dessen Realisierung noch erhebliche Bedingungen gekoppelt sind (technische Machbarkeit, Kosten). Die sich verschärfende Energiesituation übt indes bereits heute einen wachsenden Druck auf Fahrzeughersteller und Verkehrssystementwickler aus, sich mit diesen Zukunftsfragen zu befassen. Für die verkehrsgeographische Betrachtung ist hier von Bedeutung, dass sich je nach Energiekosten unterschiedliche Raumnutzungen ergeben können, d. h.

dass der Grad der siedlungsstrukturellen Dispersion oder Konzentration hiervon entscheidend mitbeeinflusst sein dürfte. In weltweiter Perspektive wird der Beitrag des Verkehrs zum Klimaproblem wesentlich davon abhängen, inwieweit erneuerbare Energien in den Verkehrssystemen Anwendung finden.

Im Licht der sozioökonomischen Entwicklung stellen sich auch **Verteilungsfragen** in einer neuen Härte: Der Zugang zu Ressourcen und Raum wird zunehmend knapp, je kostspieliger die dazu benötigte Energie wird und je problematischer sich die Gewährleistung öffentlicher Verkehrsangebote darstellt. Dabei überlagern sich soziale und räumliche Disparitäten, so dass **gesellschaftliche Inklusion und Exklusion** verstärkt auch über räumliche Mobilität ausgedrückt wird. Dieses Problem wurde in der Vergangenheit punktuell im Kontext ländlich-peripherer Räume diskutiert, in denen gesellschaftliche Teilhabe sehr stark an die Verfügbarkeit von Individualverkehrsmitteln gekoppelt ist. Stehen diese nicht zur Verfügung oder verteuern sie sich überproportional können entsprechende Nachteile mit Blick auf die Teilhabe am öffentlichen Leben entstehen.

Eine staatliche oder gesellschaftliche Gewährleistung von Mobilität bzw. Teilhabechancen stellt sich dabei nicht nur als Kostenproblem, von dem sich die Wohlfahrtsstaaten überfordert sehen; eine aktive Motorisierung einkommensschwacher oder aus anderen Gründen nicht-mobiler Gruppen erscheint auch aus verkehrs- und umweltpolitischen Gründen problematisch. In Großbritannien sind solche Entwicklungen bereits Gegenstand einer ausführlichen Diskussion, sowohl innerhalb der Verkehrswissenschaften als auch in Forschung und Politik allgemein (vgl. HINE/MITCHELL 2003, RAJÉ 2004). Dieses

Konfliktfeld dürfte sich im Zusammenhang der demographischen Entwicklung und der skizzierten Tendenz zur Privatisierung der Infrastrukturbereitstellung verschärfen, vor allem dann, wenn letztere mit der Erhebung von Nutzungsentgelten verbunden sein sollte.

Das Problem der **Chancengleichheit durch Infrastrukturzugang und Mobilität** stellt sich künftig in den Entwicklungsländern auf eine noch viel dramatischere Weise als in den Industrieländern. Denn diese sind im Gegensatz zu den altindustrialisierten Ländern durch weiter steigende Bevölkerungszahlen geprägt, was eine entsprechend dauerhafte Verkehrsnachfrage mit sich bringt. Außerdem existieren in Teilen dieser Länder große Zugangs- und Entwicklungsprobleme aufgrund schlechter Infrastrukturbedingungen (vgl. Regionen Afrikas). Unterdessen scheint in den schnell wachsenden Ländern der Neo-Industrialisierung der Weg in eine nicht-nachhaltige hochmotorisierte Zukunft vorgezeichnet zu sein. China ist diesbezüglich ein Musterbeispiel, denn es ist nicht nur durch eine dramatische Veränderung der Mobilitätsmuster gekennzeichnet, sondern nimmt auch durch den Aufbau einer eigenen Automobilindustrie Kurs auf die Herausbildung verfestigter Strukturen in Richtung einer automobilen Gesellschaft.

Die Verkehrsentwicklung stellt sich damit sowohl in Industrie- als auch in Entwicklungsländern als dynamisches und hochkomplexes Handlungsfeld dar. Eine problembezogene **Verkehrsgeographie** kann wesentliche Beiträge zur wissenschaftlichen Behandlung dieses Themenfeldes leisten. Ein zeitgemäßes Verständnis von Raumentwicklung, räumlicher Organisation und Interaktion erfordert ein komplexes Zusammenhangswissen, an dessen Produktion die Verkehrsgeographie mit ihren Theorien und Forschungsansätzen in erheblichem Umfang mitwirken sollte. Damit können wichtige Grundlagen zum Verständnis von Handlungsstrategien für eine nachhaltige Entwicklung und eine entsprechende Gestaltung des Verkehrs geschaffen werden.

Abkürzungen

ABL	Alte Bundesländer (BW, BY, HB, HH, HE, NI, NW, RP, SL, SH)
ABMG	Autobahnmautgesetz für schwere Nutzfahrzeuge
ABS	Antiblockier-Bremssystem
ADFC	Allgemeiner Deutscher Fahrradclub
ADV	Arbeitsgemeinschaft Deutscher Verkehrsflughäfen
AEA	Association of European Airlines
ARL	Akademie für Raumforschung und Landesplanung
ARTS	Actions on the Integration of Rural Transport Services
ASCII	American Standard Code for Information Interchange
ASP	Anti-Stau-Programm für Bundesverkehrswege 2003-2007
ATL	Fraunhofer-Arbeitsgruppe (des ISS) für Technologien der Logistik-Dienstleistungswirtschaft
ATR	Avions Transport Régional (französischer Hersteller von Fluggerät)
AVUS	Automobil-Verkehrs- und Übungsstraße (Berlin 1921)
B	Bundesstraße
B+A	Bringen und Abholen
B+R	Bike and Ride
BAB	Bundesautobahn
BAG	Bundesanstalt für Güterverkehr
BASt	Bundesanstalt für Straßenwesen
BauGB	Baugesetzbuch
BauROG	Bau- und Raumordnungsgesetz
bbl	Barrel
BBR	Bundesamt für Bauwesen und Raumordnung
BDB	Bundesverband der Deutschen Binnenschiffahrt
BEV	Bundeseisenbahnvermögen
BfLR	Bundesforschungsanstalt für Landeskunde und Raumordnung
BfN	Bundesamt für Naturschutz
BGL	Bundesverband Güterkraftverkehr und Logistik
BGW	Bundesverband der Gas- und Wasserwirtschaft
BImSchG	Immissionsschutzgesetz des Bundes
BITKOM	Bundesverband Informationswirtschaft, Telekommunikation und Neue Medien
BMAS	Bundesministerium für Arbeit und Soziales
BMBau	Bundesministerium für Raumordnung, Bauwesen und Städtebau
BMBF	Bundesministerium für Bildung und Forschung
BMF	Bundesministerium für Finanzen
BMV	Bundesministerium für Verkehr
BMVBS	Bundesministerium für Verkehr, Bau und Stadtentwicklung
BMVBW	Bundesministerium für Verkehr, Bauund Wohnungswesen
BMWi	Bundesministerium für Wirtschaft
BNatSchG	Gesetz über Naturschutz und Landschaftspflege des Bundes
BOAC	British Overseas Airways (1974 fusioniert mit BEA zu British Airways)
BÖB	Bundesverband Öffentlicher Binnenhäfen
BRT	Bruttoregistertonne
BRZ	Bruttoraumzahl eines Schiffes, berechnet aus dem Gesamtvolumen in m^3, multipliziert mit einem von der Schiffsgröße abhängigen Faktor k (zwischen 0,22 und 0,32)
BSH	Bundesanstalt für Seeschifffahrt und Hydrographie
Btx	Bildschirmtext
BUND	Bund für Umwelt- und Naturschutz Deutschland
BVWP	Bundesverkehrswegeplan (bisher 1973, 1980, 1985, 1992, 2003)
CASA	Construcciones Aeronauticas S. A. (spanischer Flugzeughersteller, seit 1999 zu EADS)
CEPR	Centre for Economic Policy Research
CEPS	Central Europe Pipeline System (Nato)
CERN	Conseil Européen pour la Recherche Nucléaire, Genève
CFK	Carbonfaserverbundwerkstoff
CIPRA	Commission Internationale pour la Protection des Alpes
CSPL	Tschechoslowakische Elbeschiffahrt AG (früher CSPLO)
DASA	Deutsche Aerospace AG (später DaimlerChrysler Aerospace AG)
DB	Deutsche Bahn AG (seit 1994, vorm. Deutsche Bundesbahn)
dB (A)	Dezibel
DBR	Deutsche Binnenreederei
DEGT	Deutscher Eisenbahngütertarif
DELAG	Deutsche Luftschifffahrt Aktiengesellschaft
DFS	Deutsche Flugsicherung

DFÜ	Datenfernübertragung
DGfG	Deutsche Gesellschaft für Geographie
Difu	Deutsches Institut für Urbanistik, Berlin
DIN	Deutsches Institut für Normung
DIW	Deutsches Institut für Wirtschaftsforschung, Berlin
DLR	Deutsches Zentrum für Luft- und Raumfahrt
DR	Deutsche Reichsbahn (Weimarer Republik u. DDR)
DSSW	Deutsches Seminar für Städtebau und Wirtschaft
DST	Deutscher Städtetag
DTV	Durchschnittlicher täglicher Verkehr auf Straßen
DVG	Deutsche Verbundgesellschaft
DVWG	Deutsche Verkehrswissenschaftliche Gesellschaft
E.ON	E.ON Energie AG (Fusion Preußen-Elektra u. Bayernwerk 2000)
EADS	European Aeronautic Defence and Space Company
EAG	Eisenbahnjahr-Ausstellungsgesellschaft
EBA	Eisenbahnbundesamt
ECA	Economic Commission for Africa
ECMT	European Conference of Ministers of Transport
ECT	Europe Container Terminals, Rotterdam (zu Hutchison Port Holdings)
EJTIR	European Journal for Transport and Infrastructure Research
ELWIS	Elektronisches Wasserstraßen-Informationssystem
EnBW	Energie Baden Württemberg AG (Fusion Badenwerk u. Energievers. Schwaben 1997)
ETCS	European Train Control System
EU	Europäische Union
EU COM	Commission of the European Communities
EUROS	Europäisches Schiffsregister
FGSV	Forschungsgesellschaft für Straßen- und Verkehrswesen
fob	Free on board
FOC	Flag of Convenience (Billigflagge)
FstrAbG	Gesetz über den Ausbau der Bundesfernstraßen
FStrG	Bundesfernstraßengesetz
ft.	Foot (Fuß)
GATT	General Agreement on Tariffs and Trade
GEB	Gemeinschaft Europäischer Bahnen
GM	General Motors (US-Automobilherst.)
GMS	Group System Mobile Standard
GVFG	Gesetz über Finanzhilfen des Bundes zur Verbesserung der Verkehrsverhältnisse der Gemeinden
GVZ	Güterverkehrszentrum
GWh	Gigawattstunde
Hafraba	Verein zum Bau der Autostraße von Hamburg über Frankfurt/Main nach Basel 1926
HGV	Hochgeschwindigkeitsverkehr
HSC	High Speed Craft (Hochgeschwindigkeitsfähre)
HTLM	Hypertext Markup Language
HWWA	Hamburgisches Welt-Wirtschafts-Archiv
IATA	International Air Transport Association
IC	InterCity (Schnellzug der DB seit 1971)
ICAA	International Civil Airports Association
ICAO	International Civil Aviation Organisation
ICE	InterCityExpress (Hochgeschwindigkeitszug der DB seit 1991)
Ifeu	Institut für Energie- und Umweltforschung Heidelberg GmbH
IfL	Leibniz-Institut für Länderkunde
ifo	Institut für Wirtschaftsforschung an der Univ. München
IfW	Institut für Weltwirtschaft an der Univ. Kiel
ILS	Institut für Landes- und Stadtentwicklungsforschung des Landes Nordrhein-Westfalen
IMF	International Monetary Fund (vgl. IWF)
IMO	International Maritime Organisation
IMU	International Mathematical Union
in.	Inch (Zoll)
Infas	Institut für angewandte Sozialwissenschaften GmbH, Bonn
IÖR	Leibniz-Institut für ökologische Raumentwicklung, Dresden
IÖW	Institut für ökologische Wirtschaftsforschung GmbH, Berlin
IPCC	Intergovernmental Panel on Climate Change
IRPUD	Institut für Raumplanung, Universität Dortmund
IRS	Leibniz-Institut für Regionalentwicklung und Strukturplanung, Erkner
IRU	International Road Transport Union
ISB	Institut für Stadtbauwesen und Stadtverkehr, RWTH Aachen
ISDN	Integrated Services Digital Network
ISG	Internationaler Seegerichtshof, Hamburg
ISL	Institut für Seeverkehrswirtschaft und Logistik, Bremen
ISM	International Safety Management
ISS	Fraunhofer-Institut für Integrierte Schaltungen
ITU	International Telecommunications Union
IuK	Information und Kommunikation
IV	Individualverkehr
IWF	Internationaler Währungsfonds (vgl. IMF)
IWW	Institut für Wirtschaftspolitik und Wirtschaftsforschung, Univ. Karlsruhe
IZT	Institut für Zukunftsforschung und Tech-

nologiebewertung, Berlin
KBA   Kraftfahrt-Bundesamt
KEP   Kurier-, Express- und Paketdienst
Kfz   Kraftfahrzeug
KLM   Koningklijke Luchtvaart Maatschappij N.V. (Fusion mit Air France 2004)
KLV   Kombinierter Ladungsverkehr
kn   Knoten
KONTIV   Kontinuierliche Erhebung zum Verkehrsverhalten in Deutschland
kV   Kilovolt
KV   Kombinierter Verkehr
KVO   Kraftwagenverkehrsordnung
KVR   Kollisionsverhütungsabkommen
kWh   Kilowattstunde
LBA   Luftfahrt-Bundesamt
Lkw   Lastkraftwagen
LNG   Liquid Natural Gaz (Erdgastanker)
LRT   Light Rapid Transit
LSE   London School of Economics and Political Science
MARPOL   Abkommen zur Vermeidung von Meeresverschmutzung
MERO   Mitteleuropäische Rohrleitung
mi   Mile (Meile)
MiD   Mobilität in Deutschland
MIPRO   Mitteldeutsche Produktenleitung
MIV   Motorisierter Individualverkehr
MKRO   Ministerkonferenz für Raumordnung
MPM   Maritime Policy and Management
MSKS   Ministerium für Stadtentwicklung, Kultur und Sport des Landes Nordrhein-Westfalen
MVL   Mineralölverbundleitung
MWV   Mineralölwirtschaftsverband
NAFTA   North American Free Trade Agreement (Freihandelszone USA, Kanada, Mexiko)
NBL   Neue Bundesländer (BE, BB, MV, SN, ST, TH)
NDO   Norddeutsche Ölleitungsgesellschaft
NE   Nichtbundeseigene Eisenbahn
NEAT   Neue Alpentransversale
NEBR   National Bureau of Economic Research
NEPS   North European Pipeline System (Nato)
NKA   Nutzen-Kosten-Analyse
NMV   Nichtmotorisierter Verkehr
NRT   Nettoregistertonne
NRVP   Nationaler Radverkehrsplan
NRZ   Nettoraumzahl
NSU   Neckarsulmer Fahrzeugwerke (1932 zu Fiat, 1969 Fusion mit Auto Union/VW)
NWO   Nord-West Oelleitung GmbH
OAU   Organisation of African Unity
OBO   Ore/Bulk/Oil (Erz-Trockengut-ÖL Kombischiff)
OECD   Organisation for Economic Cooperation and Development
OO   Ore/Oil (Erz-Öl Kombischiff)
ÖPNV   Öffentlicher Personennahverkehr
ÖSPV   Öffentlicher Straßenpersonenverkehr

ÖV   Öffentlicher Verkehr
P+R   Park and Ride
PBefG   Personenbeförderungsgesetz (erstmals 1934, später Neufassungen)
Pkm   Personenkilometer
Pkw   Personenkraftwagen
RT   Registertonne
RAS   Richtlinie für die Anlage von Straßen (RAS-N Netzgestaltung, -L Linienführung, -Q Regelquerschnitt, -LP Landschaftspflege, -K Knotenpunkte)
RKT   Reichskraftwagentarif (für Lkw, seit 1931 an DEGT gebunden)
RMR   Rhein-Main-Rohrleitungstransportgesellschaft
ROG   Raumordnungsgesetz
RoRo   Roll-on Roll-off (Fahrzeugverladung über Zufahrtsrampe)
ROV   Raumordnungsverfahren
RRB   Rohölpipeline Rostock-Böhlau
RRP   N. V. Rotterdam-Rijn Pijpleiding Maatchppij
RTW   Round-the-World Service
RWA   Raumwirksamkeitsanalysen
RWE   Energiekonzern, Essen
RWTH   Rheinisch-Westfälische Technische Hochschule, Aachen
SGKV   Studiengesellschaft für den Kombinierten Verkehr
sm   Seemeile
SMS   Short Message Service
SPNV   Schienenpersonennahverkehr
SPRV   Schienenpersonenregionalverkehr
SPSE   Société du Pipeline Sud-Europeen
SRU   Sachverständigenrat für Umweltfragen
StBA   Statistisches Bundesamt
StrFinG   Straßenbaufinanzierungsgesetz
STUA   Studiengesellschaft für Automobilstraßen
StVG   Straßenverkehrsgesetz
StVO   Straßenverkehrsordnung
StVZO   Straßenverkehrs-Zulassungs-Ordnung
SUP   Strategische Plan-Umweltprüfung
t   Tonne
T&E   European Federation for Transport and the Environment
TAL   Deutsche Transalpine Oelleitung
tdw   Tons deadweight (Bruttotragfähigkeit in t); Gewicht der Ladung eines Schiffes (einschließlich Treibstoff) in vollbeladenem Zustand bis zur Ladelinie
TEN   Transeuropäische Netze
TEN-T   Transeuropäisches Transportnetz
TEN-V   Transeuropäisches Verkehrsnetz
TEU   Twenty foot equivalent unit (Standardcontainer)
TGV   Train à Grande Vitesse
TINA   Transport Infrastructure Needs Assessment
tkm   Tonnenkilometer
TU   Technische Universität
UBA   Umweltbundesamt

UCTC	University of California Transportation Center
UIC	Union International de Chemins de Fér
UIRR	Union Internationale des sociétés de Transport Combiné Rail-Route
ULCC	Ultra Large Crude Carrier (Öltanker über 300.000 tdw)
UMS	Universal Tonnage Measurement System (Übereinkunft 1969)
UMTS	Universal Mobile Telecommunications System
UN	United Nations
UNCTAD	United Nations Conference on Trade and Development
URE	Umweltrisikoeinschätzung
UVP	Umweltverträglichkeitsprüfung
UVPG	Gesetz über die Umweltverträglichkeitsprüfung
UVS	Umweltverträglichkeitsuntersuchung
UZVR	Unzerschnittene verkehrsarme Räume
VB	Vordringlicher Bedarf des BWVP
VBW	Verein für Europäische Binnenschiffahrt und Wasserstraßen
VDE	Verkehrsprojekte Deutsche Einheit

VDEW	Verband der Elektrizitätswirtschaft
VDN	Verband der Netzwerkbetreiber beim VDEW
VDV	Verband Deutscher Verkehrunternehmen
VerkPBG	Verkehrswegeplanungsbeschleunigungsgesetz
VGB	Verbund der Großkraftwerksbetreiber
VLCC	Very Large Crude Carrier (Öltanker über 200.000 tdw)
VTG	Vereinigte Tanklager und Transportmittel
VWZ	Verkehrswirtschaftliche Zahlen
WB	Weiterer Bedarf des BVWP
WBCSD	World Business Council of Sustainable Development
WIFO	Österreichisches Institut für Wirtschaftsforschung, Wien
WSV	Wasser- und Schifffahrtsverwaltung des Bundes
Yd.	Yard
ZEW	Zentrum für Europäische Wirtschaftsforschung GmbH, Mannheim
ZWE	Zentrale wissenschaftliche Einrichtung

Maße und Gewichte

Barrel (Fass)	1 bbl	= 159 l
Bruttoregistertonne	BRT	= Gesamtraum eines Schiffes einschließlich der Räume für Betrieb, Passagiere und Ladung in RT (1994 ersetzt durch BRZ)
Durchschnittlicher täglicher Verkehr auf Straßen	DTV	= Kfz/24 h
Foot (Fuß)	1 ft.	= 30,48 cm = 12 inch
Inch (Zoll)	1 in.	= 2,54 cm
Knoten	1 kn	= Seemeilen pro Stunde
Mile (Meile)	1 mi	= 1,609 km
Nettoregistertonne	NRT	= Größe des für Passagiere und Ladung nutzbaren Schiffsraumes in RT (1994 ersetzt durch NRZ)
Registertonne	1 RT	= 100 Kubikfuß (cu.ft.) = 2,832 m^3 Raummaß für die Größe eines Schiffes
Seemeile	1 sm	= 1852 m
Twenty foot equivalent unit	1 TEU	= 20 · 8 · 8,5 ft. = 6,10 · 2,44 · 2,59 m (20-Fuß-Container, ca. 39 m^3)
Tonne	1 t	= 1000 kg
Yard	1 Yd.	= 91,44 cm = 3 ft

Literatur

Abkürzungen

DfK	Deutsche Zeitschrift für Kommunal-wissenschaften (vormals Archiv für K.)
Diss.	Dissertation
GR	Geographische Rundschau
GZ	Geographische Zeitschrift
IVW	Internationales Verkehrswesen
IzR	Informationen zur Raumentwicklung
JATM	Journal of Air Transport Management
JTG	Journal of Transport Geography
RuR	Raumforschung und Raumordnung
TESG	Tijdschrift voor Economische en Sociale Geografie
Univ.	Universität / University
Wiss.	Wissenschaft(lich)

Weitere Abkürzungen siehe S. 339

ABBEY, D. et al. 2001: The need for speed: Impact on supply chain real estate. White paper. San Francisco (AMB Investment Inc.). (www.amb.com, Zugriff am 26.01.2005).

ABERLE, G. 1987: Öffentlicher Personennahverkehr in der Fläche. Organisatorische und finanzpolitische Reformvorschläge. Darmstadt (Tetzlaff) = Giessener Studien zur Transportwirtschaft und Kommunikation 2.

ABERLE, G. 2003⁴: Transportwirtschaft. Einzelwirtschaftliche und gesamtwirtschaftliche Grundlagen. München (Oldenbourg).

ABERLE, G. u. M. ENGEL 1994: Volkswirtschaftliche Beurteilung des Straßengüterfernverkehrs. In: IVW 46, H. 1/2, S. 13-19.

ABLER, R. 1975: Effects of space-adjusting technologies on the human geography of the future. In: R. ABLER et al. (Hg.): Human geography in a shrinking world. North Scituate, Mass. (Duxbury), S. 35-56.

ACHEN, M. u. J. DORNBUSCH 2002: RegioNetze - ein strategisches Konzept der Deutschen Bahn AG für Nebenstrecken. In: IzR, H. 10, S. 571-584.

ACHILLES, F. W. 1967: Hafenstandorte und Hafenfunktionen im Rhein-Ruhr-Gebiet. Paderborn = Bochumer Geographische Arbeiten 2.

AHRENS, G.-A. et al. 2005: Mehr Autos - aber weniger Verkehr! Aktuelle Ergebnisse der Verkehrserhebung „Mobilität in Städten - SrV 2003" liegen vor. IVW 57, H. 1/2, S. 23-26.

AIREY, A. 1985: The role of feeder roads in promoting rural change in eastern Sierra Leone. In: TESG 76, H. 3, S. 192-201.

AIRRIESS, C. A. 2001: The regionalization of Hutchison Port Holdings in mainland China. In: JTG 9, H. 4, S. 267-278.

ALBERS, G. 1993: Über den Wandel im Planungsverständnis. In: RaumPlanung 61, S. 97-103.

ALBERS, K. u. G. BAHRENBERG 1999: Raumstruktur und Verkehrsmittelbenutzung in der Stadtregion. Eine Analyse der Entwicklung 1970-1987 am Beispiel des Berufsverkehrs in der Region Bremen. Bremen = Arbeitspapiere der ZWE Arbeit und Region.

ALDERTON, P. u. M. ROWLINSON 2002: The economics of shipping freight markets. In: C. T. GRAMMENOS (Hg.): The handbook of maritime economics and business. London (LLP), S. 157-185.

ALDERTON, T. u. N. WINCHESTER 2002: Flag states and safety 1997-2000. In: MPM 29, H. 2, S. 151-162.

ALEXANDERSSON, G. u. G. NORSTRÖM (Hg.): 1963: World shipping. An economic geography of ports and seaborne trade. Stockholm (Almquist & Wiksell).

ALONSO, W. 1960: A theory of the urban land market. In: Papers and Proceedings of the Regional Science Association 6, S. 149-157.

ALONSO, W. 1964: Location and land use. Toward a general theory of land rent. Cambridge/Mass. (Harvard Univ. Press).

ANDERSEN, A. (1997): Der Traum vom guten Leben. Alltags- und Konsumgeschichte vom Wirtschaftswunder bis heute. Frankfurt/Main (Campus).

ANDERSON, J. E. u. E. VAN WINCOOP 2004: Trade costs. Cambridge, Mass. (NBER) = Working Paper 10480.

APEL, D. et al. 1998: Kompakt, mobil, urban. Stadtentwicklungskonzepte zur Verkehrsvermeidung im internationalen Vergleich. Berlin = Difu-Beiträge zur Stadtforschung 24.

APEL, D. et al. (Hg.) lfd. Jahre: Handbuch der kommunalen Verkehrsplanung. Loseblattsammlung. Bonn (Economica).

ARCOR AG, (www.arcor.de; Zugriff am 26.01.2005).

ARING, J. 1999: Suburbia, Postsuburbia, Zwischenstadt. Die jüngere Wohnsiedlungsentwicklung im Umland der großen Städte Westdeutschlands und Folgerungen für die Regionale Planung und Steuerung. Hannover (ARL) = Arbeitsmaterialen 262.

ARL 1969: Die strukturgerechte Verkehrsbedienung ländlicher Räume. Hannover = Forschungs- und

Sitzungsberichte 57.
ARL 1987: Räumliche Wirkung der Telematik. Hannover = Forschungs- und Sitzungsberichte 169.
ARL (Hg.) 1995[3]: Handwörterbuch der Raumordnung. Hannover (ARL).
ARTS-KONSORTIUM 2004: Öffentlicher Personennahverkehr im ländlichen Raum. Handbuch (www.rural-transport.net).

BABIKIAN, R. et al. 2002: The historical fuel efficiency characteristics of regional aircraft from technological, operational, and cost perspectives. In: JATM 8, H. 6, S. 389-400.
BACHMEIER, S. 1999: Integrators. Die schnellen Dienste der Weltwirtschaft. Nürnberg = Nürnberger Wirtschafts- und Sozialgeographische Arbeiten 53.
BADE, F.-J. 1997: Zu den wirtschaftlichen Chancen und Risiken ländlicher Räume. In: RuR 55, H. 4/5, S. 247-259.
BADE, F.-J. 2004: Die regionale Entwicklung der Erwerbstätigkeit bis 2010. In: IzR, H. 3/4, S. 169-186.
BAIRD, A. J. 2000: The Japan coastal ferry system. In: MPM 27, H. 1, S. 3-16.
BAIRD, A. J. 2002: Privatization trends at the worlds top-100 container ports. In: MPM 29, H. 3, S. 271-284.
BANISTER, D. 2002[2]: Transport planning. London (Spon).
BANISTER, D. u. J. BERECHMAN 2000: Transport investment and economic development. London (Routledge).
BARRETT, S. D. 2000: Airport competition in the deregulated European aviation market. In: JATM 6, H. 1, S. 13-27.
BARTER, P. A. 2004: Transport, urban structure and „lock-in" in the Kuala Lumpur Metropolitan Area. In: International Development Planning Review 26, H. 1, S. 1-24.
BARTON, J. R. 1999: Flags of convenience: geoeconomics and regulatory minimisation. In: TESG 90, H. 2, S. 142-155.
BATHELT, H. 2001: Warum Paul Krugmans Geographical Economics keine neue Wirtschaftsgeographie ist! In: Die Erde 132, H. 2, S. 107-118.
BATHELT, H. u. J. GLÜCKLER 2002: Wirtschaftsgeographie. Ökonomische Beziehungen in räumlicher Perspektive. Stuttgart (Ulmer).
BÄTZING, W, 2003: Die Alpen. Geschichte und Zukunft einer europäischen Kulturlandschaft. München (Beck).
BÄTZING, W. u. U. ERMANN 2001: Was bleibt in der „Region" ? Analyse der regionalen Wirtschaftskreisläufe landwirtschaftlicher Erzeugnisse am Beispiel des Landkreises Neumarkt in der Oberpfalz. In: Zeitschrift für Wirtschaftsgeographie 45, H. 2, S. 117-133.
BAUM, H. u.. S. PESCH 1994: Untersuchung der Eignung von Car-Sharing im Hinblick auf die Reduzierung von Stadtverkehrsproblemen. Köln (Institut für Verkehrswissenschaften).

BAUMGARTEN, H. u. J. THOMS 2002: Trends und Strategien in der Logistik. Supply Chains im Wandel. Berlin (TU).
BAUMGARTEN, H. u. S. WALTER 2000: Trends und Strategien in der Logistik 2000+. Eine Untersuchung der Logistik in Industrie, Handel, Logistik-Dienstleistung und anderen Dienstleistungen. Berlin (TU).
BAYAZIT, C. et al. 2002: „Filetstücke" - ausländische Vorbilder der Bahnhofsentwicklung. Die Fallstudien Köln, Leipzig und Utrecht/NL. In: Wirtschaftsgeographische Studien, H. 27/28, S. 77-110.
BBR 2000: Raumordnungsbericht 2000. Bonn = Berichte 7.
BBR 2003: Bevölkerungsprognose bis 2020. Bonn.
BBR 2004: Suburbia. Bonn = Forum Bau + Raum 1.
BBR 2005: Raumordnungsbericht 2005. Bonn = Berichte 21.
BDB (Hg.) 2002: Geschäftsbericht 2001/2002. Duisburg-Ruhrort. [u. frühere Jahre].
BECK, U. 1986: Risikogesellschaft. Auf dem Weg in eine andere Moderne. Frankfurt/Main (Suhrkamp).
BECKER, H. 1997: Dörfer heute. Ländliche Lebensverhältnisse im Wandel 1952, 1972 und 1993/95. Bonn = Schriftenreihe der Forschungsgesellschaft für Agrarpolitik und Agrarsoziologie 307.
BECKER, K.-D. 1977: Das Verfahren der Bundesfernstraßenplanung bis zur Planfeststellung. Univ. Diss. Göttingen.
BECKMANN, J. 2002: Keeping the holy grail. The „mobility view" of the Danish Automobile Club FDM. In: W. BLACK u. P. NIJKAMP (Hg.): Social Change and Sustainable Transport. Bloomington (Indiana Univ. Press), S. 101-106.
BECKMANN, K. J. 2001: Stadtverkehr und Mobilität in der Stadt. Erfordernisse und Chancen einer integrierten Stadt- und Verkehrsentwicklung. In: Berichte zur deutschen Landeskunde 75, H. 2/3, S. 228-241.
BECKMANN, K. J. u. H. BAUM 2002: Integrierte Verkehrspolitik. In: Zeitschrift für Verkehrswissenschaft 73, H. 2, S. 73-113.
BECKMANN, K. J. et al. 2006: StadtLeben — Wohnen, Mobilität und Lebensstil. Wiesbaden (VS).
BEDDOW, M. 2004: Trans-Siberian Express. In: Containerisation International, H. 1, S. 48-49.
BEHNAM, A. 1994: Future of the shipping dialogue in UNCTAD. In: MPM 21, H. 1, S. 15-27.
BEHNEN, T. 2004: „Newcomer Airports": ein aktuelles Phänomen im deutschen Luftverkehr und seine verkehrsgeographische Bedeutung. In: Europa Regional 11, H. 4, S. 177-186.
BEHRENDT, S. 2000: Car-Sharing. Nachhaltige Mobilität durch eigentumslose Pkw-Nutzung? Berlin (IZT) = WerkStattBericht 43.
BENDALL, H. B. u. A. F. STENT 1996: Hatchcoverless container ships. Productivity gains from a new technology. In: MPM 23, H. 2, S. 187-199.
BERNHARDT, C. 1998: Bauplatz Groß-Berlin. Berlin (de Gruyter).

BERTRAM, H. 1994: Das Speditions- und Transportgewerbe im Wandel. Probleme einer Branche im
Verdichtungsraum Frankfurt. In: GR 46, H. 5, S.
298-303.

BERTRAM, H. 2005: Neue Anforderungen an die Güterverkehrsbranche im Management globaler Warenketten. In: C. NEIBERGER u. H. BERTRAM (Hg.):
Waren um die Welt bewegen. Mannheim (Meta-
GIS), S. 17-31.

BESTUFS 2005: Bestufs policy and research recom-
mendations. Urban Consolidation centres, last-
mile solutions. (www.bestufs.net, Zugriff am
1.12.2005)

BfLR 1988: Kolloquium Forschungsvorhaben „Flächenhafte Verkehrsberuhigung", Ergebnisse aus
drei Modellstädten. Bonn (BfLR).

BfLR 1995: Verkehrlich hochbelastete Räume. Ar-
beitspapier. Bonn.

BfN 1999: Karte der Unzerschnittenen verkehrsarmen Räume (UZVR). Bonn.

BGL 2003: Verkehrswirtschaftliche Zahlen (VWZ)
2001/2002. Frankfurt/Main.

BIRD, H. J. 1971: Seaports and seaport terminals.
London (Hutchinson).

BIRD, J. 1983: Gateways: Slow recognition but irre-
sistible rise. In: TESG 74, H. 3, S. 196-202.

BIRD, J. u. E. E. POLLOCK 1978: The future of seaports
in the European Communities. In: Geographical
Journal 144, H. 1, S. 23-48.

BITKOM 2004: Daten zur Informationsgesellschaft.
Status quo und Perspektiven Deutschlands im internationalen Vergleich. Berlin.

BJELICIC, B. 2002: Die ganze Welt des Verkehrs – im
Internet. In: IVW 54, H. 11, S. 533-539.

BLACK, W. 2003: Transportation. A geographical analysis. New York (Guilford).

BLATTER, J. 1993: Möglichkeiten und Restriktionen
einer umweltorientierten kommunalen Verkehrspolitik – dargestellt am Beispiel Freiburg im Breis-
gau. Diplomarbeit. Konstanz (Fakultät für Verwal-
tungswissenschaft).

BLOECH, J. u. G. B. IHDE (Hg.) 1996: Vahlens Großes
Logistik Lexikon. München (Beck).

BLOTEVOGEL, H.-H. u. M. JESCHKE 2003: Stadt-Um-
land-Wanderung im Ruhrgebiet. Abschlussbericht
zum Forschungsvorhaben. Duisburg (Institut für
Geographie).

BLUM, O. et al. 1925: Linienführung. Berlin (Springer).

BLUME, L. et al. 2003: Einzelfallstudien ausgewählter Regionen. In: BLIEN, U. (Hg.): Die Entwicklung
der ostdeutschen Regionen. Nürnberg (IAB) = Beiträge zur Arbeitsmarkt- und Berufsforschung 267.

BMBau 1978: Fahrrad im Nahverkehr. Bonn = Städtebauliche Forschung 66.

BMBau 1986: Stadtverkehr im Wandel. Bonn.

BMBau 1987: Situation und Verbesserungsmöglichkeiten des öffentlichen Personennahverkehrs in der
Fläche. Bonn = Raumordnung 06.64.

BMBau 1993: Raumordnungspolitischer Orientierungsrahmen. Leitbilder für die räumliche Entwicklung der Bundesrepublik Deutschland. Bonn.

BMBau 1996: Habitat II-Nationalbericht Deutschland „Siedlungsentwicklung und Siedlungspoli-
tik". Bonn.

BMBF 2004: Personennahverkehr für die Region. Innovationen für nachhaltige Mobilität. Berlin.

BMV 1971: Ausbauplan für die Bundesstraßen 1971-
1985. Bde. A, B, C. Bonn.

BMV 1985: Bundesverkehrswegeplan 1985. Bonn.

BMV 1991: Verkehrsprojekte Deutsche Einheit.
Bonn.

BMV 1992: Bundesverkehrswegeplan 1992. Bonn.

BMV 1993: Fünfjahresplan für den Ausbau der Bundesfernstraßen in den Jahren 1993 bis 1997. Mit
Ergänzung bis 2000. Bonn.

BMV 1995: Binnenschiffahrt und Bundeswasser-
strassen. Jahresbericht 1993/1994. Bonn.

BMVBW 1999: Erster Bericht der Bundesregierung
über die Situation des Fahrradverkehrs in der Bundesrepublik Deutschland 1998. A 22/20.00.85-30-
98. Bonn.

BMVBW 2000: Verkehrsbericht 2000. Integrierte
Verkehrspolitik: Unser Konzept für eine mobile
Zukunft. Berlin.

BMVBW 2001: Bericht des Bundesministeriums für
Verkehr, Bau und Wohnungswesen zum Kombinierten Verkehr. Berlin.

BMVBW 2002a: Integrierte Verkehrspolitik. Herausforderung, Verantwortung und Handlungsfelder. Zusammenfassung der Ergebnisse der Arbeitsgruppe „Integrierte Verkehrspolitik" beim
BMVBW. Manuskript. Berlin.

BMVBW (Hg.) 2002b: Nationaler Radverkehrsplan
2002-2012. FahrRad! Maßnahmen zur Förderung
des Radverkehrs in Deutschland. Berlin.

BMVBW 2003: Bundesverkehrswegeplan 2003.
Grundlagen für die Zukunft der Mobilität in
Deutschland. Berlin.

BMVBW 2004a: Bericht zum Ausbau der Schienenwege. Berlin.

BMVBW 2004b: Straßenbaubericht 2004. Berlin.

BMWi/BMAS 1998: Telearbeit. Chancen für neue
Arbeitsformen, mehr Beschäftigung, flexible Arbeitszeiten. Bonn.

BOARNET, M. u. R. CRANE 2001: Travel by design. The
influence of urban form on travel. Oxford (Oxford
Univ. Press).

BÖB 1995: Binnenhäfen als Güterverkehrszentren.
GVZ-Masterplan. Neuss.

BÖB 2002: Geschäftsbericht 2002. Neuss. [u. frühere
Jahre].

BÖGE, S. 1993: Die Auswirkungen des Straßengüterverkehrs auf den Raum. Eine produktbezogene
Transportkettenanalyse. In: IzR, H. 5/6, S. 351-
362.

BÖHLER, S. u. M. WANNER 2004: Perspektiven für Car-
Sharing in Klein- und Mittelstädten sowie in länd-
lich geprägten Regionen. In: A. KAGERMEIER (Hg.):
Verkehrssystem und Mobilitätsmanagement im
ländlichen Raum. Mannheim (MetaGIS), S. 105-
116.

BÖHME, H. 2000: Weltseeverkehr: Mit Zuversicht in
das neue Jahrtausend. Kiel = Kieler Diskussions-

beiträge 364/365. [u. frühere Jahre].

BÖLLING, L. u. T. SIEVERTS 2004: Mitten am Rand. Auf dem Weg von der Vorstadt über die Zwischenstadt zur regionalen Stadtlandschaft. Wuppertal (Müller u. Busmann) = Zwischenstadt 1.

BONGARTZ, U. 1998: Konzentration des Wettbewerbs im US-Luftverkehrsmarkt: Die Gesamtmarktebene und die Bedingungen an ausgewählten Flughäfen. In: Zeitschrift für Verkehrswissenschaft 69, H. 2, S. 111-129.

BONSS, W. u. S. KESSELRING 2001: Mobilität am Übergang von der Ersten und Zweiten Moderne. In: U. BECK u. W. BONSS (Hg.): Die Modernisierung der Moderne. Frankfurt/Main (Suhrkamp), S. 177-190.

BORSCHEID, P. 1988: Auto und Massenmobilität. In: H. Pohl (Hg.): Die Einflüsse der Motorisierung auf das Verkehrswesen von 1886 bis 1986. Wiesbaden (Steiner), S. 117-141.

BORSCHEID, P. 2004: Das Tempo-Virus. Eine Kulturgeschichte der Beschleunigung. Frankfurt/Main (Campus).

BRADSHAW, B. u. H. LAWTON SMITH (Hg.) 2000: Privatization and deregulation of transport. London (MacMillan).

BRAKE, K. 1998: Dezentrale Konzentration in Großstadtregionen. Die begrenzten Umsetzungspfade stadtregionaler Raumordnung. In: RuR 56, H. 5/6, S. 343-351.

BRAKE, K. 2001: Neue Akzente der Suburbanisierung. Suburbaner Raum und Kernstadt: eigene Profile und neuer Verbund. In: BRAKE et al. (Hg.): Suburbanisierung in Deutschland. Opladen (Leske u. Budrich), S. 15-26.

BRAKE, K. et al. 2005: Kräfte, Prozesse, Akteure. Zur Empirie der Zwischenstadt. Wuppertal (Müller u. Busmann) = Zwischenstadt 3.

BRAUN, H.-G. 1979: Nordwestdeutsche Binnenwasserstraßen – heute und morgen. In: Neues Archiv für Niedersachsen 28, H. 4, S. 428-459.

BRECHT, C. et al. (Hg.) 2002: Jahrbuch Bergbau, Erdöl und Erdgas, Petrochemie, Elektrizität, Umweltschutz. Essen (Glückauf).

BREHENY, M. 1996: Centrists, decentrists and compromisers. Views on the future of urban form. In: K. JENKS et al. (Hg.): The compact city. A sustainable urban form. London, S. 13-35.

BREIMEIER, R. 2003: Transrapid. Aufbruch in ein neues Zeitalter? In: IVW 55, H. 5, S. 203-211.

BRETSCHNEIDER, H. et al. (Hg.) 1993[7]: Taschenbuch der Wasserwirtschaft. Hamburg (Parey).

BREITZMANN, K.-H. (Hg.) 1995: Suburbanisierung und Verkehr. Entwicklungen und Probleme in ausgewählten Stadtregionen der neuen Bundesländer. Rostock (Univ.).

BRETZKE, W.-R. 1993: City-Logistik. Problemlösung durch logistische Dienstleistungszentren. In: IVW 45, H. 12, S. 703-706.

BRICEÑO-GARMENDIA, C. et al. 2004: Infrastructure services in developing countries: Access, quality, costs and policy reform. Washington, DC = World Bank Policy Research Working Paper WPS 3468.

BRILON, W. u. G. REICHARDT 1994: Erschließung einer Region durch den Luftverkehr. In: IVW 46, H. 7/8, S. 410-417.

BROEZE, F. 2002: The globalization of the oceans: Containerisation from the 1950s to the present. St. John's Newfoundland = Research in Maritime History 23.

BROWN, R. S. u. I. SAVAGE 1996: The economics of double-hulled tankers. In: MPM 23, H. 2, S. 167-175.

BRÜHNING, E. u. S. BERNS 1994: Straßenverkehrssicherheit. Neue und alte Bundesländer im internationalen Vergleich. In: IVW 45, H. 5, S. 266-272.

BRUN, J.-F. et al. 2002: Has distance died? Evidence from a panel gravity model. London (CEPR) = Discussion Paper 3500.

BRUNN, S. D. u. T. R. LEINBACH (Hg.) 1991: Collapsing space and time. Geographic aspects of communications and information. London (HarperCollins Academic).

BRYCESON, D. F. et al. 2003: Livelihoods, daily mobility and poverty in Sub-Saharan Africa. In: Transport Reviews 23, H. 2, S. 177-196.

BSV 2000: Parken in der Innenstadt. Kundenorientiert, standortgerecht, effizient. DSSW-Leitfaden. Bonn = DSSW-Schriften 34.

BUCHANAN, C. 1962: Traffic in towns. London (Penguin).

BUCHER, H. u. M. KOCKS 1999: Die Bevölkerung in den Regionen der Bundesrepublik Deutschland. Eine Prognose des BBR bis zum Jahr 2015. In: IzR, H. 11/12, S. 755-772.

BUCHHOFER, E. 2003: Die Rolle des Short-Sea-Shipping in den TINA-Verkehrsnetzen des Ostseeraumes. In: Europa Regional 11, H. 2, S. 57-69.

BUCHHOLZ, J. et al. 1998: Handbuch der Verkehrslogistik. Berlin (Springer).

BUKOLD, S. 1996: Kombinierter Verkehr Schiene-Straße in Europa. Eine vergleichende Studie zur Transformation von Gütertransportsystemen. Frankfurt/Main (Lang).

BUKOLD, S. et al. 1993: Logistikstrategien im Hamburger Hafen. Zum Strukturwandel im Güterverkehr und seinen Auswirkungen auf die Hamburger Hafenwirtschaft. In: Beiträge zur Arbeitsmarkt- und Berufsforschung 169. Nürnberg, S. 83-113.

BUNGE, W. 1962: Theoretical geography. Lund (Gleerup) = Lund Studies in Geography, Series C, General and Mathematical Geography 1.

BURGESS, E. W. 1925: The growth of the city: An introduction to a research project. In: R. E. PARK et al. (Hg.): The city. Chicago (Univ. of Chicago Press), S. 47-58.

BURRI, M. et al. (Hg.) 2003: Die Internationalität der Eisenbahn 1850-1970. Zürich (Chronos).

BUTTON, K. et al. 2004: Conforming with IGAD safety oversight standards. In: JATM 10, H. 4, S. 251-257.

BUTTON, K. u. D. HENSHER (Hg.) 2005: Handbook of transport strategy, policy and institutions. Amsterdam (Elsevier) = Handbooks in Transport 6.

CAIRNCROSS, F. 1997: The death of distance. How the communications revolution will change our lives. Boston (Harvard Business School).

CANZLER, W. 1996: Das Zauberlehrlings-Syndrom. Entstehung und Stabilität des Automobil-Leitbildes. Berlin (Sigma).

CANZLER, W. u. G. SCHMIDT (Hg.) 2003: Das Jahrhundert des Automobils. Technische Innovationen, ökonomische Dynamik und kulturelle Aspekte. Berlin (Sigma).

CARRERE, C. u. M. SCHIFF 2003: On the geography of trade: Distance is alive and well. Washington, DC (World Bank) = Policy Research Working Paper 3206.

CARRUTHERS, R. et al. 2005: Affordability of public transport in developing countries. Washington, DC = World Bank Transport Papers TP-3.

CASSINFO 2003. The case for reconfiguration. 14th Annual „State of Logistics Report". Washington, DC (ProLogis u. Cass Information Systems Inc.).

CASTELLS, M. 1996: The rise of the network society. Cambridge, Mass (Blackwell) = Information age. Economy, society and culture 1.

CERVERO, R. u. J. BEUTLER 1999: Adaptive transit. Enhancing suburban transit services. Berkeley (UCTC) = Univ. of California Transportation Center Research Paper 424.

CERWENKA, P. u. S. ROMMERSKIRCHEN 1984: Besonderheiten der Erstellung der Verkehrsprognosen für die Bundesverkehrswegeplanung 1985. In: IVW 36, H. 6, S. 389-395.

CHANG, Y. C. et al. 2004: The evolution of airline ownership and central provisions. In: JATM 10, S. 161-171.

CHAPMAN, K. u. D. WALKER 1991²: Industrial Location. Oxford (Blackwell).

CHARLIER, J. 1983: Ports et regions françaises. Leuven = Acta geographica Lovaniensia 24.

CHLOND, B. et al. 2002: Stagnation der Verkehrsnachfrage. Sättigung oder Episode? In: IVW 54, H. 9, S. 396-403.

CHRISTALLER, W. 1933: Die Zentralen Orte in Süddeutschland. Eine ökonomisch-geographische Untersuchung über die Gesetzmäßigkeiten der Verbreitung und Entwicklung der Siedlungen mit städtischer Funktion. Jena (Fischer). [Nachdruck Darmstadt 1980].

CHRISTALLER, W. 1952: Die Parallelität der Systeme des Verkehrs und der zentralen Orte, dargestellt am Beispiel der Schweiz. In: Verhandlungen des 28. Deutschen Geographentags. Remagen, S. 159-163.

CHRISTOPHER, M. 1994: Integrating logistics strategy in the corporate financial plan. In: J. ROBESON u. W. COPACINO (Hg.): The Logistics Handbook. New York (Free Press), S. 241-259.

CHUNG, H. 2002: Some socio-economic impacts of toll roads in rural China. In: JTG 10, H. 2, S.145-156.

CIPRA 1991: Übereinkommen zum Schutz der Alpen (Alpenkonvention). Rahmenkonvention. Unterzeichnet am 7. November 1991 in Salzburg.

(www.cipra.org).

CIPRA 2000: Protokoll zur Durchführung der Alpenkonvention von 1991 im Verkehr. Unterzeichnet am 31. Oktober 2000 in Luzern. (www.cipra.org).

CIPRA 2001: 2. Alpenreport. Schaan (Cipra).

CLARK, C. 1958: Transport - maker and breaker of cities. In: Town Planning Review 28, S. 237-250.

COMBES, P.-P. u. M. LAFOURCADE 2005: Transport costs: measures, determinants, and regional policy implications for France. In: Journal of Economic Geography 5, H. 3, S. 319-349.

CONRADY, R. u. R. STERZENBACH 2003³: Luftverkehr. Betriebswirtschaftliches Lehr- und Handbuch. München (Oldenbourg)

COUPER, A. 1972: The geography of sea transport. London (Hutchison).

CULLINANE, K. u. M. KHANNA 2000: Economies of scale in large containerships. Optimal size and geographical implications. In: JTG 8, H. 3, S. 181-195.

DALKMANN, H. u. T. ÖTTING 2004: Flexible Angebotsformen - Möglichkeiten zur Kosteneinsparung bei besserem Angebot? In: A. KAGERMEIER (Hg.): Verkehrssystem und Mobilitätsmanagement im ländlichen Raum. Mannheim (MetaGIS), S. 75-90.

DANIELZYK, R. u. C. WIEGANDT 1999: Das Emsland – „Auffangraum" für problematische Großprojekte oder „Erfolgsstory" im ländlich-peripheren Raum? In: Berichte zur Deutschen Landeskunde 73, H. 2/3, S. 217-244.

DANIELZYK, R. u. C. WIEGANDT 2005: Das Emsland - ein prosperierender ländlicher Raum. In: GR 57, H. 3, S. 44-51.

DAWKINS, C. 2003: Regional development theory. Conceptual foundations, classic works, and recent developments. In: Journal of Planning Literature 18, H. 2, S. 131-172.

DEBBAGE, K. G. 1994: The international airline industry. Globalization, regulation and strategic alliances. In: JTG 2, H. 3, S. 190-203.

DEITERS, J. 1985: Nahverkehr in zentralörtlichen Bereichen des ländlichen Raumes. In: Colloquium Geographicum 18, S. 303-342.

DEITERS, J. u. U. MIDDELBERG 1998: Regionalisierung des ÖPNV. Chancen für die Gestaltung des öffentlichen Personennahverkehrs in der Fläche. In: GR 50, H. 10, S. 564-569.

DEITERS, J., P. GRÄF u. G. LÖFFLER 2001: Verkehr und Kommunikation. Eine Einführung . In: IFL (Hg.): Nationalatlas Bundesrepublik Deutschland, Bd. 9. Heidelberg (Spektrum), S. 12-29.

DESMET, K. u. M. FAFCHAMPS 2005: Changes in the spatial concentration of employment across US countries: a sectoral analysis 1972-2000. In: Journal of Economic Geography 5, H. 3, S. 261-284.

DEUTSCHE SHELL 1987: Frauen bestimmen die weitere Motorisierung. Shell-Prognose des Pkw-Bestandes bis zum Jahr 2000. Hamburg = Aktuelle Wirtschaftsanalysen 19.

DEUTSCHER BUNDESTAG 2004a: Beschlussempfehlung und Bericht des Ausschusses für Verkehr, Bau- und

Wohnungswesen. Drucksache 15/2658, Drucksache 15/2156, Ds 15/3268 vom 2.6.2004. Berlin.

DEUTSCHER BUNDESTAG 2004b: Ausschuss für Verkehr, Bau- und Wohnungswesen. Redigiertes Wortprotokoll der Anhörung vom 19.3.2004. Protokoll 15/39. Berlin.

DEUTSCHER STÄDTETAG 1989: Zehn-Punkte-Papier für einen stadtverträglichen Verkehr. In: Mitteilungen DST 918/89, S. 418-419.

DICK, H. W. u. P. J. RIMMER 1986: Urban public transport in Southeast Asia: a case study of technological imperialism? In: International Journal of Transport Economics 13, H. 2, S. 177-196.

DICKEN, P. 2003: Global shift. Reshaping the global economic map in the 21st century. New York (Guilford).

DICKEN, P. u. P. LLOYD 1999: Standort und Raum. Theoretische Perspektiven in der Wirtschaftsgeographie. Stuttgart (Ulmer).

DIEKMANN, A. 1992: Verkehrspolitik Europas nach dem Jahr 2000. In: Zeitschrift für Verkehrswissenschaft 63, H. 4, S. 231-249.

DIMITRIOU, H. T. (Hg.) 1990: Transport planning for third world cities. London (Routledge).

DIN 1989: DIN 30187-1 – Transportkette. Ausg. 1989-05. Berlin (Beuth).

DIVALL, C. 2003: Railway imperialisms, railway nationalisms. In: M. BURRI et al. (Hg.): Die Internationalität der Eisenbahn von 1850-1970. Zürich, S. 195-209.

DIW et al. 2002: Fortschrittsbericht wirtschaftswissenschaftlicher Institute über die wirtschaftliche Entwicklung in Ostdeutschland. Halle/Saale.

DOCHERTY, I. u. J. SHAW (Hg.) 2003: A new deal for transport? The UK's struggle with the sustainable transport agenda. Oxford (Blackwell) = RGS-IBG book series.

DOGANIS, R. 2001: The airline business in the 21st century. London (Routledge).

DOLLINGER, H. 1972: Die totale Autogesellschaft. München (Hanser).

DOLZER, R. 1998: Verkehrswesen und Klimapolitik in der Dritten Welt. Zugleich ein allgemeiner Beitrag zur internationalen Klimapolitik. Heidelberg (Decker).

DÖRNEMANN, M. 1998: Parkraumbewirtschaftung. Wirkungsbetrachtung und Erfordernisse an die Umsetzung untersucht am Beispiel der Berliner Parkzonen. Berlin (TU) = Schriftenreihe A des Instituts für Straßen- und Schienenverkehr 32.

DÖRRENBECHER, C. 2005: Kommerzielle Reorganisation und Public Policy Strategien europäischer Post- und Bahnunternehmen. In: C. NEIBERGER u. H. BERTRAM (Hg.): Waren um die Welt bewegen. Mannheim (MetaGIS), S. 57-72.

DOUET, M. 1999: Combined ships. An empirical investigation about versatility. In: MPM 26, H. 3, S. 231-248.

EAG 1985: Zug der Zeit – Zeit der Züge. 2 Bde. Berlin (Siedler).

ECKEY, H.-F. u. W. STOCK 2000: Verkehrsökonomie.

Eine empirisch orientierte Einführung in die Verkehrswissenschaften. Wiesbaden (Gabler).

ECKOLD, M. (Hg.) 1998: Flüsse und Kanäle. Die Geschichte der deutschen Wasserstraßen. Hamburg (DSV-Verlag).

ECKSTEIN, W. E. 2004: Die GVZ-Vision. Überholt oder überholungsbedürftig? In: G. PROCKL et al. (Hg.): Entwicklungspfade moderner Logistik. Skizzen einer Roadmap. Wiesbaden (Gabler), S. 443-458.

EDMONDS, G. A. 1980: The roads and labour programme Mexico. In: G. A. EDMONDS u. J. D. G. F. HOWE (Hg.): Roads and resources. London, S. 123-134.

EISENREICH, D. 2001: Standortwahl und wirtschaftliche Verflechtungen unternehmensorientierter Dienstleistungsbetriebe in der Filderregion. Tendenzen der Abkopplung suburbaner Räume. Frankfurt/Main (Lang) = Europ. Hochschulschriften, Reihe 5, 2706.

ELIOT HURST, M. (Hg.) 1974: Transportation geography. Comments and readings. New York (McGraw-Hill).

ELLWANGER, G. 1990: Trennung von Netz und Betrieb bei den Eisenbahnen. In: IVW 42, H. 1, S. 15-19.

ELLWANGER, G. 2001: Zukunft für den europäischen Hochgeschwindigkeitsverkehr. In: IVW 53, H. 9, S. 423-425.

ELLWANGER, G. u. M. WILCKENS 1993: Hochgeschwindigkeitsverkehr gewinnt an Fahrt. In: IVW 45, H. 5, S. 284-290.

ENGELKAMP, P. u. G. BISON 1994: Die Verkehrsentwicklung bis zum Jahre 2010. In: IVW 46, H. 10, S. 563-568.

ERFURT 1999: Siedlungsstrukturell differenzierte Auswertung der Ergebnisse des SrV-Erhebungsdurchgangs 1998 in Erfurt. Unveröff. Manuskript. Erfurt.

ERNST, E. 1981: Im Flughafenstreit weht ein eisiger Wind. Der Streit um den Ausbau des Frankfurter Flughafens. In: GR 33, H. 7, S. 262-274.

ESTACHE, A. u. G. de RUS (Hg.) 2000: Privatization and regulation of transport infrastructure. Guidelines for policy makers and regulators. Washington, DC (World Bank) = WBI Development Studies.

ESTACHE, A. u. T. SEREBRISKY 2004: Where do we stand on transport infrastructure deregulation and public-private partnership? Washington, DC = World Bank Policy Research Working Paper WSP 3356.

ETHERINGTON, K. u. D. SIMON 1996: Paratransit and employment in Phnom Penh. The dynamics and development potential of cyclo riding. In: JTG 4, H. 1, S. 37-53.

EU 1996: Entscheidung Nr. 1692/96 EG des Europäischen Parlaments und des Rates vom 23. Juli 1996 über gemeinschaftliche Leitlinien für den Aufbau eines transeuropäischen Verkehrsnetzes. COM 1692/96. Luxemburg.

EU 1997: Richtlinie 96/92 EG des Europäischen Rats vom 19. Dezember 1996 betreffend gemeinsame Vorschriften für den Elektrizitätsmarkt. In: Amtsblatt L027 vom 30.01.1997. Brüssel, S. 20-29.

EU 2001: Richtlinien 2001/12, 2001/13, 2001/14 EG des Europäischen Parlaments und des Rates vom 26.02.2001. In: Amtsblatt L 75 vom 15.03.2001. Brüssel, S. 1-46.

EU COM 1996: Auf dem Weg zu einer neuen Seeverkehrsstrategie. KOM(96)81. endg. Brüssel

EU COM 1998a: Trans-European Transport Network. 1998 Report on the Implementation of the Guidelines and Priorities for the Future. COM 1998-614 final. Luxembourg.

EU COM 1998b: Mitteilung der Kommission an den Rat, das Europäische Parlament, den Wirtschafts- und Sozialausschuß und den Ausschuß der Regionen Kohäsion und Verkehr. COM (1998) 806 endg. Luxembourg.

EU COM 2001a: Mitteilung der Kommission an den Rat und das Europäische Parlament. Vollendung des Energiemarktes. Brüssel.

EU COM 2001b: White paper: European transport policy for 2010 - time to decide. COM (2001) 370 final, 12.9.2001.Brussels.

EU COM, DG Energy and Transport 2004a: EU Energy and Transport Facts and Figures. Luxembourg.

EU COM, DG Energy and Transport 2004b: Trans-European Transport Networks. Luxembourg.

EU COM 2005: ASSESS. Assessment of the contribution of the TEN and other transport policy measures to the midterm implementation of the White Paper on the European Transport Policy for 2010. 28. Oct 2005 Brussels.

EWERS, H.-J. 1993: Aufbau der Verkehrsinfrastruktur in den neuen Bundesländern. In: Aus Politik und Zeitgeschichte, B 5, S. 23-33.

EWERS, H.-J. u. G. ILGMANN 2000: Wettbewerb im öffentlichen Nahverkehr: Gefordert, gefürchtet, verteufelt. In: IVW 52, H. 1/2, S. 17-20.

EXLER, M. 1996: Containerverkehr. Reichweiten und Systemgrenzen der Weltwirtschaft. Nürnberg = Nürnberger Wirtschafts- und Sozialgeographische Arbeiten 50.

EXPERTENKOMMISSION „ÜBERPRÜFUNG UND NEUKONZEPTION DER REGIONALPOLITIK" 2003: Neue Regionalpolitik. Schlussbericht. Zürich.

Fähren in Europa 2004. Hamburg. [u. frühere Jahre].

FALLER, P. (Hg.) 1999: Transportwirtschaft im Umbruch. Strukturwandel, Anpassungserfordernisse, Gestaltungsaufgaben. Wien (Linde).

FELDHOFF, T. 2000: Luftverkehr, Flughafenstandorte und Flughafenwettbewerb in Japan. Dortmund = Duisburger Geographische Arbeiten 21.

FELDHOFF, T. 2002: Flughäfen in Ost- und Südostasien. Infrastrukturpolitische Strategien und Perspektiven Japans im transnationalen Standortwettbewerb. In: Zeitschrift für Wirtschaftsgeographie 46, H. 3/4, S. 146-162.

FGSV ARBEITSGRUPPE VERKEHRSPLANUNG 2004: Hinweise für die Entwicklung von Güterverkehrszentren (GVZ). Köln = FGSV 140.

FIEDLER, J. 1999[4]: Bahnwesen: Planung, Bau und Betrieb von Eisenbahnen, S-, U-, Stadt- und Straßen-

bahnen. Düsseldorf (Werner).

FLÄMIG, H. u. C. HERTEL 2006: Wirtschaftsverkehr in Ballungsräumen. Bremerhaven (Wirtschaftsverlag NW) = direkt. Verbesserung der Verkehrsverhältnisse in Gemeinden 62.

FLEMING, D. K. 2002: Patterns of international ocean trade. In: C. T. Grammenos (Hg.): The handbook of maritime economics and business. London (LLP), S. 65-89.

FLETCHER, M. u. J. TAYLOR 1996: Eisenbahnen. Das erste Jahrhundert. Stuttgart (Transpress).

FOCHLER-HAUKE, G. 1976[4]: Verkehrsgeographie. Braunschweig (Westermann). [1. Aufl. 1957].

FORSCHUNGSVERBUND LEBENSRAUM STADT (Hg.) 1994: Mobilität und Kommunikation in den Agglomerationen von heute und morgen. 6 Bde. Berlin (Ernst).

FOURACRE, P. et al. 2003: Mass rapid transit systems for cities in the developing world. In: Transport Reviews 23, H. 3, S. 299-310.

FRANZ, P. 1998: Transportkosten. Veränderter Stellenwert eines Faktors der Standortwahl. In: Wirtschaft und Statistik, H. 8, S. 409-411.

FRAUNHOFER INSTITUT INTEGRIERTE SCHALTUNGEN u. DIW 2003: Fallstudien zu Wirkungen des eCommerce für Transportleistungen, Verkehrs- und Logistiksystemänderungen im B2B. Berlin.

FRAUNHOFER ISS u. ATL 2005: Logistikstandort Deutschland. Eine Studie zu Potenzialen der aktiven Vermarktung des Logistikstandorts Deutschland im europäischen und globalen Standortwettbewerb. Stuttgart (Fraunhofer IRB).

FREITAG, U. 1966: Verkehrskarten. Systematik und Methodik der kartographischen Darstellung des Verkehrs mit Beispielen zur Verkehrsgeographie des mittleren Hessen. Gießen = Gießener Geographische Schriften 8.

FRICKE, W. u. G. KOCHENDÖRFER-LUCIUS 1988: Der Einfluss der Verkehrslage auf die agrarische Agrarstruktur in Westafrika. In: R. MÄCKEL u. W.-D. SICK: Natürliche Ressourcen und ländliche Entwicklungsprobleme der Tropen. Stuttgart (Steiner), S. 76-89 = Erdkundliches Wissen 90.

FRIEDRICH, E. u. W. SCHMIDT 1930[2]: Geographie des Welthandels und Weltverkehrs. Jena. [1. Aufl. 1901].

FRIEDRICH, K. G. 1991: Das Planfeststellungsverfahren für die DB-Neubaustrecke Hannover-Kassel-Würzburg im Regierungsbezirk Kassel. In: SRL-Schriftenreihe 31, Bochum, S. 44-63.

FRIEDRICHS, J. 1995: Stadtsoziologie. Opladen (Westdeutscher Verlag).

FROMBERG, A. et al. 2004: Selbsthilfe auf dem Lande ohne eigenes Auto: Radfahren und Pkw-Mitfahren. In: A. KAGERMEIER (Hg.): Verkehrssystem und Mobilitätsmanagement im ländlichen Raum. Mannheim (MetaGIS), S. 291-304.

FROMHOLD-EISEBITH, M. 1994: Straßen und Schienen für Europa. Der Ausbau europäischer Verkehrsnetze bei zunehmender Verflechtung und Mobilität. In: GR 46, H. 5, S. 166-273.

GALL, L. u. M. POHL (Hg.) 1999: Die Eisenbahn in Deutschland. Von den Anfängen bis zur Gegenwart. München (Beck).

GALLAGHER, R. 1992: Rickshaws of Bangladesh. Dhaka (University Press).

GANSER, K. 2000: Gesellschaftliche Trends und Städtebau. Welche Einflussmöglichkeiten hat die Öffentlichkeit? In: BMVBW. Nationaler Städtebaukongress 1999. Stadt, Planung, Akteure. Bonn, S. 38-55.

GARRISON, W. L. 1960: Connectivity of the Interstate Highway System. In: Papers of the Regional Science Association 6, S. 121-137.

GARRISON, W. L. u. D. F. MARBLE 1965: Graph theoretic concepts. In: Research Report, Transportation Center, Northwestern University

GATHER, M. 2001: Die Auswirkungen der SUP-Richtlinien auf die Verkehrsplanung. In: S. REITER (Hg.): Neue Wege in der UVP. Bonn, S. 255-276 = Material zur Angewandten Geographie 38.

GATHER, M. 2004: Erreichbarkeit, Verkehrsinfrastrukturen und regionale Entwicklung. Das Beispiel Thüringen. In: Zeitschrift für Wirtschaftsgeographie 48, H. 1, S. 34-48.

GAWEL, E. 2005: Private Finanzierung von Fernstraßen. Erfahrungen und Probleme. In: Wirtschaftsdienst. H. 3, S. 173-181.

GEHRUNG, P. 2004: Reaktivierung von Schienenstrecken im SPNV. In: IVW 56, H. 1/2, S. 17-19.

GEWIESE, A. u. R. SCHÖNKNECHT 1996: Binnenschiffahrt zwischen Elbe und Oder. Das andere deutsche Fahrtgebiet 1945-1995. Hamburg (DSV-Verlag).

GIBB, R. A., R. D. KNOWLES u. J. H. FARRINGTON 1992: The channel tunnel rail link and regional development. An evaluation of British Rail's procedures and policies. In. Geographical Journal 158, H.3, S. 273-285.

GIDDENS, A. 1995: Konsequenzen der Moderne. Frankfurt/Main (Suhrkamp).

GIESE, E. 1995: Die Bedeutung Johann Heinrich von Thünens für die geographische Forschung. In: Berichte über Landwirtschaft, N.F. 210. Sonderheft, S. 30-47.

GIESE, E. u. I. MOSSIG 2002: Theoretische Grundlegung und Ausrichtung der Wirtschaftsgeographie. In: GZ 90, H. 1, S. 1-4.

GILLESPIE, A. et al. 1998: Movement and mobility in the post-Fordist city. In: D. BANISTER (Hg.): Transport policy and the environment. London (Spon), S. 243-266.

GINSBURG, N. 1961: Atlas of economic development. Chicago (Univ. of Chicago Press).

GIULIANO, G. u. K. SMALL 1999: The determinants of growth of employment subcenters. In: JTG 7, H. 3, S. 189-201.

GLAESER, E. L. u. J. E. KOHLHASE 2003: Cities, regions and the decline of transport costs. Cambridge, Mass. (Harvard Institute of Economic Research) = HIER Discussion Paper 2014.

GLAS, Ch. 1996: Wirtschaftsgeographische Neubewertung des Main-Donau-Kanals. Kallmünz/Re-

gensburg (Lassleben) = Münchner Studien zur Sozial- und Wirtschaftsgeographie 40.

GOETZ, A. R. 2002: Deregulation, competition, and antitrust implications in the US airline industry. In: JTG 10, H. 1, S. 1-19.

GORDON, P. u. H. W. RICHARDSON 1989: Gasoline consumption and cities. A reply. In: APA-Journal 55, S. 342-346.

GORDON, P. u. H. W. RICHARDSON 1997: Are compact cities a desirable planning goal? In: APA-Journal 63, S. 95-106.

GORMSEN, E. 1986: Der Flughafen als Standort für den Blumenanbau am Beispiel von Kolumbien. In: Erdkunde 40, H. 5, S. 305-317.

GÖTZ, K. et al. (Hg.) 1998: Mobilitätsstile. Ein sozialökologischer Untersuchungsansatz. Forschungsverbund City-Mobil – Stadtverträgliche Mobilität. Frankfurt/Main.

GRÄF, P. 1988: Information und Kommunikation als Elemente der Raumstruktur. Kallmünz (Lassleben) = Münchner Studien zur Sozial- und Wirtschaftsgeographie 34.

GRÄF, P. 1994: Telekommunikation im europäischen Binnenmarkt. In: GR 46, H. 5, S. 304-310.

GRÄF, P. u. J. RAUH 2002: Networks and flows. Telekommunikation zwischen Raumstruktur, Verflechtung und Informationsgesellschaft. Münster (LIT) = Geographie der Kommunikation 3.

GRAHAM, A. 2003²: Managing airports. An international perspective. Oxford (Butterworth-Heineman).

GRAHAM, B. 1995: Geography and air transport. Chichester (Wiley).

GRAHAM, B. 1998: Liberalization, regional economic development and the geography of demand for air transport in the European Union. In: JTG 6, H. 3, S. 87-104.

GRAHAM, S. u. S. MARVIN 1996: Telecommunications and the city. Electronic spaces, urban places. London (Routledge).

GRAMMENOS, C. T. (Hg.) 2002: The handbook of maritime economics and business. London (LLP).

GRANDERATH, M. 1995: Mobilität von Frauen und Jugendlichen im ländlichen Raum. Bonn = direkt. Verbesserung der Verkehrsverhältnisse in den Gemeinden 49.

GREEN, A. 1997: A question of compromise. Case study evidence on the location and mobility strategies of dual career households. In: Regional Studies 31, H. 7, S. 641-657.

GROSSE, U. 1986: Die Anpassung des Verkehrsangebotes an die Nachfragestrukturen im ländlichen Raum. In: IzR, H. 4/5, S. 325-330.

GUDEHUS, T. 2000: Logistik. Bd. 1, Grundlagen, Verfahren und Strategien. Bd. 2, Netzwerke, Systeme und Lieferketten. Berlin (Springer).

GÜLLER, P. u. T. BREU (Hg.) 1996: Städte mit Zukunft – ein Gemeinschaftswerk. Synthese des nationalen Forschungsprogramms 25 „Stadt und Verkehr". Zürich.

GUTIÉRREZ, J. 2001: Location, economic potential and daily accessibility. An analysis of the accessibility impact of the high-speed line Madrid – Barcelona

– French border. In: JTG 9, H. 4, S. 228-242.

GWILLIAM, K. 2003: Urban transport in developing countries. In: Transport Reviews 23, H. 2, S. 197-216.

HAAS, H.-D. 1994: Europäischer Luftverkehr und der neue Flughafen Münchens. In: GR 46, H. 5, S. 274-281.

HAAS, H.-D. 1997: Zur Raumwirksamkeit von Großflughäfen. Wirtschaftsgeographische Studien zum Flughafen München II. Kallmünz (Lassleben) = Münchner Studien zur Sozial- und Wirtschaftsgeographie 39.

HAASE, R. 1994: An den historischen Quellen der DB AG. In: IVW 46, H. 5, S. 292-296.

HÄGERSTRAND, T. 1971: What about people in regional science? In: Papers of the Regional Science Association International 24, S. 7-21.

HAGGETT, P. 1973: Einführung in die kultur- und sozialgeographische Regionalanalyse. Berlin (de Gruyter).

HAGGETT, P. u. R. J. CHORLEY 1969: Network analysis in geography. London.

HAKFOORT, J. R. 1999: The deregulation of European air transport. A dream came true. In: TESG 90, H. 2, S. 226-233.

HALL, P. 1997: The future of the metropolis and its form. In: Regional Studies 31, S. 211-220.

HALL, P. (Hg.) 2000: World report on the urban future 21. Berlin.

HAMM. W. 1989: Deregulierung im Verkehr als politische Aufgabe. München (Minerva).

HANLON, P. 1999²: Global airlines: Competition in a transnational industry. Oxford (Butterworth-Heineman).

HANS-BÖCKLER-STIFTUNG 2001: Strategien für die Mobilität der Zukunft. Handlungskonzepte für lokale, regionale und betriebliche Akteure. Düsseldorf (HBS).

HANSON, S. (Hg.) 1995²: The geography of urban transportation. New York (Wiley).

HANSON, S. u. G. GIULIANO 2005: Geography of urban transportation. London (Wiley).

HARALAMBIDES, H. E. 1996: The economics of bulk shipping pools. In: MPM 23, H. 3, S. 221-237.

HARLANDER, T. et al. 2001: Villa und Eigenheim. Suburbaner Städtebau in Deutschland. Stuttgart (DVA).

HARVEY, D. 1989: The postmodern condition. Oxford (Blackwell).

HASSERT, K. 1931²: Allgemeine Verkehrsgeographie. 2 Bde. Berlin (de Gruyter). [1. Aufl. 1913].

HASS-KLAU, C. 1998: Rail privatisation: Britain and Germany compared. London.

HATZFELD, U. 1997: Freizeitgroßanlagen als wachsendes Planungsproblem. In: Archiv für Kommunalwissenschaften 36, H. 2, S. 282-308.

HÄUSSERMANN, H. 2000: Großstadt. Soziologische Stichworte. Opladen (Leske u. Budrich).

HAUTAU, U. 2002: Seeverkehrsmärkte im wettbewerbspolitischen Wandel. Dargestellt am Beispiel der Container-Linienschifffahrt auf der Nordatlan-

tik-Route. Frankfurt/Main (Lang).

HAYTER, R. 1997: The dynamics of industrial location. The factory, the firm and the production system. Chichester (Wiley).

HAYUT, Y. 1981: Containerization and the load center concept. In: Economic Geography 57, H. 2, S. 160-176.

HAYUT, Y. 1982: Intermodal transportation and the hinterland concept. In: TESG 73, H. 1, S. 13-21.

HEGEN, E. E. 1966: Highways into the Upper Amazon Basin. Pioneer lands in southern Colombia, Ecuador and northern Peru. Gainsville (Univ. of Florida Press).

HEGGIE, I. G. 2003: Commercialising management and financing of roads in developing and transition countries. In: Transport Reviews 23, H. 2, S. 139-160.

HEIDEMANN, C. u. C. K. KAIRA 1984: Verkehrsplanung in ländlichen Regionen der Entwicklungsländer. In: IVW 36, H. 1, S. 22-28.

HEIJVELD, H. u. R. GRAY 1996: The competitive environment of a service industry: the example of the U.K-Continent passenger sea ferry services. In: MPM 23, H. 2, S. 157-166.

HEILEMANN, U. u. B. HILLENBRAND 2001: Liberalisierung der Strom- und Gasmärkte. Erwartungen und Ergebnisse. Essen (RWI).

HEINEBERG, H. 2001²: Stadtgeographie. Paderborn (Schöningh) = Grundriss Allgemeine Geographie.

HEINEBERG, H. 2003: Einführung in die Anthropogeographie/Humangeographie . Paderborn (Schöningh) = Grundriss Allgemeine Geographie.

HEINEN, F. 2002: Maßnahmen zur Reduzierung der Schadstoffemissionen des Flugverkehrs. In: IVW 54, H. 11, S. 529-532.

HEINZE, G. W. 1979: Verkehr schafft Verkehr. Ansätze zu einer Theorie des Verkehrswachstums als Selbstinduktion. In: Berichte zu Raumforschung und Raumplanung 23, H. 4/5, S. 9-32.

HEINZE, G. W. 1986: Unkonventioneller ÖPNV in ländlichen Räumen. Ergänzung oder Alternative. In: RuR 44, H. 6, S. 252-261.

HEINZE, G. W. et al. 1982: Verkehr im ländlichen Raum. Hannover (ARL) = Abhandlungen 82.

HEINZE, G. W. et al. 2002: Überregional bedeutsames Schienennetz in Deutschland aus raumordnerischer Sicht. In: RuR 60, H. 5/6, S. 291-301.

HEINZE, G. W. u. H.-H. KILL 1995: Telekommunikation. In: ARL (Hg.): Handwörterbuch der Raumordnung. Hannover (ARL). S. 953-962.

HELD, D. et al. 1999: Global transformations. Economy, politics, culture. Stanford (Stanford Univ. Press).

HELLE, R. 1977: Future of rail container transport in Eurasia. In: GeoJournal 1, H. 3, S. 55-59.

HENCKEL, D. et al. 1984: Informationstechnologie und Stadtentwicklung. Köln (Kohlhammer) = Schriftenreihe des Deutschen Instituts für Urbanistik 71.

HENKEL, G. 2004⁴: Der Ländliche Raum. Gegenwart und Wandlungsprozesse seit dem 19. Jahrhundert in Deutschland. Stuttgart (Bornträger).

HENN, S. 2004: Konversionsobjekt Flugplatz. Charakteristika, Typen und Folgenutzungsformen. In: Europa Regional 11, H. 4, S. 187-198.

HENSHER, D. et al. 2004: Handbook of transport geography and spatial systems. Oxford (Elsevier) = Elsevier-Handbooks in Transport 5.

HEPWORTH, M. 1989: The geography of the information society. London (Belhaven).

HEPWORTH, M. u. K. DUCATEL 1992: Transport in the information age. Wheels and wires. London (Wiley).

HERFERT, G. 1996: Wohnsuburbanisierung in Verdichtungsräumen der neuen Bundesländer. Eine vergleichende Untersuchung im Umland von Leipzig und Schwerin. In: Europa Regional 4, H. 1, S. 32-46.

HESSE, M. 1993: Güterverkehrszentren in räumlicher Perspektive. Integration oder Diffusion? In: IzR, H. 5/6, S. 339-350.

HESSE, M. 1995: Verkehrswende. Ökologisch-ökonomische Perspektiven für Stadt und Region. Marburg (Metropolis).

HESSE, M. 1998: Wirtschaftsverkehr, Stadtentwicklung und politische Regulierung. Zur Bedeutung des Strukturwandels in der Distributionslogistik für die Stadtplanung. Berlin (Difu) = Beiträge zur Stadtforschung 26.

HESSE, M. 1999a: Der Strukturwandel von Warenwirtschaft und Logistik und seine Bedeutung für die Stadtentwicklung. In: GZ 87, H. 3/4, S. 223-237.

HESSE, M. (Hg.) 1999b: Siedlung und Verkehr. Erkner (IRS) = Graue Reihe des IRS 20.

HESSE, M. 1999c: Die Logik der kurzen Wege. Räumliche Mobilität und Verkehr als Gegenstand der Stadtforschung. In: Erdkunde 53, H. 4, S. 317-329.

HESSE, M. 2001: Mobilität und Verkehr im suburbanen Kontext. In: BRAKE et al. (Hg.): Suburbanisierung in Deutschland. Opladen (Leske u. Budrich), S. 97-108.

HESSE, M. 2002: Shipping news. The implications of electronic commerce for logistics and freight transportation. In: Resources, Conservation and Recycling 36, H. 3, S. 211-240.

HESSE, M. 2003: City vs. Bits. Von der Beschleunigung der Nachrichten und der Trägheit des Raumes. In: Kommune 21, H. 5, S. 99-104.

HESSE, M. 2004: Mitten am Rand. Vorstadt, Suburbia, Zwischenstadt. In: Kommune 22, H. 5, S. 70-76.

HESSE, M. 2006: Gütertransport und Logistik im Urbanisierungsprozess. Fallstudie Berlin-Brandenburg. Berlin. [in Vorbereitung].

HESSE, M. u. S. SCHMITZ 1998: Stadtentwicklung im Zeichen von „Auflösung" und Nachhaltigkeit. In: IzR, H. 7/8, S. 435-453.

HETTNER, A. 1897: Der gegenwärtige Stand der Verkehrsgeographie. In: GZ 3, S. 624-634 u. S. 699-704.

HETTNER, A. 1952: Verkehrsgeographie. Bearb. von H. SCHMITTHENNER. Stuttgart (Kohlhammer) = Allgemeine Geographie des Menschen 3.

HEUSER, T. u. W. REH 2004: Integrierte Verkehrspla-

nung für eine zukunftsfähige Mobilität. BUND-Schwarzbuch zum Fernstraßenbau in Deutschland. Berlin (BUND).

HILLING, D. 1996: Transport and developing countries. London (Routledge).

HILLING, D. u.. B. S. HOYLE (Hg.) 1984: Seaport systems and spatial change. Technology, industry, and development strategies. Chichester (Wiley).

HILSBERG, S. 2002: Bahnverkehr in der Region. Ein Modellvorhaben der Raumordnung. In: IzR, H. 10, S. I-VI.

HILSINGER, H. H. 1976: Das Flughafen-Umland. Paderborn = Bochumer Geographische Schriften 23.

HINE, J. u. F. MITCHELL 2003: Transport disadvantage and social exclusion. Exclusionary mechanisms in urban Scotland. Aldershot (Ashgate).

HOFFMANN, P. 1993: Flexible Bedienungsformen im ÖPNV. Berlin (Schmidt) = Schriftenreihe für Verkehr und Technik 80.

HOFFMANN, R. 1961: Die Gestaltung der Verkehrsnetze. Hannover = Veröffentlichungen der ARL 39.

HOFFMANN, R. 1965: Rückzug der Eisenbahn aus der Fläche? Ein Problem der Regional- und Verkehrspolitik. Hannover (ARL) = Abhandlungen 46.

HOFMANN, H. H. 1967: Deutschlands erste Eisenbahn als Beispiel unternehmerischer Planung. In: Forschungs- und Sitzungsberichte der ARL 39, Hannover (Jänecke), S. 49-59.

HOFMEISTER, R. 1980: The political economy of transport projects in Africa. In: Economics 22, S. 38-55.

HOLLENHORST, M. 2005: Internationalisierung von Flughafenbetreibern. Rahmenbedingungen und Motive. In: C. NEIBERGER u. H. BERTRAM (Hg.): Waren um die Welt bewegen. Mannheim (MetaGIS), S. 99-108.

HOLZAPFEL, H et al. 1988: Autoverkehr 2000. Karlsruhe (C. F. Müller).

HOLZHAUSER, A. u. J. STEINBACH 2001: Auswirkungen der „Verkehrsprojekte Deutsche Einheit". In: IfL (Hg.): Nationalatlas Bundesrepublik Deutschland, Bd. 9. Heidelberg (Spektrum), S. 128-131.

HOLZ-RAU, C. 1996: Integrierte Verkehrsplanung - die herausgeforderte Fachplanung. In: IzR, H. 7/8, S. 391-416.

HOLZ-RAU, C. 1997: Siedlungsstrukturen und Verkehr. Bonn (BfLR) = Materialien zur Raumentwicklung 84.

HOLZ-RAU, C. et al. 1995: Verkehrsvermeidung. Bonn (BfLR) = Materialien zur Raumentwicklung 73.

HOLZ-RAU, C. et al. 1996: Park+Ride und Bike+Ride. Konzepte und Empfehlungen. Dortmund = ILS-Schriftenreihe 103.

HOLZ-RAU, C. u. J. SCHEINER 2005: Siedlungsstrukturen und Verkehr: Was ist Ursache, was ist Wirkung? In: RaumPlanung 119, S. 67-70.

HORN, B. 1992: Der Motor diktiert. Einblicke in die Zusammenhänge von Verkehr und Städtebau in Deutschland seit Beginn der Automobilisierung. Kassel (GhK) = Arbeitsberichte des FB Stadtplanung und Landschaftsplanung 102.

HOWE, J. 2003: „Filling the middle": Uganda's appropriate transport services. In: Transport Reviews 23, H. 2, S. 161-176.

HOYLE, B. S. (Hg.) 1973: Transport and development. London.

HOYLE, B. S. (Hg.) 1996: Cityports, coastal zones and regional change. Chichester (Wiley).

HOYLE, B. S. et al. (Hg.): 1988: Revitalising the waterfront. International dimensions of dockland redevelopment. London (Belhaven).

HOYLE, B. S. u. D. A. PINDER (Hg.) 1981: Cityport industrialization and regional development. Spatial analysis and planning strategies. Oxford (Pergamon).

HOYLE, B. S. u. D. A. PINDER (Hg.) 1992: European port cities in transition. London (Belhaven).

HOYLE, B. S. u. J. SMITH 1992: Transport and development. In: B. S. HOYLE u. R. D. KNOWLES (Hg.): Modern transport geography. London (Belhaven), S. 11-31.

HOYLE, B. S. u. J. SMITH 1998: Transport and development. Conceptual frameworks. In: R. D. KNOWLES u. B. S. HOYLE (Hg.): Modern transport geography. Chichester (Wiley), S. 13-41.

HOYLE, B. S. u. R. D. KNOWLES (Hg.) 1998[2]: Modern transport geography. Chichester (Wiley). [1. Aufl. 1992].

HOYT, H. 1939: The structure and growth of residential neighborhoods in American cities. Washington (Federal Housing Administration).

HRADIL, S. 1987: Sozialstrukturanalyse in einer fortgeschrittenen Gesellschaft. Opladen (Westdeutscher Verlag).

HÜSING, A. 2005: Der Verkehr auf dem Kanalnetz wird weiter zunehmen. Rekordverkehre auf dem Elbe-Seitenkanal. In: Binnenschifffahrt 60, H. 11, S. 42-44.

HÜSING, M. 1999: Die Flächenbahn als verkehrspolitische Alternative. Wuppertal = Wuppertal spezial 12.

HUGENBERG, G. 1988: Vom Moor zur Magnetbahn. Die integrierte Entwicklung der Region Emsland/ Grafschaft Bentheim als gelungenes Beispiel angewandter Landesplanung in der Bundesrepublik Deutschland. In: Neues Archiv für Niedersachsen 37, H. 1, S. 31-34.

HULSMAN, G. W. 1993: Die Zukunftsperspektiven der europäischen Binnenschiffahrt. In: Hinterland 160, S. 12-15.

HUNECKE, M. 2000: Ökologische Verantwortung, Lebensstile und Umweltverhalten. Heidelberg (Asanger).

ICAO 1997: Implications of airline codesharing. Circular 269-AT/110. Montreal.

IFEU 1992: Motorisierter Verkehr in Deutschland. Berlin (Umweltbundesamt).

IFL (Hg.): Verkehr und Kommunikation. Heidelberg (Spektrum) = Nationalatlas Bundesrepublik Deutschland 9.

IHDE, G.B. 2001[3]: Transport, Verkehr, Logistik. München (Vahlen). [1. Aufl.1984].

ILGMANN, G. 1993: Anteil der Fahrwegkosten im Straßen- und Schienenverkehr. In: Zeitschrift für Verkehrswissenschaft 64, H. 4, S. 237-248.

IMF 2001: World economic outlook: The information technology revolution. Washington DC = World Economic and Financial Surveys.

IMU-INSTITUT 2002: Raus aus der Stadt? Untersuchung der Motive für Fortzüge aus München in das Umland 1998-2002. München (IMU).

INFAS u. DIW 2004: Mobilität in Deutschland. Ergebnisbericht. Bonn/Berlin.

INFRAS u. IWW 2000: Externe Transportkosten. Unfall-, Umwelt- und Staukosten in Westeuropa. Paris (UIC).

INSTITUT FÜR MOBILITÄTSFORSCHUNG 2004: Auswirkungen der virtuellen Moblität. Berlin (Springer).

INVEST IN GERMANY 2005. Germany: Europe's logistics hub. Strengths and opportunities. Berlin.

IÖR et al. 2005: Mobilität im suburbanen Raum. Neue verkehrliche und raumordnerische Implikationen des räumlichen Strukturwandels. Unveröff. Forschungsbericht FE 70.716. Dresden.

IPCC 1999: Aviation and the global atmosphere. IPCC Special Report. Cambridge (CUP).

IRPUD 1998: Öffentlicher Personennahverkehr im ländlichen Raum. Dortmund = Dortmunder Beiträge zur Raumplanung P 18.

IRU u. BGL 2002: Comparative analysis of energy consumption and CO2-emissions of road transport and combined transport road/rail. Geneva.

ISARD, W. 1956: Location and space-economy: A general theory relating to industrial location, market areas, land use, trade and urban structure. New York (Wiley).

ISERMANN, H. (Hg.) 2004: Workshop Luftverkehrsmärkte der Zukunft. Frankfurt/Main = Schriftenreihe der DVWG B 273.

ISL 2000: Bundesweiter Erfahrungsaustausch der GVZ-Standorte auf der Grundlage des Benchmarking-Ansatzes mit der Zielsetzung, die Verbesserung der Entwicklungsprozesse an den einzelnen Standorten (zu einem GVZ-Netz) zu forcieren. Final Report. Bremen.

ISL 2003a: Aktualisierung der Karte „GVZ-Standorte in Deutschland". (www.isl.org, Zugriff am 12.2.2005).

ISL 2003b: Shipping statistics yearbook. Bremen. [u. frühere Jahre].

ITU 2004[8]: World telecommunication indicators database. Geneva.

ITU 2005[9]: World telecommunication indicators database. Geneva.

IVU u. PTV 1997: Analyse, Prognose und Maßnahmen des Wirtschaftsverkehrs in der Region München. Kurzbericht Methoden und Ergebnisse. Berlin.

JACOB, G. 1974: Zur Entwicklung der Verkehrsgeographie in der Deutschen Demokratischen Republik. In: Geographische Berichte 73, H. 4, S. 283-291.

JACOBS, G. D. u. N. GREAVES 2003: Transport in developing and emerging nations. In: Transport Reviews 23, H. 2, S. 133-138.

JÄGER, U. 1998: Busverkehr in Curitiba. In: GR 50, H. 10, S. 587-593.

JAKUBOWSKI, P. u. M. ZARTH 2002: Stärkung des Bahnverkehrs auf Nebenstrecken als Teil einer nationalen Nachhaltigkeitsstrategie. In: IzR, H. 10, S. 561-569.

JANELLE, D. G. 1968: Central place development in a time-space framework. In: The Professional Geographer 20, H. 1, S. 5-10.

JANELLE, D. G. 1991: Global interdependence and its consequences. In: S. D. BRUNN u. T. R. LEINBACH (Hg.): Collapsing space and time. Geographic aspects of communication and information. London (HarperCollins Academic), S. 49-81.

JANSEN, G. u. H. PLATZ 1978: Raumstrukturelle Wirkungen der Stillegung von Eisenbahnstrecken. Bonn = Raumordnung 06.22.

JARASS, L. u. G. M. OBERMAIR 1984: Raumordnungsgerechte Ausführung von Hochspannungsleitungen. Ein Verfahren zur Quantifizierung der sozialen Kosten des Landschaftsverbrauchs. In: IzR, H. 7/8, S. 733-747.

JASPER, E. 1999: Verkehrspolitik in Heidelberg. Die politisch-administrative Bearbeitung des Verkehrsproblems in Deutschlands „Bundeshauptstadt für Natur- und Umweltschutz 1996/97". Bochum = Bochumer Geographische Arbeiten 64.

JESSEN, J. 1996: Der Weg zur kompakten Stadt – Versperrt oder nur lang? In: Archiv für Kommunalwissenschaften 35, H. 1, S. 1-22.

JUCHELKA, R. u. C. STAUDACHER 2002: Bahnhof und Stadt. Projekt-Kooperation: Forschung, Lehre, Praxis. In: Wirtschaftsgeographische Studien 27/28, S. 7-16.

JUNG, C. 1999: Luftverkehrsmärkte im Europäischen Wirtschaftsraum. In: Immenga, U. et al. (Hg.): Airlines und Flughäfen. Liberalisierung und Privatisierung im Luftverkehr. Baden-Baden (Nomos).

KAGERMEIER, A. 1997a: Siedlungsstruktur und Verkehrsmobilität. Eine empirische Untersuchung am Beispiel von Südbayern. Dortmund (Vertrieb für Bau- und Planungsliteratur).

KAGERMEIER, A. 1997b: Siedlungsstrukturell bedingter Verkehrsaufwand in großstädtischen Verflechtungsbereichen. In: RuR 55, H. 4/5, S. 316-326.

KAGERMEIER, A. (Hg.) 2004: Verkehrssystem und Mobilitätsmanagement im ländlichen Raum. Mannheim (MetaGIS) = Studien zur Mobilitäts- und Verkehrsforschung 10.

KAHLENBORN, W. u. R. A. KRAEMER 1999: Nachhaltige Wasserwirtschaft in Deutschland. Berlin (Springer).

KAHNERT, R. 1998: Wirtschaftsentwicklung, Sub- und Desurbanisierung. In: IzR, H. 7/8, S. 509-520.

KAIRA, C. H. 1983: Transportbedarf der ländlichen Bevölkerung in Entwicklungsländern. Ansätze zu einer verbesserten Verkehrsplanung. Karlsruhe = Schriftenreihe des Instituts für Regionalwissenschaft 21.

KANSKY, K. J. 1963: Structure of transportation networks. Relationships between network geometry and regional characteristics. Chicago (Chicago Univ. Press) = Department of Geography, Research Paper 84.

KANZLERSKI, D. 1976: Verkehrsverhältnisse, Verkehrsbedurfnisse und Verkehrsformen im öffentlichen Personennahverkehr ländlicher Räume. In: IzR, H. 5/6, S. 225-236.

KANZLERSKI, D. 1987: Dezentrale Planungsstrategien für die öffentliche Nahverkehrsversorgung in der Fläche. In: IzR, H. 5/6, S. 273-286.

KARSTEN, M. u. H. USBECK 2001: Gewerbesuburbanisierung. Die Tertiärisierung der suburbanen Standorte. In: BRAKE, K. et al. (Hg.): Suburbanisierung in Deutschland. Opladen (Leske u. Budrich), S. 71-80.

KASCHUBA, W. 2004: Die Überwindung der Distanz. Zeit und Raum in der europäischen Moderne. Frankfurt/Main (Fischer).

KASPAR, C. 1977: Verkehrswirtschaftslehre im Grundriß. Bern (Haupt).

KERSCHNER, H. u. H. PETROVITSCH 1998: Alpentransit auf der Schiene – das Beispiel Brennerachse. In: GR 50, H. 10, S. 580-586.

KEUCHEL, S. 2000: Fahrleistungszuwachs durch GVZ in Ballungsräumen? In: IVW 52, H. 4, S. 136-141.

KIESERLING, K. 1995: Einbindung der Binnenschifffahrt in Just-in-time-Konzepte. In: Zeitschrift für Binnenschiffahrt 50, H. 12, S. 33-39.

KIND, G. 1977: Zur Anwendung von Gravitationsmodellen in der Ökonomischen Geographie und Territorialplanung. In: Geographische Berichte 83, H. 2, S. 117-124.

KINSKI, U. 1997: Voies Navigables de France. Eine neue Wasserstraßenverwaltung. In: Jahrbuch der Hafenbautechnischen Gesellschaft 51, S. 85-91.

KIRCHHOFF, P. et al. 1999: Planungshandbuch für den ÖPNV in der Fläche. Bonn = direkt. Verbesserung der Verkehrsverhältnisse in den Gemeinden 53.

KIRIAZIDIS, T. u. G. TZANIDAKIS 1995: Recent aspects of the EU maritime transport policy. In: MPM 22, H. 2, S. 179-186.

KITTERER, W. 2002: Die Ausgestaltung der Mittelzuweisungen im Solidarpakt II. Köln (Finanzwiss. Forschungsinstitut) = Finanzwissenschaftliche Diskussionsbeiträge 02-1.

KLAUS, P. (1993): Die dritte Bedeutung der Logistik. Nürnberg (Universität, Lehrstuhl BWL) = Nürnberger Logistik-Arbeitspapier 3.

KLEIN, K. et al. 1998: Steuerung des innerstädtischen Wirtschaftsverkehrs. City-Logistik Regensburg. In: GR 50, H. 10, S. 551-556.

KLEIN, S. 1999: Beeinflussung der Verkehrsmittelwahl im Personenverkehr. Ermittlung des kommunalen Handlungsspielraums im Städtevergleich. Berlin (Schmidt) = Schriftenreihe für Verkehr und Technik 88.

KLEINPENNING, J. M. G. 1971: Road building and agricultural colonisation in the Amazon Basin. In: TESG 62, H. 5, S. 285-289.

KLENKE, D. 1995: Freier Stau für freie Bürger. Geschichte der bundesdeutschen Verkehrspolitik 1949-1994. Darmstadt (Wiss. Buchges.).

KLING, R. et al. (Hg.) 1991: Postsuburban California. The transformation of Orange County since World War II. Berkeley (Univ. of California Press).

KLOOSTERMAN, R. C. u. S. MUSTERD 2001: The polycentric urban region. Towards a research agenda. In: Urban Studies 38, S. 623-633.

KLÖSSNER, B. 1992: Straßenplanung und Umweltverträglichkeitsprüfung: Die Berücksichtigung der Ergebnisse der Umweltverträglichkeitsprüfung bei der gestuften Fernstraßenplanung. Baden-Baden (Nomos).

KNITTEL, H. 2003: Normung und Standardisierung als Ausdruck der Internationalität. Das Fallbeispiel Badische Staatsbahn um 1850 und Deutsche Reichsbahn um 1920. In: M. BURRI et al. (Hg.): Die Internationalität der Eisenbahn 1850-1970. Zürich, S. 163-175.

KNORR, A. 1997: Wettbewerb und Flugsicherheit – ein Widerspruch? Eine ökonomische Analyse am Beispiel des amerikanischen Luftverkehrs. In: Zeitschrift für Verkehrswissenschaft 68, H. 3, S. 94-122.

KNOWLES, R. D. 1994: New horizons in transport geography. In: JTG 2, H. 2, S. 83-86.

KÖBERLEIN, C. 1997: Kompendium der Verkehrspolitik. München (Oldenbourg).

KOHL, J. G. 1841: Der Verkehr und die Ansiedelungen der Menschen in ihrer Abhängigkeit von der Gestaltung der Erdoberfläche. Dresden (Arnold).

KOHLHEPP, G. 1995: Amazonien im Spannungsfeld von Umweltpolitik und Regionalentwicklung. In: R. SEVILLA u. D. RIBEIRO: Brasilien. Land der Zukunft? Unkel/Rhein (Horlemann), S. 275-432.

KOMBIVERKEHR (www.kombiverkehr.de, Zugriff am 12.2.2005).

KORN, J. 2004: Bahnhöfe als Einzelhandels- und Dienstleistungsstandorte. Eine Analyse der Strukturen, Funktionen und Potenziale des Standorttyps untersucht am Beispiel Berlin. In: Berichte zur deutschen Landeskunde 78, H. 4, S. 459-472.

KÖSTLIN, R. u. H. WOLLMANN 1988: Renaissance der Straßenbahn. Basel (Birkhäuser) = Stadtforschung aktuell 12.

KOTKIN, J. 2000: The new geography. How the digital revolution is reshaping the american landscape. New York (Random House).

KOWNATZKI, H.-H. 1981: Nahverkehrsmodell Hohenlohekreis. Versuch einer Zwischenbilanz. In: IzR, H. 10, S. 701-710.

KRACKE, R. et al. 1992: Verbesserungsmöglichkeiten der Flächenanbindung an überregionale Verkehre. Hannover (ARL) = Beiträge 119.

KRAMER, J. K. T. 1988: The airport of Schiphol. Economic and spatial impact. In: TESG 79, H. 4, S. 297-303.

KRÄTKE, S. 2002: Medienstadt. Urbane Cluster und globale Zentren der Kulturproduktion. Opladen (Leske u. Budrich).

KRAU, I. u. A. ROMERO 1998: Bahnhöfe als Einkaufs-

und Dienstleistungszentren. In: IzR, H. 2/3, S. 115-121.

KRAUSE, N. 1991: Bedeutung der Binnenwasserstraßen im deutschen Güterverkehr. In: Jahrbuch der Hafenbautechnischen Gesellschaft 45, S. 72-83.

KREUKELS, T. u. E. WEAVER 1996: North Sea ports in transition. Changing tides. Assen (Van Gorcum).

KRISTOF, K. 1992: Dezentralisierung der Elektrizitätswirtschaft. Frankfurt (Campus).

KRUGMAN, P. 1991: Geography and trade. Cambridge, Mass. (MIT Press).

KRUGMAN, P. u. A. J. VENABLES 1995: Globalization and the inequality of nations. In: Quarterly Journal of Economics 110, H. 4, S. 857-880.

KÜHL, K. H. 1982: Strukturveränderungen der Binnenflotte von 1936/1950 bis 1980 und damit verbundene Produktivitätssteigerung. In: Zeitschrift für Binnenschiffahrt 37, H. 10, S. 371-373.

KUHM, K. 1997: Moderne und Asphalt. Die Automobilisierung als Prozeß technologischer Integration und sozialer Vernetzung. Pfaffenweiler (Centaurus).

KUJATH, H.-J. 1998: Strategien regionaler Stabilisierung. Berlin (Sigma).

KULKE, E. 1994: Auswirkungen des Standortwandels im Einzelhandel auf den Verkehr. In: GR 46, H. 5, S. 290-297.

KULKE, E. 2004: Wirtschaftsgeographie. Paderborn (Schöningh) = Grundriss Allgemeine Geographie.

KÜNNE, H.-D. 1996: Stuttgart: 50 Jahre Verkehrsplanung im Für und Wider. In: FGSV (Hg.): Straßen- und Verkehrsgeschichte Deutscher Städte nach 1945. Bonn (Kirschbaum) = Archiv für die Geschichte des Straßen- und Verkehrswesens 10.

KUNST, F. 1985: Distanz und Siedlungsstruktur im dünnbesiedelten Raum. Berlin = Arbeitshefte des Instituts für Stadt- und Regionalplanung der TU 33.

KUNST, F. 1989: Infrastruktur im ländlichen Raum unter den Bedingungen funktionalräumlicher Maßstabsvergrößerung. In: IzR, H. 1, S. 39-50.

KUTTER, E. 1991: Verkehrsintegrierende räumliche Planungsinstrumente. Bonn (BfLR) = Materialien zur Raumentwicklung 40.

KUTTER, E. 2004: Wegeplanung verfehlt strategische Ziele – ein Bundesverkehrskonzept tut Not! Zur Bedeutung von globalen und regionalen Ursachenstrukturen für die strategische Planung. In: RuR 62, H. 6, S. 353-364.

KUTTER, E. u. A. STEIN 1998: Minderung des Regionalverkehrs. Chancen von Städtebau und Raumordnung in Ostdeutschland. Bonn (BBR) = Forschungsberichte 87.

LAASER, C.-F. 1991: Wettbewerb im Verkehrswesen: Chancen für eine Deregulierung in der Bundesrepublik. Tübingen (Mohr).

LAASER, C.-F. u. P. JAKUBOWSKI 2003: Neue Wege der Verkehrsfinanzierung im Spiegel raumordnerischer Ziele und Grundsätze. In: RuR 61, H. 4, S. 278-291.

LAASER, C.-F. u. H. SICHELSCHMIDT 2003. Infrastrukturlücke Ostdeutschlands gegenüber Westdeutschland. Hintergrundmaterial zum 2. Fortschrittsbericht wirtschaftswissenschaftlicher Institute über die wirtschaftliche Entwicklung in Ostdeutschland. Kiel (IfW).

LAASER, C.-F. u. SOLTWEDEL, R. 2001: Raumstruktur und New Economy. Zur Bedeutung von E-commerce für die Arbeitsteilung im Raum. In: Die Weltwirtschaft 52, H. 2, S. 173-189.

LÄPPLE, D. 1989: Neue Technologien in räumlicher Perspektive. In: IzR, H. 4, S. 213-226.

LÄPPLE, D. (Hg.) 1995[2]: Güterverkehr, Logistik und Umwelt. Analysen und Konzepte zum interregionalen und städtischen Verkehr. Berlin (Sigma).

LAMMERS, K. u. A. NIEBUHR 2002: Erfolgskontrolle in der deutschen Regionalpolitik. Überblick und Bewertung. Hamburg (HWWA) = HWWA-Report 214.

LANDTAG NORDRHEIN-WESTFALEN 1993: Stadtbahn in Nordrhein-Westfalen. Bestandsaufnahme nach 25 Jahren Tunnelbau. Antwort der Landesregierung auf die Große Anfrage 20 der Fraktion Bündnis 90/Die Grünen. Ds 11/5770. Düsseldorf.

LANZENDORF, M. 1998: Freizeitmobilität als Gegenstand angewandter Umweltforschung. In: GR 50, H. 10, S. 570-574.

LANZENDORF, M. 2001: Freizeitmobilität. Unterwegs in Sachen sozial-ökologischer Mobilitätsforschung. Trier = Materialien zur Fremdenverkehrsgeographie 56.

LANZENDORF, M. u. H. BEST 2005: Division of labour and gender differences in metropolitan car use. An empirical study in Cologne, Germany. In: JTG 13, H. 2, S. 109-121.

LASCHKE, B. 1998: Investitionen in die Verkehrsinfrastruktur begünstigen die Wirtschaftsansiedlung in Ostdeutschland. In: RuR 56, H. 5/6, S. 406-413.

LAUENROTH, L. 1994: Der Rhein bleibt die Hauptschlagader des Containerverkehrs per Binnenschiff. In: IVW 46, H. 7/8, S. 426-429.

LAUNHARDT, W. 1887/88: Theorie des Trassierens. Bd. 1: Kommerzielle Trassierung. Bd. 2: Technische Trassierung. Hannover (Schmorl u. Seefeld).

LEGGEWIE, C. u. R. MÜNCH (Hg.) 2001: Politik im 21. Jahrhundert. Frankfurt/Main (Suhrkamp).

LEHMBROCK, M. et al. 2005: Verkehrssystem und Raumstruktur. Neue Rahmenbedingungen für Effizienz und Nachhaltigkeit. Berlin (Difu) = Beiträge zur Stadtforschung. 40.

LEHNER-LIERZ, U. 2005: Der niederländische Masterplan Fiets: Vorbild in Europa. In: H. MONHEIM (Hg.): Fahrradförderung mit System. Elemente einer angebotsorientierten Radverkehrspolitik. Mannheim (MetaGIS), S. 53-78 = Studien zur Mobilitäts- und Verkehrsforschung 8.

LEINBACH, T. 1976: Networks and flows. In: Progress in Geography 8, S. 179-207.

LEMKE, M. et al. 2005: Die europäische Dimension des Verkehrs. In: IfL (Hg.): Deutschland in der Welt. Heidelberg (Spektrum) S. 84-87 = Nationalatlas der Bundesrepublik Deutschland 11.

LENZ, B. 2003: Virtuelle Mobilität - mehr Mobilität und weniger Verkehr? In: INSTITUT FÜR MOBILITÄTSFORSCHUNG (Hg.): Auswirkungen der Virtuellen Mobilität. Berlin (Springer), S. 205-216.

LEUSMANN, C. 1974: Netze – ein Überblick über Methoden ihrer strukturellen Erschließung in der Geographie. In: Erdkunde 28, H. 1, S. 55-67.

LIEBL, T. et al. (Hg.) 1985: 150 Jahre deutsche Eisenbahnen. Offizieller Jubiläumsband der Deutschen Bundesbahn. München (ELV).

LIM, S.-M. 1996: Round-the-world service: the rise of Evergreen and the fall of U.S. Lines. In: MPM 23, H. 2, S. 119-144.

LIM, S.-M. 1998: Economies of scale in container shipping. In: MPM 25, H. 4, S. 361-373.

LIMÃO, N. u. A. J. VENABLES 2001: Infrastructure, geographical disadvantage, transport costs, and trade. In: The World Bank Economic Review 15, S. 451-479.

LINCOLN INSTITUTE FOR LAND POLICY 2001: The new spatial order? Technology and urban development. Annual roundtable 2001. Cambridge (Lincoln).

LINDE, H. u. G. TESSMANN 1995: Investitionen in Wasserstraßen erforderlich. Hat die Binnenschiffahrt in der Oder-Region eine Zukunft? In: IVW 47, H. 3, S. 123-129.

LINDER, W. et al. 1975: Erzwungene Mobilität. Alternativen zur Raumordnung, Stadtentwicklung und Verkehrspolitik. Köln (Europ. Verlagsanstalt).

LÖFFLER, G. u. H. LUTTER 2001: Verkehrlich hochbelastete Räume. In: IfL (Hg.): Nationalatlas der Bundesrepublik Deutschland, Bd. 9. Heidelberg (Spektrum), S. 132/133.

LÖSCH, A. 1940: Die räumliche Ordnung der Wirtschaft. Eine Untersuchung über Standort, Wirtschaftsgebiete, internationalen Handel. Jena (Fischer).

LÖTTGERS, R. 1994: Das deutsche Binnenwasserstraßennetz. Struktur, Bedeutung, Perspektiven. In: Zeitschrift für den Erdkundeunterricht 46, H. 12, S. 468-503.

LOWE, J. 1998: Patterns of spatial dispersion in metropolitan commuting. In: Urban Geography 19, S. 232-253.

LÜDER, C. F. von 1779: Vollständiger Innbegriff aller bey dem Strassenbau vorkommenden Fällen, samt einer vorausgesetzten Weeg-Geschichte und einem Verzeichnis der unentbehrlichen Weeg-Gesetze. Frankfurt/Main (Garbe).

LULEY, T. et al. 2003: Verkehrssubstitution durch E-Commerce? Ein Wirkungsmodell für die Region Stuttgart. In: Zeitschrift für Verkehrswissenschaft 73, H. 3, S. 133-155.

LUTTER, H. 1980: Raumwirksamkeit von Fernstraßen. Eine Einschätzung des Fernstraßenbaus als Instrument zur Raumentwicklung. Bonn (BfLR) = Forschungen zur Raumentwicklung 8.

LUTTER, H. 1981: Raumwirksamkeit von Fernstraßen. Eine Einschätzung des Fernstraßenbaus als Instrument zur Raumentwicklung unter heutigen Bedingungen. In: IzR, H. 3/4, S. 155-163.

MAIER, J. 1976: Zur Geographie verkehrsräumlicher

Aktivitäten. Kallmünz (Lassleben) = Münchner Studien zur Sozial- und Wirtschaftsgeographie 17.

MAIER, J. u. H. D. ATZKERN 1992: Verkehrsgeographie. Verkehrsstrukturen, Verkehrspolitik, Verkehrsplanung. Stuttgart (Teubner).

MANHEIM, M. 1979: Fundamentals of transportation systems analysis. Bd. 1, Basic concepts. Cambridge (MIT Press).

MARCINOWSKI, B. 1983: Auswirkungen von Streckenstillegungen, dargestellt am Beispiel von Nebenstrecken Bayerns. Nürnberg = Nürnberger Wirtschafts- und Sozialgeographische Arbeiten 35.

MARGULIS, S. 2003: Causes of deforestation of the Brazilian Amazon. Washington, DC = World Bank Working Paper 22.

MARTIN, R. 1999: Critical survey. The new „Geographical Turn" in economics: some critical reflections. In: Cambridge Journal of Economics 23, H. 1, S. 65-91.

MARUHN, E. 2002: Luftfracht bleibt trotz Rückschlägen ein Wachstumsmarkt. In: IVW 54, H. 11, S. 549-552.

MASOTTI, L. u. J. HADDEN 1973: The urbanization of the suburbs. Thousand Oaks (Sage) = Urban Affairs Annual Reviews 7.

MATSUMOTO, H. 2004: International urban systems and airpassenger and cargo flows. Some calculations. In: JATM 10, H. 4, S. 241-249.

MATZERATH, H. 1996: Stadt und Verkehr im Industriezeitalter. Städteforschung. Köln (Böhlau) = Veröffentlichungen des Instituts für vergleichende Städteforschung Münster A 41.

MAURER, P. 2000³: Luftverkehrsmanagement. Basiswissen. München (Oldenbourg).

MAYER, A. von 1891: Geschichte und Geographie der Deutschen Eisenbahnen von ihrer Entstehung bis auf die Gegenwart 1890. Berlin (Baensch).

MAYER, H. M. 1973: Some geographic aspects of technological change in maritime transportation. In: Economic Geography 49, H. 2, S. 145-155.

MAYER. F. 1966: Erdöl Weltatlas. Braunschweig (Westermann).

MAYR, A. 2004: Flughäfen in Deutschland – ein Überblick. In: Europa Regional 11, H. 3, S. 164-176.

MCCALLA, R. J. 1998: An investigation into site and situation: cruise ship ports. In: TESG 89, H. 1, S. 44-55.

MCCANN, P. 2005: Transport costs and new economic geography. In: Journal of Economic Geography 5, H. 3, S. 305-318.

MCCONVILLE, J. 1999: Economics of maritime transport. Theory and practice. London (Witherby).

MCHALE 1969: The future of the future. New York (Braziller).

MCLELLAN, R. G. 1997: Bigger vessels: How big is too big? In: MPM 24, H. 2, S. 193-211.

MEIER-HILPERT, G. 1995: Die Entwicklung des Eisenbahnnetzes in Deutschland bis zum Jahre 2000. T. 1 u. T. 2. In: Zeitschrift für den Erdkundeunterricht 47, H. 9, S. 349-358 u. H. 10, S. 389-419.

MEINE, K. H. 1967: Darstellung verkehrsgeographischer Sachverhalte. Ein Beitrag zur thematischen

Verkehrskartographie. Bad Godesberg = Forschungen zur Deutschen Landeskunde 136.

MERKEL, H. u. B. BJELICIC (Hg.) 2003: Logistik und Verkehrswirtschaft im Wandel. Unternehmensübergreifende Versorgungsnetzwerke verändern die Wirtschaft. München (Vahlen).

MEYER-TASCH, P.-C. et al. (Hg.) 1992: Transit. Das Drama der Mobilität. Zürich (SV).

MIKUS, W. 1974: Verkehrszellen. Beiträge zur verkehrsräumlichen Gliederung am Beispiel des Güterverkehrs der Großindustrie ausgewählter EG-Länder. Paderborn (Schöningh) = Bochumer Geographische Arbeiten, Sonderheft 4.

MKRO 1997: Handlungskonzept zur Entlastung verkehrlich hochbelasteter Räume vom Kfz-Verkehr. Bonn.

MOKIA, Z. u. J. DINWOODIE 2002: Spatial aspects of tanker lay-times. In: JTG 10, H. 1, S. 39-49.

MOKTHARIAN, P. 2000: Telecommunications and travel. TRB-Millennium Paper A1C08. Washington DC (Transportation Research Board).

MOKTHARIAN, P. 2003: Telecommunications and travel. The Case for complementarity. In: Journal of Industrial Ecology 6, H. 2, S. 43-57.

MONHEIM, H. 1979: Grundzüge einer alternativen Stadtverkehrsplanung. In: DUVE, F. (Hg.): Verkehr in der Sackgasse. Kritik und Alternativen. Reinbek (Rowohlt), S. 71-128 = Technologie und Politik 14.

MONHEIM, H. 1988: Grundsätze für die kommunale Verkehrsentwicklungsplanung. Unveröff. Manuskr. Düsseldorf (MSWV).

MONHEIM, H. (Hg.) 2005a: Fahrradförderung mit System. Elemente einer angebotsorientierten Radverkehrspolitik. Mannheim (MetaGIS) = Studien zur Mobilitäts- und Verkehrsforschung 8.

MONHEIM, H. 2005b: Fahrradförderung in Deutschland und Nordrhein-Westfalen. Eine Bilanz. In: H. MONHEIM (Hg.): Fahrradförderung mit System. Elemente einer angebotsorientierten Radverkehrspolitik. Mannheim (MetaGIS). S. 29-51.

MONHEIM, H. u. K. NAGORNI (Hg.) 2004: Die Zukunft der Bahn zwischen Bürgernähe und Börsengang. Karlsruhe = Schriftenreihe der Evangelischen Akademie Baden 116.

MONHEIM, R. 1997: „Autofreie Innenstädte" – Gefahr oder Chance für den Handel? Teil A/B. Bayreuth = Arbeitsmaterialien zur Raumordnung und Raumplanung 59.

MONHEIM, R. 1999: Beiträge der empirischen Verkehrsforschung zum Verständnis der Innenstadtentwicklung. In: M. HESSE (Hg.): Siedlungsstrukturen, räumliche Mobilität und Verkehr. Erkner, S. 35-56. = Graue Reihe des IRS 20.

MONHEIM, R. 2000: Fußgängerbereiche in deutschen Innenstädten. Entwicklungen und Konzepte zwischen Interessen, Leitbildern und Lebensstilen. In: GR 52, H. 7/8, S. 41-46.

MOOSMAYER, E. 1985: Konzeption, Entwicklung und Stand der Bundesverkehrswegeplanung. In: Zeitschrift für Verkehrswissenschaft 56, H. 2, S. 79-105.

MÖSER, K. 2002: Geschichte des Autos. Frankfurt/Main (Campus).

MOST, O. 1967: Binnenschiffahrt und Kanalbau im 19. Jahrhundert. In: Forschungs- und Sitzungsberichte der ARL 39, S. 35-47.

MOTZKUS, A. 2002: Dezentrale Konzentration – Leitbild für eine Region der kurzen Wege? Auf der Suche nach einer verkehrssparsamen Siedlungsstruktur als Beitrag für eine nachhaltige Gestaltung des Mobilitätsgeschehens in der Metropolregion Rhein-Main. Sankt Augustin (Asgard) = Bonner Geographische Arbeiten 107.

MSKS 2000: Modellvorhaben Stadtlogistik NRW. Konzepte, Umsetzung, Empfehlungen. Düsseldorf.

MÜLLER, A. u. A. WOLF 2002: Bahnverkehr in der Region. Zahlreiche Hemmnisse – nur gemeinsam sind sie lösbar. In: IzR, H. 10, S. 585-594.

MÜLLER, B. et al. 2003: Nutzung der Entwicklungsimpulse der paneuropäischen Verkehrskorridore in den Beitrittsstaaten und den zukünftigen Nachbarstaaten der EU. Das Beispiel des deutsch-polnischen Grenzraums. Dresden (IÖR).

MÜLLER, B. u. S. SIEDENTOP 2004: Wachstum und Schrumpfung in Deutschland. Trends, Perspektiven und Herausforderungen für die räumliche Planung und Entwicklung. In: DfK 43, H. 1, S.14-32.

MÜLLER, G. 2004: Mobilität organisieren. Rahmenbedingungen für effektives Mobilitätsmanagement. In: IVW 56, H. 9, S. 371-378.

MÜLLER, J. 1991: Linienverkehre in der Binnenschiffahrt. In: Jahrbuch der Hafenbautechnischen Gesellschaft 45, S. 125-129.

MÜLLER, W. G. 1982: Das ÖPNV-Angebot des Hohenlohekreises als Element einer einwohnerorientierten Infrastrukturpolitik. In: RuR 40, H. 5/6, S. 226-234.

MÜNCH, P. 1986: Versorgungsunternehmen. In: H. BREDE u. A. von LOESCH (Hg.): Das Unternehmen der öffentlichen Wirtschaft in der Bundesrepublik Deutschland. Baden-Baden (Nomos), S. 101-134.

MÜNCH, R. 1998: Globale Dynamik, lokale Lebenswelten. Der schwierige Weg in die Weltgesellschaft. Frankfurt/Main (Suhrkamp).

MULLER, P. O. 1981: Contemporary suburban America. Englewood Cliffs (Prentice Hall).

MUSTER, M. u. R. RICHTER (Hg.) 1990: Mit Vollgas in den Stau. Hamburg (VSA).

MWV 2000: Mineralölversorgung durch Pipelines. Hamburg.

NAGEL, F. N. 1981: Die Entwicklung des Eisenbahnnetzes in Schleswig-Holstein und Hamburg unter besonderer Berücksichtigung der stillgelegten Strecken. Hamburg.

NAUMANN, K.-E. 1991 : Zustand und Entwicklungsmöglichkeiten der Wasserstraßen im Elbstromgebiet. In: Jahrbuch der Hafenbautechnischen Gesellschaft 45, S. 85-103.

NEIBERGER, C. 2004: Über den Wolken. Zur Umstrukturierung in der Luftfrachtbranche und deren räumlichen Auswirkungen. In: Europa Regional 1, H. 3, S. 199-209.

NEIBERGER, C. 2005: Luftfrachtspeditionen im Internationalisierungsprozess. Strategien zur Überbrückung räumlicher und sozio-institutioneller Distanz. In: C. NEIBERGER u. H. BERTRAM (Hg.): Waren um die Welt bewegen. Mannheim (MetaGIS), S. 73-87.

NEIBERGER, C. 2006: Globalisierung der Güterverkehrsbranche. Der Einfluß von Deregulierung, veränderten Kundenanforderungen und neuen Technologien auf den internationalen Güterverkehr. In: Verhandlungen des 55. Deutschen Geographentags Trier. Stuttgart (Steiner).

NEIBERGER, C. u. H. BERTRAM (Hg.) 2005: Waren um die Welt bewegen. Strategien und Standorte im Management globaler Warenketten. Mannheim (MetaGIS) = Studien zur Mobilitäts- und Verkehrsforschung 11.

NEWMAN, P. u. J. KENWORTHY 1989: Gasoline consumption and cities. A Comparison of U.S. cities with a global survey. In: APA-Journal 55, S. 24-37.

NEWMAN, P. u. J. KENWORTHY 1999. Sustainability and cities. Overcoming automobile dependence. Washington, DC (Island).

NJENGA, P. u. A. DAVIS 2003: Drawing the road map to rural poverty reduction. In: Transport Reviews 23, H. 2, S. 277-241.

NOBEL, T. 2003: Status quo und Perspektiven der GVZ-Entwicklung in Deutschland. In: E. KUTTER u. L. SJÖSTEDT (Hg.): Strategische Innovationen im Verkehrsbereich. München (Huss), S. 76-102. = Harburger Berichte zu Verkehrsplanung und Logistik 2.

NOBIS, C. u. W. LOOSE 2004: Entwicklungsperspektiven von Car-Sharing in Klein- und Mittelstädten. In: A. KAGERMEIER (Hg.): Verkehrssystem und Mobilitätsmanagement im ländlichen Raum. Mannheim (MetaGIS), S. 131-145.

NOTTEBOOM, T. E. 1997: Concentration and load center development in the European container port system. In: JTG 5, H. 2, S. 99-115.

NUHN, H. 1980: Verkehrserschließung und sozio-ökonomische Integration in den Kleinstaaten Zentralamerikas. In: H. BENEKE. et al. (Hg.): Integration in Lateinamerika. München, S. 247-275 = Beiträge zur Soziologie und Sozialkunde Lateinamerikas 17.

NUHN, H. 1982: The evolution of transport systems and socio-economic integration in the small states of Central America. In: Economics 26, S. 87-108.

NUHN, H. 1988: Verkehrserschließung und Regionalentwicklung in Guatemala. Ansätze zur Erfassung der Zusammenhänge in einem Kleinstaat der Dritten Welt. In: Jahrbuch der Geographischen Gesellschaft zu Hannover, S. 251-288.

NUHN, H. 1989: Der Hamburger Hafen. Strukturwandel und Perspektiven für die Zukunft. In: GR 41, H. 11, S. 646-654.

NUHN, H. 1994a: Gateway to Europe: The port city of Hamburg. In: W. GAEBE u. E. W. SCHAMP (Hg.): Gateways to the European market. Case studies from the Netherlands and Germany. Münster,

S. 49-65 = Wirtschaftsgeographie 4.

NUHN, H. 1994b: Strukturwandlungen im Seeverkehr und ihre Auswirkungen auf die europäischen Häfen. In: GR 46, H. 5, S. 282-289.

NUHN, H. 1994c: Verkehrsgeographie. Neuere Entwicklungen und Perspektiven für die Zukunft. In: GR 46, H. 5, S. 260-265.

NUHN, H. 1996a: Seehäfen als Gateways im zusammenwachsenden Europa. In: Europa Regional 4, H. 4, S. 20-31.

NUHN, H. 1996b: Die Häfen zwischen Hamburg und Le Havre. Anpassungen an die weltwirtschaftliche Dynamik, technologische Innovationen und intermodale Verkehrskonzepte. In: GR 48, H. 7/8, S. 420-428.

NUHN, H. 1997: Globalisierung und Regionalisierung im Weltwirtschaftsraum. In: GR 49, H. 3, S. 136-143.

NUHN, H. 1998a: Verkehr und Kommunikation. In: E. KULKE (Hg.): Wirtschaftsgeographie Deutschlands. Gotha (Perthes), S. 199-247.

NUHN, H. 1998b: Deregulierung der Verkehrsmärkte in Westeuropa und räumliche Konsequenzen. In: Verhandlungen des 51. Deutschen Geographentags Bonn, Bd. 1. Stuttgart (Steiner), S. 158-170.

NUHN, H. 2001a: Binnenwasserstraßen und Häfen. In: IFL (Hg.): Nationalatlas der Bundesrepublik Deutschland, Bd. 9. Heidelberg (Spektrum), S. 36-37.

NUHN, H. 2001b: Seeverkehr und Umstrukturierungen der Häfen. In: IFL (Hg.): Nationalatlas Bundesrepublik Deutschland, Bd. 9. Heidelberg (Spektrum), S. 96-97.

NUHN, H. 2005a: Internationalisierung von Seehäfen. Vom Cityport und Gateway zum Interface globaler Transportketten. In: C. NEIBERGER u. H. BERTRAM (Hg.): Waren um die Welt bewegen. Mannheim (MetaGIS), S. 109-124.

NUHN, H. 2005b: Gateways zum internationalen Handel. In: IFL (Hg.): Nationalatlas Bundesrepublik Deutschland, Bd. 11. Heidelberg (Spektrum/Elsevier), S. 88-89.

NUHN, H. et al. (Hg.) 1982: Expansion des Hamburger Hafens und Konsequenzen für den Süderelberaum. Durchführung der Umsiedlung Altenwerders und Reaktion der Betroffenen. Hamburg.

OBENAUS, H. u. F. ZUBER-SEIFERT 1995: Suburbanisierung. Tendenzen der Stadt-Umland-Entwicklung und das Beispiel Rostock. In: K.-H. BREITZMANN (Hg.): Surburbanisierung und Verkehr. Entwicklungen und Probleme in ausgewählten Stadtregionen der neuen Bundesländer. Rostock, S. 11-33.

OBST, E. 1959. Allgemeine Wirtschafts- und Verkehrsgeographie. Berlin (de Gruyter) = Lehrbuch der allgemeinen Geographie 7.

OECD 1997: EST-Environmentally Sustainable Transport. Paris (OECD).

OECD 2002: Maritime transport. Paris [u. frühere Jahre].

OETTLE, K. 1981: Chancen des Schienenpersonenverkehrs in der Fläche. In: IzR, H. 10, S. 719-736.

OETTLE, K. 1990a: Verkehrsdurchsetzung oder Verkehrszähmung? Zur Einseitigkeit herkömmlicher Verkehrspolitik. In: P. C. MAYER-TASCH et al. (Hg.): Transit. Das Drama der Mobilität. Zürich (SV), S. 69-93.

OETTLE, K. 1990b: Zur gegenwärtigen und künftigen Rolle des Schienenverkehrs im ländlichen Raum. In: RuR 48, H. 6, S. 295-300.

OETTLE, K. 1996. Verkehrspolitik. In: H. JENKIS (Hg.): Raumordnung und Raumordnungspolitik. München (Oldenbourg), S. 242-258.

OTREMBA, E. 1978²: Handel und Verkehr im Weltwirtschaftsraum. Stuttgart (Franck) = Erde und Weltwirtschaft 4. [1. Aufl. 1957].

OTREMBA, E. u. U. auf der HEIDE (Hg.): 1975: Handels- und Verkehrsgeographie. Darmstadt (Wiss. Buchges.).

OUM, T. M. et al. 2000 : Globalization and strategic alliances. The case of airline industry. Amsterdam (Pergamon).

OWEN, W. 1964: Strategy for mobility. Washington, DC (Brookings Institution).

OWEN, W. 1987: Transportation and World Development. London (Hutchinson).

PÄLLMANN, W. 2004: Zehn Jahre Bahnreform. Bilanz und Ausblick. In: IVW 56, H. 4, S. 127-133.

PALMEN, P. 1994: Luftverkehr in Europa. In: Praxis Geographie 24, H. 6, S. 26-29.

PAPATHEODOROU, A. 2002: Civil aviation regimes and leisure tourism in Europe. In: JATM 8, H. 6, S. 381-388.

PEDERSEN, P. O. 2000: The changing structure of transport under trade liberalisation and globalisation and its impact on African development. Copenhagen = CDR Working Paper 00.1.

PEDERSEN, P. O. 2003: Development of freight transport and logistics in Sub-Saharan Africa. Taaffe, Morrill and Gould revisited. In: Transport Reviews 23, H. 3, S. 275-297.

PESTEL-INSTITUT 1994: Siedlung und Verkehr. Untersuchung im Auftrag der Stadt Hannover. Hannover.

PETERSEN, M. 1995: Ökonomische Analyse des Car-Sharing. Wiesbaden (Dt. Universitätsverlag).

PETERSEN, R. 2000: Die Ökologie der kompakten Stadt. In: M. WENTZ (Hg.): Die Kompakte Stadt. Frankfurt/Main (Campus).

PETERSEN, R. u. K. O. SCHALLABÖCK 1995. Mobilität für morgen. Basel (Birkhäuser).

PEZ, P. 1997: Verkehrsmittelwahl und ihre Beeinflussbarkeit im Stadtbereich. Eine verkehrsgeographische Analyse am Beispiel von Kiel und Lüneburg. Kiel = Kieler Geographische Schriften 95.

PFÄHLER, W. et al. (Hg.) 1999: Airports and air traffic. Regulation, privatisation and competition. Frankfurt (Lang).

PIETZSCH, W. u. G. WOLF 2000: Straßenplanung. Düsseldorf (Werner).

PLEHWE, D. 2000: Deregulierung und transnationale Integration der Transportwirtschaft in Nordamerika. Münster (Westfälisches Dampfboot).

POHL, H. (Hg.) 1998: Die Einflüsse der Motorisierung

auf das Verkehrswesen von 1886 bis 1986. Wiesbaden (Steiner).

POMPL, W. 2002: Luftverkehr. Eine ökonomische Einführung. Berlin (Springer).

PRETSCH, H. u. K. J. BECKMANN 2004: Schienengestützte Siedlungs- und Verkehrsentwicklung. Ausgewählte Ergebnisse des Projektes BAHN.VILLE. II: Wirkungen auf Verkehrsverhalten und Verkehrsstrukturen. In: ISB u. ILS: Tagungsband zum 5. Aachener Kolloquium „Mobilität und Stadt". Aachen (ISB), S. 65-76 = Stadt, Region, Land 77.

PRIEBS, A. 1992: Hafenbereiche im Umbruch. Revitalisierungsstrategien in Kopenhagen, Göteborg und Oslo. In: GR 44, H. 1, S.647-652.

PRIEBS, A. 2004: Vom Stadt-Umland-Gegensatz zur vernetzten Stadtregion. In: Jahrbuch StadtRegion 2003. Opladen (Leske u. Budrich), S. 17-42.

PRIEMUS H. u. W. ZONNEVELD 1997: What are corridors and what are the issues? Introduction to special issue: the governance of corridors. In: JTG 11, H. 3, S. 167-177.

PRIGGE, W. (Hg.) 1998: Peripherie ist überall. Frankfurt/Main (Campus) = Edition Bauhaus 1.

PRUD'HOMME, R. 2004: Infrastructure and development. Washington, DC = World Bank Working Paper 28975.

PUWEIN, W. 2000: Makroökonomische Aspekte von Transportkosten. In: WIFO-Monatsberichte, H. 6, S. 391-403.

RAGURAMAN, K. 1997: Airlines as instruments for nation building and national identity: case study of Malaysia and Singapore. In: JTG 5, H. 4, S. 239-256.

RAHMSTORF, S. 2001: Treibhauseffekt und Klimawandel. Jena (Mayer) = Schriftenreihe der Ernst-Abbe-Stiftung 22.

RAJÉ, F. et al. 2004: Transport, demand management and social inclusion. The Need for ethic perspectives. Aldershot (Ashgate).

RATZENBERGER, R. 1986: Längerfristige Perspektiven im Straßenverkehr. In: ifo-schnelldienst 16, S. 7-22.

RAUCH, B. 1993: Natur und Freizeit im Verkehrsraum Berchtesgaden. Konzepte integrierter Regionalpolitik. In: Frankfurter Wirtschafts- und Sozialgeographische Schriften 62, S. 17-204.

RAUH, J. 1999a: Telekommunikation und Raum. Informationsströme im internationalen, regionalen und individuellen Beziehungsgefüge. Münster (LIT) = Geographie der Kommunikation 1.

RAUH, J. 1999b: Standorte und Teilnetze privater Telefonanbieter und Citycarrier. In: IfL (Hg.): Nationalatlas Bundesrepublik Deutschland, Bd. 9. Heidelberg (Spektrum), S. 54-55

RAUH, J. 2005: Internationale Telekommunikation und Welthandelsströme. In: GR 57, H. 2, S. 40-47.

REGION HANNOVER 2005: Regionales Raumordnungsprogramm 2005. Entwicklung der Raum-, Siedlungs- und Freiraumstruktur. Hannover.

REH, W. 1988: Politikverflechtung im Fernstraßenbau der Bundesrepublik Deutschland und im National-

straßenbau der Schweiz. Frankfurt/Main = Beiträge zur Politikwissenschaft 37.

REICHOW, H. B. 1959: Die autogerechte Stadt. Ravensburg (Maier).

REILLY, W. J. 1929: Methods for the study of retail relationships. In: University of Texas Bulletin 2944.

REIM, U. 2001: Kombinierter Verkehr 2000. In: Wirtschaft und Statistik, H. 12, S. 997-1007.

REIM, U. 2004: Kombinierter Verkehr 2002. In: Wirtschaft und Statistik, H. 1, S. 63-73.

REIM, U. u. K. WALTER (2004): Kombinierter Verkehr 2003. Zuwachs in allen Bereichen. In: Wirtschaft und Statistik, H. 10, S. 1134-1145.

REINKE, V. 1985: Fahrgemeinschaften im Berufsverkehr. Dortmund (IRPUD) = Dortmunder Beiträge zur Raumplanung 39.

REINKOBER, N. 1994: Fahrgemeinschaften und Mobilitätszentrale. Bestandteile eines zukunftsorientierten Öffentlichen Personennahverkehrs. Berlin (Schmidt) = Schriftenreihe für Verkehr und Technik 81.

RENNER, M. 2004: Revitalisierung von Bahnbrachen. Zum Sachstand. In: IzR, H. 9/10, S. 539-550.

RESKE, D. 1980: Der Rhein-Rhône-Kanal aus regionaler und überregionaler Sicht. Frankfurt/Main = Frankfurter Wirtschafts- und Sozialgeographische Schriften 33.

REULECKE, J. 1985: Geschichte der Urbanisierung in Deutschland. Frankfurt/Main (Suhrkamp).

RIETVELD, P. u. F. BRUINSMA 1998: Is transport infrastructure effective? Transport infrastructure and accessibility. Impacts on the space economy. Berlin (Springer).

RIETVELD, P. u. R. VICKERMAN 2004: Transport in regional science. The „death of distance" is premature. In: Papers in Regional Science 83, H. 1, S. 229-248.

RIMMER, P. 1977: A conceptual framework for examining urban and regional transport needs in southeast Asia. In: Pacific-Viewpoint 18, S. 133-147.

RIMMER, P. 1985: Transport geography. In: Progress in Human Geography 10, S. 271-277.

RISSOAN, J. P. 1994: River-sea navigation in Europe. In: JTG 2, H. 2, S. 131-142.

RITTER, W. u. E. WEIGT (Hg.) 1981: Der Containerverkehr aus geographischer Sicht. Nürnberg = Nürnberger Wirtschafts- und Sozialgeographische Arbeiten 33.

RITZAU, H.-J. et al. 2003: Die Bahnreform. Eine kritische Sichtung. Pürgen (Zeit und Eisenbahn).

ROBINSON, R. 1998: Asian hub/feeder nets: the dynamics of restructuring. In: MPM 25, H. 1, S. 21-40.

RODRIGUE, J.-P. et al. 2006: The geography of transport systems. New York (Routledge).

ROE, M. 2002: Shipping policy in the globalisation era. The interrelationship between international supra-national and national shipping policies. In: C. T. GRAMMENOS (Hg.): The handbook of maritime economics and business. London (LLP), S. 495-511.

ROE, P. G. 2000: Qualitative research on intra-urban travel. An alternative approach. In: JTG 8, H. 2,

S. 99-106.

ROHR, G. V. 1998: Trends in der Entwicklung der Seeschifffahrt und den von ihr ausgehenden Gefährdungspotenzialen. In: Kieler Geographische Schriften 97, S. 247-264.

ROLLINS, W. 1995: Whose landscape? Technology, facism, and environmentalism on the national socialist Autobahn. In: Annals of the Association of American Geographers 85, H. 3, S. 494-520.

ROSSBERG, R. R. 1977: Geschichte der Eisenbahn. Künzelsau (Siegloch).

ROWLINSON, M. P. u. B. M. LEEK 1997: The decline of the regionally based UK deepsea tramp shipping industry. In: JTG 5, H. 4, S. 277-290.

RUSKE, W. 1995: Städtischer Wirtschaftsverkehr. Entwicklungstendenzen, Lösungsansätze. Aachen (RWTH) = Schriftenreihe Stadt, Region, Land des Instituts für Stadtbauwesen 65.

RUTZ, W. 1971: Erreichdauer und Erreichbarkeit als Hilfswerte verkehrsbezogener Raumanalyse. In: RuR 29, H. 4, S. 145-156.

SACK, D. 2002: Lokale Netzwerke unter Stress. Güterverkehrszentren zwischen Kombiniertem Verkehr und Standortkonkurrenz. Berlin (Sigma).

SAILER, U. 2006: Geographie des Ländlichen Raums. Paderborn (Schöningh) = Grundriss Allgemeine Geographie.

SALAU, A. T. u. J. M. BABA 1984: The spatial impact of the relocation of a section of the Zaria-Kano road: a case study of change and development in rural Zaria. In: Applied Geography 4, H. 4, S. 283-292.

SANDNER, G. 1958: Die verschieden raumdifferenzierende Wirkung von Autobus- und Eisenbahnlinien - dargestellt am Beispiel Nordhessens. In: Petermanns Geographische Mitteilungen 102, H. 2, S. 104-112.

SAUSEN, R. 1999: Auswirkungen des Luftverkehrs auf das Klima. In: GR 51, H. 9, S. 483-487.

SCHÄFERS, B. u. W. ZAPF (Hg.) 1998: Handwörterbuch zur Gesellschaft Deutschlands. Opladen (Leske u. Budrich).

SCHAFFNER, J. 2000: Entwicklung des Berufspendelns in den Gemeinden Niedersachsens 1987-1998. In: RuR 58, H.2/3, S. 233-243.

SCHALLER, T. 1993: Umweltschutz in der Gemeinde. Kommunale Verkehrskonzepte. Köln (Kohlhammer).

SCHAMP, E. W. 2000: Vernetzte Produktion. Darmstadt (Wiss. Buchges.).

SCHAMP, E. W. 2002: From a transport node to a global player. The changing character of the Frankfurt Airport. In: D. FELSENSTEIN et al. (Hg.): Emerging nodes in the global economy. Frankfurt and Tel Aviv compared. Berlin (Springer), S. 131-148.

SCHEINER, J. 2000: Eine Stadt - zwei Alltagswelten? Ein Beitrag zur Aktionsraumforschung und Wahrnehmungsgeographie im vereinten Berlin. Berlin (Reimer) = Abhandlungen - Anthropogeographie 62.

SCHEINER, J. 2001: Räumliche Mobilität in der Medi-

engesellschaft. In: RaumPlanung 97, S. 196-201.

SCHELTER, M. 2003: Öffentlicher Personen(inter)regionalverkehr. Angebotsplanung und Landesplanung. Münster = Siedlung und Landschaft in Westfalen 33.

SCHICKHOFF, I. 1978: Graphentheoretische Untersuchungen am Beispiel des Schienennetzes der Niederlande. Duisburg = Duisburger Geographische Arbeiten 1.

SCHILD, G. 1981: Zur Entwicklung der Rahmenbedingungen des öffentlichen Personennahverkehrs im ländlichen Raum. Ein Überblick. In: IzR, H. 10, S. 663-674.

SCHILDBERG, U. 1983: Zur Raumwirksamkeit von Fernstraßen, dargestellt am Beispiel der Emslandautobahn A 31. In: Neues Archiv für Niedersachsen 32, H. 3, S. 279-310.

SCHIVELBUSCH, W. 1977: Geschichte der Eisenbahnreise. Zur Industrialisierung von Raum und Zeit im 19. Jahrhundert. München (Hanser).

SCHLIEBE, K. 1986: Qualitätsstrukturen der regionalen Schienenerreichbarkeit. In: IzR, H. 4/5, S. 249-265.

SCHLIEPHAKE, K. 1973: Geographische Erfassung des Verkehrs. Gießen = Gießener Geographische Schriften 28.

SCHLIEPHAKE, K. 1982: Verkehrsgeographie. In: Sozial- und Wirtschaftsgeographie 2. Bearbeitet von J. HAGEL et al. München (Paul List), S. 39-159 = Harms Handbuch der Geographie.

SCHLIEPHAKE, K. 1987: Verkehrsgeographie. In: GR 39, H. 4, S. 200-212.

SCHLIEPHAKE, K. u. T. A. SCHENK (Hg.) 2004: Verkehrsgeographie. Mobilität, Logistik und Infrastruktur im Spannungsfeld von Nachfrage und Angebot. Würzburg = Würzburger Geographische Manuskripte 67.

SCHLIEPHAKE, K. u. T. SCHENK 2005: Verkehr und Mobilität. In: W. SCHENK u. K. SCHLIEPHAKE (Hg.): Allgemeine Anthropogeographie. Gotha (Klett-Perthes), S. 531-580.

SCHLIEPHAKE, K. u. W. WITTMANN 1980: Personenverkehr in ländlichen Räumen. Strukturen und Probleme. In: GR 32, H. 11, S. 502-506.

SCHMITHALS, J. u. E. SCHENK 2004: Die Rolle gesellschaftlicher Strukturen für die Implementierung von nicht-kommerziellen Mobilitätsangeboten. In: A. KAGERMEIER (Hg.): Verkehrssystem und Mobilitätsmanagement im ländlichen Raum. Mannheim (MetaGIS), S. 273-290.

SCHMITT, A. 1990: Neue Verkehrstechnologien. Fakten zur Beurteilung der Magnetschnellbahn. In: IVW 42, H. 6, S. 349-354.

SCHMITT, H. L. 1980: Die Binnenwasserstraßen und Hafenstandorte in Süddeutschland. Typologie und regionalwirtschaftliche Bedeutung. Frankfurt/Main = Frankfurter Wirtschafts- und Sozialgeographische Schriften 34.

SCHMITZ, S. 2001: Revolutionen der Erreichbarkeit. Gesellschaft, Raum und Verkehr im Wandel. Opladen (Leske u. Budrich) = Stadtforschung aktuell 83.

SCHMUCKI, B. 1998: Der Traum vom Verkehrsfluß. Geschichte des städtischen Personenverkehrs seit dem 2. Weltkrieg im deutsch-deutschen Vergleich unter besonderer Berücksichtigung von München und Dresden. Diss. LMU. München.

SCHNIEDERS, R. 2004: Die Regionalisierung des SPRVs in Frankreich. In: IVW 56, H. 6, S. 256-258.

SCHNITKER, R. 1981: Landesplanerische Aspekte des öffentlichen Personennahverkehrs im ländlichen Raum. In: IzR, H. 10, S. 675-692.

SCHNÖBEL, C. 2005: Vertikale Desintegration des britischen Eisenbahnsektors. In: IVW 57, H. 4, S. 136-142.

SCHÖLLER, O. (Hg.) 2005: Öffentliche Mobilität. Perspektiven für eine nachhaltige Verkehrsentwicklung. Wiesbaden (VS).

SCHÖLLER, O. u. A. BORCHERDING 2004: Elchtest. Die Reform des staatlichen Eisenbahnsystems in Schweden. In: IVW 56, H. 5, S. 188-191.

SCHRÖDER, E.-J. 2001: Transportkorridore 1999. Werktägliche Belastung durch den Güterverkehr. In: IfL (Hg.): Nationalatlas der Bundesrepublik Deutschland, Bd. 9. Heidelberg (Spektrum), S. 89.

SCHRÖDER, E.-J. 2004: Renaissance des Schienenpersonennahverkehrs in der Fläche am Beispiel von Baden-Württemberg und Rheinland-Pfalz – Scheinblüte oder dauerhafter Erfolg? In: A. KAGERMEIER (Hg.): Verkehrssystem und Mobilitätsmanagement im ländlichen Raum. Mannheim (MetaGIS), S. 91-104.

SCHUBERT, D. (Hg.): 2001: Hafen- und Uferzonen im Wandel. Analysen und Planungen zur Revitalisierung der Waterfront in Hafenstädten. Berlin (Leue).

SCHUBERT, W. (Hg.) 2000: Verkehrslogistik. Technik und Wirtschaft. München (Vahlen).

SCHUH, G. 1983: Strukturveränderungen der deutschen Binnenschiffahrtsflotte und deren Auswirkungen auf Reedereien und Partikuliere. In: Zeitschrift für Binnenschiffahrt und Wasserstraßen 38, H. 5, S. 170-176.

SCHULTE, R. 1983: Situationen und Chancen des öffentlichen Personennahverkehrs im ländlichen Raum. Münster = Münstersche Geographische Arbeiten 17.

SCHULZE, G. 1992²: Die Erlebnisgesellschaft: Kultursoziologie der Gegenwart. Frankfurt/Main (Campus).

SCHÜTZ, E. u. E. GRUBER 1996: Mythos Reichsautobahn. Bau und Inszenierung der „Straßen des Führers" 1933-1941. Berlin (Links).

SEALY, K. 1992: International air transport. In: B. S. HOYLE u. R. KNOWLES: Modern transport geography. London (Belhaven), S. 233-256.

SEDLACEK, P. 1981: Die kleinräumige Verkehrsanalyse als Grundlage verkehrsberuhigender Maßnahmen in Wohngebieten – dargestellt am Beispiel von Hiltrup-West. In: H. KLEINN et al. (Hg.): Westfalen, Nordwestdeutschland, Nordseesektor. Münster, S. 177-189 = Westfälische Geographische Studien 37.

SEIDENFUS, H. S. 1976: Streckenstillegungen, Güterverkehr und Ersatzlösungen. In: IzR, H. 4/5, S. 219-223.

SEIFERT, K.-D. 1999: Der deutsche Luftverkehr 1926-1945 – auf dem Weg zum Weltverkehr. Bonn (Bernhard & Graefe).

SEIFERT, K.-D. 2001: Der deutsche Luftverkehr 1955-2000. Weltverkehr, Liberalisierung, Globalisierung. Bonn (Bernhard & Graefe).

SEITZ, H. 2000: Infrastructure, industrial development and employment in cities: Theoretical aspects and empirical evidence. In: International Regional Science Review 23, H. 3, S. 259-280.

SENNETT, R. 1998: Der flexible Mensch. Die Kultur des neuen Kapitalismus. Berlin (Siedler).

SETCHEL, C. A. 1995: The growing environment crisis in the world's mega cities. The case of Bangkok. In: Third World Planning Review 17, H. 1, S. 1-18.

SHELL DEUTSCHLAND OIL 2004: Shell Pkw-Szenarien bis 2030: Flexibilität bestimmt Motorisierung. Szenarien des Pkw-Bestands und der Neuzulassungen in Deutschland bis zum Jahr 2030. Hamburg.

SIEBEL, W. 2004: Die europäische Stadt. Frankfur/Main (Suhrkamp).

SIEBER, N. 1998: Appropriate transport and rural development in Makete district, Tansania. In: JTG 6, H. 1, S. 69-73.

SIEDENTOP, S. et al. 2003: Siedlungsstrukturelle Veränderungen im Umland der Agglomerationsräume. Bonn (BBR) = Forschungen 114.

SIEFERLE, R.-P. 1997: Rückblick auf die Natur. Eine Geschichte des Menschen und seiner Umwelt. München (Luchterhand).

SIEVERTS, T. 1997: Zwischenstadt. Braunschweig (Vieweg) = Bauwelt Fundamente 188.

SIEVERTS, T. 1998: Die Stadt der Zweiten Moderne, eine europäische Perspektive. In: IzR, H.7/8, S. 455-474.

SIMON, D. 1996: Transport and development in the third world. London (Routledge).

SINZ, M. 1999: Der Beitrag der Gemeinsamen Landesplanung zur Steuerung der Siedlungs- und Verkehrsentwicklung im engeren Verflechtungsraum von Berlin und Brandenburg. In: M. HESSE (Hg.): Siedlungsstrukturen, räumliche Mobilität und Verkehr. Erkner, S. 83-94 = Graue Reihe des IRS 20.

SLACK, B. 1998: Intermodal transportation. In: B. HOYLE u. R. KNOWLES (Hg.): Modern transport geography. Chichester (Wiley), S. 263-289.

SLETMO, G. K. 2002: The rise and fall of national shipping policies. In: C. T. GRAMMENOS (Hg.): The handbook of maritime economics and business. London (LLP), S. 471-493.

SMITH, D. M. 1971: Industrial location: An economic geographical analysis. New York (Wiley).

SMITH, N. 1985: Mensch und Wasser. Geschichte und Technik der Bewässerung und Trinkwasserversorgung vom Altertum bis heute. Wiesbaden (Pfriemer).

SONNTAG, H. et al. 1998: Städtischer Wirtschaftsverkehr und logistische Knoten. Wirkungsanalyse von

Verknüpfungen der Güterverkehrsnetze auf den städtischen Wirtschafts- und Güterverkehr. Bergisch Gladbach (BASt).

SPIEKERMANN, K. u. M. WEGENER 1993: Zeitkarten für die Raumplanung. In: IzR, H. 7, S. 459-487.

SPIEKERMANN, K. u. M. WEGENER 1994: The shrinking continent. New time-space maps of Europe. In: Environment and Planning B: Planning and Design 21, S. 653-673.

SPORBECK, O. et al. 2000: Leitfaden für Umweltverträglichkeitsstudien zu Straßenbauvorhaben. Bochum = Materialien zur Raumordnung 55.

SRINIVASAN, S. u. P. ROGERS 2005: Travel behavior of low-income residents. Studying two contrasting locations in the city of Chennai, India. In: JTG 13, H. 3, S. 265-274.

SRU 1973: Auto und Umwelt. Stuttgart (Kohlhammer).

SRU 1983: Waldschäden und Luftverunreinigung. Stuttgart (Kohlhammer).

SRU 2005: Umwelt und Straßenverkehr. Hohe Mobilität - Umweltverträglicher Verkehr. Baden Baden (Nomos).

STATISTISCHES BUNDESAMT 2003: Bevölkerung Deutschlands bis 2050. 10. koordinierte Bevölkerungsvorausberechnung. Bearb. von O. PÖTSCH u. B. SOMMER. Wiesbaden.

STATISTISCHES BUNDESAMT 2004: Verkehr und Umwelt. Umweltökonomische Gesamtrechnung Verkehr. Wiesbaden.

STATISTISCHES BUNDESAMT 2005: Kombinierter Verkehr 2003. Bereitstellung von Angaben zum kombinierten Verkehr in Deutschland unter Berücksichtigung der Abbildung von Transportketten. Forschungsvorhaben im Auftrag des BMBVW. Wiesbaden.

STAUDACHER, C. 2002: Bahnhof und Stadt. Bahnhofsviertel als Standort- und Lebensgemeinschaft. In: Wirtschaftsgeographische Studien 27/28, S. 17-36.

STECKHAN, D. 1976: Welche Chancen ergeben sich aus der Notwendigkeit weiterer Streckenstilllegungen der Deutschen Bundesbahn für den öffentlichen Personenverkehr im ländlichen Raum? In: Neues Archiv für Niedersachsen. Landeskunde und Landesentwicklung 25, H. 4, S. 325-347.

STEIERWALD, G. u. H.-D. KÜNNE 1994: Stadtverkehrsplanung. Grundlagen, Methoden, Ziele. Heidelberg (Springer).

STEINBACH, J. u. D. ZUMKELLER 1992: Raumordnung und europäische Hochgeschwindigkeitsbahn. In: IzR, H. 4, S. 265-286.

STENGLEIN, J. 1994: 30 Jahre Großschiffahrtsstraße Mosel. In: Zeitschrift für Binnenschiffahrt 49, H. 24, S. 13-17.

STERNBERG, R. 2001: New Economic Geography und Neue Wachstumstheorie aus wirtschaftsgeographischer Sicht. In: Zeitschrift für Wirtschaftsgeographie 45, H. 3/4, S. 159 - 180.

STIENS, G. 2003: Szenarien zur Raumentwicklung. Raum- und Siedlungsstrukturen Deutschlands 2015/2040. Bonn (BBR) = Forschungen 112.

STINNES AG (www.stinnes.de, Zugriff am 12.2.2005).

STÖLZLE, W. 2003: Der internationale kombinierte Verkehr in logistischen Prozessketten. In: DVWG (Hg.): Kombinierter Verkehr in Europa. Vom Nischenprodukt zur Netzlösung? Berlin (DVWG), S. 14-20.

STOPFORD, M. 1997: Maritime economics. London (Routledge).

STRÄHLER, W. 1984: 85 Jahre westdeutsche Kanäle. In: Zeitschrift für Binnenschiffahrt, H. 3, S. 86-95.

STREIT, K. W. o. J.: Geschichte der Luftfahrt. Dt. Ausgabe von History of Aviation von W. R. TAYLOR u. K. MUNSON. Künzelsau (Siegloch).

SURBURG, U. 2002: Strategische Umweltprüfung (SUP) von Verkehrsplänen und -programmen. In: RuR 60, H. 5/6, S. 303-318.

SUSSMAN, J. 2000: Introduction to transportation systems. Norwood (Artech House).

T&E et al. 2002: Trans-European transport networks. Options for a sustainable future. Brüssel.

TAAFFE, E. J. et al. 1996²: Geography of transportation. Upper Saddle River, NJ (Prentice Hall).

TAAFFE, E. J. u. H. L. GAUTHIER 1973: Geography of transportation. Englewood Cliffs (Prentice-Hall).

TAAFFE, E. J. u. H. L. GAUTHIER 1994: Transportation geography and geographic thought in the United States: an overview. In: JTG 2, H. 3, S. 155-168.

TAAFFE, E. J., R. MORRILL u. P. GOULD. 1963: Transport expansion in underdevelopment countries: A comparative analysis. In: The Geographical Review 53, H. 4, S. 503-529.

TABUCHI, T. u. J.-F. THISSE 2002: Regional specialization and transport costs. London (CEPR) = Discussion Paper 3542.

TEMMING, R. L. 1985: Das Transportwesen im Wandel der Zeiten. Bielefeld (Kock).

TEMMING, R. L. 2003: Das große Eisenbahnbuch. Eine illustrierte Geschichte der Eisenbahn von der Dampflokomotive bis heute. Klagenfurt (Kaiser).

TESCHNER, M. u. H.-G. RETZKO (Hg.) 1997: Klimaschutz und Verkehrspolitik: Eine Fallanalyse der Stadtverträglichkeit und der kommunalen Handlungsblockaden. Basel (Birkhäuser).

THOMPSON, L. S. 2003: Changing railway structure and ownership: is anything working? In: Transport Reviews 23, H. 3, S. 311-355.

THÜNEN, H. H. v. 1875: Der isolierte Staat in Beziehung auf Landwirtschaft und Nationalökonomie. Erste Auflage d. 1. Teils 1826; Erste Abteilung d. 2. Teils 1850; Zweite Abteilung. d. 2. Teils u. 3. Teils 1863. Berlin [Nachdruck Akademie Verlag 1990].

TIETZE, W. 1998: Transrapid-Verkehr in Europa. Eine Vision für das 21. Jahrhundert. Stuttgart (Bornträger) = Geocolleg 11.

TOLLEY, R. u. B. TURTON 1995: Transport systems, policy and planning. A geographical approach. Harlow (Longman).

TOPP, H. 1994: Weniger Verkehr bei gleicher Mobilität? In: IVW 46, H. 9, S. 486-493.

TOPP, H. 2003: Verkehr im Jahr 2030. Mosaik einer

Vision. In: IVW 55, H. 10, S. 456-459.

UBA (Hg.) 1982: Modellvorhaben fahrradfreundliche Stadt. Werkberichte, Bd. 1. Berlin. [u. folgende Jahre].

UBA 1997: Nachhaltiges Deutschland. Wege zu einer dauerhaft-umweltgerechten Entwicklung. Berlin (Schmidt).

UBA 1998: Entwicklung eines Verfahrens zur Aufstellung umweltorientierter Fernverkehrskonzepte als Beitrag zur Bundesverkehrswegeplanung. (unveröff. Manuskr.). Berlin (UBA).

UBA 2002: Konzept für einen umweltverträglichen Fernverkehr. Berlin (UBA).

UBA 2003: CO_2-Minderung im Verkehr. Ein Sachstandsbericht des Umweltbundesamtes. Beschreibung von Maßnahmen und Aktualisierung von Potenzialen. Berlin (UBA).

UBA et al. 2004: Handbuch der Emissionsfaktoren des Straßenverkehrs. Version 2.1. Dokumentation. Bern (Infras).

UHLEMANN, H.-J. 2000: Zwischen Elbe und Ostsee. Zur Entstehung der Schleswig-Holsteinischen und Mecklenburg-Vorpommerschen Wasserstraßen. Hamburg (DSV-Verlag).

ULLMAN, E. 1954: Geography as spatial interaction. Seattle (Office of Naval Research) = Report 10.

UN 1989: Urban transport with particular reference to developing countries. New York.

UNCTAD 2002: Review of maritime transport. Genf. [u. frühere Jahre].

UPHAM, P. et al. 2003: Environmental capacity and airport operations: current issues and future prospects. In: JATM 9, H. 3, S. 143-151.

VAHRENKAMP, R. 2003: Der Gütertransport im internationalen Luftverkehr. In: IVW 55, H. 3, S. 71-75.

VAN DER LAAN, D. 1994: Expansion planning at Amsterdam's Schiphol. In: TESG 85, H. 5, S. 466-469.

VANCE, J. E. (1970): The merchant's world. The geography of wholesaling. Englewood Cliffs (Prentice-Hall).

VANCE, J. E. 1986: Capturing the horizon: The historical geography of transportation since the transportation revolution of the sixteenth century. New York (Harper and Row).

VANCE, J. E. 1995: The North American railroad. Baltimore (Johns Hopkins).

VBW 1994: Die Flotte, die Unternehmen und die Beschäftigten in der Binnenschiffahrt und die Leistungsfähigkeit und Wirtschaftlichkeit der Binnenschiffahrt. Duisburg-Ruhrort.

VBW 1995: Die Binnenwasserstraßen in der Bundesrepublik Deutschland. Duisburg-Ruhrort.

VBW 1996: Die Häfen in der Bundesrepublik Deutschland und in den Nachbarländern. Duisburg-Ruhrort.

VBW 2001: Geschäftsbericht 1999-2001. Duisburg-Ruhrort. [u. frühere Jahre].

VDEW 2002: Jahresbericht 2002. Berlin. [u. frühere Jahre].

VDN 2001: Jahresbericht 2001. Hamburg. [u. frühere Jahre].

VDV 2002: Die Güterbahnen. Zukunftsfähige Mobilität für Wirtschaft und Gesellschaft. Düsseldorf (Alba).

VENABLES, A. J. 2001: Geography and international inequalities: the impact of new technologies. London (LSE).

Verkehr in Zahlen 2004/2005. Hg. BMVBW Hamburg (Deutscher Verkehrs-Verlag). [u. frühere Jahre].

Verkehrstaschenbuch 2004/2005[47]. Hg. ARAL AG. Bochum. [u. frühere Jahre].

VERLAQUE, Ch. 1975: Géographie des transports maritimes. Paris (Doin).

VERRON, H. u. A. FRIEDRICH 2004: Environmentally sustainable transport in Germany. In: EJTIR 4, H. 1, S. 71-98.

VETTER, F. 1970: Netztheoretische Studien zum Niedersächsischen Eisenbahnnetz. Ein Beitrag zur angewandten Verkehrsgeographie. Berlin = Abhandlungen des 1. Geographischen Instituts 15.

VETTER, F. 1974: Netztheoretische Untersuchungen zur ökonomisch optimalen Linienführung in ausgewählten Eisenbahnnetzen in Mitteleuropa. In: Die Erde 105, H. 2, S. 135-150.

VICKERMAN, R. 1998: Infrastructure and the complexity of regional development. Book review. In: European Planning Studies 5, H. 4, S. 441.

VICKERMAN, R. 2000: Economic growth effects of transport infrastructure. In: Jahrbuch für Regionalwissenschaft 20, H. 2, S. 99-105.

VIGAR, G. 2001: The politics of mobility. London (Spon Press).

VOIGT, D. 1989: Lage und Zukunftsperspektiven des öffentlichen Personennahverkehrs in ländlichen Räumen unterschiedlicher Struktur. Eine empirische Untersuchung am Beispiel Niedersachsen. Bremen = Bremer Beiträge zur Geographie und Raumplanung 17.

VOIGT, F. (1965): Verkehr. 2. Band, 1. u. 2. Hälfte. Die Entwicklung des Verkehrssystems. Berlin (Duncker u. Humblot).

VOIGT, F. (1973): Verkehr. 1. Band, 1. u. 2. Hälfte. Berlin (Duncker u. Humblot).

VOPPEL, G. 1980: Verkehrsgeographie. Darmstadt (Wiss. Buchges.).

WACHS, M. u. M. CRAWFORD (Hg.) 1992: The car and the city. The automobile, the built environment, and daily urban life. Ann Arbor (Michigan Univ. Press).

WAGENBLASS, H. 1973: Der Eisenbahnbau und das Wachstum der deutschen Eisen- und Maschinenbauindustrie 1835-1860. Ein Beitrag zur Geschichte der Industrialisierung Deutschlands. Stuttgart (Fischer) = Forschungen zur Sozial- und Wirtschaftsgeschichte 18.

WAGNER, G. 1990: EG Binnenmarkt für Energie. Auswirkungen auf die Leitungsgebundene Energieversorgung in der Bundesrepublik Deutschland. In:

GR 42, H. 10, S. 522-528.

WAGNER, P.-J. et al. 2004: Die Brandenburger Lösung - Genehmigungen im bestehenden Rechtsrahmen. In: A. KAGERMEIER (Hg.): Verkehrssystem und Mobilitätsmanagement im ländlichen Raum. Mannheim (MetaGIS), S. 317-330.

WALTHER, M. 1995: Stärkere Nutzung der Binnenschiffahrt. Anspruch und Wirklichkeit einer aktiven Verkehrspolitik. In: IVW 47, H. 9, S. 528-535.

WANDEL, S. u. C. RUIJGROK 1993: Innovation and structural change in logistics: a theoretical framework. In: G. GIANNOPOULOS u. A. GILLESPIE (Hg.): Transport and communications innovation in Europe. London (Belhaven), S. 232-258.

WANG, J. u. S. MCOWAN 2000: Fast passenger ferries and their future. In: MPM 27, H. 3, S. 231-251.

WBCSD 2004: Mobilität 2030: Die Herausforderungen der Nachhaltigkeit meistern. The sustainable mobility project. Overview 2004. Genf (WBCSD).

WEBER, A. 1909: Über den Standort der Industrien. 1. Teil: Reine Theorie des Standorts. Tübingen (Mohr).

WEBER, E. 1982: Autobahnbau mit regionalwirtschaftlicher Perspektive. Die Raumwirksamkeit von Autobahnverbindungen. Dargestellt am Beispiel Ostfriesland/Emsland. Eine Entgegnung auf die Thesen Lutters. In: Neues Archiv für Niedersachsen 31, H. 1, S. 16-30.

WEBER, J. u. H. BAUMGARTEN (Hg.) 1999: Handbuch Logistik. Stuttgart (Schäffer-Poeschel).WEBER, M. 1980⁵: Wirtschaft und Gesellschaft. Grundriss der verstehenden Soziologie. Tübingen (Mohr). [1. Aufl. 1921].

WEHLING, H. W. 1994: Die London Docklands. Strategien, Prozesse und Probleme der Revitalisierung. In: Die alte Stadt 21, H. 4, S. 280-299.

WEI, W. u. M. HANSEN 2003: Cost economics of aircraft size. In: Journal of Transport Economics and Policy 37, H. 2, S. 279-296.

WEIGEND, G. C. 1956: The problem of hinterland and foreland as illustrated by the port of Hamburg. In: Economic Geography 32, H. 1, S. 1-16.

WEISE, G. u. W. DURTH 1997: Straßenbau: Planung und Entwurf. Berlin. (Verl. für Bauwesen).

WEISS, W. 2002: Der ländliche Raum. Regionaldemographische Begründung einer Raumkategorie. In: RuR 60, H. 3/4, S. 248-254.

WENGER, H. 2001: UIRR 30 Jahre. Geschichte der UIRR und des Kombinierten Güterverkehrs Schiene-Straße in Europa 1970-2000. Brüssel (UIRR).

WENGLER-REEH, G. 1991: Paratransit im öffentlichen Personennahverkehr des ländlichen Raumes. Marburg = Marburger Geographische Schriften 120.

WERLEN, B. 2000: Sozialgeographie. Bern (Haupt)

WERNER, C. 1966: Zur Geometrie von Verkehrsnetzen. Berlin 1966 = Abhandlungen des 1. Geographischen Instituts 10.

WERNER, J. 1998: Nach der Regionalisierung. Der Nahverkehr im Wettbewerb. Rechtlicher Rahmen, Verantwortlichkeiten, Gestaltungsoptionen. Dort-

mund (Vertrieb für Bau- u. Planungsliteratur).

WHEELER, J. et al. 2000: Cities in the telecommunications age. The fracturing of geographies. New York (Routledge).

WIEDERKEHR, P. et al. 2004: Environmentally sustainable transport (EST). Concept, goal and strategy. In: European Journal of Transport and Infrastructure Research 4, H. 1, S. 11-25.

WILCKENS, M. 1994: Frachthochgeschwindigkeit. In: IVW 46, H. 9, S. 506-512.

WILD, P. u. J. DEARING 2000: Development of and prospects for cruising in Europe. In: MPM 27, H. 4, S. 315-333.

WILLEKE, R. 1996: Mobilität, Verkehrsmarktordnung, externe Kosten und Nutzen des Verkehrs. Frankfurt/Main = Schriftenreihe des VDA 81.

WILLIAMS, A. 1992: Transport and the future. In: B. S. HOYLE u. R. D. KNOWLES (Hg.): Modern transport geography. London (Belhaven), S. 257-270.

WILLIAMS, G. 2001: Will Europe's charter carriers be replaced by ‚no-frills' scheduled airlines? In: JATM 7, H. 5, S. 277-286.

WILLIAMS, G. 2002: Airline competition. Deregulation's mixed legacy. Aldershot (Ashgate).

WILSON, G. W. et al. 1966: The impact of highway investment on development. Washington, DC (Brookings Istitution).

WILSON, P. 1995: Euro-Landschaft. In: Westfälischer Kunstverein: Die verstädterte Landschaft. Ein Symposium. München, S. 13-23.

WINTER, D. 1976: Volkswirtschaftliche Notwendigkeit einer Neuorientierung des Schienenverkehrs. In: IzR 8, H. 4/5, S. 167-174.

WIRTH, E. 1995: Die Großschiffahrtsstraße Rhein-Main-Donau. Ein Weg für Südosteuropa? Erlangen = Erlanger Geographische Arbeiten 56.

WIRTH, E. 1998: Die Wasserstraßen Bayerns. Völkerverbindende Magistralen in einem Europa ohne Eisernen Vorhang. In GR 50, H. 9, S 501-507.

WISSENSCHAFTLICHER BEIRAT BEIM BMVBW 2005: Privatfinanzierung der Verkehrsinfrastruktur. Gutachten vom März 2005. In: IVW 57, H. 7/8, S. 303-310.

WOELKER, C. et al. 1982: Bundesverkehrswegeplan '80. Neue politische Akzente im Bereich der Verkehrsinfrastruktur. In: IVW 32, H. 2, S. 77-85.

WOLF, H. 2003: Privatisierung im Flughafensektor. Eine ordnungspolitische Analyse. Berlin (Springer).

WOLF, J. 1969: Die Elektrifizierung der Eisenbahn in der BRD nach 1945 in verkehrsgeographischer Sicht. Frankfurt/Main.

WOLF, K. 1994: Der Flughafen Frankfurt am Main – Luft-Drehkreuz in Europa. In: Zeitschrift für den Erdkundeunterricht 46, H.12, S. 461-467.

WOLKOWITSCH, M. 1999: Train à Grande Vitesse. Der französische Hochgeschwindigkeitszug im europäischen Bahnnetz. In: GR 51, H. 2, S. 103-109.

WOLLNER, F. 1986: Chancen in der Kooperation. Die aktuelle Situation des Schienenpersonenverkehrs in der Fläche. In: IzR, H. 4/5, S. 283-289.

WORTMANN, W. 1970: Städtebau. Geschichtliche Entwicklung. In: ARL (Hg.): Handwörterbuch der RuR. Hannover (Jänecke), Sp.3118-3137.

WÜRDEMANN, G. u. N. SIEBER 2004: Raumwirksamkeitsanalyse in der Bundesverkehrswegeplanung 2003. In: RuR 62, H. 6, S. 365-378.

ZACHARIAS, J. 2002: Bicycle in Shanghai: movement patterns, cyclist attitudes and impact of traffic separation. In: Transport Reviews 22, H. 3, S. 309-322.

ZELLER, T. 2002: Straße, Bahn, Panorama. Verkehrswege und Landschaften in Deutschland von 1930-1990. Frankfurt/Main (Campus) = Beiträge zur Historischen Verkehrsforschung, 3.

ZIMMERMANN, C. 1992: Maßnahmen einer verstärkten Nutzung der Binnenwasserstraßen und Binnenhäfen für den Gütertransport. In: Zeitschrift für Binnenschiffahrt 47, H. 19, S. 1056-1067.

ZIPF, G. K. 1946: The P1 P2 / D hypothesis and inter-city movement of persons. In: American Sociological Review 11, S. 677-686.

ZOOK, M. 2000: The web of production: the economic geography of commercial Internet content production in the United States. In: Environment and Planning A 32, S. 411-426.

ZOOK, M. 2005. The geography of the Internet industry. Venture capital, dot-coms and local knowledge. Oxford (Blackwell).

ZUMKELLER, D. 1997: Sind Telekommunikation und Verkehr voneinander abhängig? In: IVW 49, H. 1/2, S. 16-21.

ZUMKELLER, D. 2004. Verkehrliche Wirkungen des demographischen Wandels. Erkenntnisse aus zehn Jahren Panel. Karlsruhe (Institut für Verkehrswesen) = IfV-Report 04/04.

ZUMKELLER, D. et al. (2003): Panelauswertungen 2002. Schlussbericht. Karlsruhe (TU, Institut für Verkehrswesen).

Sachregister

A

Abgas 36, 49, 137
  Abgasemission 158, 186, 312, 313
Abwrackaktion 102
ADV 146
AEA 149
Agglomeration(sraum) 48, 137, 151, 165,
  168, 189, 197, 208, 232, 238, 241, 244,
  264–270, 274, 302, 311
  Agglomerationsnachteil 205, 219
  Agglomerationsvorteil 283
Airbus 139, 146
Airline 31, 144, 150, 151, 156, 242
Allianz 126, 145, 154, 177, 272
Alpentransit 250–252
Anyport 297
Aquädukt 89
Auto(mobil) 12, 18, 22–24, 27, 36, 38, 39, 43,
  45, 46, 48, 54, 63, 127, 181, 194, 204, 206,
  327, 331, 332
  Autoabgase 56
  Autobahn 21, 41–46, 51, 62, 176, 185,
    237–239, 242, 244, 273, 303, 304, 315,
    331
  Autobahnbau 46
  Autobahnkilometer 46
  Automobil Club 37, 38
  Automobilzeitalter 38
  Autostadt 270, 332, 333
  Autostraße 44, 45
AVUS 39

B

Bahn 29, 30, 50, 51, 54, 63, 64, 66, 73, 74,
  76, 79–84, 86, 87, 100, 109, 145, 148, 167,
  168, 172–174, 176, 177, 180, 197, 200,
  214, 222–224, 226, 229, 233, 237, 238,
  240, 241, 245, 248, 278, 279, 302, 308,
  314, 315, 323, 326. Siehe auch Eisenbahn
  Bahnanschluss 222
  Bahnbeförderung 123

Bahnbrache 76
Bahnhof 20, 70, 73, 74, 76, 77, 79, 86, 87,
  179, 190, 192, 210, 222, 223, 229, 288
  Durchgangsbahnhof 74
  Kopfbahnhof 74–76, 79
Bahnhofsprojekt 79
Bahnhofsviertel 76
Bahnkörper 68, 69
Bahnlinie 63, 65, 74, 76, 254, 271. Siehe
  auch Eisenbahnlinie
Bahnreform 54, 83–87, 228
Bahnsystem. Siehe Eisenbahnsystem
Bahntransport 44, 81, 105
  S-Bahn 67, 74, 77, 190, 204
    S-Bahn-Netz 79, 191
  Straßenbahn 67, 77, 184, 190, 191, 192,
    269, 270
  U-Bahn 68, 77, 190–192, 267, 269
    U-Bahn-Netz 191, 197
Bedarfsplan 53, 55–57
Beförderung 12, 18, 19, 90, 100, 104, 118, 141,
  144, 149, 155, 160, 187, 228, 233, 267,
  269, 275, 278
  Beförderungskapazität 100, 109, 121, 134,
    269
  Beförderungsleistung 80, 93, 114, 149, 150,
    263, 269, 270, 276
  Beförderungspflicht 30, 82
  Beförderungssysteme 88, 231, 277, 278
  Straßenbeförderung 54, 81
Behälter 20, 89, 102, 118, 174. Siehe
  auch Transportbehälter
Bemessungsfahrzeug 40
Bemessungsgröße 40
Berliner Knoten 79
Beschleunigung 58, 87, 197, 317, 329, 330
  Beschleunigungsfahrstreifen 51
Betriebspflicht 30
Bewertungsmethodik 243
Billigflagge (FOC) 135
Binnenschiff 29, 51, 81, 99–101, 103–105, 109,

110, 112–114, 174, 177, 200, 238, 240
Binnenschifffahrt 18, 30, 32, 99, 101, 107, 109,
   110, 114, 136, 175, 237
Binnenschiffstransport 80, 100, 112
Binnenschiffsverkehr 30, 99, 101, 103, 105,
   107, 109, 111, 113, 246
Binnenwasserstraße 55, 105, 105–114, 246
   Klassifizierung der Binnenwasserstraßen
   105, 106
Blockzug 80, 123, 279
Bodenpreise 195, 206, 213, 266, 298, 304
Boeing 139, 146, 153
Breitspur. *Siehe* Spurbreite
Bremsweg 68
Bündelung von Verkehrsfunktionen 237
Bundesamt für Güterverkehr 37, 62
Bundesamt für Straßenwesen 37, 62
Bundeseisenbahnvermögen 84
Bundesfernstraße 35, 55, 56, 243
Bundesschienenwegeausbaugesetz 55
Bundesstraße 41, 46, 61, 261, 274
Bundesverkehrswegeplan (BVWP) 54, 55, 109,
   112, 239, 242, 243, 327
Bundeswasserstraße 105, 112, 243
Bus 32, 40, 50, 73, 83, 179, 192, 197, 224,
   228, 231, 233, 245, 266, 267, 268, 269
   bedarfsgesteuerte Bussysteme 231
   Bürgerbus 217, 231
   Busverkehr 192, 197, 226, 267, 292
BVWP. *Siehe* Bundesverkehrswegeplan

C

Car-Sharing 180, 181, 197, 198, 217, 233
Cargo 31, 153, 154
City-Logistik 200
Code-Sharing 145, 146, 154
Container 81, 104, 105, 110, 119, 123, 124,
   129, 172, 174, 272, 273
   Containerdienst 104, 119
   Containerhafen 131, 132, 272
   Containerisierung 114, 119, 125, 133, 272
   Containerschiff 29, 118, 120, 121, 122, 125,
   127, 129, 130
   Containerschifffahrt 107, 110, 136, 174
   Containerterminal 113, 127, 129
   Containertransport 64, 80, 82, 100, 104,
   181
   Containertypen 119
   Containerverkehr 110, 125, 126, 131, 132

D

Dampfmaschine 12, 65, 101
Dampfschiff 101, 116, 127, 298
Datenfernübertragung (DFÜ) 167
DB RegioNetz 229
deregulation act 31, 156
Deregulierung 31–33, 98, 153, 157, 166, 169,
   175, 241, 244, 265, 272, 278, 319, 334
Deutsche Bahn AG 74, 79, 80, 84–86, 113,
   167, 174, 180, 228, 233, 237
Deutsche Bundesbahn (DB) 30, 80, 84, 222,
   223
Deutsche Flugsicherung (DFS) 141, 158
Deutsche Reichsbahn (DR) 45, 50, 73, 80, 84
Deutsche Telekom 167, 170
DFÜ. *Siehe* Datenfernübertragung
Dieselantrieb 50, 67, 116
digitale Technologie 160
Diseconomies of scale 139
Distanzfaktor 276
Distributionskonzept 165
Drehkreuz 139, 144, 145, 148, 150, 154, 293
Durchgangsbahnhof 74

E

Economies of density 139
Economies of scale 121, 139
Einheitstarif 101, 227, 229, 267, 269, 278
Eisenbahn 12, 21, 22, 32, 35, 55, 63, 65–69,
   79, 81–85, 87, 113, 116, 123, 167, 168, 172,
   174, 181, 183, 192, 222, 223, 236, 239,
   244, 256, 271, 273, 282, 294, 303, 314.
   Siehe auch Bahn
Eisenbahnanschluss 127, 298
Eisenbahnbau 71, 222
Eisenbahnbundesamt 86
Eisenbahnimperialismus 63
Eisenbahnlinie 65, 101, 218. *Siehe*
   auch Bahnlinie
Eisenbahnnationalismus 63
Eisenbahnstrecke 70, 246
Eisenbahnsystem 70, 71, 250
Eisenbahnzeitalter 38, 63, 65
Elektrifizierung 67, 73, 74, 83
Elektrizität 63, 88, 90, 97, 98
   Elektrizitätsleitungen 88
   Elektrizitätsnetz 89
Emission 53, 64, 82, 88, 100, 112, 115, 137,
   158, 173, 185, 266, 269, 312, 314, 322

Emissionsguthaben 158
Emissionshandel 158
Emission von Kohlendioxid 36
Emission von Luftschadstoffen 36, 250, 311
Emission von Schadstoffen 193, 199, 241,
　312, 313
Stickoxidemissionen 56, 312
Energienachfrage 334
Entwicklungsparadigma 329
Entwicklungsphasen eines Verkehrsnetzes 286
Entwicklungsstadien von (Verkehrs-)netzen
　291, 294, 309
Entwicklungstheorie 299
Erhalt von Nebenstrecken 224
Erreichbarkeit 12, 18, 19, 55, 183, 184, 186,
　190, 193, 195, 198, 200, 204, 208, 214,
　219, 224, 236, 237, 239, 240, 289, 292,
　299, 300, 302, 304, 305, 306, 315, 323–325
Ersatzverkehr, (Schienen-) 73, 83, 224
ÖPNV-Ersatzverkehr 232
Erztransport 101, 130
Eurocontrol 158
Europaschiff 102
externe Kosten des Verkehrs 176, 248, 279

F

Fachplanung 56
Fahrbahn 41
Fahrbahndecke 38, 39, 68
Fahrgastschiff 122
Fahrgemeinschaft 101, 110, 180, 217, 233
Fährlinien 125
Fahrrad 22, 26, 48, 60, 190, 209, 221, 233,
　263, 264, 266, 327. *Siehe auch* Rad
Bike and Ride (B+R) 79, 179, 180
Fahrradfahren 186, 189
Fahrradkultur 60
Fahrradweg 26. *Siehe auch* Radwege
Fahrstreifen 41, 43, 51, 62, 267
Familienunternehmen 101
Feeder-Dienst 273
Fernleitungen 90, 92, 93, 95, 97
Fernwasserleitungen 88, 89
Fernmeldewesen 160, 169
Fernstraße 237, 300, 304, 309
Fernstraßenausbaugesetz 53, 55
Fernstraßenbau 302
Fernstraßennetz 44
Fernstraßenplanung 57
Ferntransport 81, 88

Fernüberwachung 70, 90
Fernverkehr 30, 50, 54, 64, 74, 83, 84, 177,
　210, 219, 228, 235–239, 241–245, 247,
　249, 251, 317
Fernverkehrsprojekte 239, 243
Fernverkehrsverbindung 302
Fernverkehrswege 236
Flächennutzung 128, 211, 219, 267
Flächennutzungsplanung 97, 198
Flächenverbrauch 41, 49, 64, 88
Flag Carrier 143, 155
flexible Bedienungsformen 217
Flugboot 143
Flüge 139, 141, 144
Linienflüge 138
Fluggesellschaft 138–140, 142, 143, 145, 146,
　149, 150, 153, 154, 156, 157, 159
Billigfluggesellschaft 137, 242. *Siehe
　auch* Low Cost Carrier
Charterfluggesellschaft 151, 156
Linienfluggesellschaft 142, 156
Flughafen 93, 141–144, 148–151, 154–156,
　158, 159, 210, 246, 257, 271–273, 314
Flughafenausbau 148, 149
Flughafenbetreiber 141, 146, 148
Regionalflughafen 146, 148, 151
Fluglärm 158
Flugnetz 142, 143, 145, 150
Flugpassagier 142, 149
Flugplatz 137. *Siehe auch* Flughafen
Flugsicherung 136, 141, 157, 158
Flugtourismus 137
Flugverkehr 82, 139, 141, 153, 156, 157, 159,
　314, 326
Flugverkehrsnetz 144, 159
Flugzeug 12, 18, 29, 114, 122, 136–139, 143,
　145, 146, 153–156, 158, 258
Groß(raum)flugzeug 138
Kleinflugzeug 140
Passagierflugzeug 139, 140, 153
Regionalflugzeug 140
FOC. *Siehe* Billigflagge
Forschungsansätze der Verkehrsgeographie
　15, 34, 338
Frachtraten 50, 101, 133, 135
Frachtschiff 117, 119, 122, 124
Franchising 145, 146
Freiheit der Meere 131
Freiheiten der Luft 141, 144, 145, 155, 156
Freileitungen 90, 97

From Road to Sea 113, 115
Fuhrwerk 38, 39, 90
Fusion 98, 126, 139
Fußgänger 37, 40, 184, 189, 204, 262, 263, 266, 315
    Fußgängerbereich 196
    Fußgängerzone 60, 186, 193, 195, 196, 288, 311, 318

G

Ganzzug 64, 123
Gateway 115, 177
Gebietsmonopol 97
Gefahrengutbeförderung 115
Gefahrgut 100
    Gefahrguttransport 104
Gemeinde-Verkehrsfinanzierungsgesetz 53, 61, 232
Gemeinschaftsaufgabe „Verbesserung der regionalen Wirtschaftsstruktur" 299
Generalverkehrsplan (GVP) 316
Gesetze 38, 53, 58, 158, 228, 256
Gewerbe 29, 39, 66, 90, 115, 137, 186, 187, 189, 195, 196, 210, 221, 222, 314
    Gewerbegebiet 176, 189, 200, 202, 203, 210, 211, 218
    Gewerbesuburbanisierung 206, 211
Glasfaserkabel. *Siehe* Kabel
Globalisierung 17, 22, 28, 35, 116, 174, 242, 325, 329
Graphentheorie 20, 288
Gravitationsmodell 292
grenzüberschreitender Transport/Verkehr 29, 30, 113, 157, 176, 238, 241
Grenzwert 53, 58, 122, 156, 219, 220, 312, 313
Größenentwicklung 120
Größenwachstum 119, 120, 121, 127
Güter 11, 12, 14, 18, 19, 20, 27, 28, 65, 73, 76, 79, 81–83, 88, 99, 104, 107, 108, 110, 111, 115, 127, 136, 137, 148, 172, 177, 183, 186, 187, 202, 204, 211, 256, 264, 278, 285, 304, 319, 329
    Güterabfertigungsstelle 223
    Güterfernverkehr 29, 30, 50, 83, 200, 246
        Straßengüterfernverkehr 54
    Gütermenge 80, 107, 110, 111
    Gütermotorschiff 102
    Güternahverkehr 200
    Güterstruktur(effekt) 29, 50, 81, 110
    Gütertransport 11, 12, 19, 21, 29, 73, 83,

101, 106, 113, 171, 172, 178, 182, 187, 211, 223, 238, 242, 245, 251, 253, 264, 281, 333
    Gütertransportkosten 62
    Gütertransportleistung 81
    Gütertransportmärkte 32
Güterumschlag 109, 177, 210
Güterverkehr 19, 28–31, 35, 37, 39, 48, 50, 54, 55, 62, 64, 74, 76, 80–82, 86, 87, 105, 114, 136, 159, 163, 176–181, 199, 200, 210, 211, 213, 218, 222, 240–242, 244, 245, 251, 302, 316, 326, 331, 334
    Güterverkehrsbereich 87, 200
    Güterverkehrsleistung 50, 51, 88
Güterverkehrszentrum (GVZ) 112, 113, 176, 177, 178, 179, 200, 202, 213
    GVZ-Planungen 178
    GVZ-Projekte 177, 178
    GVZ-Standorte 178

H

Hafen 80, 102, 105, 108–110, 115, 116, 119–121, 123, 125–127, 131, 134, 210, 236, 246, 248, 256, 257, 259, 271–273
    Binnenhafen 110, 112–114, 245
    Hafenhinterland 115, 256
    Hafenmodell Anyport 297
    Hafenterminal 127
    Haupthafen 126
    Rheinhäfen 109
    Seehafen 93, 104, 105, 107, 112, 113, 132, 236, 294, 298
    Tiefwassercontainerhafen 129
HafenCity 127
Hafraba 44, 238
Haltestellenverknüpfung 232
Handy 171. *Siehe auch* Mobiltelefon
Hauptverkehrsachse 241
Hauptverkehrsmittel 189
High Speed Craft (HSC) 122
Hinterland 20, 80, 113, 115, 126, 222, 224, 236, 238, 296
    Hinterlanderschließung 44
Hochgeschwindigkeitsnetz 236, 246, 248
Hochgeschwindigkeitsstrecke 68, 70, 74, 76, 248, 315
Hochgeschwindigkeitssystem 22, 84
Hochgeschwindigkeitsverkehr 11, 80, 240
Hochgeschwindigkeitszug 68, 69, 157
Hochspannungsleitungen 91

Höchstspannungsleitungen 91, 96, 97
HSC. *Siehe* High Speed Craft
Hub 131, 143, 144, 145, 148, 154, 155, 156,
    157, 272, 273, 289, 293
    Hinterland-Hub 113, 144
    Hub-and-spoke 126, 143, 144, 145, 148,
        156, 289, 293
    Uhrglas-Hub 144

I

IATA 142, 149, 151, 155, 156, 159
ICAA 149, 156
ICAO 146, 155, 158, 159
ICE 69, 74, 204, 237, 248, 303
IMO. *Siehe* Internationale Maritime Organisa-
    tion
Individualverkehr (IV) 24, 26, 35, 48, 49, 54,
    77, 181, 204, 217, 225, 229, 265, 266, 268,
    271, 324, 326
    Individualverkehrsmittel 326, 337
    Motorisierter Individualverkehr (MIV) 35,
        49, 54, 225, 265
individuelle Mobilität 25, 36, 331
Industrialisierung 21, 38, 63, 66, 79, 89, 116,
    117, 119, 154, 160, 222, 236, 256, 271, 294,
    330, 338
Information und Kommunikation (IuK) 23,
    160–163, 165, 167, 169, 170, 171, 180,
    276, 293, 337
    IuK-Angebot 171
    IuK-Netze 167, 293
    IuK-Technologien 163, 165, 171, 276, 337
Infrastruktur 11, 15, 20, 22, 31, 48, 61, 63–67,
    73, 83, 84, 91, 112, 113, 119, 127, 136, 146,
    149, 156, 164–167, 169–171, 176, 179,
    183, 189, 203, 204, 206, 210, 218, 219,
    229, 231, 241, 242, 244, 248–250, 252,
    253, 259, 263, 265, 269, 271, 273, 275,
    276, 285, 292, 293, 298–300, 303, 304,
    307, 308, 317, 322, 324, 325, 327, 330,
    333. *Siehe auch* Verkehrsinfrastruktur
    Infrastrukturpolitik 21, 22, 33, 168, 169,
        172, 235, 237, 248–250, 274, 300, 303,
        306, 319, 323, 324, 326, 327, 334
    Netzinfrastruktur 167, 168, 170, 192, 250
Innenstadt 76, 77, 183, 186–190, 193,
    195–197, 200, 211, 266, 267
    autofreie Innenstadt 195
Innovation, (technische) 12, 13, 17, 21, 43, 63,
    82, 116, 126, 140, 158, 162, 171, 264, 275,

    294, 299, 314, 326, 329, 335
Integration des Verkehrs 197, 199, 308
Integration von DB und DR 84
integrator 137, 154
integrierte Stadt- und Verkehrsplanung 17,
    187, 197, 198, 199, 317, 318, 319
Intermodale Transportkette 172, 173, 175, 177,
    179, 181
Intermodalität 133, 172, 179, 180, 181, 182
    Intermodalität im Gütertransport 172, 182
    Intermodalität im Personenverkehr 179,
        180, 182
Internationale Maritime Organisation (IMO)
    133, 134
International Safety Management (ISM) 133
ISDN 166, 168
ISM. *Siehe* International Safety Management
    (ISM)
IuK. *Siehe* Information und Kommunikation
IV. *Siehe* Individualverkehr

K

Kabel 88–91, 96–98
    Erdkabel 97
    Glasfaserkabel 165
    Kabelnetz 96, 169
    Kupferkabel 165
Kabotage 32, 101
Kanäle 100, 101, 104–108, 112, 121, 123
    Dortmund-Ems-Kanal 107
    Elbe-Havel-Kanal 108
    Elbe-Seitenkanal 101, 108
    Main-Donau-Kanal 107
    Mittellandkanal 108, 112
    Nord-Ostsee-Kanal 105, 112, 123
    Panama-Kanal 123
    Rhein-Herne-Kanal 108, 109
    Suez-Kanal 119, 121, 123
Kennziffern zur Netzbeschreibung 291
Kfz. *Siehe* Kraftfahrzeug
Kombinierter Verkehr (KV) 112, 172–178, 181,
    182, 246, 307, 308, 324, 335
    KV Schiene-Straße 172
    KV Schiene-Wasserstraße 172
Kombischiff 118
Kombiverkehr KG 175, 177
Kommunikation
    digitale Kommunikation 167
    Kommunikationsdienst 160–162
    Kommunikationstechnik 23, 162

Konferenzen (Internationale) 141, 155, 320
  Europäischen Verkehrsministerkonferenz
    ECMT 102
  UN-Seerechtskonferenz UNCOS 133
Konferenzen (Schifffahrtskooperation) 122,
  126, 131
Konflikt Schiene-Straße 83
Konnektivität 289, 290, 291
Konversion 159
  Konversionsflugplätze 148
  Konversionsprojekte 149
Kooperation 113, 122, 126, 145, 154, 177, 200,
  227, 250, 273, 305, 308
  Kooperationspartner 142, 143
  Kooperationsstrategie 126
Kopfbahnhof. *Siehe* Bahnhof
Koppelverbände 102
Kraftfahrzeug (Kfz) 22, 36, 38–44, 49, 50, 54,
  62, 93, 179, 190, 192–198, 204, 207, 211,
  214, 256, 311, 314–318, 326
  Kraftfahrzeugverkehr 21, 39, 190, 192–197,
    204, 207, 211, 214, 311, 315–318, 326
Kreisstraße 35, 48, 261
Kreisverkehr 51
KV. *Siehe* Kombinierter Verkehr

L

Ladekapazität 39, 80, 153
Landbrückenverkehr 123, 124
Landesstraße 35, 46, 261
ländliche Wegebauprogramme 262
Landnutzung 92, 264, 281, 282
  Landnutzungsmodelle 281–283
  transportkostenabhängige Landnutzung
    282
Landschaftsbild 91, 100, 241, 242, 315
Landschaftsschutz 315
Landverkehrsmittel 65
Lärm, Verkehrslärm 36, 49, 58, 100, 137, 242,
  279, 312–314, 335
  Lärmauswirkung 141
  Lärmbelastung 186
  Lärmemission 187, 193, 199, 241, 313, 314
  Lärmgrenzwert 322
  Lärmminderungsplanung/-pläne 198, 314
  Lärmproblem 314
  Lärmschutz 58, 158
    Lärmschutzanlagen 56
    Lärmschutzwände 314
Lastkraftwagen 39, 40, 50, 64. *Siehe auch* Lkw

Lehrbücher 14–17, 34, 62, 87, 290
Leichtbauschnellzug (LRT) 269, 270
Leitbild 187, 194, 217, 316, 317, 319, 320, 321,
  323, 331
Leitsysteme 20, 288
Leitungstransport 88–91
Liberalisierung 17, 28, 31, 32, 83, 98, 114, 133,
  143, 156, 157, 241, 334
Lichtraumprofil 40, 69
Linienbestimmung 56–58
Liniendienst 50, 110, 117, 125, 131
Lkw 29, 39, 41, 43, 50, 51, 54, 81–83, 100,
  101, 125, 154, 155, 172, 173, 200, 211, 238,
  240, 250, 277–279, 311–314, 331
  Lkw-Anteil 43
  Lkw-Führungskonzepte 200
  Lkw-Größe 83
  Lkw-Maut 33, 61, 62, 87, 326
  Lkw-Transport 54, 83, 112, 173, 176, 181
  Lkw-Verkehr 29, 173, 189, 211, 250, 251
Logistik 16, 19, 84, 163, 169, 177, 206, 212,
  293, 294
  Logistik- und Distributionsnetze 292, 309
  Logistikkette 163, 164
  Logistikkosten 276, 277
Lokomotive 65–67, 74
  Dampflokomotive 38, 65, 66
  Diesel-Lok(omotive) 67, 83
  E-Lok(omotive) 67
  Einzylinderlokomotive 65
  Heißdampflokomotive 66
Low Cost Carrier 151, 157, 241
LRT. *Siehe* Leichtbauschnellzug
Lufthansa 142–146, 150, 153, 154
  Lufthansa Cargo 153, 154
Luftraum 137, 141, 155, 158
Luftschadstoffe 36, 159, 250, 279, 311, 313
Luftverkehrspolitik 155, 159

M

Marktöffnung 31, 32, 98
  Weltmarktöffnung 31
Massengut 100, 118, 124, 130
  flüssiges Massengut 88, 118, 129
  Massenguttransport 88, 104, 107, 120
  trockenes Massengut 117, 119, 129, 298
Massenverkehrsmittel 183, 266, 269, 326
Merkantilismus 105, 116, 236
Mineralölfernleitung 90, 92–95

Ministerkonferenz für Raumordnung (MKRO) 226, 241

Mitfahrzentrale 180, 233

MIV. *Siehe* motorisierter Individualverkehr

Mobilität 19, 21–27, 35, 36, 48, 162–164, 170, 172, 183, 186, 187, 189, 190, 193, 197, 201, 206, 208, 213, 214, 221, 222, 226, 229, 235, 238, 245, 252, 266, 271, 299, 320, 322, 324, 327, 329, 330–334, 337, 338
    Mobilität nach Hauptverkehrsmittel 189
    Mobilitätskultur 333
    Mobilitätsmanagement 198, 319, 328
    Mobilitätsnachfrage 24
    Mobilitätsprobleme 266

Mobiltelefon 161, 162. *Siehe auch* Handy

Modal Split 18, 26, 29, 208, 209, 320

Modell
    Modell der Zentralen Orte 283
    Modelle räumlicher Ordnung 281–284
    Standortmodell 283, 284
    Verkehrsentwicklungsmodell 294

Monopol 97, 98, 115, 126, 167–170
    Monopolist 168
    Monopolrente 148

Motor 122, 138, 299
    Benzinmotor 38
    Dieselmotor 116, 122
    Elektromotor 38, 116
    Kolbenmotor 138
    Motorfahrzeug 39, 48, 263, 270
    Motorleistung 43, 50
    Motorräder 36
    Motorschiff 100, 101, 102, 106, 107
    Verbrennungsmotor 36, 38, 311, 337
    Wankelmotor 164

Motorisierung 19, 21, 22, 24, 27, 35, 45, 46, 54, 92, 118, 193, 204, 206–208, 215, 221, 222, 224, 266, 270, 271, 274, 311, 317, 322, 325, 327, 331, 337
    Massenmotorisierung 22, 36, 51, 183, 193, 311
    Vollmotorisierung 35

MRKO. *Siehe* Ministerkonferenz für Raumordnung

N

nachhaltige Verkehrsentwicklung. *Siehe* Verkehrsentwicklung

Nachhaltigkeit 16, 248, 251, 319–324, 327, 331

Nachrichtenverkehr 160, 161, 163, 165, 167, 169, 171
    Nachrichtenübermittlung 23, 116, 335

Nachtflugverbot 158, 314

nahtlose Rohre 90

Nahverkehr 21, 54, 60, 67, 84, 177, 190, 192, 204, 214, 229, 235, 242, 317
    Nahverkehrskonzept 227
    Nahverkehrsmittel 185, 190, 198, 214
    Nahverkehrsplanung 214, 217, 233

National Flag Carrier 143

Nebenstrecken 69, 73, 83, 86, 101, 104, 222–224, 229

Netzbildung im ÖPNV 232

Netzmonopol 167, 169

Netzzugang 98

New Economic Geography 284, 285, 299, 309

nichtmotorisierte Beförderungs-/Verkehrsmittel 263, 266

nichtmotorisierte Fortbewegung 189, 326

No Frills Airline 151

Normalspur. *Siehe* Spurbreite

Nutzfahrzeug 50, 53, 187, 312

O

Oberzentrenerreichbarkeit 224

öffentliche Haushalte 58, 248, 307, 334

Öffentlicher Personennahverkehr (ÖPNV) 15, 36, 53, 54, 60, 61, 181, 186, 189–195, 197–199, 208, 209, 214, 217, 219, 222, 226–233, 235, 266–268, 319, 335
    ÖPNV-Ersatzverkehr 232
    ÖPNV-Versorgung 224

öffentlicher Raum 79, 186, 192, 193, 315

Öffentlicher Straßenpersonenverkehr (ÖSPV) 62, 222, 224, 228, 229, 232

Oligopol 98

Omnibus. *Siehe* Bus

Online-Transaktion, (-Handel) 162, 171

Open Sky-Abkommen 156, 157

Ordnungspolitik 22, 32, 33, 326

P

Panamax 120, 121, 123

Paratransit 15, 217, 231–233

Park and Ride (P+R)-Plätze 79, 179, 180, 202

Parkraum 179, 186, 190, 198, 204, 214
    Parkraumangebot 199
    Parkraumbewirtschaftung 198

Partikuliere 101, 113

Passagierschiff 117
Passagierverkehr 137, 138, 142, 150, 154
Pendelwanderung 221, 285
Peripherie 202, 208, 210, 221, 302
Personenbeförderung 50, 114, 222, 224, 225,
  229, 265
  Personenbeförderungsgesetz 50, 217, 228
Personenkraftwagen. *Siehe* Pkw
Personennahverkehr 84. *Siehe auch* Öffent-
  licher Personennahverkehr (ÖPNV)
Personentransport 12, 80, 159
Personenverkehr 19, 30, 35, 60, 80, 82–84,
  114, 117, 137, 179, 180, 182, 187, 189, 199,
  201, 206, 207, 217, 224, 225, 229, 233,
  240, 242, 244, 245, 256, 334, 335
Pferdefuhrwerk. *Siehe* Fuhrwerk
Pipeline 81, 88, 90, 92, 93, 95, 97, 98, 121,
  123, 130, 245
Pkw 22, 35, 36, 39, 48–50, 52, 54, 58, 73, 82,
  104, 125, 157, 179, 180, 192, 197, 198,
  208, 209, 211, 213–215, 219, 222, 224, 228,
  233, 240, 245, 266, 267, 311–315, 327, 331,
  332
  Bestandszunahme der Pkw 49
  Pkw-Bestand 39, 49
  Pkw-Dichte 22, 219
  Pkw-Fahrten 48
  Pkw-Nutzung 207, 208
  Pkw-Verfügbarkeit 206
  Pkw-Verkehr 27, 179, 180, 186, 197–199,
    208, 217, 265
  Pkw und Eigenheim 331
Planfeststellung 53, 56, 61
  Planfeststellungsbeschluss 56
  Planfeststellungsverfahren 56, 58
Postkutsche 38, 67, 160
Postreform 169
Postwesen 160, 169
Privatbahn 73, 80, 222, 224
private Investoren 61, 62, 98, 246, 273
Privatisierung 31, 32, 85, 98, 133, 156, 170,
  265, 272, 334, 338
  Privatisierung von Fluggesellschaften 156

R
Rad 144, 333. *Siehe auch* Fahrrad
  Radfahrer 40, 60, 266, 315
  Radverkehr 60, 189, 197–199, 233, 318,
    319, 333
  Radverkehrsnetz 324

Radverkehrsplan 61
Radwege 41, 61, 73, 266
Radwegeprogramm 60
Raffinerie 88, 93–95, 118, 127
RAS 41, 42
räumliche Arbeitsteilung 27, 28, 33, 235, 250,
  326, 329, 335
Reeder 101, 110, 117, 119, 121–125, 129, 131,
  135
Reederei 102, 104, 110, 116, 117, 119, 272
  Containerreederei 272, 273
  Großreederei 101, 104
Regellichtraum 69
Regelquerschnitt 41, 42
Regelschiff 102
regionale Entwicklungskonzepte 307, 308
Regionalisierung des Schienenpersonennah-
  verkehrs 80, 84, 86, 214, 228, 229, 308
Regionalpolitik 301, 303, 306, 307
Regulierung 21, 30, 31, 36, 38, 50, 97, 133,
  135, 228, 250, 276, 332
Reichsbahn. *Siehe* Deutsche Reichsbahn
Reichskraftwagentarif 50, 83
Reisegeschwindigkeit 36, 39, 66, 69, 122
Rohöl- und Produktenleitungen 93–95
Rohrleitungen 88, 89, 91, 93, 95, 97, 99, 118
Rohrleitungsnetz 92, 94
Rohrleitungstransport 92, 93
Rohrnetzformen 92
Rohrpost 89
RoRo-Dienste 104
RoRo-Schiffslinien 125
RoRo-Verkehr 115
Round the World-Service 121, 126
Routenauswahl 288
Rückbau der Bahn 224. *Siehe auch* Schienen-
  rückbau

S
S-Bahn 67, 74, 77, 190, 204
  S-Bahn-Netz 79, 191
Schadstoffbelastung 265
Schienengütertransport 54
Schienennetz 55, 70, 74, 78, 82, 84–87, 192,
  223, 224
Schienenpersonennahverkehr 80, 86, 214, 228
Schienenpersonenverkehr (SPNV) 222
Schienenrückbau 73, 87. *Siehe auch* Rückbau
  der Bahn
Schienenschnellverkehr 137, 179, 270

Schienenstrecke 100, 192, 242
Schienentransport 54, 64, 123, 177, 278
Schienenverkehr 18, 63–65, 67, 69, 71, 73, 75,
    77, 79–87, 189, 192, 197, 214, 227–229,
    235, 238, 248, 251, 308, 314
    Schienenverkehrsmittel 63, 190, 265, 269
    Schienenverkehrspolitik 82, 87
Schiff 18, 101, 102, 104, 106–108, 115–119,
    121–123, 125–127, 129–131, 133–135,
    172, 272, 273, 278, 298, 326
    Schiffsgeschwindigkeit 122
    Schiffsrouten 130
    Schiffstypen 102, 104, 117, 122, 129
        Europaschiff 102
        Suezmax-Schiff 121
Schifffahrt 108, 109, 116, 117, 121, 125, 133,
    135. *Siehe auch* Binnenschifffahrt
    Containerschifffahrt. *Siehe* Container
    Kettenschifffahrt 101
    Motorschifffahrt 102
    Personenschifffahrt 109, 136
    Schifffahrtsnation 116
    Schifffahrtsweg 99, 101, 108, 123, 126
    Schleppschifffahrt 101, 102
    Seeschifffahrt 114, 115, 135, 136, 139
        Seeschifffahrtspolitik 131, 136
        Seeschifffahrtsstraße 105
        Seeschifffahrtstraßenordnung 133
    Trampschifffahrt 124
    Treidelschifffahrt 101
Schleuse 99, 100, 104–108, 121, 298
Schmalspur. *Siehe* Spurbreite
Schotterung 38
Schraubenschlepper 101
Schubverband 100, 102, 103, 106–108, 112
Schülerverkehr 225, 226
Schwerverkehr 29, 53, 83, 186, 200, 210, 211,
    315
Seegüterverkehre 130
Seehafenhinterlandverkehre 176
Seerechtskonvention 133
Seeverkehrspolitik 134
Segelschiff 116
Sicherheits- und Sozialstandards 135
Sicherheits- und Umweltstandards 134, 157
Siedlungsstruktur 15, 192, 202, 204, 209, 214,
    218, 222, 238, 253, 303, 335, 336
Sitzplatz 139
    Sitzplatzangebot 150
    Sitzplatzkapazität 80, 138

Spezialisierung 11, 25, 36, 102, 115, 119, 127,
    280, 281, 298
Spezialschiff 102, 104, 113, 117, 119, 125, 127
SPNV. *Siehe* Schienenpersonenverkehr
Spurbreite 67, 68
    Breitspur 67
    Normalspur 67
    Schmalspur 67, 222, 223
SRU 36, 56, 62, 312, 314, 322, 327, 328
Staatsbahn 54, 79
Stadtbahn 190, 192
Stadt der kurzen Wege 187, 325
Städtebau 184, 186, 187, 218, 316, 317
Stadtentwicklung 17, 79, 162, 183, 190, 201,
    337
    Stadtentwicklungsprojekte 76
Stadtplanung 17, 178, 187, 193, 197–199, 210,
    213, 317–319. *Siehe auch* integrierte Stadt-
    und Verkehrsplanung
Stadtregion 204, 208, 213–215, 217, 249
Stadtverkehrspolitik 198
Stadtzentrum 183, 186, 187, 193, 195, 198,
    200, 207, 311
Staffeltarif 278
Standardisierung 67, 115
Standortfaktor 298, 307
Stau 19, 43, 100, 192, 197, 205, 207, 267, 311
    Dauerstau 265
    Stauabgabe 197
    Stauanfälligkeit 266
    Staugefahr 36, 41, 288
Staustufe 99, 106–108, 123
Stilllegung 73, 79, 83, 158, 222. *Siehe*
    auch Streckenstilllegung
Straße 31, 35, 37–42, 44, 46, 48–51, 53–55,
    73, 83, 113, 130, 133, 157, 172, 175–177,
    181, 186, 187, 204, 236, 237, 239, 241,
    243, 245, 246, 251, 256, 260, 266, 267,
    269, 271, 276, 277, 285, 299, 315–317,
    324, 326, 333. *Siehe auch* Fern-, Bundes-,
    Landes-, Kreisstraße
    Schnellstraße 44, 186, 317
    Straßenbau 17, 37, 39, 40, 45, 52, 53, 58,
        61, 62, 93, 236, 256, 260, 261, 266, 267,
        296, 315
        Straßenbauprojekt 46, 56, 58
    Straßenbeförderung 54, 81
    Straßenfahrzeug 35, 38, 326
    Straßengüterverkehr 29, 31, 48, 51, 174,
        175, 240, 250

Straßengüterfernverkehr 54
Straßenkreuzung 51
Straßenlänge 48
Straßennetz 35, 40, 44, 46, 47, 52,
  253–257, 259–261, 295, 296
Straßenquerschnitt 40–43, 45
Straßenraum 36, 190, 192, 214, 315, 318,
  332
Straßenverkehr 30, 35–37, 39, 41, 43, 45,
  47, 49, 51–55, 57, 59–63, 83, 172, 186,
  197, 243, 244, 251, 269, 311, 312, 314,
  316–318, 322, 331
  Straßenverkehrsmaut 61, 62, 273
  Straßenverkehrsordnung 21, 35
  Straßenverkehrsplanung 319
  Straßenverkehrspolitik 52, 62
  Straßenverkehrszulassungsordnung
    21, 40
Straßen zur Erschließung 260–263, 274,
  296
Strategische Allianz 145
Strategische Plan-Umweltprüfung 60
Streckenlänge (Bahn) 71, 79
Streckennetz 67, 73, 79, 142, 143, 223
Streckenstilllegung 224. *Siehe auch* Stilllegung
Stromverbundunternehmen 97
Stromwirtschaft 91, 97
Strukturwandel 102, 131, 170, 221, 298
Stückgut 118, 126, 127, 129, 298
  Stückgutverkehr 118, 119, 124, 177
Suburbanisierung 186, 192, 201, 202, 203,
  204, 205, 206, 207, 208, 210, 213, 214, 218
  Wohnsuburbanisierung 206, 208
Suburbs 205
Subvention 54, 155, 229, 232, 265
  Subventionierung 226
  Subventionsbedarf 224, 225
Suezmax-Schiff 121
SUP 60
Systemtechnik 70

T

Tanker 102, 118–121, 129, 130, 134
  Doppelhüllentanker 118, 134
  Flüssigkeits- und Gastanker 104
  Supertanker 93, 121
  Tankerverkehr 121
Tanklager 93, 127, 146
Tankschiff. *Siehe* Tanker
Tarif 155, 168, 169, 198, 226, 229, 279

Einheitstarif 101, 227, 229, 267, 269, 278
  Staffeltarif 278
  Tarifzone 279, 286
Taxi
  Kleintaxi 269
  Sammeltaxi 217, 231, 232
Telearbeit 163
Telefon 11, 23, 160–162, 166, 167, 233
  Telefonanschluss 161, 162
  Telefondienst 168, 169, 231
  Telefonnetz 166
Telegraf 74, 160
Telekommunikation 160–165, 169–171, 335,
  337
  Telekommunikationsanbieter 168, 170
  Telekommunikationsmarkt 169
TEN. *Siehe* Transeuropäische Netze
Theorie 183, 281–284, 298
  Export-Basis-Theorie 299, 306
  Graphentheorie 20, 288
  Gravitationstheorie 164
  Modernisierungstheorie 252
Tragfähigkeit 38, 100, 101, 102, 106, 107, 109,
  112, 116, 119, 218, 221, 321
Trampschifffahrt. *Siehe* Schifffahrt
Transaktionskosten 29, 154, 276
Transamazônica 236, 261
Transeuropäische (Verkehrs-)netze TEN(-V)
  98, 112, 245–248
Transportbehälter 88, 118, 278. *Siehe*
  auch Behälter
  Wechselbehälter 81, 119, 172, 174
Transportgewerbegebiet 202, 210, 211
Transportinvestitionen 252, 253
Transportkette 15, 20, 104, 113–116, 120, 126,
  153, 154, 172, 173, 175–177, 179, 181,
  278. *Siehe auch* Intermodale Transportkette
  Neuorganisation der Transportkette 114,
    126
Transportkosten 11, 14, 15, 17, 27, 29, 62, 64,
  88, 90, 100, 105, 115, 123, 137, 183, 205,
  263, 267, 272, 275–285, 292, 294, 298,
  299, 309, 334
  transportkostenabhängige Landnutzung
    282
  transportkostenabhängiger Industriestandort
    284
  Transportkostenminimalpunkt 283
Transportleistung 49, 80, 81, 82, 90, 129, 150,
  153, 263

Transportmittel 20, 63, 65, 79, 88, 100, 101, 263, 265
Transportnachfrage 38, 44, 87, 102, 159, 226, 269
Transportunternehmen 32, 76, 175
Transrapid 70, 303
Trassierung (der Verkehrswege) 286, 288
Treidelschifffahrt. *Siehe* Schifffahrt
Triebwerk 138, 158, 159, 314

U

U-Bahn 68, 77, 190, 191, 192, 267, 269
  U-Bahn-Netz 191, 197
Überblicksdarstellungen zum Thema Verkehr 15–17, 34, 87, 88, 99, 114, 136, 159, 182, 218, 235, 252, 274, 309, 328
Überkapazität (Schiffsraum) 102, 118, 126, 130
Überschallpassagierverkehr 138
Umnutzung 93, 127
UMTS 170
Umwelt 36, 58, 62, 100, 159, 181, 199, 242, 251, 265, 311, 316, 320, 327
  Umweltbelastung 36, 140, 196, 225, 227, 233, 311, 317, 318, 320, 326
  Umweltpolitik 36, 133, 172, 200, 248, 316, 321
  Umweltproblem 134, 269, 311, 312, 315
  Umweltprüfung 53, 60
  Umweltuntersuchung 58
  Umweltverträglichkeit 43, 172, 196, 197, 243, 307, 320
    Umweltverträglichkeitsprüfung 53, 56, 58, 248
Unfall 138, 157
  Tankerunfall 134
  Unfallfolgen 315
  Unfallgefahr 36, 41, 186, 225, 266
  Unfallhäufigkeit 64, 157
  Unfallkosten 279
  Unfallrisiko 60
  Unfallversicherung 266
  Unfallzahlen 51
Untergrundbahn. *Siehe* U-Bahn

V

Verflechtungen, räumliche 28, 48, 165, 194, 208, 210, 290, 299
Verkehr
  ruhender Verkehr 18, 190, 192, 193, 311, 315, 318

Verkehr in Entwicklungsländern 311, 327
Verkehrsachse 67, 157, 197, 201, 206, 219, 235, 236, 238, 241, 250, 261, 282, 296, 314
Verkehrsanbindung 210, 218, 300
Verkehrsangebot 14, 17, 28, 86, 198, 217, 232, 235, 267, 324, 327, 335, 337
verkehrsarme Räume 242
Verkehrsart 17, 18, 190, 316
Verkehrsaufkommen 15, 17, 18, 25, 27, 29, 41, 43, 48, 74, 79, 109, 129, 140, 149, 186, 187, 259, 267, 287, 331, 334, 335
Verkehrsaufwand pro Person 207
Verkehrsausbau 252
Verkehrsbedienung 54, 218, 227
Verkehrsbedürfnis 317
Verkehrsbereich 231, 251, 322
Verkehrsberuhigung 317, 318
Verkehrsbeschränkung 311
Verkehrsbetriebe 32, 54, 180
Verkehrsbeziehungen 17, 108, 207, 235, 237–239, 241, 243, 245, 247, 249, 251, 335
Verkehrsdichte 43, 183, 186, 311, 316
Verkehrsengpässe 55, 176
Verkehrsentwicklung 17, 21–23, 25, 27, 29, 31–34, 183, 187, 213, 235, 242, 244, 248, 257, 311, 312, 320, 322, 324, 326, 327, 334, 338
  nachhaltige Verkehrsentwicklung 248, 322, 324, 327
  Verkehrsentwicklungsmodell 294–296
  Verkehrsentwicklungsplanung 317–319
Verkehrserreichbarkeit. *Siehe* Erreichbarkeit
Verkehrserschließung 12, 184, 187, 189, 206, 219, 254, 281, 295, 297, 298, 303
Verkehrsfinanzierungsgesetz 53, 61
Verkehrsflächen 127, 298
Verkehrsfluss 41, 43, 244, 317
Verkehrsgeographie 14–19, 34, 235, 236, 290, 324, 338
  Lehrbücher zur Verkehrsgeographie 14–16
  Nachbardisziplinen der V. 16, 17
Verkehrsinfrastruktur 20, 58, 61, 88, 129, 221, 228, 235, 236, 238, 239, 242, 244, 245, 275, 285, 298, 299, 300, 301, 303–308, 311, 316, 334
Verkehrskarten 286
Verkehrskennziffer 209, 244

Verkehrskonzept 157, 244
  Fernverkehrskonzept 242
  Nahverkehrskonzept 227
Verkehrskorridor 82, 236–239, 241, 242,
  244, 248, 250, 252, 269, 299
  Fernverkehrskorridor 237, 238, 241,
    242, 248
Verkehrslärm. *Siehe* Lärm
Verkehrsleistung 18, 29, 31, 35, 81, 86,
  109, 217, 229, 311
Verkehrsmanagement 200, 245, 246, 250,
  265
Verkehrsmarkt 16, 31, 83, 85, 244, 323
Verkehrsmittel 18, 22, 26, 35, 48, 60, 102,
  181, 190, 191, 203, 209, 214, 215, 225,
  262, 266, 274, 322, 325–327
  Verkehrsmittelwahl 25, 48, 207
Verkehrsmobilität 15, 25, 194, 208
Verkehrsnetz 20, 44, 164, 215, 236, 238,
  245, 246, 248, 249, 255, 260, 276,
  285–297, 306, 307, 309, 315
Verkehrsplanung 54–61, 178, 187, 193,
  195, 197–199, 201, 213, 214, 217, 241,
  242, 265, 317–319, 328, 335
Verkehrspolitik 21, 32–34, 52–62, 82–87,
  97–98, 112–113, 133–135, 155–159,
  168–171, 180–182, 197–201, 214–218,
  231–235, 248–251, 271, 279, 314, 315,
  317, 319, 323, 328
  Integrierte Verkehrspolitik 172
Verkehrsprobleme 15, 163, 205, 219, 253,
  264, 265, 274, 323, 329, 330, 335
Verkehrsprognose 55, 229
Verkehrsprojekte 46, 53, 55, 58, 61, 74,
  239, 247, 252, 253, 299, 303
  Verkehrsprojekte Deutsche Einheit 46,
    53, 55, 58, 74, 108, 239
Verkehrsraum 15, 40, 187, 317
Verkehrssicherheit 21, 39, 51, 315, 335,
  337
Verkehrsspannung 285, 287, 290
Verkehrsspirale 23, 213
Verkehrsstatistik 34, 62, 85, 87, 99, 114,
  136, 159, 171, 182, 201, 250–251
Verkehrsstrom 18, 20, 51, 139, 244, 248,
  250, 285, 334
Verkehrssystem 20, 35, 63, 64, 88, 99, 114,
  136, 172, 179, 181, 183, 204, 236, 242,
  245, 265, 271, 294, 317, 320, 323, 337
Verkehrsteilnehmer 40, 195, 266, 279

Verkehrstelematik 335
Verkehrsträger 11, 17, 29, 30, 35, 63,
  64, 81, 99, 100, 114, 115, 157, 172,
  174–181, 198, 200, 214, 226, 237, 243,
  245, 246, 257, 277, 318, 326, 335
Verkehrsunternehmen 17, 31, 86, 167, 227,
  323
  öffentliche Verkehrsunternehmen 31,
    323
Verkehrsverbindung 264, 294, 299, 305,
  306
Verkehrsverbund 192, 214, 226, 228, 229,
  230
Verkehrsverhalten 25, 179, 193
Verkehrsverlagerung 176, 197, 324
Verkehrsvermeidung 197, 324, 325
Verkehrswege 18, 20, 21, 27, 33, 35, 39,
  41, 46, 58, 88, 185, 204, 235, 237, 238,
  243, 248, 256, 285–287, 299, 300, 302,
  306, 308, 314–317, 334, 335
Verkehrswende 36, 322, 324, 325, 327
Verkehrswissenschaft 14, 16, 19, 27, 34,
  209, 226, 337
  Weltverkehr 271, 274
  Wirtschaftsverkehr 27, 46, 186, 187, 189,
    198, 199, 200, 201, 211, 315, 316, 319
    städtischer Wirtschaftsverkehr 186, 187
  Zubringerverkehr 232, 273
Vernetzung 28, 36, 67, 88, 105, 113, 137, 167,
  172, 178, 180, 181, 211, 213, 217, 246, 256,
  272, 296, 303, 307, 308, 324
Versorgungsleitungen 90–93
Versorgungsmonopol 98
Versorgungsnetz 89–97, 210, 231
Versorgungsunternehmen 92, 97, 98, 99
Verteilernetze 89, 94, 96, 98, 167

W

Wasserleitungsnetze 89, 91
Wasserstraße 100, 102, 105–114, 129–130,
  172, 236, 239, 243. *Siehe auch* Binnenwas-
  serstraße
  Bundeswasserstraße 105, 112, 243
  Wasserstraßennetz 105, 107, 108, 112
waterfront developments 127
Welthandelsflotte 129
Weltverkehr 271, 274
Wettbewerb 27, 32, 80–86, 97–99, 101,
  102, 106, 109, 125, 126, 133, 135, 142,
  155–157, 168, 229, 244, 273, 275, 280, 329

Wettbewerbsfähigkeit 84, 307, 322
Wiederbelebung des Schienenverkehrs 81, 86
Wirtschaftsverkehr 27, 46, 186, 187, 189, 198,
    199, 200, 201, 211, 315, 316, 319
    städtischer Wirtschaftsverkehr 186, 187
Wohngebiete 58, 189, 200, 202, 203, 324
Wohnsuburbanisierung 206, 208

Z

Zentrale Orte 283, 294
Zentrum 144, 165, 183–198, 200, 207, 208,
    211, 214, 217, 220, 225, 226, 264–271,
    281–284, 293
Zerschneidungswirkungen 315
Zubringer 109, 233, 262
    Zubringerstraßen 257, 259
Zubringerverkehr 232, 273
Zwischenstadt 203

pro Studium Geowissenschaften

■ Frank Ahnert
Einführung in die Geomorphologie
UTB 8103
ISBN 3-8252-**8103**-5
Ulmer. 3., aktual. u. erg. Aufl. 2003.
480 S., 235 Abb., 26 Tab., geb.,
EUR 44,90, sfr 77,00

■ Jussi Baade, Holger Gertel,
Antje Schlottmann
Wissenschaftlich arbeiten
Ein Leitfaden für Studierende der
Geographie
UTB 2630
ISBN 3-8252-**2630**-1
Haupt. 2005.
236 S., 27 Abb., 13 Tab.,
EUR 18,90, sfr 33,40

■ Jürgen Bährl
Bevölkerungsgeographie
UTB 1249
ISBN 3-8252-**1249**-1
Ulmer. 4., aktual. Aufl. 2004.
400 S., 82 Abb., 35 Tab.
EUR 26,90, sfr 47,10

■ Harald Bathelt, Johannes Glückler
Wirtschaftsgeographie
Ökonomische Beziehungen in
räumlicher Perspektive
UTB 8217
ISBN 3-8252-**8217**-1
Ulmer. 2., korr. Aufl. 2003.
319 S., 89 Abb., 16 Tab., geb.,
EUR 29,90, sfr 52,20

■ Peter Dicken, Peter E. Lloyd
Standort und Raum
UTB 8179
ISBN 3-8252-**8179**-5
Ulmer. 1999.
335 S., 240 Abb., 36 Tab., geb.,
EUR 49,90, sfr 85,50

■ Peter Faupl
Historische Geologie
Eine Einführung
UTB 2149
ISBN 3-8252-**2149**-0
Facultas. 2., Aufl. 2003.
272 S., 100 Abb., 22 Tab.,
EUR 18,90, sfr 33,40

■ Wolf Gaebe
Urbane Räume
UTB 2511
ISBN 3-8252-**2511**-9
Ulmer. 2004.
352 S., 72 Abb., 61 Tab.
EUR 24,90, sfr 43,70

■ Hans Häckel
Meteorologie
UTB 1338
ISBN 3-8252-1338-2
Ulmer. 5., völlig überarb. Aufl. 2005.
447 S., 203 Abb., 29 Tab.,
EUR 29,90, sfr 52,20

■ Peter Haggett
Geographie
Eine globale Synthese
UTB 8001
ISBN 3-8252-**8001**-2
Ulmer. 3. Aufl. 2004.
464 S., 141 Fotos, 422 Zeichnungen,
65 Tab., geb.,
EUR 59,00, sfr 100,00

■ Heinz Heineberg
Stadtgeographie
Grundriß Allgemeine Geographie
UTB 2166
ISBN 3-8252-**2166**-0
Schöningh. 3. akt. u. erw. Aufl. 2006.
480 S., 211 Abb., 8 Tab.,
EUR 26,90, sfr 47,10

■ Ludwig Schätzl
Wirtschaftsgeographie 3
Politik
UTB 1383
ISBN 3-8252-**1383**-8
Schöningh. 3., überarb.
Aufl. 1994. 243 S.,
27 Abb., 25 Tab.,
EUR 14,90, sfr 26,80

■ Christian-Dietrich Schönwiese
Klimatologie
UTB 1793
ISBN 3-8252-**1793**-0
Ulmer. 2. neu bearb. u. aktual. Aufl. 2003.
440 S., 163 Abb., 31 Tab.,
EUR 29,90, sfr 52,20

■ Jürgen Schultz
Die Ökozonen der Erde
UTB 1514
ISBN 3-8252-**1514**-8
Ulmer. 3., völlig neu bearb.
Aufl. 2002. 320 S.,
142 Abb., 17 Tab., 5 Kästen
EUR 24,90, sfr 43,70

■ Jürgen Schultz
Handbuch der Ökozonen
UTB 8200
ISBN 3-8252-**8200**-7
Ulmer. 2000. 576 S., 316 Abb.,
78 Tab., geb.
EUR 64,00, sfr 108,00

■ Hartwig Spitzer
**Einführung in die räumliche
Planung**
UTB 8106
ISBN 3-8252-**8106**-X
Ulmer. 1995. 227 S., 38 Abb.,
26 Tab., geb.,
EUR 29,90, sfr 52,20

■ Alan H. Strahler, Arthur N. Strahler
Physische Geographie
UTB 8159
ISBN 3-8252-**8159**-0
Ulmer. 3., korrig. Aufl. 2005.
686 S., 519 Zeichnungen, 77 Fotos,
36 Tab., geb.
EUR 59,00, sfr 100,00

■ Heinz Veit
**Die Alpen - Geoökologie und
Landschaftsentwicklung**
UTB 2327
ISBN 3-8252-**2327**-2
Ulmer. 2002.
352 S., 96 Abb., 51 Tab., 47 Fotos,
EUR 36,90, sfr 63,50

■ Benno Werlen
Sozialgeographie
Eine Einführung
UTB 1911
ISBN 3-8252-**1911**-9
Haupt. 2., überarb. Aufl. 2004.
404 S., 31 Abb.,
EUR 19,90, sfr 34,90

■ Harald Zepp
Geomorphologie
Grundriß Allgemeine Geographie
UTB 2164
ISBN 3-8252-**2164**-4
Schöningh. 3., durchgesehene Aufl. 2004.
354 S., 273 Abb., Tab. u. Fotos,
EUR 17,90, sfr 31,70

■ Ewald Zmarsly, Wilhelm Kuttler,
Hermann Pethe
**Meteorologisch-klimatologisches
Grundwissen**
UTB 2281
ISBN 3-8252-**2281**-0
Ulmer. 2. Aufl. 2002.
174 S., 23 Abb., 30 Tab.,
EUR 19,90, sfr 34,90